KB237611

기독교 정통교리(개정판)

교 회 론

The Doctrine of Church

조 영 엽 박사

Rev. Youngyup Cho, Ph.D.

세계교회협의회*(World Council of Churches)*
신복음주의*(Neo Evangelicalism)*
현대 방언, 성경적인가?*(Modern Speaking in Tongues?)*
여성 안수, 성경적인가?*(Women's Ordination, Biblical?)*
WCC의 회원 교단들*(WCC Member Churches)*

언약출판사

(Covenant Publishing Co.)

저는 이 저서를
저의 스승이신 고 박형룡(故 朴亨龍) 박사님께
겸손히 드립니다.

I humbly dedicate this volume
to my late professor
Dr. Hyung-Ryong Park

and also
To my precious children:
Shin-Duk
Eun-Ah
Chung-Ah

추 천 서 (가나다 순)
(Recommendations)

죽산 박형룡 박사님의 제자로 평생 스승의 신학과 사상을 이어가기를 힘쓰시는 조영엽 박사님께서 금번 교회론 개정 증보판 출간하셨기에 필독서로 추천하는 바입니다.

총신대학교 신학대학원 원장 김 길 성 박사

혼란스런 한국 교회의 신앙적·신학적 지침서가 되기를 !

조영엽 박사님의 이 저서는 영적 전투의 강력한 영적 무기가 될 것이라고 확신합니다.

전 총신대학교 재단 및 운영이사장
대한예수교장로회(합동) 증경총회장 김 동 권 목사

영적 분별력이 있고 말씀을 바로 선포하고 진리를 위하여 선한 싸움을 싸우는 하나님의 종들을 실로 찾아보기 어렵습니다. 본 저서는 바로 그런 분이 쓰셨기에 기쁘게 추천하는 바입니다.

계약신학대학원대학교 교수 김 효 성 박사

본 저서에서 에큐메니칼 운동, 여성 안수, 동성애자들 성직 안수, 현대 방언, W.C.C.의 P.C.R. 운동, 종교다원주의 등은 우리 교단은 물론 모든 보수교단들의 신앙적·신학적 지침서 · 이정표가 될 것으로 확신합니다.

대한예수교장로회(합동) 증경총회장
W.C.C. 대책위원장 서 기 행 목사

평생을 복음 진리의 증거와 전수, 변호와 수호에 전력해 오신 조영엽 박사님께서 『교회론』 개정판을 출간하게 됨을 마음 깊이 축하하며, 바라기는 이 저서가 한국 교회를 다시 한 번 더 깨우치고, 옛 신앙으로 돌아가는 하나님의 놀라우신 역사가 일어나기를 간절히 소원합니다. 뿐만 아니라 조 박사님의 저서를 통하여 우리 교단의 정체성이 다시 한 번 더 확립되기를 소망합니다.

대한예수교장로회총회(합동) 총회장 서 정 배 목사

조영엽 박사님은 철저한 보수신학자요, 역사적 기독교 보수신앙과 신학을 위하여 온 생애를 바쳐 헌신하시는 하나님의 사람입니다. 금번 조 박사님의 『교회론』 개정판이 출간되었음을 축하드립니다.

미국동부개혁장로회신학교 교장 **장 영 춘** 박사

철저한 칼빈주의 신학자이신 조영엽 박사님이 금번에 교회론 개정 증보판을 펴내셨기에 기쁘게 추천하는 바입니다.

전 총신대학교 총장 **정 성 구** 박사

조 박사님은 저와 총신대학교대학원 동기동창으로 학창시절부터 열심 있는 학구파셨고, 바른 진리에 대한 그의 입장이 분명하셨습니다. 『교회론』은 물론 박사님의 모든 저서들이 우리의 신앙에 분명한 이정표가 될 역작들이라고 확신하며 필독서로 기쁘게 추천하는 바입니다.

미주총신대학교 총장 **조 해 수** 박사

『교회론』 개정판의 출간을 축하드립니다. 저자 조영엽 박사님은 스승 고(故) 박형룡 박사님의 신학사상을 계승하는 칼빈주의 보수신학자로서 조직신학 전권을 비롯한 다수의 주요 신학저서들과 논문들을 집필하셨고, 자유주의 해방신학과 열린예배, 교회를 타락시키는 베스트 셀러(릭 워렌의 목적이 이끄는 삶, Rick Warren, PDL) 비평, 『가톨릭교회교리서비평』, 『세계교회협의회(W.C.C.)의 진상을 밝힌다.』 등의 저자로 널리 알려진 분이십니다.

正論 기 독 신 보 사

Dr. Youngyup Cho is an international speaker for the World of God and a separatist, fundamentalist among his Presbyterian brethren. It is rare, in our time of Neochristianity, to find such a man persisting in the truths of the entire Bible.

I trust that *A Doctrine of the Church*, one of his excellent books will bring a large Korean audience to all of it's chapters.

Dr. O. Talmadge Spence,
(President: Foundations Bible College and Seminary,
Dunn, North Carolina, USA.)

저자 서문

먼저 만복(萬福)의 근원(根源) 되시는 우리 주 하나님 앞에 감사와 찬송, 존귀와 영광을 돌리나이다.

불초 미약한 종이 복음진리 증거와 전수, 변호와 수호에 분망하던 중 금 번 『교회론』(개정 증보판)을 출간하게 되니 이는 오로지 우리 주 하나님 의 망극하신 은혜라고 믿습니다. 다만 저자가 본서를 저술함에 있어서 최선 을 다하지 못한 것을 매우 송구스럽게 생각합니다. 그러나 이 저서를 통하 여 바른 신앙적 지식이 함양, 정립되어 신앙의 정체성이 되었으면 하는 마 음 간절합니다.

지금 한국 신학계에는 이 불초의 스승이시요, 보수신학의 거목(巨木)이신 고(故) 박형룡 박사님(Machen 박사의 제자, 구 프린스턴 신학교 졸업, 1926)의 『교의신학전집』을 비롯하여 개혁주의 신학을 대표하는 핫지 (Hodge), 워필드(Warfield), 메이첸(Machen), 바빙크(Bavink), 벌코프 (Berkhof), 반틸(Vantil), 머레이(Murray), 호크마(Hoekema) 등의 저서들 이 출간 또는 번역되었습니다. 이는 놀라우신 하나님의 은혜의 역사이며 축 복입니다. 그럼에도 불구하고 그 방대한 저서들이 번역 또는 고어(古語)로 기록되어 있으므로 독자들의 이해에 어려움 또는 분명하지 못한 경우가 있 는 것 같습니다. 저자는 이 점들을 감안하여 가급적 간결한 문체를 사용하 였으며, 중요 신학술어들은 원문(히브리어, 헬라어)과 영어로 표기하였습니 다. 그리고 내용 자체를 강의 또는 설교로 활용할 수 있도록 성경구절들을 많이 인용하였습니다.

지금은 배교와 불신앙으로 타락한 말세지말입니다. 기독교 내의 자유주 의자들의 비성경적 연합 운동(Un-Biblical Ecumenical Movement), 비진 리와 타협하는 신복음주의(Neo-Evangelicalism), 성령은사 운동(신오순절 운동, Neo-Pentecostal Movement), 세속적 교회 음악(Secular Music in the Church), 열린예배(Seeker's Service) 사이비 이단사조들, 인본주의 사상, 육신의 부패성 등이 우리의 고귀한 역사적 기독교 신앙을 파괴하고 있습니다.

이러한 영적 흑암의 시대에 앞서간 선지자들과 사도들과 믿음의 열조들을 통하여 우리 주님 예수 그리스도로부터 받은 전통적 정통 복음진리를 보전·전파·변호·수호하는 일은 우리들에게 주어진 지상명령이요, 특권입니다.

"사랑하는 자들아 견고하며 흔들리지 말며 항상 주님의 일에 더욱 힘쓰는 자들이 되라 이는 너희 수고가 주 안에서 결코 헛되지 않은 줄 앎이니라"(고전 15:58).

우리 주님 예수 그리스도의 무한하신 은혜와, 하나님 아버지의 극진하신 사랑하심과, 성령님의 감화·교통·인도하심이 주님의 피로써 형제 자매가 되신 독자 여러분 위에 항상 같이하시기를 기도합니다(고후 13:13).

끝으로 이 저서를 출간하기까지 교정을 보아주신 김명식 목사와 홍영희 사모와 편집에 수고한 김용일 장로님과 출판을 맡아주신 언약출판사에 깊은 감사를 드립니다.

주후 2010년 6월 골방에서
조 영 엽 박사

목 차

제 1 장

교회의 명칭들
(The Names of the Church)

Ⅰ. 어원적 고찰(Etymology)

1. 구약에서(in the O. T.)

구약에 교회라는 명칭으로 사용된 단어는 카할과 에다이다.

(1) 카할(קָהָל; assembly, company, congregation, gathering, called or invited gathering; 총회, 무리, 회중, 모임, 부름 또는 초청받은 모임)

카할은 카라(קָרָא; to call, call out; 부르다, 불러내다)에서 인출되었다. 따라서 카할은 의논하기 위하여 소집된 공동체를 말한다. 구약에서는 공동체를 일반적으로 회중이라고 불렀다. 해취와 레드패트에 의하면 70인 역에 교회(ἐκκλησία)라는 단어가 77구절이 사용되었다고 한다.[1]

카할은 일반적으로 총회, 회중, 집회, 회의를 의미한다.

카할이 **총회(an assembly)**로 사용된 실례들은 다음과 같다.

① 악한 음모를 위한 집회(창 49:6; 시 26:5)

---

1) Edwin Hatch and Henry A. Redpath, A Concordance to the Septuagint and the Other Greek Versions of the Old Testament I. p. 433.

② 백성들의 민사 처리를 위한 총회(한역: 많은 무리들, 왕상 12:3; 잠 5:14; 26:26; 욥 30:28)

③ 전쟁을 위하여 소집된 무리(민 22:4; 삿 20:2; 겔 32:22-23)

④ 돌아오는 포로들의 한 큰 무리들(렘 31:8)

⑤ 하나님의 말씀을 듣기 위한 종교적 집회(신 5:22; 9:10; 10:4; 18:16)[2]

카할이 **회중**(a congregation)으로 사용된 실례들은 다음과 같다.

① 조직된 단체로서의 회중(미 2:5)

② 예루살렘에 다시 수복한 회중(스 10:12; 느 8:2, 17)

③ 천사들의 회중(시 89:6)

④ 모인 많은 무리들(창 28:3; 35:11)

⑤ 이스라엘의 회중(신 31:30)ㅡ우리말 성경에는 총회로 번역되었다.

⑥ 여호와의 회중(민 16:3; 20:4)

⑦ 하나님의 회중(느 13:1)[3]

상기와 같이 카할은 종교적·정치적·사법적·군사적·국가적·민족적 여러 면에서의 총회·모임·회중을 가리킨다.

"카할"은 여호수아, 사사기, 사무엘, 열왕기, 역대기, 에스라, 느헤미야, 신명기, 시편 등에서는 헬라어의 "에클레시아"(ἐκκλησία)로 번역되었고 (일회는 쉬나고게로 번역, 시 40:11), 창세기, 출애굽기, 레위기, 민수기, 예레미야, 에스겔서 등에서는 "수나고게"(συναγωγή)로 번역되었다.

그러나 구약시대 이스라엘 백성 중에 다양하게 사용된 이 단어(카할)가 하나님과 그의 백성들과의 관계에서 사용될 때에는 특수한 종교적 의미를 갖는다. 즉 카할은 하나님이 부르심으로 소집된 회중을 가리킨다. 시내산에서 하나님이 모세에게 임(臨)하셔서 말씀하실 때 이스라엘 백성들은 그의 음성을 들었으며, 하나님은 그들을 언약의 공동체(a covenant community)

---

2) Young's *Analytical Concordance to the Bible*, Nelson, 1982. p. 59.

3) Francis Brown, S. R. Driver and Charles A. Briggs, *A Hebrew and English Lexicon of the Old Testament*, p. 874; Young's op. cit., pp. 197-198.

로 삼았다. 그러므로 카할은 이스라엘 백성을 위한 특별한 계시의 음성 또는 이스라엘 백성이 하나님께 드리는 제사 등으로 모인 총회를 가리킨다.4) 카할은 구약에 123번 기록되어 있는데 그중에 64퍼센트(%)가 에클레시아(ἐκκλησία)로 번역되었고, 36번은 수나고게(συναγωγή)로 번역되었다. 에클레시아는 건물로서의 교회보다는 오히려 성도들이 모인 단체, 즉 영적 성전을 가리킨다. 교회는 부르심을 받은 무리들이라는 개념을 생각할 때 카할을 에클레시아로 번역한 것은 바른 번역이다.

　(2) 에다(עֵדָה; congregation, synagogue, place of assembly, an appointed meeting; 회중, 회당, 총회 장소, 지정된 집회)

　에다도 카할과 같이 지정된 장소에 모이는 총회(an assembly) 또는 회중(a congregation)을 의미한다.

　에다가 총회로 사용된 구절들은 레 8:4; 신 8:9; 10:2, 3; 16:2; 20:8; 시 22:16; 86:14; 잠 5:14 등이다.5)

　"에다"는 출애굽기, 레위기, 민수기서에서 주로 사용되었으며, 특히 민수기에서는 포괄적으로 사용되었다. 에다는 부르심을 받아 모인 단체로서 백성들에게, 외인들에게, 악행자들에게, 이스라엘 전체 회중들에게 다양하게 사용되었다.6)

　에다는 70인 역에 77구절이 수나고게(συναγωγή)로 번역되었으며, 에클레시아로는 번역이 되지 않았다. 그 이유를 캐롤(Carroll)은 주장하기를 혼돈을 피하기 위함이라고 하였다.7) 우리가 사용하는 수많은 단어들 중에서 특별히 어느 한 단어를 취사 선택하여 사용케 하시는 것도 성령하나님의 지로(指路)이며 뜻이다.

---

4) T. F. Torrance, *"The Israel of God" Interpretation*, X. 305-6.
5) Young's op. cit., p. 59.
6) Ibid., p. 197.
7) B. H. Carroll, *Ecclesia-The Church*, Louisville, Baptist Book Concern, 1903 pp. 44-45.

2. 신약에서(in the N. T.)

신약에서 교회라는 명칭으로 사용된 단어는 수나고게와 에클레시아이다. 헬라어의 에클레시아와 수나고게는 히브리어의 카할과 에다와 마찬가지로 근본적으로는 동일한 의미를 가지고 있다. 그러나 에클레시아는 그리스도의 보혈로 구속함을 받은 무리로서의 교회를, 수나고게는 건물로서의 교회를 가리킨다. 수나고게는 구약시대부터 내려오는 유대교의 회당을 가리키며, 유대인들은 그들이 모이는 예배 처소를 옛날이나 지금이나 수나고게라고 부른다.

(1) 수나고게(συναγωγή; assembly, gathering place, congregation, synagogue; 총회, 집회 장소, 회중, 회당)

① 수나고게의 **어원적 의미**(Etymological Meaning): 수나고게(συναγω γή)는 쉰(σύν; with, together; 함께, 다같이)과 아고(ἄγω, to bring, 데려오다)로 구성된 합성어이다. 그러므로 문자적으로는 다 같이 함께 모임, 집합을 가리킨다.8)

② 수나고게의 **일반적 의미**(The General Meaning): 수나고게의 기본적 의미는 함께 모임·회합·총회를 뜻한다. 그러므로 일반적으로는 주로 정기적 모임(periodic meeting)을 가리키나, 때로는 모임의 장소(place of assembly)를 가리키기도 한다. 수나고게는 사람들의 모임이나 또는 모이는 장소 구별 없이 사용되었다.

③ **70인 역에서의 수나고게**(Synagogue in the LXX): 수나고게는 70인 역에 약 200회 나타난다. 수나고게는 일반적으로 히브리어 에다의 헬라어 번역이다.

④ **신약에서의 수나고게**(Synagogue in the N.T.): 유대교 신도들이 모이는 장소 곧 회당을(행 9:2), 유대인들의 안식일 모임을(행 13:14, 15), 기독교로 개종한 유대인 기독교인들의 회당을(약 2:2), 믿지 않는 유대인들의 모임(계 2:9; 3:9) 등을 수나고게라고 하였다.

---

8) Vine's Expository Dictionary of Biblical Words, Thomas Nelson Pub. Nasville, 1985, p. 614.

(2) 에클레시아(ἐκκλησία; Assembly, company, congregation, church; 총회, 무리, 회중, 교회)

교회라는 명칭은 헬라어로 에클레시아(ἐκκλησία)인데 이 단어는 기독교가 산출한 용어가 아니라, 이미 유대와 헬라에서 사용하여 온 술어이다. 그러므로 신약성경에 기록된 에클레시아라는 단어를 보다 더 분명하게 이해하기 위해서는 그 당시 일반 사회에서 통상적으로 사용되어 온 이 단어(에클레시아)의 어원적 고찰, 발달과정 그리고 이 단어의 직접적 사용 등을 고찰하는 것이 중요하다.

트렌취(Trench)는 설명하기를 "교회가 에클레시아라는 단어를 개발하지 않았다. 그러므로 교회라는 단어를 좀더 분명하고 깊이 이해하기 위해서는 이방인, 유대인, 기독교인들 사이에 분명히 상이한 개념들을 알아야 한다"고 하였다.9)

로버트손(A. T. Robertson)은 언급하기를 "사람이 헬라의 역사를 이해할 때까지는 헬라어 단어를 완전히 알지 못한다. 단어의 실제적 의미는 언어학(Etymology), 언어의 발달(development) 그리고 단어의 직접적 사용(usage)에 의하여 결정된다. 최종적 결론에 안전히 도달하기 전에 상기 3가지 사항들이 조심히 고찰되어야 한다"고 하였다.10)

몰톤과 **기든**(Moulton and Geden)은 에클레시아라는 단어가 신약에 114번 나타난다고 지적하였다. 그중에 3회는 단순히 사람들의 모임 또는 비기독교인의 모임을 말할 때 사용하였고(행 19:32, 39, 41), 2회는 구약시대 회중을 나타내었고(시 22:22; 행 7:38), 109번은 교회와 관련하여 그리스도 안에서 하나님을 경배하는 자들을 가리킬 때 사용되었다. 복음서에는 마태복음 16:18; 18:17 이외에는 사용된 곳이 없으며, 디모데후서, 디도서, 베드로전후서, 요한일·이서, 유다서에도 빠졌다. 에클레시아가 예배를 위한 건물로 사용된 예는 전혀 찾아볼 수 없다.11)

---

9) Richard Chenevix Trench, *Synonyms of the New Testament*, p. 1.
10) A.T. Robertson, *A New Short Grammar of the Greek Testament*, p. 3.
11) 11. W.F. Moulton and A.S. Geden, *A Concordance to the Greek Testament*, pp. 316-317.

① 에클레시아의 **어원적 의미**(Etymological Meaning): 에클레시아(ἐκκ
λησία)는 전치사 에크(ἐκ; out, out of; …에서부터)와 동사 칼레오(καλέω; to
call, invite, summon; 부르다, 초청한다, 소집한다)로 구성된 합성어이
다.12)

칼레오(καλέω)라는 동사는 고(古) 인도, 유럽 어근(語根) 칼(καλ)에서 인
출되었는데 그 뜻은 외치다, 불러내다(cry out, call out)이다. 그러므로 에
클레시아는 어원적으로 "…에서부터 호출되어 나온 자들"을 지칭한다.13)

② 에클레시아의 **역사적 의미**(Historical Meaning): "에클레시아"라는
단어는 일찍부터 헬라어를 사용하는 사람들에 의하여 사용되었다.

스코트(Scott)와 **리드델**(Liddell)은 에클레시아는 "법적 총회가 소집한 시
민들의 회집"(an Assembly of the citizens)이라고 하였다.14)

트렌취(Trench)는 "에클레시아는 헬라에서 공적 사건(公的 事件)들을 의
논·결정하기 위하여 시민권을 소지한 자들의 법적 총회이다. 그들은 전체
인구들 중에서 선별되어 소집된 자들로서 선별되지 않은 일반 대중·민중·시
민·객(客)들이나 시민권을 박탈당한 자들은 포함되지 않는다"고 하였다.15)

헬라에서 에클레시아는 자치단체(自治團體)의 소집된 시민들의 총회(An
assembly)를 의미한다. 가정에서나 일하는 장소(직장)에서 불러내어 회의를
소집한다는 의미로 지금 우리 사회에서 반상회·동(洞)회 회의 같은 성격이
내포되어 있다.

캠프벨(Campbell)은 언급하기를 "그리스의 아테네에서는 에클레시아가
법적 총회(회의; An assembly)를 의미하였으며, 이 법적 총회에서는 긴급
한 사건들을 의논하고 결정짓기 위하여 수크레토이(Sugkletoi)라고 칭하는
회의가 소집되었다"고 하였다.16)

---

12) Marvin R. Vincent, *Word Studies in the New Testament*, I, p. 93.
13) A.T. Robertson. *A Grammar of the Greek New Testament in the Light of
   Historical Research*, p. 174.
14) R. Scott and H. G. Liddell, *A Greek-English lexicon*, p. 206.
15) Trench, Richard Chenevix, *Commentary on the Epistle to the Seven Chirches in
   Asia*, London, Parker, 1861. pp. 1-2.
16) J.Y. Campbell, *Journal of Theological Studies* 49:131, April, 1948.

이와 같이 고대(古代) 그리스 사회에서 "에클레시아"란 단어의 사용은 자치 단체의 시민들의 총회를 의미하였다. 그들은 가정에서나 일하는 장소에서 회의 참석이 필요한, 그리고 적법한 사람들을 소집하였다. 그러므로 "에클레시아"란 단어 자체와 단어 사용에 있어서 회의에 소집된 사람들은 이미 선별하여 불러낸 자들이란 뜻이 함축되어 있다. 에클레시아는 결코 백성들 전체를 의미하는 것이 아니다.

존스톤(Johnston)은 언급하기를 "에클레시아란 단어가 처음에는 결코 종교적 단체에 언급된 일이 없었다"고 하였다.17)

③ 70인역에서의 에클레시아의 의미(Jewish meaning in the Septuagint): 70인역은 히브리어 "카할"(קָהָל)을 "에클레시아"(ἐκκλησία)로 번역하였다. 카할은 하나님을 경배하기 위하여 모인 회중들을 가리키며, 이 낱말이 갖는 의미가 구약성경에서 신약성경으로 전달되었다.18)

〈70인역에 관하여!〉
• 70인역은 히브리어 구약성경을 코이네(koine) 헬라어로 번역한 헬라어판 구약성경(Greek Version of O. T.)이다. 70인역이란 라틴어 Septuagint (LXX; 70)에서 인출되었다.
• 애굽왕 프톨레미 2세 필라델푸스(Ptolemy Ⅱ. Philadelphus, B. C. 282 or 285-246. or 284-247)는 예루살렘에 있는 유대교 대제사장 엘레아자르(Eleazar)에게 사신(使臣)을 보내어 유대인의 경전인 구약성경 사본과 히브리어를 헬라어로 번역할 번역자들을 보내달라고 요청하였다. 이에 응하여 대제사장은 토라(모세 5경)와 히브리어와 헬라어에 능통한 유대인 랍비들 중 이스라엘 12지파에서 각 지파마다 6명씩(12x6=72) 합 72명을 선출하여 애굽의 알렉산드리아로 파견하였다. 번역위원들은 알렉산드리아 앞 2km 떨어진 가까운 섬에서 각각 독방에 들어가 구약전체를 번역하였다. 먼저 모세 5경은 아마도 BC 150년경 72일 동안에 번역을 마쳤다고 한다.

---

17) George Johnston, *The Doctrine of the Church in the New Testament*, p. 35.
18) Bruce M. Metzger, *The New Testament View of the Church*, Theology Today, 19, pp. 369-70.

그리고 각자가 번역한 번역들을 대조해 본 결과 단어까지도 번역의 일치를 확인하였다고 한다. 그리고 구약성경 전체는 적어도 주후 2세기경(200년)에 번역이 완성되었다. 그리하여 그들은 히브리어로 기록된 구약성경을 헬라어로 완벽하게 번역하여 이방 사람들에게 분명히 전달할 수 있었다.

그 이유는 알렉산드리아 도서관을 세계적으로 유명한 도서관으로 만들기 위하여 세계 각국으로부터 좋은 도서들을 수집하는 것이었다. 프톨레미 2세 필라델푸스왕은 프톨레미 1세의 후계자이며, 프톨레미 1세(Ptolemy Ⅰ, BC367-283)는 알렉산드리아의 장군으로 프톨레미 시대 초대 왕(325-285)이었다. 그는 알렉산드리아에 유명한 도서관을 설립하였다.

• 70인역이란 실제상으로는 72인역이나 이스라엘 사람들은 70 숫자를 전통적 숫자로 간주하여 72에 가장 가까운 70 숫자를 택하여 70인역이라 하였다. 모세시대 70인 장로(출 24:1, 9; 민 11:25), 산헤드린 공의회 70인, 바벨론 포로 70년(렘 25:11, 12; 29:10; 단 9:2; 슥 7:5), 70이레(70주)(단 9:24) 등이다.

• 70인역은 지식층뿐만 아니라, 일반 사람들에게도 애굽에서부터 전(全) 로마 제국으로 급속도로 퍼지게 되었다. 그리하여 70인역은 흩어져 사는 유대인들 (Diaspora)에게는 물론 기독교에 새로 개종하는 헬라 문화권 영향하에 있는 이방인들에게도 70인역은 구약성경이 되었다.

• **70인역은 초대교회의 성경이었다.** 히브리어 성경을 헬라어로 처음 번역함으로써 모든 이방인들 곧 헬라어를 사용하는 모든 사람들에게 구원의 복음이 급속도로 전파되었다. 72명의 유명한 유대인 신학자들이 성경을 헬라어로 번역한 것은 이방인들을 개(dog)로 취급하던 그 시대에 이방인들도 구원하고자 하는 하나님의 깊은 사랑의 섭리가 아닌가!

• 사도 바울은 70인역 헬라어 구약성경을 그의 복음 전파에 매우 중요하게 사용하였다. 바울은 그 당시 최고의 학문을 터득하여 율법을 통달하고, 헬라어를 자유자제로 능통하게 구사하였으므로 하나님은 그를 이방인들을 구원하기 위한 복음의 사도로 크게 사용하셨다.

• 70인역 성경을 잘 파악하고 이해하는 일은 성경 해석에 큰 도움이 된다. 그 이유는 헬라어는 이 세상의 언어들 중에 가장 풍부한 의미들을 가지고 있으며, 언어의 개념도 가장 분명히 전달할 수 있기 때문이다.

• 유대인 신학자들이 성경을 이방 사람들이 사용하는 헬라어로 번역한 것은 하나님의 크신 섭리와 경륜의 집대성(集大成)이다.

• 공관 복음(마태복음, 마가복음, 누가복음)에는 약 600구절의 성구(聖句)들이 70인역에서 인용되었으며, 빌립보서, 골로새서, 빌레몬서, 디모데전후서, 디도서, 데살로니가전후서에도 70인역이 인용되었다.

• 70인역에서는 여러 방면에서 다양하게 사용되어 온 카할이라는 단어에 여호와(Lord)라는 명칭이 추가되어 카할의 의미가 하나님의 백성들이라는 분명한 뜻으로 되었다.

④ **신약에서의 에클레시아의 사용**(The Usage of $\dot{\epsilon}\kappa\kappa\lambda\eta\sigma\acute{\iota}\alpha$ in the New Testament): 신약성경이 기록될 그 당시는 에클레시아라는 단어가 이미 헬라와 유대의 사회에서 널리 사용되어 오고 있었다. 그리하여 그 당시의 거의 모든 집회나 모임을 에클레시아라고 불렀다. 사도행전 19:32, 39, 41에서는 에베소에 있는 연극장의 모임을 에클레시아라고 하여 일반 사회에서의 회합을 의미하는 명칭으로 사용되었다.

사도행전 7:38에서는 이스라엘 백성의 회중(무리, congregation)을 에클레시아라고 하였다. 그러나 사회에서 에클레시아라는 단어의 사용이 점차 사라지면서 기독교의 전문술어로 등장하게 되었다. "세월이 흐름에 따라 이 단어(에클레시아)의 사회에서의 일반적 사용은 점차 사라지게 되었다."[19) 반면에 초대 기독교의 성도들이 이 단어를 사용하기 시작한 이래 이 단어는 교회의 전문적 귀중한 술어로 사용되어 오고 있다.

에클레시아가 구약성경과 헬라 사회에서 사용되어 온 일반적 표현에서 그리스도인들이 모인 단체를 가리키는 교회라는 전문 술어로 사용되어지면서 이 단어는 신약 자체의 특이한 개념을 가지게 되었다(살전 1:1; 살후 1:1). 즉 교회는 세상 사람들이 모이는 단체가 아니라, 예수 그리스도를 구주로 고백하는 구속함을 받은 무리들이 모이는 단체이다.

신약에 에클레시아라는 단어가 사용될 때는 정관사 헤(ἡ)가 선행하여 특별히 세상 단체들의 회합과 구별하여 "그 총회"(The Assembly)라고 사용

---

19) A.T. Robértson, op. cit., p. 28.

되었다. 에클레시아의 성경적 사용은, 교회는 인류 세계에서 불러낸 피택자들이 모인 단체임을 지시한다.

따이스만(Deissmenn)은 에클레시아를 소집된 회합이라고 말하고 하나님을 소집자로 보았다.[20]

신약에서의 에클레시아는 개(個)교회와 우주적 교회에 모두 사용되었다.

개(個)교회(The local church): 에클레시아는 주로 그리스도를 구주로 고백하는 성도들의 단체인 지역교회에 사용되었다. 이 경우 에클레시아는

어느 특정지역에 있는 개교회(고전 1:2; 고후 1:1; 살전 1:1),

어느 특정지역이 언급되어 있지 않은 개교회(고전 4:17),

어느 특정지역에 있는 교회들(행 5:11; 8:1; 12:1, 5; 13:1; 갈 1:2, 22; 계 2-3장), 또는

어느 특정지역이 언급되어 있지 않은 교회들(고후 11:8),

또는 모든 교회들(고전 7:17)을 가리킨다.

이외에도 각 개인의 가정에서 모이는 교회들에서도 사용되었다. 사도 바울은 브리스길라와 아굴라에게 문안인사를 보내면서 "그들의 집에 있는 교회"(the church in their home<롬 16:5; 고전 16:19>)라고 하였으며, 골로새서에서도 그는 "라오디게아에 있는 형제들과 눔바와 그 여자의 집에 있는 교회"(the church in her house<골 4:15>)에 나의 안부를 전하라고 하였다.

반면에 어떤 경우에는 훨씬 더 광범위한 지역에 있는 교회들에도 사용되었다. 예를 들면 사도행전 9:31에서는 "온 유대와 갈릴리와 사마리아 교회"(the church throughout all Judea and Galilee and Samaria), 고린도전서 16:19에서는 "아시아의 교회들"(the churches of Asia)이라고 하였다.

우주적 교회(The universal church): 에클레시아는 전세계에 편만해 있는 그리스도 안에 있는 모든 참신자들의 영적 총체를 가리키기도 한다. 우주적 교회로서의 에클레시아는 성도들의 모임보다는 오히려 모이는 구성원들을 의미한다. 에클레시아는 그리스도를 머리로 한 그리스도 안에서 영적

---

20) 박형룡 박사, 『교회론』, 한국기독교교육 연구원, 1978, p. 18.

으로 연합된 자들 전체를 가리킨다(엡 4:4; 5:23, 24, 25, 27; 고전 10:32; 11:22; 12:28; 골 1:18, 24). 우주적 교회는 개교회들에서 유형적으로 만나는(모이는) 성도들의 우주적 공동체이다. 그러나 때로는 개교회와 우주적 교회를 구별하기란 매우 어렵고도 불가능하다(행 2:47; 5:11). 초기 예루살렘에 있는 교회는 성령세례를 통한 영적 단일체였다. 그러나 모임이 이곳저곳에 존재하게 될 때 이는 한 단일 교회만은 아니었다. 이곳저곳에 따로 모인 무리들은 개교회이며, 이 개교회들의 총체는 우주적 교회라 하겠다.

분명히 교회는 구원 문제에 있어서 그리스도와 관계된 전 세계의 모든 사람들을 포함하고 있다. 그들이 천상에 있든지 지상에 있든지 모두를 포함한다. 이들은 예수 그리스도의 보혈로 죄 사함 받고, 성령의 역사로 중생된 사람들 전체이다.

⑤ **에클레시아의 영적 교훈**(A spiritual lesson of ἐκκλησία): 신약에서 에클레시아는 무슨 영적 의미를 가지는가? 초청자, 호명자, 소집자는 누구신가? 전지전능하신 하나님, 사랑과 은혜와 자비가 풍성하신 하나님이시다.

로마서 8:30, "또 미리 정하신 그들을 또한 부르시고 부르신 그들을 또한 의롭다 하시고 의롭다 하신 그들을 또한 영화롭게 하셨느니라."

어디에서 불러냈는가? 에크(ἐκ; from, out of; …에서부터)는 근원과 출처를 나타내는 전치사이다. 하나님께서 죄인들을 어디에서부터 호출(呼出)하여 냈는가?

㉮ 이 패역한 세대에서(행 2:40),

㉯ 사신 우상을 섬기는 자들 가운데서(고후 6:17),

㉰ 이 악한 시대에서(갈 1:4),

㉱ 이 어두운 세상에서(벧전 2:9),

㉲ 육신의 정욕에서(요일 2:16),

㉳ 사단의 권세에서(행 26:18) 불러냈다.

그러므로 우리들이 부르심을 받기 전에는 이 악한 세상, 이 어두운 세상에서 육신의 정욕에 사로잡혀 사탄의 권세하에 있었던 자들이었다.

에클레시아(ἐκκλησία)는 하나님에 의하여 부르심을 받아…에서부터 나와서 따로 모인 자들을 가리킨다. 즉 교회는 성별된(separated) 그리고 따로 모인(gathering) 무리, 모임, 단체이다. 그 뜻은 주님께 속함(belonging to the Lord)이다. 교회는 이 세상에서 부르심을 받아 나와서 그리스도께 속한 무리들을 가리킨다. 중생한 사람들이 교회의 회원이 되는 것은 본질적 요구이다. 그러므로 에클레시아라고 할 때는 회의를 위한 신자들의 육체적 연합(unity)을 의미한다. 따라서 교회는 사람들이 육체적으로 구성되어 나타나야 한다. 신자가 육체적으로 실제상 회중에 참여하지 않으면 교회의 회원이 아니다. 유대인들은 70인 역에 에클레시아라는 말을 사용할 때 구성인원이 없는 어떤 무형의 기구를 생각하지 않았다. 영적인 면만은 결코 아니다. 칼빈(John Calvin)은 교회를 가리켜 "선택함을 받은 자들의 무리"(The company of the elect)라고 정의하였다.

⑥ **에클레시아의 부정적 의미**(negative meanings): 에클레시아가 다음과 같은 의미로는 결코 사용되지 않았다.

• **신약에서 에클레시아는 건물(building/structure)로서 사용되지 않았다.**
웹스터 영어사전에는 에클레시아를 "한 교회 회원들의 총체 또는 건물"(A church, either the body of members or building)이라고 정의하였다.[21] 그러나 신약성경에는 그 어느 곳에도 에클레시아가 돌이나 벽돌 흙 등으로 만든 건물로는 사용되지 않았다. 실제로 주후 3세기 초엽까지는 그리스인들이 모이기에 충분한 집(house)에서 모였다. 그러므로 사도 바울은 언급하기를 아굴라와 브리스길라의 집에서 모인 교회(롬 16:5), 라오디게아에 있는 눔바의 집에서 모인 교회(골 4:15), 아킵보의 집에 모인 교회(몬 2절)라고 하였다. 에클레시아는 결코 건물로서는 사용되지 않았다.

• **에클레시아는 결코 교파(a denomination)로서 사용되지 않았다.** 사람들은 흔히 장로교·개혁교·감리교·침례교·루터교·회중교회·형제교회·그리스도교·나사렛교·하나님의 성회·복음교회·오순절교회·천주교·동방정교 등 교파들을 교회라고도 부른다. 그러나 신약성경에는 그 어느 곳에도 에클레시아가 교파로는 사용되지 않았다. 반면에 이 단어가 교파로서는 사용되

---

21) Webster's *New International Dictionary of the English Language*, Webster's New World, 1984, p. 812.

지 않았다 하여 교파의 중요성을 무시, 등한시한다는 뜻은 결코 아니다.

• **에클레시아는 결코 상회**(上會, 노회, 대회, 총회)**로서 사용되지 않았다.** 교파마다 구조적으로 상회들이 있다. 심지어는 침례교, 회중교, 독립교회 등도 그 권한과 기능은 다소 상이할지라도 모두 상회들이 있다. 장로교에서는 일정한 지역의 교회들로 구성된 노회, 일정한 지역의 노회들로 구성된 대회, 그리고 모든 개교회들, 노회들, 대회들로 구성된 총회가 있다. 그런데 에클레시아는 노회·대회·총회 등으로 사용되지 않았다. 신약에서 에클레시아는 지역교회와 우주적 교회에만 사용되었다.

• **에클레시아는 결코 국가적 교회**(a state or national church)**로서 사용되지 않았다.** 오늘날 영국이나 유럽의 나라들 가운데는 교회와 국가가 너무 직접적인 정치적 관계를 맺고 있다. 영국의 국교(Anglican Church)나 독일의 루터교 같은 교회들은 국가의 통치와 지원을 받고 있다. 그것은 교회와 국가와의 분리의 원리에 위배된다.

벌콥(Berkhof)은 기록하기를 "그와 같은 체제는 개교회의 자치권과 그리스도께 대한 직접적 책임을 무시하는 체제이며, 영적 교회들을 형식적이고 지리적으로 동여매는 것이다"라고 하였다.22) 종교개혁 이후 개혁자들은 신앙의 자유를 위하여 교회와 국가와의 관계를 엄격히 분리하였다. 교회는 신자들의 영적, 신앙적 문제들을 관할하고, 국가는 국토를 방위하고 국민의 생명과 재산을 보호하며 사회의 안녕 질서를 유지하는 것이 사명이다. 각기 상이한 두 기관이 서로 대립되어도, 타 영역을 침범하여도 안 된다.

II.교회 명칭의 다양성(Aspects of the Church)

신약에서 교회(ἐκκλησία; church; 교회)라는 명칭은 교회의 건물·교파·국가적 교회·상회(노회·대회·총회) 등으로 사용되지 않았다. 그럼에도 불구하고 교회라는 명칭은 아래와 같이 실제상 몇 가지 의미로 사용된다.

(1) 그리스도의 몸으로서의 교회(Church as The Body of Christ): 창

---

22) Louis Berkhof, *Systematic Theology*, Eerdmans, 1939, p. 581.

세전에 예수 그리스도 안에서 믿음으로 구원얻기로 예정된 사람들, 예수 그리스도의 보혈로 구속함을 받은 성도들이 교회이다. 그리스도는 교회의 머리(head)요, 교회는 그의 피로 값 주고 사신 바 된 몸(body)이다. 그리고 성도 한 사람 한 사람은 몸 된 교회의 지체들(branches)이다(고전 12:12-27).

(2) 건물로서의 교회(Church as a building): 기독신자들이 하나님 앞에 예배드리는 처소(건물=예배당)를 가리켜 교회라고 한다. 기독신자들이 교회에 참석한다. 또는 "교회에 나아가자!"라고 말할 때에 교회는 성도들이 하나님 앞에 예배드리기 위하여 모이는 장소, 즉 예배당(건물로서의 교회)을 의미한다.

(3) 개(個)교회로서의 교회(Church as a local church): 일정한 지역에 있는 어느 한 교회를 가리켜 개교회라고 한다. 개교회는 일정한 지역에 있는 기독신자들의 회합을 말한다.

(4) 교파로서의 교회(Church as a denomination): 일정한 교파를 가리켜 교회라고 한다. 신자들이 흔히 장로교에 출석한다, 감리교에 나간다, 침례교에 다닌다고 할 때에 하나의 교파를 가리켜 교회라고 한다. 만일 내가 장로교에 출석한다면 장로교에 속한 교인, 즉 장로교 교인이다.

(5) 우주적 교회(Universal church): 현재·과거·미래의 예수 그리스도의 보혈로 구속함을 받은 모든 참 신자들의 총체를 가리켜 우주적 교회라고 한다. 교파마다 교리와 신앙고백이 다소 상이할지라도 영이 중생함을 받고 예수 그리스도를 구주로 고백하는 교회의 신자들은 모두 우주적 교회의 일원으로 그리스도 안에서 한 형제자매들이다.

제 2 장

교회의 속성, 구별, 표시
그리고 정치 형태

(The Attributes, Distinctions, Marks
and Forms of the Church)

I. 교회의 속성들(The Attributes of the Church)

개신교(Protestant Church)에서는 교회의 속성을 기본적으로 무형 교회 (invisible church)에만 돌리고, 제2차적으로 유형교회(visible church)를 통하여 교회의 속성들이 나타나는 것을 기대한다. 교회의 속성은 거룩성·사도성·일치성을 포함한다.

1. 교회의 거룩성(The Holiness of the Church)

교회의 거룩성이란 성도들이 그리스도 안에서 거룩하여지고, 온전한 거룩을 향하여 나아가는 성화(Sanctification)를 가리킨다. 개혁 신학에서는 거룩을 객관적 의미에서의 거룩, 주관적 의미에서의 거룩, 성별적 의미에서의 거룩, 봉헌적 의미에서의 거룩으로 구분한다.

(1) **객관적 의미에서의 거룩**은 그리스도께서 율법을 다 지키므로 성취하신 그리스도의 중보적 의를 성령 하나님께서 성도 한 사람 한 사람에게 전가시켜 주시고(imputed), 성부 하나님께서 의인으로 선포해 주시는 칭의(Justificaton)의 행위이다. 성도들은 그리스도의 온전한 의를 덧입음으로 성도라 부르심을 받았다(롬 8:33, 벧후 1:1). 그러므로 성도는 하나님 앞에서 신분상 의인이다. 이것을 구원론에서는 칭의라고 한다.

(2) **주관적 의미에서의 거룩**은 성도 한 사람 한 사람이 실제적으로 죄를 떠나 성별되며, 온전한 거룩을 향하여 하나님의 형상을 닮아 가는 거룩이다. 이것은 성도들의 생활의 거룩이다.

칼빈(Calvin)은 그의 기독교강요에서 "…교회는 아직 완전하지 못하다. 교회는 매일 전진하지만 아직 완전하지 못하다는 의미에서 거룩하다. 즉 매일 매일 전진하지만 거룩이라는 목표에는 도달하지 못한다…"23) 이것은 성화의 과정이다. 성화는 육체를 따라 행치 아니하고 성령의 뜻을 따라 행함이요(갈 5:16), 죄에 대하여는 점점 죽고 의에 대하여는 점점 사는 것이요(갈 2:20), 옛사람을 벗어버리고 새사람을 입는 것이요(골 3:9, 10), 죄의 성질을 전면 개조하는 것이요(고후 5:17), 하나님의 형상을 닮아 가는 일(갈 4:19)이다. 이것을 구원론에서는 실제적 성화(Sanctification)라고 한다.

(3) **성별적 의미에서의 거룩**은 성도가 세상으로부터 성별된다는 의미에서의 거룩이다. 여기서 "세상"(아이온 αιων; an age, a period of time; 한 시대)은 악하고 패역한 시대를 가리킨다. 성별적 거룩은 악하고 패역한 이 시대의 생활양식(life-style or pattern)으로부터(세속으로부터) 떠난 성별된 거룩이다. 성별된 거룩은 "이 세대를 본받지 말고 오직 마음을 새롭게 하여 변화를 받아 하나님의 선하시고 기뻐하시고 온전하신 뜻이 무엇인지 분별하도록 하라"(롬 12:2)고 하신 말씀에 순종하는 행위이다.

우리 주님은 "저희를 진리로 거룩하게 하옵소서! 주의 말씀은 진리니이다"라고 성부 하나님께 간구하셨다. 주님은 진리인 하나님의 말씀이 우리를

---

23) Calvin. *Institutes of the Christian Religion*, IV.1.17.

성화시킨다고 하셨다(요 17:17, 19; 엡 5:26; 딤전 4:5). 하나님의 말씀은 살았고 운동력이 있어서 이 말씀을 읽고, 명상하며, 지키려고 순종할 때 우리는 점진적으로 성화된다.

4) **봉헌적 의미에서의 거룩**은 하나님이 받으시기에 합당한 거룩이다. 이 봉헌적 거룩은 한 걸음 더 나아가서 봉헌적 거룩에로 이어져야 한다. 하나님께서 받으시기에 합당한 제물은 흠없는 산 제물이므로 우리의 거룩은 성별적, 봉헌적 거룩이어야 한다.

하나님은 모세를 통하여 광야의 이스라엘 백성에게 이르시되 "너희가 내게 대하여 제사장 나라가 되며, 거룩한 백성이 되리라"(출 19:6)고 하셨다.

사도 베드로는 신약 교회에 대하여 "오직 너희는 택하신 족속이요, 왕 같은 제사장들이요, 거룩한 나라요, 그의 소유된 백성이라"(벧전 2:9)고 하였으며,

사도 바울은 고린도교회 교인들에게 "너희가 하나님의 성전인 것과 하나님의 성령이 너희 안에 거하시는 것을 알지 못하느뇨? … 하나님의 성전은 거룩하니 너희도 거룩할지니라"(고전 3:16, 17)고 하셨다.

2. 교회의 사도성(The Catholicity of the Church)

교회의 사도성이란 사도들의 신앙고백과 역사적 전통성을 말한다. 사도들의 신앙고백은 교리의 사도성이요, 역사적 전통성은 조직의 사도성을 뜻한다. 개신교에서는 말씀의 사도성, 사도적 교리의 계승을 강조한다.

개신교(Protestant Churches)에서는 **교회의 사도성을 전 세계에 편만해 있는 무형 교회(invisible church)에 적용시킨다.** 왜냐하면 무형 교회는 이 지구상의 모든 시대, 모든 참 성도들을 포함하기 때문이다. 이 주장은 교리의 사도적 계승을 말한다. 그러나 개신교 교회들이 모두 교리의 사도적 계승이라고 말하기는 곤란하다. 그 이유는 상당수의 교회들은 배교와 불신앙으로 타락되어 정통 교리와 역사적 기독교 신앙에서 멀리 이탈하였기 때문이다. 뿐만 아니라 조직의 사도적 계승이라고도 말할 수 없다. 그 이유는 개신교는 어느 교파를 막론하고 16세기 **마틴 루터**(Martin Luther) 종교개

혁 이후에 탄생된 교회들이기 때문이다.

그러면 이 지구상에는 교리의 사도성과 조직의 사도성을 계승하는 참 교회는 존재하지 않는가? 이와 같은 중요한 질문에 대한 정확한 대답이란 매우 어렵다. 다만 교회의 표시에서 거론한 바와 같이 비교적 말씀이 바로 전파되고, 성례가 바로 거행되며, 권징이 바로 시행되며, 배교와 불신앙에 대항하며 영적 전투에 임하며, 참 예배(열린 예배의 반대)를 드리는 교회는 참 교회요, 교리의 사도성을 계승하는 교회라고 할 것이다.

천주교(Catholic Church)에서는 교회의 사도성을 천주교에서만 국한한다. 주장한다. 그들은 주장하기를 천주교만이 사도들로부터 계승되어 온 교회이며, 교황과 감독들은 사도들의 합법적 계승자들이고, 그것의 교리도 사도적 전통에 기인하므로 사도성을 가지고 있다고 한다. 그들은 또 주장하기를 천주교만이 전 세계에 편만해 있으며, 수(number)에 있어서도 모든 개신교 교파들을 다 합친 것보다도 더 많다고 하면서 사도적 교회를 가견적 조직체(visible organization)에 적용시킨다.

천주교는 사도 베드로의 신앙고백 곧 "내가 이 반석 위에 내 교회를 세우리라"(마 16:18)고 하신 그리스도의 말씀을 해석하기를 "이 반석"(this rock)은 사도 베드로요, 베드로는 로마 천주교의 첫째 교황(Pope)이었다고 하면서 천주교만이 사도적 교회를 계승한 유일한 교회라고 주장한다.

그러나 로마 천주교의 그와 같은 주장은 성경 해석과 역사적 사실에 비추어 볼 때 잘못된 그리고 근거 없는 억설이다. 그리스도께서 "너희는 나를 누구라 하느냐?"(마 16:15)라고 사도들에게 질문하신 데 대하여 베드로가 "주는 그리스도시요, 살아 계신 하나님의 아들이시니이다"라고 대답하였다. 베드로의 신앙고백은 사도들을 대표로 한 것이요, 자기 개인으로 한 것만이 아니다. 그러므로 "이 반석"이 사도라고 한다면 모든 사도들일 것이요, 베드로 한 사도만은 아닐 것이다. 신약의 다른 성구는 교회의 기초를 말하면서 선지자들과 함께 사도들이라고 하였다(엡 2:20 참조).

또한 "너는 베드로라 이 반석 위에 내가 나의 교회를 세우리라"고 하신 말씀을 문법적으로 고찰하면 베드로(페트로스, πέτρος; Peter)는 남성 명사로 사도 베드로를 가리키며, 이 반석(페트라, Πέτρα)은 여성 명사로 베드로가 고백한 신앙을 가리킨다.24) 히브리어 성경에 반석(바위; Rock)을 인간에게 사용한 예가 없다(삼상 2:2; 시 18:31; 사 44:8 참조). 반석은 "예수는 그리스도시요 살아계신 하나님의 아들"이라고 고백한 베드로의 신앙이다. 그러므로 주를 그리스도와 하나님의 아들로 믿는 신앙을 기초로 그리스도는 자기 교회를 세우신다는 말씀이다.

천주교는 교황이 베드로의 사도권을 계승하였고 주교들도 다 사도들의 법적 계승자라고 한다. 물론 베드로는 예루살렘 교회를 설립하고 조직하였다. 그러나 그는 다른 사도들과 함께 교회를 설립하였고, 그 후 얼마 안 되어 교회의 지도권을 야고보에게 인계하였다. 야고보는 산헤드린 공회의 의장이 되어 첫 사도들의 공의회를 주재하고 바른 결정을 하게 되었다. 반면에 이방 교회들 대부분은 사도 바울이 개척하고 디모데를 위시하여 감독들과 장로들로 하여금 말씀을 선포케 하고 교회를 다스리게 하였다. 그러므로 베드로의 사도권을 계승하였다는 주장은 받아들일 수 없다. 우리는 어떤 인물에 강조를 두지 않는다.

천주교는 사도의 인물과 전통에 치중하며 천주교만이 유일한 사도적 교회라고 하나, 그 같은 주장은 근거 없는 허설들이다. 그들은 조직의 계승도, 교리의 계승도 모두 가지고 있지 못하므로 사도적 교회가 아니다. 설혹 조직의 계승을 가졌다 할지라도 교리의 계승이 없으면 그것은 참 교회라고 할 수 없다. 천주교는 물론 헬라 정교(Greek Orthodox)와 영국 교회(Anglican Church)들도 자교회(自敎會)들의 근거와 권위가 사도들로부터 직접 계승되었다고 주장한다. 그들은 사도적 근거와 권위를 역사와 전통에 의거한다고 주장하지만 확실한 변론을 가지지 못한다. 그중에도 영국 교회는 헨리 8세(Henry Ⅷ, A. D. 1491-1547, 영궁왕 1509-47)의 지도 아래 로마 천주교로부터 분열하여 영국교회(Church of England)를 세웠으며, 지금도 왕이 영국 교회의 교회적 원수(敎會的 元首)로 군림하고 있으니 천주교를 역사상 조직의 사도적 계승이라고 할 수 없다.

---

24) Alfred Manshall, *Parallel N.T. in Greek and English* p. 52.

3. 교회의 일치성(The Unity of the Church)

교회의 일치성이란 만대만국(萬代萬國)의 교회가 본질적으로는 하나임을 말한다. 이 통일은 교회가 그리스도를 머리로 한 통일이다. 이것은 성령의 역사에 의한 내적·영적 일치, 신앙고백의 일치에 의한 통일이다. 이 통일은 제2차적으로 유형적·외면적 통일로 나타난다. 그러므로 유형적·외면적 통일은 반드시 내면적·영적 통일의 자연적 표현이어야 한다. 유형적·외면적 통일은 성도들이 동일한 신앙고백과 동일한 성례의 참여와 경건한 생활을 통하여 나타나야 한다. 그러나 완전한 통일이란 예수 그리스도께서 재림하심으로써 성취될 것이다. 내면적·영적 통일이 없는 외면적·조직적 통일만을 강조하는 것은 성경적 통일성이 아니다.

배교와 불신앙으로 타락한 전 세계 자유주의 교회들의 연합 단체인 **세계교회협의회**(World Council of Churches)는 "교리는 달리하나 봉사는 같이 한다"(doctrine divides, service unites)는 슬로건을 내걸고 기독교와 천주교는 물론 이방 종교들과의 연합도 강력히 주장하고 있다. "교리는 달리하나 봉사는 같이 한다"는 이 슬로건은 영적 분별력이 없는 수많은 자유주의 지도자들과 추종자들을 현혹시키는 마귀의 기만적 술책임을 우리는 분명히 인식해야 한다. 무조건적 연합은 타교파의 신앙노선·상이한 교리들·신앙들을 존중하는 것같이 생각되나, 성경 교훈에 입각하여 원리적으로 고찰하면 그것이 얼마나 비성경적·인본주의적·세속적·조직적·유형적·연합인지를 깨닫게 되는 것이다. 참된 연합은 신령한 신비적 연합으로서 교리와 신조, 신앙고백의 일치가 없이는 불가능하기 때문이다. 사실상 WCC 안에는 너무나 많은 각종 교파들과 상이한 각종 신앙조류가 흐르고 있어 신앙고백의 일치란 불가능하다.(교회의 일치성에 관하여는 연합의 원리를 참조할 것)

II. 교회의 구별(The Distinctions of the Church)

교회의 성격을 논함에 있어서 몇 가지 구별을 요한다.

1. 가견적 교회와 불가견적 교회
(The Visible and the Invisible Church)

가견적 교회와 불가견적 교회를 일명 유형 교회와 무형 교회라고도 한다. 이 구분은 어거스틴 때부터 나타나기는 하였으나, 마틴 루터에 의하여 처음으로 분명하게 발표되었으며, 또한 존 칼빈에 의하여 그의 신학에서 구체화되었다.

에릭슨(Erickson)은 "루터는 이러한 구분(가견적 교회와 불가견적 교회)을 통하여 성경에서 펼쳐 보여주고 있는 교회… 지상에 실제로 존재하는 교회의 특성들간의 뚜렷한 차이점들을 설명하였다."[25]

가견적 교회는 온 세계에 흩어져 있는 교회들, 즉 신자들의 공동체 또는 회중, 총회(community, congregation or assembly)를 가리킨다. 가견적 교회는 한 곳에 다 함께 모일 수 없으니만큼 지교회(개교회, local church)의 형태로 존재한다.

가견적 교회 안에는 예수 그리스도를 개인의 구주로 영접한 거듭난 참 신자들이 다수이나, 참 신자가 아닌 사람들도 들어 있다. 실제상 가견적 교회 안에는 누가 그리스도께 속한 참 신자이며, 누가 참 신자가 아닌가를 정확히 결정짓기란 불가능하다. 다만 신자들의 신앙고백과 신앙생활을 통하여 나타나는 외형적 열매로 판단하는 것뿐이다. 그러므로 유형 교회는 동시에 불완전한 교회이다.

불가견적 교회는 전 세계에 편만해 있는 피택자들의 총 수를 말한다(고전 1:2; 벧전 1:2; 2:9).

벌콥(Berkhof)은 불가견적 교회에 대하여 말하기를 "그리스도와 신자들과의 연합은 신비적 연합이다. 성령께서 보이지 않는 줄로 연합하신다. 중생·진정한 회심·참된 신앙·그리스도와의 신비적 연합 같은 구원의 축복들은 모두가 육신의 안목에는 무형적이다. 그렇지만 이것들은 다 교회의 실제적 형태들로 구성한다"고 하였다.[26]

---

25) 3. Hiillard J. Erickson, *Christian Theology*, Baker, 1985, pp. 1043-4.
26) Louis Berkhof, op. cit., p. 566.

그리스도와의 연합은 무형적이나, 교회는 추상이 아니므로 외적으로 나타난다. 따라서 무형 교회는 자연히 유형적인 형체를 취한다. 이는 마치 사람의 영혼이 육체와 결합되고 그 육체를 통하여 그 자체를 표현함과 같이 무형 교회는 단순히 영혼들로 구성되지 않고 육체와 영혼을 가진 존재로 구성되어 유형적 형체로 나타남과 같다.

그러나 성경에서 "교회"라고 언급할 때 대부분은 유형적 교회를 가리킨다. 예를 들면 "내가 이 반석 위에 내 교회를 세우리니 …"(마 16:18)라고 그리스도께서 베드로에게 말씀하셨을 때 그것은 유형적 실체를 가리킨다. 마태복음 18:17의 권징에 관하여 "교회에 말하고"라고 말씀하실 때 교회는 그 내용이 전달되어야 하는 회중으로 인식하고 있음이 틀림없다. 좀더 구체적 진술은 일정한 지역에 있는 교회들, 예를 들면 예루살렘과 안디옥에 있는 교회(행 8:1; 11:26 …), 에베소에 있는 교회(행 20:17, 28), 고린도에 있는 교회(고전1:2; 고후 1:1), 데살로니가에 있는 교회(살전 1:1) 등은 모두 공간을 점령한 유형적 교회를 가리킨다.

2. 유기체로서의 교회와 조직체로서의 교회
(The Church as an Organization and as an Institution)

성경은 교회를 그리스도의 몸인 유기체와 조직체로 아울러 말한다. 유기체로서의 교회와 조직체로서의 교회는 유형 교회의 상이한 두 방면이다.

웹스터 사전에 의하면 "유기체란 어떤 특수한 목적을 위하여 조직된 모든 지체들의 기능들로 구성된 사람의 몸이다"라고 하였다.[27]

국어 대사전에 의하면 "유기체는 일정한 생활 목적에 따르는 생활 기능을 가진 조직체 곧 동식물 따위 … 많은 부분이 일정한 목적아래 통일, 조직되어 그 각 부분과 전체가 필연적 관계를 가진 것"이라고 하였다.[28] 다시 말하면 "유기체는 서로 의지하며 생명에 필수적인 특별한 작용들을 행하는 상이한 기관들이나 부분들로 구성된 몸이다. 유기체는 식물·동물·또는 사람의 신체같이 살아 있는 그 무엇이다."[29]

---

27) Webster's *New World Dictionary*, p. 954.
28) 한갑수, 『국어대사전』, 교육서관, 1988, p. 1089.

① **성경은 교회를 그리스도의 몸인 유기체로 말한다.** 유형(가견적)교회는 그리스도께서 머리가 되시고 성도들이 지체가 되어 몸을 이룬 산 영적 유기체이다. "너희는 그리스도의 몸이요, 지체의 각 부분이라"(고전 12:27). "우리 많은 사람이 그리스도 안에서 한 몸이 되어 서로 지체가 되었느니라"(롬 12:5). "우리가…다 한 성령으로 세례를 받아 한 몸이 되었다"(고전 12:13). 이 말씀들은 교회를 산 사람(living person)의 몸과 같은 것으로 말하여 그것의 유기체임을 밝혀준다.

② **성경은 교회를 그리스도의 몸인 조직체로 말한다.** 조직체는 조직된 단체를 말한다. 조직체는 그것의 직원들·관리인들·구성원들이 공통된 목적으로 함께 일하는 단체로 개인들이 체계적으로 연합한 것이다. 조직체는 비록 산 존재들로 구성될지라도 그 자체가 산 것은 아니다. 사도 바울도 교회를 성전, 집 또는 거대한 건물에 비유하여 조직체로 말씀하였다(엡 2:20-22; 벧전 2:4-7).

교회는 유기체의 임무를 수행하기 위하여 조직체가 필요하다. 교회는 유기체 안에 있는 각종 은사들과 재능들이 조직체를 통하여 주(主)의 사역에 사용되어야 한다.

3. 전투적 교회와 승리적 교회
(The Church Militant and the Church Triumphant)

전투적 교회는 현세적 지상 교회요, 승리적 교회는 천상의 교회이다.

성경은 현세 지상 교회(地上敎會)를 전투적 교회로(militant church), 성도들을 십자가의 군병들(soldiers)로, 성도들의 일상생활을 성전(holy war)으로 묘사하였다. 성경은 믿는 일을 전쟁으로 비유하였다. 현세에서의 교회는 거룩한 전투에 소집령을 받고 현실적으로 그 전투에 참여하고 있다. "교회는 기도와 묵상에만 시간을 사용할 것도 아니요, 영적 은혜의 평화적 향락으로만 만족할 것도 아니라, 주의 전투에 종사하여 공격과 방어로 싸워야 한다."30)

---

29) 박형룡 박사, 『교회론』, 한국기독교교육연구원, 1977, p. 47.
30) 박형룡 박사, Ibid., p. 42.

선한 싸움(holy war or good fight)이란 무엇인가?

(1) "선한 싸움" 은 혈과 육의 싸움이 아니다.
에베소서 6:12, "우리의 씨름은 혈과 육에 대한 것이 아니요."
고린도전서, 10:4, "우리의 싸우는 병기는 육체에 속한 것이 아니요" "혈과 육"(하이마 카이 쌀카, αἱμα και σαρκα, Blood and flesh; 피와 살)은 피와 살로써 우리의 몸을 가리킨다. 그러므로 우리의 싸움은 사람을 치고 밟고 하는 몸싸움이 아니라는 말씀이다. 그러므로 사도 바울은 고린도 교회 성도들에게 보낸 서신에서 "우리가 육체에 있어 행하나 육체대로 싸우지 아니한다"고 하였다(고후 10: 3)

(2) 선한 싸움은 육신의 부패성과의 싸움이다.
육신의 부패성이란 우리 몸 안에 내재하여 있는 죄의 성질을 말한다(롬 3:12, 23; 5:12; 7:5, 14, 18; 갈 5:16, 17, 19; 6:8, 12). 죄의 성질을 일명 육신의 정욕 또는 육신의 소욕이라고 하였다(벧후 2:18; 요일 2:16). 우리 인간 안에 내재하여 있는 죄의 성질·죄성은 악성이다.
육신의 부패성, 죄의 성질에서 나오는 죄의 항목들은 다음과 같다. 마태복음 15:19-20과 갈라디아서 5:19-21에 기록된 항목들은 모두 죄의 성질, 육신의 부패성에서 나오는 죄들이다. 육신의 부패성과 "싸운다"는 말씀은 팔레(palh; a wrestling, struggle, fight, combat; 씨름·분투·싸움·공격)로써 씨름하는 사람들이 씨름하듯이 죄의 성질에서 나오는 죄들을 하나씩 하나씩 또는 동시다발적으로 씨름하여 고군분투하여 싸워 이기는 것이다. 여기에는 여간한 신앙적 노력이 있어야 한다. '싸운다'는 단어는 현재 명령형이다. 헬라어 문법에서 현재 시상은 현재와 현재 진행형을 다 포함한다. 따라서 선한 싸움을 싸우라는 말씀은 선한 싸움을 중단함 없이 계속 싸우라는 말씀으로 받아들여야 한다. 믿음의 선한 싸움은 휴전이 없다. 이 세상 떠날 때까지 믿음의 선한 싸움은 계속 되어야 한다.
사랑하는 성도들이여, 우리 속에 죄의 성질이 없는 사람 어디 있는가? 육신의 부패성에서 나오는 죄들; 우상숭배·호색·원수 맺는 것·분쟁·시기·질투·분노·당을 짓는 것·교만·원망… 그런 죄들을 씨름 선수가 씨름하듯이 싸워 이겨야 한다.

골로새서 3:5, "그러므로 땅에 있는 지체를 죽이라" 그리하여 예수 그리스도의 형상을 닮아 나가야 한다. 더욱 자신을 이기고, 더욱 성도가 서로 사랑하며, 관용하며, 불쌍히 여기며, 더욱 하나님의 공의와 거룩과 진리를 세워나가도록 해야 한다.

(3) 선한 싸움은 하늘에 있는 악의 영들과의 싸움이다.

에베소서 6:12, "하늘에 있는 악의 영들에게 대함이니라" 하늘에 있는 타락한 천사들 곧 사단의 무리들인 악령들 곧 마귀와 귀신들을 가리킨다(막 5:9; 요일 2:13) 본절에 '하늘'은 하나님이 임재하시는 천국이 아니라 공중을 가리킨다. 사단과 그의 무리들은 하나님을 반역하고 교만하여 타락되었음으로 하나님은 그들을 천국에서 쫓아내었다. 사단과 그의 무리들은 공중으로 쫓겨난 이후부터 공중의 권세 잡은 자들이 되었다.

악령들은 사람들에게 정신적 육체적 질병을 주기도 하며, 사람들을 불신앙의 길로 유혹하기도 하며, 사람들의 마음속에 들어가 하나님을 반역하게도 하며, 하나님의 교회를 대적하거나 또는 타락시킨다. 오늘날 교회를 타락시키는 소위 열린 예배도 악령의 역사이다.

(4) 선한 싸움은 이 어두움의 세상 주관자들과의 싸움이다.

에베소서 6:12, "이 어두움의 세상 주관자들과…" 이 어두움의 세상 주관자들이란 악의 세력들, 불의의 세력들들 가리킨다. 옛날 애굽의 바로, 바벨론, 앗수르, 로마제국, 중세시대 천주교의 박해, 히틀러, 공산주의 독재자들(스탈린, 모택동, 김일성 등등). 지금의 이슬람 과격파 등등.

(5) 선한 싸움은 신앙의 원수들과 그들의 사상 · 이론 · 활동과의 싸움이다.

고린도후서 6:14, "너희는 믿지 않는 자와 멍에를 같이 하지 말라" 유다서 1:3, "성도에게 단번에 주신 믿음의 도를 위하여 힘써 싸우라" 의는 불의와 같이 할 수 없고 빛이 어두움과 사귈수 없고, 그리스도는 사단과 같이 할 수 없고 하나님의 말씀을 그대로 믿는 정통 보수 교회 성도들은 신앙적으로 길을 달리하는 사람들과 신앙생활을 같이 할 수 없다.

자유주의자들의 에큐메니칼 운동, 신오순절주의자들의 현대 방언과 신유의 은사, 신복음주의자들의 타협주의·관용주의·포용주의·타락된 예배(열린 예배)…, 등을 찬동하는 사람들과는 길을 같이 갈 수 없다. 그 이유는 우리는 그들의 길과는 본질적으로 상이한 바른 길, 하나님이 기뻐하시는 길, 정통 보수 신앙의 길을 걸어가기 때문이다. 우리는 강한, 성경을 믿는, 성별된, 전투적, 그러면서도 은혜와 사랑이 넘치는 순종하는 교회이다.

III. 참교회의 표시들
(The Marks of True Church)

만일 교회(교파, 교단)가 하나뿐이고 그 교회가 성경을 성령의 영감으로 기록된 정확 무오한 하나님의 말씀으로 믿고, 역사적 기독교 신앙을 소유하고, 정통 복음진리를 전파, 수호하는 보수 근본주의 교회라면 어느 교회가 참된 교회인가? 여부를 규명할 필요성이 없을 것이다. 그러나 이 세상에는 주 예수 그리스도의 이름으로 모이는 교회들이 많이 있으나 그들 중 상당수의 교회(교파)들은 기독교의 근본 교리들을 부인하고 십자가의 원수로 행하기 때문에 어느 교회가 참 교회인지 거짓된 교회인지 그 진실 여부를 가리는 일은 매우 중요하다. 한국에 기독교가 들어온 지 약 120년이 좀 지났지만(1885년 4월 5일 아펜젤러 선교사 내외 입국, 1866년 9월 2일 토마스 목사 입국, 순교) 오늘날 한국 교계는 장로교(70이상), 감리교(4), 성결교(2), 침례교(5), 오순절 교파(8), 그리스도의 교회(3), 구세군, 복음 교회, 루터교, 나사렛교, 성공회, 구교(천주교)와 기타 안식교, 여호와의 증인, 몰몬교, 통일교 등의 각종 이단들이 있다.

이 교회들 중에는 보수 근본주의 교회들, 신복음주의 교회들, 신비주의 교회들(오순절 교단들) 그리고 이단들이 다 들어 있다.

자유주의 교회들은 자유주의 교회들의 연합단체인 "한국기독교교회협의회"(NCCK)와 "아세아지역교회협의회"(CCA), 그리고 전 세계 자유주의 교회들의 연합체인 "세계교회협의회"(WCC) 등에 정회원으로 가입되어 있으며, 그들은 신앙고백이 일치하지 않는 교회들이 세속적·기구적·조직적 일치 운동(연합 운동, Ecumenical Movement)을 주장하고 있다.

신복음주의 교회들은 보수교회라고 자칭하면서 배교와 불신앙에 대하여 전투적 입장을 취하지 않고 있으며, 신앙고백이 일치하지 않는 교회들과의 혼합전도를 지향하고 있다.

신오순절주의 교회들은 비성경적 현대방언, 신유의 은사 등을 주장하고 있다. 천주교를 비롯한 온갖 이단들의 활동은 말할 나위도 없다.

성도들은 참 교회에 참석하는 것이 자신의 신앙생활을 위한 의무일 뿐 아니라, 특권임을 인식하여야 한다. 그러나 기독교 역사는 처음부터 배교와 불신앙 그리고 이단 사설들로 인하여 많은 신앙적 손상을 입어 왔을 뿐만 아니라 핍박도 많이 받았다. 유대인 공의회는 선지자들을 핍박하여 죽였고 마침내 우리 주님 예수 그리스도를 십자가에 못 박았다. 초대교회들은 외부로부터의 핍박과 내부로부터의 신론과 기독론을 중심으로 한 이단사설이 횡횡하여 신앙적 혼란을 초래하였다. 중세 유럽 교회는 조직적으로는 천주교로 단일화 되었으나 교권이 득세하여 신앙적·교리적 오류와 과오를 범하게 되었다. 근대에 이르러는 인본주의에 기초한 자유주의자들이 득세하여 교회를 세속화시켜 왔으며, 반면에 감정적인 면을 고조하는 신비주의도 득세하여 우리의 신앙을 파괴하고 있다. 겸하여 온갖 이단 집단들까지 우리의 신앙을 파괴하고 있다. 그러기에 참 교회 여부를 규명하는 일이 더욱 필요하게 되었다.

그러면 어떤 교회가 참 교회인가?

(1) 말씀의 진정한 선포(The True Proclamation of the Word of God)

참 교회는 하나님의 말씀이 바로 선포되는 교회이다. 말씀의 진정한 선포는 종교개혁자들이 가장 중요시하고 강조한 대목이다. 이 시대는 더욱 그러하다. 말씀 선포의 중심은 예수 그리스도의 인격과 그의 구속사역이다. 말씀이 바로 선포되는 교회는 구원의 역사가 일어난다. 말씀이 바로 선포되는 교회는 구원의 기관으로 사명을 감당한다. 어느 교회가 하나님의 말씀을 참으로 바로 선포하는 교회인가는 참 교회, 올바른 교회를 결정하는 가장 중요한 표준이다. 그러나 그것은 하나님의 말씀이 완전무결하게 선포되는 것을 뜻하지는 않는다. 비록 그것이 우리의 소원이기는 하지만 그것은 이 지상에서는 불가능하다. 다만 상대적 의미에서 말씀의 순수성과 정통성이 선포되면 그 교회는 참 교회라고 할 것이다. 참 교회는 말씀을 바로 전파 변호·수호한다. 말씀이 바로 선포되기 위해서 말씀을 문자적·문법적·역사적(전통성) 해석에 근거해야 한다. 하나님의 말씀이 변질·왜곡 또는 부정되거나 행함이 신앙에 근거하지 않는 교회는 참 교회가 아니다.

(2) 성례의 정당한 거행(The Right Administration of the Sacraments)

참 교회는 성례(세례와 성찬)가 바로 시행되는 교회이다. 종교개혁자들에게 있어서 참된 교회의 두 번째 표시는 성례의 정당한 거행이었다. 말씀이 바로 선포되는 교회는 성례를 바로 거행하는 교회가 될 것이다. 그 이유는 성례는 말씀에 근거하기 때문이다. 말씀이 순수하게 선포되는 곳에 성례들이 속화되지 않는다. 성례는 말씀으로 받은 은혜의 외적 표와 인(sign and seal)이므로 말씀과 성례는 서로 분리될 수 없는 관계이다(고전 10:16-17, 21; 11:23-29). 따라서 우리는 천주교의 화체설, 루터교의 공재설, 쥬윙글리의 상징설 등을 반대하고, 칼빈의 영적임재설을 주장한다.

(3) 권징의 성실한 시행(The Faithful Exercise of Discipline)

참 교회는 권징이 바로 시행되는 교회이다. 종교개혁자들에게 있어서 참된 교회의 세 번째 표시는 권징의 성실한 시행이었다. 신자들은 어떻게 믿어야 하는가 하는 신앙의 표준이 있을 뿐만 아니라, 어떻게 행해야 하는가 하는 도덕적, 윤리적 행위의 표준도 있어야 한다. 물론 신자들의 도덕적·윤리적 행위의 표준은 신앙과 교리에 근거해야 하며, 신앙과 교리는 하나님의 말씀에 근거하여야 한다. 그런데 지상 교회는 정치적·경제적·사회적·도덕 윤리적·신앙적 각계각층의 다양한 사람들로 구성되어 있으며, 신자들 가운데는 육신의 연약함이나 환경의 지배, 사단의 시험과 유혹 등으로 하나님의 계명들을 범하는 때가 있으니 권징이 필요하다.

권징을 성실히 수행하는 것은 매우 어려운 일이나 필요한 일이다.

웨스트민스터 신앙고백서는 권징의 목적에 대하여 기술하기를, "교회의 권징(징계, church censures)은 범죄하는 형제들을 바로 잡아 돌이키게 하며, 다른 형제들의 범죄를 저지하며, 덩어리 전체를 해칠 누룩을 제거하며, 그리스도의 명예와 복음의 고백을 변호하며, 교회에 임할지 모를 하나님의 진노를 막기 위하여 필요하다"라고 하였다.31) 권징은 교회의 순수성을 보전하기 위하여 절대 필요하다.

어느 시대, 어느 교파, 어느 교회도 권징을 시행함에 있어서 등한시하거나 또는 그것을 남용·오용할 때는 세속화 또는 성별(聖別)을 위한 분쟁이 일어날 수밖에 없다. 그러므로 성경에 계시된 권징의 원리와 각기 교회가 정한 권징조례에 의하여 권징을 시행해야 할 것이다. 하나님의 말씀은 권징을 강조한다(행 20:28-30; 고전 5:13; 갈 6:1; 엡 5:6, 11; 살전 5:14; 살후 3:14-15; 딤전 1:20, 5:20; 딛 1:10-11, 3:10; 계 2:14, 15, 20). 오늘날 다수의 세속화된 교회들은 "하나님은 사랑이시다"라는 슬로건만을 내걸고 하나님의 공의를 무시하고 권징을 시행치 않음으로써 교리적으로나 신앙적으로 타락될 수밖에 없다.

(4) 배교와 불신앙에 대한 전투적 입장(Militant Position against Apostacy and Unbelief)

개혁주의 신학자들 다수는 참 교회의 표시를 논할 때 말씀의 진정한 전파, 성례의 정당한 거행, 권징의 성실한 시행만을 거론한다. 그러나 말세지말의 참 교회의 표시는 위의 참 교회의 표시들과 더불어 배교와 불신앙에 대한 전투적 입장을 취하는 교회이어야 한다.

교회는 복음을 변호, 수호하기 위하여 전투적 입장을 취하여야 한다. 그러나 금일의 다수의 교회들은 불행하게도 배교와 불신앙에 대한 전투적 입장을 취하지 않고 있다. 배교와 불신앙에 대항하여 전투적 입장을 취하지 않으면 기존 신앙마저도 빼앗기고 말 것이다. 우리는 역사적 기독교 신앙을 보전하기 위하여, 복음을 수호하기 위하여 신앙적 전투에 개입해야 한다.

(5) 참 예배(True Worship)를 드리는 교회

(제8장 예배-예배의 본질. 예배의 대상. 예배자의 자세 참조할 것)

---

31) *West. Conf. of Faith* XXX, 3.

참교회의 표시들에 대한 신앙고백서들
(Confessional Witness to the Marks of the True Church)

아우구스벅 신앙고백서(Augsburg Confession, 1530)

제7조, "우리는 하나의 거룩한 교회가 영원히 계속되는 것을 가르친다. 그러나 교회는 복음이 올바르게 선포되고, 성례가 그 복음에 따라서 올바르게 거행되는 성도들의 회합(assembly)이다."

제네바교회 신앙고백서(The Geneva Confession, 1636)

제118조, "예수 그리스도의 교회를 올바르게 구별하기 위한 적절한 표시는 그의 거룩한 복음이 순수하게 그리고 성실하게 전파되며·선포되며·받아지며·지켜지는 교회, 성례가 적절하게 거행되는 교회이다 …"

불란서 신앙고백서(The French Confession of Faith, 1559)

제27조, "우리는 어느 교회가 참 교회인가를 조심히 그리고 세심히 구별하는 것이 중요하다고 믿는다. 왜냐하면 참된 교회라는 명칭이 많이 남용(오용·악용)되어 왔기 때문이다. 그리하여 우리는 하나님의 말씀대로 교회는 그의 말씀과 그 말씀이 가르치는 순수한 종교에 순종하는 일에 하나가 된 신실한 회합체라고 말한다 …"

제28조, "…그러므로 우리는 교황의 집회들을 정죄한다. 하나님의 순수한 말씀이 추방되었고, 그들의 성례전은 부패되었거나 거짓된 것으로 변했거나 파괴되었으며, 모든 미신들과 우상들이 들어 있기 때문이다 …"

벨기에 신앙고백서(The Belgie Confession, 1561)

제29조, "…참된 교회를 인식하기 위한 표시는 다음과 같다. 만일 교회가 순수한 복음의 교리를 설교하고 있는지, 만일 교회가 그리스도께서 제정하신대로 순수한 성례전을 지속하고 있는지, 교회의 권징이 죄를 벌하기 위하여 바로 시행되는지, 모든 것이 순수한 하나님의 말씀대로 운영되고 있는지, …이러한 표시로써 참된 교회를 확실히 알게 된다…"

IV. 교회 정치의 형태

(Forms of Church Government)

교회사를 고찰해 보면 교회(교파)마다 어떤 일정한 정치 형태가 있어서 교회를 다스려 왔으며, 그와 같은 교회 정치 형태들은 비록 부분적이기는 하지만 성경에 근거한 정치 형태들이다. 그러면 성경에는 어떠한 교회 정치 형태들이 암시 또는 제시되었으며, 교회들은 어떠한 정치 형태를 택하여 교회를 다스려 왔는가? 교회 정치 형태들은 일반적으로 감독정치·장로정치·회중정치·무교회정치 등으로 요약할 수 있으며, 교회들은 이 정치 형태들 중 어느 하나를 택하여 교회를 다스려 왔다. 교회들은 각기 선택한 정치 형태가 그 교회로서는 가장 적합하다고 판단되기 때문이다.

이제 우리는 상기 교회 정치 형태들을 개별적으로 고찰하고 과연 어떤 교회 정치 형태가 가장 성경적이고 이상적인가를 고려해야 할 것이다.

1. 장로정치(Presbyterial Government)

장로회 정치란 교회를 대표하는 장로들에 의하여 다스리는 정치를 말한다. 그런데 장로교에서 교회를 대표하는 장로는 강도와 치리를 겸한 장로(목사)와 치리 장로(장로)로 구성되어 있다. 강도와 치리를 겸한 장로를 목사라 하고, 치리 장로를 장로라 한다.

장로정치는 A.D. 1645년 웨스트민스터 총회(Westminster Assembly)에서 인준한 의회 민주정치로서 장로교회들, 개혁 교회들, 초기 플리못 형제 교회들(Plymouth Brethren Church)이 그 주류를 이루고 있으며, 영국과 미국의 정치 제도는 장로 정치에 그 근원을 두고 있다.[32] 장로정치는 감독들에 의하여 다스려지는 감독정치도 아니요, 반면에 회중들에 의하여 다스려지는 회중정치도 아니다. 장로정치는 감독제를 억제하면서 다른 한편으로는 회원들 전체에 의한 치리를 배척한다. 장로정치는 노회가 파송한 목사와

---

32) G.W.Kirby. *Zondervan Pictorial Encyclopedia of the Bible.* Zondervan,1975.See under "Church"

교회가 선출한 장로들에 의하여 다스려지는 일종의 대표 기구에 의하여 다스려지는 정치이다.

장로교 정치 구조는 개교회·노회·총회 등으로 조직되어 있다. 그리고 당회·노회·총회는 모두 치리기관이다.

(1) 개교회 당회(Session of local church)

개교회(local church)는 일정한 지역의 성도들로 구성된 유형적·조직적 교회를 말한다. 그리고 개교회를 감독하고 다스리는 교회의 대표 기구를 당회(session)라 한다. 당회는 목사와 장로로 구성되어 있으며, 당회장은 원칙적으로 목사가 맡는다. 목사는 교훈과 치리를 겸한 영적 지도자이므로 목사가 당회장이 되는 것은 성경의 원리이며 교회의 유익을 위한 합리적인 규례이다.

(2) 당회의 권한과 임무(Authorities and duties of session)

① **교인들의 신앙과 행위를 감독한다.** 당회원들은 그리스도의 권위와 명령에 순종하여 사명감을 가지고 섬기는 자의 자세로, 즐거운 마음으로 교인들의 신앙과 행위를 감독한다(살전 5:12, 13). 장로들은 영혼의 감독자들이다. "감독자"(ἐπίσκοπος; overseer, bishop, guardian, superintendent; 감독관·보호자·관리자·사관)는 높은 망대에 올라가 졸지 않고 주의 깊게 경계하는 자이다.

② **교인들의 입회와 퇴회에 관한 사무 일체를 관리한다.** 신입(새로 등록하는 교인), 전입(타교회로부터), 전출(이명 혹은 이전) 등 전체 교인들의 출입동향과 학습·입교·세례 등 신분에 관하여 신앙적으로 그리고 행정적으로 관리한다.

③ **장로와 집사를 임직한다.** 당회는 성경원리, 장로교 정치 문답조례, 교회 헌법 등에 의거하여 장로와 집사를 임직한다. 당회는 장로와 집사의 자격이 구비되고, 맡은 직분을 능히 감당할 수 있는 능력이 있는 자들을 택하여 임직해야 한다(딤전 3:1-13; 행 6:3-8).

현대 많은 교회들이 개인의 학벌·사회적 지위와 명성·인물·물질 등에 치중하여 직분을 맡기는 것은 인본주의적 처사이며, 이로 인하여 직분을 맡는 자신과 교회에 막대한 신앙적 피해를 가져오는 실례들이 수없이 많다. 그것은 하나님의 말씀의 원리를 위반하는 죄이다.

④ **각 기관을 감독하고 신령한 유익을 도모한다.** 각 교회는 대소에 따라 여러 기관들이 있다. 당회는 각 기관들(주일학교·유치부·유년부·초등부·중등부·청소년부·청년부·장년부·전도회·선교회·성가대·제직회·당회·교회 부설기관 등)을 총 감독하고 신령적 유익을 도모한다. 감독은 각 기관의 자율적 활동을 제재함이 아니라 지도·계몽·선도한다.

⑤ **예배와 성례를 주관한다.** 예배는 성령과 말씀으로 거듭난 신자가 하나님께 기도와 찬양, 신앙고백, 뜻과 정성이 담긴 헌신, 감사의 예물들을 통하여 존귀와 영광을 하나님께 드리는 행위이다. 그리고 하나님을 두렵고 떨림으로 섬기며 봉사하는 행위이다. 성례는 기독교의 가장 중요한 그리고 거룩한 예식이다. 성례는 세례와 성찬을 포함한다. 당회는 예배와 성례를 주관한다.

⑥ **대내외 교회 업무를 관할한다.** 개척교회 설립 및 보조, 선교사 파송 등 대내외 교회 업무를 총 관할한다.

⑦ **권징을 시행한다.** 권징은 범죄한 자로 하여금 회개하고 돌이키도록 하는 데 그 의의와 목적이 있다. 갈라디아서 6:1에서는 "형제들아 사람이 만일 무슨 범죄한 일이 드러나거든 신령한 너희는 온유한 심령으로 그러한 자를 바로 잡고 네 자신을 돌아보아 너도 시험을 받을까 두려워하라"고 하셨다.

권징은 매우 어려운 일이다. 그 이유는 자신들도 다 불완전하고 부족한 자들로서 범죄자를 상대로 교훈과 책망과 바르게 함이 이루어져야 하기 때문이다. 당회는 범죄자들을 대할 때에 그의 영을 사랑하는 마음과 형제의 짐을 같이 지는 정신과 자신도 그러한 죄를 범하지 않을까 하여 삼가 조심하며 교훈과 경계를 받으며 권징을 시행해야 한다.

⑧ **노회에 총대를 파송한다.** 당회는 교회를 대표하여 장로들을 노회에 파송한다. 당회가 노회에 총대를 파송할 때에는 윤번제로 파송하는 것이 좋다. 어떤 특정인들만이 총대로 계속 파송되면 교권주의가 배양될 우려가 있다. 그럼에도 불구하고 현금 한국 교계의 상황은 일부 교권주의자들만이 노회 또는 총회의 총대로 계속 나아가므로 교권주의의 부식, 교회의 타락과

부패가 만연하게 되었다. 노회나 총회의 건의 안건의 성격에 따라 그 문제 해결을 위한 적격자, 전문가를 총대로 파송하는 것도 교회의 유익을 위하여 절대 필요하다.

⑨ **노회에 청원 한다.** 개 교회 자체적으로는 감당할 수 없는 문제들이나 해결할 수 없는 치리건 또는 소송건 같은 문제들의 해결을 위하여, 또는 공동적으로 할 일들에 관하여 당회는 노회에 청원할 일들이 있다.

2. 감독정치(Episcopal Government)

감독정치란 감독들에 의하여 교회가 다스림을 받는 정치를 가리킨다. 감독이란 헬라어 "에피스코포스"(ἐπίσκοπος; an overseer; 감독자)에서 인출된 직분상 명칭이다. 감독정치는 교회의 권위를 어떤 사람이나 또는 직위에 집중 귀속시킨다. 감독정치는 교회의 권위가 최고의 직위에 있는 사람이나 직위에 집중되어 있고, 직분에는 계급이 있어서 교회를 다스린다. 이와 같은 감독정치는 피라밋(pyramid) 형태의 정치구조이다.

감독정치는 주로 천주교·헬라정교·영국교회(성공회)·감리교, 그리고 감독정치의 배경을 가진 상당수의 교회 등에서 채택·시행하고 있다. 그러나 감독정치를 시행하는 교파마다 최고 권위자의 권위에 차이가 있다. 천주교 교황의 권위는 절대적이며, 헬라 정교의 대주교와 성공회의 대주교의 권위는 천주교의 교황보다 덜 절대적이며, 감리교의 대감독은 정교나 성공회의 대주교의 권위보다 덜 절대적이다.

(1) 천주교(Roman Catholic)

천주교의 정치적 구조는 교황을 정점으로 하여 교황(Pope)→추기경들(Cardinals)→대주교들(교구장들, Archibishops/ Patriarchs)→주교들(감독들, Bishops)→신부들(Priests)→집사들(Deacons)→평신도(Lay People), 수녀들(Sisters<Nuns>)→형제들(Brothers) 등으로 조직되어 있다.

"교황"은 유형교회(visible church)의 머리로서 사도적 계승자라고 주장한다. 특히 사도들 중 수(首)사도인 베드로의 후계자로 그리스도의 지상 대리자라고 한다. 그들은 마태복음 16:17 이하의 교회의 열쇠를 교황이 부여

받은 것으로 해석한다. 교황은 추기경에 의하여 추대되나, 추기경들은 교황이 임명한다. 교황의 권위는 절대적이며 임기는 종신직이다.

"**주교**"는 사도들의 후계자로서 한 교구의 으뜸이며, 지방교회들의 구심점이 된다. 주교는 교황의 임명으로 다른 주교에 의하여 서품 되고, 견진성사(세례)의 집권자이며, 신품성사(사제직의 임명)의 수여자이고, 고백성사(죄 회개) 규율의 통제자이다.

"**사제**"는 주교를 도와 교구의 일정지역을 담당하여 복음을 전하고, 신자들을 돌보며, 하나님께 미사(예배)를 집전한다.

(2) 성공회(Anglican Church/ Episcopal Church)

영국에서는 영국 국교를 앵글리칸 교회(Anglican Church)라고 부르며 다른 나라들에서는 이 교회들을 성공회(Episcopal Church)라고 부른다. 성공회의 정치적 구조는 대주교를 정점으로 대주교(archibishop)→감독들(bishops)→사제들(priests, clergy-pastors)→집사들(deacons, leaders; 남녀) 등으로 되어 있다. 감독들은 사제들을 임명하고, 사제들의 목회지를 배치하는 권세를 가지고 있다. 또한 감독들은 관할 교구 내의 치리권을 행사한다. 그러나 사제들은 설교와 성례 집례 등 일반적인 임무들을 수행하나 임명권이 없다.

3. 회중정치(Congregational Government)

회중정치는 회중이 주체가 되어 교회를 다스리는 정치를 가리킨다. 회중정치는 개교회(local church)의 법적 권위를 위로는 교회의 머리 되시는 그리스도께와 아래로는 개교회 회중에게 둔다. 따라서 교회 회원들 자신들이 교회의 권위를 가지고 있다. 회중정치는 실제상 회중이 권한을 가지고 있으므로 예수 그리스도 이외의 어떠한 사람이나 상부 조직 단체의 행정적 권위를 인정하지 않는다. 엄격한 의미에서 행정적 측면에서는 교역자들도 평신도들보다 우위에 있지 않다.

회중정치는 예수 그리스도 이외에 머리가 없으므로 어떠한 문제도 상회로 고소하는 상소권이 없다. 여하한 토의 결의 사항도 모든 회중들이 일인

일표의 투표권이 있어 결정한다. 각 교회는 교회의 직원 선출·신앙고백서 작성· 예배 의식·재판 등에 관하여 스스로 자유할 권한이 있다고 주장한다. 그리고 서로 연합하는 연합 공의회, 지방 협의회 같은 협동 기구들의 결의 사항들은 어디까지나 선언적·조언적이므로 구속력은 없다. 회중교회는 독립 적이며 자치적이다.

회중교회는 두 종류의 항존직(고정적)이 있으니 곧 목사와 집사이다. 목 사 청빙과 퇴임문제도 회중이 결정한다. 집사직은 봉사직이며 동시에 집사 들은 회중을 감독한다. 회중정치를 채택·시행하는 교회들은 회중교회, 침례 교, 많은 독립교회들 그리고 일부 루터교 등이다.

회중정치가 바람직하지 않음은 초대교회부터 감독, 장로, 집사 등의 직분 상 구별이 있어 왔으며, 직분에 따라서 권한과 임무를 수행해 왔기 때문이 다. 사도 바울은 장로들을 임명하였으며(행 14:28), 디도에게도 동일한 일 을 하도록 지시하였다(딛 1:5). 그리고 각 교회들이 행해야 할 일들에 관하 여 각 교회 회중들에게 위임하거나 또는 그들과 협의하여 결정한 것이 아 니라 명령하였다. 소아시아 7교회에 보낸 사도 요한의 서신들도 각 교회의 사자들(아마도 치리 장로들)에게 권면한 내용들이다.

제 3 장

비상 직원들

(The Extraordinary Officers)

"비상 직원들"이란 사도 시대의 교회에만 있었던 직원들을 가리킨다. 비상 직원은 사도, 선지자, 전도인 등이었다. 이 직원들은 교회가 선택한 것이 아니라, 그리스도께서 교회에 주신 직분들로서 교회는 받아들였다.

I. 사도(The Apostles)

사도란 헬라어로 **"아포스톨로스"**(ἀπόστολος)로서 그 뜻은 보내심을 받은 자, 전달자(one sent forth, messenger)를 의미한다.[33] 이 단어는 전치사 아포(ἀπό; from; …에서부터)와 동사 "스텔로"(στέλλω; to send; 보내다)로 구성된 합성어이다. 보내신 자는 그리스도시며, 보내심을 받은 자들은 사도들이며, 사도들에게 주어진 메시지는 구원의 복음이었다. 신약에 사도란 명칭은 약 80회 나타난다.

• 사도들은 신약 초기에 있었던 공적인 직분상의 명칭으로 복음을 전파하고, 교회들을 설립하고, 조직하는 특별한 사명을 수행하기 위하여 주께서

---

[33] J.H. Thayer, *Greek-English Lexicon of the New Testament,* p. 68

친히 선택, 임명하시고 철저하게 훈련을 시켜 특수한 목적들을 수행하기 위하여 보내심을 받은 자들이었다.

• 사도들의 수(數)는 처음에는 열두 명이었다. 엄격한 의미에서 사도들은 예수 그리스도께서 선택하신 열두 사람과 바울이다. 가룟 유다가 죽은 후에는 맛디아로 대신하였으며(행 1:16-26), 요한의 형제 야고보가 순교한 후에는 바울로 대신하였다(행 12:2; 갈 1:1). 물론 사도의 수를 채울 때에는 하나님이 직접 보충하셨다. 즉 사도들이 임명될 때에는 하늘로부터 비상한 소명이 있었다.

• 사도들은 복음 사역의 초기에는 연약하고 이해가 부족하고 실수도 많이 하였으나, 오순절날 성령의 능력과 영적 은사들을 받은 후에는 복음 사역에 큰 역할을 담당하게 되었다. 그리하여 그들은 교회의 중추적인 위치에서 중요한 임무를 수행하였다. 그들은 반대와 위협, 핍박이 엄습하는 환경 속에서도 하나님의 능력이 그들과 함께 하시므로 사도의 직무를 충실히 감당할 수 있었다.

• 사도들을 통하여 전해 주신 하나님의 계시의 말씀이 만대의 죄인들에게 전파되며 죄인들 중 다수가 구원의 반열에 동참하여 그리스도와 교제를 가지게 되었다. 사도들은 유대인이나 이방인을 막론하고 모든 민족에게 복음을 전파하였으며, 교회들을 세우고 가르치며 인도하고 다스렸다. 그렇게 함으로써 그들은 통상 목회자들이 수행하는 모든 임무들을 수행하였던 것이다.

• 사도라는 명칭은 보다 더 광범위하게 사용되었다. 빌립보 교회는 사도 바울에게 필요한 물건들을 에바브로디도 편에 보냈다. 이런 의미에서 에바브로디도는 사도 바울에게 보내심을 받은 빌립보 교회의 사도(빌 4:18)라고 하겠다. 사도라는 명칭은 안디옥 교회에서 파송 받은 바나바와 바울에게도 적용되었다(행 14:14;). 바울은 언제나 자신을 이방인의 사도라고 역설하였다. 그리고 갈라디아서에서는 자신의 사도직을 강조하였다.(2:8)

리덜보스(Riddervos)는 그의 갈라디아서 주석에서 "바울은 하나님의 특사(God's special embassador)이다"고 하였다.[34] 그 이유는 유대주의자들에 의하여 사도직에 도전을 받고, 바울이 전한 복음이 훼방을 받았기 때문

---

34) Herman Riddervos, *Galatians*, Eerdmans, p. 41

이다. 물론 바울은 공적인 의미에서 사도였으며, 바나바는 일반적으로 보내심을 받은 자라는 뜻에서 사도라 할 수 있다. 주님의 형제 야고보, 좀 덜 알려진 그리고 이름이 밝혀지지 않은 다른 사람들도 포함한다(고전 15:7). 이들에게서는 바울 서신들의 서두 문안에서 가끔 찾아보는 "예수 그리스도의 사도"(고전 1:1)라는 보다 더 분명한 명칭은 찾아볼 수 없다.

1. 자격과 임무(Qualifications and Duties)

(1) 사도들은 예수 그리스도의 생애, 특히 그의 부활의 산 증인들이었다.

사도들은 그리스도의 사역의 증인들이 되도록 특별히 선택된 자들이었다. 그들은 예수 그리스도께서 세례 받은 날로부터 승천하실 때까지 예수 그리스도의 산 증인들이었다. 그들은 그리스도께서 부활하신 후에도 그리스도를 목격하였다(행 10:39, 41; 눅 24:48; 요 15:27). 그러므로 그들은 말하기를 우리가 그리스도의 산 증인들이라고 하였다.

사도 바울은 다른 사도들과는 달리 그리스도의 부활 후에 그리스도를 친히 목도한 증인이었다. 부활하신 주님은 다마스커스(Damascus)로 가는 바울에게 나타나셨다(고전 15:8). 이렇게 사도의 자격은 그리스도께서 직접 임명한 자이며 그들은 그리스도의 죽음과 부활의 선택된 증인들이었다.35) 모든 사도들은 그리스도께서 부활하신 후 그리스도를 직접 보았거나, 직접 말씀을 들었거나, 직접 만져 보았거나 또는 주님과 같이 먹고 마셨거나 한 일들이 있는 그리스도의 부활의 목격자들이요, 산 증인들이었다. 그렇다고 역사적 예수를 보았거나 부활하신 그리스도를 목격한 사람들이라고 해서 다 사도가 된 것은 아니다.

다른 사람들은 사도들의 증거를 반복하여 전달하는 것이 그들의 사명이다. 즉 죽었다가 다시 사신 그리스도의 대리적 속죄의 죽으심과 육체적 부활을 증거 하는 것이다. 그리스도의 대리적 속죄의 죽으심과 육체적 부활은 기독교의 근본적 진리이며 복음의 핵심이다. 만일 그리스도께서 죽으심과

---

35) William Bannerman, *The Church of Christ*. Edinburgh, The Banner of Trust, 1974. p. 219

다시 사심이 없었다면 기독교는 구속의 종교가 될 수 없다.

(2) 사도들은 예수 그리스도로부터 사명을 직접 받은 자들이었다.

사도들은 개별적으로 주님께로부터 직접 사명을 받은 자들이었다. 그리스도 자신이 사도들을 직접 부르시고, 그들에게 사명을 직접 부여하셨다. 그리고 그들은 그리스도의 사역을 수행하기 위하여 인간의 간섭이나 제재 없이 그리스도에 의하여 보내심을 받았다(막 3:14; 눅 6:13; 갈 1:1). 주께서 그들에게 말씀하시기를 "내 아버지께서 나를 보내신 것같이 나도 너희를 보내노라"(요 20:21)고 하셨다. 사도들의 사명은 자신들을 부르신 그리스도의 소명을 수행하는 것이었다.

(3) 사도들은 특별 계시(기록된 하나님의 말씀)를 전달한 도구들이었다.

사도들은 그들 시대의 교회와 오고 오는 모든 시대의 교회들을 위하여 하나님의 말씀을 구두(口頭)로 또는 기록으로 다른 사람들에게 전달하는 계시 전달의 특별한 도구들이었다(엡 3:3-5;). 사도들은 성령의 감동으로 계시를 받아 기록하였다(벧후 1:21; 딤후 3:15, 16). 사도 바울은 주의 최후 만찬시에 있지 않았다. 그러나 후에 고린도 교회에 교훈한 성만찬의 교훈들을 보면 성령님의 계시가 바울에게도 주어진 것이 분명하다(고전 11:23). 뿐만 아니라 신약 성경의 과반수가 사도 바울을 통하여 기록되었다. 그러나 이 특별 계시가 그의 거룩한 사도들과 선지자들에게 성령으로 나타나신 것 같이 다른 세대에는 계시되지 않았다(엡 3:5). 그 이유는 계시가 문서로 완성되었기 때문이다. 후대의 모든 하나님의 사역자들은 사도들처럼 하나님께로부터 계시를 직접 받는 것이 아니라, 사도들을 통하여 이미 받은 계시를 증거 할 따름이다. 특별계시(기록된 하나님의 말씀)는 최종적이며, 완전하여 우리의 신앙과 행위에 유일무이한 법칙이다.

(4) 사도들의 직무는 복음을 전파하는 일이었다.

사도들은 "너희는 온 천하에 다니며 만민에게 복음을 전하라"(막 16:15)고 하신 주님의 명령에 순종하여 온 천하에 다니며 복음을 전파하였다. 그들의 사명의 범위는 세계적이었다. 즉 어느 특정 지역이나 나라가 아니라 전 세계가 그들의 전도의 교구였다. 어디서나 복음을 전하여 사람들로 하여금 주님을 구주로 믿고 예배드리도록 하였으며, 신자들에게 교회와 신앙에 대하여 교훈하며, 교회의 직원들을 임명하고 성례를 거행하였다(행 6:1-6; 딛 1:5). 사도들은 자신들의 거룩한 생활로 본을 보이면서 신자들의 영적 신앙생활을 지도하였다.

(5) 사도들에게는 특별한 징조들이 주어졌다.

사도들은 사도직과 메시지를 확증하기 위하여 때로는 이적들을 행하는 능력을 받았다. 사도들에게는 특별한 징조들이 따랐다. 사도 바울은 사도들의 표된 것은 "표적과 기사와 능력을 행한 것이라"(고후 12:12)고 하였다. 누가(Luke)는 말하기를 사도들에 의하여 "많은 이적과 기사들이 행하여졌다"(행 5:12)고 하였다. 사도들은 안수하므로 성령의 역사를 나타냈으며(행 19:6), 또한 수많은 능력들(이적들)을 행하였다(행 3:7, 8; 5:12-15; 9:36-41; 14:9, 10).

사도들에게 이적을 나타내게 하신 목적은 ① 진리를 받아들일 감동력을 일으키고, ② 하나님께서 보내신 전도자임을 증명하며, ③ 교훈을 명료하게 하기 위함이었다.36)

(6) 사도들은 교회들을 설립하였다.

사도들은 복음을 전파하고 교회들을 설립하였다. 사도들은 모든 시대의 교회의 기초(Church's Foundation)를 놓는 특별한 임무를 지니고 있었다.

칼빈(Calvin)은 말하기를 "그들은 최초의 교회 건축가들로서 전 세계에 교회의 기초를 쌓았다"라고 하였다.37) 이런 의미에서 사도들은 교회의 기초석들(foundation stones)이었다. 사도 바울은 "너희는 사도들과 선지자들의 터 위에 세우심을 입은 자라"(엡 2:20)고 하였다. 사도들은 만대교회의 창설직원들이었다.

---

36) J. Aspinwall Hodge, *What is Pesbyterian Law?*
37) Calvin, *Institutes of Religion*, IV. 3:4.

(7) 사도들은 신자들의 영적 신앙생활을 감독하였다.

사도들은 그들이 세운 교회들을 방문하고 신자들의 영적 신앙생활을 감독하였다. 그들은 신자들을 위한 자신들의 책임을 절감하였으며(고후 11:28), 신자들의 신앙적 형편에 따라서 책망과 바르게 함과 교훈과 안위를 주었다. 그리고 잘못된 이단설들을 배격하였다

그들의 사도직은 세상에서 매면 하늘에서도 매이고, 세상에서 풀면 하늘에서도 풀리는 그러한 권능을 받았다(마 16:19). 이 직무는 교회 역사에 있어서 그들에게만 주어진 비상대권이었다.

(8) 사도직의 계승자는 없다.

사도직은 그 시대에 그들에게만 제한된 비상직분이요, 영구직분이 아니므로 사도들의 후계자란 존재하지 못한다. 그리고 사도들에게 주어졌던 초자연적 능력이 후대의 사역자들에게는 주어지지 않는다.

사도들이 세상을 떠난 이후에는 예수 그리스도의 말씀을 직접 듣거나, 그의 육체적 부활체를 직접 목격한 사람이 없고, 사도들과 같은 고유한 은사들을 받은 자도 없으며, 사도들의 특별한 직무를 수행한 자도 없으며, 그리스도께서 직접 선택 임명하거나 초대교회가 승인한 바도 없다. 그러므로 사도직은 사도 시대 이후에는 존재하지 않는다. 따라서 오늘날 복음사역자는 사도가 아니라, 사도적 사명을 수행하는 자들이다.

Ⅱ. 선지자(Prophets)

사도시대에는 선지자들이 있었다. 아가보, 바나바, 시므온, 루기오, 마나엔, 사울, 유다, 실라 등은 이 반열에 속하였다(행 11:28; 13:1, 2; 15:32; 고전 12:28; 엡 2:20; 3:5; 4:11; 딤전 1:18; 4:14; 계 11:6). 사도시대 에 선지자직은 일시적 직분이었다. 선지자들은 말씀의 은사를 많이 받았으며, 그들은 이따금 신비한 비밀의 말씀들을 계시하며, 장차 되어질 일들을 예언하는 기구들로 사용되었다. 아가보는 흉년이 들 것을 예언하였으며(행 11:28), 바울은 예루살렘에 가기 전에 자신이 결박당함을 미리 보았다(행

21:10-11). 유다와 실라는 하나님의 말씀을 전파함으로써 성도들을 온전케 하기 위하여 많은 말씀으로 형제들을 권면하였다(행 15:32).

그러나 그들은 항상 영감을 받은 사도들보다는 하위(下位)에 있었다. 그리고 특별한 영감 아래서 말씀을 선포한 점에서 일반 교역자들과는 상이하였다. 그들은 사도들과 더불어 초대교회의 중요한 사역을 담당하였으나 그들의 임무는 목사의 사역으로 이전되었다. 그리고 오늘날 목사의 사역은 성경에 기록된 예언의 말씀을 선포하는 일이다.

구약시대 선지자와 신약시대 선지자는 무엇이 상이한가? 구약의 선지자들은 국가적 지도자들, 애국자들, 개혁자들로서 하나님의 말씀을 구두(oral)로 선포할 뿐만 아니라, 문서로 기록하였으며, 선지 사역의 기간도 장기간이었다. 그러나 신약의 선지자들은 구약의 선지자들과는 대조적으로 하나님의 말씀을 구두로 받아 선포는 하였으나 문서로 기록하지는 아니하였으며 (바울 제외) 선지자로서의 자격도 구약시대 선지자들보다는 미흡하였으며, 선지사역 기간도 매우 단기적, 일시적이었다. 선지직은 사도직과 같이 신약 성경이 완성되었을 때 초대교회 시대에 끝났으므로(고전 13:8) 그 이후로는 존재하지 않는다.

칼빈(Calvin)은 말하기를 선지자들은 "신적 의지의 모든 해석자들을 의미하지 않고, 특별한 계시로 뛰어난 자들을 의미하나니 지금은 이 같은 사람들이 존재하지 않으며 또는 그들이 뚜렷하게 나타나지 않는다"고 하였다.[38] 그 이유는 신구약 성경이 문서로 완성되었기 때문이다.

III. 전도자(Evangelists)

사도시대에는 전도자들이 있었다. 그들은 사도의 직무를 보조하고 대신한 사람들이었다(행 1:25). 빌립, 마가, 디모데, 디도 등은 이 반열에 속하였다(행 21:8; 엡 4:11; 딤후 4:5). 빌립은 아마도 사마리아 지역에 복음을

---

38) Ibid. IV. 3. 4.

증거 한 전도자였으며(행 21:8) 에디오피아 내시에게 교훈하였고(행 8:26-40), 사도 바울은 디모데에게 전도의 일을 하라고 권면하였다(딤후 4:5). 전도자는 복음(유앙겔리온, εὐαγγέλιον)과 관계있다.

전도자는 돌아다니며 복음을 전파하는 사람이다. 전도자들은 사도들을 수행하여 조력하였으며, 때로는 사도들로부터 특별한 사명들을 받고 파송되기도 하였다. 그들의 사역은 전도하고, 세례를 베풀며, 장로들을 장립하며, 권징을 시행하는 것이었다(딛 1:5; 3:10; 딤전 5:22). 그리고 그들의 직분은 일반 사역자들보다 어느 정도 우월하였던 듯하다. 그러나 그들은 지위에 있어서 사도들보다 낮고, 직분에 있어서도 사도들을 보조하였으므로 사도직의 폐지와 함께 폐지되었다고 볼 것이다. 칼빈도 이 직분(전도자)은 사도시대 이후에는 폐지되었다고 하였다.[39] 실제상 사도시대 이후에는 전도자라는 명칭이 나타나지 않는다.

상기와 같이 선지자들과 전도자들을 고찰해 볼 때 사도시대의 선지자들과 전도자들은 분명히 동일한 직분을 수행하는 상이한 두 단체들이었다. 문법적으로도 "한 관사(one article)에 두 명사(two nouns)가 사용된 것이 이를 뒷받침한다."[40]

---

39) Ibid., IV. 3, 4
40) Robertson, *A Grammar of the Greek New Testament*, p. 787

제4장

통상 직원들
(Ordinary Officers)

"통상직원들"은 목사, 장로, 안수 집사를 가리킨다. 통상직원들은 신약시대의 영구적 직분들이므로 일명 항존직(恒存職)이라고도 한다. 목사와 장로와 집사의 직무는 전도·교육·봉사·구제 등이요, 그것이 바로 교회의 항존직무이기 때문이다.

I. 목사(Pastor)

목사는 말씀을 전파하며, 성례(세례와 성찬)를 거행하며, 교회(성도들)를 치리하며, 삼위일체 하나님의 이름으로 축도하는 매우 중요한 임무들을 모두 겸하였으니, 목사직은 교회의 직분들 중에 가장 중요하고도 존귀한 직분이다.

1. 목사의 기원(The Origin of Pastor)

(1) 구약시대(in the O. T.)

제사장직, 선지자직에서 목사(Pastor)의 직분을 발견한다. 목사직은 구약시대의 제사장직과 선지자직에 해당된다. 구약시대 제사장(Priest)은 백성을 대표하여 하나님께 제사드리는 일을 수행하였고, 선지자(Prophet)는 하나님 편에서 하나님의 말씀을 가감 없이 전달하는 일을 수행하였다. 지금의 목사는 구약시대 제사장처럼 기도·찬양·헌금·온 몸과 온 마음을 다하여 하나님께 예배드리는 일과, 선지자처럼 교훈, 권면, 책망을 포함한 하나님의 말씀을 선포하는 중차대한 사명을 가지고 있다.

(2) 신약시대(in the N. T.)

사도직에서 목사의 직분을 발견한다. 주 예수께서 사도들에게 "내 어린 양을 먹이라 … 내 어린양을 치라 … 내 양을 먹이라"(요 21:15-17)라고 하심은 곧 목사(목자)의 사명을 부여하신 것이다. 목사라는 명칭은 다수 교회 교역자들의 통상 명칭이다. 이 명칭은 교역자보다 교역자의 사역에 더욱 강조점을 둔다.

2. 어원적 고찰(Etymology)

(1) 구약에서(in the O. T.)

히브리어에 목사라는 명칭은 "로에"(רֹעֶה)이며, 로에의 문자적 의미는 목자(牧者=shepherd)이다. 로에는 동사 "라아"(רָעָה)에서 인출되었는데, 라아의 근본 의미는 목양하다(to pasture), 돌본다(to tend), 양무리를 먹인다(to feed a flock), 경계하다, 지키다(to guard), 다스린다(to rule) 등의 뜻이 있다. 로에는 구약에 62번 사용되었다.[41]

(2) 신약에서(in the N. T.)

헬라어에 목사라는 명칭은 "포이멘"(ποιμήν)이다. 포이멘은 "포이마이노"(ποιμαίνω)라는 동사에서 인출되었는데, 이 단어의 근본 의미도 구약의 로에(רֹעֶה)와 같이 목자라는 뜻이다.[42] 목자의 진정한 의미는 양 무리

---

41) Samuel Prideaus Tregles, *Gesenius Hebrew and Chaldee Lexicon,* Grand Rapids: Eerdmans Pub. Co., 1969. p. 773
42) Young's op. cit., p. 734

를 지키고, 다스리고, 먹인다는 뜻이다(마 9:36; 26:31; 히 13:20; 벧전 2:25).

명사 **"포이멘"**(ποιμήν)은 신약성경에 18번 사용되었다.

① 문자적으로는 **양들의 목자**(Shepherd of Sheep<마 9:36; 25:32; 막 6:34; 눅 2:8, 15, 18, 20; 요 10:2, 12>)라는 뜻이다.

② 구약에는 비유로 하나님 자신이 **이스라엘 백성의 목자**(The shepherd of Israel)로 묘사되었다(시 23:1; 80:1). 하나님은 구약성경에서 양 무리들을 돌볼 참 목자 메시아(true shepherd Messiah)를 보내기로 약속하셨다. 에스겔 34:23; 37:24; 스가랴 13:7은 메시아에 관한 예언적 의미가 있다.

③ 신약에는 비유로 **예수 그리스도**를 우리의 목자장·참 목자·큰 목자·선한 목자·영혼의 목자와 감독 등등으로 묘사하였다. 성경은 예수 그리스도를 세상 일반 목자들과 구별하기 위하여 "그 목자"(The Shepherd)라고도 하였다(마 26:31; 막 14:27; 요 10:1-6, 11, 14, 16; 벧전 2:25; 5:4; 히 13:20). 신약에는 하나님을 목자라고 한 곳은 한군데도 없다. 다만 잃어버린 양의 비유 가운데 하나님을 목자로 비유한 것뿐이다(눅 15:4-7; 마 18:12-14).43)

④ 비유적으로 **목사들**을 가리킨다(요 21:16; 벧전 5:2; 행 20:28). 목자(ποιμήν)라는 단어가 목사(牧師=pastor)로 번역된 곳은 신약 성경에 오로지 에베소서 4:11뿐이다.44)

교역자들은 우리의 목자장·참 목자·위대한 목자·영혼의 목자이신 예수 그리스도 밑에서 그의 양들을 치는 목자들(under shepherds)이다.

에베소서 4:11의 "목사와 교사"는 "투스 데 포이메나스 카이 디다스카루스"(Τοίς δὲ ποιμένας καί διδασκάλους)로서 헬라어 문법상 관사 투스(Τοίς)는 목사와 교사를 동시에 수식하기 때문에, 목사와 교사는 두 사람이 아니라 동일인(목사/교사, pastor/teacher)임을 가리킨다.

웨스트(Kenneth Wuest)도 에베소서 4:11의 "혹은 목사와 교사"라는 말씀에서 목사와 교사를 동일인(同一人)으로 해석하였다.45) 그러므로 본문에

---

43) Thayer, Joseph Henry, op. cit., 1470
44) J. B. Smith, op. cit., p. 296

목사는 곧 교사요, 교사는 곧 목사이다. 다시 말하면 동일한 직분에 대한 상이한 명칭들이다. 이는 1인 2중직(一人二重職)을 겸임하고 있음을 가리킨다. 여기서 우리가 매우 주의를 촉구할 것은 목사들은 모두가 교사들이지만 교사들 모두가 목사는 결코 아니라는 사실이다.

목사는 성도들을 돌보며, 잘 먹이며, 다스리는 다중(多重)의 임무를 가지고 있다. 그러므로 목사는 설교(preaching)와 가르침(teaching)을 다 병행하여 맡은 바 직무를 잘 감당하는 자가 되어야 한다고 교훈하였다(딤전 5:17). 만일 사람이 가르치는 은사와 다스리는 은사를 받지 못하였다면 목사로서의 소명을 받았다고 생각하는가를 깊이 고려해야 할 것이다. 어떤 이들은 이해와 동정심은 있으나 가르칠 능력과 열정이 없다. 반면에 어떤 이들은 다스리는 능력이 없다. 교역자에게 있어서 가르치는 일(강도)과 다스리는 일(치리)은 천부(天父)께로부터 부여받은 사명이다.

II. 감독(Bishop)=장로(Elders)

1. 어원적 고찰(Etymology)

감독이란 헬라어 "에피스코포스"(ἐπίσκοπος)로서 이 단어는 "에피"(ἐπί)와 "스코페오"(σκοπέω)로 구성된 합성 명사이다. 에피(επι)는 상관(上官) 또는 웃어른이라는 뜻이고, 스코페오(σκοπέω; to look or watch)는 감독하다, 감시하다, 시찰하다, 관찰하다, 검열하다, 주의(경계)한다는 뜻이다. 감독은 검사관(inspector), 감독관(commissioner, superintendent, supervisor, overseer, watcher), 보호자(protecter)등을 의미한다. 감독은 교회를 감독·감시·시찰·관찰·검열·주의·경계하는 직분을 맡은 자를 가리킨다(딤전 3:1-5). 따라서 감독은 목회자의 행정적인 면과 깊이 관계된다. 감독이란 신약성경에 5번 사용되었다. 그중에 한 번은 그리스도께 사용

---

45) Kenneth Wuest, *Word Studies in the Greek New Testament*, Eerdmans, 1980, vol. I., p. 101

되었고(벧전 2:25), 두 번은 에베소 교회(행 20:28; 딤전 3:2), 한번은 빌립 보 교회(빌 1:1), 한번은 그레데에 있는 감독들(딛 1:7)에게 사용되었다.46)

2. 장로 · 감독 명칭의 교대적 사용(Interchangeability)

사도 시대와 교부시대에는 감독과 장로의 구별이 없었다. 따라서 감독과 장로의 명칭들은 상호 교대적으로 사용되었다. 여기서 장로란 강도와 치리를 겸한 목사를 가리킨다. 다시 말하면 감독과 장로는 동일인(同一人)이나 직분상 상이한 명칭들로 사용되었다. 따라서 감독이라는 명칭과 장로라는 명칭은 직능에 따라서 교대로 사용되었다.

(1) 사도 바울은 밀레도에서 사람을 에베소로 보내어 에베소 교회 장로들을 청하여 밀레도로 오게 하였는데(행 20:17), 후에 그들(장로)을 감독이라고 불렀다(28절). 밀레도는 에베소에서 남쪽으로 약 30마일(48km) 떨어진 곳이다.

(2) 디도서 1:5에서 사도 바울은 젊은 교역자 디모데로 하여금 그레데에 머물면서 각 성(every town)에 장로들을 임명토록 했다. 그리고 장로의 자격들을 나열하면서 "감독은 ⋯ 책망할 것이 없는 자"여야 한다(7절)고 하면서 장로와 감독의 명칭을 교대적으로 사용함으로써 장로와 감독을 동일시했다.

(3) 디모데전서 3:1-7에서 감독의 자격들을 언급하고 곧이어 8-13에서는 집사의 자격들을 언급하였다. 후에 디모데전서 5:17에서는 장로의 직분은 잘 다스리는 감독 기능임을 교훈하였다. 따라서 감독과 장로를 동일시하였다. 그리고 동일한 자격들(same qualifications)을 요구하였다.

(4) 베드로전서 5:1에서 사도 베드로는 장로들에게 자신을 함께 장로 된 자(a fellow elder)라고 소개하고 "하나님의 양무리를 치라"(2절)고 권면하였다. "치라"(포이마나테, ποιμάνατε; shepherd; 양무리를 치라)는 말씀은 먹이다는 말씀 이외에도 돌보다, 인도하다, 보호한다(feed, care for, guide, protect) 등 목자의 임무 전체를 가리킨다. 이 말씀은 장로는 양무리를 치는 목자의 사명이 있음을 가리킨다. 베드로전서 2:25에서는 예수

---

46) Smith's op. oit., p. 145

그리스도를 "너의 영혼의 목자와 감독(Shepherd and Bishop of your souls)"이라고 함으로써 목자와 감독을 동일한 직분으로 언급하였다.

(5) 사도 바울은 그의 제1차 선교 여정중에도(행 13:4-14:28) 각 교회에 장로들을 세우고 빌립보 교회에 보내는 공적 인사에서 "그리스도 예수 안에서 빌립보에 사는 모든 성도와 감독들과 집사들"이라고 함으로써(빌 1:1) 빌립보 교회 장로들과 감독들을 동일시하였다.

(6) 사도 요한은 요한이서 1절과 요한삼서 1절에서 택하심을 입은 부녀와 그의 자녀들에게와 가이오에게 편지하면서 자신을 장로라고 하였다.

(7) 감독과 장로가 동일인임은 초대교회 교부들의 증언들 가운데서도 확인되었다.

크리소스톰(Chrysostom)은 "장로들을 감독 또는 장로라고 불렀다"

제롬(Jerome)은 "장로와 감독은 같다"

어거스틴(Augustine)과 기타 4-5세기경 교부들도 감독과 장로는 동일한 직분이다.

클레멘트(Clement of Rome)는 주후 1세기 말경에 "감독들과 집사들"을 교회 사역을 대표하는 직분으로 언급하였다. 비록 감독과 장로라는 명칭이 주후 2세기부터 분리되기 시작하였으나, 힐라리·제롬·크리소스톰·기타 탁월한 학자들에 의하여 감독과 장로는 동일한 직분임이 증명되었다.[47]

찰스 하지(Charles Hadge)는 디모데전서 3:1의 감독을 3:2의 "가르치기를 잘하며"라는 말씀과 연결하여 목사와 동일시하였다.[48]

그렇지만 감독이라는 명칭은 권위에 치중하고, 장로라는 명칭은 연령과 경험을 존중하는 뜻에서 사용되었다. 뿐만 아니라 감독이라는 명칭은 이방 세계에서, 장로라는 명칭은 유대인 세계에서 즐겨 사용하였다.

목사·장로·감독 등의 명칭 이외에도 목사와 관련된 명칭들은 다음과 같다.

① 사람을 낚는 어부들(마 4:19; 막 1:17)

---

47) J.B. Lightfoot, *"The Christian Ministry"* in the *Saint Paul's Epistle to the Philippians*, pp. 181ff; Edwin Hatch, *The Organization of the Early Christian Churches*, pp. 26ff

48) *Presbyterian Policy*, 1878, p. 264

② 증인들(행 1:8)

③ 감독들(행 20:28; 딤전 3:1-2; 벧전 5:1-3)

④ 설교자들(롬 10:14-15; 딤전 2:7)

⑤ 사역자들(고전 3:5)

⑥ 그리스도 예수의 일꾼들(롬 15:16)

⑦ 하나님의 비밀을 맡은 청지기들(고전 4:1)

⑧ 새 언약의 일꾼들(고후 3:6;)

⑨ 대사들(고후 5:20)

⑩ 하나님의 동역자들(고전 3:9)

⑪ 하나님의 종들(고후 6:4)

⑫ 교회의 사신들(고후 8:23)

⑬ 동료 군사들(빌 2:25; 딤후 2:3-4)

⑭ 그리스도의 복음의 일꾼들(살전 3:2; 빌 2:25)

⑮ 하나님의 사람들(딤전 6:11;)

⑯ 하나님의 종(딛 1:1)

⑰ 별들(계 1:20; 2:1)

⑱ 하나님의 청지기(딛 1:7)

⑲ 파수꾼(겔 33:7; 사 62:6; 21:11-12)

⑳ 교사(딤전 2:7; 딤후 1:11)

㉑ 전도인(딤후 4:5).49) 참으로 목회자들에게는 이렇게 존귀한 많은 명칭들이 부여되었다.

3. 목사에 대한 일반 명칭들(Ministerial Titles)

성직자에 대한 아름답고도 존귀한 명칭들 중 아래의 몇몇 명칭들은 가장 보편적으로 널리 사용되고 있다. 상이한 교파마다 상이한 명칭들을 사용한다.

(1) **목사**(牧師; Pastor): 양무리를 잘 보살피는 영혼의 목자를 의미하며 이 명칭은 "교회를 담임한 교역자"에 대한 칭호이다. 교파를 막론하고 이

---

49) W.H. Griffith Thomas, *Ministerial Life and Work*, Grand Rapids: Baker Book House, 1974. pp. 117-9

칭호를 가장 많이 애용한다.

(2) **목사**(Preacher): 이 명칭은 "하나님의 말씀을 선포하는 설교자"라는 의미에서 사용된다. 설교는 하나님의 말씀을 전파함으로써 사람들을 설복시키는 일이다. 설교자는 사람들을 권면하며, 세우며, 안위한다(고전 14:3).

(3) **목사**(Minister): 이 명칭은 "교회를 섬기는 사역자·봉사자"라는 의미에서 일반적으로 광범위하게 사용한다(롬 15:16).

(4) **목사**(Reverend): "성직자에 대한 존칭어"로 사용된다. 이 명칭은 라틴어 리(re)와 베레리(vereri)로 구성된 합성어로서 존경받는 분이란 뜻이다. 이 명칭은 장로교·감리교·개혁교들을 중심으로 한 교회들이 호칭으로 많이 사용한다. 우리나라에서도 이 명칭을 많이 사용하고 있다. 그러나 보수 근본주의 교회들은 이 칭호를 잘 사용하지 않는다. 그 이유는 이 칭호는 너무나 존귀하여 하나님께만 해당되기 때문이다.

(5) **감독**(Bishop): 감독은 초대교회에서부터 흔히 사용된 명칭(딤전 3:1 -7; 딛 1:5-9)으로서 지금은 감독 정치를 하는 천주교나 감리교나 성공회 등이 사용한다.

(6) **신부**(神父; Father) 또는 사제(Priest): 로마 천주교에서는 성직자를 신부 또는 사제라고 부른다. "신부"란 거룩한 아버지(聖父; Holy Father)로서 하나님의 칭호를 도적질하였다.

(7) **랍비**(ῥάββι): 유대교에서는 성직자를 랍비(ῥάββι; 선생)라고 부른다. 랍비(ῥάββι)는 랍(ραβ; master; 상전)에서 인출되었다. 랍은 노예의 반대이다. 랍비는 유대인 선생들(율법사들)에 대한 존칭어이다. 당시 사람들은 이 존칭어를 예수 그리스도께 사용하였다(마 26:25, 49; 막 9:5; 11:21; 14:45; 요 1:38). 이 명칭(랍비)보다 더한 최상의 존칭어는 "라부니" (ραββουνί; my great master; 나의 위대한 상전)이다. 이 존칭어는 소경 바디매오와 막달라 마리아가 그리스도께 사용하였다(막 10:51; 요 20:16).

4. 목사에 대한 3명칭들(Three Titles of Pastor)

토마스(W. H. Thomas)는 목사에 대한 세 가지 정의(definitions)를 다음과 같이 규정하였다.

(1) 목사는 하나님과의 관계에서 메신저이다

(Pastor; the messenger related to God).

"메신저"는 헬라어로 "앙겔로스"(ἄγγελος; messenger, angel; 전달자, 천사)로서 메신저 즉 소식을 전달하는 자이다.50) 하나님의 사자는 하나님의 말씀을 하나님의 자녀들에게 가감 없이 그대로 전달하는 자이다.

(2) 목사는 하나님의 말씀과의 관계에서 파수꾼이다

(Pastor: a watchman related to the Word of God).

"파수꾼"은 헬라어 "풀라케"(φυλάκή)로서 동사 "풀라소"(φυλάσσω)에서 인출된 단어이다. 필라소는 보호하다(to keep in view), 감시하다(to watch over), 방어하다, 파수하다(to defend), 지키다(to keep), 관찰하다(to observe), 보초선다, 경계하다(to guard)는 뜻이 함축되어 있다.51) 목사는 파수꾼으로서 하나님의 백성들을 이리들(wolves)로부터 보호하며 하나님의 말씀의 순수성을 보존·감시·방어·파수하는 사명이 있다. 이것은 파수꾼의 특권이다. 구약시대의 선지자들이나 신약시대의 사도들, 전도인들이 모두 파수꾼들이었다(사 52:8; 56:10; 히 13:17).

(3) 목사는 교회와의 관계에서 청지기이다

(Pastor; steward related to the Church).

"청지기"는 헬라어 디아코노스(διάκονος)로서 종 또는 사역자(Servant or Minister)라는 뜻이다. 이 단어는 디아(διά, through; 통하여)라는 전치사와 콘(κον; dust, soil; 먼지, 흙)이라는 명사로 결합된 합성명사이다. 청지기는 먼지 나는 가운데서 또는 먼지를 날리면서 분주히 일하는 일꾼을 가리킨다. 청지기는 자원하여 즐거운 마음으로 충성하고 봉사하는 자이다. 목사는 하나님의 선한 청지기로서 하나님의 일을 항상 즐거운 마음과 자원

---

50) Kittel's *Theological Dictionary of the New Testament*, One Volume, p. 12
51) Ibid., p. 1174

하는 자세, 사명감에 불타는 의욕으로 수행해야 한다(고전 3:5; 딤전 3:1; 4:6; 살전 3:2). 그러므로 청지기는 노예로서 마지못하여 또는 삯꾼으로서 삯만을 위하여 일하는 것과는 분명히 구별되어야 한다. 청지기로서의 목사는 전도와 교훈, 성례 거행, 권징의 바른 시행 등 모든 하나님의 일에 전념해야 한다.

이상과 같이 교역자는 하나님과의 관계, 하나님의 말씀과의 관계, 교회(성도들의 무리)와의 관계가 바로 이루어져야 한다.

5. 목회자에 대한 성도들의 반응
(Response of the Saints to the Ministers)

사도 바울(Apostle Paul)은 데살로니가 교회 성도들에게 "너희 가운데 수고하고 … 너희를 다스리며 권면하는 자들을 너희가 알기를 원하며, 저희의 하는 일로 말미암아 그들을 매우 높이 존경하기를 원하노라"(살전 5:12-13 이역)고 권면하였다.

바울은 교회의 영적 지도자들을 가리켜 성도들을 다스리며, 권면(admonition; 권면·훈계·충고·경고)하며, 수고하는 자들이라고 하였다. 이 말씀은 교회의 장로들(강도와 치리를 겸한 장로〈목사〉와 치리 장로 모두를 가리킴)과 그들의 하는 일들을 가리켜 한 말씀이다. 성도들을 다스리며, 권면하며, 목양하는 교회의 영적 지도자들을 어떻게 대해야 마땅한가?

첫째, **"알라"**(에이데나이, εἰδέναι; know)는 단어는 계속적, 점진적 경험에 의하여 아는 지식을 가리킨다. 성도들은 교회의 영적 지도자들을 나그네처럼, 외인처럼 멀리하거나 외면하지 말고 인간적으로 서로 가까워지라는 말씀이다. **테일러**(Thayer)는 "알라"는 말씀을 "관심을 가지라"(pay attention to)로 각주하였다(p. 174).

둘째, **"존경하라"**(헤게이스다이, ἡγεῖσθαι; esteem, respect; 인격을 존중히 여기라). "알라"는 단어를 **아봇-스미스**(Abott-Smith)는 존경하라, 감사하라(respect, appreciate)로 각주하였고(p. 311), **안트와 긴그리치**(Arndt and Gingrich)도 존경하라(respect)로 각주하였다.

성도들은 영적 지도자들의 신분·직분으로 인하여 그들을 귀히 여기고 존경하라는 말씀이다. 성직은 천직이요, 성질상 존경의 대상이다.

디모데전서 5:17, "잘 다스리는 장로들을 배나 존경할 자로 알되 말씀과 가르침에 수고하는 이들을 더할 것이니라"고 했다. "배나 존경하라"는 말씀은 "갑절이나 존경하라"(디프레스 티메스, $\delta\iota\pi\lambda\eta\varsigma$ $\tau\iota\mu\hat{\eta}\varsigma$; double honour)는 뜻으로 이 말씀은 "최상의 존경도"(a high degree of respect)를 가리킨다.[52]

셋째, **"감사하라."** "에이데나이"($\epsilon\dot{\iota}\delta\acute{\epsilon}\nu\alpha\iota$)를 아봇-스미스는 감사하라(appreciate)라고도 간주하였고(p.311), 라잇훗(Lightfoot)도 "그들의 참 성품을 보고, 가치를 인정하고, 감사하라"로 각주하였으며(p. 79), 웨이마웃(Weymouth), 모펫(Moffatt), 굿스피드(Goodspeed) 등도 에이데나이를 "감사하라"로 해석하였다.[53] 영적 지도자들은 우리의 영혼을 돌보는 사람들, 우리의 인생을 바로 살게 하는 사람들, 우리에게 복을 받아 누리게 하는 사람들, 우리를 천국으로 인도하는 사람들이니 그들에게 감사해야 한다.

III. 장로(Elders)

여기서 장로는 치리장로를 가리킨다.

1. 어원적 고찰(Etymology)

장로는 히브리어 **"자켄"**(זָקֵן)으로 그 뜻은 웃어른, 노인, 장로(senior, old man, elder)를 뜻한다(레 19:32; 잠 20:29). 이는 성숙한 영적 경험과 이해와 관계된 존엄성과 권위를 지적한다. 장로는 개인의 자격과 권위를 언급한다면, 감독은 장로의 기능면을 언급한다.

히브리어 **"자켄"**(זָקֵן)은 70인 역에서 **"프레스부테스"**($\pi\rho\epsilon\sigma\beta\acute{\upsilon}\tau\eta\varsigma$), "프

---

52) Barnes' *Note on the N.T.*, KRegel Pub. Grand Kapids, 1990, p. 1155
53) Ralph Earle, *Word Meanings in the N. T.* Baker, 1986. p. 372.

레스부테로스"(πρεσβύτερος), "프레스부테리온"(πρεσβύτέριον) 등으로, 영어로는 엘더(Elder), 우리 나라 말로는 장로(長老)로 번역되었다.

(1) **"프레스부테스"**(πρεσβύτης)는 경험적 권위를 지닌 고령자(aged person or old man)를 의미하며, 신약에 3회(눅 1:18; 딛 2:2) 기록되었다. 장로라는 어원 자체에 남자(男子) 연장자라는 의미가 내포되어 있음을 명심할 것이다.

(2) **"프레스부테로스"**(πρεσβύτερος)는 접미어 테로스(τερος; 손위에)와 결합하여 비교급으로 연하자(年下者)보다 연장(年長)의 지식·경험·지혜·권위를 지닌 영적으로 성숙한 존경의 의미가 내포되어 있는 "장로"를 의미한다.

(3) **"프레스부테리온"**(πρεσβύτέριον)은 장로들이 모인 기구, 즉 공회로 표시되어 있다. 산헤드린 공의회는 그 대표적인 기구였다. 프레스부테리온은 신약에 3번 기록되어 있다(눅 22:66; 행 22:5; 딤전 4:14).

영어의 장로교(Presbyterian Church)는 이 단어에서 유래되었다.

2. 장로의 기원(Origin of Elders)

장로의 기원은 **모세** 시대부터이다. 하나님께서 모세로 하여금 70인 장로를 세우고 그들로 하여금 백성의 송사를 재판케 하였는데 그 때로부터 장로의 기원이 시작되었다.(출 24:1-9, 민 11:16-24, 25)

여호수아는 별세 전에 장로들과 두령들과 재판장들과 유사들을 불러 유언하였다(수 23:2; 24:1).

그 후 신약시대에도 장로에 관한 기록이 여러 곳에 기록되었다(마 5:22; 26:3; 눅 7:3; 행 4:8, 23; 6:12; 23:14; 24:1; 25:15).

예루살렘 교회에 장로들이 있었다. 그들 중 야고보는 그 교회의 기둥이었으며 또한 그 교회의 대변자이었다(행 15:13, 21:18, 갈 2:9).

초대교회들이 설립될 때에 처음으로 유대교에서 기독교로 개종한 사람들이 유대인들이요, 혹은 유대인의 회당들 전체가 교회로 돌아와 회당을 예배당으로 사용했으며, 상당수의 제사장들과 장로들도 개종했다(행 14:23;).

3. 장로 선출 및 임명(Election and Ordination of Elders)

초대교회에서 장로들을 선택할 때에는 교회의 온 성도들이 장로 후보자들을 투표하여 선출하고, 사도들은 후보로 선출된 사람들에게 안수하여 장로로 임명하였다. 그 실례로 바울과 바나바는 그들의 첫 전도 여행 시에 각 도시, 각 교회(in every city, in every church)에 장로들을 선택하여 임명할 때에 교회의 온 성도들로 하여금 장로들을 선출토록 하고, 사도들은 그들에게 안수하여 장로로 임명하였다(행 14:23). 그리고 초대교회 대다수의 장로들은 아마도 유대인 회당들에서 나와서 교회의 장로들이 되었다.

• **예루살렘 교회에 장로들이 있었다.**

사도행전 11:30, 안디옥 교회는 예루살렘에 있는 가난한 그리스도인들을 위한 구제금을 바울과 바나바 편으로 예루살렘 교회에 보냈으며, 예루살렘 교회 성도들과 사도들과 장로들의 영접을 받았다.

사도행전 15:2, "예루살렘에 있는 사도들과 장로들"

사도행전 15:5-6, 사도들과 장로들이 할례 문제에 관하여 회의하고 결정하였다.

• **각 교회에 장로들이 있었다.** 사도행전 14:23, 바울과 바나바는 각 교회에서 장로들을 세우고 금식기도 하였다.

• **에베소교회에도 장로들이 있었다.** 사도행전 20:17, 사도 바울은 밀레도에서 사람들을 에베소로 보내어 교회의 장로들을 불러 오게 하였다.

디도서 1:5, 사도 바울이 디도를 그레데에 남겨 둔 이유는 남은 일들을 정리하고, 각성에 장로들을 세우게 하기 위함이었다.

상기와 같이 교회의 감독자들과 일꾼들(장로들과 집사들)을 선택할 때에는 온 교회 성도들이 후보자들을 투표하여 선출한 후, 사도들이 안수함으로써 임명하였다. 오늘날도 성경적 전통을 이어받은 교회들은 초대교회가 장로들과 집사들을 선택하던 방법 그대로 온 교회가 공동의회를 열어 후보자들을 투표하여 선출하고, 목사들은 그들에게 안수하여 임명한다. 세례 받은 등록교인들의 공동의회 투표 없이 목사가 장로를 세우는 것은 불법이다.

장로 직분이나 집사 직분은 직분을 맡은 교회에서만 수행할 수 있다. 장로나 집사가 타교회로 이명할 경우에는 그 교회로부터 시무장로나 시무집사로 재임명 받아야 직분을 수행할 수 있다. 교회의 그와 같은 결정은 전적으로 개교회의 권한에 속한다.

대한예수교장로회(보수진영)헌법은 장로의 자격을 ①만 30세 이상 ②남자 ③무흠 입교인. 5년 이상 ④상당한 식견력과 통솔력이 있는 자 ⑤디모데전서 3:1-7에 해당되는 자로 되어있다. 매우 성경적이다.

4. 장로의 수(Number of Elders)

신약에서 "장로"라는 명칭은 복수(plural)로 사용되었다. 복수는 둘 또는 그 이상을 가리킨다.

• 바울과 바나바는 각 교회에 장로들(elders in every church)을 안수하여 세웠다(행 14:23; 딛 1:5).

• 바울은 밀레도에서 사람을 에베소로 보내어 에베소 교회 장로들에게 밀레도로 오도록 청하였는데, 장로들은 장로의 집단(a group of elders)이었다(행 20:17).

• 바울과 디모데는 빌립보 교회 지도자들을 언급하면서 감독들과 집사들(bishops and deacons)이라고 하였다(빌 1:1). 여기에 감독들은 장로들을 가리킨다. 장로의 직분은 감독하는 일이므로 장로를 감독이라고도 하였다.

• 야고보 사도는 흩어져 있는 열 두 지파에게 문안하면서 이르기를 "너희 중에 병든 자가 있느냐 저는 교회의 장로들(elders of the church)을 청할 것이요"라고 권면하였다(약 5:14).

• 디모데전서 3:2과 디도서 1:7에 감독을 단수(singular)로 언급한 것은 감독의 자격을 논한 것으로 감독은 한 사람 한 사람 예외 없이 감독의 자격에 부합되는 자만이 될 수 있다는 것을 교훈한 말씀이다. 감독은 한 사람뿐이어야 한다는 뜻이 아니다.

• 반면에 교회의 장로 수는 복수라고 하여 모든 교회가 다 장로들이 있어야 한다든지 또는 장로는 2명 또는 그 이상이어야 한다든지라는 뜻은 결코 아니다. 교회에 장로가 필요할지라도 결격자는 장로의 자격에 미달되므

로 장로로 장립할 수 없다. 무슨 직분이든지 직분을 맡을 자는 그 직분을 맡을 자격과 감당할 능력이 있어야 한다. 반면에 교회의 장로의 자격이 구비된 사람들이 많이 있다 하여 그들 모두를 다 장로로 장립시킬 수도 없다. 장로 수는 평신도 수의 일정한 비례에 준해야 할 것이다.

5. 장로의 직무(Duties of Elders)

(1) **장로는 교회의 대표자로서 목사와 협동하여 행정과 권징을 행하며, 지교회 또는 전국교회의 신령한 면을 총괄한다**(교회정치문답조례 제15장 장로의 직무). 교회의 치리에 있어서 목사와 장로는 동등하다. 이 사실은 목사와 장로 모두가 인식을 분명히 해야 할 필요가 있다. 목사는 장로보다 더한 권위와 치리권을 가지고 있지 않으며 책임 또한 장로보다 더 지지 않는다는 사실을 분명히 인식해야 하며, 장로들도 마찬가지이다. 목사나 장로 어느 한편이라도 치리의 문제에 주도권을 장악한다든지 또는 반면에 무관심·포기·무책임하다면 양편 모두 권리 남용과 태만의 죄를 범하게 된다. 목사와 장로는 교회의 치리에 있어서 책임과 임무의 동등성이 있음을 알아야 한다.

(2) **교리적 과오나 도덕적 부패를 방지한다.**(Ihid. 2항) 장로는 그리스도의 양무리들이 교리적 오류와 도덕적 타락을 방지하기 위하여 선히 권면한다.

(3) **교우를 위로 · 교훈 · 간호한다.** 특별히 병자와 별세한 자의 유족들을 방문하여 위로·간호한다.(3항)

야고보서 5:14, "너희 중에 병든 자가 있느냐 저는 교회의 장로들을 청할 것이요 그들은 주의 이름으로 기름을 바르며 그를 위하여 기도할지니라)

(4) **목사의 설교 결과를 살피고 조언이나 충고하며, 목사와 교회 전체의 유익을 위한다.**

(5) **양떼들을 보호할 책임과 특권이 있다.** 장로는 평신도보다 신분상 의무다, 직무상 책임이 더 중요하다.

부정적으로 장로는
①목사 임직식에 동참하지 못하며,

②성례를 관할하지 못하며

③설교권이 없으며

④당회관할 하에 있다.

교회정치문답조례 제87문 4항 장로는 당회 관할이다.

5항 장로는 목사 임직에 동참하지 못하며, 또한 성례를 관리하지 못한다.

88문 3항 장로는 설교권이 없으며 성례(세례·성찬)를 베풀지 못한다.

96문 장로는 한 지 교회의 회원이니 본 교회 당회관할 하에 있다. 장로가 이명증서를 가지고 떠났다가 다시 돌아와도 본 교회는 투표와 위임을 받아야 시무장로로 시무할 수 있다(102문)

IV. 집사(Deacons, 행 6:1-6)

1. 집사의 기원(Origin of Deacons)

신약에 집사직의 기원에 관해서는 분명히 언급되어 있지 않다. 일반적으로는 사도행전 6장 3절에 기록된 "성령과 지혜가 충만하여 칭찬 듣는 사람 일곱을 택한 것"을 집사직의 기원으로 간주한다.

사도들은 오늘날의 목회자들처럼 집사직의 필요성을 느꼈다. 초대교회의 집사직의 필요성은 무엇이었는가? 사도들은 가난한 자들을 구제(relief)하는 일이 과대해지자 하나님의 말씀을 전파하는 일에 전념하기가 매우 어렵게 되었다(행 6:2). 그러므로 그들은 기도하는 일과 말씀 전하는 일(preaching)에 전무(專務)할 수 있도록(6:4) 예루살렘 교회로 하여금 성령과 지혜가 충만한 사람 7인을 선출하여 그들로 하여금 자신들의 과중한 업무를 분담하게 하였다. 이는 마치 모세의 장인 이드로가 모세의 업무가 과중하므로 70인의 장로들을 택하여 일을 처리하게 한 것과 같은 경우이다(출 18:21-26).

사도들이 일곱 사람을 선출할 때에는 먼저 집사 자격을 가르친 후에 집사직에 합당한 사람들을 교인들이 직접 투표하여 선출하도록 하였다. 그러므로 집사들은 교인들 중 모범적인 사람들이었다. 예루살렘 교회는 가난한 자들을 돌보기 위하여 집사들을 임명하였다. 사도행전 6:1 이하를 보면 구제 활동에 있어서 구호물품의 분배에 대하여 **헬라파 유대인**(Grecian Jews, 유대 땅 이외 다른 지역에서 태어나 헬라어를 사용하는 유대인들) 과부들이 **히브리파 유대인들**(Hebraic Jews, 유대 본토에서 살며 유대인의 전통과 문화를 지키며 히브리어를 사용하는 유대인들)에게 반대하여 원망이 일어난 것을 알 수 있다. 그 이유는 헬라파 유대인 과부들은 매일 구제받는 구호품 분배에서 빠지게 되므로 구제봉사(救濟奉仕)가 공평치 못함을 지적한 것이다. 이러한 원망과 불평은 신자들의 친교에도 큰 지장을 초래하게 되었다. 이런 일들로 인하여 사도들은 복음 전하는 일과 기도하는 일에 큰 지장이 초래되었으므로 믿음과 성령이 충만한 사람 일곱 명의 집사들(스데반, 빌립, 브로고로, 니가노르, 디몬, 바메나, 니골라, 행 6:5, 모두 헬라어 이름들)을 선택하였고, 그 선택받은 집사들은 자신들의 업무를 잘 감당함으로써 신자들의 친교도 다시 회복되고, 사도들은 기도와 복음전파에 계속 전념할 수 있게 되었다.

초대 예루살렘 교회에 집사들이 임명된 이래 에베소 교회, 빌립보 교회, 겐그리아 교회 등을 위시하여 많은 교회들이 집사들을 임명하였다. 에베소 교회에 장로직과 집사직이 있었다(딤전 3:8-13). 빌립보 교회에 감독들과 집사들이 있었다(빌 1:1). 빌립보서는 사도바울의 후기 서신으로서 서신 초두에 장로직과 집사직이 같이 언급되었으니 집사직은 장로직과 더불어 빌립보 교회의 공적 직분이었음이 분명하다. 겐그레아 교회에 집사가 있었다(롬 16:1). 겐그레아는 고린도에서 동쪽으로 몇 마일 떨어진 항구이다(행 18:18).

2. 어원적 고찰(Etymology)

(1) **디아코네오**(διακονέο): 섬기다, 수종들다(to minister), 봉사하다(to serve), 식탁에서 시중들다(to wait at table), 돌보다(to care for) 등을 의미한다(마 4:11; 20:28; 롬 15:25).

사학가(史學家) **요세푸스**(Josephus)는 말하기를 디아코네오는 식탁에서 시중들다(to wait at table), 순종한다(to obey) 그리고 심지어는 제사장적 봉사를 언급한다(to render priestly service)고 하였다.54) 옛날 헬라인들은 다른 사람들을 지배하기 위하여 태어났지 섬기고 봉사하기 위하여 태어나지는 않았다고 생각하였다. 그러나 헬라인들 중에 주님을 믿는 자들은 다스리고 지배하려는 자세에서 섬기는 자로 변화되었다. 유대교에서는 봉사가 좀더 깊은 의미 곧 종교적, 영적 의미(희생적 섬김)로 사용되었다.

(2) 디아코니아(διακονία; service; 봉사, 섬김): 이 단어는 식탁에서 시중들기(waiting at table), 양식을 마련하는 것(providing for physical sustenance) 또는 음식을 주관, 감독하는 것(supervising meals) 등을 의미한다(눅 10:40; 행 6:1). 보다 더 광의적인 의미로는 사랑에 찬 봉사의 수행(the discharge of a loving service)을 말한다. 이런 의미에서 스데반 집사의 봉사는 하나의 좋은 실례였다(고전 16:15). 요한계시록 2:19에서 이 단어는 일하는 것, 신앙, 사랑, 인내 등과 관련되었다. 봉사야말로 그리스도인의 참된 사랑의 행동이다.

(3) "디아코노스"(διάκονος; deacon; 집사): 종(servant), 일꾼, 청지기(minister)를 의미한다. 로벗슨(A. T. Robertson)에 의하면 디아코노스는 …을 통하여(디아, δία; through)와 먼지(콘, κον; dust)와 오스(ος, 일꾼) 등 세 낱말로 구성된 합성명사로서 이는 "먼지를 통하여"라는 뜻이다. 즉 사람이 분주하게 일할 때 먼지가 일어나는 현상, 곧 부지런히 바쁘게 봉사하는 장면을 묘사한다고 하였다.55)

주석가 테이어(Thayer)는 주장하기를 디아코노스(διάκονος)는 디아키아(διακια)에서 인출되었다고 지적하였다. 디아키아는 일하는 사람이 어떠한 임무나 목적을 달성하기 위하여 키(winnow)를 부지런히 사용하는 근면을 암시한다. 이것은 일하는 활동 이외에도 "종(봉사자; servant)을 대표한다"고 하였다. 이렇게 집사는 마치 종이 자신의 주인(master)을 섬기거나 시중

---

54) Kittel's op. cit., p. 153
55) A.T. Robertson, *A Grammer of the Greek New Testament in the Light of Historical Research,* 1934. p. 58

들기 위하여 서두름, 부지런함을 암시한다.

집사는 주님의 일에 부지런히 봉사하는 사람이다. 헬라어 성경에는 디아코노스(διάκονος)가 30회 사용되었으나, 1611년에 영어로 번역된 흠정역(KJV)에는 오로지 5회만 집사(deacon)라고 번역되었다. 디아코노스가 집사라는 말로 번역되지 않을 때는 일꾼(minister) 또는 종(servant)으로 번역되었다. 이와 같이 집사라는 명칭 자체도 원문이 교훈하는 바와 같이 종의 직분, 섬기는 봉사의 직분, 청지기 직분을 가리킨다.

일반적으로 디아코노스(διάκονος)는 둘로스(δοῦλος)와 구별된다. 디아코노스는 사람의 직무와의 관계에서 종, 섬기는 자라는 뜻이며, 둘로스는 사람의 신분과의 관계에서 종이라는 뜻이다. 우리가 전에는 육신의 정욕의 종, 죄의 종, 사탄의 종, 죽음의 종(δοῦλος)이었으나 지금은 예수 그리스도의 종(διάκονος)이 되었으니 어찌 감사치 않으리요.

3. 디아코노스의 일반적 사용(General Usage)

"**디아코노스**"(διάκονος; servant; 종)의 일반적 의미는 주인(master)을 위하여 수종드는 "종 또는 노예"(a servant or a slave)를 가리킨다.

디아코노스는 일반적으로 광범위하게 사용되었다.

(1) "**집 하인들**"(domestic servants)에게 사용되었다. 가버나움 혼인잔치에서 수종드는 하인들을 가리켜 종(διάκονος)이라 불렀다(요 2:5, 9).

(2) "**관원들**"(the civil rulers)을 종이라고 불렀다. 사회 질서를 유지하기 위하여 세운 위정자들을 하나님의 종(롬 13:1ff)이라고 하였다. 로마서 13장에서는 이들을 가리켜 관원, 하나님의 사자, 하나님의 일꾼(롬 13:3, 4, 6)이라고 하였다.

(3) "**섬기는 자**"(servant)를 종이라고 불렀다. 다른 사람들과의 관계에서 섬기는 자라는 뜻으로 종(마 20:26; 23:11; 막 9:35; 10:43)이라고 하였다.

(4) "**그리스도인들**"(Christians)을 그리스도의 종이라고 불렀다. 그리스도를 섬기는 자라는 뜻에서 그리스도의 종(요 12:26)이라고 하였다.

(5) **"교회의 일꾼들"** 즉 디모데, 두기고, 에바브라 등도 종이라고 불렀다. 디모데를 하나님의 종(살전 3:2 이하) 또는 그리스도의 종 (딤전 4:6)이라고 하였으며, 두기고를 주안에서 진실한, 신실한 일꾼(엡 6:21; 골 4:7)이라고 하였고, 에바브라를 그리스도의 신실한 일꾼(골 1:7)이라고 하였다.

(6) **"사도"**를 그리스도의 종 또는 하나님의 종이라고 하였다(고후 11:23;). 이와 관련하여 사도 바울은 종(δοῦλος)이라는 단어를 가끔 사용하였는데(롬 1:1; 딛 1:1), 자신을 하나님의 일꾼, 복음의 일꾼, 새 언약의 일꾼, 종(고후 6:4; 엡 3:7; 골 1:23, 25; 딛 1:1; 고후 3:6)이라고 하였다.

(7) **"사역자들"**을 하나님의 종들(servants, ministers)이라고 하였다. 아볼로를 사역자(고전 3:5)라고 하였으며, 디모데를 그리스도 예수의 선한 일꾼, 하나님의 일꾼(딤전 3:1; 4:6; 살전 3:2)이라고 하였다.[56]

상기와 같이 디아코노스는 광범위하게 사용되었다. 그리고 우리말로는 종, 하인, 일꾼, 사역자 등으로 번역하였다.

(8) **공적 직무상의 명칭**

디아코노스가 사도들이 일곱 사람을 집사들로 선택하고, 그들의 직분상 명칭으로 사용되기 시작한 이후에는 종·하인·일꾼·봉사자·섬기는 자라는 천한 신분을 가리키는 일반적 명칭이 교회의 한 공적인 직분 곧 교회에서 봉사의 직분을 맡은 사람들의 공적 직분상의 명칭이 되었다. 목회서신에서는 집사라는 명칭이 보다 더 공적 직분상의 명칭임을 분명히 하였다(롬 16:1; 빌 1:1; 딤전 3:8, 12; 딛 1:9). 이 명칭이 예수 그리스도 안에서 재발견될 때 새로운 영적 의미로 하나님의 종·사자·일꾼으로 승화되었다.

4. 집사의 자격(Qualifications for Deacons)

집사의 자격은 장로의 자격만큼 특별하다. 장로와 집사의 직무는 상이하나, 자격을 요구하는 항목들은 매우 유사하다. 사도행전 6:1-6에는 집사의 내적 자격을, 딤전 3:8-13에서는 집사의 외적 자격을 논하였다.

(1) 정직한 사람으로 칭찬 듣는 자(행 6:3)

---

56) Vine's op. cit., p. 147; Kittel's op. cit., p. 154

(2) 성령 충만한 자(행 6:3)

(3) 능력이 있는 자(행 6:8)

(4) 지혜, 슬기가 충만한 자(행 6:3)

(5) 단정하고 아담한 자(딤전 3:8)

(6) 일구이언(一口二言)하지 않는 자(딤전 3:8)

(7) 술 마시지 않는 자(딤전 3:8)

(8) 더러운 이(利)를 탐하지 않는 자(딤전 3:8)

(9) 깨끗한 양심(良心)의 소유자(딤전 3:9)

(10) 믿음의 비밀을 가진 자(행 6:8)

(11) 책망할 것이 없는 자(딤전 3:10)

(12) 참소하지 않는 자: 중상모략, 명예훼손, 허위선전하지 않는 자(딤전 3:11)

(13) 절제하는 자(딤전 3:11)

(14) 모든 일에 충성하는 자(딤전 3:11)

(15) 한 아내의 남편(가정적인 자격<딤전 3:11, 12>)

(16) 자녀와 온 집안을 잘 다스리는 자(딤전 3:12)

존 맥아더 (John MacArthur, JR.)는 집사의 자격들을 4분하였다.

(1) 인격적 자격들(personal qualifications):

　① 단정하고 아담한 자

　② 절제하는 자

　③ 모든 일에 충성하는 자

　④ 일구이언하지 않는 자

　⑤ 금주자

　⑥ 책망할 것이 없는 자

　⑦ 참소하지 않는 자(중상모략)

　⑧ 깨끗한 양심의 소유자

　⑨ 더러운 이를 탐하지 않는 자

　⑩ 정직한 자, 칭찬받는 자

(2) 교리적 자격들(doctrinal qualifications): 믿음의 비밀을 가진 자

(3) 영적 자격들(spiritual qualifications):
　① 믿음이 있는 자
　② 성령 충만한 자
(4) 가정적 자격들(family qualifications):
　① 한 아내의 남편
　② 가정을 잘 다스리는 자.57)

5. 집사의 선택(Selection of Deacons)

집사 선택에 있어서 사도들은 어떠한 방법을 사용하였는가? 사도들은 집사들을 선택하기 전에 먼저 집사의 자격과 임무에 관하여 잘 가르쳤다. 그리고 집사의 자격에 해당되는 사람들 중에서 교인들이 직접 무기명으로 투표하여 선출하도록 하였다. "형제들아 너희 가운데서 성령과 지혜 가 충만하여 칭찬 듣는 사람 일곱을 택하라"(행 6:3). "온 무리가 믿음과 성령이 충만한 사람 …을 택하여 사도들 앞에 세우니 사도들이 기도하고 그들에게 안수하니라"(행 6:5-6).

집사 선택은 사도들이 본을 보여준 것같이 회중들이 직접 선택하는 것이 바람직하다. 그리고 투표 방법은 무기명 투표가 바람직하다. 그 이유는 회중의 무기명 투표는 온 교회에 덕을 세우며 한 걸음 더 나아가서 회중들 전체(물론 세례 교인들을 말함)가 하나님의 일에 공동 관심과 공동 참여를 갖도록 유도하기 때문이다. 사람들이 인간의 수단과 방법을 사용하지 않는 한 하나님은 이 방법을 통하여 하나님이 원하시는 사람들을 선출하신다.

6. 집사의 수(Numbers of Deacons)

신약교회의 집사의 수는 복수(plural)이다. 개교회(local church)에 있어서 집사의 수(數)를 어떻게 정할 것인가에 대해서는 성경에 특별한 지시가 없다. 그러나 한 교회에 집사들이 몇 명씩 있었다. 초대교회는 집사 일곱 사람을 선택하였다(행 6:1-6). 빌립보서 1:1에도 감독들, 장로들 그리고 집

---

57) John MacArthur, *God's Priority for the Church*, p. 37

사들이라고 모두 복수로 명시되어 있다. 디모데전서 3:8-13에서도 "집사들"이라고 복수로 명시되어 있다. 그리고 그 집사들은 모두 남자들이었다. 따라서 초대교회의 집사직은 한 명이 아니라 여러 명이 있었다. 금일에도 교회의 규모와 크기에 따라서 집사의 수를 정할 것이다. 집사의 수와 관련하여 초기 집사의 기원, 자격, 수(數), 임무 등을 고려할 때 과연 오늘날 대다수 교회들은 성경 원리대로 집사를 선택하는가? 이 고귀한 청지기 직분에 너무나 많은 무자격자들을 임명한다면 그것은 분명히 인본주의이요, 직분 남용이다.

7. 집사의 직무(Duties of Deacons)

집사의 직무는 봉사직(service office)**이다.** 봉사직에는 선별해서 하는 일(job description)이 따로 없다. 즉 하라는 일, 해야 할 일, 필요한 일이면 무엇이나 다 하는 것이 집사의 직무이다. 그러나 자격에는 요구 조건이 있다.

(1) **식탁에서 봉사하는 일**(service of table): 목사가 성찬식을 베풀도록 성찬식에 사용하는 기명(器皿)과 그 용품들을 준비하는 일이다.(교회정치문답조례 제107문 4조)

(2) **공궤를 맡아보는 일**(ministry of tables): 교회의 재정 일체를 관리하는 일, 교회 살림을 담당하는 일, 하나님의 물질을 잘 관리하는 청지기 직분이다.

(3) **구제하는 일**(relief): 가난한 자들, 특히 가난한 교인들을 위하여 모금 또는 구호품을 수집하여 공정하게 분배하는 일(행 6:1-6; 기독교 강요 4권 3장 9)이다. 집사는 가난한 자들·특히 과부와 고아, 빈궁한 자들을 구제하는 일에 많은 수고를 해 왔다. 교역자들은 영적 필요성에 책임이 있는 집사들은 물질적인 필요에 주로 책임이 있다.

(4) **병자들을 돌보는 일**(care for the sicks): 육신의 병, 정신적·심적인 병, 영적 병자들을 돌보는 일이다. **존 칼빈**(John Calvin)은 로마서 12:8의 "구제하는 자는 성실함으로 … 긍휼을 베푸는 자는 즐거움으로 할 것이니라"고 한 말씀에 의거하여 집사직에 두 반열이 있었다고 단정하였다. 즉 그

하나는 구제를 맡은 자들이요, 다른 하나는 가난한 자와 병든 자를 돌아보는 자들이라고 하였다.58)

(5) **행정처리**(administration): 교회의 모든 행정과 재정에 관한 일들을 보살피는 일이다(행 6:3, 5, 6; 웨스트민스터 교회정치 6장).

교회역사에 의하면 초기에는 집사들이 제단(祭壇)에서 봉사하였다. 즉 세례를 베푸는 일에 목사를 조력(助力)하는 일이었다. 그런데 2세기 말에는 집사가 차츰 평신도 봉사자 위치에서 성직제도의 말단의 위치로 옮아가게 되었다. 그리하여 점차로 집사는 성직의 일부분이 되었다. 4세기 말에 와서는 집사들도 성직자들처럼 결혼을 금했고 성직의 직분을 표시하는 특수한 옷을 입었다고 한다.

5세기 이후에는 ① 성찬시에 떡과 잔을 분배하는 일 ② 예배 시에 성경을 읽는 일 ③ 예배 순서 중 광고하는 일 ④ 교중을 안내, 정돈하는 일 ⑤ 목사 부재시 설교하는 일 ⑥ 목사의 허락으로 세례를 베푸는 일 등이었다.59)

부정적으로 집사는

(1) 교회정치에 간여하지 못한다. (제111문 4조)

(2) 설교권이 없다. (113문)

(3) 당회 관할하에 있다. (집사는 지 교회의 회원이니)

(4) 치리 회의 회원이 될 수 없다. (111문 2조)

8. 집사의 종류(Kind of Deacons)

집사에는 서리집사와 안수집사가 있다. 서리 집사는 임시직으로 그 기간은 1년이다.

서리 집사: 매년마다 재신임과 재임명을 받는다. 서리 집사에는 남녀 모두 포함된다.

---

58) John Calvin, op. *cit.* IV, 3:9.
59) Coleman, *Ancient Christianity Exemplified,* 1856, pp. 168-170.

안수집사: 안수집사는 남자에게만 해당되며, 그 기간은 장로가 될 때까지 아니면 치리를 받지 않는한 종신직이다.

※ 물론 초대교회에는 서리집사, 여집사가 없으며 지금도 침례교를 위시한 상당수의 교회들은 서리집사, 여집사를 세우지 않는다.

V. 여집사(Deaconess)

목사, 장로, 남자 안수집사 등의 직분들과는 달리 초대교회에 여자 집사 제도가 존속하였는가 하는 문제는 매우 논란의 대상이 되어 오고 있다. 다수의 보수주의 교회들은 여자 집사 제도는 성경의 뒷받침이 매우 희소(稀少)하다고 부정하나 일부 교회들에서는 여자 집사 직분을 인정하고 시행한다. 집사직은 봉사직이요, 하나님의 집인 교회에서 여자들의 역할 분담은 매우 큼으로 여집사 제도는 필요하다고 생각한다.

1. 여집사의 자격(Qualifications of Deaconess)

"**여자들도 이와 같이 …**"(딤전 3:11). 이 말씀이 여집사를 가리킨다면 이 말씀만이 또한 여집사의 자격을 가리킨다. 만일 이 여자들이 집사의 아내라면 집사 남편을 돕는 조력자로서의 자격을 가리킬 것이다. 여집사의 자격은 남집사 자격과 매우 밀접하다. 집사로서 여자는 단정하고, 참소하지 아니하고, 절제하며, 모든 일에 충성된 자이어야 하며, 일구이언하지 않고, 술에 인박이지 않고, 더러운 이를 탐하지 않고, 깨끗한 양심의 비밀을 가진 자라야 한다(11절). 여집사는 하나님 앞에서 남녀의 인격적 동등을 가져왔을 뿐 아니라, 봉사에도 동참하게 되었다. 초대교회에서는 이 모든 요구사항들에 맞는 경건하고 고상한 여성도들이 교회봉사에 매우 중요한 일을 담당했다.

2. 여집사의 임무(Duties of Deaconess)

초대교회 여집사들은 여자들에 의하여 봉사된 최상의 봉사직이다. 여집사의 임무에 관한 일들은 3세기 후반부터 시리아 Didascalia에서 요약할 수 있다.

① 여자들의 세례를 도왔으며
② 이방신 믿는 여자들의 집을 방문하고
③ 병든 자들을 방문하고
④ 병든 자들을 목욕시켰으며
⑤ 가난한 자들과 고아들을 돕고
⑥ 나그네들을 대접하였다.[60]

여성도들이 교회에서 지도적 위치에 있는 것은 금하였으나(딤전 2:11-12; 고전 14:34), 종속적 위치에서 봉사하는 일에는 매우 중요한 사역을 담당하였음을 나타낸다.

3. 여집사 찬동론(Arguments for Office of Deaconess)

여자 집사 찬동론자들은 그 이유들을 다음과 같이 열거한다.

(1) **로마서 16:1**에 기록된 뵈뵈를 겐그레아 교회의 일꾼이라고 하였는데 본문에 일꾼이라는 말 디아코논(διάκονον)은 여종(female servant) 또는 여집사(deaconess)로 번역할 수 있다. 로마서 16:1에서는 뵈뵈를 첫 여집사로 간주한다. 초대교회에 여집사 직분이 있었음은 분명하다. 집사직은 봉사직이니 만큼 남녀의 동참은 합당하며 더욱이 남녀 구별이 엄격한 동양 사회에서 교회 내에서의 여자들의 봉사는 매우 컸다.

(2) **디모데전서 3:11**의 "이와 같이 여자들도"라는 말씀은 8절에 남자 집사들의 자격을 소개한 후 "이와 같이 여자들도"라고 하였으니 여집사로 해석하는 것이 타당하다. 드 웨트(De Wette), 알포드(Alford), 엘리코트(Ellicott), 홀트만(Holtmann), 록(Lock), 화이트(White) 등의 주석가들은 본 절의 여자들은 여집사들을 가리킨다고 해석하였다.[61]

---

60) M. H. Shepherd, JR., *The Interpreter's Dictionary of the Bible*, 1:786
61) Vincent's *Word Studies* IV, Eerdmans, 1975, p. 236.

(3) **빌립보서 4:3**의 "… 복음에 나와 함께 힘쓰던 저 부녀들을 돕고 …"라고 한 말씀 중 "저 부녀들"(those women)을 여집사로 간주한다.

(4) **디모데전서 5:9-10**의 "… 한 남편의 아내이었던 자로서 선한 행실의 증거가 있어 혹은 자녀를 양육하며, 혹은 나그네를 대접하며, 혹은 성도들의 발을 씻으며, 혹은 환난당한 자들을 구제하며, 혹은 모든 선한 일들을 좇는 자 …"는 여집사와 여집사의 임무를 가리킨다. 집사직은 봉사직이므로 여성도의 참여와 봉사는 성경적이다.

4. 여집사 반대론(Arguments against Office of Deaconess)

여집사직 반대론자들은 그 이유들을 다음과 같이 열거한다.

(1) 헬라어 **"디아코논"**(διάκονον)이라는 단어는 여성 명사로서 여종(female servant)을 가리킨다.

(2) 로마서 16:1에 뵈뵈를 겐그레아 교회의 일꾼이라고 언급하였는데 본문의 일꾼(διάκονο)은 공적 직분상의 명칭으로 사용된 곳이 없다. 뵈뵈는 집사직을 임명받기 위하여 안수받은 일이 없다.

(3) 디모데전서 3:11에 "이와 같이 여자들도"는 "이와 같이 그들의 아내들도"(구나이카스, γυναῖκας; their wives; 그들의 아내들)라는 뜻이다. 그러므로 본문의 여자들은 집사들의 아내들을 가리킨다.

(4) 디모데전서 3:12에 집사의 자격이 계속되는 것을 보아서 11절은 집사의 아내들을 가리킨다. 주석가 후터(Huther), 벵겔(Bengel), 빈센트(Weiss), 바이스(Vincent) 등도 디모데전서 3:11의 여자들을 집사들의 아내로 해석하였다.

(5) 디모데전서 3:12에 "집사들은 한 아내의 남편이 되며"라는 말씀은

장로의 자격과 같이 집사 직분도 남자만이 맡아야 한다는 것이다. 이것을 문자적으로 해석하지 않는다면 어떻게 달리 해석할 수 있는가?

(6) 초대교회 7집사 중 여자 집사는 한 명도 없었다. 교회가 모두 여집사를 둔 것도 아니며, 그들을 투표하여 택한 것도 아니며, 안수하지도 않았다. 금일의 여집사를 찬동하는 교회들도 여자에게 안수하여 집사로 임명하지는 않는다.

(7) 금일에도 다수의 보수주의 교회들은 물론 심지어는 자유주의 교회들 중에도 여집사 제도가 없는 교회들이 많이 있다.

상기와 같이 여자집사 반대론자들은 상당한 성경적 근거와 교회사적 증거를 제시한다. 그럼에도 불구하고 집사직은 교회에서의 봉사직이고 봉사직에는 남녀가 모두 동참한다는 의미에서 본 저자는 여집사 제도를 찬동하며 환영한다.

제 5 장

목회자의 자격
(The Qualifications of Ministers)

목회자의 일반적 자격에 관하여는 디모데전서 3:1-7과 디도서 1:6-9에 요약되어 있다. 목회자는 전능하신 하나님의 대사(ambassador)이며, 복음의 전파자(preacher)이며, 해석자(interpreter)이다. 목회자는 하나님께로부터 확실한 소명을 받아야 하며, 그 소명을 감당하기 위하여 일정한 교육과정을 이수해야 함은 물론 자신과 가정과 교회와 세상에 대하여 갖추어야 할 자격이 있다. 자격이 구비되지 않고서는 직무를 바로 수행할 수 없다.

자격이란 전문직을 수행하기에 적합한 인격·지식·기술·경험 등을 갖춘 것을 말한다.

1. 목회자는 자기 집을 잘 다스리는 자이어야 한다
(Pastor Must Rule his Own House Well<딤전 3:4; 딛 1:6>).

목회자는 가정생활과의 관계에 있어서(in relationship to family life) 자기 집을 잘 다스리는 자이어야 한다.

자기 집을 잘 **"다스린다"**는 헬라어 "프로이스테미"(προίστημι)로서 이 단어는 전치사 프로(προ; before; 앞)와 동사 히스테미(ἰστημι; to stand; 선다)로 구성된 합성어다. 그러므로 프로이스테미(προίστημι; to stand before, to lead)의 문자적 의미는 앞에 선다, 앞에서 인도한다는 뜻이다.

그러나 프로이스테미는 다스리다, 통치하다, 관리하다(rule, govern, manage)로 번역하는 것이 가장 적합하다. 이 단어가 로마서 12:8에서는 교회와 관련하여 다스린다(to rule)로, 디모데전서 5:12에서는 가정과 관련하여 다스린다로 번역되었다. 이 단어는 디도서 3:8, 14에서는 돌본다, 보호자가 된다(to care for, to concern; 돌보다, 관심을 갖는다)라는 뜻으로 사용되었다. 즉 보호자가 됨을(to be a protector) 가리킨다. 프로이스테미는 로마서 12:8; 데살로니가전서 5:17; 디모데전서 3:4, 5, 12, 디도서 3:8, 14 등에 8번 사용되었다.

(1) 자기 집을 잘 다스리는 자는 아내와 자녀들 앞에 서는 자 곧 범사에 모범적인 자를 말한다.

목회자는 하나님의 대표자(God's representative)로서 자녀들을 다스리되 주 안에서 사랑과 덕 그리고 권위로 다스려야 한다. 부모가 자녀들을 다스릴 때 주 안에서 주의 말씀으로 다스려야 한다. 교역자는 자기 집을 잘 다스려 자녀들로 하여금 순종과 복종으로 미덕(美德)을 배우도록 해야 한다. 사람이 자기 집을 잘 다스릴 줄 모른다면 어떻게 하나님의 집인 교회를 잘 돌아볼 수 있겠는가(딤전 3:5)라고 반문을 제기한 사도 바울의 말씀은 지당한 논리적 귀결이 아닌가!

디모데전서 3:15에서는 하나님의 교회를 하나님의 집(house of God)이라고 하였다. 그리하여 자기 집과 하나님의 집을 연결하였다. 목회자가 가정을 어떻게 다스리는가 하는 문제는 그가 교회를 어떻게 잘 다스릴 수 있는가를 측정할 수 있는 좋은 모델(model)이 되기 때문에 중요하다. 이는 마치 "하나를 보면 열(拾)을 안다", "수신제가치국평천하"(修身齊家治國平天下)라는 우리 나라의 금언과 같다. 가정은 교회의 축소판이며, 신앙교육의 실천장이며, 한 사람의 가정생활은 그의 사회생활의 척도이기 때문이다.

(2) 자기 집을 잘 다스리는 자는 자기 "자녀들로 하여금 모든 단정함으로 복종케 하는 자이어야 한다"(딤전 3:4).

"단정"(셈노테토스, σεμνότρτος)은 동사 셈(σεμ; 존경하다, 무섭다, 떨리다, 거룩하다)에서 인출되었다. "복종"은 후포타게(ὑποταγη)로서, 이 단어는 동사 후포타소(ὑποτασσω; 배치(配置)한다)에서 인출되었다. 이 단어는 군사적 용어로서 사령관이나 지휘관이 전쟁을 위하여 병사들을 배치한다는 뜻이다.

성직자로서의 아버지는 존경과 경외를 받도록 자녀들을 위한 교훈에 있어서 사랑과 징계의 균형을 이루어야 한다. 그리고 단정과 복종은 자녀들의 본분이요, 특권임을 자녀들에게 명심시켜야 한다. 자녀들은 아버지의 신앙을 본받고, 아버지를 존경하도록 본이 되어야 한다. 하나님의 일이 중요하다는 정당성을 내세우며 자녀들에게 권징(discipline)을 소홀히 한다면 영적 지도자로서의 자격이 결여된 사람이다.

집을 잘 다스리려면 앞서가는 자의 인도와 지도가 매우 중요함과 같이, 뒤에서 따라 오는 자들(아내와 자녀들)의 순종과 복종 또한 매우 중요하다. 다시 말하면 자녀 교육에 있어서 아내의 협조와 내조는 매우 중요하다. 아내는 남편의 조력자(助力者), 협조자(協助者), 남편 차석(次席)에 있는 자, 남편 유고시(遺孤時)에는 남편 대리자(代理者)이다. 자녀 교육에 있어서 아내가 남편을 조력, 협조하지 아니하고, 오히려 불순종하고 반대만 한다면 남편이 아무리 노력한다 할지라도 도저히 가정을 잘 다스릴 수 없다. 그러기에 아내의 협조 여부는 자녀 교육에도 매우 중요하다. 좋은 아내는 남편의 목회에 큰 유익을 준다. 반대로 나쁜 아내는 남편의 목회에 막대한 피해를 준다.

(3) 자기 집을 잘 다스리는 자는 가정을 잘 돌보며 보호하는 자를 말한다.

목회자도 집안의 가장(家長)이므로 가족들에게 관심을 가지고 잘 보호하며, 필요를 공급해 주어야 한다. 이것은 심적·영적·정신적·물질적 모든 면을 가리킨다. 교역자는 아내와 자녀들의 영적인 필요는 물론 물질적 필요를 공급해야 할 책임이 있다. 그것은 책임과 의무이기보다는 오히려 특권이라고 해야 마땅하겠다. 교역자들이 하나님의 일을 한다는 이유로 가정을 잘 돌보지 않는 자는 교역자로서의 자격이 결여된 사람, 자기 책임을 회피하는 사람, 하나님을 욕되게 하는 사람이다. "누구든지 자기 친척, 특히 자기 가족을 돌보지 아니하면 믿음을 배반하는 자요, 불신자보다 더 악한 자니라"(딤전 5:8)고 말씀하지 않았는가? 불신자들 중에도 자기 가족을 돌보기 위해서는 많은 수고를 아끼지 않는다.

교역자는 "자기 집을 잘 다스리는 자"라고 하였으니 그러면 교역자는 모두 필히 결혼하여 가정을 이루고 자녀들을 소유해야 한다는 뜻인가? 그것은 아니다. 교역자는 하나님의 섭리와 뜻을 따라 결혼하지 않고 독신 생활을 하든지 또는 결혼하여 가정생활을 하든지 그것은 하나님과 자신과의 관계이다.

2. 목회자는 급히 분을 내지 말아야 한다
(Pastor Must Not Be Quick to Anger<딛 1:7>).

대인과의 관계에 있어서(in relationship to others) 부정적인 면을 가리킨다.

"급히 분내지 아니하며"는 헬라어로 "메 올기론"(μὴ ὀργίλον)이다. 메(μὴ)는 부정(no)이며, 올기조(ὀργίζω; to anger; 분내다, 화내다)는 급히 성내기 잘하는(quick tempered)·성급한·격정적(激情的)이란 뜻이다. 신약에는 이곳에만 단 1회 사용하였다. 그러므로 메 올기론은 문자 그대로 급히 분(화)내지 말라는 뜻이다. 노는 신경질적인 감정의 격발을 뜻한다.

쉽게 화(분)내기 좋아하는 사람, 자신의 감정 특히 혈기를 억제할 줄 모르는 사람, 성급한 사람은 양떼를 위한 목회자의 자격이 결여된 사람이다. 그러기에 혈압 높은 사람은 더욱 혈기(血氣)를 조심해야 하며, 혈기 많은 성질(impulsive nature)의 사람은 부단한 인내의 노력으로 자신을 말씀에 쳐서 날마다 복종시켜 나가야 한다. 교역자는 살기등등한 눈이나 혈기 왕성한 붉은 얼굴의 표정이나 태도를 갖지 않아야 한다. 분노는 죄이기 때문에 어떠한 이유로도 정당화 될 수 없다.

솔로몬 왕은 "노하기를 더디 하는 자는 용사보다 낫고 자기의 마음을 다스리는 자는 성을 빼앗는 자보다 나으리라"(잠 16:32)고 하였다. 야고보 사도는 신앙과 행위의 일치성을 강조하면서 "사람마다 듣기는 속히 하고 말하기는 더디하며 성내기도 더디하라. 사람의 성내는 것이 하나님의 의를 이루지 못함이니라"(약 1:19-20)고 말씀하였다. 사도 바울은 "나는 날마다 죽노라"(고전 15:31)라고 성화(聖化)를 위한 신앙을 고백하였다.

그러나 죄와 불의에 대한 의분(義憤; righteous anger)은 분노(화)와 구별해야 한다. 예수님은 외식하며 반역하는 바리새인들, 사두개인들, 백성의 장로들, 성전을 강도의 굴혈로 만드는 자들에게 의분을 금치 않으셨다(마 23:1 이하). 의분은 하나님의 공의를 나타내는 한 방편으로 범죄한 자들과 복음의 원수들을 책망할 때에 절대로 필요하다.

3. 목회자는 새로 입교(入敎)한 자가 되어서는 안 된다
(Pastor Must Not Be a New Convert〈딤전 3:6〉).

교회와의 관계에 있어서 그리고 영적 성장(성숙)과의 관계에서(in relationship to the churches and spiritual maturity) 교역자는 영적으로 성숙한 사람이어야 한다. 새로 입교한 자는 교역자가 되어서는 안된다.

"새로 입교(入敎)한 자"는 "네오푸톤"(νεόφυτον)이다. 네오푸톤은 네오스(νέος; new; 새로운)와 푸오(φυω, to plant;〈나무를〉 심는다)라는 단어들로 구성된 합성어이다. 그러므로 새로 입교한 자란 문자적으로는 새로 심은 것(newly planted)을 의미한다. 나무를 심은 지 얼마 되지 않아 뿌리도 내리지 못한 어린 묘목 같은 새 입교인을 말한다. 새로 심은 자란 새로 개종(改宗)하고 새로 세례를 받은 자(newly baptized one)를 의미한다.

이 말씀은 영적으로 이해되어야 한다. 새로 입교한 자는 신앙의 연조(年祚; 뿌리)가 어리고 신앙적 지식과 체험 그리고 경험을 통한 연단이 적음으로 시험에 빠지기가 매우 용이하다. 새로 입교한 자가 목회자가 되면 교만에 빠지거나 실수를 하기가 쉽다. 교만하다는 말은 투포(τυφω; smoke; 연기 난다로서 허황된 생각들(smoky thoughts)을 말한다. 신앙의 연조가 얕은 사람은 교만하여 허황된 생각을 하기 쉽다. 짧은 경험과 무지(無知)로 말씀을 혼미케 하기 쉽다. 그렇게 되면 자신에게도, 교회에도 다 큰 비극을 가져오게 될 것이다. 뿐만 아니라 하나님 앞에서 사람들의 비난과 조소를 받는 자가 될 것이다.

새로 입교한 자는 가르치는 위치에 있지 않고 배우는 위치에 있어야 한다. 그 이유는 새로 입교한 자는 영적으로 모든 면에 무지하고 미숙하기 때문이다.

그러므로 새로 입교한 새 신자는 목회자의 자격이 결여되어 있다. 목회자는 오랜 세월 동안 신앙의 연단과 정상적인 신학 교육을 받은 자라야 한다. 이런 의미에서 목회자의 자격을 요구함에 있어서 연령과 세례받은 후 몇 년 간 무흠(無欠), 정규 신학 과정 이수, 소명감 등을 요구하고 있다. 다시 말하자면 교역자는 육체적·인격적·신앙적·학문적·영적인 모든 면에서 성숙한 자이어야 한다. 성경은 아무에게나 경솔히 안수하는 것을 금하였다(딤전 5:22). 이와 관련하여 존 칼빈(John Calvin)은 신학적 지식과 심리적, 정신적으로 온전한 자 그리고 도덕생활과 엄격한 신앙생활의 장구한 경력의 소유자를 목사로 청빙하라고 하였다. 그리고 정신질환자의 교회 청빙을 금하였다.62)

4. 목회자는 외인에게도 선한 증거를 얻은 자이어야 한다

(Pastor Must Have a Good Report<딤전 3:7; 딛 1:13>).

"선한 증거"(A good report)란 헬라어로 "말투리안 카렌"(μαρτυρίαν καλὴν)으로 말투리안(μαρτυρίαν)은 보고(report)보다는 오히려 증거(testimony)가 더 정확한 번역이다. 선한 증거는 일반적으로 탁월한 증거(excellent testimony)를 말한다.63) 탁월한 증거는 교역자의 내면적인 면만 아니라 언행심사를 포함한 외적 생활 전체를 언급한다. 그리고 외인(外人)은 교회 밖에 있는 불신자들, 이방인들, 유대인들, 도덕적인 사람들 모두를 가리킨다(살전 4:12; 고전 10:32; 골 4:5; 빌 2:15). 교역자는 언행심사를 통하여 외인들에게서도 존경받는 자이어야 한다.

교역자는 외인들을 구원할 전도의 사명이 있다. 그러한 중요한 위치에 있는 사람은 외인들로부터도 선한 증거를 얻은 자라야 한다. 교회의 영적 지도자가 세상 사람들로부터 인정을 받지 못한다면 신앙세계 안에서 어떻게 인정을 받을 수 있으리라고 기대하겠는가? 교역자는 신앙과 신앙적 지식은 물론 인격적으로도 존경을 받는 탁월한 증거를 소유한 자이어야 한다.

5. 목회자는 근신(謹愼)해야 한다

(Pastor Must Be Sober<딤전 3:2; 딛 1:8; 2:2>).

---

62) John Calvin,op. cit., IV, iii, ii
63) R.C.H. Lenski, *St. Paul's Epistles,* Augsburg Pub. , 1946, p. 590.

"**근신하며**"는 헬라어로 "쏘프론"(σώφρων)으로 건전한 정신(a sound mind)을 의미한다. 쏘프론은 이곳과 디도서에 3회 나온다(딛 1:8; 2:2-5). 영어 흠정역(KJV)에서는 디도서에 기록된 이 단어들을 술취하지 않은 냉철한(sober), 절제하는(temperate), 지각, 분별 있는(discreet) 등으로 해석했다. 이 단어는 지적으로 건전한(intellectually sound), 착각이 없는(without illusion), 목적이 분명한(purposeful), 절제하는(moderate), 억제된(restrained), 훈련된(disciplined) 등의 의미를 가지고 있다.

근신하며(sober)는 술 취함에 반대되는 "술 취하지 않는", "냉철한", "자신을 지배하는"(self-controlled)이라는 뜻으로 사용되었다. 이 단어는 술 취함의 반대이다. 교역자는 건전한 정상적 정신상태의 소유자이어야 한다. 교역자는 술 취한 사람처럼 일시적 기분이나 흥분에 날뛰는 사람이 아니라, 냉철하고 건전한 이성적 사고(思考)와 정직한 마음으로 행동하는 자이어야 한다. 교역자는 근신함으로 본을 보여야 한다.

6. 목회자는 절제해야 한다
(Pastor Must Be Vigilant<딤전 3:11; 딛 1:8; 2:2>).

"**절제하며**"는 헬라어로 "네파리우스"(νηφαλίους; sober; 맑은 정신의, 술 취하지 않은, 냉정한)로서 동사 네포(νηφω)는 술 취하지 않다, 정신 차리다, 깨다, 경성한다에서 인출되었다(살전 5:6, 8; 딤후 4:5; 벧전 1:13; 4:7; 5:8). 절제는 방종하지 않도록 육체의 욕망을 제어하는 것이다. 이 단어의 본 의미는 음주로 인하여 취한 상태에 있지 않은, 정신이 깨어 있는 분명한 상태를 가리킨다. 교역자는 자신의 행위를 자제하며 감찰해야 한다.

절제는 음주 면에서만 아니라, 광의적(廣意的)인 의미에서 모든 면에 절제함을 가리킨다. 음주는 하나님이 계명으로 금하였다(엡 5:18; 고전 5:11; 갈 5:21; 벧전 4:3). 절제하는 자는 자신을 지배하는 자(self-controlled person)이다. 자신을 잘 지배하는 자는 자신을 말씀으로 잘 훈련시키는 자이다. 절제는 자기를 이기며 육신(죄의 성질, 육신의 소욕)의 지배하에 있지 않음을 뜻한다. 절제는 자신의 감정이나 언행(言行)을 하나님의 말씀에 복종시키는 일이다. 절제하지 못하는 자는 자신을 지배할 수 없는 자이므로 분노를 일으키게 된다.

목회자의 머리는 항상 깨어 있어 마음가짐과 판단력이 분명해야 한다. 교역자는 항상 정신이 맑고 깨끗한 가운데 경성해야 탁월한 영적 분별력을 소유할 수 있으며, 그것으로 모든 일을 객관적으로 공평하게(objectively and fairly) 분별하고, 결단력 있게 처리하며, 신자들을 바로 교훈할 수 있다.

7. 목회자는 한 아내의 남편이어야 한다

(Pastor Must Be the Husband of Only One Wife<딤전 3:2; 딛 1:6>).

목회자는 윤리적, 도덕적으로도 고상한 인격자이어야 한다. 교역자는 "한 아내의 남편"이라는 것은 독신(a single man)이나 또는 아내가 별세한 후에 재혼한 사람은 성직자가 될 수 없다는 뜻이 아니다. 이 말씀은 이성적으로 깨끗함을 요구하는 것이다. 교역자는 결혼관에 있어서도 성경적이어야 한다. 결혼은 연령적으로 장성하고 생리적으로 성숙한 일남일녀가 일평생 희노애락을 같이하며 동거하기로 약속하고, 부부가 되어 그 약속을 쌍방이 모두 성실하게 일평생 지키는 것이다. 결혼은 하나님께서 정하신 제도이므로 모든 사람들은 혼인을 귀히 여겨야 한다(창 2:20-25; 히 13:4). 따라서 결혼은 성적 순결성(sexual purity)을 강조한다.

"한 아내의 남편"이라는 말씀이 우리에게 주는 교훈은 무엇인가?

(1) 일부다처(一夫多妻)주의를 금하심(Prohibition of polygamy)

목회자가 결혼하였을 경우 순수한 결혼관계를 맺어야 한다. 도덕적 부패상이 만연한 당시에 이와 같은 규정은 필요하고 요구되었다.[64] 하물며 오늘날과 같이 죄악이 관영한 시대에는 더 말할 나위 없다. 본문의 의미는 결혼하였을 경우 한 아내를 소유한 자(only one wife at a time)만이 교역자의 자격이 있다는 뜻이다.

가정에 대한 성경의 교훈은 일부일처(one man-husband and one woman-wife)주의이다(창 1:27; 2:24; 엡 5:31). 사도 바울은 일부다처주

---

64) Homer A, Kent, Jr., *The Pastoral Epistles,* pp. 126-130

의를 반대하면서 한 아내의 남편과 한 남편의 아내를 교훈하였다(딤전 3:2; 5:9). 성경은 한 남자가 둘 또는 그 이상의 아내들을 거느리고 생활하는 일부다처주의를 엄격히 금지하고 있다.

사도 바울이 "남자마다 자기 아내를 두고 여자마다 자기 남편을 두라"(고전 7:2)고 하신 말씀은 음행 죄를 방지하기 위해서 뿐만 아니라, 한 걸음 더 나아가서 부부는 1남 1녀로 구성됨을 교훈한다. 일부다처는 교회의 지도자 자신들을 위하여서 뿐만 아니라 모든 성도들을 위해서도 엄히 금지된다. 자기 아내(구나이카, $\gamma \upsilon \nu \alpha \hat{\iota} \kappa \alpha$)와 자기 남편(안드라, $\ddot{\alpha} \nu \delta \rho \alpha$)은 모두 단수 일인(一人)을 가리키며, 하나님은 일남 일녀로 첫 가정을 이루게 하셨다(창 2:24). 일부일처주의는 하나님의 백성들의 결혼 원리이다. 동서고금을 막론하고 동시에 한 아내 이상을 소유하거나 또는 이성적으로 문란한 사람은 하나님의 고귀한 직분을 맡을 자격이 없다.

(2) 재혼자도 성직자가 될 수 있는가?

재혼(remarriage)은 첫 번째 결혼이 사별(死別)이나 또는 이혼으로 파기된 후 다시 결혼하는 것을 말한다. 성경은 재혼에 관해서는 권하지도 않았으며, 그 반대로 금(禁)하지도 않았다. 재혼은 대개 3가지 경우에 가능할 것이다.

① **남편이나 아내가 세상을 떠난 후 재혼하는 경우**: 아내가 세상을 떠났으므로 재혼하는 경우는 남편이 세상을 떠났으므로 재혼하는 경우와 동일하다. 성경은 남편이 별세(別世)함으로 미망인이 된 과부(widow)의 재혼은 처녀(virgin)의 결혼과 같이 인정하고 정당화하였다. 만일 여자가 자기의 남편 생전에 다른 남자와 결혼한다면 그 여자는 간음함이요, 만일 남편이 죽으면 여자가 다른 남자와 결혼할지라도 간음이 아니다(롬 7:3). 이와 같이 남자의 재혼도 마찬가지이다.

여자가 남편이 살아 있는 동안에는 남편에게 매인 바 되나 만일 남편이 죽으면 자유하여 남자와 재혼할 수 있다. 젊은 과부는 시집가서 아이를 낳고, 집을 다스리고, 유혹하는 자에게(대적에게) 훼방할 기회를 조금도 주지 말아야 한다(고전 7:39; 딤전 5:11).

아내나 남편이 세상을 떠난 후 독신으로 있느냐, 재혼하느냐 하는 문제는 하나님 앞에서 자신이 믿음으로 결정할 일이다. 아내가 세상을 떠났으므로 재혼하는 것은 성경적이요, 합법적이다. 따라서 성직자도 아내가 세상을 떠남으로 사별(死別)한 경우 재혼하는 것은 성경적이므로 성직자의 직분을 수행할 수 있다.

② **부부 중 어느 한 상대방이 간음죄를 범한 연고로 이혼한 경우:** 간음은 부부사이가 아닌 남녀의 자원적 성적 관계(voluntary sexual intercourse)를 말한다. 상대방이 간음한 연고 이외에는 여하한 이유나 명목으로도 이혼할 수 없다. 누구든지 간음한 연고 이외에 이혼하는 것은 죄요, 그리고 이혼한 자가 재혼한다는 것은 간음죄를 범하는 것이다. 이와 같은 경우 아테나고라스(Athenagoras)는 재혼을 정죄하였고, 터툴리안(Tertullian)은 재혼을 반대하였다.65)

③ **이혼당한 후 재혼하는 경우:** 이혼당한 경우에는 어떤가? 요즈음은 여권신장(女權伸張), 남녀평등(男女平等)시대이므로 간음한 연고 없이도 이상이 맞지 않는다거나 불만이 있다는 등으로 성경말씀에는 물론 우리나라 고유의 전통이나 풍속에도 맞지 않는 이해할 수 없는 이유들을 열거하며 이혼하는 남녀들이 많다. 이혼당한 경우는 직접적인 이혼의 책임은 없으나, 이유가 있을 수 있고 또 있을 것이다.

남편이나 아내 어느 편이든지(간음한 연고 이외에) 상대방으로부터 이혼을 당하면(is divorced by) 재혼할 수 있다. 그것은 간음이 아니다(막 10:11). 그 이유는 이혼의 책임이 이혼당한 사람에게 있지 아니하고, 이혼한 사람에게 있기 때문이다. 그러나 아내가 세상을 떠났으므로 재혼하는 경우 이외에 다른 어떠한 이유로도 재혼한 사람이 성직자가 된다면 타인에게 덕(德)이 되지 않을 뿐 아니라, 본인에게 가(加)해지는 심적 고통과 압력이 너무나 크기 마련이다.

(3) 이혼한 사람도 성직자의 자격이 있는가?

"한 아내의 남편"이라는 말씀에서 가르치는 또 하나의 교훈은 이혼한 사람은 성직자의 자격이 없다는 진리이다.

이혼(divorce)은 "하나님이 짝지어 주신 것을 사람이 나눌 수 없느니라"고 하신 하나님의 법을 파괴(破壞)하는 죄이다(마 19:6). 그리고 일평생을

---

65) Vincent, op. cit., IV. p. 229

희노애락하기로 하나님 앞과 많은 증인들 앞에서 맹세한 서약을 파기하는 것이다. 물론 이혼이 용서받을 수 없는 죄는 아니다. 그러나 성경의 교훈은 이혼을 철저히 반대한다. 하나님의 자녀들은 이혼할 수밖에 없는 이유들과 환경가운데 있을지라도 가정을 보존함이 옳다(고전 7:10-11, 12-16).

성경에는 이혼이 허용되었다(마 19:9; 5:32). 그러나 이혼을 요구하거나 강요하지 않으며 오히려 반대한다. 비성경적으로 이혼한 사람은 다시 재혼하여 성적(性的) 결합으로 인한 행복을 소유할 권리가 없다. 그것은 더 큰 간음죄를 범하기 때문이다.

주후 1세기 로마인들과 유대인들 중에는 이혼이 매우 성하였다. 초대교회에서는 사신 우상을 섬기던 자들이나 부도덕한 생활을 하는 사람들이 들어와 큰 혼돈이 있었다.66) 초대교회가 형성되면서 가정을 가진 성숙하고도 모든 면에 책망할 것이 없는 자가 지도자로 선출되었다.

모든 죄인들이 그리스도의 보혈로 죄 사함을 받으나 그렇다고 모든 죄인들이 다 성직자가 될 수 있는 자격을 갖춘 것은 아니다. 이것은 매우 중요한 교훈이다. 그러기 때문에 교회의 영적(靈的) 지도자의 자격이 필요하였다. 당연히 양무리들을 인도할 영적 지도자는 가정생활의 불성실이나 이혼 기록이 있으면 목회자의 자격이 결여된다. 이혼한 사람은 "책망할 것이 없는 자"이어야 한다는 목회자의 일반적 자격에 벌써 결여된 사람이다. 하나님의 종은 교회에서 뿐 아니라, 모든 불신 세상사회에서도 귀감(龜鑑)이 되어야 한다는 것은 불문가지이다.

만일의 경우 아내가 간음한 사실이 있다고 하는 그 근거 하나로 교역자 또는 교역자 후보생이 이혼 금지 계명을 삭제, 제거할 수 있는가? 간음한 연고 외에는 아내를 버릴 수 없다(마 5:32; 19:9)는 말씀의 의도를 왜곡하여 아전인수격(我田引水格)으로 해석하여 자위(自慰) 또는 정당화할 수 있는가? 간음한 경우에도 용서헤 주고 이해와 사랑으로 가정을 보존할 수 있도록 힘써야 한다는 것이 우리 주님의 교훈이다. 예수님은 "모세가 너희 마음의 완악함을 인하여 아내 내어버림을 허락하였거니와 본래는 그렇지 아니하니라"(마 19:18) 라고 깨우쳐 주셨다. 이혼하기 위하여 결혼하였는가? (Did you get married in order to get a divorce?) 이것은 매우 심각한 질문이다.

---

66) Homer A. Kent, Jr. op. cit., p. 125

(4) 독신자(獨身者)도 성직자가 될 수 있는가?

성직자의 자격들 중에 하나가 "한 아내의 남편"이라고 하였으니 결혼하지 않은 미혼독신(single) 이나 또는 결혼은 하였으나 아내가 사망한 연고로 홀아비가 된 독신은 성직자가 될 수 없다고 금하신 말씀인가? 결코 그렇지 않다. 따라서 미혼 감독자 제외설(Exclusion of unmarried overseers view: 결혼하지 않은 미혼 독신자는 교역자에서 제외되어야 한다는 주장)은 성경적이 아니다.

성경은 결코 기혼자(旣婚者)만 성직자가 될 수 있다고 가르치지 않는다. 한 아내의 남편이라는 말씀은 교역자는 필히 결혼하여 가정을 이루어야만 한다는 의미는 아니다. 사도 바울은 교역자로서 결혼하지 않은 독신으로서 성역(holy ministry)에 충성하였다(고전 7:7, 40). 목회자의 자격에 기혼(旣婚)과 미혼(未婚)의 구별은 존재하지 않는다. 사도 바울은 기혼자에 관하여 언급하기를 "하나는 이러하고 하나는 저러하니라"(고전 7:7)고 하면서 사람마다 각기 하나님께로부터 받은 은사가 상이하다고 하였다. 성경은 결혼하지 않은 상태나 신분을 잘못된 것으로 간주하지 않는다.

그러나 일반적으로는 미혼 독신이나 홀아비 독신은 자신들이나 또는 타인들에게 유혹과 시험을 받거나 또는 주게 될 가능성과 사랑하는 믿음의 형제자매들에게 심적인 면을 포함하여 여러 면에서 짐을 지워줄 수 있는 가능성이 기혼자보다는 훨씬 더 많다. 그러므로 하나님은 사람이 독처(獨處)하는 것이 좋지 않다고 하시고(창 2:18) 돕는 배필(配匹)로서 아내를 주신 것이다. 결혼의 필요성과 중요성은 형언할 수 없다. 복음 사역의 동료(companion)와 조력자(helper)로서 아내의 역할은 매우 크다. 현명한 아내(잠 31:10- 29)의 내조(內助)는 목회에 큰 성공을 가져온다. 아름다운 가정의 착하고 어진 아내는 하나님이 주신 본능적, 성적(性的) 행복을 표시하고, 소유하며, 건전하고 성스러운 가정을 튼튼하게 하며, 만 가지 일을 모두 내조(內助)하니 얼마나 중요한 존재인가? 뿐만 아니라, 아내는 영원한 기업을 같이 받아 누릴 자 곧 기업의 공동 상속자(相續者)이다. 일반적으로 가정을 가지고 있는 목회자는 독신 목회자보다 지식·경험·이해가 더 많고 더 넓은 것이 사실이다.

(5) 호모섹스(동성애 또는 동성혼음)자들도 성직자가 될 수 있는가? 결단코 천만의 말씀이다(Never Never Never!)

하나님은 태초에 사람을 남자와 여자로 창조하시고 남녀가 합하여 한 몸(one body), 즉 한 가정(one family)을 이루게 하셨다. 그리고 자녀의 번식을 축복하셨다(창 1:27; 2:24; 마 19:5; 막 10:7; 고전 6:16; 엡 5:31). 그러므로 하나님이 제정하신 두 사람의 성적(性的) 결합은 동성이 아니라 이성(not homosexuals but heterosexual)이다.

호모섹스는

① 하나님의 창조의 원리에 역행하는 반역이다(창 1:27).

② 순리(順理)대로 쓸 것을 바꾸어 역리(逆理)로 사용하는 것이다(롬 1:26).

③ 하나님과 사람 앞에서 가증한 일이다.

④ 가장 더럽고 추악한 큰 죄악들 중에 하나이다.

⑤ 호모섹스가 가져다주는 에이즈(AIDS)는 하나님께서 내리시는 천벌이다(롬 1:27).

⑥ 호모섹스는 정신적으로도 큰 병이다.

⑦ 호모섹스는 자녀를 생산치 못한다.

⑧ 구약시대는 호모섹스자들에게 최고의 형벌, 즉 사형(capital punishment)을 내렸다(레 18:24-25, 29).

옛날 소돔과 고모라 성이 멸망 받은 큰 이유들 중 하나는 그 도성(都城)이 성적(性的)으로 극히 타락되었기 때문이다. 특히 호모섹스가 범람하였다. 그러므로 성경에 이르기를 "소돔 사람은 악하여 여호와 앞에 큰 죄인이었다"고 하였다(창 13:13). 그들은 거룩하신 하나님의 수많은 경고에도 불구하고 끝까지 회개치 아니하므로 공의의 보응(報應) 곧 불로 멸망을 받았다(창 19장). 그러므로 호모섹스를 영어로 **소도미**(sodomy)라고 부르며, 호모섹스자들을 **소도마잇**(Sodomite)이라고 부른다. 우리는 호모섹스라고 하면 소돔과 고모라의 멸망을 연상해야 할 것이다.

고대사(古代史)에 의하면 옛날 가나안 사람들도, 고대 중국의 부유층 사회에서도, 로마의 정치적 지도층에서도, 헬라의 지식인들 사이에서도 호모섹스가 성행하였다. 지금은 미국을 위시한 부유한 나라들로부터 아프리카 대륙 가난한 미개인 나라들에 이르기까지 호모섹스가 만연되고 있다. 호모섹스는 분명히 말세의 징조들 중 하나임을 입증하는 것이다. 그럼에도 불구하고 배교와 불신앙으로 타락한 자유주의 교회 지도자들은 계속 주장하기를 호모섹스는 죄가 아니다, 병이 아니다, 호모섹스에 관하여 기록된 레위기와 로마서는 지금으로부터 2600년 전과 1900년 전에 이스라엘 나라에서 기록된 것이므로 이 시대 우리와 상관이 없다고 하면서 호모섹스를 찬동하고 있다.67)

지금은 도덕 윤리적으로도 극도로 타락된 말세지말이라 교회들이 타락되어 호모섹스자들까지 성직(목사) 안수를 권장하며 허락하는 교회들이 많이 있다. 지금 미국에는 호모섹스 교회(교파)가 있다. 그 단체의 명칭은 UFMCC (Universal Fellowship Metropolitan Community Churches)이다. 그리고 로마천주교(Roman Catholic Church), 연합 감리교(United Methodist Church), 미국 장로교(Presbyterian Church in U.S.A.), 성공회(Episcopal Church), 아메리칸 침례교(American Baptist Church), 유니테리안교(Uniterian Church), 그리스도 연합교회(United Church of Christ), 연방 사제 협의회(Federation of Priest's Council), 미국 히브리 회중 연합회(Union of American Hebrew Congregations), 성공회 컨벤션(General Convention of Episcopal Church) 등에는 호모섹스 목사 교회들이 있다.68) (참조: 조영엽, 『WCC의 실상을 밝힌다』 언약출판사, 2010, 5, "WCC의 호모섹스 교회들")

(6) **로마 천주교의 성직자관(觀)－교회와의 결혼설**(Catholic view for pastor-Marriage to the church)

천주교에서는 성직자는 결혼하는 것보다 독신이 더 낫다고 주장한다.69) 천주교가 교역자의 독신설을 주장하게 된 동기와 원인은 신부(新婦)의 은유적·상징적·영적 의미를 문자적으로 해석한 과오에서 비롯된 것이다(고후 11:2; 계 19:7; 21:9; 22:17; 엡 5:27). 신부(神父; father)가 신부(新婦;

---

67) PCUSA, *The Church and Homosexuality*, 1978, pp. 25, 39
68) *Biblical Principles*, Plymouth Rock Foundation, 1984, p. 264
69) Homer A. Kent, JR. op.cit., p. 122

bride)인 교회와 결혼한다고 하여 독신주의를 교회에 적용시킨 것이다. 즉 교회와의 결혼설을 주장한다. 이것은 천주교가 신부(神父)를 위한 독신법 교리를 옹호하기 위한 시도이다.

천주교에서 사제의 **독신제**(Celebacy)는 A. D. 11세기 이후로는 의무적·필수적이 되어 왔다. 천주교의 독신설은 그레고리 1세(Gregory I, A. D. 590. 9. 3.-604. 3. 12)가 주장하였으며, A. D. 1074년 교황 그레고리 7세(Gregory VII) 때 신부와 수녀의 결혼을 법으로 금하였다.70) 라테란 공의회(Council of Lateran, A. D. 1123년)에서는 사제의 결혼을 금했다. 그 이후로 천주교에서는 맹목적으로 독신법을 엄수하고 있다. 천주교는 신부와 수녀의 독신 생활에 대하여 자랑스럽게 "독신 생활은 교회의 봉사 집무자가 봉사하도록 축성(祝聖)된 새로운 삶의 표징이다. 기쁜 마음으로 받아들인 독신 행활은 하느님 나라를 찬란하게 선포하는 것이다."71) 사제의 독신은 **가톨릭교회교리서 제1,579조, 1,580조, 1,599조, 제2차 바티칸공의회 제16항** 등을 보라. 이렇게 천주교는 교회의 전통과 법을 성경의 권위보다 항상 위에 두고 거기에 치중한다.

그러나 성경이 분명히 가르치는 교훈은 예수님을 구주로 영접한 자는 교회에서의 직분이 어떠하든지(목사·장로·집사·평신도) 모두가 영적 의미에서 예수 그리스도의 신부들이다.

천주교의 성직자의 결혼 금계령(結婚禁戒令)은 성경의 원리에 위배되므로 비성경적이다(태초에 하나님께서 사람을 창조하시되 남자와 여자로 창조하시고 그들로 하여금 결혼하여 가정을 이루어 살도록 축복하셨다<창 2:18, 24>. 그리고 "네가 젊어서 취한 아내를 즐거워 하라"<잠 5:18>. 모든 사람은 혼인을 귀히 여기라<히 13:4>고 명하셨다. 디모데전서 3:2, 디도서 1:6에서는 "감독은 … 한 아내의 남편이 되며"라고 말씀하였다). 초대교회 감독들과 집사들도 결혼하였다. 천주교에서 "첫번째 교황"이라고 주장하는 사도 베드로도 기혼자였다(마 8:14; 눅 4:38; 고전 9:5). 동서고금의 교역자들의 다수는 결혼한 사람들이다. 천주교의 독신법은 성경 위반이며 인간의 행복상을 빼앗아 가는 수법이다.72)

---

70) J. N. D. Kelly, *The Oxford Dictionary of Popes*, p. 155
71) 사제직무교령 16항 제2편, p. 573

(7) **안수 받은 목회자는 남자이어야만 한다**(Pastor must be a man, not a woman).

"한 아내의 남편"이란 목사는 남자이어야만 한다는 진리이다. 남자 어른들을 포함한 전체 회중에서 강도(preaching)하는 일과, 삼위일체 하나님의 이름으로 성례(sacraments, 세례와 성찬)를 베푸는 일과, 범죄한 자들에게 권징 치리(discipline)하는 일과, 축도(benediction)하는 일은 남자에 의하여 남자만이 수행해야 하는 제사장 직분으로 하나님께서 친히 설정하신 제도이다. 그러므로 하나님의 말씀과 교회 역사는 여자 목사를 허용하지 않는다. 이것은 성차별이 아니라 성구별이다. 남자와 여자는 하나님 앞과 사람 앞에서 동등하나 본분 · 임무 · 직분이 상이함(equal but different)을 나타내는 것이다. 디모데전서 2:12에는 여자가 남자를 가르치는 것과 주관하는 것을 허락지 아니한다고 하였다.

8. 목회자는 나그네를 잘 대접해야 한다
(Pastor Must Be Given to Hospitality<딤전 3:2; 딛 1:8; 벧전 4:9>)

"대접한다"는 헬라어로 "필로제논"(φιλόζενον)으로서 이 단어는 필로스(φιλος; love; 사랑)와 제노스(ζένος; foreigner, stranger, guest; 외국인, 나그네, 손님)로 구성된 합성어이다. 그러므로 나그네를 대접한다는 말의 본래 의미는 나그네와 손님을 사랑한다(loving strangers)는 뜻이다. 즉 나그네를 사랑하고 보살피며 친절한 환대(歡待)와 후대(厚待)를 하는 것을 의미한다.

나그네와 관련된 3단어들

① **제노스**(ζένος): 제노스는 여행이나 어떤 직무를 위하여

② **파로이코스**(πάροικος; resident alien): 파로이코모스는 거주(영주)하는 외국인이라는 뜻으로 파라(παρα; beside, before; 이웃, 근처)와 오이코스(οικος; house; 집)로 구성된 합성어이다. 이 단어도 제노스와 같이 여행

---

72) 참조, 조영엽, 『카톨릭교회 교리서 비평』 2010, 기독교문서선교회, 사제의 독신 pp.77-82)

이나 어떤 직무를 위하여 자기 나라, 자기 백성, 친구들을 멀리 떠나온 직업을 가지고 있는 행인(行人)을 말한다.

③ **파레피데모스**(πάρεπιδημος): 파레피데모스는 파라(παρα; 멀리), 에피(επι; 그곳을), 데모스(δημος; 백성)로 구성된 합성어이다. 이 단어의 뜻은 자기나라 사람이나 친구를 멀리 떠나온 직업이 없는 행인(行人)을 말한다.

나그네를 대접하는 것은 그리스도의 사랑의 표현이며, 모든 성도들의 책무이다(롬 12:13; 히 13:2; 벧전 4:9).

"나그네를 잘 대접하라"는 이 말씀이 기록된 시기는 로마제국이 기독신자들을 심히 핍박하던 환란기였다. 성도들은 엄습하는 핍박으로 집과 재산을 잃고 산지사방에 흩어져 방황하던 때였다. 많은 과부들과 고아들이 의·식·주를 필요로 하였다. 이럴 때에 나그네를 대접하는 일은 더욱 절실히 요구되는 매우 귀한 일이었다. 뿐만 아니라 그 당시는 여행자들을 위한 숙소(여관)도 많지 않았다.

목회자는 나그네를 대접하는 일에도 교인들의 본(sample)이 되어야 한다. 나그네 대접은 그리스도인들의 미덕(美德)이다. 나그네를 잘 대접하려면 인색함이나 이기심이 없어야 하며 나그네에 대한 이해, 관심, 사랑이 깊어야 하고, 봉사심이 있어야 하며, 자신이 받은 영육간의 축복들을 다른 사람들과 나누기를 기뻐하는 자가 되어야 한다. 선한 일을 동경하는 모든 성도들은 "가서 너도 사마리아인처럼 행하라"고 하신(눅 10:37) 주님의 말씀을 명심하고 준행해야 한다. 교역자가 성도들로부터 열 번 대접 받았으면 한 번쯤은 대접하여야 마땅하지 않겠는가?

성경은 우리에게 "너는 나그네를 자기같이 사랑하라"(레 19:34), "손(나그네) 대접하기를 힘쓰라"(롬 12:13), "손님 대접하기를 게을리하지 말라"(히 13:2), "서로 대접하기를 원망 없이 하라"(벧전 4:9)고 명하였으며, 주님의 이름으로 지극히 작은 소자 한 사람에게 냉수 한 그릇을 대접하여도 결단코 상급을 잃지 않는다(마 25:35-40)고 하였다. 손님 대접을 잘한 아브라함은 부지중에 천사를 영접하지 않았던가!(창 12:2) "저가 흩어 가난한 자들에게 주었으니 그의 의(義)가 영원토록 있느니라"(고후 9:9). "하나님 아버지 앞에서 정결하고 더러움이 없는 경건은 곧 고아와 과부를 환란중에 돌아보고 또 자기를 지켜 세속에 물들지 아니하는 것이니라"(약 1:27).

목회자의 자격을 언급함에 있어서 나그네를 잘 대접하라고 분부한 말씀의 필요성과 중요성은 신·구약 성경 전반에 걸쳐서 강조되었다. 불쌍한 고아와 과부 그리고 복음의 사자(使者)를 잘 영접하는 것은 아름다운 성도들의 미덕이다.

9. 목회자는 관용(寬容)해야 한다

(Pastor Must Be Forbearing<딤전 3:3>).

"관용"은 헬라어로 "에피에이케"(ἐπιειкῆ)로서 이 단어는 에피(ἐπι)와 에이코스(ειкος; 합당, 타당)로 구성된 합성어이다. 신약에는 관용이란 단어가 5번 기록되었다(딤전 3:3; 빌 4:5; 딛 3:2; 약 3:17; 벧전 2:18). "에피에이케"의 원 뜻은 용서를 위한 관용(forbearing)이다. 관용은 온화(moderation)·온순·친절(gentleness) 또는 참음으로서의 관용(patient, forbearance)·도리에 맞음·합당함(sweet, reasonableness)이란 뜻으로 상기 단어들은 각기 헬라어의 원 의미의 일면들을 나타낸다.[73]

관용이란 단어는 법정적 용어로서 법정에서 죄인을 벌하지 않고 용서해 주는 것을 의미한다. 즉 너그러운 마음, 부드러운 마음, 포괄적인 마음으로 다른 사람을 용서해 주는 것을 의미한다.

성도들은 그리스도의 관용을 본받아서 "너희 관용을 모든 사람들에게 보이라"(빌 4:5)고 하신 말씀대로 온유·친절·인내·관용·이해와 사랑을 모든 사람들에게 나타내 보여야 한다.

목회자는 교리문제, 진리문제, 계명문제에는 분명하고 절대 양보가 있을 수 없다. 그러나 대인관계 특히 감정문제에 있어서는 대해(大海)처럼 폭 넓은 포용력이 있어야 한다. 관용이야말로 교역자가 구비할 자격 중에 하나이다.

10. 목회자는 가르치기를 잘 하여야 한다

(Pastor Must Be Apt to Teach<딤전 3:2; 딛 1:9; 딤후 2:24>).

목회자의 주(主) 임무는 하나님의 말씀인 진리를 신자들에게 바르게 잘

---

73) Lenski, *The Interpretation of St. Paul's Epistles*, p. 875-876

가르침으로써 전달하는 것이다. "가르치기를 잘 한다"는 말씀은 헬라어로 "디다크티코스"(διδακτικός; apt to teach, teachable, able to teach; 가르칠 재기(才氣)가 있는, 가르칠 능력이 있는)이다. 가르친다는 말은 성경에 217번 언급되었다. "디다크티코스"는 다른 사람들에게 지식을 잘 전달할 수 있는 재능(talent), 기술(skill), 능력(ability in teaching)을 포함한 자격을 가리킨다.

알포드(Henry Alford)는 말하기를 "가르치기를 잘하며"라는 말씀은 "단순히 가르치는 것만 아니라, 가르칠 수 있는 능력과 기술(ability and skill)도 말한다"고 하였다.

로버트슨(A.T. Robertson)은 "가르치기를 잘하며"라는 말씀은 "가르칠 수 있는 자격"을 언급한다고 하였다.

칼빈(John Calvin)은 "가르칠 줄 모르는 사람은 교역을 하지 말고, 차라리 다른 일을 하는 것이 좋다"고 하였다.

웨스트(Wuest)는 "가르치기를 잘 하는 자는 기술적 선생(a skilful teacher)이다"라고 하였다. 가르칠 수 있는 재능·기술·능력은 분명히 하나님의 은사들(선물) 중에 하나이다(엡 4:11; 고전 12:28).

목회자가 가르치기를 잘 하려면 가르칠 내용 곧 하나님의 말씀과 말씀을 정통적으로 체계화한 바른 교리를 알아야 한다. 그런 의미에서 가르치기를 잘하는 자는 훌륭한 면학자(勉學者; A diligent student)이어야 한다. 그는 자신이 배우고 가르치기 위하여 진리의 말씀을 획득하기에 더욱 전력해야 한다. 교역자는 진리의 지식을 사모하는 자이어야 한다. 사도 바울은 믿음의 아들 디모데에게 "네가 이것들을 명하고 가르치라", "읽는 것과 전하는 것과 가르치는 일에 착념하라"(딤전 4:11, 13)고 분부하였다. 그리고 하나님의 말씀을 받는 자들에게는 "잘 가르치는 자를 배나 존경하라"고 하였다. 현대 교회는 기독교의 본질을 체계적으로, 교리적으로 가르치는 교육이 대체로 너무나 빈약하다. 그러므로 여러 해를 교회에 출석하는 중견 신자들도 기독교의 중요한 근본 교리들을 잘 모르고 있는 형편이 아닌가!

그렇기 때문에 하나님의 교회들은 교리(敎理; doctrine) 공부를 위한 성경공부(bible study)가 절대 필요하다.

참으로 가르치는 은사는 성령으로부터 받았을지라도(고전 12;7), 가르치는 기술은 목회자가 개발해야 할 직무 중에 하나이다. 목회자는 하나님의 지식을 잘 전달할 수 있도록 기술적 재능도 개발하여야 한다. 목회자는 이 일에 전심전력(專心專力)하여야 한다.

11. 목회자는 다투지 않아야 한다
(Pastor Must Not Be Belligerent<딤전 3:3>).

"다투지 아니하며"의 "아마콘"($\check{\alpha}\mu\alpha\chi o\nu$)은 아($\check{\alpha}$; no; 부정)와 마케($\mu\alpha\chi\eta$; war; 전쟁)로 구성된 합성어이다. 그러므로 이 단어의 문자적 의미는 "전쟁을 하지 말라"는 뜻이다. 다투는 것은 서로 싸우는 것이니 다투지 아니하면은 서로 싸우지 않는다는 뜻이다. "아마콘"은 목회서신에서만 2회 사용되었다(딤전 3:3; 딛 1:7).

혈기부리면서 구타하는 투쟁적인 사람(combative person)은 하나님의 일을 하기에 합당한 자가 못된다. 교역자는 다투지 않는 사람, 즉 육신적 혈기로 세속적 싸움을 하지 않는 사람이어야 한다. 싸움은 육신의 정욕에서 나온다(약 4:1). 싸움에서 이기려 하는 자는 벌써 자신의 육신(죄의 성질과 성향)과 사단에게 패배당한 자임을 알아야 한다.

"다투지 말라"는 말씀은 진리 문제에 있어서 양보 또는 포기하라는 말씀이 아니다. 오히려 하나님의 말씀은 믿음의 도리를 위하여 힘써 싸우라고 명령하였다(유 3절). 따라서 우리의 싸움은 혈과 육이 아니요, 공중의 권세 잡은 사단과 그의 추종자들과의 싸움 곧 영전(spiritual war)이다. "우리의 씨름은 혈과 육에 대한 것이 아니요, 정사와 권세와 이 어두움의 세상 주관자들과 하늘에 있는 악의 영들에게 대함이니라"(엡 6:12).

우리가 사단의 세력들과의 싸움에서 승리의 개가를 부르기 위해서는 진리로 허리띠를 띠고, 의의 흉패를 붙이고, 복음의 신을 신고, 믿음의 방패를 가지고, 구원의 투구를 쓰고, 성령의 검 곧 하나님의 말씀을 가지고, 전신갑주를 입어야 한다(엡 6:13-17)

우리의 싸움의 대상들은 누구이며 무엇인가? 우리 신앙의 원수들은 붉은 용의 세력, 무신론 공산주의, 죄로 인하여 타락하고 부패된 육신의 정욕(情

慾), 사욕(私慾), 물욕(物慾), 하나님과 같이 되고자 하는 교만, 세속주의, 기독교 내의 자유주의, 그릇된 신비주의, 비진리와 타협하는 신복음주의, 각종 이단들이다. 우리는 이 신앙의 원수들과 능히 힘써 싸워 승리해야 한다.

사도 바울은 선한 싸움을 싸우고 달려갈 길을 다 가고 믿음을 지켰다고 하였다(딤후 4:7-8). 우리들도 사도 바울처럼 이 지상에서의 인간적인 싸움이 아닌 영적인 선한 싸움을 다 싸우고 주님이 영광 중에 재림하셔서 상급 주실때 의의 면류관(crown of righteousness)을 받도록 힘써야 하겠다.

12. 목회자는 책망할 것이 없어야 한다

(Pastor Must Be Blameless <딤전 3:2; 딛 1:6, 17>).

"책망할 것이 없는"는 흠(欠)잡을 것이 없다는 말이다. "책망할 것이 없고"는 헬라어에 2단어가 있다. 이 단어는 사람의 명예에 관계되는 말이다.

(1) **"아네피렘프토스"**(ἀνεπίλημπτος; irreproachable, unrebukable, blameless; 책망할 것이 없는, 흠 없는): 이 단어는 형용사로서 3단어가 결합하여 이루어진 합성어이다. 즉 안(ἄν; 부정<不定>, 에피(ἐπί; 위에) 람바노(λαμβάνω; 잡는다, 취하다)라는 단어들로 형성되었다. 그러므로 이 단어의 문자적 직역은 "손을 높이 들어 잡지 말라"는 뜻이다. 이 단어는 신약에 3번 사용되었다(딤전 3:2; 5:7; 6:14). 디모데전서 3:2의 아네피렘프톤(anepivlhmpton, 책망할 것이 없고)은 손을 들어 타인을 해치지 말라는 뜻이다. 이것은 죄적 행동의 동기를 금하신 말씀이다.

(2) **"아넥크레토스"**(ἀνεγκλητος; unreproachable, blameless; 책망할 것이 없는, 흠 없는): 이 단어는 안(ἄν; 부정<不定>), 엔(ἐν; 안에), 클레토스(κλητός; 초대자) 등 3단어들로 구성된 합성어이다. 이 단어의 문자적 직역은 "안으로 불리움을 받지 말라"는 뜻이다. 이 단어는 신약에 3번 사용되었다(고전 1:8; 딤전 3:10; 딛 1:6-7; 골 1:22).

디도서 1:6-7의 아네피렘프톤(ανεπίλημπτον; 책망할 것이 없고)은 타인에게 죄를 지어 법정에 불려와(호출되어) 재판을 받지 말라는 뜻이다. 이것은 죄적(罪的) 행동의 결과에서 오는 죄과의 심판을 금하신 말씀이다.

고린도전서 1:8; 골로새서 1:22의 "아넥크레토스"(ανεγκλητος; 책망할 것이 없고)는 최후 심판시에 책망 받아 지옥에 가거나, 면류관을 받지 못하는 심판의 대상자가 되지 말라는 뜻이다. 그러므로 책망할 것이 없는 자란 도덕적, 인격적, 신앙적, 교리적으로 흠이 없는 자를 가리킨다.

목회자는 도덕적·인격적·특히 영적 지도자이니 만큼 불신자들에게도 흠잡을 데 없는 무흠자(無欠者)이어야 한다. 이 말은 전연 죄가 없는 완전 성결자(聖潔者)를 의미하는 것은 아니다. 비록 죄인이나 하나님의 법에 순종하여 바로 살려고 힘쓰는 자를 가리킨다. 그런 사람은 연약하여 부지중에 실수로 범죄할지라도 즉시 회개한다. 그런 사람은 자신을 통하여 예수 그리스도를 바라볼 수 있도록 그리스도의 형상을 날마다 닮아 나아가는 자이다.

목회자는 타인들의 본(example)이 되도록 힘써 노력하여야 한다. 교회의 지도자는 이 세상 사회에서도 존경을 받는 도덕적, 인격적, 영적 인물이어야 한다. 목회자는 교회에서 가장 중요한 신분으로 그리스도의 복음이 훼방 받지 않도록 책망할 것이 없는 자, 흠이 없는 자가 되어야 한다. 책망할 것이 없는 자, 흠이 없는 자에게는 아무도 비난이나 조소를 할 수 없다.

13. 목회자는 구타하지 않아야 한다
(Pastor Must Not Be a Striker <딤전 3:3; 딛 1:7>).

"구타하지 아니하며"는 "메 프레크텐(μὴ πλήκτην)으로, 프레크텐은 프레소(πλήσσω; to strike, smite, wound; 때리다, 치다, 상처를 입히다)에서 인출된 형용사다. 그러므로 "구타하지 아니하며"의 원 의미는 손이나 혀로 사람을 몹시 때리는 난폭한 행동을 하지 말라는 뜻이다. 성격이 급하고 화내기를 잘하며 난폭한 사람은 성직자의 자격이 없다.

본문에 구타하는 것은 술 취한 결과로 오는 횡포(橫暴)이다. 그 이유로 본문에는 술을 금하는 계명에 이어서 곧 구타를 금하신 말씀이 나왔다. 그렇지만 사람이 술 취해야만 구타하는 것은 아니다. 사람이 이성을 잃으면 술 취한 자와 다를 바 없다. 사람들은 말로 해서 해결되지 않는 것을 주먹으로 해결해 보고자 한다. 그러나 인생을 살아온 경험적 교훈은 이성에 호소해서 되지 않는 일은 결코 주먹으로도 되지 않는다는 진리의 교훈을 남겨 놓았다. 우리 각자가 하나님 앞에서 원리대로 행하려고 힘쓸 때는 다투거나 구타하는 일이 있을 수 없다. 구타하는 자는 물론 구타당하는 자도 그 원인과 이유가 어디 있는지 살피고 반성, 회개해야 할 것이다. 그 이유는 원인 없는 결과는 없기 때문이다. 사람들은 흔히 "예술은 길고 인생은 짧다"는 이야기를 한다. 필자는 예술인이 아니어서 예술이 얼마나 긴가는 알 수 없다. 그러나 인생은 무상하며 매우 짧다는 사실은 피할 수 없는 죽음이 점점 더 급한 속도로 다가오고 있음을 피부로 절감하는 경험이 입증하지 않는가? 잠시 왔다 가는 덧없는 인생에 기쁨이 샘솟듯 용솟음치며 웃음이 함박꽃처럼 만연한 행복한 그리스도인의 삶을 영위해야 한다.

14. 목회자는 아담해야 한다

(Pastor Must Be of Good Behaviour <딤전 3:2; 2:9>).

"아담하며"는 "코스미온"(κόσμιον; well-mannered, well ordered; 예의범절을 갖춘, 잘 정돈된)이다. 이 단어는 코스메오(κοσμέω; to order, to arrange; 정돈하다, 치장하다)에서 인출되었다(딤전 2:9). 세상(κόσμος; world)이라는 단어도 코스메오에서 파생된 명사이다. 그러므로 아담하다는 말은 혼돈의 반대로 잘 정돈된 생각(well ordered mind), 잘 정돈된 생활(well ordered life), 예의범절을 갖춘 태도(well-mannered attitude)를 나타내는 내적(內的), 외적(外的) 자격을 가리킨다.

아담한 사람은 영적으로, 정신적으로, 도덕적으로 그리고 일상생활에 있어서 질서정연하고 균형 잡힌 사람을 말한다. 교역자는 혼돈된 계획이나 무질서한 행동이 없는 질서정연하고 균형 잡힌 인격의 소유자 곧 신사(gentleman)가 되어야 한다.

15. 목회자는 돈을 사랑하지 않아야 한다
(Pastor Must Not Be a Lover of Money<딤전 3:3>).

"돈을 사랑하지 아니하며"는 "아필라르구론"(ἀφιλάργυρον)으로 이 단어는 아(α; no; 부<否>)와 필레오(φιλέω; to love; 사랑한다), 알구리온(ἀργύριον; silver or money; 은, 돈) 등 3자(字)로 구성된 합성어이다. 그러므로 아필라르구론의 문자적 의미는 은(돈)을 사랑하지 않는다(not loving silver<money>)는 뜻이다. 여기서 나온 말이 돈을 사랑하지 않는다는 의미이다. 옛날 로마시대에는 돈을 은으로 만들었으므로 은 동전(silver coin)을 돈이라 하였다.

목회자는 돈을 사랑하는 자가 아니라, 하나님을 사랑하는 자(not money lover but God lover)이다. 사람이 돈을 사랑하면 돈이 우상이 되어 믿음에서 떠나 돈을 따라가게 되기 쉽다. 돈을 사랑하는 것은 일만 악의 뿌리가 된다(딤전 6:10).

돈이 물질의 대명사라면 육신 생활에 절대 필요한 것은 사실이다. 그렇다고 물질의 노예가 되어서는 안 될 것이다. 진실로 교역자는 물질에서 해방되어야 한다. 하나님은 우리로 하여금 모든 것들을 주관하고 다스리라고 하셨다(창 1:28).

우리는 물욕·정욕·사욕의 3대 원수들을 믿음으로 이겨야 한다. 사람이 극히 가난하면 물질의 시험이 많이 따르고, 반대로 너무나 부해도 사치·허영·방탕·타락하게 되므로 믿음에서 떨어지게 되기 쉽다. 그러므로 잠언의 기자는 "… 나로 가난하게도 마옵시고 부하게도 마옵시고 오직 필요한 양식으로 내게 먹이시옵소서 혹 내가 배불러서 하나님을 모른다 여호와가 누구냐 할까 하오며 혹 내가 가난하여 도적질하고 내 하나님의 이름을 욕되게 할까 두려워함이니라"(잠 30:8-9)라고 간구하였다. 히브리서 기자는 "돈을 사랑하지 말고 있는 바를 족한 줄로 알라"(히 13:5)고 권면하였다.

사람은 하나님과 돈을 겸하여 섬길 수 없다(마 6:24). 영계의 지도자는 물질에 청렴결백해야 한다. 사도 바울은 에베소 교회 장로들에게 물질에 대하여 청렴함을 간증하였다. 교역자는 그의 나라와 그의 의를 계속 구하기만

하면 이 모든 것을 더하시리라고 약속하신 주님의 말씀을 믿어야 한다.

16. 목회자는 더러운 이(利)를 탐하지 않아야 한다
(Pastor Must Not Pursue Dishonest Gain<딛 1:7, 11>).

"더러운 이를 탐하지 아니하며"는 "메 아이스크로켈데"(μὴ αἰσχροκε ρδῆ)로서 메(μὴ)는 강한 부정(不定)을, 아이스크로스(αἰσχρός; shame-ful)는 수치스런, 부끄러운, 비굴한을, 켈도스(κέρδος; gain, advantage, profit)는 이익·이득·이윤을 말한다. 그러므로 "더러운 이를 탐하지 아니하며"는 수치스럽게, 부끄럽게, 비굴하게 돈을 벌지 말라는 뜻이다. 이 말씀은 돈을 사랑하지 말라는 말씀과 밀접한 관계가 있다. 참된 교역자는 양무리를 치되 부득이함으로 하지 말고 오직 하나님의 뜻을 좇아 자원하여 하며 더러운 이(利)를 위하여 하지 말라(벧전 5:2)는 것이다.

(1) 물질에 대한 욕망(물욕)은 끝이 없다.

물욕(物慾), 정욕(情慾), 사욕(私慾)은 범죄하여 타락한 인간의 생득적 본능이다. 일반적으로 사람들은 물질에 대한 욕심이 끝없어서 이 세상 그 누구도, 그 무엇도 그 욕심을 충족시킬 수 없다. 사람은 재물을 많이 소유하면 할수록 물욕도 커진다. 사람이 물질을 얼마나 소유해야 만족할 수 있을까?

물욕은 만족과 감사를 빼앗아 간다. 만족(contentment)은 "아우탈케이아"(αὐταρκεια)로서 이는 하나님께서 베푸시는 충족한 은혜로 인한 자신의 충족(self-sufficiency)이다. 성경은 말씀하시기를 우리가 세상에 아무것도 가지고 온 것이 없으며 또 아무것도 가지고 가지 못하리라. 다만 먹을 것과 입을 것과 있을 곳이 있으면 만족하라고 권면하신다(딤전 6:6-7). 그러므로 하나님의 자녀들은 오늘 하루의 일용할 양식, 안식할 처소, 몸을 보호할 단벌옷이 있으면 그것으로서 족한 줄 알아야 한다. "부하려 하는 자들은 시험과 올무와 여러 가지 어리석고 해로운 정욕에 떨어지나니 곧 사람으로 침륜과 멸망에 빠지게 하는 것이다"(딤전 6:9). 부자가 되기를 원하는 자와 돈을 사랑하는 자는 동전(coin)의 양면이다.

(2) 물욕은 하나님을 잊도록 한다.

잠언은 대부분 솔로몬이 기록하였으나 잠언 30장은 아굴(Agur)이 기록하였다. 아굴이 누구인지는 알려지지 않았다. 추측컨데 아굴은 솔로몬을 예의 주시하여 보았을 것이다. 솔로몬이야말로 부귀(富貴)영화를 마음껏 누린 대표적 인물이 아닌가? 그러나 그가 부귀영화로 말미암아 어떠한 결과를 초래하게 되었는가? 그는 이방 여자들을 많이 불러들였고, 그 이방 여인들은 자기 나라의 우상들을 끌고 들어와 이스라엘 민족으로 하여금 사신 우상을 섬기게 하지 않았는가? 아굴(Agur)은 솔로몬 왕이 부(富)와 영화(榮華)로 인하여 도덕적으로 타락하고 또 사신 우상들이 성하게 된 비참한 영적 상황을 통탄하면서 하나님께 간구하기를 "나에게 속임과 거짓말을 멀리 떠나게 하옵소서 나를 가난하게도 마시고 부하게도 마소서 나에게 분수에 맞는 음식을 먹여 주시옵소서 나로 하여금 어리석어서 주님이 어디 있느냐고 어리석은 질문을 하지 않도록 하여 주시옵소서 내가 궁핍하여 도둑질하지 않도록 하여 주시옵소서"(잠언 30:8-9)라고 간구하였다.

(3) 물욕은 사람으로 하여금 하나님을 떠나게 한다.

사람이 돈을 사랑하면 황금의 노예가 되고, 종국에는 황금이 사람을 멸망으로 인도하게 된다. 예수님은 "네가 하나님과 재물을 겸하여 섬기지 못하느니라"(마 6:24)라고 하셨다.

바리새인들은 이 땅에 많은 보물을 쌓기를 원하였다. 그리고 두(2) 주인을 섬기기를 원하였다. 섬기다(두류오, douleuw; to serve as a servant)는 종으로 섬긴다는 뜻이다. 그러나 한 사람이 하나님과 재물을 다 주인으로 섬길 수는 없다.

아간은 돈을 사랑하므로 이스라엘의 군대를 패망시켰으며, 자신과 자신의 가족이 죽임을 당하였다(수 7:16-26). 아간은 바벨론산 아름다운 외투 한 벌, 은 200세겔(약 5파운드), 금 50세겔(약 $1\frac{1}{4}$파운드)을 도적질하였다. 아간의 범죄로 아이(Ai)성을 공격할 때 이스라엘 군대는 패하였다.

발람(Balaam)은 돈을 위하여 살아 계신 하나님을 저주하였다(민 22:1-22; 31:8). 그 결과 칼로 죽임을 당하였다.

들릴라(Delilah)는 돈을 탐하여 삼손을 반역하였다(삿 16:4-31).

아나니아와 삽비라(Ananias and Sapphira)는 돈을 탐함으로 하나님의 교회에서 거짓 증거하였으며 그 결과로 죽임을 당하였다(행 5:1-6). 베드로는 아나니아에게 "사단이 네 마음에 가득하였다"(행 5:3)라고 하였다.

가룟 유다(Judas Iscariot)는 돈이 좋아서 예수님을 은 30냥(30 silver coins)에 팔았다(마 26:14-16). 유다는 돈을 위해서는 아무것도 가리지 않았다(요 12:6). 은 30냥은 노예를 위한 속전(redemption money)이었다(출 21:32). 그러나 30냥이라고만 하였으니 정확한 액수는 단정하기 어렵다.

돈을 사랑하는 것은 일만 악의 뿌리가 된다고 가르치신다. 물질에 대한 욕심은 인간의 생명까지도 빼앗아 간다. 여인이 잉태하면 아이를 낳듯이 욕심을 잉태하면 죄를 낳고 죄가 장성하면 사망을 낳는다(약 1:15).

(4) 물욕은 하나님을 의지하는 것을 중단시킨다.

사람이 가장 위험한 일들 중의 하나는 물질을 의지하는 것이다. 사람이 돈을 사랑한다면 세상과 물질을 의지하게 되기 쉬우며 자본주의 사회를 황금만능주의로 착각하기 쉽다. 우리가 어떻게 만군의 주 하나님 여호와를 의지하지 아니하고 물질을 의존하랴!(욥 31:24-25)

만일 우리가 돈을 사랑하면 우리가 하나님을 부인하는 것이 된다. 부한 자는 그 부를 자랑하거나 의지하지 않아야 한다. 사람들은 돈을 더 많이 소유하면 할수록 더욱더 믿음에서 떠나게 되기 쉽다. 우리가 돈을 사랑할 때 사단은 그 돈을 사용하여 우리를 속인다(막 4:19). 그리고 성경의 교훈을 저버리게 하며 견고하지 못한 기초를 의지하게 한다. 우리가 돈을 의지하기 시작할 때 우리는 이미 잠언 23:4-5의 말씀을 망각한 결과라고 생각한다. 견고하지 못한 돈이라는 기초에 의존하지 말라. 이것은 우리로 하여금 감사하지 않게 한다. 신명기 8장에 돈을 사랑하므로 하나님을 잊고 하나님의 은혜를 망각한 기사를 볼 수 있다. 돈은 또한 우리로 하여금 교만하게 한다(잠언 28:11).

17. 목회자는 술을 금해야 한다

(A Pastor Must Not Be Given to Wine<딤전 3:3; 딛 1:7>).

"술을 즐기지 아니하며"는 원어로 "메 파로이논"(μὴ πάροινον)으로서 메(μὴ)는 강한 부정을 나타내며, 파로이논(πάρονον)은 파라(παρά; 근처)와 오이노스(οἶνος; 술)로 결합된 합성어이다. 그러므로 메 파로이논은 "술 근처(곁)에도 가지 말라"(not beside wine)는 뜻이다. 술에 대한 생각, 관념까지도 전적으로 금하신 말씀이다. "만일 어떤 형제라 일컫는 자가 … 술 취하면 사귀지도 말고 그런 자와 먹지도 말라"고 명령하였다. "술 취하면"이란 말씀은 술로 인하여 병든다(to behave ill at wine), 술중독이라는 뜻이다. 로마서 13:13에 "낮에와 같이 단정히 행하고, 방탕과 술 취하지 말며, 음란과 호색하지 말며, 쟁투와 시기하지 말라"에서도 "술 취하지 말며"(메 메다이스, μὴ μέθαις; not drink)는 술 마시지 말라는 명령이다. 베드로전서 4:3의 "너희가 … 술 취함이… 지나간 때가 족하도다"라는 말씀 포토이스(πότοις)는 술 마심 또는 술 마시는 행위(an act of drinking)를 가리킨다. 포토이스는 술좌석의 접근은 물론 동석까지도 금하신다는 말씀이다.

목회자는 술 근처에도 가까이 하지 않아야 한다. 그런데 한역에는 "술을 즐기지 아니하며"라고 번역하므로, 술 마시는 것을 반대하지 않는 것 같은 느낌을 준다. 그리고 술 애호가들에게는 일종의 변명의 여지를 남겨 놓는다. 우리말 성경에 "술을 즐기지 아니하며"는 오역이다.

술은 사람을 취하게 하며, 사람을 화내게 하며, 다툼과 싸움으로 유도한다. 쾌락과 향락과 방종에 빠지게 한다. 술은 사람의 이성을 흐리게 하며, 온갖 도덕적 윤리적으로 실수를 유발하게 한다(창 19:32; 갈 5:21). 그러므로 영적 지도자가 술을 금하는 것은 당연지사이다(고전 5:11; 6:10; 엡 5:18).

(1)예수님께서 가나 혼인잔치에서 행하신 이적이 물로 포도주(술)를 만드신 것이었는가, 아니면 포도즙을 만드신 것이었는가?(요 2:1-11)

술이란 헬라어로 "오이노스"(οἶνος)이다. 그런데 오이노스는 알코올 성분이 있는 술을 가리키기도 하며, 반면에 알코올 성분이 없는 비효소성의 감즙류(甘汁類)를 가리키기도 한다. 그러므로 오이노스가 알코올 성분이 있는 술인가 알코올 성분이 없는 비효소성의 포도즙인가는 성경 본문의 문맥과 원리에 의하여 해석하고 결정할 것이다.

"예수께서 저희에게 이르시되 항아리에 물을 채우라 하신즉 아구까지 채우니 이제는 떠서 연회장에 갖다주라 하시매 갖다 주었더니 연회장은 물로 된 포도주를 맛보고 어디서 났는지 알지 못하되 물 떠온 하인들은 알더라.…좋은 포도주를 두었도다"(요 2:7, 8, 10).

(2) 좋은 술(good wine)이란?

좋은 품질(good quality)의 술을 가리킨다. 좋은 술이라고 하여 술의 알코올 농도가 강하다는 뜻이 아니다. 좋은 술은 해가 없고(harmless), 품질이 좋은 술을 가리킨다. 그러므로 좋은 술이란 좋은 쥬스(good juice)를 가리킨다. 본문에 포도주는 알코올 성분이 전연 없는 포도즙을 가리킨다. 우리말 성경에 포도주라고 한 것은 잘못된 번역이다.

팔레스타인 지방에서는 포도즙(grape juice)을 일상적으로 물처럼 마신다. 옛날 유대인들은 결혼잔치에 순포도송이와 포도즙만을 사용하였고, 부패를 의미하는 알코올 성분이 있는 술은 전연 사용하지 않았다고 한다. 예수님은 결혼식에 참석한 축하객들이 독한 술을 마시고 취하여 술주정이나 하게 하기 위하여 물로 포도주를 만드셨을 리가 만무하다.

(3) 예수님은 음주가였는가?(Was Jesus a Drinker?)

서기관들, 바리새인들, 백성의 장로들, 맹목적 무분별한 무리들은 "인자는 먹기를 탐하고 포도주를 즐기는 사람이라"(마 11:19)고 조롱하였다. "포도주를 즐기는 사람"이란 헬라어로 "오이노포테스"(οἰνοπότης; a wine drinker)로 술망나니, 술주정꾼이라는 뜻이다. 오이노스(οἶνος)는 주류의 총괄적 명칭이며, 포테스(πότης)는 마시는 사람이다. 여기서 제기되는 중요한 질문은 예수님이 어떤 종류의 술 마시기를 즐겨 하였는가이다. 예수님께서 마셨다는 술(오이노스, οινος)은 알코올 성분이 없는 감즙류(甘汁類) 곧 포도즙이라고 해석해야 한다. 예수님은 말세에 관한 말씀 중에도 술을 금해야 한다고 교훈하셨다. "종이 생각하기를 주인이 더디 오리라 하여 노비를 때리며 먹고 마시고 취하게 되면 생각지 않는 날 알지 못하는 시간에 종의 주인이 이르러 엄히 때리고 신실치 않은 자의 받을 율법에 처하리라"(눅 12:45-46; 17:27-28; 21:34;)고 하였다.

(4) 예수님께서 성찬식에 사용한 것은 포도주(술)인가, 포도즙인가?

성찬식은 예수 그리스도의 죽으심과 부활을 기념하는 가장 거룩한 기독교의 예식이다. 예수님께서 최후의 만찬시에 사용한 성찬의 재료는 효소성이 없는 포도즙이었다. 마태복음 26:29; 마가복음 14:25; 누가복음 22:18의 포도즙은 "투 게네마토스 테스 암페루"($\tau o \hat{u}$ $\gamma \varepsilon \nu \acute{\eta} \mu \alpha \tau o \varsigma$ $\tau \hat{\eta} \varsigma$ $\mathring{\alpha} \mu \pi \acute{\varepsilon} \lambda o u$; fruit of vine) 곧 "포도나무의 열매"를 말한다. 포도나무의 열매는 포도주가 아니다. 포도나무는 암페로스($\mathring{\alpha} \mu \pi \varepsilon \rho o \varsigma$)이다. 본문에는 술이라는 오이노스($o \hat{\imath} \nu o \varsigma$)가 나타나지 않는다. 마태, 마가, 누가가 진술한 포도나무의 열매는 포도로 만든 알코올 성분이 전연 없는 포도쥬스(grape juice)를 가리킨다. 주석가 **렌스키**(Lenski)는 말하기를 포도나무의 열매는 포도로 만든 발효가 되기 전 신선한 쥬스(포도즙)를 가리킨다고 하였다.74) 사도 바울은 성찬식에서 예수님의 피를 상징하는 것을 포도주라 하지 않고 "우리가 축복하는 바 축복의 잔은 그리스도의 피에 참여"하는 것이라 하였다(고전 10:16).

성찬식에서 "누룩 없는 빵(unleavened bread)"을 사용한 것처럼 포도즙은 "발효되지 않은 포도즙(unfermented grape juice)"을 사용하였다. 그러므로 예수님께서 성만찬식에 사용한 것은 포도주가 아니라 포도즙이다. 성만찬의 재료는 발효가 되지 않은 포도즙이어야 한다.

초대교회의 성령충만을 받은 그리스도인들은 술을 마시지 않았다. 사도행전 2:13의 성령충만하여 방언한 사람들을 "어떤 이들은 조롱하여 가로되 저희가 새술에 취하였다 하더라"고 하였다.

"**새술**"이란 헬라어로 "그류코스"($\gamma \lambda \varepsilon \hat{\imath} \kappa o \varsigma$)로서 감주(甘酒)라는 뜻이다. 그류코스는 그류쿠스($\gamma \lambda \varepsilon \acute{u} \kappa o u \varsigma$; 감미<甘味>)에서 나왔다. 영어로는 새로운 술(new wine) 또는 단술(sweet wine)로 번역되었다. 헬라어 사전에서도 새술은 비효소성(非酵素性)의 포도즙이라고 하였다. 초대교회 성령충만을 받은 성도들이 알코올 성분이 없는 포도즙(단술)에 취할 수 있는가?

구약시대 제사장들은 성직을 수행함에 있어서 술을 엄히 금하였다(레 10:9-10). "너는 네 자손들이 회막에 들어갈 때에 포도주나 독주를 마시지 말아서 너의 사망을 면하라. 이는 너의 대대로 영원한 규례니라. 그리하여

---

74) R. C. H. Lenski, *St. Matthew's Gospel,* p. 1032.

야 너희가 거룩하고 속된 것을 구별하며, 부정하고 정당한 것을 구별하며…" 이 말씀은 하나님께서 아론에게 직접 하신 말씀이다. 술이나 기타 알코올성분이 있는 음료수(fermented drink) 또는 독주(strong wine)를 금하신 이유는 거룩한 것과 속된 것, 정결한 것과 부정한 것을 구별하는 제사장적 임무를 바로 수행하기 위함이었다. 제사장들은 이스라엘 백성들의 도덕적 생활을 지도하는 성직자들이었다.

구약시대 나실인들(Nazirites)은 서약(a vow)시에 포도주 마시는 것을 금하였다(민 6:1-5, 20; 삿 13:4-14; 삼상 1:11; 눅 1:15). 삼손, 사무엘 그리고 구약시대 마지막 선지자였던 세례 요한 등은 나실인들이었다. 나실인들은 오래된 술, 알코올 성분이 높은 독주를 마시지 않았다. 예수님은 알코올 성분이 있는 술을 마시지 않았다. 예수님은 십자가상에서 몰약을 탄 포도주 마실 것을 거부하였다(막 15:23). 그 이유는 그 포도주는 감각을 둔하게 하는 진통제 역할을 하기 때문이다. 사도 바울은 술은 입에 대지도 않았다(롬 14:21). 신약시대 성직자들은 구약시대 성직자들(제사장들)과 비교하여 윤리적, 도덕적 행위에 관한 규범에 있어서 여하한 변화도 없다.

(5) 술의 약용 문제(Medicinal use of wine)

아마도 디모데도 과로한 목회사역과 좋지 못한 물을 마심으로 위(stomach)가 상하였을 것이다. 그러므로 사도 바울은 디모데의 위를 위하여 술을 조금씩 마시라고 하였다. 포도주는 약용으로도 사용되기 때문이다.

"이제부터는 물만 마시지 말고… 자주 나는 병을 인하여 포도주를 조금씩 쓰라"(딤전 5:23). "포도주를 조금씩 쓰라"는 헬라어로 "오이노 올리고 크로"(οἴνω ὀλίγω χρῶ; use a little wine) 곧 술을 조금 사용하라는 뜻이다. 조금이란 형용사 올리고(ὀλίγω; a little)는 술의 양을 말하는 것이 아니라 질적인 종류를 말한다. 어떤 이들은 술을 많이 마시지만 않으면 좋다고 하면서 "올리고"를 양적(量的)으로 해석하는 것은 잘못이다. 성경원리에 입각하여 볼 때 포도주(포도즙)는 의학상으로도 위에 매우 좋다고 한다(눅 10:34). 그러므로 의학적 목적으로 술(포도즙)을 조금씩 사용하는 것은 타당할 것이다.

(6) 술과 양심 자유론

일부 신복음주의자들(Neo-Evangelists)이나 불신앙의 자유주의자들(liberals)은 소위 양심 자유론을 주장하면서 음주 여부는 구원 문제가 아니요, 생활양식의 문제이니 각자 양심에 맡길 뿐이라고 변명하면서 술을 허용하고 있다. 그들은 정확 무오한 하나님의 말씀을 신앙과 행위의 표준으로 삼지 않고, 오히려 죄로 인하여 화인 맞은 인간 양심을 표준으로 삼으니 그것이 큰 잘못이다. 양심의 표준은 하나님의 말씀이어야 하며 양심의 주인은 하나님이어야 한다.

웨스트민스터 신앙고백서 10장 2항, "하나님 한 분만이 양심의 주시요, 신앙과 예배문제에 있어서 그의 말씀에 상반되거나 벗어나는 것은 무엇이나 사람의 계명과 교훈이 주장하지 못하도록 양심의 자유를 주셨다. 그러므로 양심의 자유를 벗어나서 그런 교훈을 믿고 그런 계명에 복종하는 것은 양심의 참된 자유를 버리는 것이다. 또한 무조건적 신앙과 절대적이고 맹목적인 복종을 요구하는 것은 양심의 자유와 이성을 파괴하는 것이다."라고 했으며,

3항 "크리스천 자유라는 구실 아래 어떤 죄라도 상습적으로 짓거나 어떤 욕정을 아끼지 않는 자는 크리스천 자유의 목적을 파괴하는 것이니 우리에게 자유로 주신 것은 우리로 우리의 원수의 손에서 건지심을 입고 종신토록 주의 앞에서 성결과 의로 두려움 없이 섬기게 하려 하심이기 때문이다"라고 하였다.[75]

칼빈(Calvin)은 "철학적 의미에서는 윤리가 불가하고 인간의 양심, 자유의 자율추론에서도 윤리관은 존립할 수 없다"고 하였다.[76]

(7) 술과 생활 풍속과의 관계
(Relationship between wine and culture)

소위 개혁주의자들이라고 자처하는 자들 중에는 술 문제는 생활 풍속의 차이라 주장하며 술을 정당화하는 이들이 있다. 그들의 변명에 의하면 유럽 사회에서는 물이 나쁘기 때문에 물대신 맥주(bear)를 음료수로 사용한다.

---

75) *Westminster Confession of Faith*, Ch. X-2, 3
76) Calvin's Institutes, III. 647:1

그들은 "맥주는 술이 아니다"라고 한다. 이와 같은 주장은 신앙 양심을 저버리고 세상 풍속을 따라 사는 자신들의 생활을 합법화 또는 정당화하려는 저의에서 나온 괴변들이다. 유럽이나 아프리카, 기타 여러 지역들의 물이 나쁜 것은 사실이다. 그러므로 물을 정화 또는 생수를 사용하지 않는가? 맥주 역시 술의 일종이다. 술(알코올) 중독으로 인한 피해가 얼마나 엄청난 사실인가를 그 누가 부인하랴! 알코올 중독으로 인한 술주정·싸움·정신병·노상추태·교통사고·건강쇠퇴·만병유발·자살·강간·살인·가정불화 및 파탄·사망 등 피해는 형언할 수 없을 정도이다. 성경은 "그러므로 너희는 가증한 풍속을 하나라도 좇으므로 자신을 더럽히지 말라"(레 18:30)고 명령하였다. 우리는 이 세상 풍속을 좇지 않아야 한다(엡 2:2).

"술 취하지 말라 이는 방탕한 것이니"(엡 5:18). 본문의 술은 물론 알코올 성분이 있는 술을 가리킨다. 하나님은 알코올 성분이 있는 술을 마시지 말라고 명령하였다(레 10:9; 민 6:3; 신 29:6; 삿 13:4-14; 잠 23:21; 롬 13:13; 고전 5:11; 11:21; 딤전 3:3, 8; 딛 2:2; 벧전 4:3). 신·구약 성경에 금주·금연은 모두 직접 명령법으로 기록되어 있다. 레위기 10:9의 포도주나 독주를 "마시지 말라"(ουπιεσθε; not drink; 마시지 말라<70인역>)는 말씀은 상급자가 하급자에게 지시, 명령하는 엄격한 금계이다.

어떤 이들은 술 취하지 말라고 하였으니 취하지 않을 정도로 마시는 것은 괜찮다고 하면서 술 마시는 것을 정당화하려고 한다. 그것은 성경을 잘 모르는 무식과 무딘 양심에서 나온 일종의 궤변이다.

사가랴의 아내 엘리사벳이 아들을 낳을 것과 관련하여 "이는 저가 주 앞에 큰 자가 되며 포도주나 독주를 마시지 아니하며"(눅 1:15)라고 하였다. "마시지 아니하며"는 "메 피에"(μὴ πίη)이다. 메(μὴ)는 강한 부정사이다. 헬라어에서 부정(否定)을 나타내는 2단어는 메(μὴ)와 우(οὐ)이다. 메(μὴ)는 강한 부정을 나타내는 단어로 정신적, 관념 상태의 부정을 말하며, 우(οὐ)는 명사(술 마시는 자) 자체의 부정을 나타낸다. 그러므로 메(μὴ)는 술의 관념과 생각까지도 금하라는 뜻이니 그래도 술마시는 것이 죄가 되지 않는다고 할 것인가?

예를 들면 고전 5:11의 "만일 어떤 형제라 일컫는 자가 … 술 취하면 사귀지도 말고 그런 자와 먹지도 말라"에서 "술 취하면"의 "메두소스" (μέθυσος, a drunkard)는 술취한 사람 자체를 부정하는 것이고, 딤전 3:3 의 "술을 즐기지 아니하며", 즉 "메 파로이논"(μὴ πάροινον)은 술에 대한 생각, 관념까지도 전적으로 금하라는 명령이다. 그러므로 "술을 즐기지 아니하며"라는 말씀은 술 근처에 가는 것마저도 엄히 금하신 말씀이다.

베드로전서 4:3의 "너희가 … 술 취함이 … 지나간 때가 족하도다"에서 **"술 취함"**(포토스, πότος)은 술 마심(drinking) 또는 술 마시는 행위(an act of drinking)를 가리킨다. 포토스는 술좌석의 접근은 물론 동석까지도 금하신다는 말씀이다.

성경은 술은 물론 술좌석에 동석하는 것, 심지어는 술에 대한 관념까지도 엄히 금하셨다. 그럼에도 불구하고 양심 자유론을 운운할 것인가? 죄는 하나님의 뜻과 계명을 어기는 것이니 술 마시는 행위가 죄가 아니란 말인가? 술은 사람을 취하게 하며 육신의 정욕에 빠지게 한다. 술은 사람을 쾌락과 향락과 방종에 빠지게 한다. 술은 사람의 이성을 흐리게 하며 온갖 도덕 윤리적으로 실수를 유발한다. 그러므로 영적 지도자가 술을 금하는 것은 당연지사가 아닌가!

⑻ 목회자는 음주(飮酒)와 흡연(吸煙)을 금해야 한다
(Pastor Must Not Drink and Smoke).

일부 신복음주의자들이나 불신앙의 자유주의자들은 소위 양심자유론을 빙자하여 술을 마시거나 담배를 피우는 것도 각자의 양심에 맡길 것이라고 주장한다. 즉 양심에 거리끼는 자는 금할 것이요, 거리낌이 없는 자는 취할 것이라고 한다. 이는 행위의 표준을 하나님의 말씀에 두지 않고 각자 개인들의 양심에 근거하므로 잘못이다. 양심은 신앙과 행위의 표준이 될 수 없다.

그들은 선전하기를 한국교회에서의 금연은 초대교회 선교사들이 우매한 백성들의 절제 생활을 계몽하기 위하여 장려한 것이라고 한다. 그들은 또한 성경에는 술취하지 말라고는 하였으나 술을 금한 곳은 없고 오히려 약용으로 사용하는 것을 장려하였으며, 담배에 관하여는 성경에 한마디의 언급도 없다고 하면서 무책임한 발언들을 하고 있다. 그러나 분명히 인식해야 할 것은 금주(禁酒), 금연(禁煙)은 초대 선교사들이 조작한 관례나 전통이 아니라, 하나님의 법을 어기는 죄가 되기 때문에 금한 것이다. 죄는 하나님의 법을 순종함에 부족한 것이나 어기는 것이다. 먹어서 양식이 되지 않는 것, 배부르지 않는 것, 유익이 되지 않는 것은 먹지 말라(사 55:2)고 하였다. 우리는 성경에 계명이 명시되어 있지 않다는 이유로 흡연을 정당화하는 죄를 범하지 말아야 한다. 우리의 신앙과 행위는 하나님의 말씀의 일반적 원리에 근거해야 한다.

그러면 음주, 흡연이 어떻게 죄가 되는가?

(1) 음주 · 흡연은 하나님의 성전을 더럽힌다.

기독 신자들의 몸은 그리스도의 보혈로 값 주고 산 몸이요, 하나님의 성전(temple)이다(고전 3:16, 17; 6:19, 20). 술을 마시고 담배를 피우는 것은 하나님의 성전을 더럽히는 죄가 된다. 중생한 신자들의 영 좌소에 내주(內住)하시는 성령님께서 신자들이 흡연하는 것을 참으로 기뻐하시겠는가?

(2) 음주 · 흡연은 건강에 해를 끼친다.

술은 신체에 해롭다. 술은 마취 혹은 진통의 효과가 있으나 효력이 더디고 배설시간이 오래며 마신 양의 10분의 1만 배출되기 때문에, 위와 내장과 혈액 순환기에 크게 해롭다고 한다. 술은 혈관을 통하여 뇌신경을 파괴하여 판단력을 상실케 하며, 성세포를 파괴하여 후손에게 악영향을 미치고, 산소공급에 지장을 주어 심장병·위궤양·간경화·중추신경마비 등의 해를 준다고 한다. 한마디로, 술은 해독이 효력보다 더 크다.

흡연이 건강에 해롭다고 하는 것은 의학계의 증거를 필요로 하지 않는 일반 상식이다. 이 세상에 흡연을 찬동하는 사람들이 흡연은 건강에 유익하다고 주장하거나 실증한 사실이 있는가? 흡연은 몸에 여러 가지 해를 끼치며 심지어는 죽음까지 가져온다.

사상 최대의 흡연연구 세계회의 보고서에 의하면 흡연자의 담배로 인한 사망률은 일반적으로 생각해 온 것보다 2배 이상 심각하다. 질병, 자살 등을 포함 모두 54종류의 사망 원인 가운데 흡연과 직접적으로 관련된 질병이 25가지나 된다.

이 질병 중 암으로 분류된 것이 17종이며, 이러한 암에 걸릴 확률은 흡연자가 비흡연자보다 무려 14배나 높다. 폐암·식도암 등에서 흡연자가 비흡연자보다 17배·15배 발병 확률이 높다. 직장암의 경우도 흡연자가 3.5배나 발병률이 높고, 심장병 및 순환계 질환으로 인한 사망자도 흡연자가 10배나 높다. 흡연과 관계없는 것으로 보이는 위궤양·간경화 등도 각각 3배, 5배씩 흡연자의 발병률이 높다.

통상 성인이 된 후 흡연 기간을 35년 정도로 계산했을 때 흡연자의 사망률이 비흡연자보다 2배 이상 높다. 흡연자는 비흡연자보다 7년 이상 일찍 죽고, 술·담배를 하는 사람은 10년 일찍 죽는다. AMA Journal지(紙)에 의하면 1990년 미국에서 담배는 약 40만 명의 죽음을 초래하였다.[77] 1989년 세계보건기구(WHO)는 세계적으로 연간 약 250만 명이 흡연으로 인해 죽는다고 발표하였다.[78] 그러나 담배를 끊는 사람은 70세에 금연을 해도 큰 효과가 있다고 하였다.[79]

(3) 음주, 흡연은 많은 사람들에게 해를 끼친다.

사도 바울은 기독 신자들의 자율적 행동들이 믿음이 연약한 자들에게 얼마나 많은 피해와 상처를 주는가를 지적하고 피해를 입히지 않도록 경고하였다. 성경은 "유대인에게나 헬라인에게나 하나님의 교회에나 거치는 자가 되지 말라"(고전 10:32)고 명하였다.

사도 바울은 또 말씀하기를 어떤 식물이든지 내 형제를 실신(失身)케 하면 나는 영원히 그것을 먹지 아니하며 내 형제들을 실신치 않게 하리라(고전 8:13)고 하였다. 흡연이야말로 자신은 물론 주위의 사람들에게도 많은 피해를 준다.

(4) 음주, 흡연은 육신의 정욕을 좇는 일이다.

술은 실수와 방탕과 범죄의 원인이 된다. 오늘날의 술은 알코올 농도가 매우 높기 때문에 약간만 마셔도 술취함에 이르기 쉽다. 술 취함은 부도덕한 일들을 저지르는 주요한 원인이 된다. 사람은 범죄하기 전에 술을 마시

---

77) *Calvary Contender,* Dec. 15, 1993, p. 1
78) 조선일보, 1989, 5. 30, p. 18
79) 제9차 담배와 건강에 관한 세계 회의, 파리, 1994. 10월 2째 주

는 것이 상례이다. 또 오늘날 교통사고의 많은 경우가 음주운전에 기인한다. 더욱이 술은 중독성을 가지므로 끊기가 어렵다.

술, 담배, 아편, 마리화나, 히로뽕, 마약 등을 사용하는 것은 육신의 정욕을 쫓는 일이다. 물론 어떤 이들은 정신적 고뇌와 육체적 고통을 극복하기 위한 방법으로 그것들을 사용하는 자들도 있으나 그것은 일시적이요, 근본 문제를 해결하지 못한다.

성경은 "너희 지체를 불의의 병기로 죄에 바치지 말고 오직 의의 병기로 하나님께 드리라"(롬 6:13)고 하였다. 기독 신자들은 자신의 지체가 하나님을 위한 의의 병기(도구)로 쓰이도록 하나님께 드려야 한다.

(5) 음주, 흡연은 금전 낭비이다.

이사야 선지자는 "너희가 어찌하여 양식 아닌 것을 위하여 은을 달아주며 배부르게 못할 것을 위하여 수고하느냐?"(사 55:2)고 책망하였다. 은(Silver)은 돈(Money)을 말한다. 음주, 흡연이야말로 양식이 아니므로 배부르게 하지 못하는 금전 낭비이다. 기독 신자들이 하나님의 영광을 위하여 금전을 사용하지 않고 음주나 흡연 같은 것에 금전을 낭비하는 것은 하나님 앞에 큰 죄이다.

(6) 주초금계(酒草禁戒)는 형제우애를 해친다는 망설

음주, 흡연을 찬동하는 자들과 묵과하는 자들은 주초금계는 형제우애를 해친다고 주장하면서 믿음의 형제자매들의 음주, 흡연 문제를 묵인 또는 권장한다. 그러나 성경은 우리에게 진실한 사랑, 거짓이 없는 사랑, 이웃에게 악을 행하지 않는 사랑을 강조하였다(롬 12:9; 13:10; 고후 6:6; 8:8; 벧전 1:22). 참으로 형제들을 위하고 사랑한다면 잘못을 책망, 훈계하여 그들을 바로 세워야 할 것이 아닌가? 사도 바울은 형제애를 교훈할 때 악을 미워하고 선에 속하는 진리의 사랑만이 참된 형제애라고 하였다. 음주, 흡연을 금한다고 하여 형제애를 해친다는 망설은 참된 사랑이 아니다. 주초를 하는 형제들을 발견하였을 때 묵인이나 허용은 큰 죄이다. 하물며 자신이 주초를 한다면 얼마나 더 큰 죄인가?

18. 목회자는 일구이언(一口二言)하지 말아야 한다
(Pastor Must Not Talk Double Tongued<딤전 3:8>).

일구이언은 집사의 자격을 논함에 있어서 첫 번째로 열거된 말씀이다. 일구이언을 하지 않는 사람이 집사의 자격이 있다면, 하물며 교역자의 자격을 논함에 있어서랴!

"일구이언" 디로고스,(διλόγος)는 디스(δίς; twice, again; 두번, 다시)와 로고스(λόγος; word; 말)로 구성된 합성어이다. 그러므로 디로고스(διλόγος; double-tongued, saying the same thing twice; 일구이언, 같은 것을 2번 말하는 것)는 같은 사실을 달리 말하는 것을 가리킨다. 이 단어는 신약에 이곳에만 나타난다.

사람들을 속이기 위하여 동일한 내용을 이 사람에게는 이렇게 말하고, 저 사람에게는 저렇게 말하는 것을 뜻한다. 시간적으로는 전에 한 말과 지금 하는 말이 맞지 않는다. 일구이언은 사기성을 띤 잔꾀를 부리는 말이므로 말과 사실이 맞지 않는다. 일구이언은 말의 진실성이 없다. 사람은 진실해야 하며 무엇이나 한 번 약속했으면 해로울지라도 지켜야 한다(시 15:4).

주여! 성령의 숯불을 내 입에 대서 악을 제거하시고, 내 죄를 사하여 주소서!(사 6:6-7). 그리고 이제부터는 내 입에서 나오는 말마다 듣는 이들의 귀를 복되게 하시고, 덕을 세우게 하시고, 하나님께 영광을 돌리게 하옵소서!

제 6 장

개교회

(個敎會, Local Church)

개교회(個敎會)란 일정한 지역에 있는 신자들의 모임(육체적 연합체; physical unity)을 말한다. 성경은 항상 지상(地上)의 교회들을 개교회와 연관하여 언급하였다. 하나님은 개교회를 이 세상에서 하나님의 사업을 수행하기 위한 대행기관(agent)으로서 노회·대회·총회와 같은 상회 또는 병원·고아사업·구제보다도 가장 최우선 순위(priority)에 두신다. 개교회는 하나님의 사역의 최일선(front line)이며, 교역자는 지상(地上)에서의 하나님의 사역을 수행하는 가장 중요한 사람(the most important person), 즉 필수요원이다. 개교회들은 참된 교회 곧 우주적 교회의 모형이다.

I. 교회 명칭의 사용(The Usage of the Church)

교회라는 헬라어 명칭 **에클레시아**(ἐκκλησία)는 주로 개교회(個敎會; local church)에 사용되었다. 여기서 개교회란 개교회에 속한 무리들 곧 성도들의 총체를 말한다. 교회라는 명칭이 신약에 약 114회 기록되어 있는데, 그중에 적어도 92회는 개교회에 사용되었다(마 18:17<2회>, 행 5:11; 8:1, 3; 11:22, 26; 12:1, 5; 13:1; 14:23, 27; 15:3, 4, 22, 41; 16:5; 18:22; 20:17, 28; 롬 16:1, 4, 5, 16, 23; 고전 1:2; 4:17; 6:4; 7:17; 11:16, 18, 22; 14:4, 5, 12, 19, 23, 28, 33, 34, 35; 16:1, 19<2회>, 고후 1:1; 8:1,

18, 19, 23, 24; 11:8, 28; 12:13; 갈 1:2, 22; 빌 4:15; 골 4:15, 16; 살
전 1:1; 2:14; 살후 1:1, 4; 딤전 3:5, 15; 5:16; 몬 2; 약 5:14; 요삼 6,
9, 10; 계 1:4, 11, 20<2회>; 2:1, 7, 8, 11, 12, 17, 18, 23, 29; 3:1, 6,
7, 13, 14, 22; 22:16).[80] 따라서 우리는 교회라 할 때 일반적으로 개교회
를 염두에 두고 생각해야 할 것이다.

1. 교회라는 명칭이 단수(singular)로 사용될 때

(1) 특정한 지역에 있는 어느 한 교회(single assembly in a particular
locality)를 가리키는 경우

① 가이사랴 교회(행 18:22)

② 갈라디아 교회(갈 1:2)

③ 겐그레아 교회(롬 16:1)

④ 고린도 교회(고전 1:2; 고후 1:1)

⑤ 골로새 교회(골 1:2)

⑥ 데살로니가 교회(살전 1:1; 살후
1:1)

⑦ 두아디라 교회(계 2:18)

⑧ 라오디게아 교회(골 4:15, 16)

⑨ 로마 교회(롬 1:6, 7)

⑩ 바벨론 교회(벧전 5:13)

⑪ 버가모 교회(계 2:12)

⑫ 빌라델비아 교회(계 3:7)

⑬ 빌립보 교회(빌 1:1)

⑭ 사데 교회(계 3:1)

⑮ 서머나 교회(계 2:8)

⑯ 아시아 교회(고전 16:19; 계 1:
4,11)

⑰ 안디옥 교회(행 11:26; 13:1)

⑱ 에베소 교회(행 20:17;)

⑲ 예루살렘 교회(행 8:1; 11:22;)

⑳ 유대 교회들(갈 1:22; 살 2:14)

상기와 같이 과거에는 대개가 지역의 이름을 따서 교회의 명칭을 정하였
다. 지금도 지역의 이름을 따서 교회의 명칭을 정하는 경우가 많이 있다.

(2) 특정한 지역 언급 없이 개교회들을 가리키는 경우(all local church-
es without reference to any specific locality).

"교회 중 몇 사람을 해하려 하여 요한의 형제 야고보를 칼로 죽이니"(행

---

80) Earl D. Radmacher, *The Nature of the Church*, Western Baptist Press, Portland,
U. S. A. 1972. p. 359

12:1)라고 하여 일정한 지역이나 교회의 명칭 없이 교회라고 사용했다. 이 때 교회는 특정한 지역의 교회를 지적하지 않고 일반적인 교회를 가리킨다.

2. 교회라는 명칭이 복수(plural)로 사용될 때

(1) 특정한 지역에 있는 개교회들을 가리키는 경우(the local churches in named region)

① 유대에 있는 하나님의 교회들(살전 2;14)

② 갈라디아에 있는 교회들(갈 1:2)

③ 아시아 지방에 있는 교회들(계 1:4)

상기와 같이 유대, 갈라디아, 아시아 등은 일정한 지역들을 가리킨다.

(2) 특정한 지역 관계없이(an indefinite region) 여러 교회를 가리키는 경우

"또한 내가 모든 교회에서 이와 같이 명하노라"(고전 7:17)고 하여 일정한 지역 명시 없이 개교회들의 총체를 가리키기도 한다. 일정한 지역 관계없이 중생한 모든 신자들을 가리킬 때에는 신자의 영적 유대관계를 더욱 강조한다.

Ⅱ. 개교회의 특성들

(The Characteristics of the Local Church)

개(個)교회는

1. 유형적 (visible)이며,

2. 조직적. 기구적 (organizational and structure)이며,

3. 많은 교회들과 많은 교파들 (many churches and many denominations)이 있으며,

4. 그리스도의 몸의 일부 (a part of the body of Christ)이며,

5. 생존 신자들 (living believers) 이며,

6. 불완전 (imperfect)하며,

7. 전투적 (militant)이다.

(1) 개교회는 중생한 회원을 요구한다(Local church requires a regenerate membership)-신앙적인 면에서

교회 회원의 자격은 중생한 사람들을 요구한다. 교회가 중생한 사람들을 요구하는 것은 교회는 한 기관(not an institution)이 아니라, 한 유기체(an organism)이기 때문이다. 그리스도와 생명적 연합에 참여한 자들은 "다 한 성령으로 세례를 받아 한 몸이 되었고"(고전 12:13)라고 하였다. 성령세례는 중생을 가리킨다. 성령과 말씀으로 중생한 자들만이 신령한 영적 참 교회의 회원들이다. 그리스도의 몸된 교회는 회원 한 사람 한 사람 모두 중생함을 기대한다. 그러나 유형교회의 회원은 모두가 중생한 자들만은 아니다. 다만 가급적 중생한 자들로 구성되기를 우리는 소원한다. 지상(地上)의 교회는 유형교회(visible church)이다. 유형교회는 알곡과 쭉정이, 참 신자와 거짓 신자들이 다 섞여 있기 마련이다(마 13:24-30).

카이퍼(Kuiper)는 기록하기를 "엄격히 말해서 유형교회의 회원은 무형교회의 회원과 일치한다. 무형교회가 중생한 자들로 구성되는 이상 그들은 유형교회의 회원으로 간주한다. 성경적 표현을 사용하자면 중생한 자들만이 유형교회의 회원이다"라고 하였다.81) 다시 말하자면 개교회 회원들은 모두가 다 중생한 자들만은 아니다. 그러나 우리는 가급적 다수의 중생한 자들을 포함하도록 영혼 구원에 전력해야 할 것이다.

(2) 개교회는 자치(自治)를 요구한다
(Local church demands autonomy)-정치적인 면에서

신약성경은 교회정치에 있어서 개교회의 자치권을 강조하였다. 성경은 개교회 이상 어떠한 넓은 의미에서도 에클레시아라 칭하지 않았다. 포레스터(Forester)는 선언하되 "신약에 있어서 교회정치는 개교회들에만 적용하였다"고 하였다.82)

사도 바울은 교회의 치리를 개교회에서 시행하도록 말씀하셨다. 개교회의 문제에 관한 한 개교회가 최고의 판결권을 가지고 있다. 개교회 이상 더

---

81) R.B. Kuiper, *The Glorious Body of Christ*, p. 26
82) E. J. Forester, *Church Government*, ISBE, p. 654

높은 재판소가 없다는 사실을 명심해야 할 것이다. 우리는 교회의 머리를 이 세상에서 찾지 않는다. 그 이유는 우주적 교회의 머리는 예수 그리스도 한 분이시기 때문이다. 개교회들은 예수 그리스도의 몸으로서 예수 그리스도와 직접 연결되어 있으며, 그리스도를 머리로 의존한다. 그리고 그에게 충성함을 특권으로 삼는다.

교회는 세상 정부로부터 정치적 지배와 제재를 받지 않아야 한다. 그러나 신자·교회·교회 단체가 도덕적· 윤리적으로 잘못 될 경우에는 합법적 제재를 받아야 할 것이다. 우리는 로마 천주교에서 주장하는 것처럼 교황이나 그와 같은 위치에 있는 자들을 하나님의 대표자로 인정하지 않는다. 교회· 노회 · 대회 · 총회같이 상회(上會)로부터 성경 원리에 어긋난 것들을 강요당한다면 단호히 배격해야 할 것이다.

(3) 개교회는 성장하는 회원을 요구한다

(Local church demands a growing membership).

교회는 질적 성장과 양적 성장(量的成長)을 모두 필요로 한다.

① **질적 성장**(qualitative growth): 질적 성장 없는 양적 성장만은 알맹이 없는 껍질과 같다.

교회의 은사를 받은 사람들을 주신 궁극적 목적은(엡 4:12)

㈎ 성도를 온전케 하기 위하여

㈏ 봉사의 일을 하게 하기 위하여

㈐ 그리스도의 몸을 세우기 위해서이다.

성경은 신자들의 질적 성장의 필요성을 강조하였다. 사도 바울은 "오직 사랑 안에서 참된 것을 하여 범사에 그에게까지 자랄지라"(엡 4:15)라고 권고하신다. 바울은 진술하기를 "나는 심고, 아볼로는 물주고, 하나님은 자라게 하신다"(고전 3:6)고 하였다. 바울은 교회를 세우고, 아볼로는 교역자로서 뒤를 이었고, 하나님은 자라게 하신다.

교회는 예수 그리스도와 연관된 유기적 생명체이므로 항상 하나님을 향하여 질적으로 성장해야 한다. 우리는 고린도 교회가 질적으로 성장치 못한 이유들을 알아야 한다. 이와 같이 우리의 교회들도 질적으로 성장하지 못하는 이유들을 찾아서 규명하고 대안책을 강구하며 성장하도록 하여야 한다.

② **양적 성장**(quantitative growth): 교회는 질적으로 성장해야 하며 질적 성장이 양적(量的) 성장의 근원·바탕·근거가 되어야 한다. 그리고 질적 성장만을 강조한 나머지 양적 성장을 저해하지 않도록 주의해야 한다. 참된 질적 성장은 양적 성장을 필히 가져올 수밖에 없다. 교회가 존재하는 이유들 중의 하나는 복음 전도이며, 전도는 양적 성장을 필히 가져온다. 즉 전도는 교회를 부흥시킨다. 누가는 기록하되 "그들은 성전에서나 집에서나 날마다 예수 그리스도를 가르치고 전파하는 것을 쉬지 아니하니라"(행 5:42)고 하였다. 이 말씀은 예수 그리스도의 지상명령(至上命令, 마 28:19)에 대한 실제적 실천이다. 복음 증거는 교회를 성장케 한다. 사도 바울은 데살로니가 교인들에게 "주의 말씀이 너희에게로부터 마게도냐와 아가야에만 들릴 뿐 아니라, 하나님을 향하는 너의 믿음의 소문이 각처에 퍼지므로 우리는 아무 말도 할 것이 없노라"(살전 1:8)고 칭찬하였다.

개교회는 전도와 선교에 열쇠(key)가 되어야 한다. 전도와 선교는 개교회에 크게 달려 있다. 개교회들과 행정적 관계를 가지고 있지 않는 독립적인 선교단체들이 다소 있으나 그 단체들을 구성하고 있는 회원들 다수는 개교회에 적(籍)을 두고 있다는 사실을 우리는 안다.

개교회의 교역자는 지상에서의 하나님의 중요한 사람(key man)이다. 전 교인들이 하나님 앞에서 올바른 교역자들을 지원할 때 전도는 효과 있게 목적을 달성할 수가 있다. 하나님이 바나바와 바울을 이방인들을 위하여 부르셨을 때 하나님은 또 하나님의 교회, 즉 안디옥 교회를 부르셨음을 우리는 명심해야 한다. 그때에 바울과 바나바는 안디옥 교회의 회원들이었으며, 안디옥 교회는 이들을 이방인들을 위한 선교사로 파송하는 일에 있어서 신앙적·재정적 책임을 감당하였다.

Ⅲ. 개교회의 권한들(The Authorities of the Local Church)

(1) **개교회의 회원들을 치리할 권징권을 가지고 있다**(The local church has authority to judge its own membership).

사도 바울은 개교회로 하여금 외인들은 하나님이 판단하시려니와 악한 사람은 교회에서 출교하라고 명령하였다(고전 5:13). 교회의 순수성을 보전하기 위하여 교회는 권징권을 사용하여야 한다. 권징은 교회의 임무이다.

(2) **개교회의 직원들을 선출할 권리를 가지고 있다**(The local church has authority to elect its own officers).

초대교회의 직원들은 사도들이 하지 않고 교회가 직접 선출하도록 하였다(행 6:1-6). 이와 같이 오늘날도 교회 직분 선택에 있어서 사전에 직분의 자격·임무·권한 등에 관하여 성경 말씀이 교훈하는 대로 가르치고 광고하고, 신앙으로 기도와 말씀으로 준비케 한 후, 교회가 정한 일정한 시간과 장소에서 일정한 방법에 의하여 교회 회원들(세례 교인들)이 직접 선택하도록 해야 한다. 선택 방법은 기명이나 무기명 투표로 하되 결격 사유가 발견되면 제직 임명 전에 무효화할 것이다.

(3) **교회의 규례들을 보호하고 지킬 권리를 가지고 있다**(The local church has authority to guard and observe the ordinances).

교회는 진리의 기둥·터·방파제이다(딤전 3:15). 교역자들이 타락하는 만일의 경우에도 교회는 교회의 모든 규례들을 지키고 보호할 사명이 있다. 모든 규례들은 우리를 위하여 주신 것이다. 그러므로 사도 바울은 "내가 너희에게 전한 것은 주(主)께로부터 받은 것"이라고 하였다(고전 11:23). 여기에 "너희"는 목사 또는 장로가 아니라 성도들 전체를 가리킨다. 성도들 전체는 교회의 규례들을 지켜야 할 권한을 가지고 있다.

(4) **개교회의 내적인 어려운 문제들을 해결할 권리가 있다**(The local church has authority to settle its own internal difficulties).

개교회 내에 어떤 어려운 문제가 있어서 개교회 자체가 해결하지 못할 때는 상회인 노회나 총회에 도움을 요청할 수 있다. 그러나 가능한 한 개교회의 문제들은 개교회가 해결하는 것이 좋다.

(5) **신약의 모든 교회 정치는 개교회들에만 적용시켰다**(All the church government in the New Testament applies only to local churches).

하나님의 큰 사업을 하기 위해서는 상회의 역할이 크다. 교역자 양성을 위한 신학교 운영, 해외 선교사 파송, 타교단들과의 관계, 신앙적 교리 정립, 성경적 연합 운동 또는 집회, 협동적 구제 등은 개교회들로 구성된 노회나 총회 같은 상회(上會)의 역할이 지대하다. 그러므로 상회와의 관계를 무시해서는 안된다. 상회는 개교회들을 대표하는 기구이므로 민주적 협의체로서의 기능을 발휘하여야 할 것이다.

(6) 개교회의 문제에 관한 한 개교회의 결정은 최종적이다(The decision of the local church is final as far as its own affairs are concerned).

개교회 이상의 고등재판소가 없다(There is no higher court than local church).[83] 인간적 측면에서 고려한다면 개교회의 문제에 관한 한 개교회가 최종적 결정권을 가지고 있기 때문이다.

(7) 개교회의 재산은 개교회에 속한다(Church property belongs to its local church).

오래전부터 배교와 불신앙으로 타락한 교단(敎團)들은 재단법인(財團法人)을 설립하고, 개(個)교회의 재산을 재단법인에 가입시켜오고 있다. 개(個)교회가 교단으로부터 탈퇴할 경우 재산을 가지고 나가지 못하도록 하기 위함이다. 실제상 유럽과 미국의 수많은 교회들은 교단을 탈퇴할 때 동전한푼도 갖지 못하고 빈손으로 나오는 경우가 많다. 그 실제로 세계적 영계의 지도자 칼 맥킨타이어 박사(Dr. Carl McIntire)는 본인이 속해있던 미국북장로교(N. P. C. in USA)에서 1938년 3월에 탈퇴할 때, 성도들이 건축한 돌로 지은 큰 교회를 빼앗기고 빈손으로 나왔다. 개교회는 교단에 가입되어 있어도, 교회재산을 교단 재단법에 가입하지 않아야 한다. 개교회의 재산은 개교회에 속한 재산이기 때문이다.

IV. 개교회와 타교회들과의 관계

(Relationship between Local Church and Others)

(1) 개교회의 독립성: 교회의 머리는 그리스도요, 교회는 그리스도의 몸

---

83) J. Alva McClain, *The Church*, Grace Theological Seminary, 1960년 출간되지 않은 강의록, p. 13

이요, 성령께서 교회에 내주하시므로 그리스도께서 성령을 통하여 교회를 다스리신다.

따라서 노회·대회·총회 같은 상회들이 개교회를 지배할 수 없다. 그 이유는 개교회를 다스리는 최고의 통치자는 우리 주 예수 그리스도시요, 교회마다 개교회의 독립성·자치권·보호권을 가지고 있기 때문이다.

(2) **타교회들과의 상호협력**: 구제와 선교 신학교육 같은 하나님의 일들을 보다 더 효과적으로 수행하기 위해서는 경우에 따라서는 신앙을 같이하는 타교회들과의 상호협력이 필요하다.

예루살렘 교회 성도들이 복음을 위하여 핍박을 받을 때 설상가상으로 흉년까지 엄습하였다. 사도 바울은 예루살렘에 있는 성도들을 위하여 여러 교회에 구호(relief)를 요청하였다. "여러 해만에 내가 내 민족을 구제할 것과 제물을 가지고 와서"(행 24:17). "그러나 이제는 내가 성도를 섬기는 일로 예루살렘에 가노니 이는 마게도냐와 아가야 사람들이 예루살렘 성도 중 가난한 자들을 위하여 기쁘게 얼마를 동정하였음이라"(롬 15:25-26). "다만 우리에게 가난한 자들 생각하는 것을 부탁하였으니 이것을 나도 본래 힘써 행하노라"(갈 2:10).

이에 호응하여 온 교회들이 자원하여 구제에 적극 참여하였다. 여러 교회의 위원들이 구호품과 구제금을 예루살렘으로 가지고 가서 사도들에게 맡겼으며, 사도들은 성령님의 지도하에 구호를 필요로 하는 가난한 자들에게 나누어 주었다.

안디옥 교회가 할례(circumcision) 문제로 쟁론이 있을 때 "어떤 사람들이 유대로부터 내려와서 형제들을 가르치되 너희가 모세의 법대로 할례를 받지 아니하면 능히 구원을 얻지 못하리라"(행 15:1)고 하였다.

안디옥 교회는 대표들을 선정하여 예루살렘 공회에 파송하여 문제 해결책을 요청하였고, 이에 응하여 예루살렘 공회는 바울과 바나바와 함께 유다와 실라를 안디옥 교회에 파송하여 일을 수습하였다. "이에 사도와 장로와 온 교회가 그중에서 사람을 택하여 바울과 바나바와 함께 안디옥으로 보내기를 가결하니 곧 형제 중에 인도자인 바나바라 하는 유다와 실라더라"(행 15:22).

(3) 개교회와 교단과의 관계: 개교회는 개교회가 속한 노회나 총회 그리고 총회 산하 교회들과의 관계, 한 걸음 더 나아가서 신앙노선과 뜻을 같이하는 교회들이나 교단들과의 신앙적 유대관계가 매우 중요하다.

우리는 그리스도의 보혈로 구속함을 받은 믿음의 형제자매들이므로 공동체적 책임과 특권을 동시에 가지고 있다. 우리는 우리가 전하는 하나님의 말씀과 예수 그리스도의 증거(계 1:9)가 우리가 속해 있는 교단에 의하여 증거되는 증거와 별개의 것으로 분리하여 생각할 수 없다. 만일 우리가 하나님의 말씀과 예수 그리스도의 증거에 대하여 신실하지 못한 교단에 속해 있다면 우리는 교단과의 관계를 돌연히 단절하기 전에 먼저 우리가 할 수 있는 모든 일들을 다 해야 할 것이다. 그것이 바로 우리가 공동체적 책임을 바로 수행하는 일이다. 교단이 교권주의로 나가며 신앙이 변질될 때 공동체적 책임의식을 외면하고 경계만 하면서 선한 싸움 싸울 것을 포기하고 홀로 선다면, 우리의 공동적 책임을 외면하고 선한 싸움을 포기하는 죄를 범하는 것이 될 것이다. 그것은 성별의 원리에 위배된다.

그러므로 교회 상호간 물심양면으로 서로 협조하고, 교리적인 문제들을 규정짓고, 이단을 경고·방어하는 것이 필요하나, 예루살렘 공회에서는 개교회 정치에 간섭하지 않고 개교회들이 성경 원리대로 시행하도록 지도했다. 금일 다수의 교파들은 정치적 교권이 너무 강하여 중요시해야 할 신앙적·교리적 문제들은 소홀히 하고 개교회 정치와 행정에만 깊이 간섭하는데 이것은 성경 원리에 어긋난다. 어떤 의미에서도 교권 침해는 정당화될 수 없다. 모든 것은 다 예수 그리스도를 머리로 한 개교회 중심이면서 상하 좌우 협력, 유대관계가 지속·강화되어야 할 것이다. 이것이 성경의 원리이다.

V. 교회와 국가와의 관계(In Relation to Civil Government)

성경은 교회와 국가와의 관계는 항상 분리(separation of church and state)의 원칙을 강조한다. 예수님은 "가이사의 것은 가이사에게 하나님의 것은 하나님께"(마 22:21)라고 말씀하심으로써 교회와 세상 나라를 분명히 구분하셨다. 이것은 기본적 원리로서 교회와 국가는 각기 상이한 직무와 임무를 가지고 있다. 교회와 국가는 하나님의 영광을 위하여 그리고 하나님의 뜻을 이 땅에 실현시키기 위하여 존재하는 상이한 하나님의 두 기관이다. 교회는 하나님의 백성들의 영적(靈的)인 면을, 국가는 국민의 안녕 질서를 책임지는 하나님의 기구들이다. 이 두 기구들이 서로 견제하며, 각기 기구들의 임무를 충실히 이행할 때 하나님의 뜻이 이 땅에 실현될 것이다. 교회나 국가는 서로 독립적인 기관들로서 각기 주어진 직무에 충실해야 한다.

사도 바울도 신자들은 교회의 성도들이며 동시에 국가의 시민으로서 세상 정부에 대해 어떠한 태도를 가져야 할지를 말씀하였다(롬 13:1-7). 또 사도 베드로도 국가에 대한 신자들의 입장과 태도, 임무 등에 관하여 말씀하였다(벧전 2:13-17). 기독교인들은 먼저 하나님께 우선적인 임무가 있으며, 하나님의 말씀에 위배되는 세상 정부의 여하한 강요적인 시책들도 반대해야 한다. 그러므로 베드로와 다른 사도들은 하나님 우선 중심을 강조하였다. 베드로와 사도들은 사람보다 하나님을 순종하는 것이 마땅하다(행 5:29)고 강조하였다.

기독교 교회 역사는 이 성경적 원리들을 지키지 못하는 데서 큰 문제가 발생해 왔다. 세상 정부는 종교의 자유를 침해하는 데 문제가 있으며, 교회들은 세상 국가들과 결탁하는 것이 문제이다. 교회와 국가의 정치적 결탁은 신앙의 자유를 침해하여 타(他)교회들을 파멸케 하는 원인이 된다. 예를 들면 영국국교(Anglican Church) 같은 경우는 오랜 세월 동안 계속하여 세상 정부와 결탁하여 다른 개신교 교파들을 억압, 핍박하여 왔다. 금일에 세계 교회 협의회(WCC)에 속한 공산권 교회들은 그들의 세상 나라인 공산주의 국가 정부들과 결탁하여 진정한 기독교회들을 핍박하여 왔으며, 실로 자유주의자들의 공산 독재 국가들과의 타협 정책이나 또는 그 반대로 세상 정부에 대하여 사회 참여, 사회 구원, 인권 운동 등 반정부 활동들을 서슴지 않고 강행하는 것은 결코 성경적이 아니다. 교회가 세상나라와 타협하는 정책은 성경적이 아니라 세속적이다.

1. 정부에 대한 국민의 의무(롬 13:1-4 주해)

로마서 13:1-4, "각 사람은 위에 있는 권세들에게 굴복하라 권세는 하나님께로 나지 않음이 없나니 모든 권세는 다 하나님의 정하신 바라 그러므로 권세를 거스리는 자는 하나님의 명을 거스림이니 거스리는 자들은 심판을 자취하리라 관원들은 선한 일에 대하여 두려움이 되지 않고 악한 일에 대하여 되나니 네가 권세를 두려워하지 아니하려느냐 선을 행하라 그리하면 그에게 칭찬을 받으리라 그는 하나님의 사자가 되어 네게 선을 이루는 자니라 그러나 네가 악을 행하거든 두려워하라 그가 공연히 칼을 가지지 아니하였으니 곧 하나님의 사자가 되어 악을 행하는 자에게 진노하심을 위하여 보응하는 자니라"

본문은 그리스도인이 자신이 사는 나라의 법과 정부 위정자들과의 관계에 있어서 국민(시민)으로서 지켜야 할 법적 강령을 교훈하고 있다.

"각 사람은 위에 있는 권세들에게 굴복하라"

"각 사람"(파사 푸시케, Πᾶσα ψυχὴ; every soul; 각 영 또는 각 혼)은 각 사람(every person)을 가리킨다(롬 2:9; 11:3; 13:1). 본문의 각 사람은 한 사람 한 사람(every)을 포함한 전체(all)를 가리킨다. 각 사람이라는 이 말씀에는 남녀노소 · 신자 · 불신자 · 신분 여하를 막론하고 모두가 다 포함한다. 따라서 각 사람은 한 사람 한 사람을 포함한 전체 백성, 국민을 가리킨다.

"위에있는 권세들"(엑수시아이스 후페레쿠사이스, ἐζουσιαις ὑπερεχού σαις)은 문자적으로는 산봉우리 꼭대기(peak)를 가리키며, 상징적으로는 고위층 · 당국자들 · 위에 있는 당국자들 · 다스리는 당국자들 · 정부 위정자들(civil authorities)을 가리킨다. 위에 있는 권세들이란 나라를 통치하는 위정자들을 가리킨다. 위에 있는 권세들이란 어느 개인이나 정당을 말하는 것이 아니라 정부 자체를 말한다.

위에 있는 권세들을 3절에는 관원들이라고 하였다. **"관원들"**(알콘테스, ἄρχοντες; rulers)은 지배자들 · 통치자들을 가리킨다. 관원들은 위정자들로서 백성들을 법으로 다스리는 자들이기 때문에 관원들이라고 하였다.

위에 있는 권세들(위정자들)을 4절에는 하나님의 사자들이라고도 하였다. **"하나님의 사자들"**(데우 디아코노스, θεοῦ διάκονός; God's minister or God's servants)은 하나님의 심부름꾼들, 종들을 가리킨다.

위에 있는 권세들(위정자들), 백성을 다스리는 관원들(통치자들)은 백성들(국민들)을 위하여 일하는 하나님의 종들·수종자들·봉사자들이다. 그들은 백성을 위하여 전적으로 봉사하는 공직자들이도 대민 봉사자들이다.

상기와 같이 위에 있는 권세들(위정자들), 관원들(통치자들), 하나님의 사자들(사역자들)은 다 동일한 직분인 위정자들의 상이한 명칭들이다.

"**굴복하라**"(휘포타세스도, ὑποτασεσθω; let be subject; 복종하라)는 휘포(uJpo; under; 아래, 밑에)와 타소(tavssw; to ably, submit; 순종하다, 복종하다)로 구성된 합성어이다. 그러므로 휘포타세스도는 위정자들 아래서, 밑에서 그들에게 순종하라, 복종하라는 말씀이다.

순종과 복종은 같은 범주에 속하는 단어들이지만 순종은 자원적, 복종은 자기 의사와는 상충되어도 따르는 것을 뜻한다. 이 단어는 군사적 용어(military term)이다. 군은 명령기관, 통수기관이므로 하급자가 상급자에게 순종·복종함을 뜻한다. 군사적 용어는 절대적 순종과 복종을 명령한다. 사도 바울은 로마에 있는 성도들에게 명하기를 위정자들에게 순종하고 복종하라고 하였다. 그들은 비록 유대나라를 식민지로 통치하는 자들임에도 불구하고!

위정자들에게 순종·복종해야 할 이유는 무엇인가? 지상의 모든 위정자들의 권세는 하나님의 주권으로부터 나오기 때문이다. 즉 권세의 근원과 출처는 만왕의 왕 되시는 전능하신 하나님께로부터 기인하기 때문이다.

권세는 하나님께로서 "나지 않음이 없나니"라는 말씀은 권세는 하나님에 의하여 "임명받았다"(테타그메나이, τεταγμέναι; having been ordained)는 뜻이다. "임명받았다"는 단어의 시상은 현재완료형이므로 임명받은 권세가 지금도 존재하고 있음을 가리킨다. 헬라어에 있어서 완료형(perfect tense)은 동작은 과거에 끝났으나 강조점은 그 결과의 계속적 상태(continuing resulting state)를 가리킨다.

모든 권세 배후에 역사를 지배하시는 이는 하나님이시요, 모든 권세는 다 하나님이 정하신 것이다(단 2:21, 4:17, 25, 35). 이 진리는 신·구약 성경에 일관된 사상이다. 심지어는 바벨론의 느부갓네살 왕, 로마의 네로 황제, 일본의 히로히토 천왕, 소련의 스탈린, 북한의 김일성 등도 다 하나님이 정하신 바이다. 하나님은 그의 위대한 섭리적 목적들을 이루시기 위하여 바로를 왕위에 세우셨다고 하였다(롬 9:17). 우리는 무지몽매하여 하나님의 그 위대한 섭리들이 무엇인지, 그리고 그 섭리들을 이루시기 위하여 때로는 악한 자들, 불신앙자들까지도 하나님의 작정과 섭리에 포함시켜야만 하는가 에 대하여 만족할 만한 이해에 도달하지 못한다. 그럼에도 불구하고 세상 모든 만사가 다 하나님의 주권과 섭리하에 있음을 믿는다.

웨스트민스터 신앙고백서 제23장 4절,
"위정자들을 위하여 기도하고, 저들을 존경하며, 세금 및 그밖의 국민의 의무를 다하고, 저들의 합법적 명령에 순종하고, 양심을 인하여 저들의 권 세에 복종하는 것은 백성의 의무이다…"
Westminster Confession of Faith, XXIII-IV.
OF THE CIVIL MAGISTRATE
"It is the duty of people to pray for magistrates, to honor their persons, to pay them tribute and other dues. to obey their lawful commands, and to be subject to their authority for conscience sake…"

① **위정자들을 위하여 기도**(도고, 엔튜케이스, $\dot{\epsilon}\nu\tau\epsilon\nu\xi\epsilon\iota\varsigma$; intercession; 중재 간구, 대언 대도)하여야 한다. 백성들은 "임금들과 높은 자리에 있는 모든 사람을 위하여 기도하여야 한다"(딤전 2:2) 다시 말하면 그리스 도인들은 국민의 한 사람으로 국가의 최고 통수권자와 정부의 고위관리들 이 하나님이 기뻐하시는 뜻대로 나라를 다스릴 수 있도록 위정자들을 위하 여 기도하여야 한다.

② **위정자들을 존경해야 한다.** 국민은 위정자들을 하나님의 사자로 알고 그들의 권위를 존중히 여기며 존경해야 한다. 베드로전서 2:17에서는 "하 나님을 두려워하며 왕을 공경하라"고 하였다. 우리는 우리의 생명과 재산과 자유를 보호해 주는 위정자들을 공경해야 한다.

③ **위정자들에게 순복해야 한다.** 위정자들은 하나님의 권위를 대표하여 일하기 때문에 그리고 국무를 신속정확하게 집행하게 하기 위해 위정자들 과 법에 순종해야 한다. 각 사람은 위에 있는 권세들에게 굴복하라고 하였 다(딛 3:1; 벧전 2:13, 14). 그러나 위정자들이 악하여 불법을 강요한 경우 에는 환란과 핍박이 닥쳐와도 순복할 수 없다.

④ 국세와 공세를 바쳐야 한다. 국가의 살림살이는 백성들의 납세로 운영하므로 백성들은 국세와 공세를 바치는 것이 의무요 특권이다.

⑤ **국법을 지켜야한다.** 세상법이 하나님의 말씀에 위배 되지 않는 한 그리스도인들은 솔선수범하여 법을 지켜야 한다. 그리하여 자신이 각 분야에서 빛과 소금의 직분을 잘 감당하여야 한다(마 5:13-14).

⑥ **사회 참여에 적극적이어야 한다.** 그리고 국민은 선거에 참여해야 한다. 투표는 국민의 의무이며 동시에 특권이다. 민주국가에 있어서 국민 투표는 정부의 정책과 시행 결정에 대한 국민들의 참정권을 의미한다. 그리고 내가 국민으로서 나의 조국을 위해 무엇을 할 수 있는가 하는 애국심을 가지고 만일의 경우에는 생명을 바쳐 나라와 겨레를 보위해야 한다. 그러나 교회가 직접 정치에 참여하는 것은 정교분리의 원칙에 의하여 반대해야 한다.

2. 국민에 대한 정부의 임무

위정자들이 하는 일은 무엇인가? 위에 있는 권세들, 관원들, 하나님의 사자들이 하는 일들은 무엇인가? 대통령을 위시한 위정자들의 사명, 임무가 무엇인가? "그는 하나님의 사자가 되어 네게 선을 이루는 자니라"(롬 13:4)라고 했다. 이 말씀은 위정자들이 하는 일 전체를 단적으로 표현한 말씀이다.

칼빈(Calvin)은 정부의 주요 임무에 대하여 말하기를, "… 인간 사회에서 국가 정부가 하는 일은 빵과 물과 태양과 공기가 하는일 만큼이나 중요하다. … 종교에 관한 공공연한 방해가 사회에 발생하거나 만연하지 않도록 하고, 치안을 유지하며, 시민의 재산을 안전하게 지켜서 인간 상호간의 온전한 관계를 가능하게 하며 정직과 겸양의 덕을 보존한다 …"[84]

(1) **국가를 보위한다.** 나라의 영토와 국민의 생명과 재산을 보호한다. 외부로부터의 침략과 내부로부터의 내란을 사전에 미리 방지함으로써 국가의 안녕과 질서를 유지한다. 일반적으로 군(Army)은 외부적(enemy)으로 부터 침략을 저지하고, 경찰(pollce)은 인생치안에 주력한다. 임금들과 높은 지위에 있는 사람들을 위하여 기도하라. "… 이는 우리가 고요하고 평안한 생활을 하려 함이니라." (딤전 2:2) 고요한 생활은 외환이 없는 태평성대의 생

---

84) Calvin, *Institutes*, IV. 20:3

활을, 평안한 생활은 마음의 상태는 생활을 의미한다.

(2) **공의를 일삼는다.** 선을 행하는 자들에게는 포상하고 악을 행하는 자들에게는 징벌의 법을 집행한다. 정부는 법을 집행하는 공의기관이다.

① **선행하는 자에게는 상급을 준다.** 로마서13:3에서는 "선을 행하라 그러면 칭찬을 받으리라", 베드로전서 2:14에서는 "선을 행하는 자들을 포상하고"라고 하였다.

② **악행자에게는 심판하고 진노한다.** 본문 2:4, 로마서 13:4절에는 "악을 행하는 자에게 진노하고", 베드로전서 2:14에는 "악행하는 자들을 징벌하고"라고 하였다.

"권세를 거스리는 자"는 하나님이 세우신 위정자들과 국법을 "거스리는"(안티타소, ἀντιτάσσω; oppose, resist, withstand; 반대한다, 저항한다, 반항한다) 자를 가리킨다. "권세를 거스리는 자"는 위정자들의 국정을 반대, 저항, 반항하는 자들이다.

"**악을 행하는 자**"(카콘 프라스손티, κακὸν πράσσονρι; evil practising; 악을 행하는 자)는 악한 일을 상습적으로 행하는 자들을 가리킨다. 즉 사기 · 횡령 · 공갈 · 협박 · 권모술수 · 도적질 · 강간 · 도박 · 폭력 · 마약 등을 상습적으로 행하는 자들이다. 이런 자들(권세를 거스리는 자들, 악을 행하는 자들)을 위정자들은 법으로 엄히 다스릴 책임이 있다. 위정자들은 하나님께서 공의를 일삼기 위하여 세운 법 집행자들이기 때문이다.

"**심판한다**"(크리노, κρίμω; to judge; 판결하다, 재판하다, 심판하다)는 말씀은 법적 판결을 가리킨다. "진노한다"(에크디케오, ἔκδικεω; revenge; 진노하다, 보복하다, 갚아주다, 보응하다)는 말씀은 형벌을 가함을 가리킨다.

그러나 지금은 다수의 나라들이 공의의 기관으로서 그 기능을 상실한지 오래 되었다.

(3) **양심의 자유, 신앙의 자유를 보장한다.** 국가는 백성들의 양심의 자유, 신앙의 자유를 보장한다. 각 사람은 자신의 양심의 자유와 신앙의 자유의 원리에 의하여 특정 종교를 선택하고, 신앙생활을 영위할 신앙의 자유가 있다. 이것은 사람의 기본권이다. 국가는 백성의 기본 권리를 보장할 의무가

있다. 그러나 하나님의 말씀과 관계없이 양심의 자유를 원하는 사람이 있다면 나는 그것을 반대한다. 그 이유는 화인 맞고 무딘 양심은 선한 양심이 못되며 가치판단의 표준이 될 수 없기 때문이다. 칼빈주의에서의 양심의 자유란 사람이 자신의 양심의 명령에 따라서 하나님을 위해 봉사할 수 있게 하는 것을 말한다. 국가는 이 양심의 자유, 신앙의 자유를 보장해야 한다.

3. 정부에 대한 그리스도인의 자세

정당한 법은 솔선수범하여 지켜야 한다. 그리스도인들은 지상 나라의 시민들이며 동시에 천상의 시민들이다.

"오직 우리의 시민권은 하늘에 있도다…"(빌립보서 3:20;). "시민권"(폴리튜마, πολίψευμα; citizenship; 시민권)은 시민권자의 상태와 생활(condition and life)을 가리킨다. 빌립보 사람들은 로마 시민권을 가지고 있으면서 빌립보라는 로마 식민지에 살고 있었다. 이와 같이 그리스도인들은 이 지상에 살고 있으면서 시민권은 하늘에 있다. 따라서 모든 그리스도인들은 이 중국적을 가지고 있다. 하나는 세상나라 시민권이요, 다른 하나는 하늘나라 시민권이다. 우리는 이중국적 소유자들이므로 두 나라의 법을 다 지켜야 한다.

그러나 **법을 지키는 데에는 우선순위와 예외가 있다.** "베드로와 요한이 대답하여 가로되 하나님 앞에서 너희 말 듣는 것이 하나님의 말씀 듣는 것보다 옳은가 판단하라"(행 4:19). "너희"는 유대인들의 최고 의결 기구인 산헤드린 공의회를 말한다. "사람보다 하나님 순종하는 것이 마땅하니라"(행 5:29).

우리는 국가의 위정자들이 국민의 생명과 재산을 보호해 주며, 사회 안녕질서를 지키며, 신앙의 자유를 허용하는 한, 그리고 법이나 법 시행이 성경의 교훈에 위배되지 않는 한 준법정신을 가지고 나라의 법을 지켜야 한다. 이런 의미에서 **칼빈**(Calvin)은 "하나님이 세우신 권세를 무시하는 자는 신적 질서(divine order)를 파괴하는 자이며, 하나님을 대항하는 자이다. 국가를 세우신 하나님의 섭리를 무시하는 자는 하나님께 싸움을 거는 도전자이다"라고 하였다.85) 그것이 우리의 양심을 위하는 것이요, 하나님의 말씀을 순종하는 일이다. 기독교인들은 세상에 믿지 않는 사람들에게 선을 행하

---

85) John Calvin, *Commentary on Romans*, Eerdmans, 1959. p. 281

여 본을 보여야 한다. 순복의 동기는 형벌을 면하기 위함이 아니라 하나님께 영광을 돌리기 위함이다.

그러나 세상에는 악한 정부도 있다. 인류역사에는 악한 정부들도 존재해 왔으며(계 13:1-11, 12-18), 악한 정부들은 악한 일들을 행하여 왔다. 그러면 권세는 하나님께로부터 나지 않음이 없다고 하셨는데(롬 13:1), 악한 정부도 하나님께서 세우셨는가? 결코 아니다. 하나님은 속성이 선하시고 의로우시므로 악한 정부를 세우신 일이 없으시다. 다만 악한 정부가 일어나는 것을 허용하신 것뿐이다. 만일 하나님께서 악한 정부가 일어나는 것을 허용치 않으셨다면 악한 정부는 하나님의 주권과 섭리에서 벗어나는 것이 되는 것이니 하나님의 주권과 섭리에서 벗어나는 여하한 피조물의 활동도 있을 수 없다.

하나님은 무슨 이유로 악한 정부를 허용하시는가? 하나님은 악한 정부도 징계의 도구로 삼아 하나님의 자녀들을 연단시키신다(롬 8:28). 구약시대에는 애굽, 앗수르, 바벨론, 로마 같은 악한 정부들이 일어나 이스라엘 백성들을 심히 핍박하였다. 최근 20세기에 이르러서도 소련의 레닌, 스탈린, 중공의 모택동, 북한의 김일성, 쿠바의 카스트로 등등 악한 폭군들이 일어나 그리스도인들을 심히 핍박하였다.

악한 정부, 포악한 위정자들에게도 존경하고 복종할 것인가? 우리는 위에 있는 자들에게 순종하되 다만 주 안에서 해야 한다. 우리는 불의의 명령에 복종해서는 안된다. 우리는 불의에 저항하는 정의를 사용해야 한다. 다니엘은 왕의 금령을 거절하였다(단 6:22). 그 이유는 다리오 왕이 자신이 부여받은 통치권을 넘어서 자신을 위해 남용하였기 때문이다. 사도 베드로는 이르기를 "사람들보다 하나님을 순종하는 것이 마땅하도다(행 5:29)라고 하였고, 사도 바울은 "너희는 값으로 사신 것이니 사람들의 종이 되지 말라"(고전 7:23)고 하였다.

칼빈(Calvin)은 권하기를 특별한 위험 속에 있는 그리스도인에게는 가능하면 망명의 길을 택하라고 하였다. "하나님을 옳게 예배드릴 수 있는 어떠한 장소라도 자기들의 나라 이상의 것으로 선택하지 않으면 안된다. 하나님을 예배드릴 수 있는 곳에서 살 수 있다면 조국에 머물러 있는 것보다 추방되어 사는 것이 훨씬 더 좋다"라고 하였다.[86]

제 7 장

우주적 교회
(Universal Church)

1. 우주적 교회의 의미(Meaning of Universal Church)

교회 또는 교회들이라는 명칭 "에클레시아"는 우주적 교회와 개(個)교회 (universal church and local church)를 다 지시한다. 그런데 우주적 교회 와 개교회는 각기 다른 종류의 교회가 아니다. 우주적 교회는 개교회들의 총체이며, 개교회는 우주적 교회의 일부이다.[87]

우주적 교회는 하나님의 영(성령)으로 중생되고, 동일한 성령으로 세례를 받은 모든 시대 참 신자들로 구성된다(고전 12:12). 따라서 전 세계에 흩어 져 있는 그리스도의 보혈로 구속함을 받은 신자들은 모두 우주적 교회의 일원들이다. 우주적 교회의 회원은 과거·현재·미래·모든 시대에 택함을 받은 모든 참신자들을 다 포함한다. 즉 우주적 교회는 만대에 모든 참된 신 자들만을 의미한다. 우주적 교회는 참으로 선택받은 무리들, 구원받고 또 앞으로 구원받을 모든 무리들(whole body), 머리이신 그리스도와 신비적으 로 연합된 모든 사람들로 구성된다.

개교회가 신자들의 육체적 모임(physical assembly)이라면, 우주적 교회 는 영적 모임(spiritual assembly)이다. 우주적 교회는 어느 시대 어느 민족

---

86) John Calvin, *Institutes*, IV. 20:32
87) William Barclay, *New Testament Wordbook*, London: SCM, 1955, p. 685

중에나 참된 교회가 있다는 것을 의미한다. 그런데 우주적 교회는 개교회들을 통하여 나타난다(롬 16:16). 그 이유는 개교회들은 우주적 교회의 일원들이요, 현현(manifestation)이기 때문이다.

우주적 교회는
(1) 무형적(invisible) 이며,
(2) 한 교회(one Church) 이며,
(3) 유기적(organic) 이며,
(4) 그리스도의 전체 몸 (whole body of Christ) 이며,
(5) 생존 성도와 세상 떠난 성도 모두(living and dead members)를 포함하며,
(6) 완전(perfect) 하며,
(7) 승리적(victorious) 이다.

우리는 우주적 교회에 관한 이해를 돕기 위하여 몇몇 단어들을 고찰할 필요가 있다.

(1) **우주적**(universal): 우주적이란 제한이나 제약 없는 전체(a complete, whole, entire)를 가리킨다.[88] 우주적 교회의 회원은 과거·현재·미래에 예수 그리스도의 보혈로 구속함을 받았거나 또는 앞으로 받을 하나님의 자녀들을 총 망라한다. 이것은 교회는 그리스도를 머리로 한 그리스도의 한 몸(one body)이라는 성경의 교훈을 잘 묘사하고 있다.

칼빈(Calvin)은 말하기를 "그리스도가 둘 또는 셋으로 찢어 나누어지지 않는 한 교회는 둘 또는 셋의 교회가 될 수 없기 때문에 교회를 보편적(catholic) 또는 우주적(universal) 교회라고 한다"고 하였다(고전 1:13).[89]

우주적 교회는 일종의 조직으로 모든 교회를 하나로 묶어 놓는 것이 아니라, 성령으로 거듭나서 그리스도의 생명을 받으며 그의 몸의 지체가 되는 것을 뜻한다(고전 12:13). 그리스도를 머리로 하는 우주적 교회는 또한 일정한 지역의 개교회(個敎會)들로 나타난다.

---

88) Webster's *New World Dictionary*, p. 1460
89) John Calvin, *Institutes of the Christian Religion*, IV. 1. 2

(2) **무형적**(invisible): 무형적이란 보이지 않는, 시야 밖에(not visible, out of sight)라는 뜻이다.90) 개교회를 유형 교회라 한다면 우주적 교회는 무형 교회라 칭한다. 그리스도와의 연합은 무형이나, 교회는 추상이 아니므로 신약성경은 그리스도와 그의 몸인 교회와의 관계가 역사적 (시공) 세계 안에서 외적 증거로 나타난다.

벌콥(Berkhof)은 "그리스도와 신자들과의 연합은 신비적 연합이다. 성령께서 보이지 않는 줄로 연합하신다. 중생·진정한 회심·참된 신앙·그리스도와의 신비적 연합과 같은 구원의 축복들은 모두가 육신의 안목에는 무형적이다. 그렇지만 이것들은 다 교회의 실제적 형태를 구성한다"고 하였다.91)

무형적이란 단어는 교회의 성질을 묘사함에 있어서 가장 논쟁의 대상이 되는 용어이다. **스미트**(Schmidt)는 "개신교가 교회를 유형적 교회와 무형적 교회로 분리하여 생각하는 것은 비실체적 플라톤 사상의 영향을 받은 때문이다. 하나님의 총회는 한편으로는 유형적이고 다른 한편으로는 무형적이라고 진술된 곳이 없다. 기독교 공동사회는 기독교인처럼 유형적이다"라고 했다.92) 물론 그리스도와의 연합은 무형적이다. 그러나 교회는 항상 사람들로 구성되어 있으므로 또한 유형적이다. 심지어는 사도 바울이 에베소에서 우주적 교회의 개념을 언급하면서도 유대인들과 이방인들을 염두에 두었다.

(3) **영적**(spiritual): 영적이란 그리스도와의 관계에서 생동적·영적 신령한 관계를 말한다. 교회는 영적 신령한 교회이다. 신령하다는 말은 세속적(carnal)이라는 의미와 대조적으로 사용되기도 한다. 교회는 성령의 능력으로 독특하고도 능력 있는 교제가 이루어진다. 교회는 신령한 교회이므로 신령한 은사를 더욱 사모해야 한다. 교회는 외적·형식적·무생명적 상태를 추구하지 않아야 한다.

(4) **이상적**(ideal): 그리스도 안에서 모든 참된 신자들은 다 이상적 교회원들이다. 이상적 교회는 추상적·천상의 교회만을 추구하는 것이 아니라, 양식(pattern)이 있는 교회를 말한다. 이것은 이상이 구체적으로 실현되는

---

90) Webster's op. cit., p. 711
91) Louis Berkhof, op. cit., p. 566
92) Karl Ludwig Schmidt, *The Church*, pp. 65-6

교회를 의미한다. 교회는 이상적이며 동시에 실제적이어야 한다.

2. 우주적 교회와 그리스도와의 관계
(Relationship Between Universal Church and Christ)

성경은 그리스도와 그의 신자들과의 관계를 상징적 · 비유적 · 수사적으로 표시하여 우리의 이해를 더욱 분명히 그리고 깊게 하신다. 이와 관련하여 갱겔(Kenneth Gangel)은 "이 우주적, 보편적 교회를 사도 바울은 그리스도의 몸이라 칭하였다"고 하였다.[93]

그리스도는 교회의 머리가 되시고, 교회는 그리스도의 몸으로 서로 연관되어 있으며, 또한 통일성을 가지고 있다. 이렇게 우주적 교회는 머리 되신 그리스도를 중심으로 다 같은 보편성을 지니고 있다. 즉 교회의 보편성을 어느 특정 교파나 개교회에 적용시키지 않고, 예수님을 구주로 믿고 성경의 무오성을 고백하는 지상의 모든 교회들에 다 적용한다. 그리하여 교회는 부활하신 주님과 연합한 성도들로 구성된 우주적 교회이다.

성도들이 그리스도의 몸인 교회의 지체가 되지 않고, 직접 머리이신 그리스도께 연합하는 것은 원리상 순서가 아닐 것이다. 몸의 지체들이 몸을 떠나 머리와 직접 연결되기는 어려울 것이다. 그 이유는 우리들은 그리스도의 몸된 교회의 지체들이기 때문이다. 보편적 · 우주적 · 무형적 교회의 일원들은 동시에 유형적 교회의 일원들이 되며, 유형적 교회는 우주적 교회의 현현(나타남)이 된다. 고로 유형적 교회 곧 개교회의 중요성을 인식할 것이다. 우리는 우리가 속한 개교회를 통하여 신앙을 장성시키며, 성도들과의 교제를 나누며, 효과적으로 하나님의 일들을 수행할 수 있다.

3. 우주적 교회와 개교회와의 관계
(Relationship Between Universal Church and local Church)

우주적 교회는 모든 세대에 구속함을 받은 모든 참된 성도들로 구성된다. 따라서 개교회들은 우주적 · 무형적 · 신령한 교회들을 반영하는 참된 유형

---

93) Kenneth Gangel, *Leadership for Church Education*, Chicago: Moody Press, 1977, p. 24

적인 교회들이 되어야 한다. 그러기 위해서는 하나님의 말씀이 바로 증거되며, 성례가 바로 시행되며, 권징이 바로 시행되어야 한다. 신자들이 개교회에 가입하지 않아도 우주적 교회의 회원이 될 수 있는가? 오늘날 교회들의 큰 문제들 중 하나는 개교회 중심, 교파 중심이 너무 강하여 전세계에 편만해 있는 그리스도의 보혈로 구속함을 받은 성도들로 구성된 우주적 교회의 성질에 관하여 망각하고 개교회만 중요시하는 경향이 있다는 것이다. 개교회 중심은 교회를 물량주의로 하락시키며, 세속화시키며, 심지어는 동일한 신앙을 고백하는 교회들, 신자들과의 신령한 연합도 저해시키며, 개교회로서 수행할 수 없는 보다 더 큰 주님의 사업을 수행할 수 없도록 하는 중요 요인들이 된다.

또 다른 한편으로는 상당수의 교회들이 배교와 불신앙으로 타락되었다는 사실이다. 교회가 타락되면 그 교회는 더 이상 성령이 역사하시는 교회, 진리의 기둥과 터, 방파제로서의 교회가 아니다. 상당수의 신자들은 무지 중에 신조와 신앙고백이 변질되고 신앙적 노선과 방향이 잘못된 교회들로 출석하고 있어서 신앙에 큰 피해를 입고 있다. 이런 경우에는 하나님의 말씀의 성별의 원리에 순종하여 참된 신자라면 그런 개교회들과는 신앙적 관계를 끊어야 한다(계 18:4). 그리고 하나님의 말씀을 그대로 믿고 순종하고 힘쓰는 보수 근본주의 교회로 옮겨야 할 것이다.

교회가 타락할 때 진실된 많은 신도들 중에는 그 여파로 그리스도의 몸인 공동체로서의 교회도 등한시 또는 경시, 심지어는 부인하는 경향이 발생된다. 따라서 개교회의 일원으로 가입하는 것을 주저하게 된다. 우주적 교회의 회원이 아닌 사람들, 즉 불신자들은 개교회의 회원이 되지 않는 것이 이상적이다. 그러나 지상의 유형적 교회는 실제상 가라지와 쭉정이도 들어 있게 마련이다. 사도 바울은 고린도 교회의 교인들에 대하여 "고린도에 있는 하나님의 교회 곧 그리스도 예수 안에서 거룩하여지고 성도라 부르심을 입은 자들"(고전 1:2)이라고 하였다. 이 말씀은 교회 내에 위선자들을 포함하지 않음이 분명하다. 위선자들·불신앙자들은 그리스도의 몸된 교회와 상관이 없는 자들이요, 교회의 회원들이 아닌 이상 개교회 회원들인 신자들에게 신앙상 피해를 주지 못하도록 교회를 보호해야 하며, 위선자들·불신앙자들이 교회에 침입해 오면 추방해야 할 것이다(마 18:15-18; 고전 5:1-13).

제 8 장

그리스도와 교회와의 관계

(The Relationship between Christ and the Church)

성경은 그리스도와 교회와의 관계를 신랑과 신부, 머리와 몸, 목자와 양 무리, 포도나무와 가지들, 모퉁이 돌과 돌들 등 상징적·영적으로 묘사했다.

I. 신부로서의 교회(The Church as the Bride)

성경은 우리 주 예수 그리스도와 교회(성도들)와의 관계를 신랑과 신부로 묘사하였다. 즉 예수 그리스도는 교회의 신랑이요, 교회는 그리스도의 신부(Jesus Christ is the bridegroom of the church and the church is the bride of Jesus Christ)라고 하였다(고후 11:2 엡 5:23-32; 계 21:9;). 이 말씀은 그리스도와 교회와의 깊은 관계를 상징적, 비유적, 영적, 신비적으로 가장 잘 표현한 말씀이다. 진실로 교회에 대한 가장 아름다운 표현들 중 하나는 교회는 그리스도의 신부라는 호칭이다. 교회는 회심시(at conversion) 이미 그리스도의 신부가 되었으며, 또 한편 약혼녀도 되었다. 그러므로 교회는 이미 그리스도의 신부이며, 그리스도의 재림과 관련하여 고찰할 때에는 그리스도와 약혼한 관계이다.

1. 그리스도의 역할(Christ's Role)

에베소서 5:22-29은 신랑 되신 그리스도께서 신부인 교회(성도들)를 어떻게 사랑하시며, 다스리시며, 정결케 하시며, 양육하시며, 보호하시는지를 교훈 한다.

(1) 그리스도께서 교회를 사랑하심

(Christ loves the church<엡 5:25, 28>)

성경은 그리스도께서 교회를 사랑하시기를 남편이 아내를 사랑하는 것으로 비유하였다. 이 말씀을 보면 그리스도께서 우리를 얼마나 사랑하시는가를 알 수 있다.

예수 그리스도의 사랑

① **아가페 사랑**($\dot{\alpha}\gamma\dot{\alpha}\pi\eta$ love): 사랑이란 애정에 대한 깊은 느낌·헌신·호의이다. 헬라어 원문에 아가페 사랑은 "필레오"($\varphi\iota\lambda\dot{\epsilon}\omega$) 사랑과 "에로스"($\dot{\epsilon}\rho\omega\varsigma$) 사랑과 구별되었다. 아가페 사랑은 하나님의 사람에 대한 사랑, 필레오 사랑은 부모의 자식에 대한 사랑·친구에 대한 사랑이요, 에로스 사랑은 이성간의 사랑을 말한다. 인간의 사랑은 필레오 사랑, 에로스 사랑을 넘지 못한다. 아가페 사랑은 순수한 사랑, 고귀한 사랑, 무조건적 사랑, 희생적 사랑, 구속적 사랑, 무한한 사랑을 다 포함한다. 그리스도께서는 아가페 사랑으로 교회를 사랑하신다.

② **무조건적 사랑**(unconditional love): 무조건적 사랑이란 조건 없는 사랑, 절대적 사랑(love without condition or absolute love)을 가리킨다. 예수 그리스도께서는 교회(성도들)가 사랑받을 만한 신분이나 자격이나 가치가 있어서 사랑하시는 것이 아니라, 무조건적으로 사랑하신다. 실제상 교회는 세상과 짝하여 음행하고, 주님을 늘 배반하고, 불순종하며 곁길로 달음질치는 자들이었다(약 4:4). 그러한 우리들을 그렇게 사랑하시니 사람들의 사랑과는 너무나 대조적이다.

③ **희생적 사랑**(sacrificial love): 희생이란 자신의 생명을 포기하는 행

위, "인자가 온 것은… 자기 목숨을 많은 사람의 대속물로 주래함이니라" (마 20:28, 막 10:45)" "나는 선한 목자라… 양을 위하여 목숨을 바치느라"(요 10:11) 바치는 행위를 가리킨다. 그리스도의 사랑은 교회를 위하여 자신을 주신 사랑이라고 하였다. "…그는 우리를 위하여 자신을 버리사 향기로운 제물로 하나님께 드리셨다"(엡 5:2). 에베소서 5:25에 "그리스도께서 교회를 사랑하시고 자신을 주셨다", 곧 에가페센 카이 파레도켄($\acute{\eta}\gamma\acute{\alpha}\pi\eta\sigma\varepsilon\nu$ $\kappa\alpha\grave{\iota}$ $\pi\alpha\rho\acute{\varepsilon}\delta\omega\kappa\varepsilon\nu$; loved and gave)이라는 말씀은 부정과거 시상(aorist tense)으로서 교회를 위하여 자신의 생명을 이미 바치신 사랑으로 역사적 기정 사실을 가리킨다. 교회를 위하여 자신의 생명을 이미 바치신 사랑은 희생적 사랑이다. 참된 사랑은 폭넓은 이해와 희생이 따르기 마련이다. 그것이 참 사랑이다. 누구든지 사랑한다고 하면서 시간·재물·몸·정성 등을 바치지 않고 말로만 사랑한다면 그것은 참된 희생적 사랑이 아니다.

④ **구속적 사랑**(redeeming love): 구속이란 대가를 지불하고 구출·해방하는 것을 뜻한다. 구속에 있어서 대가는 예수 그리스도의 피, 곧 생명이다(레 17:11). 그리스도의 사랑은 자신의 생명을 희생하심으로 우리 죄인들을 죄와 사망 가운데서 구원하신 구속적 사랑이시다. 죄인의 구속을 위한 주님의 근본 동기는 사랑이시다. 그 사랑의 역사가 죄인을 구속하신다. 이런 의미에서도 그리스도의 사랑은 독특한 사랑이시다.

로마서 5:8, "그리스도께서 우리를 위하여 죽으심으로…자기의 사랑을 확증하셨느니라."

요한복음 3:16, "하나님이 세상을 이처럼 사랑하사 독생자를 주셨으니 이는 저를 믿는 자마다 멸망치 않고 영생을 얻게 하려 하심이니라"

고린도후서 5:15, "그리스도께서 모든 사람을 대신하여 죽으심은… 오직 그들을 대신하여 죽었다가 다시 사신 이…:

⑤ **무한한 사랑**(infinite love): 무한이란 끝이 없는(endless), 제한 없는(unlimited), 측량할 수 없는(unmeasurable)이라는 뜻이다. 주님의 사랑은 무한 방대하여 측량할 수 없다. "…그리스도의 사랑을 알아 그 넓이와 길이와 높이와 깊이를 측량할 수 없다"(엡 3:18-19 참조)고 하였다.

(2) 그리스도께서 교회를 정결케 하심

(Christ purifies the church(엡 5:26, 27>)

에베소서 5:26, "물로 씻어 말씀으로 깨끗하게 하사 거룩하게 하시고"

"물"(water)은 하나님의 말씀을 가리킨다(엡 5:26; 약 1:18; 벧전 1:23). 하나님의 말씀을 물이라고 비유한 이유는 물은 씻어 깨끗하게 하는 일을 하듯이, 하나님의 말씀은 더럽고 추한 모든 죄를 씻어 깨끗케 하는(세탁하는) 일을 하기 때문이다.

"말씀"(레마, ῥῆμα; word, saying; 말씀·구두로 전파한 말씀)은 산 음성 (living voice)을 가리킨다(엡 6:17; 롬 10:8, 17; 벧전 1:25). 이 단어는 신약에 약 70회 기록되어 있는데 그중에 56번은 말씀(word)으로, 9번은 구두로 전하는 말씀(saying)으로 번역되었다. 말씀이라는 또 다른 한 단어는 로고스(λόγος; Word)로서 로고스는 기록된 말씀(Written Word)을 가리킨다. 하나님의 말씀은 처음에는 레마로, 그 다음에는 로고스로 귀결되었다. 우리는 로고스(기록된 말씀)를 레마(구두로 전하는 말씀)로, 즉 하나님께서 직접 하시는 말씀으로 받아야 한다.

"씻는다"(루오, λούω; to bathe, wash the body; 목욕하다, 몸 전체를 씻다)는 말씀은 몸 전체를 목욕한다는 의미이다. 몸의 어느 한 부분만 슬쩍 씻는 것이 아니다. 주님께서 성도들을 위해 한 마지막 간구 중의 하나는 "주의 말씀으로 저희를 거룩하게 하여 주옵소서"(요 17:17)라는 말씀이다. 진리인 하나님의 말씀이 성화의 방편이 되어 우리의 먹보다도 더 검은 그리고 피보다 더 붉은 죄와 허물을 정결케 씻어 주신다.

"깨끗하게 한다"(카다리조, καθαρίζω; to cleanse, to make clean; 정결케 한다, 정화하다, 맑게 하다, 순결케 하다, 오염이 없게 하다)는 말씀은 도덕적 의미에서 "죄의 오염으로부터"(from the defilement of sin) 그리고 "범죄로부터"(from the guilt of sin) 정결케 씻는다는 말씀이다. 씻는다는 말은 이런 의미에서 죄사함을 가리킨다.(행 15:9; 고후 7:1; 엡 5:26; 히 9:14; 요일 1:7)

요한복음 13:10, "예수께서 이르시되 이미 목욕한 자는 발 밖에 씻을 필요가 없느니라 온 몸이 깨끗하니라"

예수 그리스도를 구주로 믿는 자는 모든 죄 사함받았다. 이는 마치 온 몸을 씻은 것과 같다. 그러나 우리의 몸에는 아직도 죄의 성질이 그대로 남아 있어서 말씀으로 씻어 정결케 하는 일(성화의 역사)을 이 세상 떠날 때까지 계속해야 한다.

(3) 그리스도께서 교회를 양육하심(Christ nourishes the church)

에베소서 5:29, "… 그리스도께서 교회를 양육하고 보호하시기를…"

"양육한다"(에크트레포, ἐκτρέφω; to nourish; 양육하다, 자양분을 준다)는 말씀은 영양분 있는 음식을 공급하여 키운다는 뜻이다. 하나님의 말씀은 영의 양식이다. 하나님의 말씀은 자양분이다. 주님은 우리를 항상 말씀으로 양육하시므로 우리의 영이 강건하고 장성한다. 사람은 육신을 위하여 음식이 필요한 것처럼, 우리의 중생한 영을 위해서는 영의 양식이 필요하다. 그런데 영의 양식은 곧 하나님의 말씀이다. 사람이 음식을 먹지 않으면 허약해지고, 쇠잔하고, 병이 들고, 심지어는 죽는다. 이와 같이 우리 속 사람은 영의 양식, 곧 하나님의 말씀을 먹지 않으면 허약해지고 병이 든다.

(4) 그리스도께서 교회를 보호하심(Christ protects the church)

"보호하신다"(달포, θάλπω; to heat, soften by heat, keep warm; 따뜻이 하다, 가열하다, 열(온기)로 부드럽게 하다, 온화하게 하다, 보온하다)는 말씀은 주님께서 능력의 말씀으로 우리를 보호하여 주신다는 것을 의미한다. 죽은 송장 같은 찬 상태에 놓여 있는 완악한 우리의 마음을 하나님의 말씀으로 가열시켜 녹여 주신다. 이는 마치 어미 새가 깃털로 새끼 새들을 감싸고 따뜻하게 하듯이(신 22:6), 사람이 옷을 입어 몸을 따뜻하게 보호하듯이, 주님은 우리를 보호하여 주신다는 것이다.

2. 신부의 반응(The Response of the Bride)

죄인이 하나님의 은혜로 그리스도의 신부가 되었으니 참으로 존귀한 신분(exalted position)이 되었다. 신부로서의 교회는 신랑 되신 예수님을 사랑하며, 신앙의 정조를 지키며, 순복하며, 전적으로 헌신하며, 영접할 준비를 해야 한다.

(1) 신랑 되신 예수 그리스도를 사랑할 것.

성도들이 신랑 되신 예수 그리스도를 사랑하는 것은 주님께로부터 받은 사랑에 대한 반응이다. 요한일서 4:19에 우리가 주님을 사랑함은 먼저 주님이 우리를 사랑하시기 때문이라고 하였다. 예수님께서 가라사대 "네 마음을 다하고 목숨을 다하고 뜻을 다하여 주 너의 하나님을 사랑하라"고 명하셨다(신 6:5; 10:12; 11:1; 13:3; 19:9; 30:6, 16, 20 마 22:37;). 마음·목숨·뜻(heart, soul, and mind)은 자신 전체를 가리킨다. 그러므로 신랑 되신 예수 그리스도를 사랑하되 마음을 다하여, 목숨을 다하여, 뜻을 다하여 사랑해야 한다.

(2) 신앙의 정조를 지킬 것.

일반적으로 **"정조"**란 여자의 순결한 절개를 말한다. 신앙의 정조는 거짓 스승들의 이단사설에 더럽혀지지 않은 순수한 정통 신앙을 가리킨다. 약혼녀나 신부는 정조를 지켜야 하듯이, 성도들은 신앙의 정조를 지켜야 한다. 이스라엘 백성들이 신앙의 정조를 버리고 사신우상을 섬기고 타락하였을 때에 하나님은 이스라엘은 더 이상 나의 아내가 아니라고 책망하셨다(호 2:2, 14-20).

교회는 그리스도의 신부로서 신앙의 정조를 지켜야 한다. 교회는 순수한 처녀로서 신랑 되시는 그리스도께 안내되어야 한다. 고린도후서 11:2에서 사도 바울은 "내가 너희를 정결한 처녀로 한 남편인 그리스도께 중매함이로다"라고 하였다.

신앙의 정조를 버리고 영적으로 간음하는 교회를 성경은 영적인 바벨론(Babylon), 음녀(harlot) 또는 창기(prostitute)라고 하였다(계 17:1, 5, 15, 19:2). 순수한 처녀는 정조를 지키듯이, 순수한 교회는 믿음의 도리를 힘써 지켜야 한다.

(3) 신랑 되신 예수님께 순복할 것.

에베소서 5:24에 교회는 그리스도께 순복하라고 말씀하였다. 예수 그리스도는 우리의 왕이시요, 주인이시요, 상전이시요, 영적 신랑 되시니 주님께 순복해야 한다.

"**순종하다**"(휘파쿠오, ὑπακούω)라는 단어는 밑에서(휘포, ὑπο; under)와 귀담아 듣는다, 주의 깊게 듣는다(아쿠오, ἀκούω; to hear, listen)로 구성된 합성어이다. 따라서 순종이란 분부하는 말씀을 밑에서 정신 차리고 주의 깊게 귀담아 듣는 것을 뜻한다. 순종은 자기 의지를 그리스도께 굴복시키고 기쁜 마음, 자원하는 마음으로 그리스도를 따르는 행위, 하나님의 계명을 지키는 행위이다. 순종은 행위를 수반한다.

(4) 신랑 되신 예수님께 전적으로 헌신할 것.

로마서 12:1, "너의 몸을 산 제물로 드리라"고 말씀하였다. 구약시대는 흠 없는 제물을 잡아 죽여서 드렸다. 이는 자신의 모든 혈기와 죄의 못된 성질을 제거하는 것을 뜻한다. 신약시대 성도들은 몸을 산 제물(living sacrifices)로 드리라고 하신다.

"**몸**"(쏘마, σώμα; body, instrument of life)은 몸·육체·생명의 도구를 가리킨다. 몸(육체)은 물론 몸 안에 있는 마음·뜻·재능이 모든 것을 다 포함한다.

"**드리라**"(파라스테사이, παραστῆσαι; present, offer)는 바치라, 증정하라, 드리라는 말씀이다. 산 제물로 드리는 것은 성령에 의한 중생한 새생명의 영적 활동을 가리킨다. 산 제물로 드리는 제사(예배)는 한갓 의식적 행사가 아니다.

우리는 우리를 하나님의 형상대로, 만물의 영장으로 창조하여 주신 전능하신 하나님, 영원하신 아버지께 일찍 죽임을 당하사 보배 피로 우리를 속량하시고 나라와 제사장으로 삼으신 우리 주 예수 그리스도께, 우리의 죽은 영을 살리시고 심령 좌소에 내주하시면서 감화·인도·역사하시는 성령 하나님께 찬송과 기도, 뜻과 정성이 담긴 헌신, 감사의 예물로 감사와 찬송과 존귀와 영광을 세세 무궁토록 돌려야 한다.

(5) 신랑 되신 예수님 맞이할 준비를 할 것.

마태복음 25:13, "그런즉 깨어 있으라. 그 날과 그 시를 알지 못하느니라." "**깨어 있으라**"(그레고레이테, γρηγορεῖτε; watch, awake; 주의하라)

는 말씀은 현재시상의 계속적 행동으로서 계속적으로 깨어 있으라는 말씀
이다.

"그 날과 그 시"(the day and hour)는 인자(the Son of man)가 다시
재림하시는 날과 시간을 말한다. 인자가 다시 재림하실 것은 확실하다. 그
러나 재림의 정확한 날과 시간은 아버지의 권한에 두시고 우리에게 알려
주시지 않으셨다. 우리는 신랑 되신 예수 그리스도께서 언제 다시 오실지
알지 못하기 때문에 항상 깨어 맞이할 준비를 하고 있어야 한다. 그날은 우
리에게 있어서는 구원의 날이요, 불신자들에게는 심판의 날이다.

II. 몸으로서의 교회(The Church as the Body)

성경은 그리스도와 교회와의 관계를 사람의 머리(케파레, κεφαλή;
head)와 몸(쏘마, σῶμα; body)으로 묘사하였다(엡 1:22, 23; 4:15; 5:23;
골 1:18). 이 말씀은 그리스도와 교회와의 관계를 상징적으로 표현한 말씀
이다. 그리스도를 머리로, 교회를 몸으로 말씀하신 것은 비유적 언사로서
신비적 실체(a mystical reality)의 한 표현이다. 상징적 표현은 문자적 화
법으로 표현할 수 없는 신령한 영적 진리들을 더 잘 표현할 수 있으므로
사도 바울은 상징적 화법을 사용하여 교회를 몸으로 비유하였다.

성경은 교회를 그리스도의 몸이라 하고 또한 그리스도인들을 그리스도의
몸이라 함으로써 교회와 그리스도인들을 동일시하였다. 그 이유는 교회는
신자 한 사람 한 사람으로 구성된 연합체이기 때문이다(엡 4:16). 교회는
성도 한 사람 한 사람으로 구성된 개교회들과 현재·과거·미래의 모든 성도
들로 구성된 우주적 교회를 다 포함한다. 그리스도는 이 전체 우주적 교회
의 유일한 머리이시다.

그리스도를 머리(head)라 함은 진정한 의미에서 왕(king)이라는 뜻이다.
머리 또는 왕이란 권위·권세·통치의 개념(a concept of authority, power
and rule)을 뜻한다. 그리스도를 교회의 머리라 함은 머리가 온 몸과 지체
들을 주관하고 다스리듯이 그리스도는 그의 피로 사신 교회를 능력과 권세

로서 주관하고 다스리시기 때문이다. 진실로 그리스도만이 교회의 유일한 머리이시요, 합법적인 왕이시다.

그리스도께서 교회의 머리가 되심은 만세 전부터 피택된 죄인들을 죄와 사망 가운데서 구속하시기 위하여 이 세상에 도성인신하시고, 고난 받으시고, 죽으시고, 부활하신 결과로 성부 하나님께로부터 받은 권세이다(골 1:18). 다시 말하면 그리스도께서 우리를 죄에서 구속하신 바로 그 공로와 그 이유 때문에 하나님은 그리스도를 교회의 머리로 삼으신 것이다. 진실로 하나님은 죄를 알지도 못하신 독생자 예수 그리스도를 죄로(죄인으로) 삼으심으로 우리를 의롭게 하셨다(고후 5:21). 그리스도는 부요한 자로서 가난하게 되심은 그의 가난함을 인하여 우리로 하여금 부요케 하시기 위함이었다(고후 8:9). 일찍 죽임을 당하사 각 족속과 방언과 백성과 나라 가운데서 사람들을 피로 사서 하나님께 드리신(계 5:9) 바로 그 이유로 그리스도는 교회의 머리가 되시고 만왕의 왕이 되셨다.

1. 머리의 통치(Rule of Head)

(1) 그리스도께서 교회를 다스리심

그리스도는 교회의 머리 · 왕 · 주권자 · 주인 · 통치자로서 몸된 교회를 다스리신다.

그리스도께서 몸된 교회를 어떻게 다스리시는가?

① **말씀(Words)으로 다스리신다:** 그리스도는 교회의 유일한 머리(통치자)로서 그의 몸된 교회와 몸된 교회의 지체들인 성도들을 하나님의 능력의 말씀으로(God's powerful Words) 다스리신다. 하나님의 말씀은 교훈과 책망과 바르게 함과 의로 교육하기에 유익하다(딤후 3:16). 신·구약 성경 66권은 성령의 영감으로 기록된 정확무오한 하나님의 말씀으로 우리의 신앙과 행위의 표준이다. 그러므로 그리스도의 몸된 교회와 교회의 지체들인 성도들은 하나님의 말씀에 무조건적으로 순종하고 다스림을 받아야 한다.

② **성령(Holy Spirit)으로 다스리신다:** 그리스도는 머리로서 몸된 교회와 교회의 지체들인 성도들을 그의 성령으로 다스리신다. 그의 영은 성령이시다(행 8:39; 16:7; 롬 8:9; 갈 4:6; 벧전 1:11). 그러면 그리스도께서 어떻게 그의 영(성령)을 통하여 다스리시는가? 성령께서 중생한 성도들의 심령 좌소에 내주하시면서 인격적으로 감화·감동·인도·역사하심으로 다스리신다. 성령께서는 인격적 존재로서 우리들을 인격적으로 대하신다. 성령께서는 우리의 의지를 꺾으면서까지 여하한 물리적 힘으로는 다스리지 않으신다. 따라서 우리는 온전히 성령의 다스림을 받도록 성령충만을 받아야 한다(엡 5:18). 성령충만이란 성령의 감화·인도를 많이 받음을 뜻한다. 우리는 성령의 충만을 받기 위하여 간구하며 성령께서 우리를 자유로이 다스릴 수 있도록 자신을 온전히 하나님께 헌신해야 한다. 그렇게 될 때 우리의 전폭이 성령의 다스림을 받게 될 것이다.

③ **사역자들(Ministers)을 통하여 다스리신다:** 구약시대는 왕·선지자·제사장들을 통하여 하나님의 교회를 다스려 왔다. 구약시대 하나님의 교회는 아담이 범죄한 직후에 구속을 허락하신 날로부터 성립되어(창 3:15; 6:18) 여러 세대에 여러 모양으로 계속하여 신약시대에 까지 이르렀다.

신약시대는 하나님께서 세우신 사도들(일시적 비상직원들)과 감독들, 장로들을 통하여 몸된 교회와 몸된 교회의 지체들인 성도들을 다스리신다.

사도행전 20:28, "… 성경이 저들 가운데 너희를 감독자로 삼고 하나님이 자기 피로 사신 교회를 지게 하셨느니라"

"감독"(에피스코포스, ἐπίσκοπος; overseer, supervisor, protector)은 문자적으로는 감시자·감독관·보호자를 가리키며,

"장로"(프레스부테로스, πρεσβύτερος; elder)는 연령·지식·경험·지혜·권위를 지닌 자를 가리킨다.

④ **개교회의 치리기관(governing body)을 통하여 다스리신다.** 개혁 신앙과 신학의 원리는 그리스도의 몸된 교회를 다스리는 기관은 총회·대회 또는 노회와 같은 상회(上會)가 아니라, 개교회의 당회이다. 당회는 지교회 목사와 치리장로로 구성된 최고의 대표기관이다. 그러므로 개교회에 속한 성

도들은 개교회의 치리기관인 당회의 다스림을 받는다. 그리고 당회는 노회나 총회의 지도와 관할을 받는다. 만일 노회나 총회와 같은 상회가 타락할 경우에 개교회는 바른 신앙을 보전하기 위하여 신앙의 자유의 원리에 입각하여 상회를 탈퇴하고 독립해야 한다.

(2) 그리스도께서 정사와 권세와 능력과 주관자들을 다스리신다.

"정사와 권세와 능력과 주관하는 자들"(엡 1:21)은 일반적으로 모든 영적 존재들(spiritual beings)을 가리킨다. 영적 존재들이란 주로 천사들을 가리킨다. 천사들은 비물질적 존재들이다. 그리스도께서는 하나님께 수종드는 선한 천사들(good angels<엡 3:10; 골 1:16; 2:10>)과 사단에게 수종드는 악한 천사들(evil angels<고전 15:24; 골 2:15>) 모두를 다스리신다. 그러므로 베드로전서 3:22에 "천사들과 권세들과 능력들이 저에게 굴복하니라"고 하였다. 다만 악한 천사들의 활동들은 절대적 주권자이신 하나님의 작정과 섭리하에서의 허용적 활동들이다.

(3) 그리스도께서 만물을 다스리신다

에베소서 1:22, "또 만물을 발아래 복종하게 하시고" 이 말씀은 "만물을 그 발아래 두셨으니"라는 시편 8:6의 말씀으로 고린도전서 15:25-27; 히브리서 2:8-9에도 기록되어 있다.

"만물"($\pi\alpha\nu\tau\alpha$, all things)은 피조물세계 전체를 가리키며, "발아래 복종케 하시고"는 지배와 통치를 가리킨다. "복종케 한다"(후페타젠, $\upsilon\pi\epsilon\tau\alpha\zeta\epsilon\nu$; subjected)는 단어는 군사적 용어로 그 뜻은 놓다, 배열하다, 직위에 앉히다, 복종하다(to place, or rank under, subject)이다. 즉 그리스도께서는 모든 피조물 세계를 복종하는 자리에 앉히고 복종케 하신다는 말씀이다. 따라서 모든 피조물들은 그리스도께 순종·굴복할 따름이다. 그리스도의 완전통치는 그리스도께서 지상에 재림하심으로써 장차 앞으로 이루어질 것이나, 만물이 그리스도께 복종토록 결정한 하나님의 작정과 목적은 창세전에 이미 결정되었다.

2. 몸의 지체들의 특성들(Characteristics)

몸의 지체들의 관계에서 적어도 3가지 중요한 진리들, 곧 교회의 통일성, 다양성 · 상호협력 · 성장(unity, diversity, mutuality, growth) 등을 깨닫게 된다.

(1) **지체들의 통일성**(일치성; Unity): 몸은 많은 지체들로 구성되어 있으나 한 몸인 것같이 교회도 많은 성도들로 구성되어 있으나 하나이다. 지체들은 많으나 몸은 하나인 것같이 성도들은 많으나 우주적 교회는 하나뿐이다. 성도들은 머리 되시는 예수 그리스도께 속한 몸인 교회의 지체들이다.

사도 바울은 로마서에서도 교회의 통일성 속의 다양성을, 다양성 속의 통일성을 강조하였다. "우리가 한 몸에 많은 지체를 가졌으나 모든 지체가 같은 직분을 가진 것이 아니니 이와 같이 우리 많은 사람이 그리스도 안에서 한 몸이 되어 서로 지체가 되었느니라"(롬 12:4-5).

육체에는 많은 지체들(눈·코·입·귀·손·발…)이 있고 그 지체들마다 각기 상이한 기능들을 발휘하여 한 몸을 섬기듯이, 그리스도의 몸인 교회(신령한 몸인 교회, church-a spiritual body)에도 성도들마다 각기 받은 바 은사대로 상이한 기능들을 발휘하여 한 몸·곧 교회를 섬긴다.

사도 바울은 에베소 교회에 보내는 서신에서도 "몸이 하나이요, 성령이 하나이니 이와 같이 너희가 부르심의 한 소망 안에서 부르심을 입었느니라 주도 하나이요, 믿음도 하나이요, 세례도 하나이요, 하나님도 하나이시니 곧 만유의 아버지시라 만유 위에 계시고 만유를 통일하시고 만유 가운데 계시도다"(엡 4:4-6)라고 하였다.

사도 바울은 고린도 교회 성도들의 영적 은사들을 논하면서 은사들은 여러 가지이나 성령은 한 분뿐이라고 말씀했다. 은사들은 여러 가지이며 은사들을 받은 사람들도 많으나 은사들을 베풀어 주시는 하나님은 한 분뿐이시다. "은사는 여러 가지나 성령은 같고, 직임은 여러 가지나 주(Lord)는 같으며 또 역사는 여러 가지나 모든 것을 모든 사람 가운데서 역사 하시는 하나님은 같으니"(고전 12:4-6). 은혜로우신 하나님은 그의 선하시고 기뻐하시는 뜻을 따라 각 사람에게 각기 상이한 은사들을 선물로 나누어 주신다(고전 4-11절).

(2) **지체들의 다양성**(Diversity): 몸이 많은 지체들로 구성되어 있는 것같이 교회도 다양한 성도들로 구성되어 있다. 몸의 많은 지체들이 각기 상이한 기능들과 임무들이 있는 것같이 교회의 성도들도 받은바 은사들에 따라 각기 상이한 기능들과 직분들이 있다.

지체들의 기능들(functions)도 각기 상이하다. 그러므로 "만일 온 몸이 눈이면 듣는 곳은 어디며, 온 몸이 듣는 곳이면 냄새 맡는 곳은 어디뇨?"(고전 12:17)라고 하였다. 지체들의 힘(strength)도 각기 상이하다. 강한 지체들도 있고 약한 지체들도 있다(22절). 지체들의 영예(honor)도 각기 상이하다; 더 귀히 여기는 지체들도 있고 덜 귀히 여기는 지체들도 있다(23절). 이와 같이 그리스도의 몸된 교회의 지체들은 각기 상이하나 그리스도의 몸에 모두가 다 필요하다. 우리는 다양성 속에서 통일성을 발견한다.

(3) **지체들의 상호 협력**(Mutuality): 각 지체들의 분량대로 역사함으로써 그리고 서로 협력함으로써 자신을 세워가며 몸을 세워 간다. 각 지체들은 분량대로 역사함으로(엡 4:16) 몸이 성장한다. 각기 **"자기 분량대로"**(엔 메트로 헤노스, ἐν μέτρῳ ἑνός; in measure of one)라는 말씀은 각 지체마다 할 수 있는 "최선을 다함으로"라는 뜻이다. 이와 같이 교회도 교회의 성도들 한 사람 한 사람이 각기 자기가 받은 은사를 분량대로 역사함으로써 교회의 부흥과 발전을 가져온다. 각 지체들은 머리를 중심으로 서로 연결하므로 몸이 성장한다. 각 지체들이 "서로 연결함으로"(쉬날모로구메논, συναρμολογούμενον; being fitted together)라는 말씀은 마치 실로 뜨개질하여 무엇을 만들 때 실들이 서로 엇물리고 연결되는 것으로 비유하였다. 이와 같이 성도들 한 사람 한 사람은 몸인 교회를 중심으로 서로 맞추고 합하여 하나가 됨으로써 성장한다. 독불장군은 모든 것을 다 혼자 할 수 있다고 생각하지만 실상은 아무것도 할 수 없다. 성도들도 자기 혼자만으로는 하나님의 교회를 성장·발전시킬 수 없다. 성도들은 존재와 기능적인 면에서 독립적인 존재가 아니다.

(4) 지체들의 성장(Growth): 각 지체들이 서로 협력함으로써 몸이 성장한다. 몸의 지체들은 상호 협력하며 살고 성장한다. 각 지체들은 공동 운명체이기 때문이다. 이와 같이 교회도 성도 한 사람 한 사람이 각기 제자리에서 최선을 다하여 상호 협력하며, 상호 필요한 것을 공급해 줌으로써 성장한다. "그에게까지 자랄지니라 그는 머리니 곧 그리스도라"(엡 4:15). "자라난다"는 말씀은 영적 성장(spiritual growth)을 가리킨다. 그리스도를 목표로 삼고 그를 바라보며 계속 전진하는 신앙생활의 지구성과 계속성을 가리킨다. 갓난아이가 자라나듯이 성도들도 중생한 영이 인격적으로 자라나야 한다.

"그에게까지 자랄지니라"는 말씀은 성도들이 자라나서 그리스도와 같이 될 수 있다는 말씀은 물론 아니다. 지상의 성도들은 온전케 되기 위하여, 서로의 유익을 위하여, 주님을 섬기기 위하여, 하나님의 영광을 위하여, 하늘나라 상급을 위하여 그리스도를 목표로 삼고 자라나야 한다.

(5) 몸의 성장(Growth): 몸에는 많은 지체들이 있으나 그 지체들이 각기 상이한 직분들에 충성하며, 서로 협력할 때 몸의 성장을 가져온다. 지체 없이 몸이 있을 수 없고, 몸 없이 지체가 있을 수 없다.

3. 몸에 대한 상이한 해석들(Different Interpretation of Body)

교회를 "그리스도의 몸(Body of Christ)"이라고 할 때 **문자적으로 해석할 것인가, 아니면 상징적으로 해석할 것인가** 하는 문제가 심각하게 대두되고 있다. 교회를 문자적으로 해석하는 것은 로마 천주교의 입장이며, 상징적으로 해석하는 것은 다수 복음주의 교회들의 입장이다. 문자적 해석을 취하는 로마 천주교에서는 "교회는 도성인신의 연속(extension of incarnation)이다. 즉 그리스도께서는 성육신의 생활을 통하여 자신을 나타내신 것처럼, 지금 자신을 그의 몸인 교회를 통하여 나타내신다"라고 함으로써 그리스도와 교회를 동일시하였다.94)

브롬(Brom)은 언급하기를 "영원히 살아 계신 신인(神人) 되시는 그리스

---

94) Owen R. Brandon, "Body", *Baker's Dictionary of Theology*, p. 102

도께서 교회의 머리요, 그리스도께서 교회를 통하여 나타내신바(현현)되므로 교회와 그리스도를 동일시한다"라고 하였다. 특히 고린도전서 12:12의 "몸은 하나인데 많은 지체가 있고, 몸의 지체가 많으나 한 몸임과 같이 그리스도도 그러하니라"라는 말씀에 따라 "그리스도와 교회는 동일한 사명과 동일한 권위를 가지고 있다"고 하였다.95)

로빈손(Robinson)도 "⋯ 우리는 그리스도에 대한 바울의 가장 담대한 주장들을 가지고 있다(고전 12:12). 거기에서 그는 결정적으로 교회를 그리스도라고 불렀다. 몸은 하나인데 많은 지체가 있고, 몸의 지체가 많으나 몸은 하나인 것과 같이 그리스도도 그러하니라. 진실로 ⋯ 그리스도를 교회로 대치하는 것은 우연적 사건이 아니다. 어떤 의미에서 그리스도와 교회는 일치한다는 것은 의도적이다"라고 하였다.96)

상기와 같이 **로빈손**은 그리스도와 교회의 일치성을 변호하였을 뿐만 아니라, 교회를 하나의 역사적 계승(a historical continuity)으로 보았다. 그렇기 때문에 **벌카워**(G.C. Berkouwer)는 말하기를 "교회가 그리스도의 몸이라는 개념은 로마 천주교의 심장이요, 본질이다"라고 하였다.97)

천주교는 이와 같은 사고방식으로 그리스도와 교회를, 그리고 그리스도의 권위와 교회의 권위를 동일시함으로써, 교회에 순복하는 것을 그리스도께 순복하는 것으로 간주한다. 그들은 그와 같은 개념을 가지고 있기 때문에 교황의 권위와 무오성이 성경의 권위와 무오성을 대치시켰다. 그들은 "개신교 사람들이 교회의 무오성을 부인하는 것은 큰 잘못이다"라고 한다.98) 그들은 그리스도가 하나님과 교회 사이에서 계속 중보사역을 감당하여 죄 용서하는 권리가 있음과 같이, 교회도 죄를 용서할 수 있고, 그리스도께서 은혜를 베푸심과 같이 교회도 은혜를 베푼다고 주장한다. 그리고 성도 한 사람 한 사람의 머리이신 그리스도와의 신비적, 영적 연합 대신에 그리스도의 몸이라는 유형적 공동체(교회)와의 연합을 강조한다. 이것은 참으로 이상한 교리요, 교리적 이단설이 아닐 수 없다. 그러므로 종교개혁자들은 천주교의 비성경적 교리들과 활동들을 반대하였다. 우리는 그리스도와

---

95) Translated by David H. Freeman from G. Brom, *Gesprek*, p. 143. 145
96) William Robinson, *The Biblical Doctrine of the Church*, pp. 115-6
97) Gerrit C. Berkouwer, *The Conflict with Rome*, p. 23
98) Ibid., p. 121

교회와의 관계를 동일시하지 않는 범위 내에서 그리스도와 교회와의 관계를 해석해야 한다. 우리가 어느 범위까지는 그리스도와 교회의 동일성을 인정해야 할 것이나 그리스도와 교회가 동일한 것은 아니다.

넬슨(Nelson)은 그리스도와 교회와의 상호관계를 잘 진술하였다. 즉 "그리스도는 몸의 머리로서 몸과 분리되며, 또한 몸과 불가분리의 관계를 가지고 있다. 그리스도는 그의 몸인 교회를 자신과 연합시키고 있으나, 자신을 몸인 교회와 동일시하지는 않는다. 그의 영은 교회에 생명과 방향을 제시하나, 그리스도가 교회의 영(soul)은 아니다… 오직 교회는 이 세상에서 그리스도의 구속 사역의 도구로서 필요하므로 교회는 본질상 종속적 위치에 있다. 몸은 머리로부터 능력을 받아 산다. 그러나 몸이 머리와 동일하지는 않다"고 하였다.99) 교회를 신적(神的)인 위치에 놓는 것은 인간을 높이는 인본주의이다. 성도들은 그리스도의 몸이지 그리스도 자신은 결코 아니다. 교회가 그리스도의 몸이라 할 때 존귀해진 위치를 기억하며, 우리는 겸손과 감사와 찬송을 하나님께 돌려야 한다.

III. 양무리로서의 교회(The Church as the Flock)

성경은 예수 그리스도와 교회와의 관계를 목자와 양무리로 묘사하였다. 이 말씀은 그리스도와 교회와의 관계를 상징적으로 표현한 말씀이다.

구약은 여호와 하나님을 이스라엘의 목자(shepherd)로(시 23:1; 28:9; 78:52, 53; 80:1-2; 사 40:11; 렘 31:10; 겔 34:11-12), 이스라엘은 여호와의 양무리(flock)로 표현하였다(렘 13:17). 다윗은 여호와 하나님을 나의 목자라고 고백하였다(시 23:1). 구약에서 목자에 대한 특별한 의미는 메시야 개념(concept of Messiah)이다. 즉 하나님의 섭리에 따라서 참 목자가 죽임을 당하므로 죄인들의 구원이 성취됨을 예언하였다(사 53장).

신약은 예수 그리스도를 참 그리스도인들의 목자로 묘사하였다(마 26:31; 막 14:27). 그리고 목자의 특성을 나타내기 위하여 선한 목자(요 10:11, 14), 위대한 목자(히 13:20), 영혼의 목자(벧전 2:25), 목자장(벧전 5:4)이라

---

99) J. Robert Nelson, *The Realm of Redemption*, pp. 93-5

고 하였다. 신약에는 여호와 하나님을 목자라고 칭한 곳은 한 곳도 없다.

예수님은 자신을 따르는 소수의 제자들을 가리켜 적은 무리들(little flock)이라고 하셨다(눅 12:32). 그리고 예수님을 구주로 영접한 성도들로 구성된 교회를 양무리로, 성도 한 사람 한 사람을 양들로 묘사하였다. 그러므로 그리스도와 교회와의 관계에 있어서 양무리는 곧 교회를 가리킨다.

1. 목자는 양들을 소유하심(The Ownership of Sheep)

선한 목자, 위대한 목자, 영혼의 목자, 목자장 되시는 예수 그리스도는 양들(성도들)을 소유하고 계신다. 그리스도께서는 구원받기로 예정된 죄인들을 자신의 고귀한 피, 곧 보혈로 값주고 사셔서 자신의 소유로 삼으셨다(요 10:11; 행 20:28; 엡 1:7; 계 1:5). 보혈로 값 주고 사셨다는 말씀은 자신의 생명을 희생의 제물로 드리고 그 대가로 구속하셨다는 뜻이다.

예수 그리스도께서는 구속함을 받은 성도들을 나의 어린양들, 나의 양들(My lambs, My sheep)이라고 하셨으며(요 10:14; 21:15, 16), 양들 전체를 가리켜서 양무리(flock)라고 하셨다. 이는 양들 중에는 영적으로 어린양들도 있고, 장성한 양들도 있음을 암시한다. 그리고 자신의 피로 값 주고 사신 양들을 나의 양들 또는 나의 양무리라고 함으로써 양들은 그리스도 자신의 소유이심을 분명히 하셨다. 그리스도의 보혈로 구속함을 받은 모든 성도들은 다 그리스도께 속한 그의 기르는 양들이다.

2. 목자는 양들을 모으심(The Gathering of the Flock)

목자의 임무들 중의 하나는 흩어진 양들, 방황하는 양들을 모으는 일이다. 이리들(wolves)이 양들을 약탈하기 위하여 기습하면 양들은 흩어지게 마련이다. 목자 없는 양들은 흩어지게 마련이다. 그러나 목자가 양들을 부르면 양들은 목자의 음성을 듣는다(요 10:3-5, 16). 일반적으로 양은 양무리들 가운데 약 8-10년이란 긴 세월을 같이 생활하므로 목자가 양들을 부르면 그 음성을 듣고 안다. 이와 같이 그리스도께서는 양들을 복음으로 부르시고 모으신다.

3. 목자는 양들을 연합시킴(The Unity of the Flock)

(1) 그리스도 자신과 하나님께 연합시키신다. 선한 목자 예수 그리스도는 자신의 보혈로 값 주고 사신 양들을 자신과 하나님께 연합시키신다. 이 연합은 사람이 그리스도를 믿어 구속함을 받음으로 이루어지는 연합이다. 이 연합은 그리스도를 머리로 한 내면적·영적·신령한 신비적 연합이다(롬 12:5; 고전 12:12-13; 엡 1:22, 23; 4:4-6; 5:23). 이 연합은 그리스도와 성도들과의 연합이니 수직적 연합(vertical unity)이다.

(2) 양무리들을 서로 연합시키신다. 이 연합은 양무리들이 그리스도와 연합된 결과로 이루어지는 연합이다. 이 연합은 구속함을 받은 성도들 사이의 연합이니 수평적 연합(horizontal unity)이다. 주님은 울타리 안에 들어 있는 양들과 울타리 밖에 있는 양들을 모두 한 무리로 연합시키신다. 주님은 요한복음 10:16에서 "또 우리(fold)에 들지 아니한 다른 양들이 내게 있어 내가 인도하여야 할 터이니 저희도 내 음성을 듣고 한 무리가 되어 한 목자에게 있느니라"라고 말씀하심으로써 울타리 안에 들어 있는 양들과 울타리 밖에 있는 양들도 있음을 지적하시고, 울타리 안에 있는 양들과 밖에 있는 양들을 모아 하나로 연합시키심을 말씀하셨다.

일반적으로 주석가들은 해석하기를

① 울타리 안에 들어 있는 양들은 유대인 그리스도인들을, 울타리 밖에 있는 양들은 이방인 그리스도인들을 가리킨다고 해석한다.100) 그리스도께서는 유대인과 이방인 사이에 가로막힌 담을 허심으로(엡 2:14) 유대인과 이방인의 차별을 없이 하시고(롬 10:12), 이 둘을 하나로 만드셨다. 실제로 신약시대의 성도들은 예수님을 구주로 영접한 유대인들과 이방인들로 구성되었다.

② 영적으로는 울타리 안에 있는 양들은 말씀 안에 있는 신자들을, 울타리 밖에 있는 양들은 말씀에서 떠나 유리방황하는 신자들을 가리키기도 한다.

③ 어떤 주석가들은 울타리 안에 있는 양들은 이미 그리스도께 속한 자들

---

100) *The Ryrie Study Bible*, p. 1514; *The NIV Study Bible*, p. 1616; R.C.H. Lenski, St. *John's Gospel*, pp. 738-9

을 울타리 밖에 있는 자들은 앞으로 그리스도께 속할 자들을 가리킨다고도 했다.101) 따라서 모든 양들은 한 무리(one flock)로서 한 목자(one shepherd)에게 있게 했다. 진실로 그리스도 안에서는 유대인이나 헬라인이나, 남자나 여자나, 자유인이나 종이나 다 하나이다(갈 3:28). 이것이 신령한 영적 연합이다.

4. 목자는 양들을 돌보심(The Tending of the Flock).

"양을 친다"(포이마이노, ποιμαίνω; to tend, shepherd; 돌본다, 친다)는 단어는 단순히 양을 친다, 먹인다는 뜻보다는 훨씬 더 많은 의미들을 내포하고 있다.

"양을 먹이다"라는 단어 '보스코'(βόσκω; to feed; 먹이다)는 먹이는 것만을 가리키는 반면에 양을 친다라는 단어 포이마이노(ποιμαίνω)는 양들을 푸른 초장, 잔잔한 물가로 인도하며, 음식을 마련해 주며, 보살피며, 보호하는 일 등 목자의 임무 전체를 가리킨다.102) 예수 그리스도께서는 양들을 돌본다, 친다고 말씀하실 때 "보스코"라는 단어를 사용하지 않으시고 "포이마이노"라는 단어를 사용하였다.

5. 목자는 양들을 인도하심(The Leading of the Flock)

요한복음 10:4, "자기 양을 다 내어놓은 후에 앞서가면 양들이 그의 음성을 아는 고로 따라오되" 팔레스타인의 목자는 양들을 치고, 인도하기 위하여 항상 먼저 앞장서서 앞으로 나아간다. 그리고 양들은 목자의 음성을 아는 고로 따라간다.

선한 목자는 예수 그리스도시요, 인도하는 지침(指針)은 하나님의 말씀이시다. 선한 목자는 양들을 푸른 초장, 잔잔한 물가로 인도하시며, 그리고 양들을 위험한 곳으로부터 보호하기 위하여 앞서 가신다. 이 말씀은 예수님이 우리를 얼마나 뜨겁게 사랑하시며 보살피시는가를 묘사한다.

---

101) Barne's *Notes on the N.T.*, V. 1, p. 316
102) Trench's op. cit., p. 85

6. 목자는 양들을 먹이심(The Feeding of the Flock)

선한 목자는 살찐 꼴을 마련하여 양무리들에게 먹인다.

"살찐 꼴"은 영의 양식(spiritual food) 곧 하나님의 말씀을 가리키며,

"먹인다(to feed)"는 말씀은 가르친다, 교훈한다(to teach, instruct)는 뜻으로 이해되어야 한다.

살찐 꼴은 균형을 이룬 양식, 즉 바른 교리를 교훈(instruction)하고(딤후 3:16; 딤전 1:3), 죄를 책망(reproof)하며(딤전 5:20; 딤후 4:2), 잘못을 바르게 함(correction, 딤후 2:25; 4:2)을 포함한다.

목자에게 있어서 양들을 살찌우고 건강하게 하는 것보다 더 중요한 일이 어디 있겠는가? 목자는 양들에게 필요한 꼴을 만들어 제공해야 한다. 온 정성을 다하여 최상의 음식을 만들어 제공해야 한다. 정기적으로, 계속적으로 필요한 영의 양식을 만들어 먹여야 한다. 양들이 먹기를 거부할지라도 유익된 것이면 제공해야 한다. 이것이 양들을 돌보는 원리요, 양들을 사랑하는 증거이다. 사람의 육신은 흙으로 되었으므로 흙(땅)에서 나오는 소산물을 먹어야 사는 것처럼, 우리의 중생한 영(靈)은 영의 양식을 먹어야 살고 장성한다. 예수님을 구주와 주님으로 믿는 사람들은 육을 위한 양식, 영을 위한 양식이 다 필요하다.

7. 목자는 양들을 다스리심(The Governing of the Flock)

목자는 양들을 계명으로 다스리시며, 사랑으로 다스린다. 다스리는 것은 치리(discipline)를 가리킨다. 목자는 양들을 다스리고 감독하는 영혼의 감독자이다(행 20:28). 양들은 매우 연약하고 아둔하며 곁길로 가기 쉬우므로 깊은 관심과 사랑으로 다스려야 한다. 따라서 양들은 목자에게 순복해야 한다.

8. 목자는 양들을 보호하심(The Protecting of the Flock)

동물들 중 양처럼 연약하고 아둔하고 무능한 짐승은 없다고 한다. 양은 목자의 도움이 없으면 길을 잃어 방황하고, 목자의 보호가 없으면 이리들에게 희생될 수밖에 없다.

목자는 양들을 보호하기 위하여 두 가지 장비, 즉 막대기와 지팡이를 가지고 있다.

"막대기"(rod)는 골프채처럼 약 3피트 가량 길고, 끝이 좀 크고 둥글고 단단하게 만들어졌으므로 그것으로 양들을 해치려는 야생짐승이나 도둑을 물리친다.

"지팡이"(staff)는 길고, 끝 부분이 굽어져서 그것으로 방황하는 양들이나 산비탈 같은 위험한 곳에 떨어진 양들을 잡아 끌어올린다. 선한 목자는 이렇게 양들을 보호하기 위하여 공격(attack)과 방어(defence)를 모두 겸한다.

사도 바울은 에베소 교회 장로들에게 경고하기를, "내가 떠난 후에 흉악한 이리가 너희에게 들어와서 그 양떼를 아끼지 아니하며, 또한 너희 중에서도 제자들을 끌어 자기를 좇게 하려고 어그러진 말을 하는 사람들이 일어날 줄을 내가 아노니"(행 20:29-30)라고 말씀하였으며, 바로 그 이유로 사도 바울은 3년이나 밤낮 쉬지 않고 눈물로 경고하였다(행 20:31). 그런데 본문에 언급된 "흉악한 이리들"(savage wolves)은 "거짓 스승들"(false teachers)을 가리킨다. 거짓 스승들이 양무리 안에 들어와 진리를 왜곡하고 신앙을 파괴하는 일을 하고 연약한 양들을 약탈한다.

요한복음 10:28, "내가 저희에게 영생을 주노니 영원히 멸망치 아니할 터이요, 또 저희를 내 손에서 빼앗을 자가 없느니라" 이 말씀은 예수님을 개인의 구주로 믿는 성도들은 결코 상실되지 않는다는 말씀이다. 그 이유는 주 예수 그리스도께서 영혼의 감독자가 되셔서 보호하여 주시기 때문이다. 사나운 이리들이 공격해도 양들을 그의 손에서 빼앗지 못한다(요 10:12, 28, 29). "빼앗는다"(할파조, $\alpha\rho\pi\alpha\zeta\omega$; to snatch away; 잡아채다, 움켜쥐다, 강탈하다)는 단어는 도둑질한다는 단어와 관계된다. 고로 잡아채지 못한다는 말씀은 빼앗지 못한다, 강탈하지 못한다, 공격하지 못한다는 뜻이다.

9. 목자는 양들을 위하여 생명을 바치심(The Giving Life)

요한복음 10:11, "나는 선한 목자라 양들을 위하여 목숨을 버리노라"
요한복음 10:5, "나는 양을 위하여 목숨을 버리노라"

요한복음 10:17, "내가…목숨을 버리노라"

요한복음 10:18 "…내가 스스로 버리노라 나는 버릴 권세도 있고 다시 얻을 권세도 있으니…"

이상의 말씀들은 주님의 대리적 속죄의 죽으심을 가리키는 주님의 직접적인 말씀이기도 하다. 옛날 팔레스타인 지방 야산들이나 거친 들판에는 사자·표범·곰·이리·여우·하이에나 등 맹수들이 있어서 흔히 양들을 해쳤다. 선한 목자는 양들을 위험으로부터 보호하기 위하여 맹수들과 싸워야 했으며, 때로는 생명의 위험을 느낄 때도 있었다. 실례로 다윗은 목동 시절에 사자와 싸웠고 또한 곰과도 싸운 일이 있었다(삼상 17:34-37). 선한 목자, 충성된 목자는 이리떼들이 사방으로 맹공격해와도 도망가지 않고 그대로 남아서 양들을 보호하며 최악의 경우에는 생명도 바친다. 이와 같이 주님은 양들을 위하여 자신의 목숨을 대속물로 내어주신 선한 목자이시다. 주님의 죽으심은 전적으로 자원적이다. 주님의 죽으심은 우리들에게 생명을 주셨다. 진실로 주님은 우리를 살리시려고 순교하셨다. **목회자들은 목자장 밑에서 일하는 목자들**(Undershepherds)로서 주님의 양들을 잘 보살피면 목자장이 나타나실 때 큰 상급을 받을 것이다(벧전 5:4).

IV. 가지로서의 교회(Church as a Branch)

성경은 예수 그리스도와 교회(성도들)의 관계를 하나의 포도나무와 포도나무 가지로 묘사하였다. 예수 그리스도는 포도나무요, 성도들은 포도나무 가지(요 15:1-6)라고 하였다. 이 말씀은 그리스도와 교회와의 관계를 상징적으로 표현한 말씀이다. 이 말씀은 우리 주님 예수 그리스도께서 예루살렘 마가의 다락방에서 제자들과 함께 최후의 성만찬을 드시고, 그의 제자들에게 마지막으로 교훈하신 말씀들 중의 하나이다. 마지막 작별의 직접적 언급은 요한복음 13:1의 "예수께서 이 세상을 떠나 아버지께로 떠나야만 할 때가 온 줄 아시고 세상에 있는 자기 사람들을 사랑하시되 끝까지 사랑하시니라"라고 하신 말씀에서 찾아볼 수 있다. 이 말씀은 주님께서 부활하신 이후에 태어날 교회들과의 밀접한 관계를 염두에 두고 하신 말씀이다.

1. 연합의 성질(The Nature of Unity)

요한복음 15:1-5에서 주님이 말씀하시기를 "나는 포도나무요 너희는 가지라"(1절), "가지가 포도나무에 붙어 있지 아니하면 과실을 맺을 수 없나니(4절), 너희는 가지니 너희가 내 안에 내가 네 안에 있으면 이 사람은 과실을 많이 맺나니(5절), 나를 떠나서는 아무것도 할 수 없느니라"고 하셨다.

"거한다"(메노, μένω; to attach, stay, abide; 접붙는다, 머물다, 거하다)(요 15:4, 5, 6, 7, 9, 10)는 말씀은 가지가 나무에 붙어 있음을 뜻한다. '거한다'는 말씀은 예수님을 구주로 믿고, 말씀을 굳게 붙잡고, 계명을 순종하는 것이다. 거한다는 말씀은 그리스도와의 파괴되지 않은 우호관계(unbroken fellowship)를 의미한다. 상기 말씀들은 그리스도와 성도들과의 깊은 관계를 하나의 전체적 유기체로 제시하였다.

예수 그리스도와 교회(성도들)와의 연합은
(1) 신령한 영적 연합(spiritual unity)이다. 신령한 영적 연합이란 세속적 의미와는 반대된다.
(2) 내적 연합(inward unity)이다. 내적이란 내부에 관한 것, 정신과 마음에 관한 것을 가리킨다. 외형적 연합이 아니다.
(3) 인격적 연합(personal unity)이다. 인격이란 품격, 자격, 지·정·의의 총체를 가리킨다.
(4) 유기적 연합(organic unity)이다. 유기적이란 제기관의 서로 뗄 수 없는 관계를 가리킨다.
(5) 생동적 연합(vital unity)이다. 살아 움직이는(약동하는) 연합이다. 무생명적이 아니다.
(6) 무형적 연합(invisible unity)이다. 무형적이란 조직적, 기계적, 인위적이 아니다.
(7) 분리할 수 없는 연합(inseparable unity)이다. 사도 바울은 갈라디아서 2:20에서 그리스도와 성도들 사이에 가장 아름답고도 심오한 연합의 진리를 말씀하였다.

2. 연합의 특성들(The Characteristics of Unity)

(1) **영원 자존자와 유한자와의 연합이다.** 그리스도는 영원 자존자이시다. 시간과의 관계에서는 무한(infinite)하시므로 시작도 끝도 없는 영원한 현재(eternal present)이시다. 그리고 공간과의 관계에서는 편재(immensity)하시므로 자신이 창조하신 어느 곳에도 자신의 주권과 능력이 미치지 않는 곳이 없으시다(요 1:1; 8:58; 17:5, 24; 골 1:15, 17; 사 9:6). 그러한 영원 자존자와 시간과 공간의 제한을 받는 유한자와의 연합이므로 유한자가 영원 자존자와 연합되면 그 순간부터 영생을 얻는다. 그러나 유한자가 영원 자존자로 되는 것은 아니다.

(2) **전지자와 무지자의 연합이다.** 그리스도는 전지하셔서 영원부터 과거·현재·미래의 모든 것을 동시에 즉각적으로 완전히 아신다(마 9:4; 16:21; 눅 6:8; 요 1:48; 4:29; 21:17). 무지자가 전지자와의 연합으로 신령한 진리를 부분적으로나마 점점 더 분명히 알게 된다. 그러나 무지자가 전지자가 되는 것은 아니다.

(3) **능한 자와 약한 자의 연합이다.** 그리스도는 전능자이시다. 그리스도는 천국의 모든 권세, 지상의 모든 권세, 지옥의 모든 권세를 가지고 그 위에 역사하신다(마 28:18, 20; 막 5:11-15; 요 11:38-44; 눅 7:14; 엡 1:22; 히 1:3; 계 1:8; 19:15; 사 9:6). 약자가 강한 자와의 연합으로 영육이 아울러 점점 더 강건하여진다. 그러나 약한 자가 전능자가 되는 것은 아니다.

(4) **완전자와 불완전자와의 연합이다.** 불완전자가 완전자와 연합함으로 점점 더 온전한 자리로 나아간다. 그러나 불완전자가 완전자로 되는 것은 아니다.

(5) **거룩한 자와 죄인과의 연합이다.** 그리스도는 완전, 거룩하신 자이시다. 그는 절대 거룩한 자이시므로 모든 도덕적 악과 죄로부터 성별되신다(히 7:26; 벧전 1:19; 2:22; 히 4:15). 죄인이 거룩한 자와 연합함으로 거룩을 점점 더 닮아 나아간다.

(6) **영생하는 자와 죽을 자와의 연합이다.** 그리스도는 모든 생명의 원천(근원)이시다(요 1:4; 5:21, 26; 14:6; 11:25). 죽을 자가 영생하는 자와 연합함으로 영생 복락을 누리게 된다.

(7) **구속주와 멸망 받을 자와의 연합이다.** 그리스도는 죄인들의 구주이시다. 멸망 받을 자가 구속주와 연합함으로 죄와 사망, 사단의 권세에서 우리의 영이 구속받았다(요 3:16; 14:6; 롬 10:9-10). 우리의 육체는 주님 재림시 구속받을 것이다.

3. 연합의 결과(The Result of Unity)

예수 그리스도 안에 거하는 자는

(1) **생명(영생)이 있다.** 주님은 생명의 근원이시다(요 1:4). 그러므로 예수님을 구주로 믿으면 생명이 있고, 예수님을 떠나면 생명이 없다. 이는 마치 고기가 물을 떠나면 살 수 없음과 같다.

(2) **자양분을 공급받는다.** 나무가 몸통을 통하여 뿌리로부터 빨아올리는 자양분(영양분)을 공급받듯이, 주님 안에 거하는 자는 자양분을 공급받고 힘을 얻는다. 주님을 떠나서는 자양분(말씀과 새 힘)을 공급받지 못하므로 힘, 능력, 영력이 없다.

(3) **열매를 많이 맺는다**(요 15:2, 4, 5, 8). 포도나무의 유일한 가치와 주요 임무는 열매 맺는 일이다. 포도나무는 소나무·월넛나무·참나무 등과 같은 아름드리가 크고·높고·단단한 목재용이 아니다. 포도나무로는 가구도 만들 수 없고 집도 지을 수 없다. 포도나무는 목재용으로는 아무 가치가 없다. 포도나무의 유일한 가치는 열매 맺는 일이다. 기계는 일은 많이 하지만 생명이 없고, 열매도 맺을 수 없다. 생명 있는 나무만이 열매를 맺을 수 있다. 이와 같이 성도들도 그리스도 안에 거할 때 많은 열매를 맺을 수 있다.

영국 런던 근교 **햄프톤 법원**(Hampton Court)에는 약 1,000년이 넘은 포도나무 한 그루가 있는데, 그 포도나무 뿌리 하나의 두께가 적어도 2피트(feet)나 된다. 그리고 어떤 가지들은 약 200피트나 길다. 그리고 그 한 포도나무에서 나오는 생산량은 해마다 몇 톤씩 된다. 그리고 200피트나 되는 큰 가지에 붙어 나온 작은 가지들에서는 더 많은 열매들을 맺는다.103)

더 많은 열매를 맺게 하기 위해서는 가지들을 절단해야 한다(요 15:2).

---

103) Donald Grey Barnhouse, *Chain of Glory*, Eternity, 2:17, March, 1958

"절단한다"(카다이레이, καθαίρει)는 말은 치워버린다(take away), 들어올린다(lift up), 제거한다(remove)는 뜻이니 불필요한 가지들을 제거하여 치워버림으로 열매 맺을 가지들이 햇빛을 더욱 많이 받게 되고, 영양분도 더 많이 공급받게 된다. 우리도 불필요한 가지들(육신의 소욕들)을 절단함으로써 더 많은 열매를 맺을 수 있다. 절단하는 목적은 과실을 항상 더 많이 맺게 하기 위함이다(요 15:16). 불필요한 가지를 절단함으로써 나무가 더욱 아름답게 보이며 더 많은 영양분을 공급받게 된다. 만일 가지가 나무에 붙어 있지 않으면, ① 아무것도 할 수 없고(요 15:5) ② 열매를 맺을 수 없으며(요 15:4) ③ 말라서 죽고 ④ 잘리우고 ⑤ 버리며 ⑥ 불사른다.

열매 맺지 못하면 "인자야 포도나무가 모든 나무보다 나은 것이 무엇이랴 삼림 중 여러 나무 가운데 있는 그 포도나무 가지가 나은 것이 무엇이랴 그 나무를 가지고 무엇을 제조할 수 있겠느냐 그것으로 무슨 그릇을 만들 수 있겠느냐 불에 던질 화목이 될 뿐이라 불이 그 두 끝을 사르고 그 가운데도 태웠으면 제조에 무슨 소용이 있겠느냐 그것이 온전할 때에도 아무 제조에 합당치 않았거든 하물며 불에 살라지고 탄 후에 어찌 제조에 합당하겠느냐"(겔 15:2-5).

무슨 열매를 맺을 것인가? 열매의 성질은 사도 바울이 갈라디아서 5:22-23 에서 잘 묘사하였다. 감사의 열매, 찬송의 열매, 성별의 열매, 평안의 열매, 기쁨의 열매, 사랑의 열매, 인내의 열매, 친절의 열매, 충성의 열매, 온유의 열매, 절제의 열매, 관용의 열매, 연합의 열매 등을 많이 맺어야 한다.

V. 건물로서의 교회(The Church as a Building)

성경은 예수 그리스도와 교회(성도들)와의 관계를 하나의 거대하고도 웅장한 빌딩(one great building)으로 묘사하였다. 이 말씀은 그리스도와 교회와의 관계를 상징적으로 묘사한 말씀이다. 이 빌딩은 흙·돌·시멘트·목재 같은 건축 재료들로 짓는 이 세상 건물이 아니라, 만세 반석 되시고, 모퉁이 돌이 되시는 예수 그리스도 위에 그리고 예수 그리스도를 중심으로 건축하는 우주적·영적·무형적 빌딩(a universal, spiritual, invisible building)이다. 사도 베드로는 이 거대하고도 웅장한 영적 빌딩을 가리켜서 신령한 집, 영적 성전이라고 하였다(벧전 2:5; 엡 2:21).

이 거대하고도 웅장한 우주적·무형적·영적 빌딩(영적 성전)을 건축하기 위한 터는 무엇이며, 건축 재료들은 무엇인가? 성경은 그리스도를 터(기초)·모퉁이 돌·산돌이라고 하였으며, 성도들을 산돌이라고 하였다.

1. 터(기초; Foundation)

성경은 예수 그리스도를 견고한 터(기초)라고 말씀하였다(고전 3:11). 터는 건물이 들어서는 곳(장소)을 말한다. 터는 견고한 것을 특성으로 한다. 만일 터가 견고하지 못하면 비가 오고 강한 태풍이 불어 닥칠 때 무너지기 쉽다. 예수 그리스도는 견고한 터 곧 거대한 암석(Rock)이시다(롬 9:33; 벧전 2:4; 사 28:16). 이 터는 성도들의 구원의 터·기초이다(행 4:12). 성도들의 구원은 굳건한 반석 되시는 예수 그리스도 위에 근거하였으므로 요동하거나 상실될 염려가 없다.

2. 모퉁이 돌(Conerstone)

성경은 예수 그리스도를 또한 모퉁이 돌이라고도 말씀하였다(엡 2:20; 벧전 2:6, 7; 마 21:42; 롬 9:33; 시 118:22; 사 28:16).

(1) 모퉁이 돌은 건물의 모퉁이에 놓는 돌이다.
옛 건축법상으로는 모든 돌들은 이 모퉁이 돌로부터 시작하며 이 모퉁이 돌에 의존한다. 모퉁이 돌은 빌딩 건축에 있어서 가장 중요하다. 왜냐하면 건물 전체가 주로 모퉁이 돌에 의존하기 때문이다.
만일 모퉁이 돌이 작고, 견고하지 못하면 건물 전체가 안전성이 없어 무너지기 쉽다. 그러므로 집을 지을 때 각 모퉁이마다 크고 견고한 돌들을 놓는다. 모든 모퉁이는 물론 건물 전체가 모퉁이 돌에 의존하듯이, 모든 성도들은 모퉁이 돌 되시는 예수 그리스도를 의지하고 예수 그리스도만을 중심으로 영적 건물(성전)을 건축해야 한다.

(2) **모퉁이 돌은 양면 벽, 즉 건물의 이쪽저쪽을 다 연결시킨다.**

에베소서 2:21, "그의 안에서 건물마다 서로 연결하여 주 안에서 성전이 되어가고 …"

모퉁이 돌이 건물 양면의 연결을 가져오듯이, 예수 그리스도는 모퉁이 돌로서 자신을 중심으로 모든 그리스도인들을 연결시키신다. 그리하여 그리스도 안에서 하나가 되게 하신다. 그리스도는 모퉁이 돌로서 이편의 유대인들, 자유인들, 남자들 … 을 저편의 이방인들, 종들, 여자들, 동서고금의 모든 그리스도인들을 다 서로 연결시키신다. 그리고 상호 교통하도록 하신다. 우리는 그리스도 예수 안에서 서로 연결되어 하나가 되어야 한다.

(3) **모퉁이 돌은 모든 사람들이 다 볼 수 있다.**

모퉁이 돌은 죄 가운데 방황하는 사람들이 구원을 받도록 예비 되어 있고, 성도들이 상호 교통하도록 양편 모퉁이에 계신다. 그래서 이 세상의 죄인들이 이 모퉁이 돌을 바라보고 믿고 구원받을 수 있도록 구원의 문을 열어 놓았다. 그러므로 예수 그리스도께서 십자가상에서 이루신 구원을 받아 누려야 한다.

3. 산 돌(Living Stone)

성경은 예수 그리스도를 또한 산돌이라고도 말씀하였다(벧전 2:5). 그리스도를 산돌이라고 말씀한 곳은 이곳뿐이다. 그리스도는 산돌이시니 만큼 그리스도 자신 안에 생명이 있다. 이 생명은 창조되지 않은 생명(uncreated life) 곧 영생(eternal life)이다. "아버지께서 자기 속에 생명이 있음과 같이 아들에게도 생명을 주어 그 속에 있게 하시고 …"(요 5:26). 이 생명은 또한 모든 생명의 근원(source of all life)이시다.

4. 산 돌들(Living Stones)=성도들

성경은 예수 그리스도를 구주로 믿는 성도들을 가리켜 산 돌들(living stones)이라고 하였다(벧전 2:5). 예수님을 구주로 영접하기 전에는 우리의 영혼이 허물과 죄로 죽은 생명 없는 죽은 돌들이었다(엡 2:1). 그러나 예수님을 구주로 믿는 자마다 성령 하나님께서 새 생명을 그 속에 주입시켜 산 돌들이 되게 하셨다. 산 돌 되시는 예수 그리스도와 관계를 맺는 자마다 새 생명을 부여받는다. 그런데 이 생명은 영생이다. 예수님께서 말씀하시기를 "나를 믿는 자는 죽어도 살고 살아서 믿는 자는 영원히 죽지 아니하리라"(요 11:25-26; 요 5:24)라고 하셨다. 산 돌 되시는 예수 그리스도를 구주로 믿는 자는 이 영생을 이미 선물로 받았다(요 3:16).

5. 건물의 건축(The Construction of the Building)

베드로전서 2:5, "너희도 산돌같이 신령한 집으로 세워지고 …"

에베소서 2:19-22, "그러므로 이제부터 너희가 외인도 아니요 손도 아니요 오직 성도들과 동일한 시민이요 하나님의 권속이라 너희는 사도들과 선지자들의 터 위에 세우심을 입은 자라 그리스도 예수께서 친히 모퉁이돌이 되셨느니라. 그의 안에서 건물마다 서로 연결하여 주 안에서 성전이 되어 가고 너희도 성령 안에서 하나님의 거하실 처소가 되기 위하여 예수 안에서 함께 지어져 가느니라."

산돌들의 중요 임무는 견고한 터, 만세 반석 위에 거대한, 웅장한, 우주적, 영적 신령한 건물(하나님의 집, 성전)을 건축하는 일이다. 성도들 한 사람 한 사람은 크고 작은 산돌들로서 영적 성전 건축에 절대 필요한 영적 건축 재료들이다. 성도들은 산돌들로서 각자 산 돌 자신의 영적 성전(spiritual temple)을 건축하면서 동시에 산돌들 전체의 영적 성전을 건축해야 한다.

(1) 터(기초, 반석) "위에" 영적 성전을 건축해야 한다.

"위에"라는 단어는 헬라어 에피(ἐπί; upon)로서 "접하여 위에"라는 뜻이다. 이 단어는 실제적 의존(a real resting upon)을 암시한다.[104] 그러므로 이 단어는 돌들과 기초의 밀접한 관계를 지적한다. 산돌들은 견고한 터, 만세 반석 "위에" 밀착되어 영적 성전을 건축해야 한다. 이 터와 밀착되지 않거나 또는 다른 터 위에는 신령한 영적 성전을 건축할 수 없다.

---

104) A.T. Robertson, op. cit., p. 600.

(2) 모퉁이 돌, 산돌을 "중심으로" 영적 성전을 건축해야 한다.

옛날 집을 지을 때에는 견고한 집터를 마련하고 그 터 위에 크고도 단단한 모퉁이 돌을 세우고 그 모퉁이 돌을 중심으로 돌들을 좌우로 그리고 위로 쌓아 올려 집을 지었다. 이와 같이 모퉁이 돌, 산 돌 되시는 예수 그리스도를 중심으로 유대인과 이방인, 자유자와 종, 남자와 여자, 늙은이와 젊은이, 부한 자와 가난한 자, 배운 자와 배우지 못한 자들이 서로 영적 성전을 건축해야 한다.(벧전 2:4,6.)

(3) "서로 연결함으로" 영적 성전을 건축해야 한다.

"서로 연결하여"라는 말씀은 "쉬날모로구메네"(συναρμολογουμενη; being fitted together)로서 서로, 함께, 같이 연결하여 맞추는 것을 가리킨다. 이것은 옛날 그리스에서 큰 건물을 지을 때의 건축 방식을 연상케 한다. 각 산 돌들마다 다른 산돌들과 잘 연결하여 맞게 하기 위해서 거친 면, 모난 면들을 갈고 닦아야 한다. 우리의 거친 면, 모난 면들 그대로는 다른 산돌들과 연결하여 맞출 수 없다.

(4) "함께 지어져 가느니라"는 "쉬노이코도메이스데"(συνοικοδομεῖσθε; are being built together)로서 서로 함께 같이 건축하는 것을 가리킨다.

상기 단어들의 접두어 쉰(σύν; with)은 "서로, 함께"라는 뜻으로 영적 성전을 건축하는 일에는 산돌들 하나하나가 서로 함께 연결하고 서로 함께 건축해야만 한다는 진리를 가르친다. 산돌들 하나하나가 서로 함께 연결하여 맞추지 않으면 자신의 영적 성전은 물론 산돌들 전체의 영적 성전도 건축할 수 없다.

이 거대하고도 웅장한 영적 성전의 터는 고정되어 있으되 성전 건축 공사는 산돌들이 주님 앞에 설 때까지 항상 계속 진행되어야 한다. 하나님이 거하시는 처소는 질적으로 계속 성장해야 하며, 양적으로도 계속 성장해야 한다. 성령 하나님이 거하시기에 더욱 합당한 성전이 되도록!

6. 하나님의 거주(The Habitation of God)

"…너희도 성령 안에서 하나님의 거하실 처소가 되기 위하여…"

(1) 하나님은 회막(tabernacle)에 거하셨다.

하나님은 선민 이스라엘 백성들이 광야 생활을 할 때에는 자기 백성들과의 영적 교제를 목적으로 회막에 영(Spirit)으로 거하셨다. 회막에 관해서는 하나님께서 모세에게 이르시되 "내가 거기서(회막) 너희와 만나겠고, 내가 거기서 이스라엘 자손들과 만나리라"(출 29:42-43)고 하셨다.

① **만남의 회막**(tent of meeting): 회막은 하나님께서 영으로 그의 백성들과 만나고 거하시며 교제하는 장소이었으므로 만남의 회막이라고 하였다.

② **증거의 회막**(tent of testimony): 회막은 하나님께서 자신의 뜻(will)을 알리는 계시의 장소이었으므로 증거의 회막이라고도 하였다.

③ **제사 드리는 곳**: 회막은 하나님의 백성들이 제사장들을 통하여 하나님께 십일조와 헌물과 희생의 제물을 드리는 곳, 곧 제사(예배)의 장소였다.

(2) 하나님은 성전(Temple)에 거하셨다.

솔로몬 왕에 의하여 예루살렘 성전이 건축된 이후에 하나님은 성전의 지성소에 영으로 거하셨다. 예루살렘 성전은 성소(temple)와 지성소(holy of holies)로 구분되어 있었는데 하나님은 지성소에 영으로 임재하셨다. 그리고 회막에서의 모든 일들은 성전 제사로 이전되었다. 그러나 그와 같은 모든 제사 제도는 예수 그리스도께서 십자가상에서 자신을 단번에 온전한 희생의 제물로 드림으로 말미암아 폐지되었으며 주후 70년 예루살렘 성과 성전이 로마 군에 의하여 완전히 파괴된 이후로는 제사장들에 의한 제사 제도는 영원히 종식되었다.

(3) 하나님은 신약의 성전(temple of the N. T.)에 거하신다.

신약의 성전이란 성령의 역사로 중생한 성도들의 영의 좌소(seat of soul)를 말한다. 하나님은 사람이 손으로 만든 건물로서의 교회에 거하지 아니하시고, 성령 하나님께서 직접 건축하신 영적 성전 곧 중생한 자의 중심 좌소에 영으로 거하신다. 그러므로 성도 한 사람 한 사람이 하나님의 성전이며, 동시에 성도들 전체로 구성된 우주적 교회가 또한 하나님의 거대하고도 웅장한 성전이다(고전 6:19; 3:16-17; 엡 2:21-22). 성령 하나님은 이 영적 성전에 거(居)하신다. 우리는 성령 하나님께서 내주하시는 하나님의 성전이므로 성경은 "너희가 하나님의 성전인 줄 알지 못하느냐 하나님의 성전은 거룩하니 너희도 거룩할지니라"(고전 3:16, 17)고 하셨다.

VI. 피로 사신 교회(The Church Purchased by His Own blood)

성경은 성도들을 가리켜 그리스도의 피로 값주고 사신 교회라고 하였다.

사도행전 20:28, "너희는 자기를 위하여 또는 온 양떼를 위하여 삼가라 성령이 저들 가운데 너희로 감독자를 삼고 하나님이 자기 피로 사신 교회를 치게 하셨느니라"

본문은 사도 바울이 밀레도에서 에베소로 사람을 보내어 에베소 교회 장로들을 청하여 오게 하고 그 장로들에게 분부하신 말씀이다. 그러므로 본절에 "너희(you)"는 에베소 교회의 지도자인 디모데와 장로들을 가리킨다(행 20:17). 뿐만 아니라 모든 시대의 모든 교역자들, 지도자들을 가리킨다. 그리고 그들의 사명이 무엇인가를 가르친다.

"삼가라"는 말씀은 헬라어로 "프로세케테"(προσέχετε; to take heed)로서 그 뜻은 자신이 "깨어 삼가 조심하라"는 뜻이다. "조심하라"는 말씀은 그 시상(tense)이 현재 명령형이므로 계속 조심하라, 계속 주의하라, 계속 삼가라는 뜻이다. 이 말씀은 젊은 교역자 디모데에게 뿐만 아니라, 모든 시대의 모든 교역자들에게 명령하시는 하나님의 분부이시다. 누구를 위하여 계속 조심, 계속 주의, 계속 삼가야 하는가? 먼저는 자신을 위하여, 다음은 양떼들을 위하여 계속 조심, 계속 주의, 계속 삼가야 한다.

1. 자신을 위하여 삼가라

하나님은 사도 바울을 통하여 교회를 다스리는 교역자들에게 먼저 자신이 삼가기를 계속하라, 조심하기를 계속하라, 주의하기를 계속하라고 명령하였다. 교역자들은 항상 분주하여 자기 자신을 돌보는 일에 소홀하기 쉽다. 자기 자신을 소홀히 하고 어찌 다른 사람들 곧 양떼들의 구원을 위한 영혼 문제를 신중히 다룰 수 있겠는가?

목회자는 하나님의 집에서 본이 되어야 한다. 교역자는 많은 사람들이 주시하는 가운데 하나님의 일을 하는 자이므로 모든 일에 실수와 범죄하는 일이 없도록 항상 삼가 조심하여야 한다.

목회자는 먼저 자신의 신앙을 성장시켜야 한다. 자신의 영적 성장을 위하여 날마다 예수 그리스도의 형상을 닮아가는 일을 부단히 계속해야 한다. 이것이 영적으로 바로 서는 길이요, 또한 양떼들을 바로 키울 수 있는 자격을 갖추는 것이다. 자신의 신앙을 성장시키지 못하는 자가, 자신이 예수님의 형상을 닮아가지 못하는 자가 어찌 양떼들의 신앙을 지도할 수 있겠는가?

목회자는 다른 사람들을 가르치기 전에 자신이 먼저 배워야 한다. 다른 사람들을 주님께 가까이 가도록 하기 전에 자신이 먼저 하나님께 가까이 가야 한다. 다른 사람들에게 빛을 비추어 주기 전에 먼저 자신들이 빛이 되어야 한다.

2. 양떼를 위하여 삼가라

교역자는 독립적 존재가 아니라, 양떼들과 생사를 같이하는 공동체의 일원으로서의 존재이다. 다시 말하면 교역자는 예수님의 피로 얽혀 지고 사랑의 줄로 매여 있는 자들이다. 교역자는 양떼들의 지도자요, 인도자요, 보호자이므로 양떼들은 교역자를 바라보고, 그의 인도를 받는다. 그러므로 교역자의 일거수일투족은 모든 양떼들의 관심의 표적이요, 주목거리이다. 교역자의 작은 허물 하나는 양떼들에게 있어서는 크게 보이며, 반면에 교역자의 모범적 행위는 양떼들의 관심과 귀감이 된다. 교역자는 먼저는 자신을 위하여 그리고 양떼들을 위하여 항상 삼가 조심해야 한다. 그리하여 다른 사람들에게 본이 되어야 한다. **"양떼"**라는 말은 "모든 양 무리들"(판티 토 포임니오, παντὶ τῷ ποιμνίῳ; all flocks)이니 양 한 마리 한 마리를 포함한 무리 전체를 가리킨다. 여기서 주의할 점은 양떼는 수적으로 많은 무리를 가리키는 것이 아니라, 그리스도의 보혈로 연합된 무리(united flock)를 가리킨다는 것이다. 양떼는 크고 작은 양들, 좋고 나쁜 양들, 이곳저곳에 흩어져 있는 양들, 길 잃어 방황하는 양들을 다 포함한다.

"저들 가운데서": 하나님께서 이 세상의 많은 사람들 가운데서 택하고 또 택하여(우리를) 감독자로 삼으셨다. 하나님께서 창세전에 그의 선하시고 기뻐하시는 뜻대로 예정하시고 때가 되매 부르셔서(일반 소명) 하나님의 자녀들로 삼으시고, 하나님의 자녀들 가운데서 특별히 선택하여(특별 소명), 교육과 훈련, 연단을 시키시고 기름을 부어 감독자로 세우신다.

"감독자"는 **"에피스코포스"**(ἐπίσκοπος; overseer, bishop, guardian, superintendent)로서 감독관, 감독, 보호자, 관리자라는 뜻이다. 이 명칭은 에베소 교회의 장로들을 구별 없이 지칭한 직분상의 명칭이다. 감독자는 모두의 안전을 위하여 높은 망대에 올라가 졸지 않고 주의 깊게 경계하는 자이다. 사도 시대는 장로와 감독의 구별이 없이 이 명칭들을 교대적으로 사용하였다.

감독자는 한 곳에 거처하는 공적 직분자로서 집합체의 감독자, 보호자, 조사관이며, 양떼들 전체를 돌보는 자이다. 이 직분은 하나님께서 임명한 직분이요, 자기를 위한 것이 아니다. 신약성경에 감독이 "에피스코포이"(ἐπίσκοποι)인 복수로 명시되어 있음은 교회의 감독자는 한 명 이상임을 의미한다. 감독은 에베소 교회, 빌립보 교회, 그레데 교회 등에서 사용한 명칭이다(빌 1:1; 딤전 3:2; 딛 1:7; 벧전 2:25). 감독은 특히 양떼들의 영혼 문제를 감독하는 자이므로 "영혼의 감독자"(벧전 2:25)라고 하였다.

"삼고": 이 위대한 직분, 곧 감독자의 직분은 인간의 투표에 의한 것이 아니요, 인간의 노력과 경험에 의하여 수행될 일도 아니요, 세상의 군주나 왕이 하사한 것도 아니요, 우리 자신이 스스로 취함도 아니요, 인간 배경에 의하여 세워진 것도 아니다. 우리는 사도 바울이 고백한 것처럼 만삭되지 못하여 태어난 사람들 같고, 어리석고 미련하고 연약한 존재들이다. 하나님은 이와 같은 사람들을 선택하여 감독자로 삼으시고 세상에 지혜로운 자들을 부끄럽게 하시며 강한 자들을 굴복케 하시는 일을 하신다. 진실로 우리 같이 부족하고 연약한 사람들을 특별히 택하여 신학 교육을 받게 하시고 감독자로 삼으심은 온전히 하나님의 은혜요, 우리들로서는 최대의 영광이요, 명예가 아닐 수 없다.

3. 자기 피로 사신 교회를 치게 하셨느니라

"자기 피": 교회는 예수 그리스도의 보배 피로 구속함을 받은 성도들을 가리킨다. 그러므로 교회를 자기 피로 사신 교회라고 하였다. 예수 그리스도의 피는 귀한 피이다. 예수 그리스도의 피는 신성(deity)과 인성(humanity)의 결합으로 이루어진 피이다. 이 피는 능력이 있어서 우리를 구속하시고, 모든 죄에서 깨끗케 하신다(엡 1:7; 벧전 1:18, 19; 히 9:12-14; 요일 1:7).

"사신 교회": 교회는 예수 그리스도께서 자기 피로 사셨다. 그러므로 교회의 소유권(ownership)은 그리스도께 있으므로 내 양(My sheep)이라고 하셨다(요 21:15).

"치게 하셨느니라": "교회를 치다"라는 말씀은 "포이마이네인"(ποιμαινειν)으로서 먹인다(feed)라는 뜻이요, 먹인다는 말은 가르친다, 교훈한다(teach)는 의미이다. 본문은 양떼와 교회를 동일시하였다. 그리고 목자들(감독자들)이 하는 일은 양무리들(교회)을 치는 것이라고 가르치셨다. 살진 꼴, 생명의 꼴, 영의 양식을 때를 따라 먹이는 것이다. 목자는 양들에게 유익하고 필요한 것이 무엇인지를 직시하고 그것을 마련하여 주어야 한다.

VII. 제사장으로서의 교회(The Church as the Priesthood)

"신자마다 대제사장"(Every believer a High Priest)은 "하나님의 말씀의 권위"와 "은혜로만 구원"과 더불어 종교개혁의 3대 원리이다.[105] 신자마다 대제사장이란 **루터**와 **칼빈**을 비롯한 종교개혁자들의 근본적 교리였다. 구약시대 이스라엘 백성은 다른 민족들과는 구별된 제사장 나라, 거룩한 백성이었던 것처럼 신약시대 교회(신자들)는 제사장 나라, 거룩한 백성이 되었다(벧전 2:9; 계 1:6; 5:10). 신자마다 대제사장이란 신자마다 공통적 존

---

105) Tim Dowley, *The History of Christianity*, pp. 370-2

엄성, 구원을 위한 소명 그리고 하나님께 예배드리는 특권을 공유하고 있다는 진리를 확인시켜 준다. 신약시대 신자들마다 대제사장이므로 하나님 앞에 제사(예배)드릴 어떤 중보자도 필요 없다.

1. 제사장의 자격들(Qualifications of Priest)

(1) 제사장은 백성들 중에서 선택함을 받은 자들이었다(히 5:1).

하나님은 많은 나라, 많은 민족들 중에 특히 이스라엘 민족, 이스라엘 민족 12지파 중에 레위 지파, 레위 지파 자손들 중에 아론의 자손들, 아론의 자손들 중에 엘르아살과 이다말의 자손들만이 제사장이 되게 하셨다(출 28:1, 41; 29:9, 29-30). 아론의 아들들 중 나답과 아비후는 시내 광야에서 하나님께서 명하지 않은 다른 불로 여호와 앞에 제사를 드렸으므로 죽임을 당하였다. 다른 불이란 번제를 드리는 제단에서 불을 가져오지 않고 다른 곳에서 가져온 불이라고도 하며, 이상한 불로서 불결한 불이라고도 한다(출 30:9; 레 10:1-2; 민 3:4).

대제사장은 한 사람이 있었고 그는 아론의 계승자로 간주되었다. 대제사장(High Priest)이란 다른 제사장들보다 높은 계급의 제사장 곧 대제사장(Chief Priest)을 뜻한다. 제사장직은 아론의 계통에서 계승되어 왔으나 후대에는 제사장 직분이 다른 지파들에게도 주어졌으며, 로마 제국 통치시대에는 모세의 법이 무시되어 몇 명이 동시에 대제사장으로 임명되기도 하였다.106)

(2) 제사장은 신체적으로 흠이 없는 자(온전한 자)이어야 했다.

아론의 자손들 중 엘르아살과 이다말의 자손들이라도 다 제사장에 임명되거나 성전에서 봉사한 것은 아니다. 레위기 21:17-23에 의하면 소경·절뚝발이·코의 형태를 제대로 갖추지 못한 자·발 불구자·손 불구자·곱추·난쟁이·눈에 상처가 있는 자·얼굴에 버짐이 있는 자·괴혈병자·불알 상한 자 등은 제사장이 될 수 없었다. 그 이유는 구약시대 제사장들은 오실 메시야의 그림자·예표·모형·상징이었기 때문이다(히 4:15; 7:26; 9:14).

---

106) 2 Mac. IV. 7; Jos. ANT. XV. 3, 1

(3) 제사장은 도덕적으로도 흠이 없는 자이어야 했다.

제사장은 처녀와 결혼한 자의 아들이어야 했으며(레 21:13), 이혼당한 여자나 과부 또는 창녀로 몸을 더럽힌 여자와는 결혼을 금하였다. 제사장은 죽은 사람의 시체도 가까이 하지 못하도록 되어 있다. 그 이유는 도덕적 무흠과 그 자손을 백성 중에서 더럽히지 않게 하기 위함이었다(레 21:11-15).

(4) 제사장은 성별된 자이어야만 했다.

제사장으로 위임받은 후보자들은 온 몸을 씻고, 베실로 짠 옷을 입고, 머리 위에 기름을 부어 제사장으로 삼았다.

① **온 몸을 씻었다**: 제사장 위임식 때 몸을 씻었다. 여호와 하나님을 섬길 제사장을 임명하기 위한 위임식 때 아론과 그 자손들을 회막 안으로 데려다가 온 몸을 씻었다(출 29:4). 이것은 영적 정화와 성결을 상징하는 외적 표였다. 이와 같이 신약시대 제사장들인 성도들도 영적 정화와 성결을 위하여 예수 그리스도의 피로 온 몸을 정결케 씻어야 한다(엡 1:7).

② **옷을 입었다**: 제사장은 베실로 짠 옷을 입었다(출 28:39-41). 제사장들은 물론 회막에서 수종드는 자들까지도 양털과 베실로 섞어 짠 옷을 입지 못하도록 금하셨다(신 22:11). 이것은 영적 순수성을 상징하는 외적 표였다. 양털과 베실로 섞어 짠 혼방 옷을 입지 못하도록 금하신 이유는 순수성과 성결을 위함이다. 양털은 동물에서 취한 것이요, 베실은 식물에서 취한 것이다. 동물성과 식물성은 종류상 전연 상이하다. 전연 상이한 재료들로 섞어서 짠 혼방 옷은 영적 순수성과 성결에 반대되므로 금하셨다.

이와 같이 신약시대 제사장들인 우리는 사람이 만든 옷(인본주의)이나 신인(神人) 협동의 옷을 입지 아니하고 온전히 예수 그리스도의 의의 옷만을 믿음으로 받아 입어야 한다(고후 5:21; 롬 3:20-28; 4:5)

③ **머리에 기름을 부었다**: 이 기름은 감람유(olive oil, 4 quarts)에 몰약 500세겔($12\frac{1}{2}$ pounds), 육계(계피) 250세겔($6\frac{1}{4}$ pounds), 창포 250세겔($6\frac{1}{4}$ pounds) 그리고 계피 500세겔($12\frac{1}{2}$ pounds)을 섞어서 향기롭게 만든 관유이다(출 30:22-25). 이 관유는 출애굽기 30:26-30에 언급된 것 외

에 어떠한 목적에도 사용되지 않았다. 이 관유는 회막과 그 안에 있는 성물들(증거궤·상·등대·물두멍 등)에 바르고, 아론과 그 아들들에게 제사장직을 임명할 때 머리 위에 이 기름을 부었다. 이와 같이 신약시대 제사장들인 성도들은 성령의 기름부음을 받아 성령과 교통이 있음을 상징한다.

④ **양의 피를 뿌렸다**: 수송아지를 잡아 그 피를 제단의 뿔(horns)에 붓고, 두 번째는 수양을 잡아 그 피를 제단 사면에 뿌리고, 세 번째는 수양을 잡아 그 피를 아론과 그 아들들(제사장들)의 오른 귀부리(tip)와 오른손 엄지(thumb)와 오른발 엄지(big toe)에 발랐다(출 29:20). 이 말씀의 영적 교훈은 신약시대의 제사장들인 성도들은 하나님의 말씀을 귀로 받고, 그 말씀을 지키며, 그 말씀대로 행하는 것을 가리킨다.

피를 제단 주위에 뿌림은 이스라엘 백성들이 출애굽 직전 애굽에 10가지 재앙 중 마지막 재앙인 죽음의 재앙이 임하였을 때 문설주 위와 그 양면에 양의 피를 바르고 문설주 밑에는 문설주 위에 바른 피가 떨어져 문설주 사면에 모두 피가 묻게 하였던 것과 관련된다. 이 말씀의 영적 교훈은 예수 그리스도의 피 공로로만 죄사함 받고 성결케 됨을 교훈한다. 사도 베드로는 신약의 제사장들을 가리켜 "… 예수 그리스도의 피 뿌림을 얻기 위하여 택하심을 입은 자들"(벧전 1:2)이라고 하였다.

2. 구약시대의 제사장과 신약시대의 제사장
(Priests of O.T. and Priests of N.T.)

(1) 구약시대에는 제사장들이 백성을 대신하여 하나님께 제사드렸다.

족장(아브라함, 이삭, 야곱) 시대에는 가장(家長)이나 지파의 우두머리들이 제사장 직분을 수행하였다(창 8:20; 22:13). 모세시대부터는 제사장 제도가 설정되고, 제사장들이 백성들을 대신하여 제사를 드렸다(레 1-6장).

그러나 신약시대는 예수 그리스도의 구속사역의 완성으로 아론 계통의 제사장 직분이 영적 이스라엘(참 그리스도인들)에게로 이전되었다. 영적 이스라엘이란 예수 그리스도를 구주로 믿는 유대인과 이방인을 말한다. 따라서 참 그리스도인들은 거룩한 제사장(a holy priesthood), 왕 같은 제사장들(a royal priests)이 되어 자신들을 하나님 앞에 산 제물로 직접 드린다

(벧전 2:5, 9; 계 1:6). 따라서 신약시대 교회는 목사, 장로, 집사 직분은 있어도 제사장 직분만은 존재하지 않는다. 그 이유가 무엇인가? 참된 기독신자들은 모두가 왕 같은 제사장들이기 때문이다. 따라서 제사장 직분을 교회 안에서 찾는다면 실망할 것이다.

(2) 구약시대에는 제사장과 제물이 상이하였다.

구약시대에는 소·양·염소·비둘기 같은 짐승들의 피를 제물로 드렸다. 그러나 신약시대에는 제사장과 제물이 동일하다. 신약시대에는 예수 그리스도 자신이 영원한 대제사장이 되시고 동시에 온전한 희생의 제물이 되시어 자신을 희생의 제물로 드렸다.

히브리서 9:12, "염소와 송아지의 피로 아니하고 오직 자기 피로 영원한 속죄를 이루사 …", "예수 그리스도께서 십자가상에서 흘리신 피가 영원한 희생의 제물이 되었다"(히 10:19, 29; 13:20). 이 피는 영원한 언약의 피이다. 하나님은 예수 그리스도의 피로 속죄함 받은 성도들을 왕 같은 대제사장으로 삼으시고, 자신들을 하나님 앞에 제물로 드리도록 하신다.

(3) 구약시대에는 흠 없는 제물을 하나님께 드렸다.

눈먼 것·저는 것·병든 것·흠 있는 것·악질 있는 것들은 제물로 드릴 수 없었다(신 15:21; 레 1:3, 10; 3:1; 22:20; 신 17:1; 말 1:8).

이와 같이 신약시대 제물들도 흠없는 제물, 온전한 제물, 거룩한 제물을 드려야 한다. 신약시대 제물이 무엇인가? 우리 몸이다. 우리는 자신들을 하나님께서 받으시기에 합당한 흠없는, 온전한, 거룩한 제물들이 되어야 한다 (롬 12:1; 벧전 2:5). 우리의 몸이란 육체만이 아니라 전인격을 가리킨다.

(4) 구약시대 제사장들은 날마다, 대제사장은 해마다 제사를 드렸다.

구약시대 제사는 예수 그리스도의 모형이요, 예표였으므로 실체가 나타날 때까지 계속 반복되었다.

그러나 예수 그리스도께서는 자신을 단번에 영원한 제사로 하나님께 드렸다(히 7:27; 9:12, 26, 28; 10:10, 12). "…이제 자기를 단번에 제사로 드려 죄를 없게 하시려고 세상 끝에 나타나셨느니라"(히 9:26). "세상 끝에” 나타나셨다는 말씀은 “구약시대 끝에”(at the end of the O. T. ages)를 가리킨다. 그리하여 계속 반복되던 구약시대 모든 동물의 제사는 예수 그리스도의 모형, 그림자, 예표였으므로 실체(實體)이신 예수 그리스도께서 나타나시자 폐지되었다.

(5) 구약시대에는 제물을 반드시 잡아 죽여서 드렸다.

이것은 육신의 모든 죄, 정욕을 장사지내는 것을 의미한다. 그런 의미에서 구약시대는 아무리 흠없는 제물이라도 산 것은 제물이 될 수 없었다. 이와 같이 육신의 정욕, 죄의 성질을 제거해야 하나님이 받으시기에 합당한 제물이 된다.

반면에 신약시대는 죽은 제물이 아니라, 산제물(living sacrifice)로 우리 자신들을 드린다(구약시대 제물과는 달리). 로마서 12:1에서는 “너의 몸을 하나님이 기뻐하시는 산 제물로 드리라”고 하였다. 산 제물은 하나님을 섬김에 있어서 우리의 중생함을 받은 산 영(living soul)이 능동적으로 활동함을 의미한다.

(6) 구약시대에 제사는 회막에서, 성전에서 드렸다.

구약시대에는 회막(tabernacle)에서, 그 후에는 예루살렘 성전에서 제사를 드렸다. 회막은 이스라엘 백성들이 광야 생활을 할 때 하나님 앞에 제사 드리기 위하여 모세가 만든 한 천막(오두막; a tent, a boath)이며 제사장들은 백성들을 대신하여 회막에서 제사를 드렸다. 그러나 성전이 건축된 솔로몬 시대부터는 예루살렘 성전에서 제사를 드렸다. 회막 제사가 그대로 성전 제사로 이전된 것이다. 성막(성전)은 성소와 지성소로 구분되어 있었으며, 그 사이에는 휘장이 쳐 있었다(출 26:31-33). 이 휘장은 죄인과 거룩하신 하나님과의 사이를 구분하는 상징이었다. 그런데 성소에는 제사장들만이 들어가 짐승의 피로 제사를 드렸으며, 지성소에는 대제사장이 일년에 한 번씩 들어가 짐승의 피로 제사를 드렸다(레 16: 14; 히 9:25).

그러나 그리스도께서는 사람이 손으로 만든 지성소에 들어가지 아니하시고 오직 하나님이 계시는 참 하늘에 들어가셨다. 신약시대에는 예배를 어디에서나 드린다. 사마리아 여인과의 대화에서 예수님은 “이 산에서도 말고,

예루살렘에서도 말고… 신령과 진정으로 예배할지니라"(요 4:21, 24)라고
말씀하셨다. 신약시대에는 예배드리는 자가 어디에서 드리는가의 장소가 문
제가 아니라, 예배드리는 자의 자세가 중요하다. 예배하는 자가 신령과 진
정으로 예배드리는가, 아니면 형식과 비진리로 예배드리는가가 문제이다.
중생한 영이 주체가 되어 진리로 예배드릴 때 하나님은 받으신다.

(7) 구약시대 제사장들은 먼저 자기 죄를, 그 다음에 백성의 죄를 위
하여 날마다 제사를 드렸다.
그러나 그리스도께서는 죄가 없으므로 자신을 위하여는 속죄제사를 드릴
필요가 없었고 다만 백성들의 죄를 사하시기 위하여 단번에 제사를 드렸다.
따라서 신약시대 성도들은 죄사함 받기 위한 제사를 드리는 것이 아니라,
감사의 제사, 찬미의 제사를 하나님께 드린다.

3. 제사장 직분의 이전(Transition of Priestly Office)

구약시대의 제사장 직분이 신약시대에는 예수 그리스도를 구주로 믿는
성도들에게로 이전되었다. 출애굽기 19:6, "너희가 내게 대하여 제사장 나라
가 되며 거룩한 백성이 되리라" 이 말씀은 하나님께서 시내산에서 모세에
게 이르신 말씀이다. 구약시대 이스라엘 민족은 하나님을 섬기는 제사장 나
라였으며, 어떤 의미에서 온 이스라엘 백성들은 제사장들이었다. 제사장들
은 백성들을 대신하여 하나님 앞에 제사를 드렸다. 이스라엘 민족이 하나님
의 제사장 나라의 기능을 수행한 것은 하나님의 법을 순종함에 있었다(출
19:5). 그러나 이스라엘은 제사장 나라로서 하나님의 계명을 순종치 않았으
며 메시야를 영접하지 않았다(호 4:6; 요 1:10-11).
그러므로 신약시대에는 제사장 직분이 민족적 이스라엘로부터 영적 이스
라엘로 이전되었다. 영적 이스라엘은 유대인들과 이방인들 중에서 예수 그
리스도를 구주로 믿음으로 구속함을 받은 중생한 신자들을 가리킨다. 구약
시대 이스라엘의 제사장 직분이 신약시대에는 영적 이스라엘로 옮겨졌으므
로 신약시대에는 성도마다 왕 같은 대제사장이 되었다(벧전 2:9; 계 5:10).
이 얼마나 높아진 신분인가!

4. 성도마다 대제사장(Every Believer a High Priest)

구약시대 이스라엘 민족은 다른 모든 민족들과는 달리 하나님의 택한 민족이요, 왕 같은 제사장이요, 거룩한 나라요, 하나님의 소유된 백성이었다. 사도 베드로는 구약시대 이스라엘 민족의 고귀한 신분을 신약시대에 영적 이스라엘인 성도들에게 적용시켰다.

베드로전서 2:9, "오직 너희는 택하신 족속이요 왕 같은 제사장들이요 거룩한 나라요 그의 소유된 백성이니 이는 너희를 어두운 데서 불러내어 그의 기이한 빛에 들어가게 하신 자의 아름다운 덕을 선전하게 하려 하심이라

① **"택한 족속"**(에크레크톤 게노스, ἐκλεκτον γένος; a chosen race; 택한 족속, 선택한 민족)은 선민(選民)을 가리킨다. "너는 여호와 네 하나님의 성민이라… 여호와께서 너희를 기뻐하시고 너희를 택하심은 너희가 다른 민족보다 수효가 많은 연고가 아니라 너희는 모든 민족 중에 가장 적으니라. 여호와께서 다만 너희를 사랑하심을 인하여…"(신 7:6-7). 이 말씀은 구약 시대에는 이스라엘 민족에게만 적용되었다(신 7:6-7; 사 43:10, 20; 44:1-2). 이스라엘 민족은 아브라함의 자손, 하나님의 택한 선민임을 자랑하였다. 반면에 헬라인들은 지혜를 자랑하고, 로마인들은 그 방대한 지역을 지배하는 강대국의 시민권을 자랑하였다. 사람들에게는 자기의 족속을 자랑하는 또는 족보를 자랑하는 본능이 있다.

그러나 신약시대, 은혜시대에는 그리스도 안에서 구원받은 성도들이 하나님의 택한 족속이다. 신약시대에는 하나님의 선민이 민족적 이스라엘로부터 영적 이스라엘 곧 그리스도를 구주로 믿는 유대인들과 이방인들로 이전되었다. 그리스도 안에는 차별이 없이 다 하나님의 택한 족속이 되었다(엡 1:4; 벧전 1:2). 그러므로 베드로전서 2:10에 말씀하시기를 "너희가 전에는 백성이 아니더니 이제는 하나님의 백성이라"고 하였다. 신약시대 성도들이야말로 이 죄악 세상에서 구출된 자들일 뿐 아니라, 동일 민족 가운데서도 선택된 하나님의 선민(택한 백성)이 되었다. 이 얼마나 감사한가!

② **"왕 같은 제사장"**(바실레이온 히에라크튜마, $\beta\alpha\sigma\acute{\iota}\lambda\epsilon\iota o\nu\ \acute{\iota}\epsilon\rho\acute{\alpha}\kappa\tau\epsilon\upsilon\mu\alpha$; a royal priesthood), 이 말씀은 하나님께서 시내산에서 모세에게 이르신 말씀, 곧 "너희는 제사장 나라가 되며, 거룩한 백성이 되리라"고 하신 출애굽기 19:6을 인용한 말씀이다. "오직 너희는 여호와의 제사장이라"(사 61:6). 구약시대 이스라엘 민족은 이방 나라들과는 달리 하나님을 섬기는 제사장 나라였다. 구약시대 제사장은 많은 민족들 중에 이스라엘민족, 이스라엘 12 지파 중에 레위지파→아론의 자손들→엘르아살과 이다말의 자손들→남자들만→30세 이상→육체적으로 흠이 없는 자→도덕적으로 무흠한 자들이 제사장들이 되었다.

그러나 신약시대에는 성도들을 "거룩한 제사장"(a holy priesthood) 또는 "왕 같은 제사장"(a royal priesthood)이라고 불렀다(벧전 2:5, 9; 계 1:6). 신약시대 성도들은 참 대제사장이신 예수 그리스도의 권위 하에 있는 거룩한 제사장, 왕 같은 제사장들이다. 종교개혁자 마틴 루터는 성경의 권위. 이신칭의와 더불어 성도마다 대제사장(universal priesthood of believers)을 강조하였다. 성도들은 칼빈주의 신학에서 주장하는 바와 같이 만인 대제사장들이다. 왕 같은 제사장이란 왕정(왕이 통치하는 정부)의 제사장, 즉 하나님의 왕국의 제사장 또는 왕이요, 제사장(king/priest)이라는 뜻이다. 이 말씀은 왕이요, 동시에 제사장이었던 멜기세덱을 회상시킨다(히 7:1 이하). 그러나 신약시대 성도들은 신령한 영적 왕국의 왕들이요, 거룩한 제사장들이다. 신약시대는 교회 내에서 목사·장로·감독·집사 등은 찾아 볼 수 있어도 제사장 직분은 찾아 볼수 없다. 그 이유는 성도마다 대제사장이기 때문이다. 우리는 실로 왕 같은 제사장들이다. "아버지 하나님을 위하여 우리를 나라와 제사장으로 삼으신 그에게 영광과 능력이 세세토록 있기를 원하노라 아멘"(계 1:6). 이제 우리는 우리 자신이 제사장으로써 우리 자신을 하나님이 받으시기에 합당한 제물로 드려야 한다.

③ **"거룩한 나라"**(에드노스 하기온, $\acute{\epsilon}\theta\nu o\varsigma\ \acute{\alpha}\gamma\iota o\nu$; a holy nation)라는 말씀도 출애굽기 19:6의 "너희는 … 거룩한 백성이 되리라"는 말씀에서 나왔다. 신명기 28:9"네가 네 하나님 여호와의 명령을 지켜 그 길로 행하면 여호와께서 네게 맹세하신 대로 너를 세워 자기의 성민이 되게 하시리니"

거룩한 나라는 거룩한 공동체(교회)를 말한다.

이스라엘 민족은 이방인들의 도덕적 불결들(impurities)로부터 성별된 거룩한 나라였다. 그러나 하나님께 대한 불순종과 그들의 내적 불결 때문에 "거룩한 나라"라는 특권을 하나님은 거두어 가셨다. 그런데 그 고귀한 신분이 신약 은혜의 시대에는 성도들에게로 이전되었다.

성도들은 거룩한 제사장들이니 먼저 자신들이 거룩을 이루어 나가야 한다. 거룩하신 하나님은 그의 신기한 능력으로 성도들을 중생시키실 때 자신의 거룩한 성향을 성도들에게 심어 주시고(벧후 1:3) 성도들이라고 불렀다. 그리고 "내가 거룩하니 너희도 거룩할지니라"(벧전 1:16)라고 거룩을 요구했다. 성도들이 지상에서 완전한 거룩을 성취할 수는 없으나 생활 전반에 걸쳐서 하나님의 온전하심과 거룩을 향하여 거룩의 진보가 있어야 할 것이다.

④ "하나님의 소유된 백성"(라오스 에이스 페리포이에신, λαὸς εἰς περιποίησιν; a people for<God's own> possession)은 하나님의 백성을 말한다.

"백성"(λαὸς; people; 국민)은 나라의 국민을 가리킨다. 그러므로 하나님의 백성이란 하나님 나라의 백성(국민)을 가리킨다(신 4:20; 7:6; 14:2; 사 43:21; 말 3:17). 하나님의 소유된 백성, 하나님께 속한 백성, 하나님 나라의 백성이란 참으로 귀한 백성(precious people)이란 뜻이다.[107]

하나님은 독생자 예수 그리스도의 보혈로 값주고 우리들을 사셔서 하나님 자신의 소유된 백성으로 삼으셨다. 과거에는 하나님의 백성이 아니요, 따라서 긍휼을 얻지 못하였으나 이제는 긍휼을 입은 하나님의 백성이 되었다. 하나님은 성도들을 하나님의 백성(벧전 2:10), 하나님의 소유된 백성(벧전 2:9), 나의 백성(롬 9:25; 고후 6:14-16; 행 15:14; 18:10)이라고 하였다. 진실로 신약시대 성도들은 높은 지위에 올라간 특별한 존재들이다. 하나님께 속한 백성들이 되었다.

---

107) Ralph Earle, op. cit., p. 439

5. 제사장의 특권(Privileges of Priests)

(1) 하나님 앞에 직접 나아가는 특권

구약시대 예루살렘 성전은 성전 뜰이 있었고 성전은 성소와 지성소로 분리되어 있었다(출 26:31-33; 히 9:2-3). 그런데 지성소에는 대제사장만이 1년에 한 번씩 들어가 죄인들을 위하여, 그리고 죄인들을 대신하여 하나님 앞에 제사를 드렸다(출 30:10; 레 16:34; 히 9:7). 지성소에는 대제사장 이외에는 아무도 들어갈 수 없었다. 죄인들은 하나님의 임재를 상징하는 지성소에는 들어갈 수 없었다. 죄인들은 하나님께 직접 나아갈 수도, 하나님을 가까이 할 수도 없었다.

그런데 예수님께서 십자가상에서 운명하시는 순간, 다시 말하면 자신을 영원한 제물로 단번에 드리시는 순간 성소와 지성소를 가로막았던 성전 휘장(temple curtain)이 위에서부터 아래로 찢어졌다(마 27:51). 성전 휘장이 위에서부터 아래로 찢어짐으로 하늘의 참 지성소가 참 그리스도인들에게 활짝 열렸으며 따라서 성도들은 하나님 앞에 언제든지 담대히 나아갈 수 있게 되었다. "형제들아 우리가 예수의 피를 힘입어 성소에 들어갈 담력을 얻었나니 그 길은 우리를 위하여 휘장 가운데로 열어 놓으신 새롭고 산 길이요, 휘장은 곧 그의 육체니라"(히 10:19-20). 연약하고 부족하고 허물 많은 죄인들이 감히 하나님의 은혜의 보좌 앞에 담대히 나아갈 수 있는 특권을 소유한 것은 오로지 예수 그리스도의 피의 공로로 인한 하나님의 은혜이다. 죄인들이 하나님 앞에 직접 나아갈 수 있는 유일한 길은 하나님만이 열어주시는 것 이외에는 다른 방도가 없다.

히브리서 기자는 힘주어 권면하기를 "그러므로 우리가 긍휼하심을 받고 때를 따라 돕는 은혜를 얻기 위하여 은혜의 보좌 앞에 담대히 나아가자!"(히 4:16)라고 하였다. 은혜의 보좌!(the throne of grace) 이 얼마나 아름다운 표현인가? 보좌는 절대 주권자이신 하나님의 보좌이다. 하나님의 보좌를 은혜의 보좌라고 하신 말씀은 우리에 대한 하나님의 은혜와 자비와 용서를 나타낸다. 만일 하나님께서 공의의 보좌(a throne of justice)에만 계시고 은혜의 보좌에는 계시지 않으신다면 죄인들은 하나님의 은혜의 보좌 앞에 담대히 나아갈 수 없다. 하나님은 은혜의 보좌에도 계시므로 하나님 앞에 담대히 나아갈 수 있게 되었다.

이제 우리는 하나님의 은혜의 보좌 앞에

① **담대히 나아가자!**: 비록 우리는 허물과 죄가 많으나 예수 그리스도의 보혈의 공로로 말미암아 하나님의 은혜의 보좌 앞에 담대히 나아갈 수 있게 되었다.

② **참 마음으로 나아가자!**: 히브리서 기자는 또 권면하기를 "참 마음과 온전한 믿음으로 하나님께 가까이 나아가자!"(히 10:22)라고 하였다. 이 말씀은 하나님 앞에 가까이 나아가는 자의 취할 자세와 태도이다. "참 마음"(a true heart)은 허위, 거짓이 없는 진실된 마음을 가리킨다.

③ **온전한 믿음으로 나아가자!**: "온전한 믿음"은 우리의 예배의 대상이신 하나님과 그의 말씀에 대하여 추호의 의심이나 동요가 없는 신앙의 전적 확신(full assurance of faith)을 가리킨다. 하나님께 가까이 나아가는 자, 곧 하나님께 신령과 진정으로 예배드리는 자는 진실된 마음의 소유자, 하나님을 믿는 신앙의 전적 확신을 가진 자이어야 한다.

은혜의 보좌 앞에 담대히 나가는 이 특권은 어떤 특권 계층에만 국한된 것이 아니라 예수님의 피의 공로로 구속함을 받은 모든 성도들에게 다 주어진 특권이다. 이제 우리는 긍휼하심을 받고 또 때를 따라 돕는 은혜를 받기 위하여 참 마음과 온전한 믿음으로 하나님 앞에 담대히 나아가자!

(2) 하나님 앞에 직접 제사 드리는 특권

구약시대에는 제사장들만이 하나님 앞에 직접 나아가 제사를 드릴 수 있었다. 죄인들은 하나님 앞에 직접 나아갈 수도 없었고 직접 제사를 드릴 수도 없었다. 그러나 신약시대에는 성도마다 대제사장이 되어 하나님 앞에 직접 담대히 나아가서 계속 반복되던 희생의 제사가 아닌 몸의 제사, 감사의 제사, 찬미의 제사를 직접 드리게 되었다. 여기서 제사란 예배를 가리킨다. 이 얼마나 높아진 신분이며 특권인가!

① **몸의 제사**(A sacrifice of body): **로마서 12:1**, "그러므로 형제들아 내가 하나님의 모든 자비하심으로 너희를 권하노니 너희 몸을 하나님이 기

뻐하시는 거룩한 산 제사로 드리라 이는 너희의 드릴 영적 예배니라”

사도 바울은 “너희 몸을 하나님이 기뻐하시는 산 제물로 드리라”고 권면하였다. **“몸”**(body)이란 중생한 사람 전체(totality, entire person)를 가리킨다. 사람 전체란 사람을 구성하고 있는 육체와 지·정·의를 포함한 인격적인 면 전체를 포함한다. 그러므로 몸의 제사란 전인(全人)의 제사(헌신)을 가리킨다.

구약시대 제물은 흠없는 짐승의 희생제물(피)이었으며, 한 번 드린 제물은 또 다시 드릴 수 없었다. 아무리 흠없는 제물이라도 산 것은 제물이 될 수 없었다. 반면에 신약시대의 제물은 “산 제물”(a living sacrifice)이어야만 한다. 죽은 제물은 하나님이 받으시지 않으신다. 산 제물이란 중생한 영이 주체가 된 자아(ἐγώ)를 가리킨다. 신약시대 성도들은 모두가 제사장이 되어 자신들을 산 제물로 항상 드려야 한다.

“드리라”(파라스테사이, παραστῆσαι; present, offer, yield; 바치라, 드리라)는 말씀은 중생한 영이 주체가 되어 하나님을 섬기며 능동적으로 활동함을 뜻한다. “드리라”는 말씀은 현재 명령형이니 항상 계속해서 하나님을 섬기며 능동적으로 활동하라는 말씀이다.

② **감사의 제사**(A sacrifice of thanksgiving): 시편 50:14, “감사로 하나님께 제사를 드리며.” 성도들은 하나님께로부터 받은 바 은혜에 감사, 감격하여 감사의 제사를 드려야 한다. 감사의 제사는 마음 중심에서부터 진심으로 받은 바 은혜에 감사하여 드리는 제사이다. 감사의 제사는 하나님을 영화롭게 한다. 감사의 제사는 여하한 동물의 제사와도 비교가 안된다.

“감사”(thanks)는 상대방으로부터 받은 은혜에 대한 감사 또는 고마움의 표시(an expression of appreciation or gratitude)이다. 감사는 은혜를 베푸신 분에게 감사 또는 고마움을 드리는 것이다. 이것을 가장 잘 나타낸 단어는 영어의 thanksgiving이라고 생각한다. 우리가 머리를 숙여 조용히 그리고 곰곰하게 생각하면 할수록 하나님 앞에 감사할 제목들이 너무나 많다.

우리는 하나님께로부터 말할 수 없는, 형언할 수 없는, 말로 다 표현할 수 없는, 조목조목 나열할 수 없는, 측량할 수 없는 값진 선물들을 많이 받았다. 우리는 우리에게 은혜를 베풀어 주시는 하나님께 감사를 드려야 한다.

③ **찬미의 제사**(The sacrifice of praise): 히브리서 13:15, "이러므로 우리가 예수로 말미암아 항상 찬미의 제사를 계속 하나님께 드리자 이는 그 이름을 증거 하는 입술의 열매니라"

글리손 아처(Gleason L. Archer)는 말하기를 "찬미와 감사의 제사는 신약시대 우리에게만 주어진 유일한 제사이다"라고 하였다.108) 신약시대 성도들은 구약시대 성도들처럼 피의 제사는 드릴 필요가 없게 되었다. 그 이유는 예수 그리스도께서 십자가상에서 흘리신 피가 영원한 희생의 제물이 되었기 때문이다(히 9:26; 10:19; 13:20). 그러므로 신약시대 성도들은 피의 제사 대신에 찬미의 제사를 하나님께 드린다.

히브리서 기자는 찬미로 하나님께 영광을 돌리는 것을 마치 구약시대에 희생의 제물을 하나님께 드리는 것과 같은 것으로 표현하였다.

"찬미"(아이네시스, αἴνεσις; praise; 찬미, 찬양)는 천사들이 하나님께(눅 2:13), 그리고 사람들이 하나님께 찬양함에 항상 사용되었다(눅 2장; 19:37; 24:53; 행 2:47; 3:8, 9; 롬 15:11; 계 19:5). 찬미의 제사를 "입술의 열매"라고 한 이유는 우리의 입술을 벌려 찬미로 하나님께 영광을 돌리기 때문이다. 찬미의 제사야말로 하나님께서 기뻐 받으시는 제사이다. 찬미는 구속함을 받은 자들의 특권이요, 위대한 임무이다. 감사의 제사와 찬미의 제사는 하나님을 기쁘시게 한다(시 69:30, 31). 우리는 전능하신 하나님의 창조의 위대하심과 예수 그리스도의 구속의 은총을 항상 찬미해야 한다(엡 5:19; 골 3:16). 찬미는 성도들이 영원히 부를 노래(찬양)이다.

6. 복음의 제사장 직무(A Priestly Duty)

하나님께서 성도들을 택한 족속으로, 왕 같은 제사장으로, 거룩한 나라로, 하나님의 백성으로 삼으신 목적들 중의 하나는 우리를 흑암에서 빛 가운데로 들어가게 하신 하나님을 다른 사람들에게 선전하게 하시기 위함이다(벧전 2:9)

사도 바울은 신약시대 성도들을 "…예수 그리스도의 일꾼이 되어 하나님

---

108) Gleason L. Archer, *The Epistle to the Hebrews*, p. 104

의 복음의 제사장 직무를 하게 하사…"(롬 15:16)라고 말씀하므로 구약시대 제사장에 비유하였다. 구약시대 제사장의 직분들 중 하나는 여호와께서 명한 모든 규례를 이스라엘 백성에게 가르치는 하나님의 사자(messenger)이었다. 그러므로 이스라엘 백성은 제사장의 입에서 하나님의 법도를 찾았다(레 10:11; 신 33:10; 말 2:7).

이와 같이 신약시대 성도들은 복음의 제사장적 직무를 맡은 자들이다. 복음의 제사장 직무란 하나님의 복음을 다른 사람들에게 선포하고 권하는 직무를 가리킨다. 사도 베드로는 신약시대 제사장의 임무를 "이는 너희를 흑암에서 불러내어 그의 놀라운 빛 가운데로 들어가게 하신 이를 선전하게 하려 함이니라"(벧전 2:9)라고 하였다. **"선전하게 하려 함이니라"**(ἐζαγγεί λητε; you may tell out, proclaim, declare)는 말씀은 말하다, 선포하다, 선언하다라는 뜻이다. 참으로 성도들은 흑암에서 불러내어 그의 놀라운 빛 가운데로 들어가게 하신 하나님의 놀라운 역사를 선전하는, 선포하는, 선언하는 특권을 가지고 있다.

특히 예수 그리스도의 죽으심과 부활로 말미암아 성취된 구속의 은총을 천하 만민에게 선전하는 것이 복음의 제사장 직무를 감당하는 것이다. 신약시대 제사장들인 성도들은 복음의 제사장적 직무를 충실히 잘 감당하고 주님 앞에 서도록 복음의 제사장적 직무에 진력할 것이다.

Ⅷ 진리의 기둥, 터, 방파제로서의 교회

(The Church as the Pillar, Foundation and Bulwark of the Truth)

디모데전서 3:15, "만일 내가 지체하면 너로 하나님의 집에서 어떻게 행하여야 할 것을 알게 하려 함이니 이이 집은 살아 계신 하나님의 교회요 진리의 기둥과 터이니라" 이 말씀은 사도 바울·존 칼빈·메이천·맥킨타이어·박형룡 박사 등 신앙의 수호자들이 중요시한 말씀이다.

이 말씀은 교회의 성질·본분·사명이 무엇인가를 밝히 가르치는 말씀이다. 사도 바울은 젊은 교역자 디모데로 하여금 복음을 전파하고 이단의 교훈을 방지하도록 에베소 교회에 파송하였다(딤전 1:3, 4). 바울은 마게도니아에 머물면서 속히 디모데를 방문하기를 원하였다(3:14, 15; 4:13). 그 기간에 바울은 이 서신을 디모데에게 보냈다.

"만일 내가 지체하면"은 만일 내가 에베소(교회)에 도착하는 일이 지연된다면이라는 말씀이다. 사도 바울은 로마 감옥에서 1차 석방되어 동방을 전도 여행하는 도중 A. D. 63-64년경 그의 생애 말년에 최후로 로마 감옥에 투옥되기 직전, 로마에서 또는 마게도니아에서 이 말씀을 기록하였다. 바울은 속히 에베소 교회로 돌아가기를 기대하면서도 복음전도의 일로 다소 지연될 가능성을 감안하여 믿음의 아들 젊은 교역자 디모데와 온 성도들로 하여금 하나님의 집에서 어떻게 행할 것을 서신으로 교훈하였다. 그러므로 디모데서는 목회를 위한 교과서이다.

교회를 진리의 기둥·터·방파제라고 말씀하신 곳은 이곳뿐(딤전 3:15)이다. 이 말씀은 교회의 본분과 사명이 무엇인지를 분명히 교훈한다. 이 말씀은 교회는 하나님 나라의 모든 원수들에 대항하여 진리의 증거자, 변호자, 옹호자, 방수자의 사명이 있음을 교훈한다. 사도 바울이 디모데에게 이와 같은 말씀을 주신 것은 초대교회에 사상적 동요가 있었기 때문이다(딤전 1:4-9; 4:13; 6:3-5, 20; 딤후 2:23-26; 3:1-5; 딛 1:10-13; 3:9). 따라서 하나님은 사도 바울을 통하여 디모데서를 기록한 목적이 있다.

1. 교회는 성도들이 모인 단체이다
(Church is an Assembly or Congregation of Believers).

교회는 우리 주님 예수 그리스도의 보혈로 구속함을 받은 성도들이 모인 단체이다. 교회는 전능하신 하나님께서 죄 중에 빠져 있던 사람들을 죄 가운데서 불러내어 나와서 주님의 이름으로 따로 모인 사람들, 사단의 권세하에 있던 사람들이 사단의 권세에서 해방되어 주님의 이름으로 따로 모인 사람들, 사망의 권세하에 있던 사람들이 사망의 권세에서 구출되어 주님의 이름으로 따로 모인 사람들을 가리킨다. 헬라어 원문에 교회(에클레시아, ἐκκλησία; church; 교회)라는 의미는 바로 그리스도의 보혈로 구속함을 받은 무리들을 가리킨다. 그러므로 성경은 교회와 성도들을 동일시하였다.

2. 교회는 살아 계신 하나님의 집이다
(Church is the House of the Living God).

본문은 교회(에클레시아)를 하나님의 집이라고 하였다. 그러므로 교회와 하나님의 집은 동일한 내용의 상이한 명칭이다. 즉 교회가 곧 하나님의 집이요, 하나님의 집이 곧 교회라는 말씀이다. 여기에 하나님의 집은 예배드리는 장소로서의 교회가 아니라 성도들의 몸으로서의 교회를 가리킨다.

집은 거하는 처소(dwelling place)를 말한다. 그런데 그리스도의 보혈로 구속함을 받은 성도들을 살아 계신 하나님의 집이라고 하였다. 그 이유는 우리의 중생한 영(심령) 좌소에 성령 하나님이 내주(indwelling)하시기 때문이다. 성령 하나님, 우리의 죽은 영을 (초자연적 능력의 역사로) 중생시키신 바로 그 인격적 하나님께서 우리의 영의 좌소를 집(거처)으로 삼으시고 우리 안에 거하신다는 이 놀라운 사실을 생각해 보라.

옛날 예루살렘 성전을 **"히에론"**(ἱερόν)이라 하고 그 안에 지성소(holy of holies)를 **"나오스"**(ναός)라고 하였다. 하나님은 지성소에 거하셨다. 나오스는 하나님의 임재를 상징하는 곳이다. 그런데 신약시대에는 주님의 보혈로 구속함을 받은 성도 한 사람 한 사람을 히에론이라 하지 않고 나오스 곧 성전의 지성소라고 하였다. 그러나 예루살렘 성전이 파괴된 이후로는 더 이상 성전의 지성소에 임재하지 않고 그리스도의 몸으로서의 교회에 임재하신다. 그러므로 교회는 살아 계신 하나님의 집이다.

우리의 몸은 성령 하나님, 거룩하신 하나님이 영으로 임재하시는 하나님의 성전이므로 고린도전서 3:17에 "하나님의 성전은 거룩하니 너희도 거룩할지니라"라고 명하였다. 로마서 12:2에서는 "너희는 이 세대를 본받지 말고 오직 마음을 새롭게 하므로 변화를 받아 하나님의 선하시고, 기뻐하시고, 온전하신 뜻이 무엇인지 분별하도록 하라"고 명하였다. 이 세대는 악한 세대, 타락된 세대, 죄악이 관영한 세대이다. 그러므로 성도는 이 세대를 본받지 말아야 한다. 내 몸은 피로 값주고 사신 바 된 주님의 것이요, 하나님의 성전이니 더럽히지 말아야 한다.

3. 교회는 진리의 터이다
(Church is the Foundation of Truth)

"터"(헤드라이오마, ἑδραίωμα; steadfast, foundation, basis, support, stay; 견고함·터·기초·버팀)는 견고하고 튼튼한 것을 특성으로 한다. 터는 건물이 와해되지 않도록 고정시킨다. 견고한 터 위에 집을 세우듯이, 교회는 견고한 진리의 말씀 위에 세워져야 한다.

건축가들이 건물을 짓기 위해서는 터를 견고히 한다. 터를 견고히 하기 위해서는 터(지반)를 조사하고(geotecknical survey) 터의 상태에 따라서 썩지 않도록 기름을 바른 크고 단단한 나무 기둥이나 또는 철근을 넣어 만든 시멘트 기둥을 땅속에 박고 진흙 같은 것은 다 제거하고, 자갈 섞인 흙으로 덮어 채운 후 지반을 견고히 하고 그 위에 시멘트로 콘크리트를 한다. 그리하여 터(foundation, 기초)를 견고히 하고 그 위에 건물을 짓는다.

주님께서 마태복음 7:24-27에서 비유로 말씀하시기를 "그러므로 누구든지 나의 말을 듣고 행하는 자는 그 집을 반석 위에 지은 지혜로운 사람 같으리니 비가 내리고, 창수가 나고, 바람이 불어 그 집에 부딪히되 무너지지 아니하나니 이는 주초를 반석 위에 놓은 연고요… 모래 위에 지은 집은 비가 내리고, 창수가 나고, 바람이 불어 그 집에 부딪히매 그 집의 무너짐이 심히 크니라"라고 하였다.

교회는 진리의 터(기초)이다. 교회는 진리에 근거를 두고 세워져야 한다(마 16:18). 그 이유는 교회의 모체는 진리이기 때문이다. 교회는 수가 많거나 건물이 웅장하거나 역사와 전통이 오래되었다고 튼튼한 것이 아니라, 진리라는 터 위에 세워졌으므로 견고하고 튼튼하다. 교회가 선지자들과 사도들의 교훈(교리) 위에 세워졌는데 그 교리가 파괴된다면 교회가 어떻게 설 수 있는가? 참된 교회는 진리의 기둥과 터이며 거짓된 교회는 진리의 기둥과 터가 아니다.

4. 교회는 진리의 기둥이다(Church is the Pillar of Truth)

빌라도는 진리가 무엇인지 몰라서 진리가 무엇이냐고 예수님께 질문하였다(요. 18:38). 진리(알레데이아, ἀλήθεια; truth, reality; 진리·진실·참·실재)는 하나님의 말씀이다(요 17:17).

"기둥"(스트로스, στύλος; pillar, column; 큰 기둥)은 나무 기둥이 아니라, 크고도 견고한 대리석 기둥 같은 것을 가리킨다. 기둥은 힘과 버팀(strength and support)의 개념을 수반한다.

기둥이 하는 일이 무엇인가? 기둥은 건물을 지탱하는 일을 한다. 교회를 진리의 기둥이라 함은(기둥은 거대하고 웅장한 건물을 견고히 떠받드는 것같이) 교회는 영구불변한 진리인 66권 하나님의 말씀을 견고히 떠받드는 사명이 있기 때문이다. 교회는 진리의 기둥으로서 진리를 떠 받드는(supporting), 증거하는(testifying), 높이는(exhorting) 진리의 증거 단체이다. 교회는 진리를 보전하고 전수해야 할 책임이 있다. 각종 불신앙의 교리적, 신앙적 이단 사조가 진리를 공격할 때 교회는 그것들과 싸우며 진리를 보존하는 사명이 있다. 각 교회는 신앙고백과 경건 생활로 진리를 전시해야 한다. 하나님의 말씀이 전파되므로 교회가 세워지고, 교회는 진리를 전파하고… 진리와 교회는 이렇게 밀접한 관계를 가지고 있다. 기둥이 약하고, 구부러지고, 썩으면 제 구실을 못하므로 건물이 붕괴되는 것처럼 교회가 타락되면 성령의 역사는 떠나고 진리는 땅에 떨어지게 마련이다.

5. 교회는 진리의 방파제이다
(Church is the Bbulwark of Truth)

교회는 진리의 터라고 하였는데, 이 터라는 단어(헤드라이오마, ἑδραίωμα)의 또 다른 한 의미는 **방파제** 또는 **요새**(bulwark or fortress)라는 뜻이다.

방파제는 노도광풍이 엄습할 때 포구 안에 있는 배들을 보호해 주며, 요새는 적군이 맹공격을 해도 난공불락으로 견고히 방위하듯이, 교회는 진리의 방파제, 진리의 요새지로서 온갖 이단사조, 자유주의, 그릇된 신비주의, 무신론 공산주의, 육신의 부패성, 사단의 권세 등 신앙의 원수들을 대항하여 견고히 진리를 파수하는 것이 사명이다. 그 옛날 에베소 교회는 로마의 신화들과 끝없는 족보 이야기(자신들의 족보를 이스라엘의 유명한 조상들과 억지로 연결시켜 자랑), 그노시스 이단 사상 등이 위협을 하였다. 골로새 교회는 헛된 철학과 허탄한 이야기, 사람들의 전통, 천사 숭배 등이 팽창하였다(골 2:8, 18). 그러나 성경은 우상숭배를 금하였다(출 20:3, 4; 계 22:8, 9). 그러므로 사도 바울은 에베소 교회 성도들에게 이단을 경계하도록 각별한 주의를 주었다. 그 교훈대로 준행하는 것이 교회의 사명이다. 받은바 은사를 등한히 여기지 말고 사용하라.

오늘날 이 시대는 옛날 초대 에베소 교회의 영적 상황과는 비교할 수 없이 더 타락되었다. 불행하게도 금일의 다수의 교회들이 배교와 불신앙으로 타락되어 교회는 하나님의 집, 진리의 터, 진리의 방파제, 진리의 요새로서의 교회의 사명을 망각하고 있다. 그런 교회들은 배교와 불신앙의 무리들을 쫓아내는 대신 오히려 그들을 상석(high seat)에 앉히고 참된 교회들을 무참히 공격하고 있다. 이럴 때일수록 우리는 더욱 용기 분발하여 진리의 기둥·터·방파제로서의 사명을 잘 감당해야 할 것이다.

제 9 장

예 배
(Worship)

예배가 무엇인지를 분명히 바로 인식하지 못한다면 하나님 앞에 올바른 예배를 드릴 수 없다. 그러므로 우리는 예배가 무엇인지를 바로 인식하는 것이 매우 중요하다.

헉스터블(John Huxtable)은 예배에 관하여 정의하기를 "예배는 하나님과 그의 백성 사이의 대화(dialogue)이다"라고 하였다.109) 물론 예배는 예배 드리는 자가 예배의 대상이신 하나님과 영적으로 교제를 나눈다는 의미에서 기도의 대화를 포함하고 있는 것이 사실이나 기도를 통한 대화만이 예배의 전체는 아니다.

웹스터 사전에서는 "예배란 지고자에게 찬양과 고백과 기도와 감사와 그와 같은 것을 통하여 숭배와 존경을 드리는 것이다"라고 하였다.110) 이 정의는 예배의 중요한 요소들을 첨가하고는 있지만 진정한 의미에서의 기독교 예배라고는 생각할 수 없다.

레이번(Rayburn)은 "예배는 신자의 새 생명의 활동으로 예수 그리스도의 인격에 계시된 신격(Godhead)의 충만과 그의 강력한 구속의 행위를 깨달

---

109) John Huxtable, *The Bible Says*, John Knox Press, 1962, p. 109
110) Webster's op. cit., p. 1540

고, 성령의 능력으로 그에게 합당한 영광, 존귀, 순종을 살아 계신 하나님께 드리기를 추구하는 것이다"라고 하였다.[111]

Ⅰ.정의(Definition)

진정한 예배는 중생한 신자가 하나님께 기도와 찬양, 신앙고백, 뜻과 정성이 담긴 헌신, 감사의 예물 등을 통하여 존귀와 영광을 하나님께 드리며, 하나님을 두렵고 떨림으로 섬기며 봉사하는 행위이다. 예배는 드리는 것이요 보는 것이 아니다.

Ⅱ. 어원적 고찰(Etymology)

1. 구약에서(in the O. T.)

구약에서 예배에 관한 단어들은 사하, 아바드, 세가드 등이다.

(1) 사하(שָׁחָה): to worship, prostrate oneself, bow down; 경배하다, 예배드리다, 엎드리다, 몸을 굽혀 절하다.

절하는 것은 자신을 낮추는 겸손의 상징으로서 허리를 굽혀 절하는 것(a bowing down)을 의미한다. 이는 종교적인 숭배·순종·봉사의 개념을 가지고 있어서 마음과 몸으로 존경을 표시하는 태도이다. 예배는 하나님에 대한 우리의 모든 성질·생각·의지를 굴복함이다. 절하는 것은 예배의 대상이신 전지전능하신 창조주 하나님을 마음과 몸으로 깊이 존경하고, 경외하며, 숭배하는 행위이다. 모세는 땅에 엎드려 여호와께 경배드렸으며(출 34:8), 예루살렘 거민들은 여호와 앞에 엎드려 예배드렸다(대하 20:18).

---

111) Robert G. Rayburn, *O Come, Let Us Worship*, Baker, Grand Rapids, 1980, pp. 20-1

또한 이 단어는 상관이나 지배자(a superior or a ruler)에게 엎드려 절하는 행위에도 사용되었다. 다윗이 사울 앞에 엎드려 절하고(삼상 24:8), 룻은 보아스 앞에 엎드려 절하였으며(룻 2:10), 요셉은 11형제가 자기에게 엎드려 절하는 꿈을 꾸었으며(창 37:5, 9-10), 사울은 범죄한 후에 선지자 사무엘에게 청하여 여호와께 같이 경배할 것을 간청하였다(삼상 15:25).

(2) 아바드(עָבַד): to serve; 섬기다, 봉사하다.

참된 예배는 자신을 낮추어 겸손히 하나님을 경외하며 숭배하는 행위뿐만 아니라, 온 몸과 뜻과 정성을 다하여 하나님을 섬기는 것을 의미한다(사 19:21; 렘 44:3). 깊은 존경과 숭배의 표시로 하나님께 엎드려 예배드리는 것과 하나님을 섬기는 것은 예배의 본질적인 국면이다. 우리는 이 양면을 모두 존중시하여야 한다.

또한 이 단어는 우상을 섬기는 것에도 사용되었다. 열왕기하 10:19, 21, 22, 23에 의하면 예후가 바알을 섬기는 자들을 멸하기 위하여 궤계를 꾸며 명하기를, 이스라엘에서 바알을 섬기는 지도자들을 한 사람도 빠짐 없이 바알의 전당에 소집하여 놓고 반면에 여호와의 종은 그곳에 한 사람도 있지 못하게 하고, 80인 호위병들과 장관들로 하여금 저들을 칼로 죽이라 하였다. 그리고 바알의 전당에서 바알의 목상들(wooden idols)은 불사르고, 목상(main image)을 헐어 버렸다.

(3) 세가드(סְגִד): to bow down; 몸을 굽혀 절하다.

이 단어는 하나님께는 사용되지 않고 사람에게 또는 우상에게 절하는 것에 사용되었다. 선지자 다니엘이 느브갓네살 왕의 꿈을 해석(해몽)하였을 때 왕은 다니엘에게 절하였다. 느브갓네살 왕이 금 신상(an image of gold)에게 절하라고 명령하였을 때 다니엘의 세 친구 이외에는 모두 절하였다(단 3:5, 6, 7, 10, 11, 12, 14, 15, 18, 28).

2. 신약에서(in the N. T.)

신약에서 예배에 관한 단어들은 유세베오, 세보마이, 푸로스쿠네오, 라투

류오 등이다.

(1) **유세베오**(εύσεβέω; to act piously towards)는 하나님을 향하여 경건히 예배하다는 뜻으로 예배자의 자세 곧 경건한 예배를 가리킨다(행 17:23, 딤전 5:4)

(2) **세보마이**(σέβομαι; to venerate, worship, devote; 숭배하다, 예배드리다, 헌신하다)

70인역에서 "세보마이"(σέβομαι)는 두려워하다(to fear) 또는 섬기다, 봉사하다(to serve)는 뜻으로 사용되었다(수 4:24; 욥 1:9). 겁내다, 두려워하다라는 말은 예배에서 경외와 숭배의 의미로 이어져서 숭배의 개념으로 사용되었다. 사도행전에 기록된 세보마이는 하나님을 경외하는 사람들(God-fearers)을 가리킨다. 세보마이는 하나님을 존경할 뿐만 아니라 두렵고 떨림으로 섬기는 것을 가르치며, 단순한 숭배만이 아니라 적극적, 헌신적 숭배를 의미한다. 이것이야말로 유일무이하신 하나님께 대한 참된 예배를 가리킨다.

(3) **프로스퀴네오**(προσχυνέω; to bow down, worship; 머리를 숙이다, 허리를 굽히다, 무릎을 꿇고 엎드리다, 예배드리다, 경배드리다)

70인역에서 프로스퀴네오는 머리를 숙이다(to bow), 입맞추다(to kiss), 봉사하다(to serve), 예배하다(to worship)는 뜻으로 히브리어 사하(שָׁחָה)의 헬라어 번역이다. 이 단어는 하나님께(마 4:10; 요 4:21-24; 고전 14:25; 계 4:10; 5:14; 7:11; 11:16; 19:10; 22:9), 그리스도께(마 2:2, 8, 11; 8:2; 9:18; 14:33; 15:25; 20:20; 28:9, 17; 요 9:38; 히 1:6) 사용되었다.

신약에서 "프로스퀴네오"가 신적 대상(a divine object)과 관련하여 절하는 행동은 자신을 낮추고 포기하고 예배의 대상이신 하나님을 깊이 존경하고 숭배하는 행위이다. 계시록에서는 예수 그리스도를 경배의 대상으로 예배드렸다.

(4) **라트류오**(λατρείω; to serve, worship; 섬기다, 봉사하다, 예배드리

다)

신약에서 "라트류오"(λατρείω)는 21회 나타나는데 예배드린다(to worship)로 번역되었다. 특히 히브리서 8:5; 9:9; 10:2; 13:10에서는 희생 제사 사역(the sacrificial ministry)을 가르쳤다. 다시 말하자면 이 단어는 제사장직 기능과 신자들의 종교적, 도덕적 행위까지도 포함하고 있다. 제사장직 기능과의 관계에서는 희생의 제사를 가리킨다(롬 9:4; 히1:1, 6). 그러므로 참된 예배는 신자들의 전생애를 희생의 제물로서 하나님께 드리는 행위이다(롬 12:1). 신자들의 종교적, 도덕적 행위는 외적 행위까지를 가리킨다. 그러므로 신자들의 외면적, 도덕적 생활이 예배에 표면화되어야 한다. 하나님의 백성들은 거룩한 제사장들로서 예수 그리스도를 통하여 하나님께 신령한 제사를 드리는 것이 임무이다. 그리스도인들은 제사장들이요, 예수 그리스도는 대제사장이시다(히 7:23-28; 벧전 2:5-9; 계 1:6). 그리스도인들은 전생애를 하나님께 제물로 드리는 것이 예배이다.

Ⅲ. 예배의 본질(The Nature of Worship)

요한복음 4:24, "하나님은 영이시니 예배하는 자가 신령과 진정으로 예배할지니라"

본문 말씀은 우리 주 예수님께서 유대 지방에서 복음을 전파하시고 북쪽 갈릴리 지방으로 복음을 전파하기 위하여 가는 도중 수가성이라 일컫는 작은 마을에 있는 한 우물가에 이르러 물 길러 온 사마리아 여인에게 하신 말씀이다.

우리는 주님과 사마리아 여인의 대화에서 진정한 예배란 무엇이며, 예배의 대상자는 누구이며, 예배드리는 자의 자세가 무엇이며, 어떻게 예배드려야 하나님께서 받으시는 예배인가를 교훈 받는다.

진정한 예배는 기도와 찬양, 신앙고백, 뜻과 정성이 담긴 헌신, 감사의 예물 등을 통하여 존귀와 영광을 하나님께 드리는 새 생명의 활동이다. 그리고 하나님을 두렵고 떨림으로 섬기며 봉사하는 행위이다. 참된 예배는 마음 중심으로부터 시작하여 외적 행위로 나타난다.

IV. 예배의 대상: 3위 1체 하나님

(The Object of Worship)

찬양과 경배, 존귀와 영광을 받으시기에 합당하신 우리의 예배의 대상은 오로지 하나님 한 분뿐이시다.(출 20;1-3). 유일하신 하나님은 3위 1체 하나님이시다.

"하나님은 영이시라" 하나님은 영이시라는 이 짧은 말씀 중에는 몇 가지 중요한 진리를 내포하고 있다. "하나님은 영이시라"(프뉴마 호 데오스, πνεῦμα ὁ θεός; God is Spirit). 이 말씀은 하나님의 성품·성질·속성을 나타낸다. 이 말씀은 하나님은 빛이라, 하나님은 사랑이시라는 말씀과 같이 하나님의 성질을 나타낸다.112)

(1) **하나님은 비물질적이시다**(God is immaterial): 하나님은 본체 또는 존재, 실체(essence, being, reality)를 소유하고 계신다. 그런데 이 하나님의 본체는 물질적이 아니라 비물질적이시다. 영이면 반드시 비물질적이어야 한다. 주님께서 의심 많은 도마에게 분명히 말씀하신 바와 같이 영은 살과 뼈가 없다(눅 24:39).

(2) **하나님은 불가견적이시다**(God is invisible): 하나님은 비물질적이시므로 또한 불가견적이시다. 그러므로 성경은 말씀하시기를 본래 하나님을 본 사람이 없으되(요 1:18), 어느 때나 하나님을 본 사람이 없으되(요일 4:11), 보이지 아니하시고 홀로 한 분이신 하나님(딤전 1:17), 아무도 보지 못하였고, 또 볼 수 없는 자이시니(딤전 6:16)라고 하였다.

그러면 아브라함이 하나님과 대면하였다(창 18장), 야곱이 하나님과 얼굴과 얼굴을 대면하였다(창 32:30), 모세가 하나님을 보고 대면하였다(출 24:9, 11; 신 34:10), 이사야 선지자가 보좌에 앉으신 하나님을 보았다(사 6:1), 다니엘이 밤 이상 중에 보았다(단 7:9, 13), 사도 요한이 주님을 보았다(계 4:1)는 말씀들은 무슨 뜻인가? 이 말씀들은 하나님의 외형적 형체 (visible form), 하나님의 영광의 반사를 보았다는 상징적 표현이다. 그러나

---

112) Vincent's *Word Studies in the N.T.*, II, p. 122

우리가 실제로 하나님을 뵈올 때가 있으니 곧 죄의 성질이 없는 부활체로 변화될 때이다.

(3) **하나님은 인격적 존재이시다**(God is personal): 인격적이란 지식, 감정, 의지를 말한다. 하나님은 완전한 지식, 순수한 감정, 선하시고 기뻐하시는 뜻을 실천에 옮기시는 의지를 소유하신 인격적 존재이시다.

(4) **하나님은 무한하시다**(God is infinite): 무한이란 제한 없는(limit-less), 매이지 아니하는(unbounded)이라는 뜻이다. 하나님은 절대 완전하시고 능력이 제한 없으므로 무한하시다. 하나님은 무한하셔서 시간과의 관계에서는 영원 자존하시며, 시간을 초월하신다. 시간의 제한을 받지 아니하신다. 하나님은 시간을 창조하신 시간의 주인이시다(출 3:14; 신 32:40; 욥 36:26; 시 102:26, 27; 벧전 1:23; 계 1:4, 8; 10:6; 15:7). 공간과의 관계에서는 편재(immensity)하신다. 다시 말하면 공간의 제한을 받지 아니하신다. 하나님은 어느 곳이나 능력이 미치지 않는 곳이 없다. 그러므로 우리가 신령과 진정으로만 예배드린다면 초막이나 궁궐이나 장소의 구애는 없다.

(5) **하나님은 거룩하시다**(God is holy): 거룩은 성결 성별 구별 분리의 뜻으로 하나님의 도덕적 속성을 가리킨다. 사무엘은 "여호와와 같이 거룩하신 이가 없사오니…"(사 57:15), 다윗은 "대저 여호와 하나님은 거룩하시도다"(시 99:9), 이사야는 "지존 무상하며 영원히 거하며 거룩하시도다", 예수님은 "거룩하신 아버지"(요 17:11), 천사들은 하나님을 "거룩하다 거룩하다 거룩하다"(계 4:8)라고 하였다.

이상과 같이 "하나님은 영이시라"는 말씀은 하나님은 비물질적 존재, 불가견적 존재, 인격적 존재, 시간과 공간의 제재를 받지 아니하시는 능력이 무한하신 존재시라는 것이다.

V. 예배자의 자세(The Attitude of Worship)

"신령과 진정으로 드릴지니라." "드릴지니라"는 말씀은 데이(δεῖ, must)로서 "… 마땅히, 필히 …하여야 한다"는 뜻이다. 하나님은 신령과 진정으로 예배드리는 자를 찾으신다.

(1) **중생한 영이 주체가 되어 예배드려야 한다** : 하나님은 영이시요, 예배는 하나님께 드리는 새 생명의 활동이므로 죽은 영은 하나님과 교통할 수 없으며, 하나님께 예배드릴 수 없다. "영"(프뉴마, πνεῦμα; spirit; 영)은 우리 인간에게 있어서 가장 심오하고 고상한 부분으로 이 중생한 영이 하나님과 영적으로 교통(spiritual communication)한다. 로마서 1:9에서는 심령으로 하나님을 섬긴다고 했다. 영이 아니면 하나님과 교통할 수 없다.

(2) **인격적으로 예배드려야 한다**: 예배의 대상이신 하나님은 인격적 존재이시므로 우리 주 하나님을 지식으로 바로 알고, 순수한 감정과 의지로 예배드려야 한다. 또한 하나님은 무형적이므로 여하한 형상도 만들거나 또는 거기에 절할 수 없다(신 4:12-18; 5:7-9).

(3) **신령으로 예배드려야 한다**: "신령한"(푸뉴마티코스, πνευματικός; sacred, devotional, spiritual)이란 성스러운, 헌신적, 신령한이란 뜻이다. 하나님은 거룩하시고 신령하신 하나님이시므로 예배드리는 자도 엄숙하게, 거룩하게, 신령하게 예배드려야 한다.

(4) **진정으로 예배드려야 한다**: "진정으로"(엔 알레데이아, ἐν ἀληθείᾳ; in truth; 참으로, 진실로, 정직하게) 예배드려야 한다는 뜻이다. 진정은 거짓된 개념과 반대된다. 다시 말하면 허위·허식·외식·형식적으로 예배드리면 안 된다는 뜻이다. 진정한 예배는 예배의 대상자이신 하나님의 진실된 속성에 맞도록 진실하게 드려야 한다.

우리는 하나님이 받으시기에 합당한 제물이 되도록 먼저 시편 기자가 고백, 간구한 것처럼 "우슬초로 나를 정결케 하소서 내가 정하리이다… 하나님이여 내 속에 정한 마음을 창조하시고 내 안에 영을 새롭게 하소서"(시 51:7, 10), "하나님의 구하시는 제사는 상한 심령이라"(17절)라고 고백해야 한다.

하나님! 3위 1체 하나님께 감사와 찬송과 존귀와 영광을!

성부 하나님께: 이 우주와 삼라만상을 창조하시고 보존하시고 섭리하시는 하나님, 우리를 만물의 영장으로, 하나님의 형상대로 창조하신 하나님께 기도와 찬송과 뜻과 정성이 담긴 헌신과 감사의 예물로 감사와 찬송과 존귀와 영광을 돌리나이다.

성자 하나님께: 일찍 죽임을 당하사 보배 피로 우리를 사셔서 나라와 제

사장으로 삼아주신 우리 구주 예수 그리스도께 기도와 찬송과 뜻과 정성이 담긴 헌신과 감사의 예물로 감사와 찬송과 존귀와 영광을 돌리나이다(계 5:9).

성령 하나님께: 우리의 죽은 영을 살리시고 우리 안에 내주하시며 또한 감화, 인도, 역사하시는 성령 하나님께 기도와 찬송과 뜻과 정성이 담긴 헌신과 감사의 예물로 감사와 찬송과 존귀와 영광을 돌리나이다. 이 생명 다하기까지 세세토록! 영원무궁토록!

VI. 구약의 제사

(The Sacrifices of the Old Testament)

이스라엘의 제사제도는 모세시대에 하나님께서 제정하시었다. 그러나 실제상 하나님께 드리는 제사는 모세시대 훨씬 이전, 인류의 초창기 가인과 아벨 때부터 시행되었다.

1. 가인과 아벨(Cain and Abel)의 제사

가인과 아벨은 아담의 아들들이었다(창 4:1-2). 가인과 아벨이 하나님께 제사를 드렸는데, 가인의 제사는 하나님께서 받지 아니하시고 아벨의 제사는 받으셨다(창 4:4-5). 그 이유를 본문에는 언급되어 있지 않았으나 먼 훗날 히브리서 기자는 히브리서 11:4에 기록하기를 "믿음으로 아벨은 가인보다 더 나은 제사를 하나님께 드림으로 의로운 자라 하는 증거를 얻었으니 하나님이 그 예물에 대하여 증거하심이라 저가 죽었으나 그 믿음으로써 오히려 말하느니라"고 하였다.

아벨의 더 나은 제사(a superior sacrifice)란 무엇인가? 아벨은 자기의 양떼 중에서 처음 것, 살찌고 제일 좋은 것을 하나님께 제물로 드렸다. 하나님께서 아벨의 제사를 받으신 분명한 이유는 아벨이 드린 제사는 더 나은 제사, 곧 **어린양의 피의 제사**였기 때문이다. 어린양의 피의 제사는 장차 있을 예수 그리스도의 죽으심으로 인한 보배로운 피의 희생 제사를 위한 모형(type)이었다. 반면에 가인은 하나님께서 이미 계시하신 그 계시를 무시하거나 또는 망각하고 자기의 뜻대로 자기가 얻은 열매를 하나님께 드렸다. 그러므로 가인의 제사는 열납하지 않으시고 아벨의 제사만 받으셨다. 이에 가인은 매우 분노하여 얼굴빛이 팥죽처럼 변하고 드디어는 착한 친동생 아벨을 들판으로 유인하여 때려 죽였다. 그리하여 가인은 인류 역사상 첫 살인자(the first murder)가 되었다.

아벨은 살해당하고 가인은 살인범이니 하나님은 살인범 가인을 구속의 목적을 달성하기 위한 도구로 사용할 수 없었다. 그러므로 하나님은 아벨 대신에 셋을 허락하셔서 하나님의 약속(창 3:15)을 성취하도록 하셨다.

2. 노아(Noah)의 제사

노아는 대홍수 후에 방주에서 나와서 여호와를 위하여 한 제단을 쌓고 정결한 동물들과 새들을 취하여 **여호와께 번제**(Burnt Offering)로 드렸다 (창 8:20-21). 노아는 자신과 가족을 대홍수에서 구원해 주신 전능하신 하나님께 감사의 제사를 드렸다. 이것이 제단을 쌓은 최초의 기록이다.

가인과 아벨은 아마도 어떤 특정한 바위 위에서나 또는 어떤 높은 언덕 같은 곳에서 제사를 드렸을 것이다. 그리고 제물을 불에 태웠다는 말씀은 없다. 그러나 여러 세기 후에 노아는 제단을 쌓았다. 그리고 정결한 짐승 (clean animal)을 하나님께 번제로 드렸다. 이것은 의미 있는 일이다. 하나님은 깨끗하고 순결한 제물만을 받으신다. 여러 해 후에 시편 기자는 시편 24:3, 4에서 "여호와의 산에 오를 자 누구며 그 거룩한 곳에 설 자가 누군고 곧 손이 깨끗하며, 마음이 청결하며, 뜻을 허탄한데 두지 아니하며, 거짓 맹세치 아니하는 자로다"라고 하였다.

노아는 족장으로서, 구원받은 온 가족을 위한 제사장으로서 하나님께 제사를 드렸다. 이것이 구약성경에 나타난 제사장적 기능에 대한 첫 모습이었다. 그리고 하나님은 다시는 물로 심판하지 않겠다고 약속하시고 무지개(a rainbow)로 표를 삼았다.

• **번제**(레 1장; 6:8-13; 8:18-21; 16:24)는 구약의 5가지 제사들(번제

〈burnt offering〉, 소제〈grain offering〉, 화목제〈peace offering〉, 속죄제
〈sin offering〉, 속건제〈guilt offering〉) 중에 제일 첫 번째 제사이다.

• 번제는 히브리어로 올라(עֹלָה)로서 동사 알라(עָלָה)에서 인출되었다.
알라는 올라간다(go up), 승강한다(ascend), 기어오른다(climb)는 뜻이다.
이 단어는 매우 신앙적인 단어이다. 그리하여 예배와 기도가 하늘로 올라가
는 번제로 사용되었다.

• 번제로 드리는 희생의 제물들은 숫송아지, 양, 비둘기들이었다. 일반적
으로 보통 사람들은 양이나 염소를 제물로 드렸으나 가난한 사람들은 비둘
기를 암수 구별 없이 제물로 드렸으며, 부자들은 수송아지를 제물로 드렸다.

• 번제는 매일 아침과 저녁에 온 이스라엘을 위하여 드렸다(출 29:39
-42). 그리고 매안식일(민 28:9-10), 매월 첫날, 무교병을 먹는 7일 동안
(출 13:3-10; 레 23:4-8), 속죄일 등에 번제를 드렸다.

헌제자는 흠 없는 제물을 가지고 회막이나 성전에 나가서 그 제물의 머
리 위에 안수하고 레위인들이 잡아서 그 피를 제사장에게 주면 제사장은
그 피를 번제단 사면에 뿌렸다. 그리고 헌제자는 그 짐승의 가죽을 벗기고
각을 떴다. 내장과 정강이는 물로 씻어 제사장에게 드리면 제사장은 그것을
제단 위에 태웠다. 여기서 번제는 희생제물을 온전히 다 드리는 것을 의미
한다.

• 번제의 목적은 헌제자의 자유로운 의사에 따라서 제사를 드리되 일반
적으로 의도적이거나 고의적이 아닌 죄를 사함받기 위하여 또는 하나님께
전적 헌신과 전적 항복을 표시하기 위함이다.

3. 욥(Job)의 제사

욥은 우스(Uz)사람으로 순전하고 정직하며 하나님을 경외하며 악에서 떠
난 의인이요 동방에서는 가장 큰 부자였다. 우스는 남쪽으로는 에돔, 북쪽
으로는 아라비아 땅을 포함한 요단 동편 방대한 지역이었다. 욥은 혹시 자
녀들이 죄를 범하고 그들의 마음에서 하나님을 저주하지나 않았을까 하여
자녀들의 수대로 아침 일찍 **하나님께 번제**를 드리곤 하였다(욥 1:5). 이것

은 욥의 일상 행사였다.

욥은 그의 두 친구들을 위해서도 수송아지 일곱 마리와 수양 일곱 마리(완전수)를 하나님 앞에 번제로 드렸다. 하나님은 그 제물을 받으시고 그들의 죄를 용서해 주셨다.

4. 족장들(Tribal Leaders)의 제사

아브라함, 이삭, 야곱 등 족장들도 모두 제단을 쌓고 하나님께 속죄를 위한 제사를 드렸다. 옛날 이스라엘의 족장들은 그 가족과 더불어 이동하면서 어디서든지 제단을 쌓고 하나님께 제사를 드렸다. 이것은 족장시대에 예배의 장소가 제한받지 않았음을 보여준다.

(1) 아브라함(Abraham)의 제사

아브라함은 벧엘·마므레·모리아 등지에서 하나님께 제단을 쌓았다(창 12:7-8; 13:4, 18; 18:1; 22:1-13). 벧엘은 예루살렘에서 북쪽으로 12마일(20km) 떨어진 곳이다. 아브라함은 벧엘에서 단을 쌓고 제사를 드렸다. 마므레는 헤브론에서 몇 마일 북쪽에 위치한 곳이다. 아브라함은 마므레에서도 여호와 앞에 단을 쌓았다. 모리아는 아브라함이 살던 브엘세바에서 3일 여정의 거리인데 그 장소는 정확히는 알 수 없으나 유대인들의 전언에 의하면 모리아 산은 예루살렘이라고 한다. 역대하 3:1에 의하면 솔로몬 왕은 예루살렘 모리아 산에 성전을 세웠다.

창세기 22:12-13에 의하면 아브라함은 모리아 산에서 여호와의 명령에 순종하여 아들 이삭을 하나님께 바치려 하였다. 하나님은 아브라함이 독자라도 아끼지 아니하고 바치고자 하는 순종의 믿음을 보시고 그의 사자로 하여금 아들에게 손을 대지 못하게 하시고 대신 수양(a ram)을 바치게 하였다. "… 아브라함이 가서 그 수양을 가져다가 아들을 대신하여 번제로 드렸더라"(창 22:13). 아브라함은 하나님께서 마련하신 어린 수양을 아들 이삭을 대신하여 제물로 바쳤다. 그는 수양을 번제로 드리면서 속죄의 필요성을 깨닫고 자신의 죄를 고백하고 사죄를 간구하였다. 이렇게 아브라함은 하나님을 기쁘시게 하고 죄 사함 받기 위하여 하나님께 번제를 드렸다.

(2) 이삭(Isaac)의 제사

이삭은 아버지 아브라함으로부터 하나님께 예배드리는 법을 배웠다. 모리아 산에서의 예배는 이삭으로 하여금 예배가 얼마나 중요한 것인가를 알게 하였다. 이삭이 브엘세바로 올라갔더니 여호와께서 밤에 이삭에게 나타나셔서 말씀하시를 "나는 너의 아버지 아브라함의 하나님이니 무서워 말라 내가 내 종 아브라함을 위하여 너와 함께 있고 내가 네게 복을 주어 너의 자손들을 번성케 하리라"(창 26:24)고 하시었다. "이삭이 거기서 한 제단을 쌓고 여호와의 이름을 불렀다"(창 26:25). 이삭의 제단은 모리아 산의 희생의 제사 후에 하나님께 대한 감사의 제단이 되었다. 브엘세바는 이스라엘 나라의 최남단에 위치한 마을이다.

(3) 야곱(Jacob)의 제사

야곱이 브엘세바에서 떠나 하란으로 향하던 중 루스(Luz)라는 곳에 이르러 해가 진지라 그곳에서 한 돌을 취하여 베개하고 누워 잠자는 중 꿈을 꾸었다. 그 꿈의 내용인즉 "여호와께서 가라사대 나는 너의 조부 아브라함의 하나님이요 이삭의 하나님이라 너 누운 땅을 내가 너와 네 자손에게 주리라…내가 너와 함께 있어 네가 어디로 가든지 너를 지키며 너를 이끌어 이 땅으로 돌아오게 할지라 내가 네게 허락한 것을 다 이루기까지 너를 떠나지 아니하리라"라고 하셨다. 야곱이 꿈에서 깨어 일찍이 일어나 베개 하였던 돌을 가져 기둥으로 세우고 그 위에 기름을 붓고 그곳 이름을 벧엘이라 하였다(창 28:10-19). 그 후에도 야곱은 산에서, 세겜에서, 브엘세바에서도 제단을 쌓았다. 상기와 같이 노아·아브라함·이삭·야곱·욥 등 족장 시대에는 가장(head of the family)이 제사장직을 수행하였다.

5. 이드로(Jethro)의 제사

이드로는 미디안의 제사장이요, 모세의 장인(father-in-law)이었다(출 18:1, 2, 5, 7, 12, 14, 15, 17, 24, 27). 이드로는 번제물과 희생제물을 여호와 앞에 가져왔다(출 25:2; 레 12:8). 가져왔다(brought)는 단어는 준비하였다(provided)는 뜻이다.

6. 아론의 자손들의 제사

하나님은 모세의 형 아론과 아론의 아들들 곧 나답, 아비후, 엘르아살, 이다말을 기름부어 이스라엘의 제사장으로 삼았다(출 28:1, 41; 29:9, 29-30). 후에 나답과 아비후는 시내 광야에서 하나님께서 인정하지 않은 불(unauthorized fire)로 여호와 앞에 제사를 드림으로써 죽임을 당하였다. 다른 불이란 이상한 불로서 불결한 불을 가리킨다고도 하며, 번제를 드리는 제단에서 불을 가져오지 않고 다른 곳에서 가져왔다고도 한다. 하여간 하나님께서 명하신 규정대로 제사를 드리지 않고 그 반대로 행하였으므로 죽임을 당하였다. 그리하여 아론의 자손들 중 엘르아살과 이다말의 자손들만이 제사장직을 수행하게 되었다(레 10:1-2; 민 3:4).

7. 유월절(Passover) 제사

유월절은 이스라엘 백성들이 하나님의 초자연적 능력으로 애굽의 노예살이에서 구출되어 본토 이스라엘로 돌아간 것을 기념하는 명절이며, 또한 종교의식(제사)이다(출 12:27; 34:25).

유월절에는 흠없는 1년 된 어린 수양이나 염소를 유월절 식사 전날 오후에 잡아 제물로 드렸다. 제물이 될 어린 양이나 염소는 아빕월(Abib) 제10일째 되는 날 택하여 놓고 그 양이 건강한지를 가리기 위하여 4일간 보관하여 두었다가 제14일째 되는 날 가장(家長, household)은 해질 무렵(하루의 시작)에 양을 잡는다. 그릇에 담은 어린 양의 피는 문 인방과 설주(on the top and on both sides of the door frame)에 우슬초(hyssop)로 뿌렸다(출 12:22). 그리고 이스라엘 자손들은 모두가 피묻은 문만을 통과하여 집안으로 들어가 다음날 아침까지 머물러 있으면서 유월절을 지켰다. 이스라엘 자손들이 이 엄숙한 유월절 의식을 거행하는 동안 하나님의 사자(使者; angel)는 문설주에 피가 묻은 이스라엘의 집들은 넘어감으로(passover) 재앙을 면하였고, 문설주에 피가 묻지 않은 모든 애굽 사람들의 집에는 첫아들들이 다 죽임을 당하였다.

양을 잡아 제사 드리는 일에 있어서 가정 식구들이 소수이면 이웃집 가족들과 함께 인수(人數)를 따라서 한끼 식사에 충분하도록 양들을 택하여 유월절을 지키게 하였다(출 12:4). 유월절은 어느 특정인들만이 지키는 명절이 아니라 온 이스라엘 백성이 지키는 범국민적 명절이다(출 23:15; 34:18, 25; 신 16:1-8; 레 23:5-8; 겔 45:21-24).

유월절은 하나님께서 애굽에서 노예살이하던 조상들의 집을 넘어간 것을, 무교병은 조상들이 애굽의 고통과 억압에서 구원받은 것을, 쓴 나물은 쓰라린 고통과 슬픔을, 옷을 입고 허리에 띠를 띠고 발에 신을 신고 손에 지팡이를 들고 음식을 급히 먹은 것은 약속한 땅으로 속히 나아갈 수 있도록 하는 상징들이다.

8. 다윗(David)의 제사

다윗은 여호와의 궤(the ark of God)를 멘 사람들이 다윗 성(城)으로 들어올 때 번제와 화목제를 여호와 하나님 앞에 드렸다(삼하 6:13, 15, 번제는 노아의 제사를 참조).

화목제(레 3장; 7:11-17; 22:21-23)는 하나님과 그의 백성들과의 교제, 그리고 감사를 드리는 최상의 기쁨의 제사이다. 화목제는 구원의 은혜에 대한 감사라고 하여 감사제(thanks offering)라고도 하며, 하나님의 구원의 은총을 감사하여 헌신을 맹세하는 제사이므로 서원제(vow offering)라고도 하고, 기쁨으로 자원하여 드리는 제사이므로 자원제(free will offering)라고도 한다.

화목제로 드리는 제물들은 무교병(누룩 없는 빵)과 기름 바른 무교병과 기름 섞어 구운 과자들이었으며(레 7:12), 짐승으로는 소・양・염소 중에 암수 구별 없이 흠 없는 것으로 드렸다(레 3:3-4, 8-10, 12-17). 화목제의 헌제자는 하나님께 구원의 은총을 감사하는 자, 헌신을 맹세하는 서원자 그리고 자원하는 자는 누구든지 헌제자로서 화목제를 드릴 수 있었다.

9. 성전 제사(Worship in the Temple)

광야에서 회막(tabernacle)이 세워지고, 레위 제사가 시행되는 수백 년 후에 다윗이 이스라엘의 제2대 왕이 되었을 때에, 그는 여호와께서 영구적으로 거하실 처소, 그리고 언약궤(the ark of the covenant)를 안치하기 위한 성전을 건축하기를 소원하였다. 그러나 하나님은 다윗에게 성전 건축을 허락하지 않으셨다.

하나님은 다윗의 아들 솔로몬 왕에게 성전 건축을 허락하셨다. 그러므로 솔로몬 왕은 그의 재위 제4년에 성전 건축을 시작하였다. 그는 엄청난 수의 일꾼들을 고용하였기 때문에 그 찬란하고도 웅장한 성전을 불과 7년반 만에 완공하였다. 그 성전은 현대 대형 건물에 비하면 비록 그 규모는 적으나 그 옛날 그 시대로서는 대단한 건물이었으며, 더욱이 성전 내부 전체는 금으로 입혀서 건축에 사용된 목재나 석재를 볼 수 없었다.

성전이 다 완공되었음에도 불구하고 성전 헌당식은 성전 완공 후 11개월 후에 거행하였다. 그 이유는 장막절 몇일 전 희년(a jubilee)에 헌당식을 거행하기 위함이었다. 헌당식 자체는 솔로몬 왕이 엄청난 수의 제물들을 드리기 위하여 수많은 제사장들이 여러 곳에 서 있는 통로를 따라서 새 성전을 향하여 장엄한 행진을 하는 한 놀라운 역사적 순간이었다. 제사장들은 법궤와 옛 회막을 중요한 곳에 운반해 놓았고, 레위인들은 옛 회막의 기물들과 장식품들을 여호와의 새 집에 두기 위하여 줄지어 운반하였다. 법궤가 지성소 안에 안치되고 그것을 운반한 제사장들이 도로 나오자 여호와의 영광이 여호와의 집에 가득하였다. 그리고는 솔로몬 왕이 회중들에게 축복하였다. 그리고 그는 무릎을 꿇고 봉헌 기도(prayer of dedication)를 드렸다.

다윗이 통치할 당시의 예배의 규모는 대단히 컸으며, 솔로몬의 성전이 준공된 후에는 더욱 그러하였다. 특히 찬양대의 역할은 대단하였다. 회막에서의 제사와 같이 성전 제사도 똑같이 거행되었으며, 악기와 음악을 통한 예배가 강조되었다. (참조: 예루살렘 성전 4,000명 합창단)[113]

하나님의 법궤가 성전에 안치됨으로 성전 예배가 이루어졌고, 이 성전은 이스라엘의 중심적 성소가 되었다. 성전 예배는 유대인들의 신앙생활에 있어서 3가지 기능을 충족시켜 주었다.

① 성전은 여호와가 중심이 되었고, 국가 법률의 중심지가 되었다.

② 성전은 제사와 기도와 찬양을 하나님께 드리는 의식을 행하는 정규

---

113) 조영엽, 찬송가 대 현대복음송 기독신보사, 2007. 3, p94

예배를 위한 장소가 되었다.

③ 성전은 유대인들의 절기마다 국가적으로 종교 행사를 위하여 모이는 장소로 사용되었다. 제물을 드림은 예수 그리스도의 제사장직 사역을 예표한 것이다.

10. 포로시대 이후 제사

시드기야 왕 재위 9년 10월 10일(B. C. 588년 1월 15일)에 바벨론 왕 느부갓네살 왕이 군대를 거느리고 와서 예루살렘성을 에워싸고 사면으로 토성을 쌓고 침공하여 드디어 시드기야 왕 재위 11년 4월 9일 예루살렘 성을 함락하였다. 군사들은 시드기야의 아들들을 죽이고, 시드기야의 두 눈을 빼고, 사슬로 결박하여 바벨론으로 끌고 갔다. 그 후 느부갓네살은 B. C. 586년 7월 16일 시위대 장관(왕실 경호대장)을 예루살렘으로 보내어 성전과 왕궁을 포함하여 모든 중요한 건물들을 불사르고 사람들을 바벨론으로 포로로 잡아가고, 성전 안의 값진 기물들도 빼앗아 갔다(왕하 25:8-9, 13-17). 따라서 성전에서 제사드리는 일이 불가능하게 되었다.

성전에서 제사드리는 일이 불가능하게 되자 각 지방에 회당들이 세워지고, 회당들에서 예배드리게 되었다. 따라서 포로 후 시대에는 제사보다 율법을 강론하고 가르치는 것이 중심이 되었다.

주전(B. C.) 538년 포로생활로부터 돌아온 일부 유대인들은 훼파된 성전을 재건하기 시작하였다. 대제사장 여호수아와 총독 여룹바벨은 성전재건 운동의 지도자들이었으며, 선지자 학개와 스가랴의 영적 지도력에 의하여 많은 난관을 극복하고 주전 515년 완성하기에 이르렀다.

포로귀환 이후 성전이 재건됨으로써 성전 제사는 주후(A. D.) 70년 성전이 완전히 파괴될 때까지 다시 계속되었다. 세월이 흐름에 따라 제사장들은 점점 타락되어 외식과 교권주의로 흘렀고, 제사 행위도 형식과 외식으로 점점 더 치우치게 되었다. 그러기에 하나님은 호세아서 6:6에서 "나는 인애를 원하고 제사를 원치 아니하며, 번제보다 하나님을 아는 것을 원하노라"고 외치셨고, **미가서 6:6-8**에서는 "내가 무엇을 가지고 여호와 앞에 나아가며 높으신 하나님께 경배할까 내가 번제물 일 년 된 송아지를 가지고 그 앞에

나아갈까 여호와께서 천천의 수양이나 만만의 강수 같은 기름을 기뻐하실
까 내 허물을 위하여 내 맏아들을, 내 영혼의 죄를 인하여 내 몸의 열매를
드릴까 주께서 선한 것이 무엇임을 네게 보이셨나니 여호와께서 네게 구하
시는 것은 오직 공의를 행하며 인자를 사랑하며 겸손히 네 하나님과 함께
행하는 것이 아니냐"라고 외쳤다. 예레미아·에스겔·호세아·미가 등의 선
지자들도 예배의 개혁을 주장하였다.

VII. 회당 예배(Worship in the Synagogue)

1. 유대인 회당(Jewish Synagogue)[114]

회당은 유대인들이 예배드리는 처소이다. 유대인들에게 회당은 종교적·문
화적·사회적·교육적 중심지였으며, 조상들의 전통을 전수하는 동맥이었다.
그들은 성인(成人)남자 10명(10가정)만 모여도 회당을 세우고 자녀들에게
유대교 교육 곧 종교교육, 도덕·윤리교육, 민족교육을 시켰다. 성인 남자
10명이면 각기 아내와 그 아이들만 계수하여도 최소한 40명 이상이 된다.

(1) 어원(Etymology)

회당(수나고게, συναγωγή; Synagogue)은 쉰(σύν; together, with; …
같이, 함께)과 아고(ἄγω; to bring; 데려오다, 모이다)로 구성된 합성 명사
이다. 따라서 회당은 문자적으로는 다 함께 모임, 집합을 뜻한다. 수나고게
는 유대인 공동체가 모이는 회당을 가리키며, 교회론에서는 건물로서의 교
회(a church as a building)를 가리킨다(행 9:2; 13:14, 15; 계2:9; 3:9).

(2) 기원(Origin)

예루살렘 성전은 훼파되고 백성들은 바벨론에 포로로 잡혀가 성전 제사
가 불가능해졌을 때 유대인들이 흩어져 사는 곳곳마다 회당이 세워지기 시

---

114) John McRey, *Paul, His life and Teaching*, Baker, 2003, pp. 34-37.

작하였으며, 회당들은 유대인 공동체의 예배의 장소, 교육의 장소, 만남의 장소가 되었다. **레벨토프**(Levertoff)는 "회당은 바벨론 포로기간 동안 생겨난 것이 분명하다. 유대인 회당의 기원은 바벨론 포로시대부터이다" 라고 하였다.115)

회당은 이스라엘이 방대한 지역으로 흩어지므로 예루살렘 성전을 대신하는 축소판 성소들로 해석했다.

유대인 그리스도인들은 A. D. 70년 예루살렘 성전이 파괴될 때까지는 성전에서 성전제사, 회당에서 유대교예배, 교회에서 기독교예배가 계속되었다. 비록 성전제사, 회당예배, 교회예배가 각기 대조적인 예배 형식을 취하였으나 A. D. 100년 이전에 유대인 그리스도인들은 마침내 회당에서 쫓겨나게 되었다.

(3) 건립(Founding)

회당을 건립하고 지원·유지하는 것은 회중들의 임무였으며, 회당과 법궤와 율법은 마을 전체의 소유이며, 마을 모든 주민들(유대인들)은 회당 건립을 위하여 기여하였다. 그리고 기증자들의 이름은 기증품에 새겨졌고, 때로는 매우 크게 새겨졌다.

(4) 건축 설계(Architecture)

회당의 건축 방식에는 특별한 규정이 없었다. 다만 회당은 마을의 가장 높은 곳에 세워져야 했으나, 또 한편으로는 도시 외곽, 다른 건물들 옆, 물가 그리고 이방 도시에서는 이방인 사원 옆에 세워지기도 했다. 신약시대의 회당들은 집들이나 집들을 개조한 것 또는 간단한 구조의 건물들로서 앞벽과 옆벽에 창문들이 있었다. 큰 회당들은 돌들로 짓고 그 입구(정문)를 예루살렘 성을 향하여 건축했다. 회당의 크기와 규모는 유대인 공동사회의 필요에 따라 달리 지었다. 회당들은 예루살렘 성전의 축소형으로 건축된 듯하다.

(5) 회당의 건물(Building)

① 돌(stone)로 짓고 (전체가 다 그런 것은 아니지만),

---

115) Moshe Dathan Reserch on Ancient, *Synagogues in the land of Israel*, Washington D.C. Biblical Archaeology Society, 1984.

② 남북으로 짓고, 문은 남쪽에, 회당 출입문은 예루살렘을 향하여
③ 크기는 다양하고(회당마다 지역의 형편에 따라),
④ 언덕위에 또는 주택밀집지역 교통이 편한 장소에,
⑤ 주위의 집들보다 높게 지었다.

1) 회당 건물 전면 외벽:

포도나무가지들을 조각하여 새기거나(시 80: ;사 5:1-5 근거로) 7촛대, 유월절 어린양, 만나 항아리 같은 그림들을 새겼다.

2) 성구들(Furnitures)

① **법궤**(Ark: Chest)-휴대용 법궤 안에는 천으로 쌓인 두루마리 책들 (Scrolls; 율법서와 선지서들)을 보관하였으며, 법궤는 회당건물 입구 맞은 편 강단 뒤에 커튼으로 칸막이한 곳에 보관하였다.

② **강단**(Platform)

③ **독경대**(Reading Desk)-강단 중앙에 나무로 만든 강대상. 기도와 토라(율법서)낭독이 제사를 대신했다.

④ **의자**($\beta\acute{\eta}\mu\alpha$; bema)-돌 의자로 위에 글이 새겨져 있다.

이 의자를 "모세의 자리" ($\mu\omega\ddot{\upsilon}\sigma\acute{\epsilon}\omega\varsigma\ \kappa\alpha\theta\acute{\epsilon}\delta\pi\alpha\varsigma$; Moses' Seat)라고 한다(마 23:2). 모세는 율법의 선생으로 "모세의 자리'는 모세의 계승자들임을 나타낸다.

⑤ **상석들**(the most important seats)-(마 23:6; 막 12:39; 눅 20:46). NASB는 누가복음 20:46에 상석들을 (the front seats; 앞좌석들이라고 번역했다; $\pi\rho\omega\tau\sigma\kappa\alpha\theta\epsilon\delta\pi\acute{\iota}\alpha\varsigma$; chief seats, highest seats) 가장 높은 좌석들이라고 했다. 상석들은 회당의 지도자들이 앉는 긴 의자로서 회중을 마주보고 앉는다. 상석들은 Bema석 가까이 있으며, 상석에 앉아 있는 사람들은 회당 안에 앉아 있는 사람들을 다 바라볼 수 있다.

⑥ **등잔들**(Lamps)

⑦ 성전과 달리 **제단이 없다.**

(6) 회당의 용도(Usage)

1세기 중엽에는 회당의 용도가 다양해졌다. 회당은 유대인 공동체의 중심이 되었다(렘 36:6, 10)

① **예배의 장소**: 기도하고, 성경 읽고, 말씀(설교)전하고 받는 예배처

② **율법학교**: 율법을 읽고, 암송하며, 가르치는 교육의 장이다. 회당에서 가장 중요한 일은 율법을 가르치는 일이다. 랍비들은 율법을 연구하고 가르치는 율법사들(율법 선생들)이었다. 작은 마을에는 회당 자체가 학교이었으며, 큰 도시에는 회당 옆에 학교들이 있었다.

필로(Philo)는 회당을 신중(조심); 용기 · 절제 · 정의 · 경건 · 거룩 그리고 모든 덕을 양성하는 학교(Synagogues as "schools of prudence, courage, temperance, justice, piety, holiness and every virtue"[116]라고 하였다.

③ **공동체의 회관**: 공동체의 문제들을 의논하며 판결하는 법정으로, 교제하는 만남의 장소(a meeting place, 행 16:16)[117]

④ **여행자들의 숙박소**(a hostel for travelers)

⑤ **회당 직원들의 숙소**(a residence for synagogue official[118] 등 다목적 용도로 사용하였다.

각 회당은 장로들이 다스리는 자체 통치권을 가지고 있다(Jos. Ant. 19, 291).

(7) 회당의 수(Numbers)

로마 제국시대와 비잔틴시대는 물론 어느 시대에나 회당은 유대인 공동체의 종교적 · 문화적 · 사회적 중심 센터(Center)였다. 사람들이 많이 사는 곳은 회당들이 컸고, 대 도시들에는 회당들이 더 많았다. A. D. 90-117년 사이에 파괴된 애굽의 알렉산드리아의 회당(Basilica)은 대단히 크고 웅장했으며 71명의 장로들이 있었다.

유대인들이 여러 곳에 흩어짐으로 유대인들을 위한 회당들도 로마, 그리스, 소아시아, 시리아, 바벨론, 메소포타미아, 알렉산드리아 등 방대한 지역

---

116) Philo Vit. *Mos.* 2:216.
117) Jos. *Life,* 280-93.
118) Lee I. Levine, *Ancient Synagogue Revealed,* Academic Press, 1981, 3ff.

전역에 회당들이 세워졌다.

B. C. 1세기에는 유대인들이 사는 곳은 어디나 회당이 있었다. 구브로섬의 살라미(행13:5)에, 비시디아 안디옥(13:14)에, 이고니온(14:1)에, 베리아(17:10)에, 나사렛(마13:54; 눅 4:16)에, 가버나움(막 1:21; 요 6:59)에,

탈무드(Talmud)에 의하면 A. D. 70년 예루살렘이 로마의 디도(Titus)장군에 의하여 멸망되기 전에는 회당이 394 또는 480개의 회당들이 있었다고 한다. 그리고 예루살렘만도 80개의 회당들이 산재한다고 했다. 맛사다에도 12x15m 크기의 회당이 있었다. 그런데 로마 병정들이 그 모든 회당들을 모두 파괴하였다.119)

제 3세기와 제 4세기에는 디베리아 지역에 13회당, Sepphoris에 18회당, 로마에 11개 회당이 있었다.120)

큰 회당에는 직업별로 모여 앉았다. 그리하여 여행자들이 오면 자기의 직종인들에게 합류하여 직업도 얻게 된다.121)

(8) 회당의 직원들(Officers)

1) **회당장**(The Synagogue ruler): 회당의 지도자 또는 수석장로(Chief ruler or senior elder, 눅 8:41).

회당장은 회당에서 제일 높은 사람

① 회당장의 수

대부분의 회당들에서는 회당장은 1인이었다(눅 13:14). 그러나 어떤 회당들에는 회당장이 몇 명이었다. 예를 들면 알렉산드리아의 바실리카회당(basilica) 같은 대형회당들에는 여러 명의 회당장들(pl.)이 있었다.

회당장(The Synagogue ruler; 회당 지배자, 행 13:15; 18:8; 막 5:22, 35, 36, 38)

회당장들(알키수나고고이, ἀρχισυναγωγοι; The Synagogue rulers; 회당 지배자들, 막 5:22; 행 18:15) 장로들로 구성되어 있다.

② 선택방법: 장로들(회당의 어른들) 가운데서 장로들이 투표로 그 임기

---

119) Jerusalem Palestine Talnud, Megillah 3. 1. 73d.
120) Lee Levine, *Ancient Synagogue Revealed*, p.4
121) Socob Nevsner, *A History of the Mishinaic Law of Appointed Times*, 3:168-69.

는 1년이며 재선이 가능하다. 어떤 이는 일평생 명예직으로 회당당직에 유임하는 경우도 있다.

③ 회당장의 임무: 회당에 관한 전반적인 감독, 회당건물 및 재산 관리, 공 예배 주관: 기도자, 율법과 선지서 낭독자, 설교자 선정 지명한다.

설교에는 외부 강사들도 초청(눅 4:16-17; 행 13:15; 14:1)하는 것이 통례였는데 예수님도 바울도 초청받았다. 따라서 예수님과 사도 바울 등은 여러 회당에서 전도를 많이 하였다.

2) 회당의 장로들

회중들을 교육하고 채벌(채찍질과 파문)하는 권한을 가지고 있다.

(3) 헌금 수집관(Almoner): 재정관리, 구제품 분배 관리

(4) 회당 관리인(Hazzar): 회당에서 회당장을 돕는다. 사찰과 비슷하다.

(5) 회당의 지도층: 바리새인들, 바리새인들은 회당에서 높은 자리에 앉기를 좋아하였으며, 타인들에게 나타내기를 좋아하였다(마 23:6; 막 12:39; 눅 20:46).

(9) 회당 예배(Worship)의 특징들

원래 "회당은 교육기관으로서 처음 세워졌다. 그러나 후에는 유대인들의 예배 처소로도 사용되었다." 주중에는 학교로, 안식일에는 예배처소로 사용된다.

회당 예배와 성전 예배는 큰 대조를 이루고 있다.

회당 예배는 성전 예배보다

① 덜 형식적이어서 훨씬 더 간편하였다.

② 제사장의 기능이 뚜렷하지 못하였고, 희생의 제물을 죽여서 드리는 일도 없었다.

③ 제사장보다는 랍비(Rabbi; 선생)들이 중심적 인물이었으며,

④ 율법을 가르치는 교육적인 면에 치중하였다.

⑤ 평신도들의 참여가 현저하게 나타났다. 많은 사람들이 회당에 모여 기도하고 성경을 읽고 해석하였다.

⑥ 회중은 긴 의자(bench)에 앉아서 예배를 드렸다. 회중은 남녀 좌석을

달리하였다. 남자들은 한편에, 여자들은 다른 한편에 앉았다. 그리고 중요한 제직들은 앞좌석에 앉았다.

(10) 회당 예배 순서(The Synagogues Service)

미쉬나(Mishina)에는 회당예배 순서를 쉐마, 기도, 성경낭독, 가르침, 축도 등 다섯으로 하였다.

① **성경암송**(쉐마암송, שְׁמַע; Shema Recitation): 회당 예배는 유대인들의 신앙 고백인 쉐마를 암송함으로 시작하는데, 여기서 쉐마는 신명기 6:4-5 말씀을 가리킨다.

예배인도자(제사장)와 회중이 신명기 6:4-9; 11:13-21; 민수기 15:37-41을 서로 맞추어 교독한다. 쉐마는 유대인들의 신앙의 헌장(Manifesto)과 같다. A. D. 70년 예루살렘 성전이 파괴될 때까지 오랜 세월동안 제사장들이 성전에서 쉐마를 암송하였다.

회당에서는 여아들도 남아들과 같이 토라(율법서)를 읽고, 암송하며 같이 공부하였다.

신명기 6:4-9, "이스라엘아 들으라 우리 하나님 여호와는 오직 한분이신 여호와시니 너는 마음을 다하고 성품을 다하고 힘을 다하여 네 하나님 여호와를 사랑하라 오늘날 내가 네게 명하는 이 말씀을 너는 마음에 새기고 네 자녀에게 부지런히 가르치며 집에 앉았을 때에든지 길에 행할 때에든지 누웠을 때에든지 일어날 때에든지 이 말씀을 강론할 것이며 너는 또 그것을 네 손목에 매어 기호를 삼으며 네 미간에 붙여 표를 삼고 또 네 집 문설주와 바깥문에 기록할 찌니라."

민수기 15:37-41, "여호와께서 모세에게 일러 가라사대 이스라엘 자손에게 명하여 그들의 대대로 그 옷단 귀에 술을 만들고 청색 끈을 그 귀의 술에 더하라 이 술은 너희로 보고 여호와의 모든 계명을 기억하여 준행하고 너희로 방종케 하는 자기의 마음과 눈의 욕심을 좇지 않게 하기 위함이라 그리하면 너희가 나의 모든 계명을 기억하고 준행하여 너희의 하나님 앞에 거룩하리라 나는 너희의 하나님이니라 나는 여호와 너희 하나님이니라."

② **성문화된 기도문 낭독**(Fixed Written Prayers): 회당장은 남자 회중

으로 하여금 대표기도를 하게한다. 봉사자(하자르)가 두루마리 성경(율법서)을 가져오면, 회당장이 지명한 사람이 기도문을 낭독하였다. 기도문은 성문화된 기도문들이다. 가장 오래된 회당기도문은 18개의 감사와 간구의 성문화된 기도문으로서 이것은 18 축복기도(18 Benedictions)라고 한다.

1-3: 하나님의 위대하심을 찬양 – 크시고 강하시고 무서운 하나님, 지극히 높으신 하나님, 만물을 창조하신 하나님, 긍휼과 자비를 베푸시는 하나님, 아브라함 · 이삭 · 야곱의 하나님께 감사기도.

4-9: 회개 · 구출 · 치유 · 번영을 간구하는 기도.

10-16: 유대인들의 재회, 메시야 대망, 희생제사의 회복 등을 위한 기도.

17-18: 하나님의 선하심을 인하여 하나님께 감사하는 기도.

성문화된 기도문은 A. D. 3세기까지 만연하였으며 동방교회, 서방교회, 루터교회 등은 지금까지도 성문화된 기도문으로 기도한다.

③ **토라(율법) 낭독(Reading)**: 토라(5경)와 선지서 낭독: 회당장이 지명하는 성경낭독자(남)는 법궤 안에 들어있는, 천에 쌓여있는 두루마리(Scroll; 율법서)를 꺼내어 낭독자(reader)에게 주면, 낭독자는 서서 두루마리를 펴서 낭독한다(눅 4:16,20).

안식일 오전 예배 시에는 적어도 7명의 낭독자들이 동참한다. 첫 낭독자와 나중 낭독자는 시작할 때와 끝날 때 축도를 선포하고 다른 낭독자들은 한 낭독자가 적어도 율법서의 3절 이상을 낭독하며 암송하지는 않는다.

안식일 오후예배 시에는 선지서를 낭독하지 않음으로 낭독자는 3명이다.122)

일반적으로 회당 예배에서 기도와 성경낭독은 가르침(설교)보다 더 우선시 한 중요한 순서들이었다.123)

성경낭독은 팔레스타인 지역 회당들에서는 율법서를 1년에 1회씩 낭독하도록 짜여 있고,

바벨론 지역 회당들에서는 율법서를 154항으로 나누고 3년에 1회씩 낭독하도록 짜여있다. 절기 때에는 절기에 맞는 성경을 낭독한다.

④ **가르침(Teaching)**: 회당예배에 있어서 가르침(교육)은 매우 중요하다.

---

122) Schurer, *History of The Jewish People*, p.451.
123) Ralph P. Martin, *The Spirit and the Congregation*, Eerdmans, 1984, p.60

성전제사 1,000년 역사에는 설교가 없었으나 회당들에서는 가르침이 있었다. 본문에 대한 해석·설교·권면이 있다.

회당장은 설교자를 초청하여 설교를 하도록 한다(행 13:15-16, 42; 14:1; 17:2).

예수님은 성경을 읽으시고(사61:1f), 이어서 앉아서 설교하였다(마 5:1; 눅 4:20-21).

사도 바울은 서서 성경을 읽고 설교하였다(행 13:14-16; 14:1; 17:1, 10, 17; 18:4, 19; 19:8).

⑤ **축도(Benediction)**: 제사장이 손을 들고 민수기 6:24-26절로 축도하면 회중은 아멘(Amen)으로 화답한다. 제사장이 없는 회당들에서는 폐회기도로 마친다.

민수기 6:24-26, "여호와는 네게 복을 주시고 너를 지키시기를 원하시며, 여호와는 그의 얼굴을 네게 비추사 은혜 베푸시기를 원하시며, 여호와는 그의 얼굴을 네게 향하여 드사 평강주시기를 원하노라"

히브리어 원문구조: 24절에는 3단어, 25절에는 5단어, 26절에는 7단어로 구성되어 있다. 각 절마다 2가지 축복들이니 총 6축복이다. 하나님은 축복하시는 하나님, 보호하여주시는 하나님, 얼굴을 비추시는 하나님, 은혜를 베푸시는 하나님, 얼굴을 향하여 드시는 하나님, 평강을 주시는 하나님이시다.

(11) 유대인의 교육(Jewish Education)[124]

유대인의 교육은 가정에서부터 시작한다. 가정교육의 책임은 제1차로는 어머니에게 있다. 기본적으로 교육은 종교교육, 도덕·윤리교육으로 신명기 6:4-9, 시편 121:8절은 가정교육의 중심 성구들이다.

① 히브리 여인들은 아이를 3세 때부터 가르친다.

② 5세부터는 적어도 할렐(Hallel)의 일부(시 113:-118:)를 암송케한다. 시편의 이 부분은 유월절 때마다 암송하였다.

③ 모든 히브리 소년들은 6세 또는 7세 때부터는 회당 학교에 입학하여 쓰고, 읽고, 계산하는 법, 그리고 토라(율법)를 배우고 성경을 암송한다. 암송은 시편을 낭독하는 것 같은 음률로 암송한다.

---

124) John McRey, op. cit., pp. 34-37.

④ 10세 때에는 미쉬나(Mishina)학교에 입학하여 유대교의 구전법(Oral Law) 곧 장로들의 유전(the Traditions of Elders)을 가르치며, 상당히 많은 부분을 암송한다.

⑤ 12세 때에는 성인식(成人式)을 행한다. 성인식은 성인(An adult: 成人)이 되었음을 선포하는 의식이다.

⑥ 13세 때부터는 생업을 가르친다. 랍비들은 말하기를, "어떤 사람이든지 자기 자녀에게 상술(商術)을 가르치지 않으면 자녀들을 도둑으로 만드는 것이다"라고 하였다. 유대인들은 어느 시대 어느 곳에서도 상권(商權)을 장악하여 왔다.

⑦ 13세 또는 15세에 이르면 명석하고 똑똑하다고 인정된 학생들은 랍비가 되기 위하여 랍비학교에 입학한다. 바울이 예루살렘에 있는 랍비학교에 입학하여 가말리엘 스승 밑에서 배웠다는 말은 적어도 13세 이전에 예루살렘으로 갔다는 것을 말해준다. 바울의 스승은 가말리엘이었다(행 22:3). 바울은 모범생이었다. 랍비 학교에서는 유대교의 경전인 탈무드(Talmud)를 배우기 시작한다. 탈무드에는 게마라(Gemara)와 미쉬나(Mishina)가 포함되어 있다. 그리고 탈무드에는 팔레스타인 탈무드와 바벨론 탈무드가 있다.

⑧ 18세에는 결혼한다. 사도 바울은 좋은 가문에서 태어나 위대한 스승 밑에서 수학한 엘리트(Elite)였다. 사도 바울이야말로 육체를 신뢰할 만한 사람이었다(빌3:4).

(12) 예수님과 회당(Jesus and Synagogue)
1) 예수님은 회당들에서 자주 가르치고 설교하셨다.
"내가 너희에게 이르노니"라는 권위적인 말씀을 통하여 하나님 나라의 메시지를 상세히 풀어서 선포하시기도 하였다.

예수님은 가는 곳마다 회당을 전도와 교육 현장으로 사용하였다. 병도 고치셨다. 귀신들린 사람에게서 귀신도 내쫓으셨다. 사람들과 충돌도 있었다(마 4:23; 9:35; 막 1:21, 39; 13:54; 눅 4:15; 요 18:20). 신앙의 원수들과의 심각한 변론도 회당에서 있었다.

예수님은 나사렛 회당에서도 늘 행하신대로 독경대 앞에 서서 이사야서

61:1-2a을 낭독하시고 말씀을 선포하셨다.

이사야서 61:1-2a, "주 여호와의 신이 내게 임하셨으니 이는 여호와께서 내게 기름을 부으사 가난한자에게 아름다운 소식을 전하게 하려하심이라 나를 보내사 마음이 상한 자를 고치며, 포로 된 자에게 자유를, 갇힌 자에게 놓임을 전파하며, 여호와의 은혜의 해와 우리 하나님의 신원의 날을 전파하여"

예수님으로부터 말씀을 들은 사람들은 예수님의 은혜로운 말씀(the gracious words)에 놀랐으며 은혜를 많이 받았다.

2) 예수님은 서기관들과 바리새인들이 회당을 그릇되게 사용하는 것을 책망하셨다.

예수님은 사람들이 회당이나 성전에서 기도드리는 것 자체를 비난한 것이 아니라, 자기 과시를 위하여 위선적으로 기도하는 것을 책망하였다. 예수님은 기도의 본을 보여주셨고, 어떻게 기도하여야 하는가를 가르쳐 주셨다(마 26:38-46; 6:3-13).

3) 유대인 그리스도인들(Christian Jews)은 A.D. 70년 예루살렘 성전이 파괴될 때까지 회당들에서, 교회들에서 신약 예배가 계속되었다.

(13) 사도 바울과 회당

사도행전 17:2, "바울이 자기의 규례대로 저희에게로 들어가서 세 안식일에 성경을 강론하며."

사도 바울은 유대인들이 허락하는 한 가는 곳마다 회당에서 전도하며 가르쳤다. 제 1차·전도 여행 시에 구브로섬 살라미 회당에서(행13:5), 비시디아 안디옥 회당에서(13:14), 이고니온 회당에서(14:1),

제2차전도여행시에 데살로니가 회당에서(17:1-2), 베뢰아 회당에서(17:10), 아덴 회당에서(17:16-17), 고린도 회당에서(18:4), 에베소 회당에서(18:19), 두란노 서원에서(19:8).

회당은 예수 그리스도와 사도 바울의 복음 전파의 중요한 기지가 되었다.

(14) 신약의 회당(The Synagogue in the N. T.)

신약시대의 회당은 일차적으로는 지역 회중(local congregation)이 모이는 회합의 장소로 사용되었다. 가버나움, 나사렛, 예루살렘, 다마스커스, 비스디아 안디옥, 이고니온, 데살로니가, 베뢰아, 아덴, 고린도, 에베소, 빌립보 그리고 갈릴리와 유대지방의 여러 곳에 회당들이 있었다(행 15:21).

성전과의 관계(relation to the temple): 신약시대에 예루살렘 성전과 회당 사이에는 아무런 경쟁도 없었다. 그러나 예루살렘이 멸망당한 후에 회당은 성전과 같이 하나님이 임재하여 계시는 곳으로 간주되었으며, 따라서 회당은 거룩한 곳으로 간주되었다. 그리고 회당에서는 성전에서 제사장에 의한 제사의식들보다 말씀의 선포가 더 중요시되고 더 크게 발전되었으며, 이로써 회당은 예배를 특정한 장소에 대한 지리적 속박으로부터 자유롭게 하였고, 평신도들은 회당에서 성전에서보다 더 중요한 역할을 하게 되었다.

(15) 초기 기독교 선교에 있어서의 회당

(The Synagogue in Primitive Christian Mission)

회당은 초기 기독교 선교활동에 매우 중요한 역할을 하였다. 사도 바울은 가능한 한 다메섹, 살라미, 비시디아, 안디옥, 데살로니가, 베뢰아 등 여러 유대인 회당들에서 주로 그의 선교사역을 시작하였다(행 9:20; 13:5; 14; 17:1, 2, 10). 아볼로도 또한 회당에서 설교하였다(행 18:26). 그리고 브리스길라와 아굴라는 아볼로를 통하여 하나님의 말씀을 받기 위하여 회당집회에 참석하였다. 전에 회당에서 그리스도인들을 핍박하였던 바울(행 22:19; 26:11)은 회당에서 첫 설교를 하였다. 그리고 그는 회당에 참석하였던 유대교 개종자들과 하나님을 경외하는 이방인들을 모아서 신약교회들을 개척하였다.

더욱이 초대교회들은 회당으로부터의 추방이나 이탈을 통하여 매우 신속히 독립하게 되었다(행 19:9). 물론 초기 기독교인들은 회당들에서의 충돌이 불가피하였다. 사도행전 6:9에 의하면 스데반은 회당에서 예수 그리스도의 복음을 전하다가 반대하는 회당의 지도자들과 논쟁하였다. 바리새인들과 유대교 지도자들은 "만일 누구든지 예수를 메시야(그리스도)라고 고백하는 자는 회당에서 출교하기로 결정하였다"(요 9:22).

회당에서의 출교(excommunication)는 예배와 교제를 포함한 사회생활 전반에 걸쳐서 관계를 단절당하는 큰 피해를 입었다. 유대인들의 출교는 두 가지 방식으로 행하여졌다.

첫 번째 방식은 30일 동안 회당에서 모든 권리를 박탈당하는 것으로서 비교적 경고하는 선에서 이루어진 경징계였으며,

두 번째 방식은 가족 관계를 제외한 모든 사회적 관계들로부터 단절되는 것이었다. 예수님 당시에는 이 두 번째 방식의 출교는 유대인 최고 통치기관인 산헤드린 공의회에서만 결정할 수 있었다. 그러나 그 후에는 각 지방에 산재해 있는 각 회당의 지도자들도 이 두 가지의 출교를 모두 결정하고 시행할 수 있게 되었다.

초대교회 성도들은 이런 방식으로 회당에서 출교 당하였다. 나면서부터 소경된 거지는 예수님께서 진흙을 이겨 눈에 바르시고 실로암 못에 가서 씻으라고 하신 말씀에 순종하여 눈을 뜨게 되었다. 눈뜬 소경은 곧 "과거에는 내가 소경이었으나 지금은 내가 본다"(I was blind, but now I see)라고 한 그리스도에 대한 자신의 분명한 답변 때문에 회당에서 쫓겨났다(요 9:1-34).

사도 바울은 고린도에 있는 회당에서 유대인들의 반대와 훼방을 받고 회당으로부터 쫓겨났다. 그리하여 그는 자신을 반대하는 유대인들과 회당을 떠나 회당 바로 옆에 사는 유스도라는 신자(believer) 집으로 옮겨서 가르치는 일과 권면하는 일을 계속하였다(행 18:4-7).

VIII. 신약의 예배(Worship in the New Testament)

신약시대의 예배란 그리스도의 부활과 승천 후 사도시대의 예배, 초대교회의 예배를 뜻한다. 사도시대의 교회들은 신약시대의 초대 교회들이다.

초대교회 예배의식에 관하여는 사도행전, 사도들의 서신들 그리고 요한계시록 등 신약 이곳저곳에 단편적으로 보도되었다. 그러므로 단편적으로 보도된 예배의식에 관한 내용들을 종합하여 고찰함으로써 초대교회의 예배의식이 어떠하였는가를 알 수 있다.

초대교회 예배의식은 유대인들의 회당 예배의식에서 근원을 찾아 볼 수 있다. 초대교회 성도들 다수는 유대인들이었으며, 그들의 예배의식은 회당 예배의식과 매우 밀접한 관련이 있기 때문이다. 예수님과 제자들도 예루살렘 성전에서와 각 지역 회당들에서 예배드렸다. 그리스도께서 부활, 승천하신 이후에도 그리스도인들은 상당 기간 동안 예루살렘 성전과 각 지역 회당들에서 예배를 드렸다. 사실상 그들은 "날마다 마음을 같이하여 성전에 모이기를 힘쓰고…"(행 2:46), "늘 성전에 있으면서 하나님을 찬양하였다"(눅 24:53). 사도 바울도 기도하기 위하여 성전에 갔다고 하였다(행 22:17).

초대교회에서는 공예배(public worship)를 주일날(Lord's day) 드렸다. 예수 그리스도의 제자들과 신자들은 예수 그리스도의 육체적 부활이 있은 직후부터 매주 첫날 가정교회에 모여서 공(公)예배를 드렸다(행 2:46; 12:12). 물론 대절기들을 중심으로 시시때때로 예루살렘 성전을 방문하였다(행 3:1). 이들은 예배 시간에 기도를 드렸는데 예루살렘 성전에서는 오전 9시, 정오 12시, 오후 3시 등 하루에 몇 번씩 공적인 기도 시간이 있었음이 분명하다.

• **사도 바울**은 예루살렘으로 돌아가는 마지막 전도여행 중에 드로아에 들려서 거기서 7일 동안 있으면서 그 주(week)의 첫날(주일날) 제자들을 만났으며(행 20:6, 7) 예배를 드렸다.

• **사도 바울**은 고린도 교회 성도들이 매주일 날(every Lord's day) 교회에 모일 때마다 하나님 앞에 헌금하도록 교훈하였다(고전 16:2). 즉 예배시에 헌신(獻身)과 더불어 헌금(연보; 捐補)을 드렸다.

• **사도 요한**은 계시록에서 언급하기를 "주님의 날(Lord's day)"에 계시를 받았다(계 1:10)고 하였다. 그런데 본문에 "주님의 날"도 일주일간의 제일 첫날 곧 주일날을 가리킨다.

1. 초대교회 예배의 요소들(The Elements of Worship)

(1) 기도(prayers)

초대교회 성도들의 기도는 구약시대 유대인들이 성전에서 드린 기도와 매우 유사하다. 그러나 초대교회 성도들은 예수 그리스도의 이름으로(in the name of Jesus Christ) 기도하기 시작하였다. 뿐만 아니라 제사장을 통하여 희생의 제물을 하나님께 드리는 것이 아니라, 성도들 각자가 자신을 산 제물로 하나님께 직접 예배드리며, 하나님과 직접 교통(direct communication)하게 되었다. 기도 끝에는 유대인들이 **아멘**(Amen)한 것처럼, 초대교회 그리스도인들도 아멘으로 화답하였다.

(2) 찬송(praise)

찬송은 마음 중심에서 나오는 신앙적 표현을 음(노래)으로 나타내는 것이다. 찬송은 하나님께 노래로 영광을 돌리는 것이다. 사도 바울은 에베소 교회 교인들에게 시, 찬미, 신령한 노래로 서로 화답하라고 하였다(엡 5:19). 사도 바울은 골로새 교회 성도들에게도 에베소 교회 성도들에게 분부하신 말씀과 같이 찬송을 강조하였다(골 3:16). 시는 시편을 가리키며, 시편은 악기를 동반한 노래(song with instrumental accompaniment)를, 찬미는 기독교의 교리를 중심 가사로 한 교리 찬송을, 신령한 노래는 성경적 복음찬송을 가리킨다. 고린도 교회 또한 찬송하는 교회였다(고전 14:26). 우리는 시와 찬미와 신령한 노래를 다 불러야 한다. 그런데 어떤 교회는 시편만을 작곡하여 부른다. 그것은 잘못이다. 만일에 성령 하나님께서 시편만을 찬양으로 하신다면 찬송과 신령한 노래를 기록하고 또 권면하실 이유가 어디 있겠는가? 반면에 다수의 교회들은 시편을 부르지 않는다.

(3) 설교(preaching)

설교는 예배 순서의 절정을 차지한다. 사도 바울은 디모데전서 4:13에서 "읽는 것과 권하는 것과 가르치는 것에 착념하라"고 디모데에게 권면하였다. 읽는 것은 성경 봉독이요, 가르치는 것은 교육이요, 권면하는 것은 설교이다. 즉

① 성경 봉독은 하나님의 말씀을 크게 읽음을(출 24:7; 신 31:11; 수 8:35; 왕하 23:2; 느 8:7, 8; 눅 4:16; 행전 15:21; 골 4:16; 살전 5:27),

② 교육은 신앙적 진리를 문답식으로 가르치는 것을(딤전 1:10; 4:1, 6, 16; 5:17; 6:1),

③ 설교는 성경 주해와 적용을 포함한 말씀을 뜻한다.

(4) 성찬(Lord's Supper)

초대교회 예배에는 성찬식이 있었다. 존 칼빈을 위시하여 다수의 신학자들은 떡을 뗌은 분명히 성찬을 가리킨다고 하였다. 물론 떡을 뗌은 주님의 성찬을 가리키며, 성찬은 초대교회 예배의 일부이었음이 틀림없다. 특히 바울서신에는 성찬에 관하여 상세히 교훈하였다. 성찬에 참여함은 특별한 영적 축복에 참여함을 의미한다.

고린도전서 10:16, "우리가 축복하는 바 축복의 잔은 그리스도의 피에 참예함이 아니며 우리가 떼는 떡은 그리스도의 몸에 참예함이 아니냐."

"축복의 잔"(cup of blessing)은 분명히 성찬식에 사용되는 포도즙을 의미한다. 이것을 축복의 잔이라고 하는 이유는 성찬식에 올바로 참여하는 자에게 하나님께서 축복해 주시기 때문이다. 물론 잔 자체가 축복해 주는 것은 아니다. 물질 자체는 아무것도 아니지만 그것들이 특별한 목적으로 사용될 때 우리에게 영적으로 크게 영향을 미친다.

(5) 헌금(offering)

사도 바울은 에베소에서 고린도 교회 교인들에게 보내는 서신에서 이미 갈라디아 교회에 명하신 것을 언급하고(갈 2:10), 헌금에 관하여 교훈하였는데 그는 그들로 하여금 매주 첫날에 정규적으로 주의 일을 위하여 각 사람이 이득을 얻은 대로 인색하지 않고 자원하여 감사함으로 하나님께 드리라고 교훈하였다(고전 16:1-2; 고후 9:6-13).

사도 바울은 또한 헌금과 관련하여 마게도니아 교회들의 헌금을 칭찬하였으며, 고린도 교회로 하여금 그들을 본받으라고 권면하였다(고후 8:6-9:5). 사도 바울의 권면을 받은 갈라디아 교회들과 마게도니아 교회들과 아케아 교회들은 유대지방에 흩어져 사는 궁핍한 사람들을 돕기 위하여 희생적으로 헌금하였다. 사도 바울은 이들 교회들이 자원하여 정성껏 바친 헌금을 전달하기 위하여 예루살렘으로 가서 분배하였다(행 24:17).

그들은 후한 연보로 하나님께 영광을 돌렸다. 그 헌금은 교역자의 복음 사역을 위한 일과 가난한 성도들을 위하여 사용하였다. 금액이 많고 적음이 문제가 아니라, 정성된 마음으로 기쁘고 즐겁고 감사하는 마음으로 자원하여 드리는가가 문제이다. 헌금은 감사의 예물이기 때문이다.

(6) 축도(Benediction)

축도는 하나님이 지정하신 사람 곧 하나님의 기름부음 받은 종(목사)이 하나님의 복들(Blessings)을 그의 사랑하는 자녀들 한 사람 한 사람위에 임하기를 간절히 간구(Invocation)하는 동시에 권위있게 선포하는 축도(A pronouncement of Blessings)이다.

친교(fellowship)-예배 후

친교란 헬라어 "**코이노니아**"(κοινωνία; communion, fellowship, communication; 친교, 교제, 교통)로서 지금은 매우 광범위하게 사용되고 있다. 사도행전 2:42의 "저희가 사도의 가르침을 받아 서로 교제하며, 떡을 떼며, 기도하기를 전혀 힘쓰니라"는 말씀은 초대 예루살렘 교회의 공동생활을 가리킨다. 물론 그리스도인들이 물건을 서로 통용하고 음식을 나누어 먹는 일 모두가 다 넓은 의미에서 성도의 참된 교제임에는 틀림없으며, 성도의 교제는 매우 중요하다.

성경적 교제의 원리는 먼저 그리스도와 성도들과의 신령한 영적 교제가 이루어져야 하며, 그 다음은 그리스도와의 연합된 성도들이 그리스도를 중심으로 상호 교제가 이루어져야 한다. 오늘날 성도들도 아름답고 신령한 영적 교제가 더욱 강화되어야 한다.

제 10 장

세 례
(Baptism)

세례와 성찬은 교회의 가장 중요한 예식이다. 그러므로 세례와 성찬을 성례(聖禮, Sscraments)라고 한다.

웨스트민스터 신앙고백서 대요리 문답 제163문: "성례에는 둘이 있으니 세례와 성찬이다. 그 하나는 표면에 들어나고 감지 할 수 있는 표(sign)인데 그리스도께서 제정하심을 따라 사용하는 것이요, 다른 하나는 내면적 영적 은혜이다."[125]

칼빈(Calvin)은 그의 『기독교 강요』에서 성례는 세례와 성찬뿐이라고 못 박았다. "…초기 신약시대부터 이 세상 끝날 때까지 기독교 교회에 전해져 내려오는 두 가지 성례…이 두 가지 성례 외에는 하나님께서 정하신 성례가 없으므로 교회는 다른 것을 인정해서는 안 된다."[126]

세례는 성찬과 더불어 기독교의 가장 중요한 그리고 거룩한 예식중의 하나이다. 그러므로 세례와 성찬을 성례(sacraments)라고 한다.

1. 어원적 고찰(Etymology)

"세례"(밥티스마, $\beta\acute{\alpha}\pi\tau\iota\sigma\mu\alpha$; baptism; 세례)는 세례 요한의 세례, 그리

---

125) *Larger Catechism*, 163
126) J. Calvin, *Institutes*, IV, 18:19

스도인의 세례 등 일반적으로 세례를 가리킨다.

"세례"(밥티스모스, βαπτισμός; baptism, washing; 세례, 씻음)라는 단어는 의식적 정화(씻음)의 행위를 지적한다(막 7:4; 히 6:2; 9:10).[127]

"세례자"(밥티스테스, βαπτιστής; a baptizer or a baptist; 세례 베푸는 자)는 세례 요한에게만 사용되었으며, 공관복음서에만 14번 기록되어 있다(마 3:1; 11:11, 12; 14:2, 8; 16:14; 17:13; 막 6:24, 25; 8:28; 눅 7:20, 28, 33; 9:19).

"세례를 베풀다"(밥티조, βαπτιζω; to baptize; 세례를 베풀다)는 밥토(βάπτω; to dip; <물에> 찍다)에서 인출되었다. 이 단어는 세례를 베풀다(baptize), 씻는다(wash), 정화한다(purify) 등으로 번역하였으며 (막1:4, 요 1:25, 26,28, 3;22, 26,4:2, 10:40, 고전 1:17).결코 침례를 베풀다 또는 침수하다(immerse)로 번역하지 않았다.

여기서 세례를 준다는 말은 물로 무엇을 씻음을 의미한다. 물로 씻는 종교적 의식은 과거에 지은 죄들을 씻어 버리고 깨끗하게 정화됨을 의미한다. 그러므로 물세례는 죄를 씻는 표, 상징이다. 따라서 세례 요한은 물로 세례를 베풀므로 죄사함을 받으라고 외쳤다.

2. 정의(Definition)

"세례가 무엇인가?"(웨스트민스터 신앙고백서 **대요리문답 165문**) "세례는 그리스도께서 성부와 성자와 성령의 이름으로 물로 씻음을 정하신 신약의 한 성례이다…"

"세례가 무엇인가?"(소요리문답 94문) "세례는 물을 가지고 성부와 성자와 성령의 이름으로 씻는 성례로서 우리가 그리스도에게 접합됨(ingrafting)과 은혜 언약의 혜택들에 참여함과, 주님의 사람이 되기로 약속하는 것을 표시하며 인치는 것이다."

이 정의를 요약하면

① 세례는 성부와 성자와 성령의 이름으로 베푼다(마 28:19).

② 세례는 분명히 씻는 정화를 상징한다.

---

127) Vine's, op. cit., p. 97

③ 세례의 재료는 정결한 물이다. 물은 정화를 상징하기 때문이다(민 8:7; 19:13; 시 51:7; 겔 36:25; 히 9:10).

④ 세례의 의도는 우리가 그리스도께 접합됨과, 은혜 언약의 모든 혜택에 참여함과, 주님의 사람이 되기로 약속(서약)함을 표시하며 인치는 것이다.

세례는 물로 씻어 정결케 하는 의식이니 그것의 내적 의미는 그리스도의 피를 뿌림으로 죄로부터의 정화 곧 죄 씻음으로 인한 죄사함이다(행 2:38; 22:16; 벧전 3:21). 웨스트민스터 신앙고백서 28장에서 좀더 구체적으로 설명하기를 죄 사함과 중생(remission of sins and regeneration)이라고 하였다.128)

하지(A. A. Hodge)는 말하기를 세례는 본질적으로 "물로 씻는 것이다. …물이 필요함은 첫째로 이것이 명령된 때문이며, 이것은 도덕적 정화의 자연적 상징(the natural symbol of moral purification)이기 때문이고(엡 5:26), 모세의 의식에도 그렇게 확정되어 있었다"라고 하였다.129)

댑니(Dabney)는 말하기를 "세례는 … 히브리인들의 정화에 의하여 상징된 것이었다. 정화의 개념은 정결케 함과 헌신(cleansing and consecration)을 다 포함한다 … 세례의 주 관념은 정화이다. 범죄와 부패로부터의 정화와 또한 정화된 사람이 거룩하신 하나님을 섬기는 일에 헌신함을 상징한다. 그런즉 여기서 물은 중생과 사죄의 관념을 포함하였고, 또한 그리스도께 접합과 헌신적 봉사를 약속한다는 관념들도 포함한다"라고 하였다.130)

버즈웰(Buswell)은 말하기를 "… 세례는 십자가상에서 성취하신 그리스도의 속죄를 받아들인다는 것을 직접적으로 의미한다. 그러나 속죄로 말미암아 죄가 사해지며 정화되므로 세례가 깨끗함 또는 씻음(cleansing or washing)에 언급되는 것은 전적으로 적합하다. …세례는 그리스도께서 성취하신 속죄를 성령께서 우리에게 적용시킴으로써 우리의 죄사함 받음을 의미한다. 바울이 세례 받을 때 그에게 말한 아나니아의 말은 세례를 씻는 행위(the act of washing)로 비유하였으니 … (일어나 주의 이름을 불러

---

128) *West. Conf. of Faith.* XXVIII. I
129) A. A. Hodge, *Outlines of Theology*, Banner of Truth, 1983, p. 605
130) Dabney, *Lectures in Systematic Theology*, p. 759

세례를 받고 너희 죄를 씻음 받으라〈행 22:16〉) 죄 씻음에 관한 말씀으로 로마서 6장에 주어진 의미와 다른 의미를 포함하지 않는다. 세례는 그리스도의 속죄로 말미암아 죄가 처치되므로 씻음의 비유는 전적으로 적합하다. "그리스도의 피가 우리를 모든 죄에서 깨끗하게 하실 것이다"라고 하였다 (요일 1:7).[131]

벌콥(Berkhof)은 정화→죄 씻음→죄 사함에 관하여 죄의 오염으로부터의 정화와 범죄로부터의 정화로 분류하여 죄 사함의 내용을 세분화하였다. 죄의 오염은 원죄로부터 내려오는 것이요, 범죄는 자신이 짓는 죄이다. 세례는 이 모든 죄를 정화(씻음)함으로써 죄 사함 받음을 뜻한다.

세례는 정화(purification)를 의미한다. 신약의 세례는 구약의 할례와 같다. 할례와 세례의 양식(mode)은 상이하나, 그것이 내포하고 있는 의미는 동일하다(골 2:11, 12).

신약에서는 "세례"라 일컫는 구약시대의 세정식(洗淨式)은 모두 깨끗하게 하는 정화를 상징하였다. 의심할 여지도 없이 에스겔 38장의 깨끗한 물을 뿌리는 의식의 세례는 "깨끗하게 함과… 그리하면… 너희가 깨끗하리라"는 말씀과 연결되어 있다. 요컨대 구약의 세례는 주로 깨끗하게 하는 면과 관계가 있었다. 이와 같이 정화는 세례의 성격을 나타낸다.

세례는 물로 거행한다. 그 이유는 물은 씻는 것, 깨끗케 함을 나타내는 정화의 요소를 상징하기 때문이다(민 8:7; 19:13; 시 51:7; 겔 36:25; 히 9:10).

3. 세례의 진정한 의미(The True meanings)

(1) **세례는 죄의 오염으로부터의 정화를 의미한다**(Purification from the pollution of sin).

우리 인간은 모두 아담의 후손들이므로 인류의 조상 아담과 하와의 원죄로부터의 오염을 피할 길이 전혀 없다. 실제상 우리 주변에 죄의 오염은 대기의 오염처럼 우리에게 감염된다. 죄의 오염으로부터 받는 피해는 우리의

---

131) J. Oliver Buswell, *A Systematic Theology of the Christian Religion*, pp. 252-3

온 영혼과 육신을 부정하게 만든다.

성령께서는 세례(성령)를 통하여 신자들을 죄의 오염으로부터 정화시키신다. 우리를 죄에서 정결케 씻어 주시는 역사는 성령 하나님의 역사이다. 성령께서는 허물과 죄로 죽었던 우리의 영(靈)을 살리실 뿐 아니라(엡 2:1; 요 3:3, 7), 우리의 중생한 영의 좌소에 내주하시면서(고전 3:16; 6:19-20) 우리를 또한 매일 죄에서 정결케 씻어 주신다(딛 3:5; 엡 5:26; 고전 6:11).

(2) **세례는 범죄로부터의 정화를 의미한다**(Purification from the guilt of sin).

성경은 모든 사람이 죄를 범함으로써 정죄에 이른다고 선언하였다(롬 3:23). 동서고금·남녀노소·빈부귀천을 막론하고, 내면적·정신적으로 죄를 범하며, 외면적 행위로 죄를 범하는 죄인들이다. 그러므로 누구든지 죄 없다 하면 거짓말하는 자이다. 성경은 사람이 짓는 죄의 항목(조목)들까지도 구체적으로 열거하여 제시한다. 사람은 모두 자신들이 직접 지은 죄가 있다. 세례는 우리가 지은 범죄로부터 예수 그리스도의 보혈로 죄씻음받는 영적 정화에 대한 외적 상징이다.

"자기들의 죄를 자복하고 요단강에서 그에게 세례를 받더니"(마 3:6). "베드로가 가로되 너희가 회개하여 각각 예수 그리스도의 이름으로 세례를 받고 죄 사함을 얻으라 그리하면 성령을 선물로 받으리니"(행 2:38). "주의 이름을 불러 세례를 받고 너의 죄를 씻으라"(행 22:16).

(3) **세례는 예수 그리스도의 지상 명령(대사명)이다**(Water baptism is the great commission of Jesus Christ).

"너희는 가서 모든 족속으로 제자를 삼아 아버지와 아들과 성령의 이름으로 세례를 주라"(마 28:19). "너희는 온 천하에 다니며 만민에게 복음을 전하라. 믿고 세례를 받는 자는 구원을 얻을 것이요, 믿지 않는 사람은 정죄를 받으리라"(막 16:15-16). 이 말씀은 예수 그리스도께서 우리를 위하여 죽으시고, 부활하신 후 갈릴리에서 가룟 유다를 제외한 사도들 전원(11명)에게 말씀하신 지상명령이요, 우리에게 주신 대사명(great commission)이다.

주님의 제자들은 성령께서 임하신 후 주님의 명령의 말씀에 순종하였다.

사도 베드로는 외치기를 "너희가 회개하여 각각 예수 그리스도의 이름으로 세례를 받고 죄사함을 받으라"(행 2:38)고 하였다. 베드로의 설교 말씀에 호응하여 초대교회 신자들은 즉시 세례를 받았다. 이 날 세례받은 자의 수가 3000명이나 되었다(행 2:41).

(4) **세례는 그리스도에 대한 순종의 일보이다**(Water baptism is a step of obedience to Christ).

물세례는 "아버지와 아들과 성령의 이름으로 세례를 주라"(마 28:19)고 명하신 주님의 말씀에 대한 순종이다. 목사가 세례를 베풀고 신자가 세례를 받는 것은 주님께 순종하는 일이다. 그 이유는 세례를 베풀거나 받는 것은 그리스도의 명령이기 때문이다. 참된 신앙인은 주님이 요구하시는 것은 무엇이든지 실제 행동으로 순종하며 준행하기를 소원한다. 참 신자가 세례를 받는 것은 그리스도께서 자기의 주(主)가 되심을 수납하는 신앙적 순종의 행위이다. 순종은 신앙의 표시이다.

사도행전 22:16, "… 세례를 받으라"에서 헬라어 "밥티사이"(βάπτισαι; be baptized)는 허용적 중간태이니 곧 세례를 받도록 네 자신을 허락하라 (allow yourself to be baptized)는 뜻이다. 그러므로 예수님을 구주로 영접한 자는 그 표로서 세례를 받는 것이 마땅하다. 사도행전에서는 세례를 항상 개신자(改信者)들과 관련하여 언급하였다. 그러므로 자신의 구원의 확신이 있는 신자이면 세례를 받았다.

(5) **세례는 참 신자들에게만 베풀어져야 한다**(Water baptism is for genuine believers).

예수 그리스도를 자신의 구주로 영접한 자는 그 표로서 세례를 받는다. 이것은 세례 받는 자의 기본적 요건이다. 물세례는 성령세례의 상징인 의식적 세례(ritual baptism)이므로 중생하여 구원받고 회심한 신자들에게는 항상 물세례가 시행되어야 한다. 세례에 관한 신약의 구절들은 예수 그리스도를 자신의 구주로 영접한 자들은 세례를 받았다고 교훈하였다(행 2:41; 8:12; 9:18; 10:47-48; 16:14-15, 33-34; 18:8; 19:3-5).

따라서 사람은 자신이 구원을 받은 후 그 사실을 충분히 인식할 때까지는 세례를 받지 말아야 할 것이다. 성령세례를 받지 않은 자(중생하지 않은 자=구원받지 못한 자)가 물세례를 받는다면 그것은 말씀에 위배되며, 세례를 통하여 받은 은혜의 혜택을 누리지 못한다. 그러나 자신이 구원받은 후 그 사실을 충분히 인식하면 그리스도의 명령에 의하여 세례를 받아야 한다. 그러므로 자신이 구원의 확신이 있는 신자이면 세례를 받았다. 그리고 보다 더 깊은 구속의 진리들은 신앙생활을 통하여 점차적으로 획득된다. 그럼에도 불구하고 물세례는 구원과는 관계가 없다.

(6) **물세례는 성령세례의 외적 상징과 표이다**(Water baptism is a symbol and sign of the baptism of the Holy Spirit).

그러므로 성령세례를 받은 자들만이 물세례를 받는 것이 원리이다(행 10:47). 그러나 성령세례를 받지 못한 자들이 물세례를 받은 자들도 있다. 반면에 성령세례는 받았으나 물세례를 받지 못한 자들도 많이 있다. 그렇기 때문에 물세례를 받은 자는 다 성령세례를 받은 자라고 할 수 없음과 같이 물세례를 받지 못하였다고 모두 성령세례를 받지 못한 자라고는 단정지을 수 없다. 실제상 물세례를 받지 못한 자들 중에도 성령세례와 구원을 받은 자들이 많이 있다. 성령세례는 구원과 공존하기 때문이다.

웨스트민스터 신앙고백서 28장 5절에 따르면 "비록 이 규례를 멸시하거나 소홀히 여기는 일이 중한 죄가 된다고 하지만 은혜와 구원은 세례와는 불가분의 관계에 있어서 구원을 받은 자가 반드시 세례를 받았다거나 세례를 받은 사람 모두가 의심할 여지없이 중생을 받는 것이 아니다."

(7) **세례는 교회의 입교 의식이다**(Water Baptism is a ritual ceremony to be a member of the Church).

세례 받은 자는 교회의 공적 회원(official member)됨을 뜻한다. 신자들은 세례를 받음으로써 비로소 기독교 공동체의 일원으로 실제로 현실적으로 참여하게 된다. 교회의 일에 참여할 수 있는 사람은 초대받은 손님이나 지식인이나 권력층이 아니라, 중생한 참 신자로 세례를 받은 사람이다. 세례를 받지 않은 자는 교회의 일에 참여할 수 없다는 뜻이 아니라, 하나님의 일에 참여할 수 있는 조건이 결여된다는 뜻이다. 그 이유는 세례를 받음으로써 일할 수 있는 여건이 부여되기 때문이다. 주님의 교훈을 알면서도 세례를 받지 않는 사람은 불순종의 죄를 범하는 것이 된다. 교회는 그리스도의 명령에 순종하여 참 신자들에게 세례를 베풀어야 하며, 참 신자들은 세례를 받아야 한다. 통상적으로 미국과 영국 그리고 구라파의 다수 전통적 교회들은 교회 헌법상 또는 행정상 세례 받은 자들만을 교회의 회원으로 간주하고 선거권과 피선거권을 부여한다. 한국 교계에서도 세례 받은 자만이 선거권과 피선거권을 가지고 있다.

(8) **세례는 은혜의 한 기구(방편)이다**(Water baptism is an instrument of grace).

하나님의 말씀이 은혜의 제1의 방편이라면 성례는 제2의 은혜의 방편이라고 하겠다. 성례는 말씀을 통하여 받은 은혜에 추가하여 은혜를 받거나, 또는 은혜의 분량을 증보, 강화시킨다. 말씀은 그 자체로 완전한 은혜의 방편이나 성례는 그 자체만으로는 완전한 은혜의 방편이 될 수 없다. 성례는 말씀을 근거로 시행할 때 은혜의 방편이 된다. 성례에서 하나님은 영(Spirit)으로 우리에게 찾아오시며 은혜를 베푸신다. 그런데 성례가 은혜의 방편으로서 사용되려면 온전하고 합당한 성례, 곧 성경의 교훈과 일치하는 성례가 되어야 한다.

바른 성례가 되기 위해서는 성례의 재료, 예식의 식사(式辭), 의도와 목적 등이 성경의 교훈과 일치해야 한다. 바른 재료는 세례에서는 청결한 물, 성찬에서는 알코올 성분이 전혀 없는 포도즙, 바른 식사(式辭)는 성부·성자·성령의 이름으로 세례를 베푸는 것, 바른 의도와 목적은 세례 받는 자가 세례를 받음으로 받은바 구원을 확신케 하고, 신앙을 강화시키며, 그리스도의 제자가 되었음을 공적으로(publically) 시인하고 증거하는 것이다.

웨스트민스터 신앙고백서 27:3, "올바르게 사용되는 성례들 안에서 혹은 성례들(세례와 성찬)에 의하여 전시(展示)되는 은혜는 그것들 안에 있는 어떤 능력에 의하여 수여되는 것이 아니요, 성례의 효능이 그것을 집례하는 자의 경건이나 의도(意圖)에 의존하는 것도 아니요, 오로지 성령의 사역과 그것을 사용할 권위를 주는 교훈과 함께 자격 있는 수납자(receiver)가 받

을 혜택의 약속을 포함하는 예수의 말씀들에 의존한다”라고 하였다.132)

성례들에 의하여 전시되는 은혜는 그것들 안에 있는 어떤 능력에 의하여 수여되는 것이 아니라는 조문(條文)은 성례의 재료인 청결한 물(pure water)이나 알코올 성분이 없는 포도즙(unfermented wine) 자체가 은혜를 제공한다는 의미가 아니며, 성례의 효능이 그것을 집례하는 자의 경건이나 의도에 의하지 않는다는 조문은 성례 집행자의 신앙적 준비의 가치를 과소 또는 부정하는 것이 아니라, 그 유효성이 하나님의 말씀과 성령님의 역사에 있음을 강조한 것이다.

(9) 세례는 공적 신앙고백이다(Water baptism is a public testimony to others).

세례 받는 자는 세례를 주는 자와 그 세례식에 참여한 자들 앞에서 그리스도 안에서의 신앙을 공적으로 고백하는 것이다. 사도행전에서는 세례를 사적(私的)인 석상에서 베풀어야 하는지 또는 공적인 석상에서 베풀어야 하는지에 대하여 규정하거나 강조하지는 않았지만 반면에 비밀리에 베풀거나 받는다는 시도는 전혀 없다. 실제상 사도행전 2:41에 의하면 사도 베드로는 수많은 사람들에게 세례를 베풀었으며, 대조적으로 사도행전 8:38에서는 매우 소수에게 세례를 베푼 것으로 보도하고 있다. 그런데 분명한 사실은 세례식에는 소수의 사람들일지라도 증인들(witnesses)이 있었다는 사실이다. 일반적으로 그 증인들은 신자들이었다.

세례는 이 죄악 세상의 옛 생활로부터 이별하고 하나님의 말씀에 순종하기로, 기독교 교리의 신봉자가 되기로, 그리고 그리스도께 속한 그리스도인(Christian)이 되었다는 사실을 공적으로 선포하는 신앙고백이다. 초대교회 성도들은 핍박이 가혹함에도 불구하고 세례를 받았으니 어떤 이들의 경우에는 세례를 육신의 생명과 바꾸기까지도 하였다. 실로 세례는 이 세상으로부터의 이별이며, 자신만을 위하여 살지 않고 주의 일에 충성하겠다는 약속과, 자신의 안일보다는 하나님을 영화롭게 하기 위하여 헌신하겠다는 마음과 확실한 증거가 된다. 금일의 신자들도 그와 같은 신앙적 자세를 가지고 세례식에 참여해야 할 것이다.

---

132) *Westminster Confession of Faith*, 27: 3

4. 세례의 중요성(Importance)

(1) **예수 그리스도께서 세례를 받으셨다**(Jesus Christ was baptized).

"예수께서 세례를 받으시고…"(마 3:16). 예수님께서 요단강에서 세례 요한으로부터 세례를 받으시고 물에서 나오셨을 때 하나님의 영(the Spirit of God)은 그에게 비둘기 형태로 임하셨다. 그리고 하늘에서 소리가 있어 가로되 "이는 나의 사랑하는 아들"(마 3:17)이라고 하였다.

예수님의 세례 받으심에서 3위1체 교리를 발견한다. 성부는 성자께 나의 사랑하는 아들이라 하시고, 성자는 세례를 받으시고, 성령은 성자 위에 비둘기처럼 임하셨다. 이 말씀은 예수님이 하나님의 아들이심을 증거한 말씀이다(요 1:32-34). 이 말씀은 또한 이사야 선지자의 예언이기도 하다(사 11:2).

물론 예수 그리스도께서 세례 요한으로부터 세례를 받으신 이유는 그리스도인들이 받는 세례와는 그 의미가 전연 상이(相異)하지만 우리가 세례를 받음으로 주님께서 우리를 위하여 고난을 받으사 우리에게 본을 보여 그 자취를 따라가게 하셨다(벧전 2:21).

(2) **예수 그리스도께서 그의 제자들이 세례 베푸는 것을 승인(허락)하셨다**(Jesus Christ approved of His disciples baptizing).

"예수의 제자를 삼고 세례를 주는 것이 요한보다 많다 하는 말을 바리새인들이 들은 줄을 주께서 아신지라 예수께서 친히 세례를 주신 것이 아니요, 제자들이 준 것이라"(요 4:1-2).

예수님 자신은 아무에게도 세례를 베풀지 않으셨으나 제자들이 세례 베푸는 것을 허락했다. 예수님 자신이 직접 세례를 베풀지 않으신 것은 아마도 세례 요한과 자신과의 분열을 막기 위함일 것이며, 또한 더 큰 일을 하시기 위함이었을 것이다.133) 더 큰 일은 곧 복음을 전파하는 일이었다.134)

(3) **예수 그리스도께서 그리스도인들에게 세례 받으라고 명령하셨다**(Jesus Christ commanded that Christians be baptized).

---

133) Barnes' op. cit., p. 281
134) Matthew Poole, *Conmentary* III, p. 295

"그러므로 너희는 가서 모든 족속으로 제자를 삼아 아버지와 아들과 성령의 이름으로 세례를 주고"(마 28:19).

이 말씀은 제자를 삼는 것과 더불어 예수 그리스도의 지상명령(至上命令)이다. 그리스도의 지상명령은 그 명령을 직접 받은 사도들뿐만 아니라 참 교역자들 그리고 그리스도를 자신의 구주로 고백하는 모든 신자들에게도 동일한 명령이시다.

(4) **초대교회는 세례를 중요시했다**(The early church gave an important place to baptism).

초대교회 사도들과 장로들은 그리스도의 교훈을 명심하여 신자들을 세례 받지 않은 상태에 남겨두지 않았다. 예수 그리스도를 구주로 영접한 기독 신자들은 외적 증거로 세례를 받았다.

베드로는 오순절 날 각각 예수 그리스도의 이름으로 세례를 받으라고 설교하였고, 그 말씀을 받은 사람들 3000명이 세례를 받았다(행 2:38, 41). 빌립은 사마리아 전도에서 많은 남녀들과 시몬에게 세례를 베풀었고 (8:12-13), 에디오피아 여왕의 국고를 맡은 내시에게도 세례를 베풀었다 (8:36, 38). 베드로는 가이사라에서 이방인들에게 세례를 베풀었으며(행 10:47, 48), 바울은 두아디라 성의 자주 장사 루디아와 그 집안 모두에게 (16:15), 빌립보 감옥 간수에게(16:33), 고린도에서 회당장 그리스보와 온 집안에게(18:8), 에베소 사람들에게(19:5) 세례를 베풀었다.

(5) **신약은 성례를 중요한 신학적 진리들을 상징하는 것으로 교훈하였다** (The New Testament uses the sacrament to symbolize important theological truths).

세례는 정화 곧 범죄로부터의 정화와 죄의 오염으로부터의 정화를 의미하는 외적 상징으로서 중요한 신학적 진리들을 교훈한다(마 28:19; 행 2:37, 38; 16:14, 15, 34; 롬 6:1-10; 갈 3:27; 벧전 3:21).

(6) **히브리서 기자는 세례를 근본적인 진리로 신봉하였다**(The writer to the Hebrews terms baptism a fundamental truth).

"그러므로 우리가 그리스도의 초보를 버리고 죽은 행실을 회개함과 하나님께 대한 신앙과 세례들과 안수와 죽은 자의 부활과 영원한 심판에 관한 교훈의 터를 다시 닦지 말고 완전한 데 나아갈지니라"(히 6:1-2).

히브리서 기자는 기독교 세례를 범죄로 타락한 자들의 회개, 하나님께 대한 신앙, 죽은 자들의 부활, 최후 심판 등과 더불어 매우 중요한 교리들 중의 하나로 신봉하였다.135)

5. 방식(Mode)

일반적으로 세례의 방식 또는 양식은 **세례**(sprinkling)와 **침례**(immersion)로 이분(二分)한다.

(1) 세례(Baptism=Sprinkling)
1) 구약에서(in the O. T.)

구약시대 결례 즉 정화 의식은 물 뿌림(sprinkling)이었다. 구약시대부터 세례의 상징인 정화(purification)는 물을 뿌리는 것이었다. 따라서 세례의 신령한 의미는 정결케 하는 것이다(출 24:6, 7; 레 14:7; 민 19:4, 8). 이것이 히브리서 9:10에서는 "씻는 것" 곧 세례로 되었다.

제사장들은 하나님 앞에 봉사하려고 할 때 손과 발을 씻었으며(출 30:18-21), 또한 그들의 개인적인 씻음이 물두멍(laver=제사장이 사용한 대야)에서 시행되었는데(대하 4:6), 거기에서부터 물이 꼭지를 통하여 부어졌다. 한편 정결은 피(blood) 또는 재(ashes) 그리고 물(water)을 뿌림으로써 시행되도록 자유스럽게 명령되었다(레 8:30; 14:7, 51; 출 24:5-8; 민 8:6-7; 히 9:12-22).

• "나아만이 이에 내려가서 하나님의 사람의 말씀대로 요단강에 일곱 번 몸을 잠그니 그 살이 여전하여 어린아이 살 같아서 깨끗하게 되었더라"(왕하 5:14). 나아만이 목욕하였다는 말이지 몸을 완전히 물에 잠궜다고 증명할 수 없다. 씻는다는 정화의 개념은 물을 위에서 뿌리는 것을 의미한다.

• "우슬초로 나를 정결케 하소서 내가 정하리이다 나를 씻기소서 내가

---

135) Charles C. Ryrie, *Basic Theology*, pp. 421-2

눈보다 희리이다"(시 51:7). 우슬초로 물을 뿌려 정결케 씻는다는 뜻이다. 우슬초를 물에 잠근다면 이치에 맞지 않는다.

• "느부갓네살 왕이 하늘의 이슬에 젖었다"(단 4:33). 여기에 "젖었다"(wet)는 동사도 밥토(βάπτω)이다. 젖었다는 말이 침수(浸水)를 가리킨다면 이슬이 얼마나 많아서 그 이슬에 침례(浸禮)를 받을 수 있겠는가? 그것은 이치에 맞지 않는 불가능한 일이다.

2) 신약에서(in the N. T.)

신약의 세례도 물 뿌림의 세례이다. 세례에 관한 신약성경 구절들은 침수가 아닌 "물 뿌림 또는 물 부음"(sprinkling or pouring)의 세례라는 사실을 교훈한다.

① **헬라어 원문:** 밥티조(βαπτίζω; baptize; 세례를 주다)는 "세례주다"(baptize), "씻는다"(wash), "정화한다"(purify) 등으로 번역하였으며, 결코 침례 또는 침수(immerse)로 번역하지 않았다. 세례에 사용된 단어들은 물 뿌림이나 또는 물 부음을 의미한다. 신약성경에는 세례의 방식으로 침례가 사용되었다는 기록이 없다.

② **유대인들의 결례(潔禮; 정결의식)도 세례를 상징한다:** 기독교 세례가 정결이고, 그것이 또한 유대교의 정결의식(ritual cleaning)과 밀접한 유대인들 가운데서 제정되었으므로 자연히 뒤따라오는 것은 이러한 형식들에 대한 지식이 기독교 의식의 본질과 방식에 많은 빛을 던져 주었다는 사실이다.

• "바리새인들과 모든 유대인들이 장로들의 유전을 지키며 손을 부지런히 씻지 않으면 먹지 아니하며 또 시장(market)에서 돌아와서는 물을 뿌리지 아니하면 먹지 아니하며..."(막 7:3-4). "잡수시기 전에 손 씻지 아니하심을 바리새인들이 보고 이상히 여기는지라"(눅 11:38).

• 유대인들은 식사 전에 손을 씻는 것이 전래적 풍속이다. 즉 바리새인들과 유대인들은 예수님의 제자들 중 몇이 손을 씻지 않고 먹는 것을 보고 놀랐다고 하였다. 유대인들에게는 과거에 랍비들에게로부터 이어받은 여러

가지 관습이 있는데(장로들의 유전) 예를 들면 손을 씻지 않으면 먹지 않았고, 시장(market)에서 돌아와서 손을 씻지 않으면 먹지 않았다.

• 일반 보통 사람들이 시장(market)에서 돌아올 때마다 손이나 발을 침수(浸水)시켜야 한다는 주장은 그 당시 습관이나 상황으로서는 불가능한 것이다. 손을 씻는 것은 몸 전체의 침수가 아님을 가리키며, 이것은 "세례준다 또는 받는다"(baptize)는 말로 표시되었다.

• 히브리서 9:10의 "여러 가지 씻는 것"은 "여러 가지 뿌림"(various sprinkling)을 가리킨다. "여러 가지 세례"라고 하였으니 세례의 양식이 꼭 동일하지는 않음을 가르친다. 그러면 구약의 여러 가지 세례의 양식들은 무엇이었는가?

히브리서 9:13, 19, 21에 의하면,

• 물만 뿌리는 것(sprinkling of water)
• 물과 재를 뿌리는 것(sprinkling of water and ashes)
• 기름을 뿌리는 것(sprinkling of oil)
• 피를 뿌리는 것(sprinkling of blood) 등이다.

이들 뿌리는 의식은 사용된 물질 성분에 따라 여러 가지 뿌림(various sprinkling)이었다. 그러므로 침례를 주장하는 사람들은 구약성경이 침례를 가르친다거나 또는 여러 침례들을 보여준다는 등의 만족스러운 설명을 할 도리가 없다.

③ **세례 요한도 물 뿌리는 세례를 베풀었다**(요 1:31): 구약시대부터 정화(淨化)의 의식인 세례는 머리 위에 물을 뿌리는 것이었다. 본문에서도 세례는 물 뿌리는 것을 의미한다. 바리새인들이 요한에게 와서 "당신은 누구냐?"고 질문했을 때, 요한은 "나는 메시야가 아니다"라고 대답하였다. 바리새인들이 계속하여 "만일 당신이 메시야가 아니면 어찌하여 세례를 주는가?"(요 1:25)라고 질문하였다. 바리새인들은 이사야 52:15; 에스겔 36:25에 근거하여 그들의 해석대로 메시야가 사람들에게 물 뿌리는 세례를 베풀 것을 기대하였던 것이다. 그러므로 세례 요한이 세례를 베풀 때 그들은 혹시 세례 요한이 메시야가 아닌가 하고 확인하기 위하여 질문한 것이다.

④ **예수님께서도 세례를 받으셨다**(마 3:11-12; 막 1:7-8; 눅 3:15-18; 요일 1:19-27): 민수기 8:6-7에 의하면 구약시대의 정결케 하는 의식은 물 뿌림이었다. 물로 정결케 하는 의식이 세례였다.

예수님은 세례 요한으로부터 세례를 받았는데 요한은 구약시대의 마지막 제사장이며 동시에 선지자로서 구약의 세례인 정화 의식을 물 뿌림으로써 수행하였다(레 14:2, 7; 민 8:7; 19:4, 13). 그러므로 예수님이 받은 세례는 침례가 아니라 물 뿌림의 세례였다.

"예수께서 세례를 받으시고 물에서 올라오실 때…"(아네베 아포 투 후다토스, $\dot{\alpha}\nu\dot{\epsilon}\beta\eta$ $\dot{\alpha}\pi\dot{o}$ $\tau o\hat{\upsilon}$ $\dot{\upsilon}\delta\dot{\alpha}\tau o\varsigma$; "…went up straight way out of water, NIV<마 3:16>).

"요단강에서 요한에게 세례를 받으시고 곧 물에서 올라오실쌔…"(coming up out of the water, NKJV, NIV<막 1:9-10>).

위의 구절들에 근거하여 침례를 주장하는 사람들은 예수님이 요단강에서 세례 요한으로부터 세례를 받으실 때 물속에 들어갔다 나온 것(rose up from under water)으로 해석한다. 그러나 이 말씀은 물속에 들어갔다가 나오는 침수를 가리킴이 아니고, 물에서 강변(쪽)으로 나오셨다고 해야 올바른 해석이다.

⑤ **사도 베드로가 배푼 세례**(행 2:40-41; 4:4): "그 말을 받는 사람들은 세례를 받으매 이 날에 제자의 수가 3,000명이나 더하더라"(행 2:40-41). "아버지여 저희를 용서해 주옵소서 자기의 하는 것을 알지 못함이니이다" 라고 하신 우리 주님의 기도에 응답하여 오순절 날 예루살렘에서는 3,000 명이 세례를 받고 그리스도인이 되었다.

어떻게 하루에 3,000명에게 세례를 배풀 수 있었겠는가? "우슬초로 나를 정결(精潔)케 하소서"라는 시편 기자의 말을 기억한다면 하루에 삼천 명에게 세례를 배풀었다는 말씀은 능히 이해가 간다. 만일 사도들이 우슬초 가지나 또는 종려나무 가지와 같은 것으로 사람들 머리 위에 물을 뿌리는 것으로 세례를 배풀었다고 하면 하루에 삼천 명에게 세례 배풀었다는 말씀에 아무 문제가 제기되지 않는다.

그러나 하루에 삼천 명이나 되는 그 많은 사람들에게 침례를 베풀었다고 주장한다면 그것은 심각한 문제가 대두될 수밖에 없다. 실제상 예루살렘 일대는 물이 흐르는 곳이 없고, 물이 귀한 상황 하에서 그 많은 사람들에게 침례를 베풀기 위한 물 공급(供給)이란 상상도 할 수 없다. 오순절의 세례는 물을 뿌리거나 붓는 세례의 방식 이외에 다른 어떠한 세례방식도 생각할 수 없다. 그러나 침례파에서는 주장하기를 "예루살렘에는 오순절 날 3,000명이 침례를 받을 충분한 연못, 저수지들이 있었다"고 고집한다.136)

⑥ **빌립이 사막에서 구스 내시에게 베푼 세례**(행 8:26-39): 빌립은 에디오피아 여왕 간다게의 모든 국고를 맡은 큰 권세가 있는 구스 내시(內侍)에게 사막에서 세례를 베풀었다. 구스 내시는 예루살렘에 올라가 예배를 드리고 다시 자기 집으로 돌아가는 길이었다. 그는 사막에서 물을 발견하고 병거에서 내려 빌립으로부터 세례를 받았다.

구스 내시는 유대 지방의 남쪽에 위치한 사람이 살지 않는 사막지대의 변방(邊方)인 **네게브**(Negeb)를 지나는 길이었다. 설령 침례로 세례를 주고 싶은 뜻이 있었다고 할지라도 그곳에는 침례를 베풀 만한 물이 충분하지 못하다는 것은 절대적인 사실이다. 만일 그곳에 침례를 베풀기에 충족한 작은 못(저수지; pool)이나 강이 있었다면 틀림없이 침례가 이루어졌을 것이라고 주장할 것이나 강은 볼 수가 없다. 현재 그 지역에는 강(river)도 시내(stream)도 찾아 볼 수 없으며 또한 과거에 강이나 시내가 있었다고 하는 역사적 문서도 없다는 것은 확인된 사실이다. 물을 얻을 수 있다고 하면 간혹 찾아볼 수 있는 작은 샘물뿐인데 그것도 절벽이나 언덕배기에서 똑똑 떨어져 조그마한 물웅덩이를 이루다가 모래 속으로 스며들고 만다.

내시가 물을 보고 "보라! 여기에 물이 있다"라고 말한 것은 약간의 작은 물(후돌, ὑδωρ uJdwr; some water)이면서도 세례 받기에는 충분한 물을 보고 놀란 것을 보여준다. 이런 점으로 미루어 빌립이 내시에게 준 세례도 물을 뿌리는 세례였다는 것을 알 수 있다.

⑦ **바울이 받은 세례**(행 9:18): 누가는 바울이 받은 세례에 관하여 진술

---

136) Charles Ryrie, op. cit., p. 424

하기를 바울은 일어서서(stand up) 기립한 상태에서 아나니아로부터 세례를 받았다고 하였다.

바울이 "… **일어나 세례를 받고**"(…arise and baptized<행 9:18>). 일어난다는 말은 선다(stand up)라는 말로 종종 번역되었다(행 10:26). 바울은 기립(起立)한 상태에서 세례를 받았다는 뜻이다. 즉 세례를 받을 때 서 있었다는 뜻이다.

본문은 신약성경에 옥내(indoors)에서 세례 받은 3가지 기록들 중에 하나이다. 옥내에서 세례 받은 세 가지 사건은 바울이 받은 세례, 고넬료가 받은 세례, 빌립보 감옥의 간수가 받은 세례 등이다. 그 당시는 침례를 베풀 만한 시설이 되어 있지 않았으며, 침례를 위한 물도 충분하지 못했다. 당시 상황도 침례를 부정한다. 옥내에서 세례를 받은 것은 침례의 개념 자체를 부인한다.

⑧ **사도 베드로가 고넬료에게 베푼 세례**(행 10:47-48): 사도 베드로는 군대의 백부장으로 하나님을 경외하며, 항상 기도하며, 구제를 많이 하는 가이사랴의 고넬료에게 옥내(집)에서 세례를 베풀었다.

⑨ **사도 바울이 빌립보 감옥 간수에게 베푼 세례**(행 16:33): 바울과 실라가 옥(prison) 중에서 밤에 간수와 그 가족들에게 베푼 세례였다. 그 당시 상황에 비추어 볼 때 깊은 밤에 간수와 그 가족에게 베푼 세례는 세례 외에 다른 어떠한 방법(침례)을 생각할 수 없다. 더구나 바울과 실라가 바로 몇 시간 전에 얼마나 많은 매를 맞았던가를 상기해 보라! 바로 이런 상태에서 그 시각에 침례란 두 사람에게 더 없는 고역(苦役)이었을 것이다. 그리고 간수(看守)가 바울과 실라의 매 맞은 자리(행 16:22, 23)를 씻어준 물이 담겨 있는 바로 그 그릇의 물로 세례를 받을 때 물을 뿌리는 방식을 사용하였으리라는 것은 신빙성 있는 추측이다.

⑩ **성령세례가 위에서부터 임하는 것과 같이, 성령세례의 외적 상징인 물세례도 위에서부터 시행되는 세례이어야 한다:** 성경은 성령세례와 물세례를 항상 밀접하게 관련시켰다. 예수님께서 세례 받으실 때 하나님의 영(성령)이 비둘기같이 내려 그 위에 임하심을 보았다. "예수께서 세례를 받으시

고 곧 물에서 올라오실 때 하늘이 열리고 하나님의 성령이 비둘기같이 내려 자기 위에 임하심을 보시더니"(마 3:16)

그리스도께서 승천(昇天)하시기 바로 직전에 제자들에게 이르기를 "너희는 몇 날이 못되어 성령으로 세례를 받으리라"(행 1:5)고 하였다. 제자들은 주님의 명령에 순종하여 예루살렘에서 성령의 임하심을 기다렸다. 그리고 성령이 임하셨을 때 베드로는 이것이 곧 요엘 선지서의 예언(욜 2:28-32)의 성취라고 하였다(행 2:14-18). 그런데 요엘 선지자가 예언한 성령의 임하심도 "위로부터"(from above)이다. 이와 같이 세례도 세례를 받는 사람 머리 위에 물을 붓거나 뿌리는 것(pouring or sprinkling)으로 생각해야 마땅하다.

성령세례에 있어서 세례가 위(머리 위로)로 임하는 것같이 물세례도 위로부터 베풀어져야 한다. 그 이유는 물세례는 성령이 위로부터 임하시는 외적표시(外的表示)이며 상징이기 때문이다. 성경은 성령세례와 물세례를 항상 밀접하게 관련시켰다.

⑪ **많은 물들(many water)은 많은 샘들(many springs)을 뜻한다:** "요한도 살렘 가까운 에논에서 세례를 주니 거기 물들이 많음이라 사람들이 와서 세례를 받더라"(요 3:23).

본문은 세례의 방식의 문제를 해결해 주는 중요한 열쇠가 되는 구절들 중 하나이다. 만일 세례 요한이 세례를 베풀기 위하여 많은 물이 필요했다면 그것은 침례를 베풀 수 있었고, 또 침례였다고 주장할 수 있을 것이다. 그러나 본 절에 "물들이 많음이라"는 말씀은 "후다타 폴라"(ὕδατα πολλὰ)라는 단어로서 "많은 물들"(many waters)을 가리킨다. "후다타"(ὕδατα)는 복수로서 물들이다. 이것은 샘들(springs or fountains)을 의미한다. 그리고 폴라(πολλα)는 많은 수를 가리키는 형용사이다. 결코 양적(量的)인 면을 가리키지 않는다. 즉 많은 양의 물을 가리킴이 아니다.

하지(William Hodges)는 이렇게 말한다. "애논(Aenon)은 한 수역(水域)에 많은 물이 아니라, 많은 샘들이다. 분수(fountain) 또는 샘(spring)의 복수형이 되는 애논(Αἐνών)은 아마도 그곳에 있는 많은 샘들 또는 분수들에서 그 이름을 취했을 것이다. 그렇게 되면 이것은 "후다타 폴라"(ὕδατα πολλά; 많은 물들)와 일치하게 된다. 즉 한 수역의 많은 물(much water)이 아니라, 많은 물들(many waters), 많은 샘들(many springs or fountains)이 되는 것이다."137) 이 물들은 침례를 거행할 만한 넘치는 물이 아니다.

크리스티(Christy)는 다음과 같이 기록하고 있다. "여기서 침례의 증거를 찾는 데 익숙해 있는 사람들에게는 안됐지만 이 샘들(springs)은 오늘날까지도 마찬가지이지만 초원지대(草原地帶)를 거쳐 요단강으로 졸졸 흘러드는 물이어서 침례를 베풀 정도는 못된다"고 하였다.138)

⑫ 세례는 정화를 상징하므로 맑은 물(clean water)이 중요하다: 물의 양이 얼마나 되느냐 하는 것은 중요하지 않다. 다만 맑은 물이 중요하다. 요한이 보다 많은 물을 찾기 위해 요단 강(팔레스틴에서는 최대의 물 근원임)을 떠나 다른 지방으로 갔을 것이라는 생각은 도저히 있을 수 없다. 만일 그렇다면 어째서 요한은 그때에 요단강을 떠났던가?

크리스티(Christy)는 다음과 같은 견해를 피력한다. 요한은 세례의 의미와 같이 정결한 물로 세례를 베풀었다. "장소 변경의 원인으로 요한의 마음속에 틀림없이 있었던 생각은 이들 '많은 샘들'의 시원하고 깨끗한 물과 연중(年中) 이때쯤이면 으레 그러하듯 '언덕에 넘치는'(수 3:15) 요단강의 더러운 흙탕물과 비교해 본 것이다. 세례 베푸는 물은 깨끗해야 한다는 율법의 강력한 요구를 생각하며 요한은 율법대로 좇아 행하려고 노력한 것이다. 그는 '정결한 물로 그들에게 뿌릴지니라'라는 율법의 규정을 알고 있었기 때문이다"고 하였다.139)

구약시대의 정화 방식은 물 뿌리는 것이었으며, 신약성경에 이 정화 방식이 변경되었다고 하는 여하한 기록이 없다. 만일 하나님께서 세례의 방식을 변경하기를 원하셨다면 그것을 우리에게 분명히 교훈하셨을 것이 아닌

---

137) William Hodges, *Baptism Tested by Scripture and History*, 1875, p.306
138) Wilbur A. Christy, *A Modern Shibboleth*, Pentecostal pub, Co. Louisville, p. 82
139) Ibid., pp. 82-3

가? 하나님께서 세례의 방식을 변경하지 않으신 것은 하나님은 그 방법(물 뿌리는 것)을 변경하기를 원치 않으시고 우리로 하여금 그 방법을 계속 사용하기를 원하는 것이라고 생각하는 것이 합리적 사고(思考)가 아니겠는가? 구약에서 의식적인 정화의 방식으로서 침례가 한 번도 사용된 바 없으며, 신약에서도 침례가 한 곳에서도 사용된 기록을 찾아 볼 수 없다.

만일 사도들이 침례(몸을 물속에 완전히 잠금)와 세례(물 뿌림) 이 둘을 다 사용하지 않았다면 둘 중에 어느 하나가 본래의 방법이었을 것이 분명하다. 세례 방식이 물 뿌림이었다면 물을 뿌려야 할 것이다. 그것이 침수(浸水)였다면 침례를 베푸는 것이 마땅할 것이다. "주도 하나요, 믿음도 하나이요, 세례도 하나이요"(엡 4:5)라는 말씀은 기독교의 믿음도 하나뿐이며 주님도 한 분만 존재할 수 있음같이, 세례의 양식(樣式)도 하나뿐임을 분명히 지시해 준다. 결론적으로 말하면 세례의 의미도 무관할 수 없다. 세례와 성찬을 거행하는 성례식은 외적 상징이다. 하나님께서 세례를 통하여 나타내려 하신 것이 죽음과 부활(침례로 상징화 된)이냐, 아니면 죄를 깨끗이 씻는 정화를 상징하는 것인가 하는 것은 분명히 차이가 있는 것이다. 정확한 의미는 오직 정확한 세례 방식에 의하여 전달될 수 있기 때문이다.

웨스트민스터 신앙고백서 28:3에서도 세례의 방식에 관하여 언급하기를 세례의 올바른 방식은 사람에게 물을 붓거나 뿌리는 것이라고 하였다. 신앙고백서는 "당사자를 물에 잠그는 것이 반드시 필요한 것은 아니다. 세례는 당사자에게 물을 붓거나 뿌리는 것(pouring or sprinkling)으로서 합당하게 되어진다"고 하였다.

(2) 세례와 관련된 전치사들

세례와 관련된 전치사들을 고찰함으로써 전치사가 들어 있는 구절들의 의미가 무엇인지를 보다 더 밝히 이해할 수 있다.

① **아포**(ἀπὸ; from; …에서부터, …으로부터)

예수께서 세례를 받으시고 "물에서 올라 오실째…"(아네베 아포 투 후다토스, ἀνέβη ἀπὸ τοῦ ὕδατος; coming up from the water<NKJV>, coming up out of the water<NIV>; 물에서 올라오실째<마 3:16>).

전치사 "아포"(ἀπὸ; away from)는 "… 에서부터 떠나다"라는 뜻이 있다. 그러므로 이 말씀의 문자적 의미는 예수님께서 요단강으로 내려가셔서 세례를 받으시고 물에서 강뚝(bank)으로 올라오셨다는 뜻이다. 마태복음 3:16의 아포(απο)는 마가복음 1:9, 10의 에크(ἐκ)와 같이 생각해야 한다.

아포와 에크는 어느 경우도 예수님이 물속으로 들어갔다가(into the water) 물속에서부터(from under the water) 나오셨다는 뜻이 아니라, 무릎까지 또는 가슴까지 오는 물에 서서 세례를 받으시고 물에서 강 언덕으로 올라오셨다는 뜻이다. 아포와 에크는 모두 침수를 가리키지 않는다.140)

동사 "아네베"(ἀνέβη; went up, to climb) "기어 올라갔다"는 단어도 예수님께서 세례를 받으시고 "올라왔다"는 단어와 동일하다. 또 마태복음 5:1에서 예수님이 산으로 "올라가셨다"는 단어도 "아네베"(ἀνέβη)이다. 예수님께서 보훈(寶訓)을 하시기 위하여 산에 오르실 때에 어떤 곳은 경사가 져서 기어올라(climb)가셨을 것이다. 누가복음 19:4에 삭개오가 뽕나무 위로 기어 올라갔다는 단어도 아네베(ἀνέβη)로서 예수님께서 세례를 받고 올라왔다는 단어와 동일하다.

② 에크(ἐκ; out of; …으로부터, …에서부터)

"… 예수께서 … 요단강에서 세례를 받으시고 곧 물에서 올라 오실쌔"(막 1:10).

"물에서 올라 오실쌔"(에크 투 후다토스, ἐκ τοῦ ὕδατος; out of the water(NIV), from the water(NKJV); … 물에서부터) 본 절의 에크(εκ)는 마태복음 3:16의 아포(απο)와 같이 해석해야 한다. 즉 예수님께서 요단강에서 물이 무릎에 이른 데 서서 세례를 받으시고 "물에서(ἐκ) 강 언덕으로 올라왔다"는 뜻이다.141) 이 말씀은 "예수님이 물 밑에서(물속에서; under the water) 올라 오셨다거나 또는 세례 받는 행동을 언급하는 것이 아니라

---

140) Spiros Zodhiates, *The Complete Word Study Dictionary New Testament*, pp. 215-8; Barn's Note, op. cit., p. 14; Lenski, *ST. Mattew's Gospel*, p. 129
141) Spiros Zodhiates, op. cit., pp. 529-34

세례 받은 후에 따르는 사건에 대하여 언급한 것이다. 즉 예수님은 세례를 받으신 후에 물에서 나와서(ἐκ) 강 언덕으로 걸어가셨다는 뜻이다.142)

③ 에이스(ἐς; into; …안으로)

"그러면 너희가 무슨 세례를 받았느뇨?"(에이스 티 운 에밥티스데테, ἐις τί οὖν ἐβαπτίσθητε; into what then were you baptized?<행 19:3>).

"우리는 그리스도 예수와 합하여 세례를 받았다"(롬 6:3).

"…다 구름과 바다에서 세례를 받고"(고전 10:2).

"…다 한 성령으로 세례를 받아…"(고전 12:13).

"…그리스도와 합하여 세례를 받은 자…"(갈 3:27).

상기 구절들은 전치사 "에이스"(ἐις; into; …안으로)가 사용되었다. 로마서 6:3; 고린도전서 12:13; 갈라디아서 3:27은 성도가 그리스도와 합하여 세례를 받았다고 말씀하였다. 이 말씀은 분명히 물세례를 가리키는 것이 아니라, 그리스도와의 신비적 연합을 가리킨다.

그러므로 그리스도와 합하여 세례를 받았다는 말씀은 그리스도와의 신비적 연합과 교제(union or communion with Christ)를 가리킨다.143) 그리스도와 더불어 세례를 받은 사람은 그리스도와 연합되고 그리스도와 교제를 가짐을 뜻한다. 이 말씀들은 그리스도께 그의 제자로, 그의 교리의 신봉자로, 그의 약속의 후사로, 그의 영적 생명의 참여자로 연합되는 것을 뜻한다. 따라서 그리스도와 합하여 세례를 받은 사람은 그의 생각, 사상, 언행심사 모두가 그리스도와 일치해야 함을 말한다. 우리는 그리스도와 합하여 세례를 받았으니 이제는 실제상 그리스도와 연합하고 교제해야 한다.

그리스도의 "이름으로"(ἐις; into) 세례를 받는 자는 그리스도와 밀접히 결합되며 그리스도의 소유가 됨을 뜻한다.144)

④ 에이스(ἐις)를 엔(ἐν)으로 해석한 경우

"… 아버지와 아들과 성령의 이름으로 세례를 주고"(마 28:19).

---

142) R. H. Lenski, *St. Mark's Gospel*, p. 47.
143) Spiros Zodhiates, op. cit., pp. 521-6. Vincent, op. cit., vol. I, p. 149
144) Vine's op. cit., p. 50

본 절에서는 전치사 에이스(εἰς; into; …안으로)를 엔(ἐν; in; …안에)으로 해석하였다. **다나와 맨티**(Dana and Mantey)는 에이스에 관하여 말하기를 "에이스는 엔(εν; in; …안에)에서 유래되어 점차적으로 엔의 기능을 이어받아 현대 헬라어에서는 엔이 나타나지 않는다"라고 하였다. 그렇다면 본 절에서 에이스를 엔으로 해석하는 것은 정당하다.

따라서 "성부와 성자와 성령의 이름으로"라는 말씀은 "성부를 창조주와 섭리자로 인정하고 의지하는 것이며, 성자를 그의 유일의 중보자와 구속자로 받아들이는 것이며, 성령을 그의 성결자와 위로자로 고백하는 것이다."145)

⑤ 엔(ἐν; in; …에서)

"나는 너희로 회개케 하기 위하여 물로 세례를 주거니와…그는 성령과 불로 너희에게 세례를 주실 것이요"(마 3:11).

영어 성경(NASB, NIV)에는 전치사 엔(εν; in; 안에)을 with(…함께)로 번역했다. 물로 세례를 준다는 말씀과 성령으로 세례를 준다는 말씀은 서로 병행한다. 물로 세례를 준다는 말씀은 물과 관련하여 물세례를 준다는 말씀이요, 성령으로 세례를 준다는 말씀은 성령과 관련하여 성령으로 세례를 준다는 말씀이다. 이 말씀은 침수에 대한 여하한 개념도 포함되어 있지 않다.

⑥ 에피(ἐπι; on, upon, near; …위에, 가까이)

"예수 그리스도의 이름으로 세례를 받으라"(행 2:38). 그러나 NJKV, NASB와 NIV에서는 에피(ἐπι; on; 위에)를 in으로 번역하였다. 즉 "in the name of Jesus Christ", 곧 예수 그리스도의 이름으로 세례를 받으라고 번역되었다. 반면에 "on the name of"로 해석한다면 예수를 그리스도로 고백하는 신앙의 기초 위에 세례를 받으라는 말씀이다.146)

⑦ 휘페르(ὑπὲρ; for, on behalf of; … 위하여, 대신하여)

"만일 죽은 자들이 도무지 다시 살지 못하면 죽은 자들을 위하여 세례받는 자들이 무엇을 하겠느냐? …"("만일 죽은 자들이 도무지 다시 살지 아니

---

145) Vincent, op. cit., p. 150
146) Ibid,. p. 149

하면 왜 그들이<사람들> 그들을<죽은 자들> 위하여 세례를 받느뇨? — 저 자역 <고전 15:29>). 이 구절은 난해 구절들 중 하나이다. 따라서 해석이 다양하다. 그중에 수용할 만한 해석은 죽은 자의 부활을 믿음으로 받는 세례(Chrysostom), 부활을 바라보고 먼저 자신을 죽은 자같이 보고 세례받은 자들(Calvin)이라고 하였다. 헬라어 주석가들은 죽은 자(the dead)를 죽은 자의 부활(the resurrection of the dead)과 동일시한다.

(3) 세례 식사

세례는 기름부음 받은 성직자가 성부와 성자와 성령의 이름으로 베푼다.

"이름으로"(εἰς τὸ ἄνομα; in the name; 이름으로)는 이중 의미를 가지고 있다. 첫째, "예수 그리스도의 이름으로"는 "예수 그리스도 안에서"(εν), 즉 그리스도를 믿는 중 세례를 받았다는 뜻이요, 둘째 예수 그리스도의 이름으로는 "예수 그리스도 안으로"(εἰς; into), 즉 세례를 받음으로 그리스도와의 연합(union with Christ)을 가리킨다(행 8:16; 19:3, 5; 고전 1:13, 15; 갈3:27). 이외에도 예수 그리스도의 이름으로(ἐπὶ τῷ ὀνόματι; on the name; 이름 위에)의 형도 있다(행 2:38). 여기서 이름으로(ἐπὶ; upon; 위에)는 **"이름을 근거로 즉 신앙고백의 내용을 근거로"** 세례를 받는다는 뜻이다.147)

(4) 평신도들도 세례를 베풀 수 있다는 주장들

개혁파 계통의 교회들은 말씀 선포와 성례를 거행하는 일은 모두 구약의 선지자와 제사장이 수행한 성직자의 임무이니 만큼 목사가 세례를 베풀어야 한다고 주장한다. 이것은 정당한 주장이다.

개신교 교회들에서는 교역자를 선발할 때

• 교회를 다스리기 위하여,

• 말씀 전파를 위하여,

• 성례를 시행하기 위하여 임명한다. 그러므로 임명받은 자 외에 성례를 거행하면 그리스도의 세운 질서를 어기는 것이라고 **칼빈**은 말하였다.148)

---

147) Vincent, op. cit., p. 149

전도는 일반 평신도들을 포함한 우리 전체의 임무요, 성례 거행은 기름 부음 받은 종의 임무이다. 구약시대에 정화의 의식인 결례는 제사장들이, 신약시대에는 사도들이, 그 이후에는 안수 받은 성직자들이 거행하여 온 것처럼 성례는 목사가 거행해야 한다.

그러나 어떤 사람들, 특히 천주교와 금일의 독립교회들 중 일부에서는 다음과 같은 근거로 일반 평신도들도 세례를 베풀 수 있다고 주장한다.

① 마태복음 28:19-20에 기록된 그리스도의 지상명령(至上命令)은 모든 신자들에게 주어진 임무이므로 신자들이 세례를 베풀어도 정당하다고 한다.

교회는 평신도가 말씀을 전파하는 것은 용납하면서 왜 평신도가 성례를 거행하는 것은 금하는가라고 반문한다.

그러나 본문을 상세히 고찰하면 주님은 제자들 곧 사도들에게 명하시기를 "너희는 가서 모든 족속으로 제자를 삼아 아버지와 아들과 성령의 이름으로 세례를 주고 너희에게 분부한 모든 것을 가르쳐 지키게 하라"고 하였다. 그런데 여기서 "너희"는 사도들을 가리킨다. 따라서 세례 베푸는 일은 사도들과 사도직을 이어 맡은 목사들이 수행해야 마땅하다. 성례와 전도는 구별해야 한다. 성례는 안수 받은 교역자들의 임무이며, 전도는 그리스도인들 모두의 사명이다.

② 영적인 부모가 영적인 자녀들에게 세례를 베푸는 것이 옳다고 주장한다. 전도는 제자를 삼는 일이요, 제자를 삼는 일은 세례를 베푸는 일이니 전도한 사람이 전도 받은 사람에게 직접 세례를 베푸는 것도 정당하다고 주장한다. 전도한 사람이 전도 받은 사람에게 세례를 베푸는 경우 은혜를 많이 받는다고 한다.

그러나 그와 같은 주장은 하나님의 사역에 있어서 사역자와 평신도의 각기 상이한 직분들을 동일시하거나 또는 혼돈한 것이다.

③ 사도행전에 기록된 많은 세례들은 세례 베푸는 자에 관하여 강조한 일이 없다고 한다.

---

148) Calvin's *Institutes*, 4:15, 20

사도행전 2:41에 3,000명에게 세례를 베푼 것은 사도(使徒)나 사도들만으로는 감당할 수 없으므로 세례를 받은 사람들이 세례를 베푸는 일에 동참하였을 것이라고 한다.

그러나 상기 본문에 의하면 "사도 베드로가 가로되 너희가 각각 회개하여 예수 그리스도의 이름으로 세례를 받고 죄 사함을 받으라"(행 2:38), "그 말씀을 받은 사람들은 세례를 받으매 이 날에 제자의 수가 3,000명이나 더하더라"(2:41)고 하였다. 이 날에 세례를 베푼 사람들은 사도 베드로를 위시하여 같이 있었던 사도들이었음이 분명하다(2:37)

④ **빌립집사는 에디오피아 여왕의 국고를 맡은 내시에게 세례를 베풀었다**(행 8:38). 이와 같이 모든 신자들은 다 그리스도의 사역자들이요, 종들이니 신자들에게 세례를 거행하는 일을 실제로 허락해야 한다는 것이다.

세례를 베푸는 것은 그리스도에 대한 순종의 일보이다. 고로 진실한 신자이면 누구나 세례를 베풀어도 좋다는 견해이다.[149] 상기와 같은 견해들의 영향을 받아서 "어떤 초기의 침례 교인들은 신자들이 자신들에게 스스로 세례 줄 것이라는 이상한 관념을 품게 되었다."[150]

6. 수세자(Appropriate Candidate)

세례받기에 적합한 수령자(受領者)는 예수 그리스도를 자신의 구주로 영접하고 신앙을 고백하는 참 신자들이다. 그러므로 세례의 적합한 수령자는 먼저 예수 그리스도를 개인의 구주로 믿는 자라야 한다. 전도 초청의 일반적 순서도 먼저 믿고 후에 세례를 받는 것이다(막 16:16; 행 2:41; 8:12; 10:47-48; 16:33-34; 18:8).

장년(長年)의 경우 세례받기 전에 예수님을 구주(Saviour)로 믿는 신앙고백이 반드시 선행(先行)할 것이다. 이것이 요구됨은 첫째로 세례는 그리스도인이 되었다는 공적 선언(公的宣言)이며, 그리스도에 대한 순종의 진일보이기 때문이요(마 28:19-20), 둘째로 사도들과 전도인들이 세례를 베풀기

---

149) David W. Miller, *Biblical Christian Water Baptism*, pp, 11-2.
150) 박형룡 박사, 『교회론』, p. 296

전에 세례 받을 자의 신앙에 관한 고찰을 행한 선례들이 있었기 때문이다 (행 2:41; 8:37). 세례 받을 자에게 요구되는 것은 믿을 수 있는 공적 신앙 고백이다. 세례는 죄로부터의 정화(purification)를 상징하는 표(Sign)이니만큼 그리스도께 순종·복종하는 자들만이 세례를 받을 자격이 있다.

찰스 핫지(C. Hodge)는 "성경의 교훈들과 모든 기독 교회들의 공언(公言)된 원리들에 의하여 분명한 것은 세례받을 후보자들에게

- 적당한 복음의 지식
- 믿을 만한 신앙적 고백
- 죄가 없는 행실을 요구할 의무 아래 있다"는 것이라고 하였다.[151]

공적 신앙고백이란 복음의 중요한 교리들을 바로 인식하는 신앙이다. 진리들을 바로 인식함 없이 어찌 바른 신앙을 소유할 수 있으며, 바른 신앙을 소유하지 못한 자가 어떻게 세례를 받을 수 있겠는가? 그러므로 교회는 세례를 베풀기 전에 세례받을 후보자에게 복음의 중요한 교리들을 교훈하고, 공적인 신앙고백 그리고 성도의 경건 생활을 확인할 필요가 있다.

교회는 사람이 세례받기 위하여 신앙을 고백할 때 그 고백의 증거를 요구할 뿐이다. 그리고 그 고백의 진실성을 의문시할 이유나 근거가 없는 한 그대로 수납해야 할 것이다. 다시 말하면 교회는 하나님의 법에 위반되는 외적 증거가 나타나지 않는 이상 신앙을 고백하는 신자들에게 세례를 베풀어야 한다. 물론 교회가 최상의 경계를 한다 할지라도 위선자들과 악인들을 식별하기 어려운 것은 사실이다. 사람의 마음의 비밀을 면밀히 조사하여 고백의 진실성 여부를 가리는 것은 교회가 할 수 없으므로 교회의 영역(領域)에 속한 일이 아니다. 그러므로 세례받을 적합자 여부를 가리는 최후의 책임은 세례받을 사람 자신에게 있다. 메이슨(John M. Mason)은 말하기를 "교회는…진실을 의심하거나 특권을 거절하거나 책벌(責罰)을 가할 권리를 가지지 못한다. 그리스도를 향한 신앙과 순종의 공언이 성경의 다른 특징들로 인하여 불신임되지 않으면 그것은 그 장년에게 교회의 특권들을 받을 자격을 부여한다"고 하였다.[152]

---

151) Charles Hodge, *Systematic Theology* III, p. 542.
152) John M. Mason, *Essays on the Church of God* III, New York, 1843, p. 57

7. 예수 그리스도께서 받으신 세례(The Baptism of Jesus)

세례 요한이 일반 사람들에게 요구하고 또 베푼 세례는 회개의 세례였다 (마 3:6; 막 1:4). 회개의 세례는 예수님이 받으실 하등의 이유도 없으실 뿐 아니라 받지도 않으셨다. 그 이유는 예수 그리스도께서는 죄가 없으시기 때문이다. 예수님은 항상 성부 하나님께서 기뻐하시는 일들을 다 행하셨다 (요 8:29). 예수님은 아버지의 계명을 다 지키셨다(요 15:10). 예수님은 우리와 한결같이 시험을 받으신 자로되 죄를 범하신 일은 없으시다. 예수님은 고난 받으시기 전이나 또는 고난 받으시는 동안에도 죄를 범하신 일이 없으시다. 예수님은 언행심사 모든 면에 있어서 죄를 범한 일이 전연, 단 한 번도 없으시다 (히 4:15; 요일 3:5; 고후 5:21).

그러면 예수님께서 받으신 세례는 무슨 세례인가? 세례 요한이 죄를 회개하고 세례를 받으라고 외치는 회개의 세례, 죄 사함 받기 위한 세례, 메시아의 길을 준비하기 위한 세례, 세례의 일반적 의미인 죄로부터의 정화(죄 씻음)를 위한 세례는 분명코 받지 않으셨다.

예수님은 죄인들이 죄 사함 받기 위하여 받는 세례와는 전연 무관한 세례를 받으셨다. 그러기에 세례 요한 자신도 예수님이 세례받기를 요청하였을 때 예수님께 세례 베푸는 일을 주저하며 만류한 사실은 예수 그리스도께서는 세례 받으러 나온 수많은 죄인들과 같이 인식되지 않아야 한다는 것을 증명한다. 바로 이 이유로 세례 요한은 예수님께서 "이제 허락하라 우리가 이와 같이 하여 모든 의를 이루는 것이 합당하니라"(마 3:15)고 하시면서 세례 베풀기를 요청할 때까지 예수님께 세례 베푸는 일을 주저하고 거절하였던 것이다. 즉 예수 그리스도께서 세례 받아야 할 이유를 설명한 후에 비로소 세례 요한은 예수님께 세례를 베풀었다.

(1) 예수님은 무슨 이유로 세례 요한으로부터 세례를 받으셨는가?
①모든 공의를 이루시기 위하여(To fulfill all righteousness)

예수님은 율법의 성취를 위하여 세례를 받으셨다. 신명기 6:25에 의하면 "공의는 율법에 순종하는 것"이라고 하였다. 예수님께서 말씀하시기를 "내가 율법이나 선지자를 폐하러 온 것이 아니라 완전케 하려 함이라"고 하였다(마 5:17). 율법과 선지자는 구약성경 전체를 가리킨다(마 7:12; 11:13; 눅 16:16; 행 13:15; 24:14; 28:23; 롬 3:21). 예수님 시대의 율법은 구약의 율법(계명) 외에는 없었다. 예수님은 구약의 모든 의식적 율법들(ceremonial laws)과 도덕적 율법들(moral laws)을 다 지키셨다.

예수님은 구약의 율법에 순종하고 그 율법을 성취하시기 위하여

- 율법 아래 났으며(갈 4:4)
- 난 지 8일만에 할례를 받으셨으며(레 12:3; 눅 2:21)
- 처음 난 것(firstborn)은 하나님께 드리라고 하신 말씀대로(출 13:2, 12) 자신을 성전에 드린바 되었으며(눅 2:22-23)
- 예루살렘 성전에 올라가 유월절을 지켰으며(출 34:23; 눅 2:42)
- 유대인의 여러 절기(명절)들을 지켰으며(막 14:12)
- 물로 뿌리는 세례(민 8:6-7; 마 3:13-17)를 받으셨으며
- 십자가상에서 율법(의식적 율법과 도덕적 율법)을 다 이루셨다(요 19:30).

그리하여 객관적 구속사역을 완성하셨다. 그 율법은 그의 영혼이 나무에 달려 상하고 찢긴 몸에서 떠나고, 성전 휘장이 둘로 갈라지며, 그가 "다 이루었다"고 말할 수 있을 때가 되어서야 폐기되었다. 예수님은 구약의 모든 율법을 다 지키셨으므로 의식적 율법은 폐지되었다. 그러나 도덕적 율법은 폐지되지 않았을 뿐만 아니라 오히려 더욱 강화되었다. 그러기에 우리는 예수님께서 그의 세례의 세세한 부분에서도 율법의 모든 요구를 완전히 응하셨다는 것을 믿지 않을 수 없을 것이다.

카이퍼(Kuyper)는 진술하기를 "그리스도의 세례는 형식뿐 아니라, 모든 의(공의)를 성취하였다"고 하였다.[153]

예수님은 본인 자신을 위해서는 낮고 천한 육신의 몸을 입으시고 이 세상에 오실 필요도, 일생 고난과 핍박을 받을 필요도, 율법의 의무를 이행할 이유도 없었다. 예수 그리스도는 율법의 주인으로 율법을 제정하시고 주관하시는 성자 하나님이 아니신가?

그러나 사람이 범죄, 타락하여 죄의 오염과 육신의 부패성 그리고 전적·영적 무능으로 인하여 율법을 지킬 수 없으며 따라서 하나님의 공의의 요

---

153) Abraham Kuyper, *The Work of the Holy Spirit*, p. 98

구를 만족시키지 못하게 되었다. 뿐만 아니라 사람들은 하나님의 법(계명)을 지키지 못하는 죄로 인하여 멸망 받게 되었다. 이런 비참한 상태에 놓여 있는 피택된 죄인들을 구속하시기 위하여 하나님은 대리적 속죄의 원리를 제정하시고, 예수 그리스도께서 죄인 대신에 죄인이 지킬 수 없는 율법을 다 지키시고 십자가상에서 죽으심으로 말미암아 허물과 죄를 인하여 죽었던 우리가 다시 살게 된 것이다(엡 2:1).

분명코 예수 그리스도는 피택된 죄인들을 위하여 그리고 죄인들을 대신하여 율법을 성취하셨다. 예수님은 율법의 순종을 위하여, 모든 의를 성취하시기 위하여 세례를 받으셨다.

②제사장에 임명되시기 위하여(To become a high priest)

구약시대 레위인들은 제사장직 임명시에 세례를 받았다. 그와 같이 예수님이 받으신 세례는 제사장직 임명에 대한 의식적 예식이었다. 제사장이 되기 위해서는 세 가지 요구사항들이 필요했는데 예수님은 그 모든 요구들에 대한 이행을 만족하게 수행하셨으며 그 결과로 인하여 우리의 대제사장이 되셨다(히 3:1; 5:5; 7:14; 9:11).

제사장이 되기 위한 세 가지 요구사항들

① **레위자손 중 남자로서 30세 이상인 자**(민 4:3): 구약에서 공적 사역을 시작하는 시기는 종종 30세였다(창 41:46; 삼하 5:4; 겔 1:1). 이 이유로 예수님은 30세에 그의 공생애를 위한 세례를 받으셨다(눅 3:23).

② **하나님의 부르심을 받은 자** — 첫 대제사장 아론처럼(출 28:1 이하): 유대인의 제사장직에 들어갈 권리는 이스라엘 민족 중에서도 레위지파, 레위지파 중에서도 아론의 자손에게만 엄격히 제한되었다(출 28:1; 민 3:10, 38; 18:1). 그런데 예수님은 그 혈통을 이은 레위지파의 자손이 아니라, 유대지파의 자손이었다(미 5:2; 히 7:14; 계 5:5). 유대지파는 제사장 직분을 감당할 수 없다.

그러면 레위지파의 자손이 아니라 유다지파의 자손인 예수 그리스도께서 어떻게 대제사장이 될 수 있었는가? 이 난제를 해결하기 위하여 성경은 예수 그리스도는 "멜기세덱의 반차를 좇은 영원한 제사장이라"(시 110:4)고 분명히 대답하였다. 예수 그리스도는 유대인의 레위지파 아론의 제사장 반열에 들어간 것이 아니라, 영원한 대제사장 멜기세덱의 반차에 들어 있었다(히 5:6). 그러므로 예수 그리스도는 레위지파 아론 계통의 육신의 혈통을 따라서 제사장이 된 것이 아니라, 구약시대 모든 규례를 초월하여 영원한 대제사장, 의의 왕, 평강의 왕이신 멜기세덱의 반열을 따라서 더 큰 우리의 대제사장, 완전한 대제사장이 되셨다.

예수님은 희생의 속죄제물을 항상 드려도 죄 없이 하지 못하는 이스라엘의 제사장이 아니요, 모든 택자들의 죄를 사하시는 대제사장이시요, 동시에 자신을 단번에 드린바 된 속죄의 제물이시다.

히브리서 7:17-21, "증거하기를 네가 영원히 멜기세덱의 반차를 좇는 대제사장이라 하였도다. 이전 계명은 연약하며 무익함으로 폐하고(율법은 아무것도 온전케 못할지라) 이에 더 좋은 소망이 생기니 이것으로 우리가 하나님께 가까이 가느니라. 또 예수께서 제사장 된 것은 맹세 없이 된 것이 아니니 저희는 맹세 없이 제사장이 되었으되 오직 예수는 자기에게 말씀하신 자로 말미암아 맹세로 되신 것이라. 주께서 맹세하시고 변경하지 아니하시리니 네가 영원히 제사장이라 하셨도다."

③ **제사장에 의하여 물로 세례를 받은 자**(민 8:6-7): 예수님은 세례 요한으로부터 세례를 받으셨는데 그러면 세례 요한도 제사장이었는가? 물론 그렇다. 세례 요한의 아버지 스가랴는 제사장이었다. 물론 그는 아론의 자손이었다. 요한은 그의 아버지로부터 제사장직을 이어받은 제사장이었다(눅 1:5, 13). 세례 요한은 구약시대의 마지막 선지자이시며 또한 제사장이었다.

세례 요한은 아론 계통의 제사장이었으므로 제사장직 임명에 마지막으로 적합한 자이었다. 어느 시대를 막론하고 선지자, 제사장, 백성의 장로들을 중심으로 한 유대교의 지도자들 대부분이 심히 타락하였으나 세례 요한은 세속에 물들지 않은 구약시대 마지막 참된 제사장이요, 선지자였다. 하나님은 그를 보전하여 두셨다가 예수 그리스도께 세례를 베풀게 하셨으니 참으로 하나님의 섭리는 심오하다.

(2)예수 그리스도께서 세례 요한으로부터 세례를 받음으로 제사장이 되셨다는 증거는 무엇인가?

예수님이 제사장이 되셨다는 증거는 많이 있다. 성전을 청결케 하실 때 제사장의 권위를 행사하신 것을 들 수 있다(마 21:12; 막 11:15). 유대인들이 예수님께 와서 "당신이 무슨 권세로 이런 일을 하느뇨? 또 누가 이 권세를 주었느뇨?"라고 질문하였다(마 21:23; 막 11:28). 예수님은 자신이 받은 바 있는 요한의 세례를 인용하고 나서 "그것이 하늘로서냐 사람에게로서냐?"고 반문하셨다. 그것은 곧 세례 속에 자신의 제사장적인 권세와 그가 요한에게서 받은 세례간에 명확한 관련이 있었던 것이 분명하다.

예수님은 요한의 세례가 하늘로서 온 것이라고 확실히 믿었으므로 요한에게서 세례를 받았으며, 제사장으로서 성전을 깨끗이 할 권세를 가지고 있었으므로 대제사장의 임무를 충실히 수행하셨다.

예수님께서 받은 세례는 제자들과 무리들에게 본보기로서 받으신 것도 아니다. 만일 예수님의 세례가 우리에게 본보기였다면 우리도 할례도 받고 구약시대의 명절들을 비롯하여 모든 의식적 규례들을 지켜야 할 것이 아닌가?

결론으로 예수 그리스도는

• 죄를 면제받기 위한 회개의 세례를 받은 것이 아니며
• 죄의 오염과 범죄로부터의 정화를 위한 세례를 받으신 것도 아니며
• 성도들에게 본보기로서의 세례를 받은 것도 아니라,
• 제사장 임명을 위하여 율법을 성취하기 위하여 세례를 받았다.
• 세례의 양식(mode)은 구약시대로부터 내려오는 의식을 따라서 침례가 아닌 세례(sprinkling)였을 것이다.

반면에 우리가 받는 세례는 예수님이 받은 세례와는 본질상 차이가 있다. 우리가 받는 세례는 죄 씻음(정화)받은 외적 표로서 그리스도의 명령에 의하여 받는 세례이다(마 28:19).

8. 침례 교리(The Doctrine on Immersion)

침례교 계통에서는 침례만이 침례의 본질적 요소를 나타내므로 침례만이 세례의 유일한 방식이라고 주장한다. 그들은 "세례의 근본적 개념은 그리스도와의 동사동생(同死同生)(롬 6:3-6; 골 2:12)이니 그것을 상징하는 것은

침례뿐이다"라고 한다.

칼손(Carson) 박사는 주장하기를 "전신의 침수가 세례의 본질임은 침수 외에 아무것도 정화의 상징이 될 수 없기 때문이 아니라, 오직 침수만이 명령된 때문이며, 단 침수 없이는 죽음·장사·부활의 상징이 없기 때문이다"라고 하였다.154)

롸이리(Ryrie)는 주장하기를

(1) 침례는 의문의 여지없이 밥티조($\beta\alpha\pi\tau\iota\zeta\omega$)의 주된 의미이다. 헬라어에 뿌리는 것과 붓는 것을 뜻하는 단어들이 있는데 그 단어들은 결코 세례와 관련하여 사용된 바가 없다.

(2) 침례의 최상의 의미는 옛 생활의 죽음과 새 생활의 부활이다(롬 6:1-4).

(3) 침례는 어느 경우에도 베풀어졌다. 예루살렘에는 오순절 날 3,000명이 침례를 받기에 충분한 연못, 저수지들(pools)이 있었다. 가자(Gaza)로 가는 길은 사막이었으나 물이 없는 곳은 아니었다. 집들은 가끔 옥외 못들(pools)이 있어서 그곳에서 빌립보 감옥 간수의 가족이 침례를 받을 수 있었다.

(4) 물 뿌림이 아닌 물 부음은 침례에 대한 예외로 병자의 경우에 허용되었다. 그것을 가리켜 병상의 세례(clinical baptism)라고 하였다.155)

에릭슨(Erickson)은 "침례는 성경적인 방법이다"라고 주장하는 데는 몇 가지 근거가 있다.(요 3:23)

예수께서는 요한에게 세례를 받으신 후 물 밖으로 나오셨다(came out of the water, 막 1:10). 에디오피아의 내시는 복음을 받은 후 빌립에게 "보라 물이 있으니 내가 세례를 받음에 무슨 거리낌이 있느뇨"(행 8:36)라고 말하였다. 그래서 그들은 물로 내려가 빌립이 그에게 세례를 베풀고 함께 물 밖으로 나왔다(came up out of the water, 38-39). 신약 시대에 시행된 세례의 절차는 의심할 여지없이 침례였다. … 침례가 … 하나의 상징이라면 우리가 마음대로 그 방식(양식)을 변경할 수는 없다.…로마서 6:3-5에서 "바울은 세례의 방식(물 속에 잠겼다가 밖으로 나오는 방식)과 그것이 상징

---

154) Alex Carson, *Meaning and Use of the Word Baptism*, p. 381.
155) Charles Ryrie, op. cit., p.424.

하는 것(죄에 대하여는 죽고 그리스도 안에서 새 생명을 얻는 것) 사이에는 중요한 연관성이 있다고 보았다"라고 하였다.156)

디이센(Thiessen)은 주장하기를 "… 세례를 베푼다는 단어(밥티조, $\beta\alpha\pi\tau\iota\zeta\omega$; to dip)는 담그다, 적시다, 잠그다를 뜻하며, 침례는 이 단어의 뜻(의미)에 가장 적합하다"고 하였다.

또한 "물 부음과 물 뿌림의 세례는 물의 부족 때문에 그리고 노년층과 어린이층에 편리하므로 나온 것이다. 세례의 의미는 그리스도의 죽으심, 장사 그리고 부활을 뜻하므로 침례가 가장 적절하다. 또한 회심자가 물에 들어갔다 나온 것은 침례로 여겨진다"라고 하였다.157)

상기와 같이 침례교 신학자들이 주장하는 침례의 근거와 이유들을 종합, 분석하여 보면 다음과 같다.

(1) 세례를 준다는 원문 밥티조($\beta\alpha\pi\tau\iota\zeta\omega$)는 침례를 준다(immerse)를 뜻한다. 그것은 물 뿌림(sprinkling)이나 또는 물 부음(pouring)의 세례로서는 결코 사용되지 않았다. 예수님은 세례 요한으로부터, 에디오피아의 내시는 빌립으로부터 침례를 받고 물속에 잠겼다가 밖으로 나왔다.

(2) 침례의 의미는 그리스도의 죽으심과 부활을 상징하는 것이니 만큼 그것을 나타내는 세례의 방식도 물속에 완전히 들어갔다가 나오는 침례이어야 한다. 로마서 6:1-12; 골로새서 2:6-15에 기초하여 침례는 그리스도와 더불어 죄로 말미암아 죽고 의로 말미암아 사는 것을 의미한다.

(3) 예루살렘 성 내에는 침례를 베풀기 위한 연못들이 충분히 존재하였다. 그러므로 오순절날 3,000명에게 침례를 충분히 베풀 수 있었다.

(4) 가자(Gaza)로 가는 길은 사막이었으나 물이 없는 곳은 아니었다. 물 있는 곳에서 침례를 베풀었다.

(5) 어떤 집들은 옥외(屋外) 풀장(outdoor pool)이 있었다. 그러므로 빌립보 감옥 간수 가족이 침례를 받을 수 있었다.

(6) 개종된 세례(proselyte baptism)는 물탱크 안에서 세례받는 자 자신의 침례로 베풀어졌다. 이와 같이 세례의 양식(침례)이 교회로 넘어왔다.

---

156) Millard J. Erickson, op. cit., p. 1104.
157) Henry C. Thiessen, *Lectures in Systematic Theology*, p. 325.

(7) 물 뿌림과 물 부음의 세례는 물 부족 때문이며, 병자의 경우는 편의상 침례 대신 물 부음(pouring)의 세례가 허용되었다. 이것을 병상 세례(clinical baptism)라고 한다.

(8) 침례 주장자들이 아닌 사람들이라도 침례가 사도적 교회들이 보편적으로 시행한 세례의 양식이었다고 인정한다.

침례 주장자들은 상기와 같은 이유들을 들어 침례를 세례의 정당한 방식으로 간주하며 물 뿌리는 세례나 물 부음의 세례는 인정하지 않는다. 따라서 타교단에서 세례를 받은 후 침례파로 개종한 신도들에게는 침례를 받도록 요구한다.

세례가 성경적인가, 침례가 성경적인가?

세례를 주장하는 사람들은 세례가 성경적이라 하고, 침례를 주장하는 사람들은 침례가 성경적이라고 한다. 그러면 세례가 성경적인가, 아니면 침례가 성경적인가?

세례를 주장하는 입장에서는 세례가 성경적일 것이다. 세례는 정한 물로 씻어 정결케 하는 영적 정화(죄 씻음)의 외적 상징이요, 표(symbol or sign)이며, 정결케 하는 의식은 구약시대로부터 머리 위에 물을 붓거나 또는 뿌리는 것(pouring or sprinkling)이니 이것이 세례의 성경적 방식이라고 한다.

침례를 주장하는 입장에서는 침례가 성경적일 것이다. 침례는 그리스도와 더불어 죄로 말미암아 죽고 의로 말미암아 사는 그리스도와의 동사동생의 연합을 뜻하며, 이것을 나타내는 외적 상징은 침례(침수)가 가장 적합하므로 침례가 세례의 성경적 방식이라고 한다.

세례와 침례는 그 뜻하는 바 의미와 정의 자체가 상이하므로 그것을 나타내는 외적 상징과 표도 상이할 수밖에 없다. 따라서 세례와 침례가 뜻하는 바 의미와 정의가 무엇인가, 그리고 어느 학설을 취할 것인가에 따라서 입장을 달리할 것이다. 저자는 세례의 정당한 방식은 물 부음이나 또는 물 뿌림의 세례라는 입장을 취한다.

9. 천주교의 세례관(Baptism)

세례(영세)는 천주교의 7성사(聖事:중요한 의식)들 중 첫 번째 성사이다. **"세례성사"**는 원칙적으로는 이마에 물을 3번 붓는 형식으로 세례를 베풀도록 규정되어 있다(사목지침서 제63조 4항)

(1) **세례를 받으면 원죄와 본죄(자범죄), 죄로 인한 형벌까지도 사함(용서) 받는다고 주장한다.**

원죄와 본죄 그리고 죄로 인한 형벌을 면하기 위해서는 세례를 받아야 한다고 주장한다.

▶ **가톨릭교회 교리서 1,263조**, "세례를 받음으로 원죄와 본죄(자범죄)뿐만 아니라, 죄로 인한 형벌까지도 용서 받는다 …"

"By Baptism all sins are forgiven, original sin and all personal sins, as well as all punishment for sin …"

▶ **1,279조**, "세례의 열매 또는 세례의 은총은 원죄와 모든 본죄들(자범죄들)의 용서와 새 생명의 탄생, 그로 인한 성부의 양자, 그리스도의 지체 그리고 성령의 전(temple)이 된다. 그 결과 그리스도의 몸인 교회의 일원이 되며, 그리스도의 사제직(priesthood; 제사직)에 참여케 된다"

"The fruit of Baptism, grace, is a rich reality that includes forgiveness of original sin and all personal sins, birth into the new life by which man becomes an adoptive son of the Father, a member of Christ and a temple of the Holy Spirit. By this very fact the person baptized is incorporated into the Church, the Body of Christ, and made a sharer in the priesthood of Christ."

비평(A Critique)

세례를 받아야 원죄와 본죄, 죄로 인한 형벌까지도 사함(용서)을 받는다는 아주 잘못된 교리이다.

"원죄"(Original sin)는 인류의 시조 아담? 하와가 범한 죄, 범죄로 인한 죄의 성질, 유전죄 등을 포함한다.

"**본죄**"(Actual sin)는 각자 자신 안에 내재하여 있는 죄의 성질로 인한 죄 된 생각, 죄 된 언행심사 등이다.

원죄와 본죄, 죄로 인한 형벌로부터의 죄 사함 받는 유일한 비결은 오직 흠 없고 점 없는 어린양 되신 예수 그리스도의 보배로운 피(보혈)로 된 것이니라(벧전 1:19)

(2) **세례를 받으면 구원을 얻는다고 주장한다.** 구원을 얻기 위해서는 세례를 받아야한다는 주장이다.

▶ **가톨릭교회 교리서 1,129조,** "교회는 성사(성례)들이 구원을 위하여 필요하다고 확인한다 …"(트렌트종교회의, 1547: DS. 1604)

"The Church affirms that for believers the sacraments of the new covenant are necessary for salvation …"

▶ **1,256조,** "… 교회는 …구원을 위한 세례의 필요성에서 찾는다"(…the necessity of baptism for salvation")

▶ **1,257조,** "…세례는 …구원을 위하여 필요하다 …세례 이외에 어떠한 방법도 알지 못한다."

"…Baptism is necessary for salvation …The Church does not know of any means other than Baptism …"

▶ **1,277조,** "…교회가 구원이 필요하듯이, 세례는 구원에 필요하다"

"… Baptism is necessary for salvation, as is the Church itself …"

비평(A Critique)

① **성경은 각 사람이 예수 그리스도를 인격적 구주로 (as our personal Saviour) 믿음으로 구원을 받는다고 계시하였다.**

요한복음 5:24, "내가 진실로진실로 너희에게 이르노니 내 말을 듣고 또 나 보내신 이를 믿는 자는 영생을 얻었고 사망에서 생명으로 옮겼느니라."

로마서 10:9, "네가 만일 네 입으로 예수를 주로 시인하며 또 그리스도께서 그를 죽은 자 가운데서 살리신 것을 네 마음에 믿으면 구원을 얻으리라"

에베소서 2:8, "너희가 … 믿음으로 말미암아 구원을 얻었나니"

디모데후서 3:15, "예수 그리스도를 믿음으로 말미암아 구원을 얻었다."

구원이란 무엇인가? 구출(deliverance)을 의미한다. 구원이란 죄로부터의 구출, 죄의 형벌인 사망으로부터의 구출(deliverance from sin and death)을 의미하며, 적극적으로는 영생복락을 의미한다.

성경은 밝히 말씀하시기를 구원은 믿음으로 받는다고 가르치신다. 믿음이 구원 자체는 아니지만, 구원을 받는 유일한 방편이요, 필수요건이기 때문이다.

믿음이 구원의 방편이라는 사실은 헬라어 전치사구(디아 피스테오스, $\delta \iota \alpha$ $\pi \iota \sigma \tau \epsilon \omega$; by or through faith)에도 잘 나타나있다. "말미암아" 라는 단어는 "디아"($\delta \iota \alpha$)로서 …말미암아(by), 또는 …통하여(through)라는 뜻이다. 즉 인간 편에서는 하나님께서 선물로 주신 믿음을 통하여, 믿음을 수단으로 하여 구원을 받는다는 진리이다(엡 2:8). 이는 마치 물을 저수지에서 송수관을 통하여 공급 받듯이 구원은 믿음이라는 방편을 통하여 받는다.

하나님께로부터 선물로 받은 믿음을 **"기본적 신앙"**(basic faith)이라고 한다. 성령 하나님은 우리의 죽은 영을 그의 초자연적 능력의 역사로 다시 살리시고(중생 엡 2:1), 그 중생한 영속에 믿음을 심어 주시고(엡 2:8), 그 믿음으로 예수 그리스도를 자신의 구주(personal Saviour)로 믿도록 하신다(요 3:16). 그러므로 이 기본적 신앙을 **"구원적 신앙"**(saving faith)이라고도 한다. 기본적 신앙 즉 구원적 신앙은 모든 그리스도인들이 동일하게 소유하고 있다. 이런 의미에서 우리의 구원은 우리의 신앙의 정도에 의존하는 것이 아니다.

② 믿음은 구원의 방편이라는 말은 다른 말로하면 인간의 행위 · 공로로는 구원을 얻지 못한다는 뜻도 포함되어 있다.

벨직 신앙고백서 제 24조에 의하면, "비록 우리가 선한 일들을 행하지만 우리의 구원은 그것들에 두지 않는다. 그 이유는 우리는 우리의 육신을 정결케 하거나 형벌의 상당한 것을 제거할 어떠한 일도 할 수 없기 때문이다…"라고 하였다.

벌콥(Berkhof)은 성례가 구원에 절대로 필요로 하는 것은 아니라고 하면서,

① 하나님은 그의 은혜를 어떤 외형적 형식에 매이지 않으며

② 성경은 믿음만이 구원의 조건이라고 언급하며

③ 성례는 믿음을 가져오지 않고 오직 신앙이 예상되는 곳에서 거행되며,

④ 실제상 많은 사람들은 성례 거행 없이 구원을 받는다. 아브라함 이전의 신자들과 십자가 위에서 회개한 강도의 경우를 보라"고 하였다.

그러나 천주교에서는 하나님은 모든 사람에게 구원을 주시기를 원하시나 사람이 구원을 받기에 합당한 준비가 되어 있는가의 여부에 따라서 달라진다고 한다. 구원은 하나님이 허락하시되 선택권은 사람에게 있다는 뜻이다. 그러나 인간의 자유의지는 구원을 선택할 수 있는 능력이 없다. 왜냐하면 인간의 자유의지는 범죄타락으로 인하여 전적으로 부패 무능해졌기 때문이다.

(3) 세례를 받으면 하나님의 나라에 들어간다고 주장한다

하나님의 나라에 들어가기 위해서는 세례를 받아야 한다는 것이다.

▶ **가톨릭교회 교리서 1,215조**, "이를(세례) 통하지 않고는 아무도 하나님 나라에 들어갈 수 없다"

" ⋯ without which no one "can enter the kingdom of God."

비평(A Critique)

이것도 아주 잘못된 교리이다. 성경은 "물과 성령으로 거듭나야" 하나님 나라에 들어간다고 계시하였다(요 3:3). 다시 말하면 중생하여야 하나님 나라에 들어간다. 중생은 성령 하나님의 단독적·직접적·초자연적 능력의 역사이다. 그러므로 사람이 세례를 통하지 않고는 아무도 하나님 나라에 들어갈 수 없다는 주장은 예수 그리스도의 구속의 은총을 도외시하는 죄이다.

만일 세례가 원죄와 본죄(자범 죄) 그리고 죄로 인한 형벌까지도 사함(용서) 받기 위함이라면? 구원을 얻기 위함이라면? 하나님 나라에 들어가기 위함이라면? 세례는 가장 중요한 성례가 되어야 마땅하다. 그렇다면

① 왜 예수님은 아무에게도 세례를 베풀지 아니 하셨을까?(요 4:2)

② 왜 예수님은 십자가에 못 박힌 한편 강도에게 세례 받지 않으면 하나

님 나라에 들어가지 못한다고 말씀하시지 않았는가?(눅 23:43)

③ 왜 예수님은 많은 고난과 고초를 당하시고 최후에는 십자가상에서 운명하셨는가?

④ 왜 하나님의 말씀은 예수 그리스도를 개인의 구주로 믿음으로만 구원을 얻는다고 말씀하는가?(요 3:16; 롬 3:28, 10:9-10; 엡 2:8)

세례는 누가 줄 수 있는가?

천주교에서는 세례가 그토록 중요하기 때문에 주교와 사제 이외에 부제(집사) 심지어는 세례 받지 않은 사람, 특별한 경우에는 불신자까지도 세례 집전에 요구되는 의도를 가지고 있는 사람이면 누구나 세례를 줄 수 있다고 한다.

▶ **가톨릭교회 교리서 1,256조,** "세례의 일반적인 집전자는 주교(bishop)와 사제(priest)이며, 라틴교회에서는 부제(Deacon; 집사 봉사직)도 세례를 줄 수 있다. 긴급한 경우에는 누구나 심지어는 세례를 받지 않은 사람까지도 세례 집전에 요구되는 의향(의도)을 가지고 있는 사람이면 세례를 줄 수 있다. … 교회는 그 이유를 보편적(우주적) 구원을 원하시는 하느님의 의지와 구원을 위한 세례의 필요성에서 찾는다"

▶ **1,284조,** "긴급한 경우에는 누구나 세례를 줄 수 있다. 다만 교회가 행하는 것은 자신이 행한다는 의도를 가지고 "나는 성부와 성자와 성령의 이름으로 너에게 세례를 주노라" 말하면서 세례후보자(대상자)의 머리에 물(자연수)을 붓는다"

비평(A Critique)

세례와 성찬을 거행하는 침례자는 안수 받은 말씀의 사역자의 임무이다.

웨스트민스터 신앙고백서 27장 4절, "우리 주 예수 그리스도께서 정하신 성례가 두 가지 밖에 없으니 곧 세례와 성찬이다. 이 두 가지 중 어느 것도 합법적으로 안수 받은 말씀의 사역자 외에 다른 사람에 의해서는 베풀어질 수 없다."

칼빈(Calvin, John)은 "사사로운 개인들이 세례를 주는 것은 잘못이란 것을 여기서 말해준다. 왜냐하면 세례와 성찬을 거행하는 것은 말씀의 사역자들의 임무이기 때문이다. 그리스도께서는 여자들이나 남자들 누구에게나 이 일을 명령하시지 않으시고, 그가 임명하신 사도들에게만 명령하셨다. 그는 친히 합법적인 청지기 직책을 행하시면서(눅 22:19), 그것을 본 제자들에게 성만찬을 행하라고 명령하셨을 때에 분명히 그들이 자기의 본(example)을 따르기를 원하셨다.”

전도는 일반 평신도들을 포함한 우리 전체의 임무요, 성례 거행은 기름 부음 받은 종의 임무이다. 구약 시대 정화의 의식인 결례는 제사장들이, 신약시대에는 사도들이, 그 후에는 안수 받은 성직자들이 거행하여 온 것처럼 성례는 목사가 거행하여야 한다.

임종 세례는 무엇인가?

① 임종세례는 죽을 위험 중에 있는 사람이 간단한 세례를 받는 것이다.

② 임종자가 의식이 있을 경우에는 세례를 받을 의사를 확인하고, 천주교의 기본 교리들(하나님, 구원, 선악상벌, 성체 …)을 설명하여 그 믿음을 확신하고 죄를 뉘우치도록 인도하고 세례를 준다.

③ 임종자가 의식이 없는 경우, 평소에 세례 받을 의사가 있고 죄를 뉘우치는 마음이 추정되면 조건부로 세례를 준다.

④ 임종자가 세례를 받은 후 건강이 회복되는 경우에는 교리교육을 실시한다(사목지침서 제 55조 참조).

비평(A Critique)

천주교 에서는 세례를 받으면, 원죄와 본죄(자범죄) 그리고 죄로 인한 형벌까지도 사함을 받는다. 세례를 받으면 구원을 얻는다, 세례를 받으면 하나님의 나라에 들어간다고 믿기 때문에 다시 말하면 세례가 그토록 중요하기 때문에 임종시에도 세례를 준다.

세례를 받지 못하고 죽은 아이들의 장래는 어떻게 될 것인가?

세례를 받지 못하고 죽은 아이들에게도 구원의 길이 열려 있으며, 그들의 구원을 위하여 기도하여야 한다고 한다.

▶ **가톨릭교회 교리서 1,261조,** “세례를 받지 않고 죽은 아이들에 관하

여는 … 구원의 길이 열려있다고 우리에게 희망을 허락한다.”

“As regards children who have died without Baptism, ⋯ allow us to hope that there is a way of salvation for children who have died without Baptism.”

▶ 1,283조, “세례를 받지 않고 죽은 아이들에 대하여는 교회의 전례는 우리로 하여금 하느님의 자비를 신뢰(의지)하도록 그리고 그들의 구원을 위하여 기도하도록 초청한다.”

“With respect to children who have died without Baptism, the liturgy of the Church invites us to trust in God's mercy and to pray for their salvation.”

10. 세례의 참된 의미(True Meaning)

(1) **세례는 예수 그리스도의 지상 명령(대사명)이다**(Water baptism is the great mission of Jesus Christ).

“너희는 가서 모든 족속으로 제자를 삼아 아버지와 아들과 성령의 이름으로 세례를 주라”(마 28:19). “너희는 온 천하에 다니며 만민에게 복음을 전하라. 믿고 세례를 받는 자는 구원을 얻을 것이요, 믿지 않는 사람은 정죄를 받으리라”(막 16:15-16). 이 말씀은 예수 그리스도께서 우리를 위하여 죽으시고, 부활하신 후 갈릴리에서 가룟 유다를 제외한 사도들 전원(11명)에게 말씀하신 지상명령이요, 우리에게 주신 대사명(great commission)이다.

주님의 제자들은 성령께서 임하신 후 주님의 명령의 말씀에 순종하였다. 사도 베드로는 외치기를 “너희가 회개하여 각각 예수 그리스도의 이름으로 세례를 받고 죄 사함을 받으라”(행 2:38)고 하였다. 베드로의 설교 말씀에 호응하여 초대교회 신자들은 즉시 세례를 받았다. 이 날 세례 받은 자의 수가 3000명이나 되었다(행 2:41).

(2) **세례는 그리스도에 대한 순종의 일보이다**(Water baptism is a step of obedience to Christ).

물세례는 "아버지와 아들과 성령의 이름으로 세례를 주라"(마 28:19)고 명하신 주님의 말씀에 대한 순종이다. 목사가 세례를 베풀고 신자가 세례를 받는 것은 주님께 순종하는 일이다. 그 이유는 세례를 베풀거나 받는 것은 그리스도의 명령이기 때문이다. 참된 신앙인은 주님이 요구하시는 것은 무엇이든지 실제 행동으로 순종하며 준행하기를 소원한다. 참 신자가 세례를 받는 것은 그리스도께서 자기의 주(主)가 되심을 수납하는 신앙적 순종의 행위이다. 순종은 신앙의 표시이다.

사도행전 22:16의 "… 세례를 받으라"에서 헬라어 "밥티사이"(βάπτι σαι; be baptized)는 허용적 중간태이니 곧 세례를 받도록 네 자신을 허락하라(allow yourself to be baptized)는 뜻이다. 그러므로 예수님을 구주로 영접한 자는 그 표로서 세례를 받는 것이 마땅하다. 사도행전에서는 세례를 항상 개신자(改信者)들과 관련하여 언급하였다. 그러므로 자신의 구원의 확신이 있는 신자이면 세례를 받았다.

(3) **세례는 참 신자들에게만 베풀어져야 한다**(Water baptism is for genuine believers).

예수 그리스도를 자신의 구주로 영접한 자는 그 표로서 세례를 받는다. 이것은 세례 받는 자의 기본적 요건이다. 물세례는 성령세례의 상징인 의식적 세례(ritual baptism)이므로 중생하여 구원받고 회심한 신자들에게는 항상 물세례가 시행되어야 한다. 세례에 관한 신약의 구절들은 예수 그리스도를 자신의 구주로 영접한 자들은 세례를 받았다고 교훈하였다(행 2:41; 8:12; 9:18; 10:47-48; 16:14-15, 33-34; 18:8; 19:3-5).

따라서 사람은 자신이 구원을 받은 후 그 사실을 충분히 인식할 때까지는 세례를 받지 말아야 할 것이다. 성령세례를 받지 않은 자(중생하지 않은 자=구원받지 못한 자)가 물세례를 받는다면 그것은 말씀에 위배되며, 세례를 통하여 받은 은혜의 혜택을 누리지 못한다. 그러나 자신이 구원받은 후 그 사실을 충분히 인식하면 그리스도의 명령에 의하여 세례를 받아야 한다. 그러므로 자신이 구원의 확신이 있는 신자이면 세례를 받았다. 그리고 보다 더 깊은 구속의 진리들은 신앙생활을 통하여 점차적으로 획득된다. 그럼에도 불구하고 물세례는 구원과는 관계가 없다.

(4) **물세례는 성령세례의 외적 상징과 표이다**(Water baptism is a symbol and sign of the baptism of the Holy Spirit).

그러므로 성령세례를 받은 자들만이 물세례를 받는 것이 원리이다(행 10:47). 그러나 성령세례를 받지 못한 자들이 물세례를 받은 자들도 있다. 반면에 성령세례는 받았으나 물세례를 받지 못한 자들도 많이 있다. 그렇기 때문에 물세례를 받은 자는 다 성령세례를 받은 자라고 할 수 없음과 같이 물세례를 받지 못하였다고 모두 성령세례를 받지 못한 자라고는 단정지을 수 없다. 실제상 물세례를 받지 못한 자들 중에도 성령세례와 구원을 받은 자들이 많이 있다. 성령세례는 구원과 공존하기 때문이다.

웨스트민스터 신앙고백서 28장 5절에 따르면 "비록 이 규례를 멸시하거나 소홀히 여기는 일이 중한 죄가 된다고 하지만 은혜와 구원은 세례와는 불가분의 관계에 있어서 구원을 받은 자가 반드시 세례를 받았다거나 세례를 받은 사람 모두가 의심할 여지없이 중생을 받는 것이 아니다?

(5) **세례는 교회의 입교 의식이다**(Water Baptism is a ritual ceremony to be a member of the Church).

세례 받은 자는 교회의 공적 회원(official member)됨을 뜻한다. 신자들은 세례를 받음으로써 비로소 기독교 공동체의 일원으로 실제로 현실적으로 참여하게 된다. 교회의 일에 참여할 수 있는 사람은 초대받은 손님이나 지식인이나 권력층이 아니라, 중생한 참 신자로 세례를 받은 사람이다. 세례를 받지 않은 자는 교회의 일에 참여할 수 없다는 뜻이 아니라, 하나님의 일에 참여할 수 있는 조건이 결여된다는 뜻이다. 그 이유는 세례를 받음으로써 일할 수 있는 여건이 부여되기 때문이다. 주님의 교훈을 알면서도 세례를 받지 않는 사람은 불순종의 죄를 범하는 것이 된다. 교회는 그리스도의 명령에 순종하여 참 신자들에게 세례를 베풀어야 하며, 참 신자들은 세례를 받아야 한다. 통상적으로 미국과 영국 그리고 구라파의 다수 전통적 교회들은 교회 헌법상 또는 행정상 세례 받은 자들만을 교회의 회원으로 간주하고 선거권과 피선거권을 부여한다. 한국 교계에서도 세례 받은 자만이 선거권과 피선거권을 가지고 있다.

(6) 세례는 은혜의 한 기구(방편)이다(Water baptism is an instrument of grace).

하나님의 말씀이 은혜의 제1의 방편이라면 성례는 제2의 은혜의 방편이라고 하겠다. 성례는 말씀을 통하여 받은 은혜에 추가하여 은혜를 받거나, 또는 은혜의 분량을 증보, 강화시킨다. 말씀은 그 자체로 완전한 은혜의 방편이나 성례는 그 자체만으로는 완전한 은혜의 방편이 될 수 없다. 성례는 말씀을 근거로 시행할 때 은혜의 방편이 된다. 성례에서 하나님은 영(Spirit)으로 우리에게 찾아오시며 은혜를 베푸신다. 그런데 성례가 은혜의 방편으로서 사용되려면 온전하고 합당한 성례, 곧 성경의 교훈과 일치하는 성례가 되어야 한다.

바른 성례가 되기 위해서는 성례의 재료, 예식의 식사(式辭), 의도와 목적 등이 성경의 교훈과 일치해야 한다. 바른 재료는 세례에서는 청결한 물, 성찬에서는 알코올 성분이 전혀 없는 포도즙, 바른 식사(式辭)는 성부·성자·성령의 이름으로 세례를 베푸는 것, 바른 의도와 목적은 세례 받는 자가 세례를 받음으로 받은바 구원을 확신케 하고, 신앙을 강화시키며, 그리스도의 제자가 되었음을 공적으로(publically) 시인하고 증거하는 것이다. 웨스트민스터 신앙고백서 27:3에서는 상기 뜻을 명시하였다. "올바르게 사용되는 성례들 안에서 혹은 성례들(세례와 성찬)에 의하여 전시(展示)되는 은혜는 그것들 안에 있는 어떤 능력에 의하여 수여되는 것이 아니요, 성례의 효능이 그것을 집례 하는 자의 경건이나 의도(意圖)에 의존하는 것도 아니요, 오로지 성령의 사역과 그것을 사용할 권위를 주는 교훈과 함께 자격 있는 수납자(receiver)가 받을 혜택의 약속을 포함하는 예수의 말씀들에 의존한다"라고 하였다.

성례들에 의하여 전시되는 은혜는 그것들 안에 있는 어떤 능력에 의하여 수여되는 것이 아니라는 조문(條文)은 성례의 재료인 청결한 물(pure water)이나 알코올 성분이 없는 포도즙(unfermented wine) 자체가 은혜를 제공한다는 의미가 아니며, 성례의 효능이 그것을 집례하는 자의 경건이나 의도에 의하지 않는다는 조문은 성례 집행자의 신앙적 준비의 가치를 과소 또는 부정하는 것이 아니라, 그 유효성이 하나님의 말씀과 성령님의 역사에 있음을 강조한 것이다.

(7) **세례는 공적 신앙고백이다**(Water baptism is a public testimony to others).

세례 받는 자는 세례를 주는 자와 그 세례식에 참여한 자들 앞에서 그리스도 안에서의 신앙을 공적으로 고백하는 것이다. 사도행전에서는 세례를 사적(私的)인 석상에서 베풀어야 하는지 또는 공적인 석상에서 베풀어야 하는지에 대하여 규정하거나 강조하지는 않았지만 반면에 비밀리에 베풀거나 받는다는 시도는 전혀 없다. 실제상 사도행전 2:41에 의하면 사도 베드로는 수많은 사람들에게 세례를 베풀었으며, 대조적으로 사도행전 8:38에서는 매우 소수에게 세례를 베푼 것으로 보도하고 있다. 그런데 분명한 사실은 세례식에는 소수의 사람들일지라도 증인들(witnesses)이 있었다는 사실이다. 일반적으로 그 증인들은 신자들이었다.

세례는 이 죄악 세상의 옛 생활로부터 이별하고 하나님의 말씀에 순종하기로, 기독교 교리의 신봉자가 되기로, 그리고 그리스도께 속한 그리스도인(Christian)이 되었다는 사실을 공적으로 선포하는 신앙고백이다. 초대교회 성도들은 핍박이 가혹함에도 불구하고 세례를 받았으니 어떤 이들의 경우에는 세례를 육신의 생명과 바꾸기까지도 하였다. 실로 세례는 이 세상으로부터의 이별이며, 자신만을 위하여 살지 않고 주의 일에 충성하겠다는 약속과, 자신의 안일보다는 하나님을 영화롭게 하기 위하여 헌신하겠다는 마음과 확실한 증거가 된다. 금일의 신자들도 그와 같은 신앙적 자세를 가지고 세례식에 참여해야 할 것이다.

천주교의 칠성사(7 Sacraments)

천주교에서는 세례(세례성사), 성찬(견진 성사) 이외에도 성체성사, 고해성사, 병자성사, 신품성사, 혼인성사 등을 첨가하여 칠성사를 주장한다.

천주교에 의하면 12세기 이후로 7수를 신적 권위에 의한 계시의 진리라고 주장하여 왔다. **리온**(Lyon, A. D. 1245, 1274)과 **홀로런스**(Florence, A. D. 1431, 45) 공의회들은 7성례를 찬성하여 선언하였고, **트렌트공의회**(Council of Trent, A. D. 1545, 63)에서는 칠성사 전수(全數)가 모두 그리스도께서 직접 제정하신 성례들이라고 결의 하였다. 이것은 매우 불행한 역사적 발전의 결과였다.

제11장

성 찬

(Lord's Supper)

성찬은 세례와 더불어 교회의 가장 중요한 예식이다. 그러므로 **세례와 성찬을 성례**(Sacraments)라고 한다.

1. 성찬의 유래(Origin)

예수 그리스도께서는 골고다 언덕 십자가상에서 돌아가시기 전날 밤에 제자들을 예루살렘성 안에 있는 마가의 다락방에 모아놓고 **유월절**을 지키면서 성찬식을 거행하였다.

유월절은 하나님께서 이스라엘 백성을 애굽의 종살이에서 이적적 역사로 구출한 것을 기념하는 이스라엘 민족의 큰 명절 중에 하나이다(출 12:14; 13:3, 9; 신 16:12). 유월절은 이스라엘 민족으로서는 우리나라에서 36년 일제 압박과 쇠사슬에서 해방된 8·15 광복절과도 같은 날이다.

성찬은 주님께서 마지막 유월절 만찬시에 성찬 예식을 친히 제정하시고 거행한 신령한 제도이다. 그리고 이 성찬을 계속해서 지킴으로써 자신의 죽음을 기념하라고 분부하셨다. 예수님은 자신을 희생하여 피를 흘림으로써 많은 사람을 구원하기 위한 언약을 세우셨다. 그러므로 예수님은 내 피로 세우는 새언약(new covenant)이라고 말씀하셨다. 성찬은 우리의 죄를 사죄하기 위한 예수 그리스도의 살과 피를 기념하는 성례이다. 성찬은 주님께서 친히 제정하였으므로 신적 권위에 근거하였다. 그러므로 사람이 변경하거나 피할 수 없다.

그리고 예수님은 성찬식을 거행한 바로 그날에(on that day) 십자가상에서 운명하셨다. 유대인들은 해가 지는 때로부터 하루가 시작되어 그 다음날 해질 때까지를 하루로 계산하므로 주님께서 유월절 날 세상을 떠났다고 주장하는 것은 정당하다.

2. 용어(Terminology)

신약에서 성만찬은 몇 가지 명칭들로 언급되었다.
① 떡을 뗌(Breaking of the Bread, 행 2:42; 고전 10:16)
② 성찬(Holy Communion, 고전 10:16)
③ 주의 상(Table of the Lord, 고전 10:21)
④ 주의 만찬(the Lord Supper, 고전 11:20)
⑤ 성찬(Eucharist, 고전 11:24)
천주교에서는 미사(Missa)라는 용어를 사용하는데 이 단어는 라틴어 미시오(missio; to dismiss the people; 사람들을 해산하다)에서 유래된 말로 성경의 지원을 받지 못한다.

3. 성찬의 진정한 의미(A Real Meaning)

(1) 성찬은 예수 그리스도의 죽으심을 기념하는 의식이다
  (A Remembrance of the Death of Jesus Christ).
성찬은 예수 그리스도께서 성육신하시고 십자가상에서 죽으심으로 성취하신 구속사역을 기념하는 것이다.

누가복음 22:19-20, "떡을 가져 사례하시고 떼어 저희에게 주시며 가라사대 이것은 너희를 위하여 주는 내 몸이라 너희가 이를 행하여 나를 기념하라 저녁 먹은 후에 잔도 이와 같이 하여 가라사대 이 잔은 내 피로 세우는 새 언약이니 곧 너희를 위하여 붓는 것이라."

고린도전서 11:24, "이를 행할 때마다 나를 기념하라"(아남네시스, ἀν άμνησὶς; remember)고 명하였다.

고린도전서 11:24-26, "떡을 가지사 축사하시고 떼어 가라사대 이것은 너희를 위하는 내 몸이니 이것을 행하여 나를 기념하라 식후에 또한 이와 같이 잔을 가지시고 가라사대 이 잔은 내 피로 세운 새 언약이니 이것을 행하여 마실 때마다 나를 기념하라 너희가 이 떡을 먹으며 이 잔을 마실 때마다 주의 죽으심을 오실 때까지 전하는 것이니라."

"이를 행하여 나를 기념하라"

① 기념하라(아남네신, ἀνάμνησὶν; remember)는 명령형이다. 주님의 명령은 지상명령이요, 우리는 주님의 명령에 순종하는 것이 우리의 임무요 특권이다.

② 성찬식을 거행함으로 기념하여야 한다. 생각이나 말로만 아니라 실천이 수반되어야 한다.

③ 반복적으로 계속 성찬식을 거행함으로 기념하여야 한다. "기념하라"는 단어에서 접두어 아나(ανα; again; 다시)는 계속 반복을 강조한다.

④ 성찬식은 주 예수 그리스도께서 재림하실 때까지 계속되어야 한다.

(2) 성찬식에서 떡과 포도즙은 예수 그리스도의 살과 피를 상징하는 외적 표(sign)이며, 믿음으로 수납하는 인(seal)이다.

환언하면 외적, 감각적 표를 가지고 그것이 의미하는 신령한 영적 진리를 믿음으로 인치는 것(확인)이다. 즉 우리는 성찬식에서 떡을 떼며 포도즙을 마실 때마다 우리를 죄에서 구속하시기 위하여 희생의 제물로 돌아가신 예수 그리스도의 대리적 속죄의 죽으심에 대한 의미를 계속 반복적으로 기념하는 것이다.

마가복음 10:45에서는 "인자가 온 것은… 자기 목숨을 많은 사람의 대속물로 주려함이니라"고 하였다. 이 말씀은 주님이 이 세상에 오신 이유와 목적을 분명히 교훈해 주고 있다. 참으로 우리 주님의 죽으심은 대리적 속죄의 죽으심이었다.

① 예수 그리스도의 죽으심은 우리의 구원의 본질이다. 성경은 우리의

구원을 위하여 "인자가 들려야 하리라"(요 3:14-15), "밀알 하나가 땅에 떨어져 죽으면 많은 열매를 맺느니라"(요 12;24)고 하셨다. 예수 그리스도 께서는 이 세상에 계시는 동안 우리를 죄에서 구속하시기 위하여 많은 고 난을 받으시고 죽으셨다가 3일 만에 다시 부활하실 것을 반복하여 말씀하 셨다(마 16:21; 막 8:31; 눅 9:22; 17:25; 24:7; 요 12:32-34). 그리고 말 씀대로 죽으셨다 다시 부활하시어 부활의 첫 열매가 되셨다.

사람이 구원받기 위해서 예수님께서 반드시 대신 죽으셔야만 했다. 그리 스도께서 떡을 가리키시면서 "이것은 너희를 위한 내 몸이라"고 하시고 또 포도즙을 가리키시며 "이것은 많은 사람들을 위하여 흘리는 나의 언약의 피"(고전 11:24; 막 14:24)라고 하신 말씀은 예수님께서 자신의 살과 피를 희생제물로 하나님께 바침으로 많은 사람들이 구원받는 진리를 교훈하신 것이다.

② **예수 그리스도의 죽으심은 구원사역의 절정(climax)이요, 객관적 구속 사역의 완성이다.** 그러므로 우리들은 그리스도의 대리적 속죄의 죽으심에 대한 복음을 영접할 뿐 아니라, 그리스도의 죽으심은 구원의 최종적 역사임 을 기념해야 한다. 바로 이 이유로 사도 바울은 주님이 오실 때까지 이를 기념하라고 권면하였다.

(3) 성찬은 예수 그리스도와 그리스도인들과의 교제의 의미를 내포한 다(A Fellowship with Christ).

고린도전서 10:16, "우리가 축복하는바 축복의 잔은 그리스도의 피에 참 여함이 아니며, 우리가 떼는 떡은 그리스도의 몸에 참여함이 아니냐?"

성찬에 참여하는 것은 그리스도의 피와 몸에 참여하는 일이다. **"동참"**이 라는 단어는 헬라어로 **코이노니아**(κοινωνία)로서 사귐 · 친교 · 교제 · 교통 (fellowship · communion · communication)을 가리킨다(행 2:42; 고전 1:9; 고후 8:4; 갈 2:9; 빌 1:5; 2:1; 3:10; 요일 1:3, 6, 7). 성만찬에서 먹고 마시는 것(eating and drinking)은 그리스도의 몸과 피에 참여하는 것이다.

그러면 **예수 그리스도의 몸과 피에 어떻게 참여할 수 있는가?**

예수 그리스도께서 우리를 죄에서 구속하시기 위하여 몸 버려 피 흘려 돌아가셨다는 하나님의 말씀을 그대로 수납하고 마음에 믿음으로 동참하는 것이다. 참으로 신자들은 성찬식에서 떡을 떼고, 포도즙을 마심으로 그리스도의 살과 피에 영적으로 참여하는 것이다. 이것이 그리스도와의 교제·친교·사귐·교통이다. 그리스도와의 교제는 그리스도의 피로 이루어진 참으로 귀중한 교제이다.

① 그리스도와 그리스도인들과의 교제는 예수 그리스도의 피로(보혈로) 이루어진 **"수직적 교제"**(vertical fellowship)이다.

② 지금 우리는 승천하셔서 하나님 보좌 우편에 계시는 우리 주님과 **"영적 교제"**(spiritual fellowship)를 하고 있다. 그러나 이것이 우리가 바라는 교제 전부는 아니다.

③ 우리의 최종 최대의 소망은 예수 그리스도와의 **"직접적 교제"**(direct fellowship)이다. 그리스도께서 재림하시고 우리는 신령한 부활체로 변화될 때, 우리는 우리를 죄와 사망에서 영혼과 육신을 모두 구속하여 주신 우리의 구주 예수 그리스도와 더불어 얼굴과 얼굴을 대하여 직접적 교제를 갖게 될 것이다.

(4) 성찬은 신자들 상호간의 교제의 의미를 내포한다
(A Fellowship with Other Believers).

사도행전 2:42, "저희가 사도의 가르침을 받아 서로 교제하며, 떡을 떼며, 기도하기를 전혀 힘쓰니라."

사도신경, "… 성도가 서로 교통하는 것과 …을 믿사오며 …"

그리스도인들이 성찬식에 참여하는 것은 그리스도와의 영적 교제뿐만 아니라, 신자들 상호간의 교제도 포함한다. 신자들 상호간의 교제는 그리스도와의 수직적 교제의 결과로 인하여 이루어진 교제, 즉 "수평적 교제"(a horizontal fellowship)이다. 사도 바울은 그리스도와 그리스도의 몸인 교회의 지체들과의 사이에 신령한 영적 교제를 강조하였다. 그러므로 신자들 상호간의 참된 교제는 그리스도와의 신령한 영적 교제에 근거해야 한다. 그리스도와의 교제, 즉 수직적 교제가 결여된 또는 배제된 사람들만의 수평적 교제는 참된 성경적 교제가 아니라 사람들만의 교제일 뿐이다.

참된 신령한 영적 교제, 참 신자들 사이의 아름다운 교제, 성도가 서로 교통하는 교제는 예수 그리스도를 구주로 영접한 사람들이 동일한 신앙을 고백할 때 비로소 이루어진다. 주님은 한 분이시요, 한 주님과 연합된 모든 그리스도인들은 모두 동일한 떡을 뗌으로써 참된 신앙의 교제를 나눌 수 있다. 이점에 있어서 사도 바울은 고린도 교회 신자들 사이의 당파와 분쟁을 책망하였다(고전 3:3-5).

우리는 예수 그리스도의 보혈로 구속 곧 속죄함 받은 믿음의 형제자매들이다. 우리는 믿음의 형제자매들로서 그리스도께서 하나가 되게 하신 것을 힘써 지켜야 한다(엡 4:3). 성도의 교제는 참으로 아름다운 일이다. 성찬에 참여한 증거는 믿음의 형제자매들이 아름다운 신령한 교제로 나타나야 한다. 교회는 형제가 서로 화목하며 아름다운 교제가 항상 이루어지는 곳이 되어야 한다.

오늘날 현대 자유주의 교회들의 소위 말하는 **에큐메니칼 운동**(Ecumenical Movement)은 비성경적 연합운동이다. 그 이유는 그들의 연합운동은 신비적, 영적, 신령한 그리고 동일한 신앙고백 위에서의 연합이 아니라, 오로지 세속적·조직적·유형적인 연합뿐이기 때문이다.

(5) 성찬은 예수 그리스도의 죽으심·부활·재림의 선포를 내포한다
(A Proclamation of Christ's Death, Resurrection and Second Coming)

고린도전서 11:26, "너희가 이 떡을 먹으며 이 잔을 마실 때마다 주의 죽으심을 오실 때까지 전하는 것이니라."

"전하는 것이니라"(καταγγέλλετε; ye declare, proclaim, preach)는 선언하다, 선포하다, 설교하다 이다. 따라서 성찬식에서의 말씀은 성찬의 영적 의미들을 선언·선포·설교하는 일이다.

사도 바울은 고린도전서 11:23에서 "내가 너희에게 전한 것은 주께 받은 것이니…"라고 하였는데, "… 성경대로 그리스도께서 우리 죄를 위하여 죽으시고 장사지낸바 되었다가 성경대로 사흘만에 다시 살아나시고…"(고전 15:3, 4) 하늘에 오르사 하나님 우편에 계시다가 산 자와 죽은 자를 심판하시기 위하여 다시 오실 주님을 전하는 것, 선포하는 것이 곧 성찬에 참여하는 것이다.

성찬은 예수 그리스도께서 우리를 죄와 사망 가운데서 구속하시기 위하여 많은 고초를 당하시고 십자가상에서 참혹히 죽으신 것과, 죽은 지 3일만에 자신의 초자연적 능력의 역사로 사망과 음부의 권세를 깨치시고 무덤에서 육체로 부활하신 것과, 그의 피로 구속함을 받은 성도들과의 신령한 영적 교제와, 성도들이 서로 교통하는 것과, 앞으로 영광 중에 산 자와 죽은 자를 심판하시기 위하여 다시 오실 주님의 재림 등을 선포하는 것이다.

(6) 성찬은 주 예수 그리스도께서 재림하실 때까지 시행된다(Till He Comes).

사도 바울은 성찬을 주님이 오실 때까지 지킬 것을 분부하였다.

고린도전서 11:26, "너희가 이 떡을 먹으며 이 잔을 마실 때마다 주의 죽으심을 오실 때까지 전하는 것이니라."

"오실 때까지"라는 말씀을 강조한다. 성찬식을 거행하는 것은 주님의 지상 명령이요, 그리스도인들의 영구한 본분이다. 성찬은 예수 그리스도께서 제정하신 영구한 제도이므로 세상 끝날까지 어느 시대, 어느 곳에서나 모든 하나님의 교회에서 시행해야 한다.

사도들은 성찬식을 성실히 거행하였다. 성찬이 시행된 것은 복음서에 모두 기록되어 있다(마 26:26-29; 막 14:22-25; 눅 22:15-20). 사도들은 이 성례를 성실히 수행하여 만대 교회에 본을 보였다(행 2:42, 46, 20:7). 사도바울은 그가 개척한 교회마다 성만찬에 관하여 교훈하시고 엄수하도록 명하였다. 그는 고린도 성도들에게 자신이 과거에 교훈하신 것을 회상하면서 "내가 너희에게 이미 전한 것은 주님께로부터 받은 것"(고전 11:23)이라고 하였다.

초대교회에서는 성찬식을 자주 거행하였으며 영구적 제도로 제정하였다. 이 규례는 초대교회 시대부터 금일에 이르기까지 그리스도의 몸된 교회의 영구적 제도로서 시행되어 올 뿐 아니라, 앞으로 그리스도께서 재림하실 때까지 계속 거행될 것이다.

(7) 성찬은 은혜의 방편(A Means of Grace)이다.

성찬은 신자들이 영적 신앙생활에 혜택을 주는 은혜의 방편이다. 성찬은 신자가 성찬에 합당한 참여자인 경우 말씀을 통하여 받은 은혜위에 은혜를 추가하는 것이다.

웨스트민스터 신앙고백서 소요리문답 제96문, 성찬은 "합당하게 받는 자들은 육체와 정욕으로 참여함이 아니요, 믿음으로 그의 몸과 피에 참여하여 영적 양육과 은혜 가운데 장성하므로 그의 모든 혜택을 받는다."

(8) 성찬은 주님의 재림을 대망하는 의미를 내포한다
   (Hope for Lord's Coming)

주님의 성찬을 기념하는 것은 주 예수 그리스도께서 우리를 위하여 받으신 고난과 죽으심 그리고 죽은 지 3일 만에 사망과 음부의 권세를 깨치시고 자신의 초자연적 능력의 역사로 다시 부활하신 육체적 부활 등 과거를 돌아보는 것뿐만 아니라, 또한 앞으로 다시 오실 주 예수 그리스도의 재림을 열망하는 것이다. 성찬식에서 우리는 예수 그리스도의 죽으심을 기념할 뿐만 아니라, 또한 그리스도의 재림을 열망해야 한다.

그리스도의 재림은 모든 성도들의 최대의 대망으로 열망해야 한다. 그리스도께서 영광과 권능으로 천군 천사들과 함께 다시 오실 때 그리스도 안에서 세상 떠난 사람들은 신령한 몸으로 부활하게 될 것이며, 생존 성도들도 홀연히 부활체로 변화하여 주님을 영접할 것이다. 그때에는 죄악도 불의도 없는 하나님의 공의의 나라, 정의가 강같이 흐르는 나라, 사랑이 충만하게 넘치는 나라가 될 것이다. 그리스도의 재림이야말로 모든 것의 전환점(turning point)이다. 그러므로 그리스도의 재림은 그리스도인들에게는 유일한 소망이다.

4. 성찬의 참예자(Eligible Participants)

(1) 무흠한 세례교인

성찬에 적합한 참여자는 성령으로 거듭(중생)난 후 세례받은 자이다. 참으로 성령에 의하여 중생되고, 예수 그리스도를 구주로 고백하고, 그 신앙고백과 일치하게 생활하는 자들만이 성찬에 참여할 수 있다. 성찬은 영적으로 자격 있는 자들을 위해서만 의도되고 있다. 그러므로 성찬식에 참여할 수 있는 합당한 자는 세례를 받은 자로서 지식적으로 주님의 몸을 분별하고(recognize the Lord's body, 고전 11:29), 신앙적으로 그와 더불어 복음의 언약을 약정하고, 또한 성령을 통하여 그와 더불어 교제를 가질 수 있게 하는 영적인 조건에 부합되는 사람이어야 한다.

(2) 입교(入敎) 문답한 자

성찬에 적합한 참여자는 유아세례를 받고 성년(成年)이 되어 입교 문답한 자이다. 유아세례를 받은 자는 입교 예식을 거친 후에 성찬에 참여할 것이다. 연령의 제한은 당회의 재량에 맡길 것이다.

예배모범 9장 "가견적 교회(visible church)의 울타리 안에서 태어나 유아세례를 받고 하나님께 봉헌된 자녀들은 그들이 분별할 수 있는 연령에 이르게 될 때 만일 그들이 넘어짐에서 자유하게 되고 건전하고 견고하게 된다면 그리고 주님의 몸을 분별할 수 있는 충분한 지식을 가지게 된다면 그들은 마땅히 성찬에 오는 것이 그들의 의무요, 특권이라는 사실을 알게 되어야만 한다."158)

소년의 성년 되는 시기는 확정할 수 없으나 일반 입교인의 자격을 살펴 작정하는 책임은 그 당회에 있은즉 이 일도 당회가 결정한다. 유아세례를 받은 자가 당회 문답에 합격하여 성찬에 처음 참여할 때에 정식으로 교회 앞에서 자기의 믿음을 선언함이 옳다. 그는 출생시부터 교회와 특별히 관계있는 것을 명백히 인식하게 할 것이다.

(3) 자기를 살핀 자

성찬에 적합한 참여자는 세례를 받은 자나 입교문답을 한 자로서 성찬 참여 전에 자기를 살핀 자이다(고전 11:28-29 대요리문답 177문). 성찬식에 참여하기 전에 자기를 살피는 일은 그리스도의 명령이요, 성찬 참여자의 필수적 임무이다. 자신을 "**살피다**"(도키마조, $\delta o\kappa\iota\mu\acute{\alpha}\zeta\omega$; to prove, test, approve, examine; 입증하다, 시험하다, 인정하다, 조사하다)는 뜻이다.159) 자신을 살핀다는 것은 자신을 주의 깊게 살펴보고 시험해 보는 것이요, 죄를 발견하고 회개하는 깊은 반성을 의미한다. 자신을 살피는 자라고 하였으

---

158) *Direct for Worship*, Ch. 9
159) Vine's, op. cit., p. 53

니 타인들, 즉 목사·장로·집사·다른 교인들·집안 식구들 등을 살피는 것이 아니라 자기 자신을 살피는 것을 뜻한다.

성경은 성찬에 참여할 자들에게 명령하시기를 "사람이 자기를 살피고 나서 이 떡을 먹고 이 잔을 마실찌니라"(고전 11:28). "너희가 믿음에 있는가 너희 자신을 시험하고 너희 자신을 확증하라"(고후 13:5)고 하였다. 시편의 기자는 하나님께 간구하기를 "여호와여 나를 살피시고 시험하사 내 뜻과 내 마음을 단련하소서"(시 26:2), "하나님이여 나를 살피사 내 마음을 아시며 나를 시험하사 내 뜻을 아옵소서"(시 130-23)라고 하였다.

대요리 문답 제171문: 성찬의 성례를 받고자하는 사람들은 성찬에 참여하기 전에 어떠한 준비를 해야 합니까?

답: "성찬의 성례를 받고자 하는 사람들은 성찬에 참여하기 전에 그리스도안에 있는 자신들의 죄와 부족을 자신들의 지식·믿음·회개·하나님과 형제들에게 대한 사랑, 모든 사람에게 대한 자선, 그들에게 해를 준 사람에게 대한 용서와, 그들이 그리스도를 추구하는 욕망과, 그들의 새로운 순종을 검토함으로써 그리고 심각한 명상과 간절한 기도로 이 은혜들의 실행을 새롭게 함으로써 성찬 준비를 해야 할 것입니다."

소요리 문답 제97문: 주의 성찬에 합당하게 참여하려면 어떻게 해야 됩니까?

답: "주의 성찬에 합당하게 참여하려면 반드시 주님의 몸을 분별할 줄 아는 지각과(고전 11:28), 주님의 양심으로 믿는 믿음과(고후 13:5), 회개와(고전 11:31), 사랑과(고전 14:11), 복종할 새로운 각오가 자기에게 있는지 없는지를 스스로 살펴야 됩니다(고전 5:8, 11:27). 혹 부당하게 참여하여 자기들에게 돌아올 정죄를 먹고 마실까 하는 우려가 있기 때문입니다."

대요리 문답 제172문: 자신이 그리스도 안에 있는가, 혹은 성찬에 합당한 준비가 되어 있는가를 의심하는 자도 성찬식에 참여할 수 있습니까?

답: "자신이 그리스도 안에 있는가 혹은 성찬의 성례에 합당한 준비가 되어 있는가를 의심하는 사람이 아직 확실하지 못할지라도 그리스도께 대한 진정한 관심을 가지고 있을 수 있고, 그런 관심의 결핍을 알고 염려하며 그리스도 안에서 발견되고 악을 떠나고 싶어하는 거짓 없는 소원이 있으면

하나님 보시기에 그것을 가지고 있는 것입니다."

웨스트민스터 신앙고백서 제169문: 성찬의 성례를 거행함에 있어서 그리스도께서 떡과 포도주를 어떻게 주고받으라고 명하셨습니까?

답: "그리스도께서 성찬의 성례를 거행함에 있어서 자기의 말씀의 사역자들을 임명하여 성찬 제정의 말씀과 감사와 기도로 떡과 포도주를 일반적 사용에서 구별하고 떡을 들어 떼어 떡과 포도주를 성찬 참여하는 자들에게 나누어주면 그들은 같은 명령에 의해서 그들을 위하여 찢어서 주어진 그리스도의 몸과 흘려진 피를 감사히 기억하면서 떡을 받아먹고 포도주를 마시게 하신 것입니다"(고전 11;23-24; 마 26:26-28; 마 14:22-24; 눅 22:19-20).

대요리 문답 제174문: 성찬의 성례를 거행함에 있어서 그것을 받는 자들에게 요구되는 것이 무엇입니까?

답: "성찬의 성례를 받는 자들에게 요구되는 것은 그것을 거행하는 동안에 모든 거룩한 경외심과 주의를 가지고 그 규례에서 하나님을 앙망할 것이며, 성례의 요소들과 동작을 잘 지켜보고 주의 몸을 주의 깊게 분별하고, 그의 죽음과 고난을 정성스럽게 묵상함으로써 자신들을 분기시켜 저희 받은 은혜들을 힘 있게 실행함이며, 자신을 판단하여 죄를 슬퍼하고, 그리스도에 대하여 주리고 목마름같이 열심으로 구하고, 믿음으로 그의 양육을 받고, 그의 사랑을 기뻐하며, 그의 은혜에 대하여 감사하게 되는 것과 하나님과의 언약과 모든 성도들에 대한 사랑을 새롭게 하는 것입니다."

제175문: 성찬의 성례를 받은 후에 그리스도인들의 의무는 무엇입니까?

답: "성찬의 성례를 받은 후에 그리스도인들의 의무는 성찬의 성례에서 어떻게 행동했으며 어떠한 성과를 가져 왔는가를 심각하게 생각해야 할 것이며, 만일 그들의 소생함과 위로를 받았으면 하나님을 찬송하며, 이 은혜의 계속을 빌며, 뒷걸음질 치지 않도록 주의하며, 맹세한 것을 실행하며, 그 규례에 자주 참여하도록 힘쓸 것입니다. 그러나 현재 아무런 혜택이 없으면 이 성례를 위한 준비와 이것에서 가진 자세를 더 정확히 검토해야 할 것입니다. 만일 그들이 이 두 가지에서 다 하나님 앞과 자신의 양심에 비추어 자신들을 용납할 수 있으면 때가 열매가 나타날 것을 믿고 기다릴 것이나, 만일 그들이 어느 편으로 보나 실패했음을 깨달으면 그들은 스스로 낮아져

서 후에 더 많은 주의와 부지런함으로 성찬의 성례에 임해야 합니다."

5. 성찬의 불참자(Ineligible Participants)

성경은 성찬에 참여하는 모든 신자들에게 성찬에 참여하기 전에 자신들을 살피라고 권면한다. 성찬에 부당하게 참여하면 약속하신 축복을 받지 못할 뿐만 아니라, 오히려 주님의 살과 피에 죄를 범하게 되기 때문이다.

(1) 범죄자들

중생함을 받고 세례를 받은 자라도 최근에 지은 죄에 대한 가책이 있어서 양심에 허락되지 않는 사람들은 성찬에 참여할 수 없다. 무지하고 완악한 사람들은 성찬에 참여할 수 있는 외부적 조건을 갖추었다 하더라도 성찬에 참여하지 않는 것이 옳다. 그 이유는 주님의 피를 범하는 죄는 다른 모든 죄보다 더 무섭기 때문이다. 합당치 않는 자가 성찬에 참여하는 것은 하나님의 신비를 모독하는 행위이다(고전 11:27; 고후 6:14-16; 고전 10:21). 경건치 않은 자의 성찬 참여는 성경말씀이 금하므로 실제로 불가능하다(고전 5:6-7; 고후 3:6).

찰스 하지(Charles Hodge)는 진술하기를 "그러나 일반적으로 주님의 살과 피에 부당하게 참여하는 것의 의미는 우리 죄를 위한 그리스도의 죽음을 기념하고자 하는 의도나 열망이 없는, 또한 우리가 확인하는 서약들을 쫓을 목적도 없이 부주의하거나 의아해 하는 것에 대한 것이 아니라 부주의하고 불경건한 것을 향한 것이다"라고 하였다.[160]

웨스트민스터 신앙고백서 29:8, "이 성례에서 무지하여 악한 자들이 외적인 요소들을 받아들였다고 할지라도 저희들은 이 성례가 의미하는 본질을 받아들인 것이 아니라, 이 성례에 부당하게 참여함으로써 주의 몸과 피를 범하게 되어 스스로 정죄에 이르게 된다. 그러므로 무지한 자와 경건치 아니한 모든 사람은 그리스도와 함께 교제를 하는 몸에 합당치 못할 뿐만 아니라, 주의 식탁에 참석할 자격도 없는 것이다. 저희가 그곳에 참석을 하였다고 할지라도 그리스도에게 중한 죄를 범하지 않고서는 이렇게 거룩하

---

160) Charles Hodge, *Commentary on First Corinthians*, p. 231

고 신비한 일에 참석을 한다거나(고전 11:27-29; 고후 6:14-16) 앞에 나아갈 수도 없는 것이다"(고전 5:6-7, 13; 살후 3:6, 14, 15; 마 7:6).

(2) 양심에 가책 받는 자들

다른 사람들이 알지 못하는 은밀한 죄를 범하고 회개하지 않은 사람은 성찬에 참여할 수 없다. 범죄하여 양심에 가책을 받는 자는 철저한 회개가 있을 때까지는 성찬에 참여할 수 없다.

대요리 문답 제173문: "신앙을 고백하고 성찬을 받고자 하는 소원을 가지더라도 무식하거나 꺼리낌이 있음을 알게 되면 그들이 가르침을 받고 변화가 나타나기까지는 그리스도께서 자기 교회에 맡기신 권세로 그들이 성찬을 못 받게 할 수도 있고 못하게 해야 한다."

(3) 교회의 권징과 치리하에 있는 자들

성찬은 하나님의 말씀을 통하여 받은 은혜를 더욱 강화시키기 위함이니(기독교 강요 4장 15, 20) 말씀의 지시(의도)에 부합되어야 한다. 예수 그리스도를 구주로 영접한 참 신자라도 범죄하였을 경우 그리스도와 기쁨으로 교제(교통)함이 부당하다. 그들은 거룩한 성찬식에 참여하여 주님의 식탁에 앉을 자격이 없다(고전 5:6, 11-13; 7:13; 살후 3:6, 14-15; 민 17:6). 권징 하에 있는 신자들은 그 징계가 해제될 때까지는 그 교회는 물론 다른 교회에서도 성찬에 참여할 수 없고 참여하여서도 안된다. 교회와 성례의 성결은 반드시 안보(安保)되어야 한다.

(4) 성찬의 뜻을 모르는 자(무분별한 자들과 어린아이들)

신앙적 지식이 빈약하여 성례의 정당한 의의를 깨닫지 못하는 자들, 영적으로 우매하여 분별력이 없는 자들, 구원의 확신이 없는 자들, 이단의 거짓 교훈을 추종하는 자들, 그리고 어린아이들은 성찬 참여를 허락하지 않는다. 무분별한 자들과 어린아이들은 성찬에 참여할 요건들, 즉 자기를 살피는 일과 주의 몸을 분별하는 일을 할 수 없기 때문에 성찬에 참여할 수 없다(고전 11:29).

(5) 불신자들

불신자들은 그리스도와 상관이 없으므로 성례에 참석할 수 없다. 교회 밖에 있는 불신자들은 물론 교회에 출석은 할지라도 중생하지 않은 자들은 성찬에 참여할 수 없다. 성찬은 교회의 거룩한 성례이므로 예수 그리스도를 개인의 구주로 영접하지 않은 자들은 주의 상에 참여할 수 없다. 따라서 성찬에 적법자들을 가려내기 위하여 교회는 모든 신자들에게 일정한 신앙고백을 요구해야 하며, 그 신앙고백에 의하여 성찬의 자격 여부를 결정할 것이다.

상기와 같이 경건치 않은 범죄자들, 양심에 가책을 받는 자들, 무분별한 자들, 교회의 치리와 권징하에 놓여 있는 자들, 어린아이들 그리고 구원의 확신이 없는 불신자들은 성찬에 참여할 수 없다.

6. 성찬의 횟수(numbers)

성경은 성찬식은 얼마나 자주 거행하여야 한다는 언급은 없다. 사도 바울은 단순히 "네가 이것을 행할 때마다 나를 기억하라"(고전 11:25)고 했다.

칼빈(J. Calvin)은 성찬을 일주일에 한 번씩은 거행할 것을 권장하였고, 교회정치문답조례 159문에 의하면 "성찬 예식은 자주 베푸는 것이 좋으나, 형편에 따라 목사나 장로들이 결정할 것이다"(예배모범 8:1)라고 하였다.

천주교, 루터교, 그리스도교 등은 성찬 예식을 매주 거행하며 그 타 개신교회들은 성찬의 횟수가 일정하지 않다.

쯔윙글리(Zwingli)는 성찬 예식을 1년에 4회(부활절, 오순절, 가을 , 구주성탄절) 거행할 것을 권장하였다.

7. 성찬의 여러 가지 설들

(1) 화체설(Transubstantiation)-천주교 교리

천주교에서는 성찬예식(성체성사)에서 화체설을 주장한다. 화체설이란 성찬예식 시 사제(Priest)인 신부(Father)의 축성 기도를 통해서 떡(알토스, ἄρτος, bread; 빵)을 먹고 포도즙을 마시는 순간 떡과 포도즙은 실제로 예수 그리스도의 살과 피로 변한다는 것이다.

성 **크리소스톰**(St. Chrysostom)은 선언하기를, "⋯ 이는 내 몸이니라 하시는 그리스도의 말씀이 봉헌물들(빵과 포도주—저자 해설)을 변화시킨다."

"It is by the conversion of the bread and wine into Christ's body and blood that Christ becomes present in this sacrament. ⋯ St. John Chrysostom declares: ⋯This is my body, he says. This word transforms the things offered.

▶ **가톨릭교회 교리서 1,333조,** "성찬례 거행의 중심인 빵과 포도주는 그리스도의 말씀과 성령의 청원기도를 통하여 그리스도의 몸과 피가 된다(become) ⋯ 빵과 포도주의 표징(signs)은 신비롭게 그리스도의 몸과 피로 변화되면서도 창조계의 확실한 산물이라는 의미도 잃지 않는다. ⋯"

"At the heart of the Eucharistic celebration are the bread and wine that, by the words of Christ and the invocation of the Holy Spirit, become Christ's Body and Blood. ⋯ The signs of bread and wine become, in a way surpassing understanding, the Body and Blood of Christ; they continue also to signify the goodness of creation. ⋯"

▶ **1,350조,** "⋯성찬식에서 빵과 포도주는 그의 몸과 피가 된다."

"⋯ Eucharistic sacrifice in which they will become his body and blood ⋯"

▶ **1,375조,** "빵과 포도주가 그리스도의 몸과 피로 변화함으로서 그리스도께서 이 성사(성체성사)에 현존하시게 된다 ⋯"

▶ **1,376조,** "트렌트 공의회는 ⋯ 빵과 포도주의 특성(논리적 관건) 으로서 빵의 실체 전체가 우리 주 그리스도의 몸의 실체로, 포도주의 실체 전체가 그리스도의 피의 실체로 변한다. 가톨릭교회는 이러한 변화를 적절하고도 정확하게 실체변화라고 불러 왔다."

"The Council of Trent ⋯ by the consecration of the bread and wine there takes place a change of the whole substance of the bread into the substance of the body of Christ our Lord and of the whole substance of the wine into the substance of his blood. This change the holy Catholic Church has fittingly and properly called transubstantiation."

▶ **가톨릭 백과사전 제4권**, "거룩한 미사에서 빵과 포도주는 그리스도의 살과 피로 변화된다. 이것을 화체(transubstantiation)라고 부른다. 왜냐하면 성체성사에서 빵과 포도주의 실체는 그대로 남아 있지 않고 빵의 전(全) 실체(entire substance)는 그리스도의 몸으로, 포도주의 전(全)실체는 그리스도의 피로 변화되기 때문이다. 빵과 포도주의 외형(outward semblance)만 남게 된다.[161]

비평(A Critique)

화체설은 9세기 **라드벌투스**(Radbertus)가 성찬 거행시 비록 외적 모양과 형태·맛·감각·냄새는 그대로 남이 있으면서도 떡은 그리스도의 몸의 실체(實體)로, 포도즙은 그리스도의 피의 실체로 변화된다는 소위 화체설을 가르치기 시작하였다. **화체설**은 1059년 교회의 신앙으로 선포되었고 소위 제 177대 교황 인노센트 3세(Innocent III, 1198. 2. 2.-1216. 7. 16 서거) 재위 시 **제4차 라테란회의**(Lateran IV, A. D. 1215)에서 결의하였으며, A. D. 1551년 **트렌트공의회**(The Council of Trent, A. D. 1551)에서 선포하였다(DS. 1642).

마태복음 26:26-28, "예수께서 떡을 가지사 축복하시고 떼어 제자들에게 주시며 이르시되 받아서 먹으라, 이것은 내 몸이라 하시고 또 잔을 가지사 감사(기도)하시고 그들에게 주시며 이르시되 너희가 다 이것을 마시라 이것은 죄 사함을 얻게 하려고 많은 사람을 위하여 흘리는바 나의 피 곧 언약의 피니라"(마 14:22-24; 눅 22:19-20).

고린도전서 11:23-26, "… 주 예수께서 … 떡을 가지사 축사하시고 떼어 이르시되 이것은 너희를 위하는 내 몸이니 이것을 행하여 나를 기념하라 하시고… 이 잔은 내 피로 세운 새 언약이니 이것을 행하여 마실 때마다 나를 기념하라 하셨으니 너희가 이 떡을 먹으며 이 잔을 마실 때마다 주의 죽으심을 그가 오실 때가지 전하는 것이니라"

---

161) The Catholic Encylopededia, vol. 4. p. 277

화체설은 주님은 손에 빵과 포도즙을 가지시고 "이것은 나의 몸이라 … 이것은 나의 피라"라고 말씀하셨는데, 천주교에서는 이 말씀을 문자적으로 취하므로 화체설을 주장하게 되었다.

비평(A Critique)

그러나 주님이 말씀하는 이것 (This)은 지시대명사로 자신이 붙잡고 있는 빵과 포도즙을 가리키는 것이요, 결코 자신을 가리키는 것이 아니다. 어떻게 자신의 몸과 피를 자기의 손안에 들어 있다고 말할 수 있겠는가?

하나님은 전능하셔서 능치 못할 일이 없으시나, 그러나 성찬식의 빵과 포도즙을 예수님의 실제적 살과 피가 되는 이적을 행하시지 않으신다.

주님께서 최후 성만찬시에 빵과 포도즙을 가지시고 "이것은 나의 몸이니라 … 이것은 나의 피니라"라고 말씀하신 것은 빵이 주님의 몸이 되고 포도즙이 주님의 피가 된다(has become)는 뜻이 아니고, 앞으로 십자가에 못 박혀 돌아가실 것을 예기하신 말씀이다. 만일 예수님께서 "이것은 내 피니라"고 말씀하시고 그 잔을 마셨다면 자신의 피를 마셨다는 말이 아닌가?

하나님은 피를 마시는 것을 엄히 금하셨고, 피를 마시는 자에게는 저주를 내리시는 하나님이시다(레 17:10, 14; 창 9:4; 신 12:23-25; 행 15:19; 히 9:22; 계 16:6). 불변하신 하나님은 이미 금하셨던 것을 자신의 자녀들이 행하도록 번복하시지 않으신다. 화체설은 성례의 진정한 의미를 파괴한다.

종교 개혁자들은 천주교의 화체설을 부인하였다. 그럼에도 불구하고 성찬식의 빵과 포도즙에 관한 교리의 일치를 보지 못하였다. 루터파에서는 공재설을, 쥬윙글리파에서는 상징설, 칼빈파에서는 영적 임재설을 주장하였다. 그러나 버즈웰은 말하기를 "… 루터파 입장과 다른 프로테스탄트 복음주의자들의 입장 사이의 차이점들은 좀처럼 파동을 일으키지 않는다"라고 하였다.[162)

(2) 공재설(Consubstantiation)-루터파의 교리

공재설은 성찬에 대한 루터파의 교리이다. 공재설에 의하면 성찬식에서

---

162) Buswell, Oliver. *A Systematic Theology of the Christan Religion*, pp. 266, 267

그리스도의 살과 피가 실제로 떡과 포도주 "안에, 함께 그리고 아래"(<속에> in, with and under) 공존한다는 것이다. 루터는 말하기를 "그리스도의 살과 피가 그 요소들(빵과 포도즙) 안에 참으로 임재한다. 어떻게, 어디에? 그에게 맡긴다"(are truly present how and where, we leave to Him)라고 하였다. 그리스도의 몸과 피가 빵과 포도즙 안 어딘가에 임재(공존)한다는 것이다.163)

루터(Luther, Martin)는 "… 실제 빵(떡)과 실제 포도즙, 그 안에 그리스도의 실제 몸과 실제 피가 임재한다(present)"(Works, XXXVI. 29)

"사제(Priest)가 그리스도의 실제 몸과 실제 피를(매 미사 때마다 – 저자 주) 반복적으로 하나님께 드린다는 것은 가장 악한 일이다."(Works, XXXVI. 47)

"그리스도는 성찬에 몸으로 임재한다. 이것은 내 몸이라는 말씀이 이곳에서 문자적으로 받아드려질 수 없다면 성령은 아무 곳에서도 믿어질 수 없다"(Works, XXXVII. 29. 53)고 주장하면서 성찬의 공재설을 주장하였다.

아우그스붉그 신앙고백서(1530년)

제10조, "주님의 성만찬에 관하여! 우리 교회는 … 곧 그리스도의 살과 피가 참으로 임재하여 성만찬을 받는 사람들에게 분배된다고 가르칩니다.

아우그스붉그 신앙고백서 변증서(1531년)

▶ **제 10조**, "주님의 성만찬에 관하여! 그들은 주님의 성만찬 안에 그리스도의 살과 피가 참으로 그리고 실체적으로 임재하여, 그 살과 피는 눈에 보이는 떡과 포도주와 함께 성만찬을 받는 자들에게 참으로 주어진다고 고백하는 우리의 신앙고백 제10조를 받아들인다 …"

비평(A Critique)

루터파의 공재설도 천주교의 화체설과 같이 "…이니라"(에스틴, ἐστιν; is)라는 말씀에 치중한다. 루터교의 공재설은 천주교의 화체설과 개혁파의 기념설의 중간 입장이다. 따라서 공재설은 그리스도의 살과 피가 빵과 포도

---

163) Martin E. Marty, *Lutheran Questions Answers*, Augusburg Books, Minneapolis, U.S.A. 2007, pp. 121-124

주 안에, 함께 그리고 속에 공존한다면 주님의 몸의 편재라는 범신론
(Pantheism) 사상에 빠지게 된다.

아우그스붉그 신앙고백서(The Augusburg Confession, 1530)

이 신앙고백서는 마틴 루터의 동역자 **멜랑톤**(Melanchthon)이 작성하였
는데 이 고백서는 루터교의 기본적 신조가 되었다.

성공회(Anglican Church=Episcopal Church)에서는 화체설, 공재설, 기
념설을 모두 수납한다. 그들의 주장에 의하면 "이것은 나의 몸이라… 나의
피라" 하였으니 화체설이요, 떡과 포도즙을 가리켜 "이것은 내 몸이요 내
피라" 하였으니 공재설이요, "기념하라" 하였으니 기념설이다. 그러므로 성
찬에는 화체설·공재설·기념설이 다 내포되어 있다고 한다.

(3) 상징설(象徵說, Symbolic Representation) - 쥬윙글리파 교리

스위스의 종교개혁자 **쥬윙글리**(Huldreich Zwingli, 1484-1531)는 성찬
에서 떡과 포도즙은 단순히 예수 그리스도의 살과 피를 상징하는 것뿐이라
고 생각하고 성찬을 단순히 기념적 의식, 신자가 서약하는 바의 표호 또는
상징(sign or symbol)으로 보았다. 쥬윙글리는 중세기의 이성(reason)을
중요시하는 인본주의의 영향을 크게 받았다.

쥬윙글리는 천주교의 화체설과 루터교의 공재설을 반대한 반면에 성찬
의 영적 은혜도 강조하지 않았다. 쥬윙글리는 천주교의 화체설과 루터의 공
재설은 모두 불합리할 뿐만 아니라 상식에도 어긋난다. 하나님은 우리에게
상식에 모순되고 반대되는 것을 믿도록 요구하지 않는다고 주장하셨다.

(4) 영적 임재설(靈的臨在說, Real Spiritual Presence) - 개혁파교리

칼빈(Calvin, John)은 성찬시에 그리스도의 역동적 또는 영향적 임재
(dynamic or influential presence of Christ)를 강조하였다. 그는 말하기
를 "첫째 표(signs)는 빵과 포도주로 이것들은 우리가 그리스도의 몸과 피
로부터 받는 보이지 않는 양식을 상징한다. …더욱이 그리스도는 우리의 영
혼의 유일한 양식이다. 그러므로 하늘 아버지께서는 우리를 그에게(그리스
도)로 초청하셔서 우리가 그와 더불어 교제함으로 다시 원기를 회복하며…
육신의 생명은 빵과 포도즙에 의하여 유지되는 것과 같이 우리의 영혼은

그리스도에 의하여 양식을 받는다"164)

"빵이 우리의 육체적 생명에 영양을 주며, (신체를) 유지하며, 보호하는 것과 같이 그리스도의 몸은 우리의 영혼의 힘과 생명을 주는 유일한 양식이다"라고 하였다.165)

칼빈은 그리스도께서 영향력 있게 임재한다고 하면서 태양을 예로 들었다. "태양은 하늘에 있으나 그 빛과 열은 지구에 임한다. 그와 같이 그리스도의 몸은 천국에 있으나 영광스러운 몸으로부터 영향이 반사된다"고 하였다.166)

칼빈은 성찬예식은 단순한 하나의 상징(symbol)이라는 쥬윙글리의 견해도 반대하고, 성찬식 때 그리스도의 실제적 임재라는 루터의 견해도 반대하였다.167) 칼빈은 쥬윙글리와 루터의 중간 입장을 취하였다. 즉 성찬식에서 빵과 포도즙은 하나의 상징인 동시에 그 요소들 안에 내포되어 있는 영적 의미들을 믿음으로 수납할 때 은혜를 받는다고 하였다. 이것은 올바른 성례관이다.

칼빈은 "성례는 우리에 대한 하나님의 은혜를 외형적인 표징에 의하여 확인되는 증거이며 동시에 우리가 하나님께 대한 우리의 충성을 서로(상호) 증거하는 것이다.… 어거스틴은 성례는 보이지 않는 은혜의 보이는 형태(a visible form of an invisible grace)라고 하였다."

우리는 천주교의 화체설, 루터교의 임재설, 쥬윙글리의 상징설을 받아들일 수 없고, 칼빈주의적 영적 임재설을 수납한다.

---

164) Calvin John., *Institutes of the Christian Religion*, vol. 4, 1, p. 557
165) Ibid., IV. 3
166) Ibid., p. 629
167) Tim Dowley, *The History of Christianity*, A Lion Book, Oxford, 1990, p. 381.

제 12장

교회의 권징

(The Discipline of the Church)

권징은 참된 교회의 표시(The mark of true church)들 중의 하나이다. **참된 교회**는 하나님의 말씀이 바로 선포되는 교회, 성례가 바로 시행되는 교회, 권징이 바로 시행되는 교회, 배교와 불신앙에 대한 영적전투에 임하는 교회, 그리고 참 예배(열린 예배의 반대)를 드리는 교회이다. 종교개혁자들은 위의 5개 항목들 중 3항목들을 참된 교회의 표시들로 삼았다. 권징은 윤리적 문제와 교리적 문제를 바로 세우는 교회 자체 내의 정화 운동이다. 따라서 교회가 권징을 바로 시행하지 않으면 신앙적으로나 윤리적으로나 교리적으로 타락될 수밖에 없다. 그러므로 하나님의 교회가 참 교회로 계속 존속하려면 권징이 절대 필요하다.

1. 어원적 고찰(Etymology)

(1) 구약에서(in the O. T.)

명사 **"무살"**(מוּסָר; discipline, chastisement, instruction; 훈계·징계·채찍질·교육·교훈)(욥 5:17; 잠 3:11; 사 26:16)은 교육을 통하여 바로 세움을 가리킨다. 이 단어는 신명기 11:2에 처음으로 나타난다.

동사 **"야살"**(יָסַר; to discipline, chastise, instruct; 훈계하다, 채찍질하다, 교육하다)은 구약에 42번 나타난다(시 94:10; 호 7:12; 10:10; 레 26:28; 신 22:18; 왕상 12:11, 14; 대하 10:11, 14; 렘 31:18).

(2) 신약에서(in the N. T.)

명사 **"파이데이아"**(παιδεία paideiva; education, instruction, training, correction, chastisement; 교육·교훈·훈련·바로 세움·징계<엡 6:4; 딤후 3:16; 히 12:8>)를 들 수 있다. 파이데이아에서 파생된 영어가 pedagogy (교육학)이다.

동사 **"파이듀오"**(παιδεύω; to educate, instruct, train, correct, chastise; 교육하다, 교훈하다, 훈련시키다, 바로 세우다, 채찍질하다<행 7:22; 딤후 2:25; 딛 2:12>)가 있다.

그런데 파이데이아와 파이듀오는 모두 파이스(παῖς; a child; 아이)에 근거한다. 그러므로 권징이란 아이를 교육·훈련·채찍질하여 잘못된 것을 바로 세우는 것이다.

2. 권징에 관한 중요한 말씀들(Some Important Words)

(1) **고린도전서** 5:13, "이 외인들은 하나님이 판단하시려니와 이 악한 사람은 너희 중에서 내어 쫓으라."

"외인들은 하나님이 판단하시려니와" 외인들은 교회 밖에 있는 사람들, 곧 세상 사람들을 가리킨다. 신앙의 공동체 밖에 있는 세상 사람들은 하나님이 판단하실 것이요, 교회가 할 일이 아니다. 세상 사람들에 관해서는 하나님께 맡길 것뿐이다. 교회는 세상 일에 대한 처벌권이 없다. 세상 사람들을 다스리고 심판할 하나님의 대행기관(위에 있는 권세들)은 따로 있기 때문이다(롬 13:1-5). 물론 교회도, 위에 있는 권세들도 최후에는 하나님의 심판을 받을 것이다(롬 13:1-7; 계 20:11-15).

사도 바울은 고린도 교회 성도들에게 그 교회(회중) 가운데 있는 악한 사람을 내어 쫓으라고 명하였다.

"이 악한 사람"은 교회가 출교할 수밖에 없는 사람이다. 이 악한 사람은 음행자나 탐하는 자나 토색하는 자나 우상숭배자나 술 취하는 자(고전 5:9-11)를 가리킨다. 그러므로 사도 바울이 "이 악한 사람"이라고 말할 때에 교회(회중)는 이 악한 사람이 누구인지 잘 알고 있었음이 분명하다.

"너희 가운데서" 교회(회중) 곧 신앙의 공동체를 말한다. 이 악한 사람은 신앙의 공동체 안에 있으면서 악한 일을 계속 상습적으로 해 온 사람임에 틀림없다.

"내어 쫓으라"(엑사라테, ἐξάρατε; remove, expel; 제거하라, 축출하라)는 말씀은 출교시키라(excommunicate)는 뜻이다. ἐξάρατε와 ἀραθῆ는 같은 동사이나 ἐξάρατε는 ἐκ를 접두어로 첨가함으로 뜻을 더욱 강화시켰다. 그러므로 "만일이나 또는 그리고"(if or and) 같은 생각의 여백을 주지 않고 당장 행동에 옮길 것을 강조한다. 교회가 범죄자에게 성경적 방법으로 회개를 촉구하고 회개할 기회를 충분히 주었음에도 불구하고 회개치 않을 경우 교회는 더 이상 지체할 것 없이 부득불 범죄의 정도에 따라 징계할 수밖에 없다. 출교는 교회의 권징(책벌) 중에는 최후의 권징이다. 묵은 누룩, 악한 누룩은 제거해야 하기 때문이다(고전 5:7-8).

(2) **디모데전서 1:20**, "그 가운데 후메내오와 알렉산더가 있으니 내가 사단에게 내어 준 것은 저희로 징계를 받아 훼방하지 말게 하려 함이니라."

사도 바울은 믿음의 아들이요, 에베소 교회의 젊은 교역자 디모데로 하여금 **후메내오와 알렉산더**를 출교할 것을 명하였다. 후메내오와 알렉산더는 초기 그노시스파 이단의 지도자들이었다. 그들은 헬라 철학 사상에 근거하여 영혼의 불멸은 믿었으나 육체의 부활은 부인하였다(딤후 2:18). 그노시스주의의 일파인 도케테파(Docetism)도 육체적 부활을 부인하였다. 유대인 계통에서는 사두개파가 부활을 부인하였다(마 22:23). 그러므로 디모데와 에베소 교회는 이들을 이단으로 규정하고 그들의 이름까지 공개하고 출교하였다. 그 결과 그들은 성도의 교제와 관심에서 제외되었다. 그 같은 징계는 악한 자들을 벌하고 성도들을 이단으로부터 보호하기 위함이었다. "누구든지 헛된 말로 너희를 속이지 못하게 하라"(엡 5:6)

(3) **디도서 3:10**,"이단에 속한 사람을 한두 번 훈계한 후에 멀리하라."

이 말씀은 사도 바울이 그레데 교회의 목회자 디도에게 주의를 촉구한 말씀이다.

"이단"(하이레시스, αἱρεσις; heresy; 이단)은 원래는 선택(a choosing, choice)을 뜻하고, 나아가서 자신이 선택한 것으로 분파를 일삼는 것을 말한다. 따라서 이단은 정통 교리와 신앙을 떠나서 교리·신앙·종교의식·생활 등 모든 면에서 본질적으로 전혀 상이한 이질적인 분파(sect)를 형성하는 자들이다.

사도바울이 디도서 3:10에 언급한 이단은 **손할례당**(circumcision group)을 가리킨다. 본래 할례는 하나님과 이스라엘 백성들과의 언약의 표시로 행해졌다. 할례는 사내아이를 낳은 지 8일 만에 아버지나 어머니 또는 아이의 남경 끝의 주위 표피를 날카로운 돌이나 칼로 베어 내는 것을 말한다(창 17:23; 출 4:25). 그런데 유대인들 중에는 할례를 중요시한 나머지 할례의 본 의미와 의도를 떠나서 할례가 구원에 절대 필요하다고 주장하며, 선민이 된 것을 감사하지 아니하고 오히려 교만하여 할례 받지 아니한 이방인들을 개처럼 취급하였다. 그러므로 성경은 손할례당을 삼가고, 귀의 할례·마음의 할례·그리스도의 할례를 받으라고 하였다(행 7:51; 롬 2:29; 골 2:11).

유대인 사학가인 요세푸스(Josephus)는 이단(αἱρεσις)이라는 단어를 당시 바리새파, 사두개파 그리고 에센파 등에 사용하였다. 이 파들은 유대주의의 분파들이었다. 그리고 기독교에서는 이 단어를 그노시스주의에 적용시켰다.168)

"한두 번 훈계한 후에" 이 말씀은 이단에 넘어간 사람들이 회개하고 돌아올 수 있도록 그들을 그리스도의 사랑으로 바로 서기를 간절히 사모하는 마음으로 진지하게 권면하고 훈계한 후에 듣지 않으면 멀리하라는 말씀이다. 교훈·훈계 그리고 회개하고 돌아 올 수 있는 기회도 주지 아니하고 성급하게 멀리하는 것은 권징의 원리에 어긋난다. 사도 바울은 3년이나 밤낮 쉬지 않고 눈물로 각 사람을 훈계하였다.(행 21:31) 이 말씀은 예수 그리스도께서 마태복음 18:15-17에서 교훈하신 말씀을 반영한다.

---

168) Ralph Earle, *Word Mearings in the N.T.*, Baker, 1988, p. 416

"멀리하라"(파라이투, παραιτοῦ; avoid; 피하라)는 말씀은 사도행전 25: 11; 디모데전서 4:7; 히브리서 12:25에서는 거절하라(reject), 거부하라(refuse)로, 디모데후서 2:23; 디도서 3:10에서는 피하라(avoid)로 사용되었다. 멀리하라는 말씀은 상관하지 말라, 출교하라는 뜻이다.

(4) **고린도후서 2:6-7**, "이러한 사람이 많은 사람에게서 벌 받은 것이 족하도다 그런즉 너희는 차라리 저를 용서하고 위로할 것이니 저가 너무 많은 근심에 잠길까 두려워하노라."

고린도 교회에서도 범죄한 자를 징계(권징)하였다. 징계 받은 자가 무슨 죄로 징계를 받았는지는 정확히 알 수 없으나 아마도 음행 죄가 아니었겠는가 생각된다. 교회의 직분을 맡은 사람이 그런 죄를 범하였다면 정직과 수찬 정지(suspension from the office and the communion of the church)에 해당되는 징계를 받을 것이다. 그러나 징계 받은 자는 근심하고 회개하였다. 그러므로 징계 받은 자는 징계가 해제되고 성도의 교제가 다시 회복되었다. 권징의 목적은 회개하고 바로 서게 하기 위함이다.

(5) **데살로니가전서 5:14**, "규모 없는 자들을 권면하라…"(살후 3:6, 11 참조).

"규모 없는"(아타크투스, ἀτάκτους; idle, unruly; 건달의, 제멋대로 구는) 자들은 법과 질서를 무시하고 무질서하게 불규칙적으로 제멋대로 살아가는 게으른 자들을 말한다.

규모 없는(아타크토스, ἄτακτος)이라는 단어는 신약에서 이곳에서만 발견되며 동사 "타소"(τάσσω; to appoint, arrange, arrange in order; 지정하다, 배열〈정리〉하다, 정돈하다, 순서대로 정돈하다)에서 인출되었다. 아타크토스는 아(α; 부정)와 타소(τάσσω; to arrange; 정돈〈정리〉하다)로 구성된 합성어이다. 그러므로 아타크토스는 질서를 지키지 않는, 행렬을 지키지 않는(not keeping order, not keeping rank), 무질서한(disorderly)을 뜻한다. 이 단어는 군사적 용어로서 행진할 때 질서를 지키지 않는 군인 또는 무질서한 군대를 말한다. 또는 히피들의 무질서한 생활을 연상케 한다.[169]

따라서 규모 없는 자들은 무질서한, 불규칙적인 제멋대로 생활하는 게으른 자들을 가리킨다

"권면하라"(누데테이테, νουθετεῖτε; admonish; 권면하라). 이 단어는 "누데테오"(νουθετεω; admonish)에서 인출되었으며, 누데테오는 누스(νοῦς; mind; 정신)와 티데미(τίθημι; to place, put, lay; 놓다, 두다)로 구성된 합성어이다. 따라서 이 단어의 문자적 의미는 "…을 생각나게 하다"(put in mind)라는 뜻이다. 아봇-스미스는 "누데테오"를 권면하라, 타이르다(admonish, exhort)로 번역하였고,170) 안트-긴그리취는 이 단어를 권면하라, 경고하라, 교훈하라(admonish, warn, instruct)로 번역하였다.171)

"떠나라"(스텔레스다이, στὲλλεσθαι)는 말씀은 되돌리다, 끌어들이다(to draw back)라는 뜻으로 규모 없이 행하는 자들을 규모 있는, 질서 있는, 규칙적인 생활을 하는 부지런한 사람이 되도록 하라는 말씀이다. 데살로니가전·후서는 전반적으로 성도들이 규모 없이 생활하지 말 것을 권면하였다. 권면은 권징에 있어서 가장 가벼운 징계이다.

(6) **디모데전서 5:20**,"범죄한 자들은 모든 사람 앞에서 꾸짖어 나머지 사람으로 두려워하게 하라."

"범죄한 자들"(투스 하말타논타스, τούς ἁμαρτάνοντας; the(ones) sinning; 죄 짓고 있는 자들)은 그 시상이 현재 분사이니 현재도 상습적으로 계속 죄를 짓고 있는 자들을 가리킨다.

그러면 범죄한 자들은 누구를 가리키는가? 범죄한 자들은 본문의 문법적 구조나, 문맥상으로나 또는 권징의 원리에 기초하여 고찰할 때 교회(회중) 가운데 일부 신자들을 가리키는 것이 분명하다(De Wette, Ellicott…).

그러나 빈센트(Vincent)는 "범죄자들은 장로들을 언급한다. 그들은 공적 직분상의 이유로 공적인 책망을 받아야 한다"고 하였다.172) 반스(Barns)도

---

169) Thayer's op. cit., p. 83; Vine's op. cit., p. 174; Ralph Earle op. cit., p. 373
170) Abbodt-Smith, op. cit., p. 305
171) Arndt-Gingrich, p. 546
172) Vincent's op. cit., IV., p. 268

"범죄자들은 아마도 전 절에 언급된 장로들을 언급하는 것 같다"고 하였으며,173) 렌스키(Lenski)도 "범죄한 자들은 장로들 중에서 일부 범죄한 자들"이라고 하였다.174) 이외에도 허터, 알포드(Huther, Alford) 등이 범죄자들은 장로들 중의 일부 장로들이라고 하였다. 따라서 그들은 "모든 사람들 앞에서 꾸짖으라"는 말씀도 전체 장로들 앞에서 꾸짖으라는 말씀으로 해석한다.

"꾸짖으라"(엘렝코, ἔλεγχω; to convict, reprove, rebuke; 죄를 깨닫게하다, 훈계하다, 책망하다)의 원어 엘렝코(ἔλεγχω)를 테일러(Thayer)는 "심하게 꾸짖다, 꾸짖어 내쫓다, 권면하다, 책망하다"(to reprehend severely, chide, admonish, reprove)로 번역하였고,175) 안트와 긴그리취(Arndt and Gingrich)는 엘렝코를 "책망하다, 바로 세우다"(reprove, correct)라고 번역하였다.176)

범죄자들을 모든 사람들 앞에서 꾸짖는 이유는 먼저 범죄한 자가 회개하기 위함이며, 나머지 사람들로 하여금 범죄치 않도록 사전에 경고하기 위함이다(신 13:11).

권징의 태도, 절차 및 목적
(The Attitude, Procedure and Purpose in Discipline)

1. 권징의 태도(The Attitude of Discipline)

권징을 시행하는 자는 "예수 그리스도의 심정으로 겸손과 온유와 오래 참음과 온순과 단호함으로 할 것이요, 외모로 판단하지 말고(약 2:9) 또한 두려움 없이 공평하게 할 것이다"(교회 정치 문답 조례 191문<갈 6:1; 고후 10:1, 8; 딤전 5:1; 딤후 4:2; 딛 1:13>). 권면자는 범죄한 형제를 대할

---

173) Barn's op. cit., p. 1156
174) Lenski, St. Paul's Epistles, p. 685
175) Thayer's op. cit., p. 203
176) Ralph Earle's op. cit., p. 396

때에 원수로 대하지 않고 형제로 대할 것이며(살후 3:15) 범죄한 형제가 회개하고 돌아서면 탕자가 회개하고 돌아올 때 그를 맞이하는 아버지의 심정과 같은 심정을 가져야 한다(눅 15:20-25).

갈라디아서 6:1, "형제들아 사람이 만일 무슨 범죄한 일이 드러나거든 신령한 너희는 온유한 심령으로 그러한 자를 바로잡고 네 자신을 돌아보아 너도 시험을 받을까 두려워하라"

사도 바울은 갈라디아 교회 성도들에게 범죄한 자를 바로잡고 자신들도 범죄할까 두려워하라고 당부하였다.

"범죄"(파랍토마, παράπτωμα; trespass, offence, fault, blunder, fall, sin; 방해·범죄·위반·범죄·잘못·실수·큰 실수·타락·죄)에 대하여 몰톤과 밀리간(Moulton and Milligan)은 말하기를 이 단어는 의도적(고의적, 계획적)으로 짓는 죄가 아니라, 실수·잘못·과실(a slip or lapse)로 인한 경범죄를 가리킨다고 하였다. 이 단어가 영어 흠정역(KJV)에는 trespass(방해·범죄)로 9번, offence(위반·범죄)로 7번, fault(잘못·실수)로 2번, fall(타락)로 2번, sin(죄)으로 3번 번역되었다.

"온유한 심령으로." 온화하고 부드러운 마음으로 충고해야 한다. 충고하는 자의 마음의 자세가 어떠해야 할 것을 말한다.

"바로잡으라"(카탈티제테, καταρτίζετε; restore, mend; 회복하라, 복원하라, 수선하라, 고치라). 이 단어가 마태복음 4:21; 마가복음 1:9에서는 갈릴리 호수에서 어부들이 그들의 그물들을 깁는다는 말로 사용되었다. 우리는 믿음의 형제가 잘못을 저질렀을 때 무관심하거나 침묵을 지켜서도 안 되며, 자신은 의롭고 완전한 자처럼 교만하여 실수와 잘못을 저질은 형제를 죄인 취조하듯이 대해서도 안된다. "그러나 원수와 같이 생각지 말고 형제 같이 권하라"(살후 3:15).

사람이 범죄한 자를 대할 때 원수로 대하지 말고 형제로 대해야 한다. 그 이유는 권징을 받는 자도 그리스도 안에서 한 믿음의 형제이기 때문이다. 범죄한 형제와 실제상 원수는 크게 다르다. 원수를 대하는 것은 증오요, 형제를 대하는 것은 사랑이다. 우리는 범죄한 형제를 대할 때 그리스도의 사랑과 불쌍히 여기는 마음으로 그리고 그가 바로 서기를 원하는 마음으로 형제로 대해야 할 것이다.

2. 권징의 절차(The Procedure of Discipline)

마태복음 18:15-17, "네 형제가 죄를 범하거든 가서 너와 그 사람과만 상대하여 권고하라 만일 들으면 네가 네 형제를 얻은 것이요 만일 듣지 않거든 한두 사람을 데리고 가서 두세 증인의 입으로 날마다 증참케 하라 만일 그들의 말도 듣지 않거든 교회에 말하고 교회의 말도 듣지 않거든 이방인과 세리와 같이 여기라"

제1단계: "네 형제가 죄를 범하거든 가서 너와 그 사람과만 상대하여 권고하라 만일 들으면 네가 네 형제를 얻은 것이요"(15절).

이 말씀은 믿음의 형제가 범죄하였을 경우 어떻게 할 것인지를 교훈한다. **"너의 형제"**(아델포스, $\alpha\delta\varepsilon\lambda\varphi\acute{o}\varsigma$; a brother)는 믿음의 형제·동료 그리스도인을 말한다. 그리스도인들은 하나님의 영적 자녀들이다. 형제자매는 피로써 맺어진다. 육체적 형제자매는 한 부모로부터 태어난 자녀들인 것과 같이, 하나님의 자녀들은 그리스도의 보혈로 구속함을 받아 성령과 말씀으로 태어난 자들이다.

"죄를 범하거든"의 원문에는 "네게"(수, $\sigma o v$; you)라는 말씀이 있다. 그러므로 동료 그리스도인이 네게 범죄하거든 그 사람과만 상대하여 권고하라고 하였다. 본문의 내용을 보아 이 범죄는 기독신자 상호간의 윤리적·도덕적 범죄를 가리킨다. 교회 밖에 있는 외인들은 우리가 판단할 대상들이 아니다. 그들은 하나님께서 판단하실 것이다(고전 5:12).

"너와 그 사람과만 상대하여"는 동료 그리스도인이 너에게만 범죄하였으므로 범죄한 그 사람과만 만나서 회개하도록 권면하라는 것이다. 범죄자와 피해자인 당사자들만이 알고 있는 문제는 다른 사람들에게 알리지 않음으로써 범죄자의 인격과 체면을 유지하게 하면서도 바로 서게 하는 성경적인 지혜로운 방법이다. 이것은 율법(레 19:17)이 요구한다. 이와 같이 성경적인 지혜로운 방법으로 권면할 경우 많은 사람들은 회개할 기회를 갖게 될 것이다.

"권고하라"(에렝케, ἔλεγχε; reprove, 책망하라)는 말씀과 동일하다. (본장 딤전 5:20 "꾸짖으라" 참조).

책망은 권면 다음가는 교회의 권징이다. "만일 들으면 네가 네 형제를 **"얻을 것이요"**(에켈데사스, ἐκέρδησας; you gain)에서 "얻는다"(켈다이노, κερδαίνω; to gain something, make a profit; 무엇을 얻는다, 이익을 갖는다)는 말은 은유적으로는 사람을 얻는 것이다. 반(Barn)은 "얻는다"(gain)는 말은 때로는 보존한다 또는 구한다(to preserve or to save)라는 뜻으로 해석했다. 고린도전서 9:19의 "얻는다"는 말씀은 범죄한 자가 좋은 그리스도인이 되도록 네가 그를 보존한다 또는 회복시킨다는 뜻이다.[177] 이는 마치 잃어버린 양을 얻는 것과 같다. 이것이 또한 권면의 이유와 목적이다.

제2단계: "만일 듣지 않거든 한두 사람을 데리고 가서 두세 증인의 입으로 날마다 증참케 하라"(16절). 이 말씀을 통해서 징계의 범위가 넓어지고 또 법적이 되었음을 알 수 있다.

"만일 듣지 않거든"이란 권면의 충고받기를 거절한다든지, 사실을 부인한다든지, 자신을 정당화한다면 포기하거나, 낙심하거나, 증오할 필요가 없이 그 범죄한 형제를 위하여 재차 권면을 시도해야 한다. **"두세 증인의 입으로 증참케 하라."** 이때에 두세 증인이란 범죄한 형제에게 가장 가까운 친구들이나 또는 신뢰할 수 있는 사람들, 영향력을 행사할 수 있는 존경받는 사람들을 말한다. 이 권면은 신명기 19:15의 "사람이 아무 악이든지 무릇 범한 죄는 한 증인으로만 정할 것이 아니요, 두 증인의 입으로나 세 증인의 입으로 그 사건을 확정할 것이요"라는 율법의 규례를 적용한 말씀이다(고후 13:1; 요 8:17).

제3단계: "만일 그들의 말도 듣지 않거든 교회에 말하고 …"(17절).

"교회에 말하고"에서 교회는 전체 회중(entire congregation)을 말한다. 처음에는 당사자의 권고도, 그 다음에는 두 세 증인의 권고도 거절당한 경우 최후의 마지막 방도는 신앙생활을 같이 하는 전체 회중이 그 범죄한 형제를 위한 권고자가 되는 것이다. 그들은 모두가 그리스도의 몸된 교회의

---

177) Barn's Note, *The Gospels*, p. 187

지체들이요, 믿음의 형제자매들이기 때문이다. 전체 회중은 목사 · 장로 · 권사 · 집사 · 평신도 · 남녀노소를 다 포함한다. 만일 그들의 말도 듣지 않는 사람은 많은 사람에게서 벌 받는 것이 마땅하도다(고루2:6).

제4단계: "만일…교회의 말도 듣지 않거든 이방인과 세리와 같이 여기라"(17절 하반절).

이 말씀은 성도의 교제가 단절되는 것을 가리킨다. 자기 죄를 인정하고 뉘우치고 회개하기를 거부하는 자는 외인(outsider)처럼 취급할 수밖에 없다. 이방인과 세리(a pagan or a tax collector)는 유대인 사회에서는 그들의 공동체 밖에 있는 사람들을 가리킨다. 최후의 권면까지도 받아들이지 않는 사람은 성도의 특권인 성도의 교제를 단절시키는 길만이 교회의 평화와 순수성을 보전하는 유일한 길이다.

징계의 최후 단계는 범죄한 자를 성도의 교제에서 단절시키는 것인데 이 것을 우리는 **출교**(Excommunication)라고 한다. **칼빈**(Calvin)은 "출교의 목적은 출교 당하는 사람들을 영원한 파멸과 멸망에 빠뜨리려는 것이 아니라, 그들의 품행과 생활이 비난 받는 것을 듣고도 만일 회개치 않으면 영원한 정죄를 받으리란 것을 깨닫게 만들려는 것이었다. 출교는 저주와 다르다. … 출교는 그의 도덕적 행위를 처벌하여 징계하는 것이다. 출교도 벌을 주는 것이지만 장차 정죄를 받으리라는 것을 미리 경고하므로서 사람을 불러 돌이켜서 구원을 얻게 하려는 것이다…"라고 하였다.[178]

3. 권징의 목적(The Purpose of Discipline)

웨스트민스터 신앙고백서 제 30장 3절, "교회의 권징(책벌 Church Censures)은 범죄하는 형제들을 바로 잡아 얻기 위하여, 다른 사람들이 같은 죄를 범하지 못하게 하기 위하여, 또한 누룩이 온 덩어리에 퍼지는 것을 제거하기 위하여, 그리스도의 존귀와 복음의 거룩한 신앙고백을 옹호하기 위하여, 또한 하나님의 진노를 막기 위하여 필요하니 만일 교회가 하나님의

---

178) Calvin, *Institutes*, IV, 12:10

언약(계약)과 그 언약의 인치심(Seals)을 악한자들과 회개치 않는 범죄자들이 짓밟음을 보고도 가만히 있으면, 하나님의 진노는 온 교회위에 임한다.”

웨스트민스터 신앙고백서 제 30장 3절은 권징의 목적에 대하여 5가지 이유를 밝혔다.

(1) 범죄한 형제들을 교정하여 얻기 위함이다(for gaining).

고린도 교회의 음행자는 권징에 의하여 출교되었다(고전 5:13). 그러나 그 권징은 그로 하여금 회개하고 돌아오게 하였다(고후 2:6). “오직 하나님은 우리의 유익을 위하여 징계하는 것이니”(히12:10). 그것이 바로 형제를 얻는 것이다(마 18:15).

칼빈(Calvin)은 말하기를, “…교회는 사악한 자들을 정죄하라는 주의 말씀을 받았고 또한 회개한 자는 다시 받아드리라는 말씀도 받았다. 이러한 권징의 결박수단이 없이도 교회가 오래 존속될 수 있다고 생각하는 사람들은 과오를 범하고 있다…”라고 하였다.[179]

(2) 다른 사람들이 그와 같은 죄를 범하지 못하도록 막기 위함이다(for deterring).

죄 범하는 형제를 권징하지 않으면 죄 범한 형제가 회개할 기회를 놓치기 쉬울 뿐만 아니라, 육신(죄의 성질)이 연약한 형제들이 시험받기 쉽다. 그러므로 범죄자에 대한 권징은 범죄하지 않은 그러나 범죄 가능성이 많은 형제들을 보존, 보호함에 큰 거울이 된다. “범죄한 자들을 모든 사람 앞에 꾸짖어 나머지 사람으로 두려워하게 하라”(딤전 5:20). 권징은 온 덩어리에 퍼지는 누룩을 제거하기 위함이다(for purging out).

적은 누룩이 온 덩이에 퍼지듯(고전 5:6, 7), 범죄자에게 권징을 하지 않으면 오류와 죄가 누룩처럼 퍼지게 마련이다. 권징은 사랑하는 자식을 위한 회초리와 같다.

(3) 그리스도의 존귀와 복음의 거룩한 신앙고백을 옹호하기 위함이다(for vindicating).

---

179) Calvin, Ibid., IV, 12:4

그리스도의 구원의 도리가 교회의 생명인 것 같이 권징은 교회의 생명을 보존하는 힘이다. 범죄한 자를 권징하지 않으면 그리스도의 명예와 우리의 신앙고백을 옹호할 수 없다.

(4) 교회에 임할 하나님의 진노를 막기 위함이다(for preventing).

교회에 임하는 하나님의 진노는 교회가 권징을 바로 시행하지 않거나 또는 못하므로 받는 형벌이다. 교회가 권징을 바로 시행하지 않거나 또는 못하므로 받는 형벌은 다양한 방법으로 나타나며 그 피해는 형언할 수 없다. 따라서 교회가 하나님의 진노를 면하고, 하나님의 축복을 받기 위하여는 권징이 바로 시행되는 교회가 되어야 한다.

(5) 교회의 거룩성과 순수성 그리고 건덕을 보전하기 위함이다(for preserving).

교회의 거룩성과 순수성은 교회의 생명이다. 교회가 타락될 때 권징이 없으면 교회는 거룩성과 순수성을 보전할 수 없으며 따라서 타락될 수밖에 없다. 권징은 윤리적 문제와 교리적 문제를 바로 세우는 교회 자체 정화운동이다. 따라서 교회의 권징이 없으면 교리적으로나 윤리적으로 타락될 수밖에 없다. 하나님의 교회가 참 교회로 존속하려면 권징이 절대 필요하다.

제13장

영적 은사들
(Spiritual Gifts)

은사(카리스마, χάρισμα; a gift of grace, a gift involving grace)는은혜의 선물, 은혜와 관련된 선물을 가리킨다. 카리스마(은사)는 카리스(χάρις; grace; 은혜)에서 인출되었다. 그러므로 영적 은사란 자비로우신 하나님께서 그의 사랑하는 자녀들에게 값없이 하사하시는 은혜로운 선물들(free and gracious gifts)을 가리킨다. 은사는 재능들과 무엇을 할 수 있는 능력들(talents and abilities)을 가리킨다.

카리스마는 일반적으로 선물이라는 단어 도론(δῶρον)과는 달리 영적 은사들을 가리킨다.

I. 은사들의 분류(Classification of Gifts)

일반적으로 은사들은 자연적 은사들과 영적 은사들, 영구적 은사들과 일시적 은사들로 구분한다.

자연적 은사들(Natural gifts)은 하나님께서 육신의 부모를 통하여 출생 시에 주시는 선천적 재능들과 무엇을 할 수 있는 능력들을 가리킨다. 따라서 자연적 은사들은 생득적으로 획득한다. 이 은사들은 부모로부터 이어받는 재능들과 능력들이니, 곧 머리의 명철함, 건강의 양호, 예능의 재질, 문학적 소질, 외국어의 재능, 이공 분야의 재능과 소질 등을 말한다. 이 모든 재능들은 온 인류의 유익을 위하여 부모를 통하여 주시는 하나님의 선물들이다.

영적 은사들(Spiritual gifts)은 하나님께서 그의 자녀들에게 직접 베풀어 주시는 은혜로운 선물들이니, 곧 분별의 은사들인 지혜 · 지식 · 영 분별 · 능력의 은사들인 믿음 · 이적 · 병고침 · 선포의 은사들인 예언 · 방언 · 방언 통역 등 수많은 은사들이다. 이 모든 은사들은 하나님께서 주님의 몸된 교회를 세우기 위하여(build up) 그의 자녀들에게 무상으로 주시는 하나님의 특별한 선물들이다(롬 12: 3-8; 고전 12:4-11; 엡 4:11).

개혁주의 신학(Reformed Theology)에서는 영적 은사들은 영구적 은사들과 일시적 은사들로 양분한다.
영구적 은사들은 말세지말 예수 그리스도께서 재림하실 때까지 계속 존재하는 은사들로서 영 분별의 은사, 지식의 말씀의 은사, 지혜의 말씀의 은사, 가르치는 은사, 권면의 은사, 다스리는 은사, 믿음의 은사, 돕는 은사, 구제의 은사 등이다.
일시적 은사들은 초대 사도시대에만 국한된 은사들로서 사도직, 선지직, 이적의 은사, 병 고치는 은사, 예언의 은사, 방언의 은사, 방언 통역의 은사 등이다. 그러나 오순절 교회 계통에서는 영적 은사들을 영구적 은사들과 일시적 은사들로 구분하지 않는다. 그들은 주장하기를 모든 은사들은 다 예수 그리스도 재림시까지 계속 존재한다고 한다.

1. 영구적 은사들(Permanent Gifts)

(1) 영들 분별의 은사(Gift of Discerning of Spirits)

영 분별은 "프뉴마톤"($\pi\nu\epsilon\upsilon\mu\acute{\alpha}\tau\omega\nu$; 영)과 "디아크리세이스" $\delta\iota\alpha\kappa\rho\acute{\iota}\sigma\epsilon\iota\varsigma$; 분별)로 구성된 합성어이다. 그리고 이 단어들은 다 복수형이다. 그

러므로 영 분별을 직역하면 "영들의 분별들"이다. 영 분별은 하나님의 특별한 은사로서 인간의 생각이나 악령의 기만을 가려내는 능력(ability)이다. 영 분별은 이것이 하나님께로부터 온 것인지, 인간의 생각에서 나온 것인지, 아니면 악령에게서 나온 것인지를 가려내는 힘이다. 영 분별은 특별계시에 대한 참과 거짓을 분별하는 힘이다. 영 분별은 예언의 은사와 매우 밀접한 관계를 가지고 있다(고전 12:10; 살전 5:19-21). 이 은사는 하나님의 말씀이 기록으로 완성되기 전 선지자들이 구두형태(oral form)로 전달할 때에 매우 필요한 은사였다. 이 영 분별의 은사로 어느 선지자가 참 선지자이고, 어느 것이 참 예언인지를 가려낸다. 이 은사는 말세지말에는 더욱 필요한 은사이다.

① 영들 분별의 필요성: **요한일서 4:1**, "사랑하는 자들아 영을 다 믿지 말고 오직 영들이 하나님께 속하였나 시험하라 많은 거짓 선지자가 세상에 나왔음이니라."

우리는 하나님의 영과 거짓 영들을 반드시 구별해야 한다. 하나님의 영과 거짓 영들을 반드시 구별해야 할 이유는 거짓 영들이 너무나 많이 세상에 나왔기 때문이다.

"영을 다 믿지 말고"라는 말씀에서 "영"이란 곧 거짓 선지자(퓨도푸로페타이, φευδοπροφῆται; false prophet)를 가리킨다. 거짓 선지자들은 표적과 기사들(signs and portents)을 행하면서 참 선지자처럼 위장 활동한다 (마 24:24; 행 13:6).

사도 요한은 누구든지 예수 그리스도의 신성(deity)을 부인하는 자들, 또는 인성(humanity)을 부인하는 자들을 적그리스도라 불렀다(요일 2:22; 4:3; 요이 7장). 그런데 그 당시 도케테파와 그노시스파(Docetic Gnostic)에서는 예수 그리스도의 인성을 부인하였다. 그들은 말하기를 예수 그리스도는 다만 육체를 가지고 있는 것같이 보인다고 하였다. 이 말은 곧 예수 그리스도는 우리와 같은 실제적 육체는 가지고 있지 않았다는 주장이다.

"시험하라"(도키마제테, δοκιμάζετε; test, prove, examine, discern, discover)는 말씀은 시험(검사)하라, 증명하라, 조사하라, 분별하라, 발견하라는 뜻이다. 이 단어는 신약에 23번 나온다. 이 단어의 최상의 번역은 시험(검사)하라, 증명하라이다. 우리는 하나님께서 은사로 주신 영 분별력으로 악령들과 그들의 일들을 시험하여 거짓을 증명해야 한다.

악령들(Evil Spirits)이나 악령에 사로 잡힌 자들도(악령의 영향으로) 미래의 일을 어느 정도 예언하며 이적 기사도 행할 수 있다. 그러므로 영 분별력이 없는 신도들은 악령들과 그들의 활동에 미혹을 받을 수 있다. 왜냐하면 악령들과 악령에 사로잡힌 사람들도 때로는 빛의 천사들로 가장하기 때문이다(고후 11:14). 그러므로 우리는 미혹을 받지 않도록 항상 깨어 있어야 한다(마 26:41).

"자기를 가장한다"(메타스케마티조메노이, μετασχηματιζόμενοι; transforms himself; 자기 자신을 가장한다). 이 단어는 스케마(σχῆμα; outward fashion; 외적 모양)에서 파생된 동사이다. 그러므로 악령이나 악령에 사로잡힌 사람은 외형으로는 빛의 천사처럼, 참 선지자처럼 위장하고 나타나나 내면적 실체는 그대로 있다. 그러므로 참과 거짓을 시험하여 가려내야 한다.

② **예수님과 사도들의 영 분별:** 이제 우리는 영 분별의 은사를 사용하여 악령과 악령에 사로 잡힌자들, 그리고 그들의 하는 일들을 시험하여 가려낸 예수님과 사도들의 하신 일들의 일부를 고찰하고자 한다.

마가복음 1:21-26, "저희가 가버나움에 들어가니라 예수께서 곧 안식일에 회당에 들어가 가르치시매 뭇 사람이 그의 교훈에 놀라니 이는 그 가르치시는 것이 권세 있는 자와 같고 서기관들과 같지 아니함일러라 마침 저희 회당에 더러운 귀신 들린 사람이 있어 소리 질러 가로되 나사렛 예수여 우리가 당신과 무슨 상관이 있나이까 우리를 멸하러 왔나이까 **나는 당신이 누구인 줄 아노니 하나님의 거룩한 자니이다** 예수께서 꾸짖어 가라사대 잠잠하고 그 사람에게서 나오라 하시니 더러운 귀신이 그 사람으로 경련을 일으키게 하고 큰 소리를 지르며 나오는지라."

예수께서 갈릴리 호수 서북 연안에 위치한 가버나움 회당에 들어가 가르치시니 사람들이 그 가르치심에 깜짝 놀랐다. 그 이유는 예수님의 가르치심은 율법을 암송하고 조상들의 유전이나 가르치는 서기관들이나 바리새인들과 같지 않고 권세 있는 자 같았기 때문이다. "권세 있는 자"는 절대 주권을 지니신 하나님을 가리킨다. 실제상 예수님은 권세 있는 자이시다.

회당 안에 더러운 귀신(unclean spirit)들린 사람이 있어 예수님께 큰 소리로 "나사렛 예수여! 우리가 당신과 무슨 상관이 있나이까? … 나는 당신이 누구인줄 아노니 하나님의 거룩한 자니이다"라고 하였다.

귀신이나 귀신들린 사람은 다수의 일반 사람들과는 대조적으로 예수님이 누구이신지 즉각적으로 바로 알고 인식할 뿐만 아니라, 또한 예수님은 마귀의 세력과 활동들을 멸하시는 자이심을 알고 있다. 이때에 예수님은 귀신들린 사람의 말, 곧 "나는 당신이 누구인줄 아노니 하나님의 거룩한 자니이다"라고 하는 말의 내용이 맞아도 그 말에 동조하거나 받아들이지 않았다. 오히려 예수님은 귀신을 꾸짖어 그 사람에게서 내쫓으셨다.

누가복음 4:40-41, "해질 적에 각색병으로 앓는 자 있는 사람들이 다 병인을 데리고 나아오매 예수께서 일일이 그 위에 손을 얹으사 고치시니 여러 사람에게서 귀신들이 나가며 소리 질러 가로되 당신은 하나님의 아들이니이다 예수께서 꾸짖으사 저희의 말함을 허락지 아니하시니 이는 자기를 그리스도인 줄 앎이러라."

예수님께서 각색 병자들을 고치셨다는 소문이 널리 그리고 속히 퍼지면서 그날 밤에도 병자들을 예수님 앞으로 데려왔다. 그때는 이미 해질 무렵이었다. 그러면 왜 해지기 전에는 병자들을 데려오지 않았는가? 유대인들은 안식일(해질 때까지)에 병자들을 데려오는 것도 일하는 것으로, 율법을 범하는 것으로 간주하였기 때문이다.

예수님께서 병든 자들에게서 귀신들을 내어 쫓으니 귀신들은 **"당신은 하나님의 아들 그리스도이니이다"**라고 고함을 지르며 나갔다(마 8:28-34 참조). 귀신들린 사람들도 예수님이 누구인지 알고 있었다. 예수님은 자신이 하나님의 아들 그리스도라는 사실을 무지몽매한 백성들이 알기를 원하였다.

사도행전 16:16-18에 의하면 빌립보에 사는 한 귀신들린 여종(slave girl)이 예언하는 능력을 가지고 있었다. 그녀는 바울과 실라를 가까이 따라가며 소리내어 말하기를 **"이 사람들은 구원의 길을 우리에게 전하는 지극히 높으신 하나님의 종들이라"**고 하였다. 그녀가 외친 말의 내용은 사실이다. 그러나 그녀는 악령의 영향을 받아 예언하였다. 바울은 "예수 그리스도의 이름으로"(in the name of Jesus Christ) 더러운 악령을 그녀에게서 쫓아내었다. 우리는 비록 어떤 예언들은 참이라 할지라도 그 예언이 악령에게서 나온 것인지의 여부를 시험하여야 한다.

③ 사람의 마음 분별(Discerning human spirits): 주님은 전지하셔서 사람들의 내적 성향과 마음의 생각까지도 감찰하신다(마 9:4; 눅 6:8; 요 1:48; 2:25; 4:29; 21:17…). 한 번은 예수님께서 갈릴리 바다 동편에서 배를 타고 가버나움으로 돌아오셨을 때 사람들이 침상에 누운 한 중풍병자(a paralytic)를 예수님 앞에 데리고 왔다. "예수께서… 중풍병자에게 이르되 소자야 안심하라 네 죄 사함을 받았느니라… 일어나 네 침상을 가지고 집으로 가라"(마 9:2, 6)고 하시니 그 중풍병자가 즉시로 병이 나아 일어나 집으로 돌아갔다. 중풍병은 전신이 마비되거나, 몸의 한 쪽만 마비되거나, 목 밑의 모든 신경구조가 마비되거나, 손이 마르고 파리해지는 병이다. "어떤 서기관들이 속으로 이르되 이 사람이 참람하도다 예수께서 그 생각을 아시고 가라사대 너희가 어찌하여 마음에 악한 생각을 하느냐"(3-4절)라고 책망하셨다.

"네 죄 사함을 받았느니라." 죄 사하는 권세는 하나님만이 가지고 있다(막 2:7; 눅 5:21). 누가는 죄 사함 받았느니라는 말씀을 강한 표현으로 너의 죄가 "사하심을 받았느니라"(아페엔타이, αφίενταί afiventaiv; have been forgiven)는 완전 수동형(perfect passive)을 사용하였다.

어떤 서기관들이 속으로 자신들에게 말하기를 "이 사람(예수)이 참람하도다"라고 하였다. 그와 같은 서기관들의 마음의 항거는 예수님께 대한 종교계 지도자들의 첫 번째 항거였다. "참람하다"(브라스페메이, βλασφημεῖ; blasphemes)라는 말은 "모독하다"라는 뜻으로 현재직설법(present indicative)이다. 그들에게는 하나님만이 죄를 사할 수 있는데 예수라는 일개 시골 청년이 네 죄 사함을 받았느니라고 선언을 하니 그 같은 발언은 분명히 하나님을 모독하는 용서할 수 없는 죄라는 것이다. 그들은 예수님이 바로 하나님이심을 알지 못하였다.

"너희가 어찌하여 마음에 악한 생각을 하느냐?" 예수님은 그들의 마음에

숨겨져 있는 악한 생각을 즉각적으로(immediately), 분명히(clearly) 그리고 완전히(fully) 아셨다. 병자의 마음 상태를 아시고 사죄를 선언하신 주님은 또한 서기관들의 심중(心中)을 아시고 책망하셨다. 주님은 사람의 속에 있는 은밀한 것까지도 다 아신다.

(2) 말씀의 은사(Gift of the Word)

고린도전서 12:8, "어떤 이에게는 성령으로 말미암아 지혜의 말씀을 어떤 이에게는 같은 성령을 따라 지식의 말씀을…주시나니."

본 절에서는 말씀의 은사를 지혜의 말씀과 지식의 말씀으로 이분(二分)하였다. 그런데 대부분의 주석가들은 지혜의 말씀과 지식의 말씀을 동일시하거나 또는 이 둘 사이에 분명한 구분을 하지 않고 있다. 저자는 지식은 말씀의 내용을 알고 이해하는 것으로, 지혜는 지식을 전달하는 슬기와 기술로 정의하였다. 지식은 이성(Reason)으로 이해하는 것이요, 지혜는 영적 영역이 관한 통찰력이다.

① 지식의 말씀의 은사(Gift of the Word of knowledge)

지식의 말씀의 은사는 진리를 바로 깨닫고 이해하는 지식이다. 지식(그노시스, γνῶσις)은 아는 행위 또는 이해(an act of knowing or understanding)이다. 그러므로 지식의 말씀은 곧 하나님의 말씀을 아는 행위 또는 이해이다. 이 지식은 구원의 도리를 바로 알고 이해하는 지식이다.

사도 베드로는 "저를 아는 지식에서 자라가라 …"(벧후 3:18)고 하였다. **"자라가라"**(아우자네테, αὐζάνετε; grow ye)는 말씀은 현재 명령형으로 계속적으로 자라가리는 뜻이다. 이것은 영적 지식의 성장을 가리킨다.

"말씀"(로고스, λόγος)은 하나님의 "기록된 말씀"(Written Word)을 가리킨다. 성경에는 하나님의 말씀을 구원의 말씀(행 13:26), 은혜의 말씀(행 14:3), 복음의 말씀(행 15:7), 십자가의 도(고전 1:18), 하나님의 말씀(고후 2:17; 4:2), 화목케 하는 말씀(고후 5:19), 진리의 말씀(고후 6:7; 엡 1:13; 골 1:5), 생명의 말씀(빌 2:16), 의의 말씀(히 5:13) 등으로 표현하였다. 말씀은 복음(유앙겔리온, εὐαγγέλιον)이요, 복음은 기쁜 소식(good news)

이다. 복음의 핵심은 예수 그리스도의 대리적 속죄의 죽으심과 육체적 부활이다(고전 15:3).

② 지혜의 말씀의 은사(Gift of the Word of wisdom)

지혜의 말씀의 은사는 하나님의 말씀을 잘 전달하는 은사이다. 이것은 **가르치는 은사**(gift of teaching)이다(롬 12:7; 고전 12:28; 엡 4:11). 지혜(소피아, $\sigma o\varphi i\alpha$)는 말씀(로고스, $\lambda o\gamma o\varsigma$)을 바로 전달하는 능력과 슬기와 기술을 가리킨다. 그러므로 지혜의 말씀은 다른 사람들에게 하나님의 말씀을 바로 잘 선포하고 전달하며 가르치는 은사이다. 우리는 하나님의 말씀을 바로 잘 깊이 아는 지식이 필요할 뿐만 아니라, 그 지식을 타인들에게 바로 전달할 수 있는 능력과 슬기와 기술도 필요하다.

사도 야고보는 "너희가 지혜가 부족하거든 모든 사람에게 후히 주시고 꾸짖지 아니하시는 하나님께 구하라. 그리하면 주시리라"(약 1:5)고 하였다. 하나님은 지혜의 근본이시요, 은혜를 베푸시기를 기뻐하시기 때문이다. "**구하라**"(아이테이토, $\alpha i\tau\epsilon i\tau\omega$; let him ask; 그에게 구하라)는 말씀은 구하다, 요구하다로서 이 단어는 낮은 신분에 있는 사람이 높은 신분에 있는 하나님께 자신이 필요한 것을 받기를 원하여 간청하는 탄원이다.

(3) 가르치는 은사 (Gift of teaching, 롬 12:7; 고전 12:28; 엡 4:11)

가르치는 은사는 하나님의 말씀을 상세히 잘 설명하는 능력을 말한다. 가르치는 은사는 훈련을 통하여 발전시킬 수 있다. 가르치는 일은 하나님의 말씀의 진리를 명백하게 설명해 주며 개인 생활에 효과적으로 적용시켜 주는 성령의 은사이다.

"**가르치기를 잘한다**"(디다크티코스, $\delta\iota\delta\alpha\kappa\tau\iota\kappa o\varsigma$; apt to teach, able to teach)는 말씀은 가르칠 재기(才氣)와 능력이 있다는 뜻이다. 가르치는 은사는 다른 사람들에게 지식을 전달할 수 있는 재능·기술·능력(talent, skill, ability)을 가리킨다. 교역자는 가르치기를 잘 해야 한다. 교역자의 자격들 중 하나가 바로 그것이다(딤전 3:2). 이런 의미에서 교역자는 다 교사

(teacher)이다. 바울과 바나바는 성령으로부터 가르치는 은사를 받아 "하나님의 말씀을 가르치며 전도하는 일"을 계속하였다(행 15:35). 바울과 바나바는 사람들을 전도하여 회개시킬 뿐만 아니라 또한 회개한 사람들에게 하나님의 말씀을 가르쳤다. 바울은 고린도에서 일 년 반 동안 하나님의 말씀 가르치기를 계속하였고, 에베소에서도 공중 앞에서와 각 집에서 이 년 동안 가르쳤다(행 19:10). 바울에 대한 믿지 않는 유대인들의 고소는 "이 사람은 각처에서 모든 사람을 가르치는 자"라는 것이었다(행 21:28).

(4) 권면의 은사(Gift of exhortation〈롬 12:8〉)

권면은 용기를 북돋아 주는 일, 위로하는 일, 책망하는 일과 관계된다. **"권면하다"**(파라칼레오, παρακαλέω; exhort, beseech, comfort, encourage)는 권고하다, 탄원하다, 위로(안위)하다, 용기를 북돋아 주다라는 뜻이다. 로마서 12:8의 권면(파라클레시스, παράκλησις; exhortation)은 권고, 안위 그리고 용기를 북돋아 줌을 포함한다. 파라칼레오의 명사 파라클레토스(παράκλητος; comforter)는 안위자, 협조자, 상담자, 변호자라는 뜻이다.

권면하는 자는 다른 사람의 조력자가 되어 용기를 북돋아 주고 위로하며 믿음이 약한 사람을 강하게 해주는 자이다. 사도 바울은 권면의 은사를 갖고 있었다. 그는 자신의 일차 전도 여행 후에 자기가 갔었던 루스드라와 이고니온과 안디옥으로 돌아가서 "제자들의 마음을 굳게 하여 이 믿음에 거하라"고 권면하였다(행 14:21, 22). 그는 또한 빌립보에서 새로 믿는 신자들을 위로하였다(행 16:40). 그는 또한 에베소에서 그 성의 소요가 그친 후에 그리스도인들을 권면하였다(행 20:1). 유다와 실라도 권면의 은사를 가지고 있었으며 이 은사를 시리아에 있는 안디옥 교회와 더불어 그들의 사역에 사용하였다(행 15:31, 32). 초대교회 지도자들은 물론 모든 하나님의 진실된 종들은 믿음의 권속들을 위로하고, 권면하고, 충고하는 권면의 은사를 사용하였다. 우리들도 이 은사를 사용해야 한다.

(5) 다스리는 은사(Gift of leadership〈롬 12:8; 고전 12:28〉)

다스리는 은사는 기독신자들과 관계된다. **"다스린다"**는 단어는 프로이스테미(προίστημι)로서 전치사 프로(προ; before; 앞)와 동사 히스테미(ίστημι; to stand, 선다)로 구성된 합성어이다. 그러므로 다스린다는 단어는 앞에 선다, 앞에서 인도한다(to stand before, to lead)는 뜻이다. 다스리는 자(호 프로이스타메노스, ὁ προιστάμενος; the one standing in front)는 "앞에 서 있는 자", 즉 현대어로는 지도자(leader)를 가리킨다.

성령께서는 어떤 사람들에게 교회를 다스리도록 특별한 은사를 주신다. 성령의 이와 같은 은사를 가진 사람은 겸손한 종으로서 사랑의 정신으로 교회를 다스리게 된다(벧전 5:1-3). 그는 또한 자신의 책임에 진지함과 근면함을 보여 줄 것이다. 고린도전서 12장 28절의 "다스린다"는 말은 선박의 도선사(導船士)와 흡사하다. 아무나 선박을 도선할 수는 없다. 아무나 도선하면 혼란만 생길 뿐이기 때문이다. 능력 있는 누군가가 선박을 도선해야 할 필요가 있다. 마찬가지로 성령의 은사로 능력을 입은 사람이 교회를 다스릴 필요가 있다. 보통 이 은사는 교회의 목사와 장로에게 주어진다.

(6) 믿음의 은사(Gift of faith〈고전 12:9〉)

믿음은 기본적 믿음(basic faith)과 기본적 믿음을 근거로 장성한 믿음이 있다. 기본적 믿음은 하나님께서 모든 기독신자들에게 주시는 은혜의 선물이다(엡 2:8). 기본적 믿음은 구원적 신앙(saving faith)이다. 기독신자들은 이 은혜의 선물인 믿음으로 말미암아 예수 그리스도를 구주로 영접함으로써 구원을 받는다. 기본적 믿음은 모든 기독신자들이 다 공통적으로 소유하고 있다.

① **믿음의 은사는 기본적 믿음을 근거로 장성하는 믿음이다.** 믿음의 은사는 기본적 믿음을 근거로 성장한 반석 같은 믿음을 가리킨다. 이 믿음은 모든 사람이 다 똑같이 소유한 것이 아니다. 믿음의 은사를 소유한 사람들은 믿음의 대장부들이다. 히브리서 11장에서는 아벨·에녹·노아·아브라함·요셉·모세·기드온·바락·삼손·입다·다윗·사무엘·다니엘과 그의 세 친구 등 위대한 신앙의 영웅들을 열거하였다.

② **믿음의 은사는 기적을 행하는 신앙(wonder-working faith)이다(마

17:20; 21:21). 이 믿음은 산(山)을 옮기는 능력이 있다. 마태복음 17:20을 보면 "…너희가 만일 믿음이 겨자씨만큼만 있으면 이 산을 명하여 여기서 저기로 옮기라 하여도 옮길 것이요, 또 너희가 못할 것이 없느니라"(참조. 막 11:23; 고전 13:2)라고 하였다. 겨자씨는 매우 작은 씨이나 생명력이 있어서 자라나면 12-15 피트(feet)의 큰 나무가 되어 새들이 깃든다(마 13:31-32). 겨자씨만한 믿음이 있으면 거대한 산과 같은 큰 난관도 극복해 나갈 수 있다. 이 믿음은 자신이 산을 옮기는 믿음이 아니라 하나님이 옮겨주심을 믿는 믿음이다. 생명력 있는 산 믿음은 산을 옮기는 기적을 가져온다.

큰 믿음은 종종 기도와 함께 역사한다.

야고보서 5:15-16, "믿음의 기도는 병든 자를 구원하리니 주께서 그를 일으키시리라. 그러므로 너희 죄를 서로 고백하며 병 낫기를 위하여 서로 기도하라 의인의 간구는 역사하는 힘이 큼이니라"

또한 이 믿음은 전연 소망이 없는 처지와 형편 가운데서도 약속을 믿는 신앙이다(롬 4:18-21).

(7) 섬기는 은사(Gift of ministering〈고전 12:28〉)

섬기는 은사는 봉사의 은사를 의미한다. 넓은 의미에서 섬기는 은사는 돕고 봉사하는 은사(helping and serving gift)이다. 돕는 은사는 다른 사람들을 위하여 자신의 몸과 재능 또는 물질로 봉사하는 은사이다. 이 은사는 모든 기독신자들이 소유할 수 있고 또 소유해야 할 기본적인 은사이다. 이 은사는 예언·권면·가르침 등과는 달리 몸으로 실행하는 실천적 봉사(practical service)이다. 돕는 은사는 특히 집사들이 가난한 자들·병자들·버림받은 자들·핍박받는 자들을 여러 면으로 도와주는 은사이다.

돕는 자, 봉사하는 자, 섬기는 자는 열심으로 할 것이다. **로벗슨**(A. T. Robertson)은 일꾼, 종, 섬기는 자(διάκονος; deacon, servant, minister)는 디아(δια; through; …통하여)와 콘(κον; dust; 먼지)으로 구성된 합성어로 이는 "먼지를 통하여"라는 뜻이라고 했다. 즉 사람이 분주하게 봉사하는 장면을 묘사한다고 하였다.180) 봉사는 사람이 어떠한 임무 혹은 목적을

---

180) A. T. Robertson, *A Grammer of the Greek New Testament*, 1934, p. 58

달성하기 위하여 키(winnow)를 부지런히 사용하는 근면을 암시한다.

(8) 구제의 은사(Gift of giving〈롬 12:8〉)

구제는 자신이 가지고 있는 것들 중 일부를 가난한 자들에게 나누어 주는 것이나 또는 다른 사람들이 가져온 구호금이나 구제품들을 사람들의 필요에 따라서 공정하게 분배해 주는 일이다. 섬기는 은사는 자신의 몸과 재능으로 다른 사람들에게 봉사하는 은사인데 반하여 구제의 은사는 물질로 봉사하는 은사이다. 구제하는 자는 성실함으로 하라고 분부하셨다. **"구제하는 자"**(호 마타디두스, ὁ ματαδιδοὺς; the(one) sharing, 나누어 주는 자)는 분배하는 자를 가리킨다. **"성실함으로"**(엔 아플로테티, ἐν ἁπλότητι; in simplicity, sincerity, unaffectedness)는 단순히, 순수하게, 진실히를 가리킨다(고후 8:2; 9:11). 성실함으로 구제하는 자는 단순한 마음, 순수한 마음으로 구제하는 자를 가리킨다. 성실함으로 구제하는 자는 어떠한 명예나 보상도 생각하지 않는다. 주는 자는 자기에게 무엇인가 돌아오기를 바라거나 또는 자기의 유익을 위한 생각은 꿈에도 없어야 한다.

2. 일시적 은사들(Temporary Gifts)

(1) 사도들(Apostles)

사도란 헬라어로 **"아포스톨로스"**(ἀρόστολος; one sent forth, messenger)로서 보내심을 받은 자, 전달자라는 뜻이다. 사도직은 신약 초기에 있었던 공적 직분상의 명칭이다. 사도들은 예수님께서 직접 선택한 자들이요, 그리스도 부활의 목격자들이며, 초대교회의 기초를 놓은 지도자들이었고, 특별한 징조들(고후 12:12)을 행함으로 사도직을 확증시켰다. 사도들에게는 사도직을 수행하기 위하여 예언의 은사, 이적의 은사, 신유의 은사 등을 특별한 선물들로 주셨다.

사도들은 초대교회 시대에 살면서 사도직을 수행하다가 모두 세상을 떠났다. 그러므로 그 시대 이후로는 사도들이 존재하지 않는다. 사도직이 끝남에 따라 사도들에게 주셨던 특별한 징조들인 예언·이적·신유·방언 등도 끝났다. 오늘날 우리는 예수 그리스도의 부활을 직접 목격하고 예수 그리스도에 의하여 직접 사도로 선택받고 이적과 신유의 은사를 받아 행하는 예수님의 12사도들이 아니다.

(2) 신약시대의 선지자들(Prophets)

사도 시대에는 선지자들이 있었다(행 11:28; 13:1, 2; 15:32; 고전 12:28; 엡 2:20; 3:5; 4:11; 딤전 1:18; 4:14; 계 11:6). 아가보, 바나바, 시므온, 루기오, 마나엔, 사울, 유다, 실라 등은 이 반열에 속하였다. 사도 시대 선지자직은 일시적 직분이었다. 선지자들은 말씀의 은사를 많이 받았으며, 그들은 이따금 신비한 비밀의 말씀들을 계시하고, 장차 되어질 일들을 예언하는 기구들로 사용되었다.

아가보는 흉년들 것을 예언하였으며(행 11:28), 바울은 예루살렘에 가기 전에 자신이 결박당함을 미리 보았다(행 21:10-11). 유다와 실라는 하나님의 말씀을 전파함으로써 성도들을 온전케 하기 위하여 많은 말씀으로 형제들을 권면하였다(고전 14:3-4). 그러나 그들은 항상 영감을 받은 사도들보다는 하위(下位)에 있었다. 그리고 특별한 영감 아래서 말씀을 선포한 점에서 일반 교역자들과는 상이하였다. 그들은 사도들과 더불어 초대교회의 중요한 사역을 담당했으나 그들의 임무는 목사의 사역으로 이전되었다. 그리고 오늘날 목사의 사역은 성경에 기록된 예언의 말씀을 선포하는 일이다.

구약시대 선지자와 신약시대 선지자는 무엇이 상이한가? 구약의 선지자들은 국가적 지도자들, 애국자들, 개혁자들로서 하나님의 말씀을 구두(oral)로 선포할 뿐만 아니라 문서로 기록하였으며, 선지사역의 기간도 장기간이었다. 그러나 신약의 선지자들은 구약의 선지자들과는 대조적으로 하나님의 말씀을 구두로 받아 선포는 하였으나 문서로 기록하지는 않았으며(바울 제외) 선지자로서의 자격도 구약시대 선지자들보다는 미흡하였고, 선지사역 기간도 매우 단기적, 일시적이었다.

선지직은 사도직과 같이 신약성경이 완성된 초대교회 시대에 끝났으므로 (고전 13:8) 그 이후로는 존재하지 않는다. 칼빈(Calvin)은 말하기를 선지자들은 "신적 의지의 모든 해석자들을 의미하지 않고, 특별한 계시로 뛰어난 자들을 의미하나니 지금은 이 같은 사람들이 존재하지 않으며 또는 그들이 뚜렷하게 나타나지 않는다"고 하였다.[181] 그 이유는 신구약 성경이 문서로 완성되었기 때문이다.

(3) 이적의 은사(Gift of miracles〈고전 12:10, 29〉)

이적이란 하나님의 직접적, 초자연적 능력의 역사이다. 이적은 강한 역사 또는 놀라운 능력의 역사이다. 그러므로 성경은 이적과 능력을 동일시하였다. 이적은 능력을 행하는 것이다. 고린도전서 12:10에서는 이적을 "이적들"(뒤나메이스, δυνάμεις; miracles)이라고 복수로 표현하였다. 이는 이적의 다양함을 나타낸다.

사도들에게는 이적의 은사가 있었다. 사도들은 사도직과 사도들의 메시지를 확증하기 위하여 이적들을 행하는 능력을 받았다(고후 12:12; 히 2:4). 사도 바울은 사도들의 표된 것은 "표적과 기사와 능력을 행하는 것이라"(고후 12:12)고 하였다. 사도들은 많은 이적들을 행하였다(행 3:7, 8; 5:12-15; 8:17, 18; 9:36-41; 14:9, 10 등). 이적이나 병고침은 단순히 하나님의 능력만을 전시하기 위함이 아니라, 사람들의 필요를 채워주며 하나님의 영광을 드러내기 위함이다. 이적은 결단코 이적을 행하는 자를 과시하기 위함이 아니다. 사도시대에 주어졌던 이적은 사도직과 더불어 자연히 끝났다.

(4) 병 고치는 은사(Gift of healing〈고전 12:9〉)

병 고치는 은사는 이적의 은사들 중 일부분이다. **병 고치는 은사**(카리스마타 이아마톤, χαρίσματα ἰαμάτων; gifts of healings)의 "병고침"과 "은사" 이 두 단어는 모두 복수형으로 병들도 많고 치료하는 방법들도 다양함을 보여준다. 병고침(이아마톤, ἰαμάτων)은 이아오마이(ἰάομαι; to heal; 치료하다, 고치다)에서 파생된 단어이다. 이아오마이(ἰάομαι; to heal; 병 고치다)는 육체의 병 치료, 정신적 병 치료, 영적 병 치료 모두를 포함한다.

"예수께서 온 갈릴리에 두루 다니사 저희 회당에서 가르치시며 천국 복음을 전파하시며 백성 중에 온갖 종류의 병과 온갖 종류의 질병들을 고치

---

181) Calvin's *Institutes*, IV, 3:4.

시니"(마 4:23). 주님의 지상 사역은 천국 복음 전파와 온갖 병을 고치신 것으로 요약할 수 있다. 주님의 지상 사역 동안 행하신 이적들의 다수는 병 고치는 사역이었다.

하나님은 이적의 은사를 사도들에게 주셨다. 그런데 이적의 은사들 중 다수는 병 고치는 역사로 나타났다.

사도 베드로가 나면서부터 앉은뱅이 된 자를 성전 미문에서 고쳐준 일(행 3:6-8), 솔로몬 행각에서 모든 병자들과 귀신들린 자들을 고쳐준 일(행 5:12-16), 죽은 다비다를 살린 일(행 9:36-40), 사도 바울이 엘루마의 눈을 어둡게 한 일(행 13:11), 나면서부터 앉은뱅이 된 자를 일으킨 일(행 14:10), 바울의 옷자락만 만져도 병이 나은 일(행 19:11-12), 유두고를 살리신 일(행 20:7-12), 보블리오의 부친의 열병과 이질 병을 고친 일(행 28:7-8), 빌립이 귀신들린 자들에게서 귀신을 내쫓고 또 많은 중풍병자들과 앉은뱅이들을 고친 일(행 8:5-13) 등은 모두 신유의 은사들이 나타남이었다.

병 고치는 은사들도 사도시대에 있었던 일시적 은사이므로 오늘 이 시대에는 존재하지 않는다. 이 말은 오늘 이 시대에는 하나님께서 병을 고쳐 주시지 않으신다는 뜻이 아니라 병 고치는 은사를 사람들에게 허락지 않으셨다는 뜻이다. 오늘도 하나님은 불변하시고, 능력이 무한하시며, 그의 자녀들에 대한 사랑과 긍휼이 극진하시다. 그러므로 하나님은 그의 자녀들의 모든 병을 고쳐주시기를 원하시며 또 고쳐주신다. 그러나 오늘날은 사도시대처럼 하나님께서 신유의 은사를 어떤 특정인들에게 주셔서 신유의 은사를 받은 사람들이 병 고치는 대행기관이 되어 병 고치는 것이 아니라 하나님께서 직접 고쳐주신다. 그러면 오늘날 병 낫는 것은 성도들의 간절한 기도(간구)에 대한 하나님의 은혜로우신 응답이다.

(5) 예언의 은사(Gift of prophecy〈고전 12:10〉)

예언은 하나님의 마음의 생각과 뜻을 음성으로 전하는 말씀이다. 예언(프로페테이아, προφητεία; prophecy; 예언)은 프로(προ; forth; 앞)와 페미(φημί; to speak or utter a sound; 말하다, 소리를 내다)로 구성된 합성어이다.

첫째, **은사로서의 예언은 하나님의 마음의 생각과 뜻을 성령의 영감으로 받아 음성으로 전하는 영감된 말씀**(an inspired　utterance)**이다.** 예언은 구약시대의 선지자들과 신약시대의 사도들을 통하여 구두로 전파된 하나님의 말씀이다(고전 14:29-31). 예언은 신약성경이 문서로 완성되기 전 하나님의 계시를 받는 계시전달의 중요한 방편이었다.

둘째, **은사로서의 예언은 미래의 사변들**(future events)**을 미리 알려주시는 예언적 말씀**(predictive words)**이다**(미 5:2; 요 11:51).

하나님께로부터 계시를 받아 구두로 전하는 예언의 은사도 하나님의 초자연 계시가 기록된 말씀으로 완결됨으로 그쳤다(고전 13:8). 지금 우리는 기록으로 완성된 예언의 말씀을 사모하고 전해야 한다.

예언의 목적들(Purposes of prophecy)

고린도전서 14:3, "그러나 예언하는 자는 사람에게 말하여 덕을 세우며 권면하며 안위하는 것이요."

본문은 예언의 목적을 셋으로 명시하였다. 즉 예언의 목적은 사람들에게 덕을 위하여, 권면을 위하여, 안위를 위하여 주셨다.

① **예언은 사람들에게 덕을 세운다.** "덕"이란 "오이코도메"($o\dot{\iota}\kappa o\delta o\mu\dot{\eta}$; edification, spiritual instruction, improvement, enlightment, act of building; 교화〈교도〉, 영적 교훈, 진보, 계몽, 건축하는 일)를 가리킨다. "오이코도메"는 오이코스($o\dot{\iota}\kappa o\varsigma$; a house; 집)와 도메오($\delta o\mu\epsilon o$; to build; 건축하다, 세우다)로 구성된 합성어이다. 그러므로 이 단어의 문자적 의미는 건축의 행위(act of building)를 가리킨다(마 7:24; 6:48).

사람이 집을 짓듯이, 이 단어는 성도들의 영적 교훈·진보·계몽·건축에 사용되었다(행 9:31; 롬 15:20; 고전 10:23; 14:4; 살전 5:11). 사도 바울은 고린도전서 3:9에서 고린도 교회 성도들을 가리켜 "너희는 하나님의 집이라"라고 하였다. 예언은 교회를 세운다.

② **예언은 사람들을 권면한다.** "권면"은 헬라어로 "파라클레시스"($\pi\alpha\rho\acute{\alpha}\kappa\lambda\eta\sigma\iota\varsigma$; comfort, exhortation, consolation, entreaty)로서 안위, 권면, 위로, 애원이다. 신약성경 KJV에서 이 명사는 comfort로 6번, exhortation으

로 8번, consolation으로 14번, entreaty로 1번 번역되었다. 이 단어는 안위와 권면의 중간적 의미, 곧 용기를 북돋아줌(encouragement)이 적절한 의미인 것 같다.

이 단어는 파라($\pi\alpha\rho\acute{\alpha}$; beside, near; 곁에서, 가까이)와 칼레오($\kappa\alpha\lambda\acute{\epsilon}\omega$; to call, invite; 부르다, 초청하다)로 구성된 합성어이다. 따라서 권면은 바로 가까이에서 격려해주는 것(용기를 북돋아줌)을 의미한다. 성령님의 한 별명 보혜사($\acute{\alpha}$ $\pi\alpha\rho\acute{\alpha}\kappa\lambda\eta\tau\sigma\varsigma$; comforter)도 바로 이 단어와 관계된다. 빌립보서 2:1에서는 "성령의 위로"라고 하였다.

③ 예언은 사람들을 안위하여 준다. "안위"란 "파라무디아"($\pi\alpha\rho\alpha\mu\upsilon\theta\acute{\iota}\alpha$; consolation; 위로)이다. 이 단어는 파라($\pi\alpha\rho\acute{\alpha}$; near; 가까이)와 무도스($\mu\hat{\upsilon}\theta\sigma\varsigma$; speech; 말, 이야기)로 구성된 합성어이다. 따라서 안위는 옆에 가까이서 말로 안위, 위로하여 줌을 가리킨다. 예언의 말씀은 책망도 필요하지만 자신을 만들어 나가게 하며, 용기를 북돋아 주며, 위로해 주는 말씀이 되어야 한다. 이것은 성령의 일이요, 공포와 정죄는 사탄의 일이다.

사도 바울은 데살로니가 교회 성도들에게 "예언을 멸시하지 말고…범사에 헤아려 좋은 것을 취하라"(살전 5:20-21)고 권하였다. "멸시하지 말라"(메 엑수데네이테, $\mu\grave{\eta}$ $\acute{\epsilon}\xi\sigma\upsilon\theta\epsilon\nu\epsilon\hat{\iota}\tau\epsilon$; do not despise)는 멸시하지 말라, 없이 여기지 말라, 아무것도 아닌 것으로 여기지 말라는 명령이다. "헤아려"(도키마제테, $\delta\sigma\kappa\iota\mu\acute{\alpha}\zeta\epsilon\tau\epsilon$; prove, examine, try)는 증명하라, 입증하라, 시험해 보라, 조사해 보라는 명령이다. 예언이 참인지 아니면 거짓인지, 하나님께로부터 왔는지 아니면 사탄에게서 왔는지의 여부를 가리기 위하여 증명(입증)하라는 명령의 말씀이다.

오늘날도 하나님의 말씀을 전하는 사람이 참 하나님의 사람인지 아닌지, 전하는 내용이 참인지 거짓인지를 조사, 시험, 증명(입증)해야 한다.

첫째, 성경으로 조사, 시험, 증명해야 한다. 성경은 성령의 영감으로 기록된 하나님의 말씀이므로 정확무오하며 우리의 신앙과 행위의 표준이 되기 때문이다. 그러므로 어떤 신앙적, 교리적 문제들이나 어떤 윤리적, 도덕적 행위 문제들을 막론하고 하나님의 말씀의 척도에 맞추어 참 여부를 조사, 시험, 증명하여야 한다.

참된 예언은 하나님의 말씀의 저자이신 성령께로부터 나온다. 그러므로 참된 예언은 하나님의 말씀과 일치한다. 하나님의 말씀은 예이면 예요, 아니면 아니요(yea and nay)매우 분명하다. 그러므로 아무리 어리석은 자라도 알 수 있다. 밀 아니면 가라지, 빛 아니면 어두움, 양 아니면 염소, 구원 아니면 멸망, 참 아니면 거짓이다. "마땅히 율법과 증거의 말씀을 좇을지니 그들의 말하는 바가 이 말씀에 맞지 아니하면 그들이 정녕히 아침빛을 보지 못하고"(사 8:20). 예언은 하나님의 말씀과 일치해야 한다. 만일 예언이 하나님의 말씀과 일치하지 않는다면 그것은 참 예언이 아니요, 거짓 예언이다.

둘째, **영 분별력으로 조사, 시험, 증명해야 한다.** 예언에는 참 예언이 있듯이 거짓 예언도 있다. 참 예언은 하나님께로부터 그의 사자들을 통하여 임하듯이, 거짓 예언은 거짓된 영(사탄의 영)으로부터 임한다. 만일 누구든지 여호와의 이름으로 예언을 할지라도 그 예언이 성취되지 않으면 그 예언은 거짓 예언이다. "네가 혹시 심중에 이르기를 그 말이 여호와의 이르신 말씀인지 우리가 어떻게 알리요 하리라 만일 선지자가 있어서 여호와의 이름으로 말한 일에 증험도 없고 성취함도 없으면 이는 여호와의 말씀하신 것이 아니요 그 선지자가 방자히 한 말이니 너는 그를 두려워 말지니라"(신 18:21-22).

그러므로 하나님의 영과 사탄의 영, 참과 거짓을 구별하는 것은 매우 중요하다. 구별하는 이 일은 영 분별력이 담당한다. 영 분별력 없이 하나님의 일을 하는 것은 오히려 하나님의 일을 혼미케 하는 것이 된다.

사도행전 16:16-18에 의하면 빌립보에 있는 한 귀신들린 노예 소녀가 예언의 능을 가지고 앞으로 일어날 일들을 예언하였다. 그리고 그 예언들은 맞았다. 그 소녀는 바울과 실라를 따라가면서 **"이 사람들은 구원의 길을 우리에게 전파하는 지극히 높으신 하나님의 종들이라"**고 소리질렀다. 물론 그녀가 전한 예언의 내용은 참이다. 바울과 실라는 지극히 높으신 하나님의 종들이다. 그러나 그녀는 악령을 받아 예언한 것이다. 그러므로 영 분별력으로 참 예언과 거짓 예언을 가려내야 한다. 귀신들린 그 여종의 예언이 맞는다 하여 그 여종이 참 선지자인가?

셋째, 예언자들을 조사, 시험, 증명해야 한다. 구약시대에나 신약시대를 막론하고 이 세상에는 거짓 선지자들이 많다. 특히 말세지말에는 더욱 그러하다. 모세는 분명히 언급하기를 예언이 참(true)이라는 사실 하나 때문에 예언하는 자가 하나님께로부터 온 참 선지자라고 생각해서는 안된다고 경고하였다(신 13:1-5). 그러므로 주님께서 **"거짓 선지자들을 삼가라"**(마 7:15) 고 경고하지 않았는가? 사도 요한도 경고하시기를 "사랑하는 자들아 영을 다 믿지 말고 오직 영들이 하나님께 속하였나 시험하라 많은 거짓 선지자들이 세상에 나왔음이니라"(요일 4:1)고 하였다.

사도 요한 시대에는 참 선지자인지 거짓 선지자인지를 가늠하는 시금석은 그들이 도성인신하신 예수 그리스도를 구주로 고백하는가에 달렸었다. 오늘날은 어떠한가? 성경의 영감과 무오, 그리스도의 처녀 탄생, 대리적 속죄의 죽음, 육체적 부활, 승천, 재림, 성도들의 이신득구, 이신칭의, 내세의 심판과 영생 등 기독교의 근본 교리들을 신봉하는가의 여부에 달려 있다. 이 기독교의 근본 교리들을 신봉하지 않는 자들은 거짓 선지자들이다. 그들은 우리의 진영 밖으로 내어 쫓아야 한다.

(6) 방언의 은사(Gift of speaking in tongues〈고전 12:10〉)

방언(글로사, γλῶσσα; speaking in tongues, foreign language)은 **외국어**를 말한다. 방언의 은사는 방언하는 사람이 과거에 배우지 못하고 전혀 알지 못하는 외국어를 말하게 하시는 하나님의 직접적 그리고 초자연적 역사이다. 하나님은 사도들과 고넬료와 그의 일가들 그리고 세례 요한의 열두 제자들에게 일시적으로 방언의 은사를 주었다. 그러나 온전한 것이 올 때에는 부분적으로 하던 것이 폐하리라(고전 13:10)고 하였다. 그런데 온전한 것은 신약성경이요, 신약성경이 완성되었을 때에 방언의 은사는 더 이상 필요치 않게 되었으므로 방언은 자발적으로 자연히 정지되었다(고전 13:8).

(7) 방언 통역의 은사(Gift of Interpretation of tongues〈고전 12:10〉)

방언 통역의 은사는 고린도전서 12:8-9에 나열된 아홉 가지 영적 은사들 중 가장 마지막 은사이다. 방언 통역(헤르메네이아 글로손, $\dot{\epsilon}\rho\mu\epsilon\nu\epsilon\acute{\iota}\alpha$ $\gamma\lambda\omega\sigma\sigma\hat{\omega}\nu$; interpretation of tongues; 방언의 통역, 해석)은 의사전달의 한 방편이다. 그러므로 통역 없는 방언은 울리는 꽹과리와 같다. 그러나 구두로 전하는 예언이 문서로 완성된 이후로는 예언도 그치고, 예언을 전달하는 방언도 그치게 되므로 자연히 자동적으로 방언 통역도 방언과 함께 사라지게 되었다.

3. 은사들을 베풀어 주시는 자 : 성령 하나님

성령 하나님은 자신의 선하시고 기뻐하시는 뜻대로 영적 은사들을 각 사람에게 나누어 주신다. 그러므로 각양 좋은 은사들은 모두 하나님께로부터 받은 것이다.

로마서 12:6, "우리에게 주신 은사대로 받은 은사가 각각 다르니…"

고린도전서 12:11, "이 모든 은사들은 한 성령께서 그의 뜻대로 각 사람에게 나누어 주시느니라"

베드로전서 4:10, "각각 은사를 받은 대로 하나님의 각 양 은혜를 맡은 청지기로서 서로 봉사하라"

야고보서 1:17, "각 양 좋은 은사가 위로부터 빛들의 아버지로부터 오나니"

4. 은사를 주시는 목적

받은바 은사들을 찾아 발굴하고, 개발하고, 사용하므로 자신들에게 큰 유익과 타인들을 위한 봉사와, 주님의 몸된 교회를 세워 나아감과, 하나님께 영광을 드리기를 위함이다.

제14장

이적의 은사
(Gift of Miracle)

이적은 하나님의 직접적, 초자연적 역사(God's direct and supernatural act)이다. 이적은 하나님의 직접적 역사인 동시에 그 역사는 하나님의 통상 섭리를 초월한 초자연적 역사이다. 이적은 한 놀라운 사건 또는 경탄(기적)을 일으키는 사건이다(Miracle is a marvelous event or an event that causes wonder).[182]

1. 어원적 고찰(Etymology)

(1) 이적은 능력(듀나미스, δύναμις; power) 또는 고유의 능력(inherent ability)이다.

이 능력은 자연적 행동이나 수단, 방법으로는 행할 수 없는 초자연적 기원·특성·성질의 사역들이다. 그러므로 이적을 굉장히 강한 역사, 놀라운 능력, 능력의 행동, 능력의 역사(mighty work or miraculous power, act of power, work of power)라고도 한다. 성경은 이적과 능력을 동일시하였다 (마 7:22; 11:20; 막 9:39; 행 2:22; 8:13; 19:11; 고전 12:10, 28; 갈 3:

---

182) J. D. Douglas, *The New International Dictionary of the Bible*, Zandervan, 1987, p. 660.

5; 히 2:4). 이 능력은 이적을 행하는 능력(a miracle working power)이다.

(2) 이적은 **징표, 표**(세메이온, σημεῖον; a sign, mark)이다.

징표는 이적의 나타난 현상이다. 이적은 신적 권위의 한 징표로서 사용되었다. 이적은 징표 배후의 능력이나 또는 이적의 의미를 나타낸다. 세메이온은 복음서에 48번, 사도행전에 13번, 바울서신에 8번, 히브리서에 1번, 계시록에 7번 등 신약에 77번 기록되어 있는데 그중에 대부분은 4복음서에 기록되어 있다. 그 이유는 예수 그리스도께서 많은 이적들을 행하셨고 예수 그리스도의 행적이 4복음서에 주로 기록되어 있기 때문이다. 구약에 세메이온의 동의어는 오트(אות)이다(시 145:4, 11, 12; 150:2).

(3) 이적은 **기적, 경탄, 놀라운 징조**(테라스, τέρας; wonder, miraculous sign)이다.

이적이 나타나는 현상을 가리켜 기적이라고 한다. 기적이란 사람으로서는 할 수 없는 신기한 일이다. 구약에 테레스의 동의어는 모페트(מופת; wonder, sign, type; 기적, 징조, 상징, 모양)이다(신 4:34; 6:22; 느 9:10).

2. 이적의 근거(Ground of Miracle)

하나님은 무엇에 근거하여 이적을 행하시는가? 이적의 근거가 무엇인가?

(1) 이적은 하나님의 자유의지(free will)에 근거한다.

의지는 의도한 바를 실천에 옮기는 자아결정의 근거이다. 하나님은 영원 자존자이시요, 절대 주권자이시요, 무한자이시요, 완전자이므로 그 무엇에도 제약을 받지 않으신다.

하나님은 무한자(the Infinite)이시므로 시간과 공간의 제한을 받지 않으신다. 즉 하나님은 시간과의 관계에서 시간 안에 존재하시는 그리고 시간을 초월하시는 영원한 현재이시며, 공간과의 관계에서 동시에 어느 곳에나 편재하는 분이시다(욥 11:7-10; 시 90:2; 102:12; 145:3; 사 66:1; 렘

23:23; 행 17:27-28; 롬 9:19; 엡 1:11; 계 4:11). 하나님은 무한자이시므로 하나님이 지으신 법이나 그 무엇에도 제한을 받지 않으신다. 하나님은 자신이 정하신 원리나 법칙을 무시하지 않으시고 그대로 시행하시면서도 때로는 그 원리와 법칙을 초월하여 또는 그것에 반대하여 역사하신다. 이것은 온전히 하나님의 자유의지에 근거한 것이다. 이적은 하나님의 직접적, 초자연적 역사로서 전적으로 하나님 자신의 자유의지에 근거한다.

(2) 이적은 하나님의 사랑(God's love)에 근거한다.

하나님은 사랑이시다(요일 4:8-11, 16, 19; 고후 13:11). 하나님은 이적을 통하여 자신의 사랑을 나타내신다. 사랑은 하나님의 속성에 대한 감정적 표현(emotional expression)이다. 만일 하나님이 감정이 없으시다면 인격적 존재가 되실 수 없다. 만일 하나님이 인격적 존재가 아니라면 우리의 신앙의 온전한 대상이 되실 수 없다. 하나님은 인격적 존재이시므로 감정이 있고, 감정이 있으므로 사랑을 나타내신다. 하나님은 자신의 사랑을 이적으로 나타내신다. 그러므로 이적은 하나님의 사랑에 근거한 것이다.

(3) 이적은 하나님의 능력(God's power)에 근거한다.

하나님은 전능하신 분이시다(계 1:8; 4:8; 11:17; 19:6). 하나님의 능력은 전능(omnipotence)이시다. 하나님은 전능하시므로 아무것에도 제한이나 제재를 받지 아니하신다. 하나님은 능치 못할 일이 없으시다. 하나님은 원하시는 것은 무엇이든지 자유롭게 행하신다. 그런데 하나님의 능력에는 고상한 도덕적 개념이 존재한다. 하나님은 자신의 속성들(지혜 · 능력 · 거룩 · 공의 · 선 · 진리 …)과 일치, 조화되는 일이면 무엇이든지 행하신다. 하나님께서 하시는 일은 하나님의 속성에 부합되는 것뿐이다. 하나님은 능력이 무한하시나 하나님의 속성에 반대 또는 모순되는 불의한 악은 행하지 않으신다. 이런 의미에서 하나님은 제한을 포함하며 불가능도 허용한다. 만일 하나님이 전능하신 하나님이 아니라면 이적을 행할 수 없다. 그 이유는 이적은 하나님의 통상섭리를 초월 또는 통상섭리에 반대되기 때문이다. 이적은 하나님의 능력에 근거한 것이다.

3. 4대 이적의 시대(Four periods of miracles)

신구약 성경에는 하나님의 직접적, 초자연적 사건들이 많이 기록되어 있다. 그러나 이적은 이적의 특성상 항상 일어 난 것은 아니다. 이적 기사들을 시대적으로 구분한다면

첫번째 이적의 시대: 출애굽 시대(B. C. 1450-1390),

두번째 이적의 시대: 엘리야·엘리사 시대(B. C. 860-800),

세번째 이적의 시대: 다니엘 시대(B. C. 605-536).

네번째 이적의 시대: 예수 그리스도의 초림시대(A. D. 26-60) 등으로 4분(四分) 할 수 있다.

앞으로 우리 주 예수 그리스도께서 천사장의 소리와 하나님의 나팔로 친히 재림하실 때에는 인류 역사상 없었던 대이적이 일어날 것이다. 그 이적은 천지가 개벽되며 죽은 자들이 다시 일제히 부활되는 이적이다(마 24:29, 30; 계 6:12-14; 고전 15:42-44).

(1) 모세시대(출애굽시대, B. C. 1450-1390)

하나님은 택한 이스라엘 백성을 애굽의 노예 생활로부터 구출하기 위하여 큰 이적들을 행하실 것을 선언하셨다. 하나님은 모세에게 이르시기를 "내가 내 손을 들어 애굽 중에 여러 가지 이적으로 그 나라를 친 후에야 그가(바로 왕) 너를 보내리라"(출 3:20)고 하셨다. 하나님께서 행하신 그 이적들은 애굽에서 내리신 재앙들(plagues)이었다.

① 아론의 지팡이를 뱀이 되게 하심(출 7:8-10)

지팡이(staff)는 뱀(snake)이 아니다. 지팡이는 결코 뱀이 될 수 없다. 그런데 하나님은 지팡이를 뱀이 되게 하셨다. 이것이 하나님의 이적이다. 하나님은 먼저 바로 왕과 그 신하들 앞에서 아론의 지팡이를 뱀이 되게 하는 이적을 행하셨다. 아론이 모세를 대신하여 애굽의 바로 왕 앞에서 이적(능력)을 행한 도구는 지팡이 하나뿐이었다. 하나님은 지극히 보잘것없는 막대기(지팡이) 하나를 사용하여 세상의 가장 강한 세력들을 굴복시키는 하나님이시다(고전 1:27-29).

② 물을 피가 되게 하심(출 7:20-25)

물(water)은 피(blood)가 아니다. 물은 결코 피가 될 수 없다. 그런데 하나님은 물을 피가 되게 하셨다. 이것이 이적이다. 바로 왕이 아침에 나일 강에 나왔을 때 모세가 아론의 지팡이를 들어 나일 강물을 치니 물이 피가 되었다(시 78:44; 105:29). 다시 말하면 물이 피처럼 붉은 색으로 변한 것이 아니라, 실제상 물이 피가 되었다(became). 나일 강물이 피가 된 것은 결코 자연 현상이 아니라, 하나님의 이적이었다. 이 이적은 애굽의 신(god)과 그것을 섬기는 애굽 사람들에게 내리신 하나님의 심판이다(출 12:12).

애굽 사람들은 나일 강의 물을 생명의 젖줄로 의존한다. 그들에게 있어서 나일 강은 신격화되어 나일 강을 신으로 숭배하였다. 그러므로 나일 강물이 범람하는 기간 동안에는 다양한 종교 의식들이 나일 강가에서 행해졌다. 만일 바로 왕이 나일 강을 찾은 것이 그와 같은 목적을 가지고 있었다면 강물이 변하여 피가 된 이적은 바로와 온 애굽 사람들의 가슴에 큰 충격이 아닐 수 없다. 나일 강의 홍수는 늦여름과 초가을에 발생한다. 나일 강물은 에디오피아로부터 씻어 내려오는 흙모래로 인하여 물이 붉게 되며 그 기간은 약 20일 정도라고 한다.

③ 개구리 재앙(출 8:1-5)

물을 피가 되게 한 재앙이 있은 지 7일 후에 다시 하나님은 애굽 전 지역에 개구리(frogs) 재앙을 내리셨다. 개구리는 나일 강 계곡에서 많이 번식하여 특히 6월 중순경 나일 강물이 범람한 후에는 개구리가 더욱 많다고 한다. 애굽에서 개구리는 여신으로 만들어지고 있었다. 그러므로 개구리 재앙도 하나님이 애굽의 신과 그 신을 섬기는 애굽 사람들에게 내리신 재앙이었다. 개구리 재앙으로 인하여 그 많은 개구리가 집에서, 마당에서, 밭에서 나와 죽음으로 악취가 심하였다. 그 이유는 박테리아(bacteria) 병균의 영향 때문인 것이다. 그 많은 개구리들이 집·마당·밭에서 동시에 죽은 것은 첫 번째 재앙과 두 번째 재앙을 사전에 경고하신 후였다.

④ 이 재앙(출 8:16-19)

먼지(dust)는 이(gnats)가 아니다. 먼지는 이가 될 수 없다. 그런데 하나님은 먼지를 이가 되게 하셨다. 그리고 애굽 전 지역에 순식간에 퍼지게 하셨다. 이것이 하나님의 이적이 아니고 무엇인가! 이 재앙(세 번째)은 여섯 번째 재앙과 아홉 번째 재앙과 더불어 사전에 어떠한 경고도 없이 내리셨다. 하나님께서 모세에게 명하신 대로 아론이 지팡이로 땅의 먼지를 치니 애굽 땅 전역의 먼지가 다 이(gnats)가 되었다. 이가 사람들과 동물들을 심히 괴롭혔다. 그럼에도 불구하고 마음이 강퍅한 바로는 회개하지 않았다. 땅의 먼지(티끌)는 아팔(עָפָר)로서 구더기 또는 모기로도 번역할 수 있다. 그런데 이것이 만일 모기였다면 이 재앙을 나일 강의 범람과 관련지을 수 있는 것이다. 모기는 나일 강이 범람한 후 늦가을에 홍수가 났던 습기가 많은 곳에서 알을 까고 번성하기 때문이다. 그러나 하나님께서 내리신 이 재앙은 결코 자연적 발생이 아니라 하나님의 이적이다.

⑤ 파리 재앙(출 8:20-32)

하나님은 무수한 파리 떼(flies) 재앙을 바로 왕의 궁중과 그 신하의 집과 애굽 전 지역에 내리셨다. 왕파리들은 사람들과 동물들을 물고 뜯는다. 그럼에도 불구하고 마음이 강퍅한 바로는 회개치 않았다. 하나님은 애굽 땅 전역에 파리 재앙을 내리시면서도 하나님의 백성들이 거하는 고센 땅(Goshen)에는 파리 떼가 없게 하였으니 이것이 하나님의 이적이 아닌가?

⑥ 생축 재앙(출 9:1-7)

애굽 사람들의 들판의 모든 생축들(live stock), 즉 말들(horses), 나귀들(donkeys), 낙타들(camels), 소 떼들(cattles), 양들(sheep), 염소들(goats)에게 하나님께로부터 재앙이 임하여 그 모든 생축들이 죽임을 당하였다. 그러나 이스라엘의 모든 생축들은 하나도 죽지 않도록 보호하셨다. 이것이 하나님의 이적이 아니고 무엇인가?

⑦ 독종 재앙(출 9:8-12)

풀무의 재(soot from a furnace)는 독종(hoils)이 아니다. 풀무의 재는 독종이 될 수 없다. 그런데 하나님은 재를 날리어 독종이 되게 하셨다. 이것이 하나님의 이적이다. 하나님께서 모세와 아론에게 풀무의 재를 바로 앞에서 공중에 날리니 재가 독종이 되어 애굽의 모든 사람과 술객들과 짐승들 위에 임했다. 독종은 아마도 일종의 피부병으로 피부가 점들을 형성하면서 검게 타는 애굽의 종기라고도 하는데 이 병에 걸리면 치료가 불가능하다고 한다. 레위기 13장에서는 이런 현상이 문둥병의 징조로 나타난다고 했다. 애굽의 독종은 특히 무릎과 다리에 심한 해를 끼친다고 한다(신 28:35).

⑧ 우박 재앙(출 9:12-35)

모세가 하늘을 향하여 손으로 지팡이를 드니 하늘에서 큰 우박(hail)이 불덩이와 더불어 애굽 전역에 내리어 들에 있는 모든 사람들, 짐승들 그리고 밭의 모든 채소들을 치고, 모든 나무들을 부서뜨렸다. 애굽에서는 가축들을 1월부터 4월까지는 들에서 풀을 먹인다고 한다. 그 이유는 이 기간에는 꼴(grass)이 풍성하기 때문이다.

모세가 "손을 펴서"는 기도의 자세를 보여준다(왕상 8:22, 38, 54; 대하 6:12, 13, 29; 스 9:5; 시 88:9; 143:6; 사 1:15; 딤전 2:8). 하나님은 그의 능력을 기도의 응답으로 나타내신다. 그러나 이스라엘 자손들이 거하는 고센 땅에는 재앙이 없었다(출 8:22; 9:4, 6, 26; 10:23; 11:7; 12:13). 이것이 하나님의 이적이 아니고 무엇인가?

⑨ 메뚜기 재앙(출 10:1-20)

하나님께서 애굽 온 지경에 메뚜기(locusts)로 하여금 우박 재앙에서 상하지 않고 남은 모든 채소와 나무 열매를 다 먹게 하였으므로 애굽 전역에 채소, 나무 열매가 남지 않았다. 고대에 메뚜기 재앙은 매우 두려운 것이었다. 그리하여 하나님의 심판의 상징으로도 묘사되었다(욜 1:4-7; 암 7:1-3).

⑩ 흑암 재앙(출 10:21-29)

하나님께서 애굽 땅 전역에 3일 동안 어두움(darkness)의 재앙을 내리셨다. 그러므로 사람들이 서로 볼 수 없었으며 자기 자리를 떠날 수도 없었다. 그러나 이스라엘 백성들이 거하는 곳에는 빛이 있었다(출 10:23). 흑암은 매년 초봄에 사막에서 불어오는 심한 바람으로 모래가 날려 어두움이 온다고 한다. 그러나 이스라엘 백성이 거하는 곳에는 빛이 있었더라는 말씀을 보면 분명히 3일 간의 어두움은 기후의 변천으로 인한 자연적 발생이 아니다. 하나님의 초자연적 역사 곧 이적임이 틀림없다. 어두움의 재앙이야 말로 애굽사람들이 태양을 최고의 신(god)으로 숭배한 보응으로 받은 재앙 이었을 것이다.

⑪ **장자에게 임한 재앙**(출 11:1-10)

하나님은 10번째로 가장 높은 자인 바로 왕의 장자(firstborn)로 부터 애굽의 장자에 이르기까지는 물론 모든 생축의 처음 난 것까지도 다 죽임을 당하는 재앙을 내리셨다(시 78:51; 105:36; 135:8; 136:10). 아버지가 세상을 떠나면 가정 재산의 배(double)를 상속받은 장자가 죽는 재앙이야말로 가정의 대(代)가 끊어지는 최대의 재앙이 아닐 수 없다(신 21:17). 그러므로 애굽 전역에는 전무후무한 큰 곡성이 퍼졌다. 그러나 이스라엘 자손들은 하나님의 보호하심을 받아 통곡이 없었으며 개도 짖지 않았다(출 11:7). 이것이 하나님의 이적이 아니고 무엇인가?

⑫ **홍해를 육지같이 갈라지게 하심**(출 14:21-31)

동풍이 불어 하나님께서 명하신 대로 모세가 바다 위로 손을 내어 펴니 온 밤을 불어 바닷물이 몰려가 좌우로 물벽(wall of water)을 쌓게 되고 이스라엘 백성으로 하여금 홍해 바다를 육지처럼 건너가게 하셨다. 그 후 즉시로 좌우의 물벽을 허시고 물을 다시 합치게 하시니 이스라엘 자손들을 추격하던 바로의 마병들, 군사들은 다 몰사하였다. 바닷물을 갈라서 좌우의 물벽을 만든 일 그리고 그 물벽을 다시 허시고 물을 합치게 하신 것은 사람으로서는 불가능한 일이요, 자연 현상으로서는 상상도 할 수 없는 하나님의 큰 일(a great work) 곧 이적이다. 그러므로 모세와 이스라엘 백성들은 "여호와여 신들 중에 주와 같은 자 누구이니까 주와 같이…기이한 일을 행하시는 자 누구이니까"(출 15:11)라고 찬미하였다. 후일에 시편기자와 선지자들은 하나님께서 이스라엘 백성들을 위하여 베푸신 그 위대한 일을 회상시켰다(시 66:6; 106:9; 136:13-14; 사 51:10; 63:11-13).

⑬ **쓴물을 단물로 만드심**(출 15:22-27)

나무조각 하나를 물에 던짐으로 쓴 물이 단물로 될 수 없다. 그런데 쓴

물이 단물로 되었다. 이것이 하나님의 이적이다. 이스라엘 백성들은 홍해 (Red Sea)를 건너 3일 간 메마른 사막을 여행하였으나 물을 발견하지 못 하였다. 그들이 스르 광야의 마라(Marah)라는 곳에 이르렀을 때 물을 발견 하였으나 그곳 물이 써서(bitter) 마실 수가 없었다. 이스라엘 백성들은 "우 리가 마실 것이 무엇인가?"라고 하면서 모세에게 원망하였다. 그때에 모세 는 하나님께 간절히 부르짖었다. 하나님은 모세의 간절한 간구를 들으시고 모세로 하여금 한 나무조각을 물에 던지게 하심으로써 쓴 물이 단물이 되 게 하셨다. 이와 유사한 사건이 열왕기하 2:19-22에도 기록되어 있다.

⑭ 메추라기와 만나(출 16:1-36)

음식은 땅에서 나는 소산물이다. 음식은 결코 하늘에서 내려올 수 없다. 그런데 하나님은 하늘로부터 특이한 음식 만나(manna)를 내려 주셨다. 이 것이 하나님의 이적이다. 이스라엘 백성들은 애굽에서 탈출한 지 꼭 1개월 이 되어 신 광야(desert of Sin)에 이르렀다. 신 광야는 시내 산 남서쪽에 위치한 곳으로 시내 산과 매우 가까운 곳이다(민 33:10-11). 신 광야는 불 모의 땅이고 이스라엘 백성들은 먹을 것이 없어 불평하기 시작했다. 그때에 이적을 행하시는 하나님은 이스라엘 백성을 위하여 하늘로서 만나를 내려 주셨다. 만나는 갓씨같이 희고 맛은 꿀 섞은 과자(wafers) 같았다(16:31). 만나는 하나님이 만드신 특이한 음식이었다. 이스라엘 백성들은 가나안 복 지에 들어갈 때까지 40년 동안 만나를 먹었다. 그리고 가나안 땅에 정착하 였다. 메추라기는 낮에 날아와 저녁 식사용으로, 만나는 밤중에 내려와 아 침 식사용으로 먹었다. 이것은 아침에는 빵을 먹고 저녁에는 고기를 먹는 이스라엘 백성들의 일상생활과 일치한다. 예수님은 자신을 영적으로 묘사하 여 하늘에서 내려온 참떡, 생명의 떡, 살아 있는 떡(true bread, bread of life, living bread<요 6:32, 33, 35, 48, 51>)이라고 하시면서 하나님께서 이스라엘 백성에게 광야에서 하늘로서 내려 주신 만나와 비교하였다.

⑮ 반석에서 물이 남(출 17:1-7)

물은 반석(큰 바위; rock)에서 나올 수 없다. 그러나 하나님은 반석에서 물이 나오게 하셨다. 이것이 하나님의 이적이다. 이스라엘 백성들이 신(Sin)

광야를 떠나 르비딤에 이르렀을 때 마실 물이 없었다. 그러므로 이스라엘 백성들은 모세에게 불평을 하면서 분노 가운데 모세를 죽이려 하였다. 그때에 모세는 하나님께 부르짖기를 "내가 이 백성들에게 무엇을 할 수 있을까? 저들은 나를 돌로 치려하나이다"라고 간청하였다. 하나님은 모세의 간절한 간구를 들으시고 장로들을 데리고 호렙 산으로 가서 거기서 나일 강물을 친 그 지팡이로 바위를 치니 이스라엘 백성들이 마실 물이 반석에서 쏟아져 나왔다.

후에 이스라엘의 선지자들과 찬송 작곡가들은 이 사건을 기념하여 축하했다(시 78:15, 16, 20; 105:41; 114:8; 사 48:21). 그리고 사도 바울은 예수 그리스도를 영적으로 묘사하여 이르기를 "반석은 곧 예수 그리스도"(고전 10:4; 히 11:24-26)라고 하셨다.

예수님은 사마리아의 수가라는 한 동네에서 야곱의 우물로 물 길러 온 한 사마리아 여인에게 이르시기를 "이 물을 마시는 자마다 다시 목마르려니와 내가 주는 물을 마시는 자는 영원히 목마르지 아니하리라 내가 주는 물은 그 속에서 영생하도록 솟아나는 샘물이 되리라"(요 4:13, 14)고 하셨다.

⑯ 옷과 신발이 낡지 않음(신 29:5-6)

이스라엘 백성들은 애굽 광야(사막)를 통과하여 가나안 복지로 들어가는 광야 생활 40년 동안 옷과 신발이 낡지 않았다. 그 거친 광야, 그 긴 세월 동안 옷과 신발이 낡지 않은 것은 정말 하나님의 이적이다. 하나님께서 옷과 신발을 낡지 않도록 하셨다.

⑰ 요단강물이 갈라짐(수 3:14-17)

요단강은 해마다 봄이 되면 봄비(spring rain)와 헬몬산에서 쌓였던 눈(snow)이 녹아 내려서 물이 불어 홍수가 나 요단 강 언덕까지 넘치곤 하였다. 하나님은 언약궤(Ark of the Covernant)를 멘 제사장들의 발이 요단강 물에 닿자마자 곧 즉시로 위에서부터 흘러 내려오던 물이 역정지(stop) 되어 멀리 아담 읍 변방에까지 쌓이게 하시고 사해(Dead Sea 또는 염해 Salt Sea)로 흘러가던 물은 완전히 끊어버리셨다. 그러므로 여호와의 언약궤를 멘 제사장들은 요단강 가운데 마른 땅에 굳게 섰고 이스라엘 백성들은 요단 강 마른 땅으로 건너갔다.

하나님은 홍해 물을 갈라 큰 물 장벽을 이루게 하시고 마르게 하셨던 것처럼(출 14:21-31) 요단강의 흐르는 물을 정지시켰다. 강물이 범람하는 시기에 물이 갈라지고 큰 물 장벽을 이루게 된 것은 분명히 하나님의 이적이다.

⑱ 태양이 머묾(수 10:12-13)

"여호와께서 아모리 사람을 이스라엘 자손에게 붙이시던 날에 여호수아가 여호와께 고하되 이스라엘 목전에서 가로되 태양아 너는 기브온 위에 머무르라 달아 너도 아얄론 골짜기에 그리할지어다 하매 태양이 머물고 달이 그치기를 백성이 그 대적에게 원수를 갚도록 하였느니라 야살의 책에 기록되기를 태양이 중천에 머물러서 거의 종일토록 속히 내려가지 아니하였다 하지 아니하였느냐"(수 10:12-13).

이스라엘은 기브온 족속과 화친조약을 맺었다(1, 4절). 그런데 아모리 족속이 기브온 족속을 치므로(6절) 기브온 족속은 여호수아에게 긴급 도움을 간청하였다. 이에 여호와께서 아모리 사람을 이스라엘에게 붙이시던 날에 태양과 달이 멈추는 이적이 일어났다. 여호수아 군대는 아모리 사람을 진멸하고 패잔병들도 추격하여 섬멸하였다.

태양이 멈추었으므로 아모리 사람과의 전쟁에서 승리할 수 있었다. 태양이 머무는 것은 여호수아의 기도의 응답이었다. 태양이 머무는 것은 위대한 이적으로 인류 역사상 이 같은 일은 전에도 없었고 후에도 없을 일이다(14절).

(2) 엘리야·엘리사 시대(B. C. 860-800)

① 엘리야와 까마귀(왕상 17:2-7)

"엘리야가 그릿 시냇가에 숨고(3절) … 까마귀들이 아침에도 빵과 고기를, 저녁에도 빵과 고기를 가져왔고"(7절).

선지자 엘리야는 아합의 왕후 이세벨(시돈 왕 엣바알의 딸)이 바알 선지자들을 궁중에 끌어드리고 바알 신을 섬기며 난장판을 피울 때 여호와의 참 선지자들 중 어떤 이들은 순교를 당하고, 어떤 이들은 구사일생으로 도피하여 살아 남아서 동굴이나 광야에 숨어 산다는 비보를 접하고, 그의 마음에는 불이 붙고 견딜 수가 없어서 아합 왕에게로 담대히 나아가 여호와만이 살아 계신 참 하나님이시요, 자신은 하나님의 종이라고 목숨을 걸고 증거하고 하나님을 떠나 사신우상 섬기는 죄를 회개할 것을 촉구하였다.

후에 아합이 엘리야를 잡으려 하자 엘리야는 여호와의 말씀대로 요단 강 동편 그릿 시냇가로 피하여 숨었다. 엘리야가 숨어 있는 동안 까마귀들이 아침에도 빵과 고기를, 저녁에도 빵과 고기를 가져왔다. 이것이 하나님의 놀라운 이적이 아니고 무엇인가?

② 엘리야의 가뭄 예언(왕상 17:1, 7)

하나님은 이전에 이미 너희가 하나님을 떠나 다른 신을 섬기며 그것에게 절하면 비를 내리지 아니하리라고 경고하셨다(신 11:16, 17; 28:23, 24). 하나님은 이전에 이스라엘 백성들에게 하신 말씀을 이스라엘 백성들이 지킬 것을 엘리야에게 계시하였다.

엘리야 선지자는 아합 왕에게 이후 "몇 년 동안 우로(dew and rain; 이슬과 비)가 있지 아니하리라"(1절)고 예언하였다.

엘리야의 경고가 있은 지 얼마 안 되어 그 땅에는 3년 반 동안 비가 오지 않으므로 시내가 말랐다(눅 4:25; 약 5:17). 이것은 바알 신 섬기는 자들에게는 큰 충격과 실망이 아닐 수 없었다. 그 이유는 그들은 바알 신을 비를 내려주는 비의 신(god of rain)으로 믿었기 때문이다.

③ 엘리야와 사르밧 과부(왕상 17:8-16)

사르밧은 두로와 시돈 사이에 위치한 지중해 연안의 한 마을이다. 사르밧은 이세벨의 고향이요(16:31), 바알 신을 섬기는 본 고장이었다.

엘리야는 사르밧 과부(widow)에게 떡 한 조각을 내게로 가져오라고 명하였다. 그 과부는 말하기를 나는 떡이 없고 다만 통에 가루 한 웅큼과 병에 기름 조금뿐이라고 하였다. 엘리야는 그 과부에게 말하기를 떡 하나를 만들어 내게로 가져오고 그 후에 너와 네 아들을 위하여 만들라고 하였다. 저가 가서 엘리야의 말대로 하였더니 과부와 그 과부의 아들 그리고 엘리야가 여러날 동안 먹었으나 통에 가루가 마르지 아니하고 병의 기름이 없어지지 아니하였다. 선지자의 요구에 순종하여 자기의 최후의 양식을 하나님의 사람에게 바친 이 과부는 하나님의 크신 축복을 받았다.

④ 엘리야가 과부의 아이를 살림(왕상 17:17-24)

여인의 아들이 병들어 … 숨이 끊어졌다. 숨이 끊어졌다는 말은 죽음을 가리킨다. 이 아이는 병들어 죽었다(17:18, 20). 이 여인은 양심의 가책을 받아 결론짓기를 자기의 아이가 죽은 것은 자신이 지은 죄에 대한 하나님의 형벌이었다고 생각하였다. 어떤 재앙이 내리면 그것은 자기 죄에 대한 형벌이라고 흔히들 생각하였다(요 9:2-3). 엘리야는 죽은 아이 위에 몸을 대고 그 아이의 생명이 몸에 돌아오기를 위하여 세 번이나 간구하였다. 여호와께서 엘리야의 간구를 들으심으로 그 아이는 살아났다. 엘리야는 과부의 아이를 기도로 살렸다(17:22-23).

숨은 히브리어로 "네시마"(נשׁמה)이며 호흡·생기·생명을 가리킨다. 숨은 인간 생명의 근원이다. "여호와 하나님이 흙으로 사람을 지으시고 생기를 그 코에 불어 넣으시니 사람이 생령이 된지라"(창 2:7)라는 구절에서 "생기"라고 번역된 단어도 "네시마"이다.

⑤ 바알 선지자들에 대한 엘리야의 도전(왕상 18:20-40)

이스라엘의 아합 왕은 엘리야의 요청에 응하여 여호와와 바알 중 누가 참 신(true God)인가를 가리기 위하여 엘리야와 바알 선지자 450인, 아세라 선지자 400인을 갈멜산(mount Carmel)에 모이게 하였다. 그리고 송아지 둘을 가져다가 하나는 엘리야를 위하여, 하나는 바알 선지자들을 위하여 각각 각을 떠서 제단 위에 놓았다. 바알 선지자들은 아침부터 저녁 때까지 "바알이여! 바알이여! 우리에게 응답하소서!" 하였으나 아무 소리도 아무 응답도 없고 제단 위에 불도 내리지 않았다. 엘리야는 저녁 소제드릴 때에 "여호와여! 내게 응답하소서! 내게 응답하소서! 이 백성으로 주 여호와는 하나님이신 것과 주는 저희의 마음으로 돌이키게 하시는 것을 알게 하옵소서" 하며 간절히 기도한즉 불이 하늘로부터 내려서 번제물을 다 태웠다. 이것이 하나님의 놀라운 이적이 아닌가! 엘리야는 사람들을 명하여 바알 선지자들을 잡아 기손 시내(brook Kishon)로 끌고 가서 거기서 다 죽였다.

⑥ 엘리야의 승천(왕하 2:1-11)

엘리야는 엘리사의 마음을 시험하기 위하여 길갈에서 "너는 여기 머물라 여호와께서 나를 벧엘로 보내시느니라"라고 하였다. 그러나 엘리사는 "내가 당신을 떠나지 아니하겠나이다" 하고 벧엘까지 같이 내려갔다. 엘리야는 벧엘(Bethel)에서 "엘리사야, 너는 여기 머물라. 여호와께서 나를 요단(Jordan)으로 보내시느니라"라고 하였으나 엘리사는 엘리야에게 또 이르되 "내가 당신을 떠나지 아니하겠나이다"라고 하였다.

두 사람이 같이 계속 동행하다가 엘리야는 엘리사에게 "내가 너를 위하여 무엇을 할까?" 하니 엘리사가 가로되 "당신의 영감을 갑절이나 내게 있기를 원하나이다"(let a double portion of thy spirit be upon me)라고 요구하였다. 두 사람이 말하며 거닐더니 홀연히 불수레와 불말들(a chariot of fire and horses of fire)이 두 사람을 격리하고 엘리야는 회오리바람을 타고 승천하였다. 이것이 하나님의 놀라운 이적이 아닌가! 불수레와 불말들은 전쟁에서 하나님의 능력을 상징한다. 하나님의 능력은 어떤 나라의 군사력보다 훨씬 더 강하다.

⑦ **물이 갈라짐**(왕하 2:8, 12-14)

엘리야가 겉옷을 취하여 요단 강 물을 치니 물이 이리저리 갈라지고 (divided) 이에 엘리야와 엘리사 두 사람이 요단강을 건너갔다.

엘리사가 엘리야의 겉옷을 취함은 엘리야의 사역을 계승하는 한 상징이며(왕상 19:19-21), 또한 엘리야에게 임하였던 능력을 소유함을 뜻한다. 모세는 지팡이로 물을 쳐서 홍해를 육지같이 걸은 것처럼(출 14:16, 21, 26), 엘리야와 엘리사는 겉옷을 사용하여 요단 강 물을 쳐서 이리저리 갈라놓고 육지처럼 걸어서 건너갔다.

⑧ **엘리사가 물을 고침**(왕하 2:19-22)

여리고 성 사람들이 엘리사에게 고하되 "이 성읍은 아름다우나 물이 좋지 못하여 땅이 소산물을 잘 내지 못하였나이다." 엘리사가 가로되 "새 그릇에 소금을 담아 내게로 가져오라" 하여 가져오매 엘리사가 물 근원으로 나가서 소금을 그 가운데 던지매 그 물이 좋아졌다. 소금은 방부하는 또는 정결케 하는 재료로 알려져 있다. 통상적으로는 소금을 물에 넣으면 물이 더욱 나빠진다. 그러나 엘리사가 소금을 물에 넣으니 물이 더 좋아졌다.

⑨ 생도의 과부의 기름(왕하 4:1-7)

선지자의 생도 중 한 여인이 엘리사에게 부르짖어 가로되 "당신의 종 나의 남편이 이미 죽었는데 이제 채권자가 나의 두 아이를 취하여 종을 삼고자 하나이다." 옛날 근동 지방에서는 채무자가 채무를 갚지 못할 때 채권자는 빚 탕감의 일환으로 자녀들을 노예로 취하는 일이 있었다. 엘리사가 가로되 "너는 나가서 모든 이웃으로부터 빈 항아리들을 빌리고 그 항아리들에 기름(감남유)을 부으라" 하므로 그대로 순종하였더니 기름이 온 그릇에 가득하였다. 엘리야가 가로되 "너는 가서 기름을 팔아 빚을 갚고 남은 것으로 너와 네 두 아들이 생활하라"고 하였다. 이 사건이 일어난 곳은 아마도 벧엘·길갈·여리고 중의 어느 한 곳이었을 것이다. 그 이유는 그곳 들에 선지학교들이 있었으며, 세상 떠난 이 과부의 남편은 선지생도였기 때문이다.

⑩ 수넴 여인이 아이를 낳음(왕하 4:8-17)

수넴에 한 부자 여인이 있어 남편의 동의를 얻어 하나님의 거룩한 사람 엘리사를 위하여 지붕 위에 한 작은 방을 짓고 엘리사가 그곳을 지날 때마다 숙식을 대접하였다. 그러나 이 수넴 여인은 아들이 없었고 그 남편은 늙었다. 엘리사는 그 여인에게 1년 후에는 아들을 낳을 것이라고 하였다. 엘리사의 예언대로 그 여인은 1년 후에 아들을 낳았다.

수넴 여인이 아들을 얻은 것은 아브라함이 아들을 얻음과 같이 하나님께서 늙은 남편에게는 정력을, 여인에게는 수태케 하는 은혜를 베풀어 주심으로 인한 것이다. 엘리사에 대한 수넴 여인의 봉사는 단순한 인정이 아니라 그가 하나님의 사람임을 인식하고 섬긴 것이다. 그 여인이 하나님의 종을 대접한 연고로 받은 축복이 무엇인가? 평생 소원한 아들을 선물로 받게 된 것이다.

⑪ 수넴 여인의 아이가 살아남(왕하 4:18-37)

수넴 여인은 엘리사의 예언대로 아들을 낳았고 그 아이가 잘 자랄 때 아버지는 아이를 데리고 들판에 나갔다. 아이가 갑자기 "내 머리야, 내 머리야" 하므로 아이의 아버지는 사환으로 하여금 아이를 어머니에게로 급히 데려가도록 하였다. 그러나 아이는 어머니의 무릎에서 곧 죽었다. 이 아이는 아마도 일사병(sun-stroke)에 걸려 죽지 않았을까 생각된다.

수넴 여인은 한 사환으로 하여금 나귀에 안장을 지우고 하나님의 사람

(4:9, 16, 21, 22, 25, 27) 엘리사가 거하는 갈멜 산으로 급히 갔다. 엘리사는 멀리서 그들이 오는 것을 보고 자기 사환 게하시에게 마중 나가 영접케 하였다. 그리고 그들은 다시 수넴 여인의 집으로 가서 엘리사가 여호와께 간절히 기도하고 아이의 위에 올라 엎드려 자기 입을 그 입에, 자기 눈을 그 눈에, 자기 손을 그 손에 대고 그 몸에 엎드리니 아이의 몸이 차츰 따뜻해지며 일곱 번 재채기하고 눈을 떴다.

⑫ 나아만의 문둥병을 고치심(왕하 5:1-14)

나아만은 아람 왕 벤 하닷 2세(Ben-Hadad II, 860-841 B. C.)의 군 사령관이었다. 나아만은 용감한 장군이었으나 문둥병(leprosy)에 걸렸다. 나아만의 군대가 포로로 잡아온 이스라엘 사람들 중에 나아만의 아내를 시중드는 한 어린 여종이 나아만의 아내에게 이르기를 "만일 나의 주인이 사마리아에 있는 선지자를 만나면 그가 그 문둥병을 고치겠나이다"고 했다. 아마도 이 소녀는 잡혀오기 전에 엘리사 선지자에 대해들은 바가 있었을 것이다.

아람 왕의 군대 장관 나아만이 선지자 엘리사에게 찾아갔더니 엘리사가 사자를 저에게 보내어 이르기를 "너는 가서 요단강에 몸을 일곱 번 씻으라 네 살이 여전하여 깨끗하리라"(10절)고 하였다. "나아만이 이에 내려가서 하나님의 사람의 말씀대로 요단강에 일곱 번 몸을 잠그니 그 살이 여전하여 어린아이의 살 같아서 깨끗하게 되었다"(14절).

⑬ 쇠도끼가 물 위에 떠오름(왕하 6:1-7)

엘리사의 선지 학교가 급성장하여 선지 생도들의 숙소가 협소하게 되었다. 그러므로 선지 생도들은 기숙사를 확장하기 위하여 요단 강가에 가서 나무들을 베었다. 그런데 그들 중 한 생도는 나무를 찍다가 그만 도끼가 자루에서 빠져 물속에 빠뜨렸다. 당시 쇠도끼(iron axhead)는 가정의 귀중한 연장으로 가난한 선지 생도로서는 구입하기 어려웠다. 그러기에 빌려온 도끼였다. 이에 엘리사가 나뭇가지를 베어 물에 던지니 무거운 쇠도끼가 물 위(surface)로 떠 올라왔다. 그리고 선지 생도는 손을 내밀어 그 도끼를 취했다.

⑭ 아람 사람들의 눈이 어두워짐(왕하 6:18-19)

아람 왕의 명으로 아람 군사들이 엘리사를 체포하기 위하여 말과 병거와 많은 군사를 보내어 도단 성을 에워쌌다. 아람 군사들이 엘리사에게 내려올 때 엘리사가 여호와께 기도하여 가로되 "원컨대 저 무리의 눈을 어둡게 하소서" 하매 엘리사의 간구대로 그들의 눈을 어둡게 하고 엘리사는 그들을 사마리아 성 안으로 유인하였다.

엘리사가 또 기도하여 가로되 "여호와여, 이 무리의 눈을 열어서 보게 하옵소서" 하매 저희가 눈을 열어 보니 자신들은 사마리아 성 안에 갇힌 포로가 된 것을 알게 되었다. 그러나 이스라엘 왕은 그 원수들을 멸하지 않고 오히려 잘 대접하여 돌려보냈으므로 다시는 아람 군대가 이스라엘을 침범하지 않았다.

(3) 다니엘 시대(B. C. 605-536)

① 사자 굴에서 구출 받은 다니엘(단 6:1-23)

다니엘은 왕족과 귀족에서 태어났다(단 1:3, 6). 그는 육체적으로 건강하며 정신적으로 날카로운 지혜와 지식이 있는 사람(1:4)이었다. 그는 바벨론의 느부갓네살에 의하여 포로로 잡혀간 때(B. C. 605)로부터 고레스 3년까지(BC 536) 살았다. 만일 그가 포로로 잡혀갔을 때가 16세 청소년이었다고 가정한다면 그는 85세까지 살았다.

다리오 왕을 메대 사람 다리오(Darius the Median)라고도 불렀다(5:31). 다리오는 아마도 바사 왕 고레스가 방대한 메대-바사 제국의 일부인 바벨론을 다스리게 하기 위하여 임명한 일종의 분봉 왕이었을 것이다(9:1). 다리오는 메대-바사 제국이 점령한 바벨론 왕국을 다스리기 위하여 120명의 방백들(assistants; 보좌관들)과 그들 위에 3명의 총리들(administrators)을 임명하였는데 이들 총리들 중의 한 사람이 유다에서 포로로 잡혀온 다니엘이었다.

다니엘은 일찍이 바벨론의 느부갓네살 왕 때에 39년 동안 바벨론 전도(entire province)를 다스린 경륜(2:48)이 있는 탁월한 총리였다. 그를 시기, 질투하는 방백들과 총리들은 모함하여 30일 동안 왕 이외에 다른 신을 섬기지 못하도록 왕으로 하여금 금령을 내리게 하였다. 다니엘은 왕의 조서에 어인(sign)이 찍힌 것을 알고도 전에 행하던 대로 예루살렘으로 향한 창문을 열어놓고 하루에 세 번씩 무릎을 꿇고 기도하며 하나님께 감사하였다. 왕의 금령을 범하였으므로 왕의 명령에 따라 다니엘은 사자 굴에 던져짐을 당하였다. 그러나 하나님께서 그 천사를 보내어 사자들의 입을 봉하였으므로 그 몸이 조금도 상하지 아니하였다.

② 풀무불에서 구출받은 다니엘의 세 친구(단 3:1-30)

바벨론의 느부갓네살 왕이 두라 평지에 한 금신상(an image of gold)을 만들었는데 그 금신상의 높이는 90피트(약 8층 건물의 높이), 넓이는 9피트였다. 그 신상은 매우 높고 금으로 입혀진 것이므로 광채가 대단했다(2:31).

반포하는 자가 크게 외쳐 가로되 "너희는 나팔과 피리와 수금과 삼현금과 양금과 생황과 및 모든 악기 소리를 들을 때에 엎드려 금신상에게 절하라"고 명령하였다. 그때에 모든 사람들이 그 금신상에게 절하였으나 유다에서 포로로 잡혀온 다니엘의 세 친구 사드락, 메삭, 아벳느고는 절하지 하지 않았다. 다니엘의 세 친구는 담대히 말하기를 "극렬히 타는 풀무불에 던지움을 받을지라도 하나님이 건져내시겠고, 그리 아니하실지라도 우리가 왕의 신들을 섬기지 아니하겠고 금신상에 절하지도 아니하겠다"고 하였다.

느부갓네살 왕은 분노하여 풀무불을 평상시보다 칠 배나 더 뜨겁게 하고 그들을 결박하여 극렬히 타는 풀부불에 던져 넣었다. 그러나 불이 능히 그 몸을 해치 못하였고, 머리털도 거슬리지 아니하였고, 고의 빛도 변하지 아니하였고, 불 탄 냄새도 없었다.

③ 요나가 물고기 뱃속에서 3일 동안 있었음(욘 1:1-2:10)

요나는 북이스라엘 여로보암 2세 때(B. C. 793-753)의 선지자였다(왕하 14:23-25). 여호와께서 요나에게 이르시되 너는 니느웨 성으로 가서 외치라고 하였으나 요나는 여호와의 낯을 피하여 욥바로 내려가서 다시스로 가는 배를 탔다. 풍랑이 심하여 배가 파선될 위기에 이르렀다. 요나는 무리들에게 말하기를 "큰 폭풍을 만난 것은 나의 죄 때문이니 나를 바다에 들어 던지라"고 하였다. 요나를 바다에 들어 던지매 폭풍이 잔잔하고 요나는 큰 물고기에게 삼킨 바 되었다. 요나는 물고기 뱃속에서(in the belly of the fish) 나올 때까지 3일 3야를 있었다.

니느웨는 사마리아 동북쪽에서 약 550마일 떨어진 티그리스 강 동편에 위치한 대도시였다. 요나가 니느웨까지 여행한다면 적어도 1개월 이상 걸리는 거리이다. 니느웨 성은 니무라에 의하여 세워졌으며(창 10:11), 요나시대 이후 앗수르의 수도가 되었다. 다시스는 욥바에서 서쪽으로 2,500마일 떨어진 스페인 남부 지방이요, 큰 물고기는 고래인지 상어인지 무슨 고기인지 정확히는 알 수 없다. 참고로 1mile은 1.6km이다.

(4) 예수 그리스도의 초림시대(A. D. 26-60)

1) 예수 그리스도께서 행하신 이적(Miracles of Jesus Christ)

예수 그리스도의 이적에 관새서는 특히 사복음서(4 Gospels)에 많이 기록되어 있다. 마태복음에 20번, 마가복음에 18번, 누가복음에 20번, 요한복음에 7번 기록되어 있다.

그러나 우리는 사복음서에 기록된 이적들이 그리스도께서 행하신 이적들 전부는 아니라는 사실을 명심해야 한다. 그 이유는 복음서의 기자들은 그리스도께서 행하신 수많은 이적들 중에 하나님의 뜻과 목적에 따라서 성령의 영감으로 선별한 기사들만 기록했기 때문이다. 이적들을 포함하여 그리스도께서 행하신 일들은 사복음서에 기록된 것 이외에도 수없이 많이 있다(요 21:25).

그리스도께서 이적을 행하신 주요 목적이 무엇인가? 그리스도께서 이적을 행하신 주요 목적은 자신은 이스라엘의 참 메시야이심을 증명하시기 위함이요, 자신이 게시한 신약의 새 언약들을 확증시켜 주시기 위함이요(행 2:22), 자신이 세상에서 죄를 사(forgive)하는 권세가 있음을 확증시키시기 위함이었다(마 9:6).

① 물로 포도즙을 만드심(요 2:1-11)

예수님은 갈릴리 가나(Cana)의 혼인잔치에 참석하셔서 물로 알코올 성분 없는(발효성 없는) 포도즙을 만드셨다. 예수님은 여섯 돌 항아리(6 stone jars)에 채운 물을 최고 품질의 포도즙으로 만드셨다. 돌 항아리 하나가 20-30갈론(gallons)이 드니 여섯 항아리이면 적어도 120-180갈론의 양이다. 이것은 예수님께서 행하신 첫 번째 이적이다. 가나는 디베리아 호수에

서 서북쪽으로 약 15마일 그리고 나사렛에서는 동북쪽으로 약 6마일 떨어
진 작은 고을이다. 좋은 포도즙이란 최상의 포도즙으로서 알코올 성분의 강
도 여부를 말하는 것이 아니라, 해독성이 없는 질이 좋은 포도즙을 뜻한다.

② 귀족의 아들을 고치심(요 4:46-54)

예수님은 가나에서 병들어 죽게 된 귀족의 아들(noble man's son)을 고
치셨다. 귀족은 헤롯 안티파스(Herod Antipas)와 혈통적으로 관련되었든지
아니면 법원의 고위 관리들 중의 하나였을 것이다. 그 귀족의 아들이 가버
나움에서 병들어 죽게 되었을 때에 그 귀족은 친히 약 20-25마일(32km
-40km) 떨어진 갈릴리의 가나까지 가서 죽어 가는 자기 아들의 병을 고쳐
달라고 예수님께 간청했다. 간청을 들으신 예수님은 가나에 계시면서 귀족
에게 "네 아들이 살았다"(50절)고 말씀하셨다. 예수님께서 말씀하신 바로 그
시간에 즉시로 가버나움에 있는 귀족의 아들의 병이 완전히 나았다. 이 이
적은 갈릴리 가나에서 행하신 두번째 이적이다. 그 귀족의 아들이 고생하는
병명이 무엇인지는 언급되어 있지 않으므로 알 수 없다. 다만 52절에 열
(fever)이 떨어졌다고 하였으니 죽게 될 정도로 심한 병임에는 틀림 없다.

③ 38년 된 병자를 고치심(요 5:1-9)

예수님은 베데스다 연못에서 38년 된 병자를 고치셨다. 사도 요한은 38
년 된 병자의 병명이 무엇인지 언급하지 않았으므로 우리는 38년 된 병자
가 무슨 병이나 또는 병들로 인하여 고통당하여 왔는지 알 수 없다. 아마도
그 당시 유행하던 열병, 간질병, 문둥병 같은 병이 아니면 귀신들려 소경이
되거나 또는 벙어리가 된 사람들이 많으니 그러한 병들 중 하나에 걸리지
않았을까 추측한다.

베데스다 연못은 작은 호수(small lake) 또는 연못(pond)으로서 사람들
이 목욕이나 수영할 수 있는 곳이다. 베데스다는 "자비의 집"(house of
mercy)이란 뜻이다. 베데스다 연못의 위치는 양 문 또는 양 시장(sheep
gate or sheep market) 근처에 있다고 하였으며, 양의 문은 예루살렘 성전
동북쪽에 위치하고 있다. 베데스다 연못의 규모는 길이 360피트, 넓이 130
피트, 깊이 75피트였다.

④ 고기 잡는 이적을 행하심(눅 5:1-11)

예수님은 게네사렛 호수가(Gennesaret Lake)에서 시몬 베드로에게 깊은 곳에 그물을 던지라고 명하셨다. 베드로는 밤새도록 수고하였으나 고기를 하나도 잡지 못하였으나 주님의 말씀을 믿고 순종하여 그물을 깊은 곳에 던졌다. 그 결과 많은 고기를 잡았다. 게네사렛 호수는 일명 갈릴리 호수 또는 갈릴리 바다라고도 부른다. 게네사렛 호수는 갈릴리 호수의 옛 명칭이다.

⑤ 귀신을 내어 쫓으심(막 1:23-28; 눅 4:31-36)

예수님은 회당에서 귀신들린 자에게서 더러운 귀신(unclean spirit)을 내어 쫓으셨다(마 4:24 참조). 그리하여 귀신들린 자를 고쳐 주셨다.

그리스도께서 이 세상에 오신 목적들 중의 하나는 마귀의 일들을 멸하고 마귀의 포로된 자들을 해방시키는 것이다. 더러운 귀신은 악령(evil spirit) 곧 마귀를 가리킨다. 귀신들린 자에게는 대부분 정신병 또는 육신의 병이 있다.

⑥ 베드로 장모의 열병을 고치심(마 8:14; 막 1:29-31; 눅 4:38-41)

예수님은 가버나움에 있는 베드로의 집에 들어가 베드로의 장모(mother-in-law)의 열병을 고쳐주셨다. 병 고침을 받은 베드로의 장모는 병상에서 즉시로 일어나 예수님을 시중들었다. 일반적으로 열병을 앓은 사람은 몸이 허약한 것이 상례인데 그와는 반대로 베드로의 장모는 건강하여 주님의 일에 열심히 봉사하였다. 이것이 신기한 이적이다.

⑦ 문둥병자를 고치심(마 8:2-4; 막 1:40-45; 눅 5:12-16)

예수님께서 산에서 기도하고 내려오셨을 때 한 문둥병자가 예수님께 병 낫기를 간청하였다. 예수님께서 손을 내밀어 그에게 대시고 "깨끗함을 받으라"고 말씀하시는 그 즉시로 문둥병이 깨끗이 나았다. 문둥병은 일종의 피부병으로 문둥병자들(나환자)은 이웃사람들로부터 격리되어 도시 외곽에서 살았으며 사람들이 가까이 접근하면 "부정하다, 부정하다"(unclean)라고 리 질러 가까이 접근하지 못하게 하였다(레 13:45). 문둥병에 관한 규례는 레위기 13장 전장에서 상세히 교훈하였다.

⑧ 반신불수를 고치심(마 9:2-8; 막 2:3-12; 눅 5:18-26)

예수님께서 갈릴리 바다 동쪽에서 배(boat)를 타고 북서쪽 가버나움으로 돌아오셨을 때 사람들이 침상에 누운 한 중풍환자(a paralytic)를 예수님께 데리고 왔다. 중풍병은 전신이 마비되거나 몸의 한 쪽만 마비되거나 목 밑의 모든 신경구조가 마비되거나 손이 마르고 파리해지는 병이다(마 12:10-13). 물론 손에 힘이 없다.

예수님은 그 중풍환자에게 "네 죄 사함을 받았느니라 일어나서 걸으라"(get up and walk)고 명령하셨다. 그 중풍병자는 즉시 병이 나아서 일어나 집으로 돌아갔다. 이 이적을 목도한 무리들이 하나님께 영광을 돌렸다.

⑨ 마른 손을 고치심(마 13:9-13; 막 3:1-5; 눅 6:6-10)

예수님께서 안식일에 회당에 들어가서 신적 권위와 능력으로 한편 손 마른 사람의 손을 고쳐 주셨다. 손이 마른 것은 아마도 중풍병의 한 양상인 것 같다. 그때에 바리새인들이 예수님을 책잡아 송사하기 위하여 "안식일에 병고치는 것이 옳으니이까?"라고 질문하였다. 예수님은 대답하시기를 "안식일에 선을 행하는 것이 옳으니라"고 하셨다(마 12:12). 물론 우리는 성수주일로 예배드리는 것 이외에 전도, 교육, 봉사, 구제, 친교, 심방(환자, 낙심된 자) 등 선한 일을 행해야 한다.

⑩ 백부장의 종을 고치심(마 8:5-13; 눅 7:1-10)

예수님께서 갈릴리 바다 북서쪽에 위치한 가버나움에 들어가셨을 때 백부장의 한 종이 중풍병으로 인하여 거의 죽게 되었다. 그러므로 백부장은 예수님께 자기 종을 고쳐주시기를 간절히 청하였다. 예수님께서 백부장에게 이르시되 "가라! 네 믿음대로 될지어다"라고 말씀하시니 그 종의 병이 즉시로 나았다. 로마군대의 백부장(a centurion)은 100명의 군사를 거느리는 장교이다. 이 백부장은 상하를 구별하는 인정과 겸손, 신앙을 겸비한 무관이었다. 누가는 백부장의 종($\delta o \hat{u} \lambda o \varsigma$)은 노예를 가리킨다고 하였고(눅 7:2-3, 8, 10), 마태는 그 종을 파이스($\pi \alpha \hat{\imath} \varsigma$) 곧 소년이라고 하였으니(마 5:6) 백부장의 종은 젊은 소년 노예였을 것이다.

⑪ 과부의 독자를 살리심(눅 7:11-15)

예수님께서 가버나움에서 나인 성으로 들어가실 때 많은 무리들이 예수님을 쫓았다. 그때에 나인 성의 한 과부의 독자가 죽어서 장사하기 위하여 사람들이 그를 메고 성문(gate of city)으로 나오며 또한 많은 조객들도 장례 행렬을 따랐다.

예수님께서 독자 잃은 과부를 보시고 불쌍히 여기사 "울지 말라"라고 위로하시고 가까이 가서서 관(棺, bier)에 손을 대시고 가라사대 "청년아! 내가 네게 말하노니 일어나라" 하시니 죽었던 자가 그 즉시로 일어나서 말도 하였다. 이것은 분명히 죽었던 사람이 다시 살아난 증거이다. 이 사실을 목도한 많은 사람들이 두려워하며 하나님께 영광을 돌렸다. 고아와 과부를 보살피는 것은 신·구약의 교훈이다(약 1:27).

⑫ 소경 벙어리 된 사람을 고치심(마 12:22; 눅 11:14-26)

사람들이 귀신들려서 소경 벙어리 된 사람(blind and dumb)을 예수님께 데리고 왔다. 소경이요, 벙어리 된 사람을 데리고 온 사람들은 누구일까? 아마도 바리새인들이었을 것이다(눅 11:14, 22). 예수님께서 귀신을 내어쫓으니 소경 벙어리 되었던 자가 즉시 고침을 받아 보기도 하고 말도 했다.

⑬ 풍랑을 잔잔케 하심(마 8:18, 23-27; 막 4:35-41; 눅 8:22-25)

예수님께서 갈릴리 바다를 건너서 가다라 지방에 도착했을 때 갑자기 큰 풍랑(a furious storm)이 일어났다. 그러므로 제자들이 탔던 배가 파도에 전복될 위기에 부딪혔다. 예수님이 베개를 베고 주무시던 밤이었다(막 4:38). 그러므로 제자들은 주무시는 예수님을 성급히 깨웠다. 예수님은 제자들의 믿음이 적은 것을 책망하시고 곧 일어나 바람과 파도를 꾸짖으시니 노도광풍이 즉시 잠잠하고 고요해졌다. 가다라 지방은 갈릴리 바다 동남쪽이다.

⑭ 귀신을 내쫓으심(마 8:28-34; 막 5:2-20; 눅 8:26-39)

예수님께서 갈릴리 호수에서 과히 멀지 않은 가다라 지방에 갔을 때 귀신들린 두 사람에게서 귀신을 내쫓았다. 귀신들이 예수님께 간구하기를 자기들을 돼지 떼에 들여보내 달라고 요청하였다. 이에 예수님께서 허락하시므로 귀신들이 돼지 떼에 들어가 돼지 떼들이 비탈길로 내리달아 바다에

뛰어들어 물에서 몰사하였다. 그리하여 귀신들렸던 두 사람은 귀신에게서 해방되어 자유인이 되었다.

⑮ 혈루증 환자를 고치심(마 9:20-22; 막 5:25-34; 눅 8:43-48)
12년 동안 혈루증(blood disease)으로 고생하던 혈루증 환자가 병 낫기 위하여 수많은 의사들을 찾아다니며 치료를 받았으나 병세는 오히려 악화되고 가지고 있던 것은 다 썼다. 정말 병고 가운데 있던 여인은 예수님의 옷자락만 만져도 병이 완전히 다 나을 것으로 믿고 예수님의 뒤로 와서 예수님의 겉옷을 만졌다. 그 순간 즉시로 혈루증이 나았고 또한 구원도 받았다. 유대인들에게 있어서 혈루증은 불결한 병으로 간주되었다(레 15:25). 그러므로 그 여인은 예수님께 직접 상면하거나 또는 호소할 수 없었다. 그러므로 예수님의 뒤로 가만히 가서 옷자락을 만진 것이다.

⑯ 야이로의 딸을 살리심(막 5:22-24, 35-43; 눅 8:41-42, 49-56)
마태복음 9:18에서는 한 관리라고 하였는데 마가와 누가는 회당장 야이로(Jairus)라고 밝혔다. 그는 회당을 관할하는 장로들 중의 한 사람이었다.
누가는 예수님께 야이로의 딸이 죽었다고 하지 않고 죽어간다고 보고하였다(막 5:23; 눅 8:42). 그러나 예수님께서 야이로에게 말씀하실 때에 야이로의 집에서 달려온 한 사람은 야이로의 딸이 이미 죽었다고 보고하였다. 예수님께서 죽었던 야이로의 딸을 살리셨다. 예수님은 그의 신성(神性)의 능력으로 없는 것을 있게도 하시며, 죽은 자를 살리기도 하신다.

⑰ 두 소경을 고치심(마 9:27-31)
예수님께서 전도 여행을 계속하실 때 소경 두 사람이 예수님의 뒤를 따라가며 "다윗의 자손이여! 우리를 불쌍히 여기소서!"라고 간곡히 간청하였다. 그들은 예수님께서 어느 한 집으로 들어가시는 데까지 따라 들어갔다. 예수님은 저들의 눈을 만지시며(마 8:3 비교) "너의 믿음대로 되리라"하시니 그들의 눈이 그 즉시 밝아졌다. 눈을 뜬 소경들은 나가서 예수님께서 자기들에게 행하신 이적을 온 천하에 전파하였다. 소경들이 예수님을 다윗의 자손(the Son of David)이라고 한 것은 예수님은 메시아(Messiah)이심을 분명히 하는 신앙고백이다. 유대인들에게 있어서 다윗의 자손이라고 하면

메시야를 의미한다.

⑲ 벙어리를 고치심(막 9:32-33)

소경 두 사람이 눈을 떠서 그 집을 나올 때에 사람들(친구들)이 귀신들려 벙어리 된 사람을 예수님께 데려오니 예수님께서 즉시로 고쳐 주셨다. 벙어리가 말하는 것을 본 무리들은 깜짝 놀라서(8:27 참조) 말하기를 "이스라엘 가운데 이런 일을 본 일이 지금까지 없었다"라고 진술하였다. 벙어리에게서 귀신을 내어 쫓음으로 벙어리가 말하게 된 것을 불신하는 소위 종교계의 지도자들인 바리새인들은 말하기를 예수가 귀신들의 왕인 사탄의 능력으로 이적을 행한다고 했다. 이에 예수님께서 "사탄이 사탄을 쫓아내면 스스로 분쟁하는 것이 아니냐? 사탄은 서로 분쟁하지 않는다"라고 반박했다.

예수님은 사탄의 능력을 힘입어 사탄의 부하들인 귀신들을 내쫓은 것이 아니라, 하나님의 성령의 능력을 힘입어 귀신을 쫓아내셨다(막 10:25; 12:22-37 참조).

⑳ 오병이어로 5,000명을 먹이심(마 14:14-21; 막 6:34-44; 눅 9:12-17; 요 6:5-13)

예수님과 그의 제자들이 가는 곳마다 수많은 무리들이 열심히 따라다녔다. 예수님은 배를 타고 떠나서 한적한 곳에 갔는데 그곳까지 무리들은 여리고로부터 갈릴리 바다 북쪽 해안을 따라 걸어가 예수님을 만났다. 저녁이 되었을 때 빈들에서 그리스도는 보리로 만든 빵 5개와 물고기 2마리로 남자 장정 오천 명 이외에 부녀자들과 아이들까지 다 배불리 먹이고 12바구니가 남은 이적을 행하셨다. 부녀들과 아이들까지 다 합하면 15,000명은 훨씬 능가하였을 것이다. 보리는 밀의 3분의 1 값으로 가난한 사람들의 식량이었다. 저녁은 어느 때를 가리키는가? 신·구약시대 유대인들은 날을 아침, 정오, 저녁으로 3분하였다(시 55:17). 그리고 저녁은 2분하여 첫째 저녁은 오후 3시부터 시작되며, 둘째 저녁은 해지는 때부터 시작된다(출 12:6). 그런데 본문의 저녁은 첫째 저녁을 의미하고, 23절의 저녁은 두번째 저녁을 의미한다. 빈들이란 한적한 곳(remote place)으로서(14:13 참조) 누가에 의하면 그 빈들은 벳새다 들판이라고 지적하였다(눅 9:10). 벳새다는 요단 강 건너편 갈릴리 바다 북동쪽에 위치한 곳이다. 우리는 육신을 위해서는 육신의 음식을, 영을 위해서는 영의 음식을 항상 공급받아야 한다.

㉑ 물 위로 걸으심(마 14:22-23; 막 6:45-52; 요 6:16-21)

예수님은 제자들에게 배(a boat)를 타고 건너편으로 먼저 가게 하시고 자신은 기도하기 위하여 산으로 올라가셨다(요 6:15). 그런데 배가 출정한 지 얼마 되지 않아 풍랑이 일어났다. 사도 요한은 풍랑 만난 지점을 가리켜 노를 저어 10여 리쯤 떠나간 거리였다고 진술하였다(요 6:19). 이는 출발지로부터 약 3마일 내지 3마일 반쯤 떨어진 곳이다. 풍랑이 일어난 그때는 밤 4시경이라고 하였으니 이는 새벽 3시-6시경을 말한다. 노도광풍이 심한 바다에 일엽편주라 제자들은 공포와 초조 속에 떨고 있을 때 예수님은 제자들이 탄 배를 향하여 물 위로 걸어오셨다. 동서고금을 막론하고 인류 역사에 물 위로 걸어가신 이는 예수님과 베드로뿐이었다. 예수님은 자신의 능력으로, 베드로는 예수님의 능력에 의하여 물 위를 걸으셨다.

㉒ 귀신을 쫓아내심(마 15:21; 막 7:24-30)

예수님은 두로 지방에서 한 가나안 여인을 만났다. 민수기 13:29에 의하면 두로 지방은 가나안 족속들이 살았다고 하였다. 가나안 여인은 "주님, 다윗의 자손이여"(마 9:27; 20:30-31)라고 계속 부르짖으면서 자기의 귀신 들린 딸(demon possessed daughter)을 고쳐 달라고 간청하였다. 다윗의 자손은 메시야의 별칭이다. 제자들은 그 여인이 너무나 소란하다고 "보내소서"라고 예수님께 요청하였다. 그러나 예수님은 오히려 그 여인의 믿음을 보시고 "네 소원대로 되리라"고 하셨다. 그 즉시 가나안 여인의 귀신들린 딸에게서 귀신이 쫓겨났다. 유대인들은 가나안 족도 이방인이므로 개처럼 여겼으나 주님은 이방인들도 유대인들과 똑같이 그들의 영을 불쌍히 여기셨다.

㉓ 벙어리를 고치심(막 7:31-37)

예수님은 두로 지방을 떠나서 시돈을 경유하여 북쪽으로 약 20마일 떨어진 갈릴리 바다 동쪽에 위치한 데가볼리 지방으로 가셨다.

예수님께서 데가볼리에 이르렀을 때 사람들이 한 벙어리를 데리고 와서 예수님께 안수해 주기를 간청하였다. 예수님은 손가락을 벙어리의 양편 귀에 넣으시고(능력의 전달을 의미) 그의 혀를 만지시며 수화(手話; sign language)를 사용하시면서 에바다($\dot{\epsilon}\varphi\varphi\alpha\theta\alpha$)라고 명령하셨다. 에바다는 아람어로 번역하면 "열려라"(Be opened)라는 뜻이다. 예수님의 명령이 있은 직후 그 즉시로 벙어리의 귀가 열리고 혀가 풀려서 잘 듣게 되었고 말도 자유자재로 하게 되었다.

㉔ 빵 7개와 생선 몇 마리로 4,000명을 먹이심(마 15:32-39; 막 8:1-9)

예수님께서 두로와 시돈 지방에서 돌아오셔서 갈릴리 바다 근처 산언덕에 이르러 앉으셨을 때에(마 14:23 참조) 많은 무리들이 수많은 병자들을 데리고 왔다.

예수님은 병자들을 불쌍히 여기사 육신의 모든 병들을 고쳐 주셨다. 뿐만 아니라 헤아릴 수 없이 많은 무리들이 예수님과 함께 있은 지 4일이 되므로 돌아가다가 길가에서 기진하지 않도록 예수님은 빵 7개와 생선 몇 마리로 장정들 4,000명 그리고 부녀자들과 아이들까지 다 배불리 먹이고도 남은 부스러기가 일곱 광주리나 남는 이적을 행하셨다.

㉕ 남자 소경을 고치심(막 8:22-26)

예수님과 제자들이 벳새다에 도착했을 때 사람들이 남자소경 한 사람을 예수님께 데리고 와서 손대어(안수) 고쳐 주시기를 간청하였다(5:23; 7:32 참조). 예수님은 소경의 손을 붙잡으시고 마을 밖으로 나가서 소경의 눈에 침을 바르고 그에게 손을 얹으시니 희미하게 보였고 그 후에 재차 안수하시니 밝히 보게 되었다. 그리하여 소경의 시력이 완전히 회복되었다.

㉖ 귀신을 내쫓으심(마 17:14-20; 막 9:14-29; 눅 9:38-42)

예수님과 제자들이 수많은 무리들에게 이르니 한 사람이 예수님 앞으로 와서 무릎을 꿇고 자기 아들의 간질병(epileptic)을 고쳐 주시기를 간청하였다. 마가는 말하기를 "간질병 소년은 입에서 거품을 흘리며 이를 갈며 몸이 파리하여진다"고 하였다(막 9:18, 20). 뿐만 아니라 귀신이 그 소년을 죽이기 위하여 불 가운데로 들어가게도 하고 물 가운데 빠지게도 한다고 하였다. 그 소년이 간질병이 있는 이유는 귀신들렸기 때문이라고 본문은 설명하고 있다. 그 소년에게서 귀신을 내어 쫓기 위하여 처음에는 그 간질병이 있는 소년을 예수님의 제자들에게 데리고 갔으나 제자들은 그 소년에게서 귀신을 내어 쫓지 못하였다. 그러므로 이번에는 예수님께 찾아온 것이다. 예수님께서 그 소년에게서 귀신을 내어 쫓으시니 그 즉시 간질병이 나았다(마 15:28 참조).

㉗ 한 세겔의 돈을 찾음(마 17:24-27)

예수님과 제자들이 가버나움으로 돌아오시니 세리들(tax collectors)이 예수님을 기다리고 있었다. 유대인의 풍속에 따라서 20세 이상의 유대인들은 성전을 위하여 매년마다 반 세겔을 성전세(temple tax)로 바치게 되어 있다(출 30:15; 느 10:32). 예수님과 베드로는 그 해의 성전세를 그때까지 바치지 못하였던 것이다.

예수님은 만왕의 왕으로서, 그의 제자들은 왕국의 아들들로서 면세(tax free)가 마땅하나 사소한 일로 충돌과 조소를 피하기 위하여 베드로로 하여금 바다에 가서 낚시를 던져 먼저 올라오는 고기의 입을 열면 돈 1세겔을 얻을 것이니 그것을 가져다가 세리에게 주라고 하였다. 반 세겔은 한 사람의 성전세이므로 한 세겔은 예수님과 베드로에게 꼭 필요한 금액이다. 베드로는 주님의 말씀에 순종하여 고기의 입에서 얻은 동전을 성전세로 세리에게 납부하였을 것이다.

㉘ 소경의 눈을 뜨게 하심(요 9:1-7)

예수님은 예루살렘 시를 지나가실 때 태어날 때부터 소경된 사람을 보았다(요 9:37-41; 고후 4:4; 엡 2:1-3). 세상에 소망이 없는 사람이었다. 예수님은 그 소경을 불쌍히 여기사 소경의 눈에 진흙을 바르신 후 실로암 못에 가서 눈을 씻으라고 명령하셨다. 실로암 못은 예루살렘 성 안 동남쪽 모퉁이에 위치하고 있다. 소경은 예수님의 말씀에 순종하여 실로암 못에 가서 눈을 씻었다. 그 결과 보게 되었다. 예수님은 육신의 눈을 밝게 하심으로 영안도 밝아져야 한다는 교훈을 우리에게 주신다.

㉙ 안식일에 곱추를 고치심(눅 13:10-17)

사탄에 매인 바 되어 18년 동안 곱추(crippled)로 고통당하던 불구의 여인을 예수님께서 고쳐주셨다. 예수께서 말씀하시기를 "여인이여! 네가 너의 병으로부터 자유함을 받았느니라"고 하시고 그 여인을 안수하시니 그 즉시로 그 불구자가 곧 바로 펴고 하나님께 영광을 돌렸다. 이것은 병 고침을 받은 자가 하나님께 할 수 있는 적절한 일이다(2:20; 5:25-26; 7:16; 17:15; 18:43; 23:47 참조).

회당장이 분내어 안식일에 병 고치는 것이 합당치 않다고 예수님을 비판하였다. 이에 예수님은 안식일에 선을 행하는 것은 합당하다고 말씀하셨다.

㉚ 고창병을 고치심(눅 14:1-6)

예수님께서 안식일에 한 고위층 바리새인의 집에 식사초대를 받았다. 초대장에는 고창병(dropsy; 수종병)으로 고생하는 환자도 있었다. 고창병은 몸의 여러 부분에 물로 생기는 질병이다. 바리새인들은 그 고창병 환자를 예수님께서 어떻게 할 것인가, 안식일을 범하지 않을지를 책잡기 위하여 간교한 생각으로 초청하였을지도 모른다.

예수님은 저들의 마음 중심을 아시고 "안식일 날 병 고치는 것이 합당한가"라고 질문하심으로 선제입장을 취하였다. 모든 사람들이 유구무언(有口無言)이었다. 예수님은 고창병 환자를 고쳐 주시고 "너희 중에 아들이나 소가 웅덩이에 빠졌으면 건져내지 아니하겠는가?"라고 반문하셨다. 안식일 날 선한 일을 하는 것은 죄가 아니라 하나님이 기뻐하시는 일이다.

㉛ 죽은 나사로를 살리심(요 11:17-44)

예수님께서 베다니에 도착하였을 때 나사로는 죽은 지 이미 4일이 되었다. 베다니는 예루살렘에서 남동쪽으로 2마일 가량 떨어진 곳이다. 팔레스타인 지방은 날씨가 더워서 사람이 죽으면 속히 부패됨으로 바로 그날 장사 지내는 것이 통례이다.

예수님께서 마르다와 마리아를 찾아가셨을 때 마르다는 성격이 활발하고 외향적이라 예수님을 마중 나가기도 하고 부엌에서 일을 하기도 했으나, 반면에 마리아는 차분하고 내성적인 성품이어서 집 안에서 예수님을 기다리고 또 말씀을 듣는 매우 대조적인 성격을 소유하였다. 한 부모에게서 태어난 형제들도 이렇게 성격이 다르다.

예수님은 나사로의 무덤 앞에 이르러 돌문을 옮겨 놓게 하시고 큰 소리로 "나사로야, 나오라"고 호령하셨다. 무덤은 돌을 깎아 만든 굴이며 무덤 입구는 큰 돌로 막아놓았다. 큰 소리로 말했다는 말씀은 마태복음 12:19; 누가복음 4:41; 요한복음 11:43; 12:13; 18:40; 19:6, 12, 15; 사도행전 22:23에도 기록되어 있다.

예수님께서 큰 소리로 외치신 말씀은 우리말로 두 단어뿐이다. 즉 "나사로야, 나오라"(Lazarus! Come out!)는 호령이시다. 죽은 지 이미 4일이 되고 육신은 부패되어 썩은 냄새가 나는 나사로가 다시 살아나서 세마포로 수족을 동이고 얼굴은 수건으로 싸맨 채 벌떡 일어나 나왔다. 이때 예수님께서 풀어놓아 다니게 하라고 말씀하셨다. 그들은 예수님께서 전에 약속하신 말씀들, 즉 "… 나는 부활이요 생명이니 나를 믿는 자는 죽어도 살겠고 무릇 살아서 나를 믿는 자는 영원히 죽지 아니하리니…"(요 11:25-26)라고 하신 말씀들이 상기되었을 것이다.

어거스틴(Augustine)은 말하기를 만일 예수님께서 나사로의 이름을 부르지 않고 "나오라"고만 호령하셨다면 무덤 속에 있는 모든 사람들이 다 나왔을 뻔하였다고 말했다.

㉜ 문둥병자 10명을 고치심(눅 17:11-19)

예수님께서 사마리아와 갈릴리 사이 경계를 따라 예루살렘으로 가는 길에서 문둥병자 10명이 어느 정도 떨어진 거리에서 고쳐주기를 간청하였다. 문둥병 환자들이 어느 정도 떨어진 거리에서 간청한 이유는 문둥병 환자들은 일반 사람들과 가까이 할 수 없어 격리되어 있기 때문이다(레 13:45).

예수님께서 문둥병 환자들에게 "제사장에게 가서 너희 몸을 보이라"고 명하신 이유는 문둥병자가 깨끗이 나았으면 제사장에게 가서 정결케 하는 규례를 준수해야 하기 때문이다. 10명의 문둥병 환자들이 모두 문둥병이 깨끗이 나았다. 그러나 그중에 사마리아인(이방인) 한 사람만이 예수님께로 돌아와(제사장에게 몸을 보이기 위해 제사장에게로 가다가 문둥병이 깨끗이 나았음을 확인한 후) 예수님의 발 앞에 엎드려 감사하며 하나님께 영광을 돌렸다. 그런데 나머지 9명은 어디로 갔는가? 오늘도 수많은 사람들이 하나님의 은혜를 받으나 참으로 그 은혜를 망각하지 않고 감사를 표하는 사람이 얼마나 될까?

㉝ 소경 바디매오를 고치심(마 20:29-34; 막 10:46-52; 눅 18:35-44)

예수님은 베뢰아(막 10:1)를 떠나 요단강을 건너서 유대 땅 여리고로 오셨다. 여리고 성은 헤롯왕이 그의 겨울 궁전(winter palace)으로 건축한 곳으로서 예루살렘으로부터 동북쪽으로 약 18마일 떨어진 곳이다. 예수님께서 예루살렘을 향한 여리고 가까운 곳을 지나가실 때 소경 두 사람이 예수님께서 지나가신다는 소문을 듣고 목청을 돋구어 크게 "예수님은 주님이시요, 다윗의 자손이다"라고 신앙을 고백하면서 "보게 하여 주소서"하고 간청하였다. 소경들은 주위의 무리들이 시끄러우니 잠잠하라고 책망함에도 불구하고 부끄러움을 개의치 않고, 반대를 무릅쓰고, 낙심이나 좌절도 하지 않고 예수님께서 발걸음을 멈추고 자기들을 부르실 때까지 계속 간청하였다.

예수님께서 소경들에게 "네게 무엇을 하여주기를 원하느냐?"고 물으시자 소경들은 "랍비여, 보기를 원하나이다"(Rabbi, I want to see!)라고 대답했다. 랍비는 "나의 주님, 나의 상전"(My Lord, my Master)이라는 뜻이다. 주님은 그들을 즉시 고쳐 주셨다. 마가는 소경 두 사람 중에 한 사람은 바디매오라고 밝혔다. 바디매오는 소경이요, 거지였다.

㉞ 잎만 무성한 무화과나무를 저주하심(마 21:18-19; 막 11:12-14)

예수님은 다음날 아침 예루살렘 성으로 돌아오실 때에 매우 시장(hungry)하셨다. 그때에 예수님은 길가에 무화과나무(a fig tree)가 잎만 무성하고 열매는 없는 것을 목격하셨다. 무화과나무는 열매가 먼저 열리고 나서 잎이 나거나 또는 열매와 잎이 동시에 생기게 마련인데 그 무화과나무는 열매 없이 잎만 무성했던 것이다. 예수님께서 그 무화과나무를 저주하시니 그 즉시로 말라버렸다. 우리는 열매는 없고 잎만 무성한 무화과나무처럼 되지 않아야 하겠다.

㉟ 말고의 귀를 붙여주심(눅 22:49-51; 요 18:10)

베드로는 예수님을 위하여 목숨까지도 바칠 것을 서약하였다(마 26:33-35). 그리고 자신은 예수님을 위하여 싸우고 또 예수님을 구하여 줄 것이라 생각했다. 베드로는 대제사장의 종 말고의 귀만 아니라 그의 머리까지도 잘라버릴 것으로 생각했다. 그러나 누가와 요한은 진술하기를 말고의 오른편 귀를 잘랐다고 밝혔다. 베드로는 물고기는 잘 잡아도 칼은 잘 사용하지 못한 것 같다.

"항상 악을 악으로 갚지 말고 선으로 악을 이기라"고 교훈하신 주님은 원수까지 사랑하셔서 베어 떨어진 말고의 귀를 붙여 주셨다. 말고의 귀는 흔적이나 상처가 전연 없는 원상태로 회복되었다. 이때 예수님은 그 유명한 말씀 "검을 사용하는 자는 검으로 망하느니라"는 교훈을 남기셨다. 그리고 그날 밤 주님은 베드로를 다시 엄히 책망하셨다(요 13:6-11).

㊱ 고기 잡는 이적을 행하심(요 21:1-21)

부활하신 예수님이 갈릴리에서 제자들을 만나리라고 천사가 약속하였다. 천사가 여인들에게 이르기를 "빨리 가서 그의 제자들에게 이르되 그가 죽은 자 가운데서 살아나셨고 너희보다 먼저 갈릴리로 가시나니 너희가 뵈오리라 하라"(마 28:7)고 하였다.

예수님의 예루살렘 승리의 입성, 새로운 왕국의 기대, 회계 맡은 제자의 반역, 수제자 베드로의 부인, 주님의 십자가의 고난, 죽으심, 부활, 부활 후의 나타나심 등 급변하는 상황 하에서 혼돈과 미래에 대한 불확실 그리고 연약한 믿음으로 인하여 다수의 제자들은 본분을 망각하고 다시 고기를 잡으러 나갔다. 세상으로 다시 돌아간 것이다. 시몬 베드로가 "나는 물고기 잡으러 가노라"라고 하니 그와 같이 갔던 다른 제자들도 "우리도 같이 가겠다"하고 나가서 배에 올라 밤새도록 수고하였으나 아무것도 잡지 못하였다. 그러나 부활하신 예수님이 나타나셔서 그물을 배 오른편 깊은 곳에 던지라고 명령하시니 이에 순종하여 던졌더니 고기가 많아 그물을 끌어올릴 수 없을 정도였다. 그물을 겨우 끌어올려 잡은 고기를 세어보니 큰 물고기가 153마리나 되었다. 여러 사람들이 단체로 고기를 잡는 경우, 잡은 고기를 공평하게 나누어 가져야 하므로 전부 세어보니 큰 고기가 153마리나 되었다.

2) 사도들이 행한 이적(Miracles of the Apostles)

하기 성구들은 사도들이 표적과 기사를 많이 행하였음을 가리킨다. **표적 · 기사 · 이적 등은 동일한 내용의 상이한 표현들이다.**

사도행전 2:43, "사도들로 인하여 기사와 표적이 많이 나타나니 …"

사도행전 4:16, "저희로 인하여 유명한 표적 나타난 것이 예루살렘에 사는 모든 사람에게 알려졌으니 우리도 부인할 수 없는지라"

사도행전 5:12, "사도들의 손으로 인간에 표적과 기사가 많이 되며…"

사도행전 14:3, "…주께서 저희 손으로 표적과 기사를 행하게 하여 주사"

사도행전 15:12, "…바나바와 바울이 하나님이 자기들로 말미암아 이방인 중에서 행하신 표적과 기사 고하는 것을 들으니"

① 베드로가 앉은뱅이를 일으킴

사도행전 3:6-8, "베드로가 가로되 은과 금은 내게 없거니와 내게 있는 것으로 네게 주노니 곧 나사렛 예수 그리스도의 이름으로 걸으라 하시고 오른손을 잡아 일으키시니 발과 발목이 곧 힘을 얻고 뛰어 서서 걸으며 그들과 함께 성전으로 들어가면서 걷기도 하고 뛰기도 하며 하나님을 찬미하니라."

베드로와 요한이 오순절 직후 제9시 기도 시간에 기도하기 위하여 성전에 올라가다가 나면서부터 앉은뱅이 된 자를 미문이라 하는 성전문 곁에서 고쳐주었다. 앉은뱅이가 일어나 걷기고 하고 뛰기도 하니(walking and jumping) 많은 유대인들이 깜짝 놀랐고, 관원들과 장로들과 율법사들을 위시한 유대인들의 최고 지도자들은 이 이적을 주목할 만한 "유명한 표적"(그노스톤 세메이온, γνωστὸν σημεῖον; a notable sign)이라고 하였다. 유명한 표적을 KJV에서는 a notable miracle(주목할 만한, 현저한 이적), NASB에는 a noteworthy miracle(주목할 만한, 현저한 이적), NIV에는 an outstanding miracle(현저한 걸출한 이적)으로 번역하였다(4:16).

미문(Beautiful Gate)은 성전 뜰로 들어가는 성전의 동쪽 문을 가리킨다. 이 문을 미문이라고 칭한 이유는 그 문은 금, 은 그리고 고린도의 값비싼 구리 등으로 만든 아름다운 문이었기 때문이다.

② 사도들이 솔로몬 행각에서 병자들을 고침

사도행전 5:12-16, "사도들의 손으로 민간에 표적과 기사가 많이 되매 믿는 사람이 다 마음을 같이하여 솔로몬 행각에 모이고 그 나머지는 감히 그들과 상종하는 사람이 없으나 백성이 칭송하더라 믿고 주께로 나오는 자가 더 많으니 남녀의 큰 무리더라 심지어 병든 사람을 메고 거리에 나가 침대와 요 위에 뉘이고 베드로가 지날 때에 혹 그 그림자라도 뉘게 덮일까 바라고 예루살렘 근읍 허다한 사람들도 모여 병든 사람과 더러운 귀신에게

괴로움 받는 사람을 데리고 와서 다 나음을 얻으니라."

모든 병든 자들과 귀신들린 자들이 고침을 받기 위하여 솔로몬 행각 (Solomon's porch)에 모이곤 하였다. 사도들은 능력을 받아 병자들을 고치고, 귀신들린 자들에게서 귀신을 내쫓았다(마 10:8; 막 16:17-18).

솔로몬의 행각은 성전 뜰 동편 미문 가까이에 있던 곳으로 27피트(feet)의 높은 돌기둥들로 원주를 세우고 씨달(cedar; 삼목)로 지붕을 만든 행각이었다. 이 행각에서는 당시의 종교계의 지도자들이 모여 강론하였으며, 예수님께서도 천국 복음을 증거하였다(요 10:23; 행 3:11; 5:12).

③ 베드로가 다비다를 살림

사도행전 9:36-37, 40, "욥바에 다비다라 하는 여제자가 있으니 그 이름을 번역하면 도르가라 선행과 구제하는 일이 심히 많더니 그때에 병들어 죽으매 시체를 씻어 다락에 뉘우니라." "베드로가 사람을 다 내어 보내고 무릎을 꿇고 기도하고 돌이켜 시체를 향하여 가로되 다비다야 일어나라 하니 그가 눈을 떠 베드로를 보고 일어나 앉는지라."

욥바(Joppa)는 유대나라의 중요 항구 도시로, 예루살렘에서 서북쪽으로 약 38마일 떨어진 지중해 연안에 위치하였으며 지금은 텔아비브 근교에 있는 짜파(Jaffa)라는 곳이다.

다비다는 가난한 사람들을 돕는 그 당시 잘 알려진 본받을 여성도였는데 그가 병들어 죽었다. 다비다를 일명 도르가라고도 불렀다.

베드로는 룻다에 있었다. 룻다와 욥바는 약 12마일 떨어진 곳이다. 욥바에서 두 사람을 룻다로 보내어 사도 베드로를 급히 청했다. 룻다에서 욥바에 도착한 사도 베드로는 우는 과부들과 다른 신도들을 다 내어 보내고 다비다를 위하여 무릎을 꿇고 간절히 기도한 후 "다비다야! 일어나라"라고 명령했다. 이 명령에 죽었던 다비다가 즉각적으로 살아났다. 이와 같은 이적의 역사가 일어난 후 더 많은 사람들이 주님을 믿고 영접하게 되었다(행 9:42).

④ 바울이 엘루마의 눈을 어둡게 함

사도행전 13:11, "보라 이제 주의 손이 네 위에 있으니 네가 소경이 되어 얼마 동안 해를 보지 못하리라 하니 즉시 안개와 어두움이 그를 덮어 인도할 사람을 두루 구하는지라."

바나바와 바울은 제1차전도 여행 시 구브로에서 박수 엘루마와 총독 서기오 바울을 만났다. 서기오 바울은 바나바와 바울로부터 하나님의 말씀을 청종코저 하였으나 엘루마는 극히 방해하였다. 엘루마는 총독의 측근으로 박수(sorcerer), 거짓 선지자, 궁중의 점성가였으므로 총독이 기독교로 개종하게 되면 자신의 직위가 해고될 것을 염려하였기 때문이다. 바울은 하나님의 일을 반대하고 방해한 엘루마의 눈을 어둡게 하여 얼마 동안 보지 못하게 하였다. 한편 서기오 바울은 바울의 전도를 받아 독실한 신자가 되었다. 그의 딸 역시 독실한 신자가 되었다.

구브로는 지중해 동쪽 끝에 있는 섬으로서 바나바의 출생지이기도 하다(행 4:36; 15:39).

⑤ 바울이 앉은뱅이를 일으킴

사도행전 14:10, "큰 소리로 가로되 네 발로 일어서라 하니 그 사람이 뛰어 걷는지라."

루스드라에서 나면서부터 한 번도 걸어 본 일이 없는 소망이 없는 이 앉은뱅이가 하나님의 이적(능력)으로 일어나 뛰기도 하고 걷기도(jumping and walking)하였다. 사도행전에 앉은뱅이가 고침을 받은 것은 이번이 세 번째이다(3:1-10; 9:33-35).

바울과 바나바가 루스드라와 더베로 간 것은 단순히 핍박을 면하기 위한 도피가 아니라 복음을 전파하기 위함이었다.

⑥ 바울과 실라가 여자에게서 귀신을 내쫓음(행 16:11-18)

바울과 실라는 빌립보에서 점(占)치는 귀신들린 여자에게서 귀신을 내쫓았다. 그 결과로 옷을 벗기고 매를 수없이 맞고 감옥에 갇히게 되었다. 그러나 옥중에서도 기도하고 찬송을 불렀으며, 옥문이 열리는 이적의 역사, 간수와 온 가족이 믿고 세례 받는 역사가 일어났다.

⑦ 바울의 옷자락만 만져도 병이 나음

사도행전 19:11-12, "하나님이 바울의 손으로 희한한 능을 행하게 하시니 심지어 사람들이 바울의 몸에서 손수건이나 앞치마를 가져다가 병든 사람에게 얹으면 그 병이 떠나가고 악귀도 나가더라."

신유의 역사가 바울에게 임하여 그의 옷자락만 만져도 병이 나았다. 분명히 손수건과 앞치마는 하나님의 능력의 상징이었다.

사도행전 19:10에 의하면 "바울은 에베소에서 2년 간 유하면서 복음을 전파하였다"라고 기록되어 있다. 그런데 사도행전 20:31에 의하면 "바울은 에베소에 3년 간 유하면서 밤낮 쉬지 않고 눈물로 훈계하였다"라고 기록되어 있다. 그러면 어느 것이 옳은가? 유대인들의 계산법에 의하면 하루의 일부도 하루로 계산하는 것과 같이, 일 년 중의 일부도 일 년으로 계산한다. 그러므로 에베소에서 그의 사역은 2년이라고 하여도 맞고 3년이라고 하여도 맞는 말이다. 에베소에서의 바울의 사역은 2년과 3년 사이였다.

⑧ 바울이 유두고를 살림(행 20:7-12)

바울은 드로아에서 다음날 떠나고자 하여 밤중까지 말씀을 증거하였다. 유두고라는 젊은 청년이 3층 창문에 걸터앉아 깊이 졸다가 떨어져 죽었다. 유두고가 깊이 졸다가 떨어져 죽은 이유는 본문이 밝힌 대로 졸음을 이기지 못하였기 때문이다. 등불들을 많이 켜 놓았으니 산소가 희박해졌고 겸하여 피곤이 겹쳤기 때문이다. 바울이 내려가서 유두고의 몸을 안으니 다시 살아났다. 그 옛날 엘리야와 엘리사도 죽은 아이들을 그같이 하여 살린 바 있다(왕상 17:21; 왕하 4:34-35).

⑨ 독사에 물린 바울의 손이 이상 없음

사도행전 28:1-8, "우리가 구원을 얻은 후에 안즉 그 섬은 멜리델라 하더라 토인들이 우리에게 특별한 동정을 하여 비가 오고 날이 차매 불을 피워 우리를 다 영접하더라 바울이 한뭇 나무를 거두어 불에 넣으니 뜨거움을 인하여 독사가 나와 그 손을 물고 있는지라 토인들이 이 짐승이 그 손에 달림을 보고 서로 말하되 진실로 이 사람은 살인한 자로다 바다에서는 구원을 얻었으나 공의가 살지 못하게 하심이로다 하더니 바울이 그 짐승을 불에 떨어버리매 조금도 상함이 없더라 그가 붓든지 혹 갑자기 엎드러져 죽을 줄로 저희가 기다렸더니 오래 기다려도 그에게 아무 이상이 없음을 보고 돌려 생각하여 말하되 신이라 하더라 이 섬에 제일 높은 사람 보블리오라 하는 이가 그 근처에 토지가 있는지라 그가 우리를 영접하여 사흘이나 친절히 유숙하게 하더니 보블리오의 부친이 열병과 이질에 걸려 누웠거늘 바울이 들어가서 기도하고 그에게 안수하여 낫게 하매.”

바울은 배가 파선되어 구조 받을 뿐 아니라 말타섬의 원주민들로부터 특별한 환대를 받았다. 비가 내리고 날씨가 추우므로 불을 피웠는데 독사가 불 가운데서 나와 바울의 손을 물고 있었다. 바울이 그 독사를 손에서 떨어 버리매 조금도 상함이 없었다.

⑩ 바울이 보블리오의 부친의 열병과 이질을 고치심

사도행전 28:7-8, “이 섬에 제일 높은 사람 보블리오라 하는 이가 그 근처에 토지가 있는지라 그가 우리를 영접하여 사흘이나 친절히 유숙하게 하더니 보블리오의 부친이 열병과 이질에 걸려 누웠거늘 바울이 들어가서 기도하고 그에게 안수하여 낫게 하매.” 보블리오는 당시 말타 섬의 제일 높은 사람 곧 수장(首長)으로 로마식 이름이다. 보블리오는 시실리 섬을 다스리는 총독의 지배하에 있었다. 보블리오의 부친이 열병과 이질에 걸렸는데 사도 바울이 안수 기도하여 낫게 하였다. 말타 섬은 시실리 섬 남쪽 약 60마일 떨어진 작은 섬으로 좋은 무역항이었다.

⑪ 바울이 다른 병든 사람들을 고치심

사도행전 28:9, “이러므로 섬 가운데 다른 병든 사람들이 와서 고침을 받고.” 사도 바울은 보블리오의 부친의 열병과 이질을 고쳤을 뿐 아니라 다른 사람들의 병들도 고쳐 주었다.

⑫ 스데반이 이적을 행함

사도행전 6:8, “스데반이 은혜와 권능이 충만하여 큰 기사와 표적을 민간에게 행하니.” 스데반은 초대 예루살렘 교회의 일곱 안수 집사들 가운데 첫번째 사람이요, 첫 순교자가 되었다(행 6:3, 5, 8, 10). 스데반은 하나님의 은혜, 지혜, 믿음, 권능이 충만한 사람으로 큰 기적들과 놀라운 표적들을 행하였다. 표적들이란 이적들을 가리킨다.

⑬ 빌립이 이적을 행함

사도행전 8:5-8, 13, “빌립이 사마리아 성에 내려가 그리스도를 백성에게 전파하니 무리가 빌립의 말도 듣고 놀라운 표적들도 보고 그의 말하는 것을 주의 깊게 듣더라 많은 사람에게 붙었던 더러운 귀신들이 크게 소리를 지르며 나가고 또 많은 중풍병자와 앉은뱅이가 나으니 그 성에 큰 기쁨이 있더라… 시몬도 전심으로 빌립을 따라 다니며 그 나타나는 이적들과 표적들을 보고 놀라니라." 빌립은 헬라파 유대인으로 예루살렘 교회의 일곱 안수 집사들 중의 한사람이요, 그는 곧 전도자가 되어 그리스도를 전파하며 이적을 행하였다(6:5; 21:8). 빌립이 행한 놀라운 표적들(signs)은 귀신들을 쫓아내며, 중풍병자들과 앉은뱅이들을 고친 것이다. 귀신들은 더러운 영들 곧 악령들(unclean spirits or evil spirits)이다. 사마리아는 예루살렘 북쪽에 있으나 누가는 말하기를 빌립이 사마리아로 내려갔다고 하였다. 그 이유는 사마리아는 예루살렘보다 지형상 낮기 때문이다.

4. 이적 특히 신유 (Healing)의 목적.

(1) 사람을 불쌍히 여기시고 병을 고치시기 위하여!

하나님은 죄인을 불쌍히 여기시되 특히 병든 자·가난한 자·과부·고아를 더욱 불쌍히 여기신다. 하나님은 여호와 로페(The Lord Who Heals) 곧 치료하시는 하나님이시다(창 20:17; 시 6:2; 왕하 2:22; 겔 47:8; 호 6:1). 하나님은 우리의 영적·정신적·육체적 질병들을 치료하시는 하나님이시다.

(2) 하나님을 믿고 의지하게 하시기 위하여!

우리 주 예수님은 죽은 나사로를 살리신 후에 말씀하시기를 "너희로 하여금 믿게 하려함이니라"(요 11:15)고 하셨다

모세는 애굽에서 이적들을 행하신 것은 그들의 조상들의 여호와 하나님을 믿게 하기 위함이라(출 4:5)고 하였다. 물론 부활하신 주님께서 의심 많은 도마에게 "보지 못하고 믿는 자는 더 복되도다"(요 20:29)라고 하신 말씀을 기억하여야 할 것이다.

(3) 하나님의 영광을 나타내시기 위하여!

하나님의 영광은 하나님의 내재적 속성들(성품들)의 외적 전시(outward manifestation)이다. 주님은 중풍병자를 고치시고 (마 9:8, 15:31; 막 2:13), 나인성 과부의 아들을 살리시고 (눅 7:11), 곱추를 고치시고 (눅

13:13), 문둥병자를 고치시고 (눅 17:15), 소경의 눈을 뜨게하시고 (눅 18:43), 죽었던 나사로를 살리시고 (요 11:40), 치유 받은 사람들은 물론 모든 사람들이 하나님께 영광을 돌렸다. 하나님의 영광을 위하여!는 인간의 제1되는 목적이다.

5. 오늘날에도 이적이 존재하는가?

하나님은 사도시대 이후로는 이적과 기사를 허락하지 않으신다. 하나님께서 사도들 이후로는 이적 기사의 은사를 허락하지 않는 분명한 이유와 목적이 있다. 하나님은 어느 곳에서나 항상 같은 이적을 계속 반복하는 계획을 그의 작정에 포함하지 않으셨기 때문이다. 만일에 이적의 은사를 어느 시대 어느 곳에서나 항상 허용하신다면 이적의 특이한 징조와 가치(sign and value)가 상실될 것이다.

하나님의 이적이 이 시대에는 존재하지 않는다는 말씀은 하나님께서 더 이상 이적을 행할 수 없으시다거나 또는 자신의 뜻을 변경시키셨다는 뜻이 아니다. 하나님은 능력이 무한하시고 또 어제나 오늘이나 영원토록 변함이 없으시다. 그러므로 오늘날에도 이적이 존재하는가의 문제는 하나님의 전능성이나 불변성의 문제가 결코 아니라, 하나님은 자신의 선하시고 기뻐하시는 뜻을 따라 역사를 달리 하신다는 뜻이다. 물론 이 시대에도 하나님의 초자연적 능력의 신비한 역사들이 나타난다. 그러나 그 역사들은 죽은 사람을 살리는 것 같은 역사는 아니고, 또 능력의 신비한 역사들이 이적의 은사를 받은 사람들을 통하여 나타나는 것도 아니라 기도의 응답으로 하나님께서 직접 긍휼을 베푸심이다. 다시 말하면 우리의 믿음이나 기도가 병을 고치는 것이 아니라 병을 고쳐 주실 것으로 믿는 그 믿음의 기도가 하나님 앞에 상달되어 하나님께서 고쳐 주신다는 말씀이다. 그러나 이 시대는 이적의 시대가 아니므로, 통상섭리로 역사하시므로 죽은 자를 살리는 것 같은 그와 같은 역사는 이 시대에는 일어나지 않는다. 물론 하나님께서 원하시면 어느 때나 이적을 행하실 수 있다.

존 맥아더(John MacArthur)는 예수님과 사도들의 병 고침의 특징들을 다음과 같이 열거하였다.
  ① 한 마디의 말씀이나 한 번의 만짐으로 치료하셨다.
  ② 즉시 치료하셨다.
  ③ 완전히 치료하셨다.
  ④ 모든 사람을 치료하셨고 치료할 수 있었다.
  ⑤ 신체기관들의 질병들도 고치셨다.
  ⑥ 죽은 자들을 일으키셨다.[183]

하나님은 역사상 심지어는 사도시대에도 이적의 의미를 보호하시고 국한하셨다.

초자연적 징조들은 하나님의 특별한 메신저들(messengers)과 그들의 메시지(message)를 확증하기 위함이었으므로 메신저들이 메시지를 다 전달한 후에는 더 이상 그런 징조들은 필요 없게 되었다. 사도들이 세상을 떠난 이후부터는 하나님의 자녀들을 위한 어떠한 새 계시도 더 이상 허락하지 않았으며, 그 계시들을 확증하기 위한 어떠한 이적들도 더 이상 주지 않으시고 철폐하였다.

사도 바울은 에베소에 머무는 동안 하나님께로부터 신유의 은사(a gift of healing)를 받아 많은 사람들의 병들을 신기하고도 놀랍게 고치셨다. 사도 바울에게 나타난 신유의 은사에 관하여 누가(Luke)는 진술하기를 "하나님이 바울의 손으로 희한한 능을 행하게 하시니, 심지어 사람들이 바울의 몸에서 손수건이나 앞치마를 가져다가 병든 사람에게 얹으면 그 병이 떠나고 악귀도 떠나더라"고 했다(행 19:11, 12). 그럼에도 불구하고 자신의 병을 고치지 못하였으며, 병 낫기를 위하여 세 번이나 간절히 하나님께 기도하였으나 응답을 받지 못하였다. 하나님께서 사도 바울의 병을 고쳐 주시지 않은 이유는 무엇인가? 그것은 매우 중요하다. 그 이유는 받은바 계시가 너무나 크므로 자고하지 않게 하려 하심이요, 그리스도의 능력이 항상 머물러 있게 하시기 위함이요, 약한 데서 온전하게 하시기 위함이다(고후 12:7-10).
  사도 바울이 행한 이적들 중 마지막 이적은 말타 섬에서 행한 이적들로

---

183) John MacArthur, *The Charismatics*, p. 151

서 독사에게 손이 물렸는데 상함을 받지 않았으며, 열병과 이질이 걸린 보블리오의 부친을 고치셨으며 그 외에도 많은 병자들을 고치셨다(행 28:1-10; 막 16:18).

그러나 사도 바울이 로마에 도착한 이후부터는 그의 이적적 능력은 분명히 후퇴하였다. 그 실례로 에바브로디도가 빌립보에서 거의 죽게 되었으나 사도 바울은 그를 낫게 할 수 없었다(빌 2:25-30). 뿐만 아니라 디모데에게 보내는 마지막 서신에서 말하기를 병든 드로비모를 밀레도에 남겨두었다(딤후 4:20)고 하였다. 바울은 더 이상 병든 자들을 고칠 수가 없었으므로 "이제부터는 물만 마시지 말고 네 비위와 자주 나는 병을 인하여 포도즙을 조금씩 쓰라"고 권면하였다(딤전 5:23).

신약성경이 완성됨에 따라 하나님은 초대교회의 일부 사도들에게 주셨던 이적의 은사를 점차적으로 철폐하셨다. 분명코 이 시대를 향한 하나님의 계획은 보지 않고 믿는 자가 보고 믿는 자보다 더 낫다고 도마에게 하신 말씀(요 20:29)과 같이 우리로 하여금 **보는 것으로가 아니라 믿음으로**(not by sight but by faith) 행하게 하시기 위함이다(고후 5:7).

어떤 하나님의 사람들이 병 낫기를 위하여 간절히 기도해도 응답을 받지 못하는 이유는 하나님의 은혜와 능력이 부족해서도 아니며, 자신의 신앙이 부족하기 때문도 아니라, 오히려 하나님의 은혜가 그에게 족하기 때문이다. 기독교 역사를 살펴보면 하나님의 위대한 사람들 중에는 불치의 병으로 일평생 고통당한 사람들이나, 또는 일찍 단명(short life)한 사람들도 많이 있다. 하나님께서 그렇게 허락하심은 육체가 약한 가운데 영이 강건하게 하시기 위함이시다(고후 12:10).

신오순절주의자들은 주장하기를 사람이 거듭난 후에는 성령세례를 받아야 하며, 성령세례를 받은 사람은 초대교회에 나타났던 방언과 신유의 은사를 받게 된다고 한다. 그들은 "믿는 자들에게는 이런 표적이 따르리니 곧 저희가 내 이름으로 귀신을 쫓아내며 새 방언을 말하며"(막 16:17)라는 말씀을 이용한다. 신오순절주의자들은 현대방언과 신유의 은사를 주장하므로 일명 은사주의자들이라고도 한다.

죄의 성질이 있는 사람들 중 상당수는 항상 초자연적이며 신비한 어떤 현상들을 추구해 왔다. 그리고 신비한 초능력을 보려는 욕망은 언제나 사람들을 마술로 이끌었다. 애굽 왕 바로의 마술사들이 애굽의 신들(gods)로 인하여 이적을 행할 때 종살이하던 이스라엘 사람들 중에는 그런 마술에 마음이 동요되었던 자들이 있었다. 엘리야·엘리사 시대에도 많은 사람들이 바알 신을 섬기는 자들의 이적 행함에 호기심을 가졌다. 예수님 당시에도 "선생님! 저희에게 표적 보여주시기를 원하나이다"라고 요구하였다.

성경은 우리에게 "믿음은 바라는 것들의 실상이요 보지 못하는 것들의 증거니"(히 11:1)라고 말씀했지만 은사주의자들은 눈에 나타나 보이는 것들을 믿음보다 더 중요시하고 욕망하기 때문에 믿음은 소외되고 홀로 설 수밖에 없게 되었다. 이런 은사 위주의 사람들에게 주님은 경고하시기를 **"믿음 없는 자가 되지 말고 믿는 자가 되라…"**(요 20:27)라고 하셨다.

제15장

세계교회협의회
(WCC : World Council of Churches)

Ⅰ. 세계교회협의회의 로고, 교세, 분포도

1. 오이쿠메네(οἰκυμένη: Ecumenical: 에큐메니칼)

1) **오이쿠메네**의 어원적 고찰(Etimology)

오이쿠메네(οἰκουμὲνη; one world; 한 세계)는 오이코스(οικος; a hou -se; 집)와 메노(μένω; to abide; 거(居)하다)로 구성된 합성어이다. 따라 서 이 단어의 문자적 의미는 **한 집** 또는 **한 세계**(one world)라는 뜻이다. 그리고 이 단어의 현대적 의미는 2교회 또는 2교단(교파) 이상의 일치 연합을 뜻한다. 이러한 일치 또는 연합운동을 영어로는 에큐메니칼 운동 (Ecumenical Movement)이라고 한다. 전(全)세계 자유주의 교회들의 연합단체인 세계교회협의회(W.C.C.)는 일치(연합)운동의 본산지이며, 본거지이다. 그런데 불행하게도 "세계교회협의회"의 일치(연합)운동은 비성경적이다.

2) 신약성경에서의 오이쿠메네(οἰκουμένη)

영어의 에큐메니칼(Ecumenical)이란 헬라어 오이쿠메네(οἰκουμένη)에서 인출되었다. 이 단어는 신약 헬라어에 15회(마 24:14; 눅 2:1; 4:5; 21:26; 행 11:28; 17:6, 31; 19:27; 24:5; 롬 10:18; 히 1:6; 2:5; 계 3:10; 12:9; 16:14) 기록되어 있다.

3) 오이쿠메네의 용법(Usage)

오이쿠메네는 몇 가지 의미로 사용되었다.

① 사람이 거주하는 온 세계, 온 땅(홀레 테 오이쿠메네, ὅλη τῇ οἰκουμένη; all the world, whole inhabited earth; 온 세계, 거주하는 온 땅, 마 24:14; 행 17:6; 19:27). 여기서 오이쿠메네는 "사람이 거주하는 온 세계, 온 땅"을 말한다.

② 온 세상 사람들(텐 오이쿠메넨, τὴν οἰκουμένην; the world, 행 17: 31). 여기서 오이쿠메네는 "온 세상 사람들"을 말한다.

③ 로마 제국(파산 텐 오이쿠메넨, πᾶσαν τὴν οἰκουμένην; all the inhabited world; 사람이 거주하는 온 세계, 눅 2:1; 행 11:28; 24:5). 여기서 오이쿠메네는 "로마 제국이 점령한 온 천하"를 말한다.

④ 장차 올 세상, 세계(오이쿠메넨 텐 멜루산, οἰκουμένην τὴν μέλλουσαν; world to come, 히 2:5). 여기서 오이쿠메네는 "장차 앞으로 임할 세계"를 말한다. 장차 올 세상은 예수 그리스도께서 재림하시므로 이루어질 메시야 시대(Messianic age)를 말한다.

4) **"오이쿠메네"** 의 현대적 의미: 두 교회 또는 두 교파 이상의 일치·연합을 말한다.[184]

이 일치·연합 운동을 영어로는 Ecumenical Movement 라고 부르며, **세계교회협의회**(W.C.C.)는 이 오이쿠메네(에큐메니칼 운동)의 대표적 기구이다. 세계교회협의회의 에큐메니칼 운동은 신앙고백이 일치하지 않는 교회들의 인본주의적·조직적·유형적·비성경적 연합운동이므로 역사적 기독교 신앙을 보수하는 우리는 세계교회협의회와 그들의 연합운동을 반대하며, 반면에 성경이 교훈하는 성경적 연합을 강조한다.

2. 세계교회협의회(W.C.C.)의 로고(Logo)

세계교회협의회(W.C.C.)의 로고(Logo): 밑에서부터

1. **흉흉한 물결**(wave): 갈릴리 호수에서의 풍랑
2. **배**(boat): 갈릴리 호수에서 예수님의 제자들이 탄 배
3. **십자가**(cross): 초대 그리스도인들의 상징
4. **오이쿠메네**(Ecumenical): 일치·연합 등을 상징한다.

이 로고는 W.C.C의 간행물들, 문서들, 서적들, 기타 W.C.C.와 관계된 일체에 W.C.C. 로고로 사용한다.

3. 세계교회협의회(W.C.C.)의 교세

1) 분포도

세계교회협의회는 6대주, 7개 지역(아프리카, 아시아, 라틴 아메리카 및

---

184) Alfred Marshall, *NASB-NIV Greek and English Interlinear Bible.*

카리브, 유럽, 중동, 북미, 오세아니아), 110개 이상의 나라, 349개 교단이 가입되어 있다. 저들의 주장에 의하면 세계교회협의회(W.C.C.)에는 5억 8천만(580 million)명의 신자를 가지고 있다고 한다.

349개 교단을 지역별로 분석한다면 아프리카 27%, 유럽 23%, 아시아 21%이며, 교파별로는 개혁교 28%, 루터교 16%, 감리교 11% 등이다.

한국에서는 **대한예수교장로회(통합측), 대한기독교감리회(기감측), 한국기독교장로회(기장측)** 및 **성공회** 등 4개 교단이 W.C.C.의 정회원으로 가입되어 있다.

한국기독교교회협의회(N.C.C.K.)는 세계교회협의회의 산하 단체이다. 이 단체에는 대한예수교장로회(통합측), 한국기독교장로회(기장측), 기독교대한감리회(기감측), 기독교대한하나님의성회, 기독교대한복음교회, 구세군대한본영, 대한성공회, 정교회한국대교구 등 **8개 교단**이 가입되어 있다.

2) 다양한 교파들

세계교회협의회 안에는 20개 이상의 다양한 교파들(Church families)이 가입되어 있다. 그 명단은 아래와 같다.

1. 앵글리칸(영국 국교, Anglican)	12. 메노나잇(Mennonite)
2. 침례교(Baptist)	13. 모라비안(Moravian)
3. 형제교(Brethren)	14. 초교파(Non-denominational)
4. 그리스도교(Church of Christ)	15. 구(舊) 가톨릭(Old Catholic)
5. 제자교회(Disciple)	16. 정교(Orthodox)
6. 성공회(Episcopal)	17. 장로교(Presbyterian)
7. 복음교회(Evangelical)	18. 퀘이커(Quaker)
8. 후스파(Hussite)	19. 오순절교회(Pentecostal)
9. 독립교회(Independent)	20. 개혁교(Reformed)
10. 루터교(Lutheran)	21. 왈도파(Waldensian)
11. 감리교(Methodist)	

3) 지역별 회원교단 수·신자 수

지역	교단 수(개)	신자 수(명)
유럽	81	287,000,000
아프리카	93	131,935,000
북아메리카	31	72,000,000
아세아	75	62,000,000
중동	12	9,700,000
라틴 아메리카	28	4,500,000
카리비안	13	2,600,000
태평양	17	2,000,000
8개 지역	349교단	약 5억 8천명

동양정교(Oriental Orthodox)와 동방정교(Eastern Orthodox)는 21개 교단이 W.C.C.에 정회원으로 가입되어 있으나 정확한 %는 확실치 않다. 개혁파 : 28%, 루터파 : 16%, 감리교 : 11% 순이다.

4) 세계교회협의회(W.C.C.)와 가톨릭교회 신자 수 통계 비교 :

W.C.C. 전 세계 8개 지역, 349개 교단 전체의 신자 수는 약 5억5천만 명, 로마 가톨릭교 신자 수는 약 10억 1천만 명이다.

가톨릭교회 신자 수가 전 세계 자유주의 개신교들 전체 신자 수보다 훨씬 많다. 가톨릭 2005년도 교황청 통계에 의하면, 신자 수 1,085,557,000명은 전 세계 인구의 약 17%에 해당된다.

Ⅱ. 세계교회협의회(W.C.C.)의 대(大) 계파들

1. 동방정교(Orthodox Church)

사도시대와 교부시대(敎父時代)를 거쳐 A.D. 4세기경까지는 로마교구, 콘스탄티노플교구, 안디옥교구, 예루살렘교구, 알렉산드리아교구들이 있었으며, 각 교구들은 감독들에 의하여 다스려져 왔다.

그러나 서방로마교구와 동방교구들(콘스탄티노플교구 · 안디옥교구 · 예루살렘교구 · 알렉산드리아교구)은 1054년 7월 16일 서로 분리되어 서방로마교구는 로마가톨릭교회(Roman Catholic Church)가 되고, 동방교구교회들은 이름 그대로 동방정교회(Eastern Orthodox Church)가 되었다.

동방정교회(Eastern Orthodox Church)는 동방교회와 동양교회로 양분된다. 현재 동방정교회는 W.C.C.에 속한 349개 회원교단들 중, 전체 신자 수의 약 36.2%에 해당되는 17개 회원교단 약 214,204,830명의 신자들을 가지고 있는 **W.C.C. 안에서 가장 큰 교단이다.**

동방정교와 동양정교의 9개 교단들(콘스탄티노플정교, 알렉산드리아정교, 안디옥정교, 예루살렘정교, 싸이프러스정교, 그리스정교, 그리고 콥틱동양정교, 에티오피아동양정교, 시리아동양정교 등)은 W.C.C. 창립총회 때부터 W.C.C.에 가입하였고, W.C.C.의 에큐메니칼 운동에 참여해 왔다.[185] 특히 W.C.C.의 신앙·직제위원회(C.F.O.)와 세계선교·전도위원회(C.W.M.E.)에서 적극적으로 활동을 해오고 있다.

그럼에도 불구하고 정교회들은 W.C.C. 교회들 내에서 포괄적 언어(남녀공통어), 여성안수, 호모섹스 목사 등등을 반대하므로 미국정교회는 1992년 미국교회협의회(N.C.C.C. in U.S.A.)를 탈퇴하였고, 동유럽의 불가리아정교(Bulgarian Church)와 에리트리안정교(Eritrean Orthodox)도 W.C.C.를 탈퇴하였다.

현재 W.C.C. 본부에는 소련정교회 대표부만이 W.C.C. 본부 에큐메니칼 센터 오른편 빌딩(Lac Wing) 102호실에 상주하고 있다.

주소: 150 Route de Ferney
　　　1211 Geneva 2, Swizerland
　　　Tel: +41-22-791-6111

---

185) 이외에 정교회들은 W.C.C. 제3차 총회(뉴델리) 때와 그 이후에 대거 가입하였다.

2. 성공회(Anglican) - Episcopal Church

영국에서는 영국 왕 헨리 8세(Henry Ⅷ)가 1547년 로마가톨릭을 반대하여 수장령(首長領, Supreme Head)을 발표하고 영국교회(Anglican Church)를 로마가톨릭교회로부터 분리·독립시켰다. 각 나라에 있는 영국교회는 성공회(Episcopal Church)라고 일컫는다.

현재 성공회는 W.C.C.에 속한 349개 회원교단들 중, 전체 신자수의 약 13.2%에 해당되는 32개 회원교단 약 78,000,000명의 신자들을 가지고 있는 W.C.C. 안에서 두 번째 큰 교단이다.

3. 동양정교(Oriental Orthodox)

동양정교회는 주로 사도시대와 교부시대(敎父時代)로부터 콘스탄티노플교구, 안디옥교구, 예루살렘교구, 알렉산드리아교구 등을 중심으로 이루어진 가장 오랜 역사를 지닌 교회들이다.

현재 W.C.C.는 칲틱(Coptic)정교회, 에티오피아(Ethiopia)정교회, 말란카라(Malankara)시리아정교회, 시리안(Syrian)정교회, 아르메니안(Etchmiad-zin Armenian)사도교회, 아르메니안(Cilicia Armenian)사도교회, 에리트리안(Eritriean)정교회 등 7개 회원교단들이 가입되어 있다.

동양정교회는 약 65,694,000명의 신자들을 가지고 있는 W.C.C. 안에서 세 번째 큰 교단이다.

4. 루터교회 세계연맹(L.W.F.=Lutheran World Federation)

루터교회(Luteran Church)는 종교개혁자 마틴 루터(Martin Luther, 1483-1546)가 1517년 10월 31일 가톨릭교회의 면죄부, 고해성사, 연옥설, 성현들 숭배, 교황의 권위, 7성례 등을 반대하여 95개 항목의 논제(95 Theses)를 독일의 비텐베르크(Wittenburg) 대성당 정문 앞에 붙이고 종교개혁을 일으킨 종교개혁의 모체(母體) 교회이었다.

그러나 루터교회도 세월의 흐름에 따라 약 450여년이 지난 금일에 이르러서는 루터교회 다수가 역사적 기독교 신앙을 저버리고 배교와 불신앙으로 타락되었다.

"루터교세계연맹"은 제2차 세계대전 후 23개국의 루터교 대표들이 1947

년 스웨덴의 런드(Lund, Sweden)에서 조직하였다. 루터교회의 절대 다수는 이 단체에 가입해 있으며, 이 단체는 W.C.C.에서 중요한 위치에 있다.

현재 루터교세계연맹은 W.C.C.에 속한 349개 회원교단들 중, 전체 신자수의 약 10.1%에 해당되는 140개 회원교단 약 59,656,000명의 신자들을 가지고 있는 **W.C.C. 안에서 네 번째 큰 교단이다.**

루터교에서 가장 큰 교회들 : 스웨덴교회, 미국복음주의루터교회, 핀랜드복음주의루터교회, 덴마크교회, 메카니예수에디오피아복음교회, 놀웨이교회, 인도네시아개신교바락교회, 탄자니아복음주의교회, 독일하노버개신교루터교회, 말라가시루터교회 등이다.

5. 개혁교회세계연맹(W.A.R.C.=World Alliance of Reformed Churches)

개혁교회는 죤 칼빈, 쯔윙글리, 죤 낙스 기타 칼빈주의적 종교개혁자들로부터 시작되었다. 그러나 죤 칼빈 탄생 500년이 지난 지금의 개혁교회들은 역사적 기독교 신앙을 저버리고 배교와 불신앙으로 타락되었다.

"개혁교회세계연맹"은 1875년 영국 런던(London)에서 조직된 장로교 제도를 따르는 전(全)세계 자유주의 장로교회들과 개혁주의 교회들, 그리고 또한 1891년 영국 런던에서 조직된 국제회중교회협의회(I.C.C.=International Congegational Council)가 1970년 통합하여 개혁교회세계연맹을 탄생시켰다.

개혁교회세계연맹은 개혁교회, 장로교회, 회중교회, 왈도파, 연합교회들로 구성되어 있다.

현재 개혁교회세계연맹은 W.C.C.에 속한 349개 회원교단들 중, 전체 신자수의 약 6.8%에 해당되는 97개 회원교단 약 40,444,000명의 신자들을 가지고 있는 **W.C.C. 안에서 다섯 번째 큰 교단이다.**

6. 연합교회(United & Uniting)

연합교회는 에큐메니칼 운동의 일환으로 성공회·침례교·회중교회·제자교회·

감리교·형제교회·장로교회 등이 교회적으로, 교단적으로 연합하여 현재는 아프리카, 아세아, 카리비안, 유럽, 북아메리카, 태평양 등 전 세계 약 50개 연합교회들(교단들)이 있으며, 이 교회들은 모두 W.C.C.의 정회원들로 에큐메니칼 운동을 활발하게 하고 있다. 연합교회는 신뢰할만한 역사적 계보나 통계 수치가 없다.

7. 감리교회(Methodist Church)

원래 감리교는 영국의 부흥사 **존 웨슬레**(John Wesley, 1703-1791)에 의하여 시작되었다. 그는 옥스퍼드 대학교(Oxford Univ.)에서 1727년 석사(M.A.)학위를 받고, 후에 그의 동생 **찰스 웨슬레**(Charles Wesley), 부흥사 죠지 윗필드(George Whitefield)와 다른 신앙의 동지들과 함께 성결을 위한 감리교운동을 시작하였다. 그리고 감리교는 전 세계에 확산되었다. 그러나 세월이 흐름에 따라 다수의 감리교회들도 배교와 불신앙으로 흐르게 되었다.

현재 감리교회는 W.C.C.에 속한 349개 회원교단들 중, 전체 신자수의 약 4.2%에 해당되는 38개 회원교단 약 24,716,000명의 신자들을 가지고 있는 **W.C.C. 안에서 일곱 번째 큰 교단이다.**

8. 침례교회(Baptist Church)

침례교는 1609년 **존 스미트**(John Smyth, 1560-1612)에 의하여 화란에서 시작되었다. 그는 영국 캠브리지대학교(Cambridge Univ.)에서 공부하고, 영국교회(Church of England=Anglican)에서 안수받았다. 그러나 영국교회와의 관계를 단절하고 침례교를 세웠다. 그는 세례 대신 침례를 주장하고, 유아세례를 반대하고 성인 세례만을 주장하였다. 그 이유는 어린아이들은 세례의 참된 의미를 바로 인식하지 못하기 때문이라는 것이다. 언약 신학(Covenant Theology)에 대한 바른 이해가 부족했기 때문이다.

드디어 스미트 추종자들에 의하여 1612년 영국 런던에서 침례교를 창립하게 되었다. 그러나 세월이 흐름에 따라 상당수의 침례교회들도 배교와 불신앙으로 흐르게 되었다. 그럼에도 불구하고 미국의 독립침례교(Independent Baptist Church) 위시한 상당수의 침례교회들은 보수입장을 취하고 있음에 하나님께 감사한다.

현재 침례교회는 W.C.C.에 속한 349개 회원교단들 중, 전체 신자수의 약 3.9%에 해당되는 25개 회원교단 약 22,969,000명의 신자들을 가지고 있는 W.C.C. 안에서 여덟 번째 큰 교단이다.

이외에도 자유교회(Free Church): W.C.C. 전체 신자수의 약 1%(약 1,546,000명), 제자교회(Church of Disciples): W.C.C. 전체 신자수의 약 1%(약 1,518,000명), 오순절 교회(Pentecostal Church): W.C.C. 전체 신자수의 약 1%미만(약 281,000명) 등이 W.C.C.의 회원들로 가입되어 있다.

Ⅲ. 세계교회협의회(W.C.C.)의 조직

1937년 "생활과봉사운동"(Life and Work Movement)과 "신앙과직제운동"(Faith and Order Movement)은 서로 연합하게 되었고, 새로 선출된 위원들은 1938년 5월 스위스의 쥬리히(Utrecht)에서 세계교회협의회를 조직하려 했으나 세계 제2차 대전(1939-1945)으로 인하여 연기되었다가 마침내 1948년 8월 22일 화란의 암스텔담에서 "세계교회협의회"가 조직되었다.

W.C.C.의 본부는 스위스의 제네바에, 사무소는 미국의 뉴욕과 이스라엘의 예루살렘에 있다.

본부: World Council of Churches. P.O. Box. 66. 150 Rout de Ferney, 1211 Geneva, Switzerland.

Tel. 스위스 +41. 22 791-6110, 6111. Fax. +41. 22 791-0361 Telex. 22423 OIK, CH. Cable: Geneva.

현재 W.C.C. 본부 건물(에큐메니칼 센터 5개동에는 루터교세계연맹(L.W.F.), 개혁교세계연맹(W.A.R.C.), 동방정교(O.C.), 에큐메니칼뉴스(E.N.I.) 에큐메니칼 도서관, 세계기독학생연맹(W.S.C.F.), 유럽교회협의회(C.E.C.), 에큐메니칼교회융자(E.C.L.O.F.) 등이 있으며,

그 근처에는 유엔(U.N.: 인권 · 난민… 본부는 미국 뉴욕) 산하기구들인 국제노동조합(I.L.O.), 국제적십자연맹(I.F.R.C.), 세계보건기구(W.H.O.), 그리고 성 베드로성당, 종교개혁박물관, 종교개혁기념비, 스위스 최대의 레만 호수(Lake Leman), 140m까지 뿜어 올라가는 대분수 등이 있다. 제네바 시는 명실 공히 국제도시이다.

미국 뉴욕사무소: World Council of Churches. New York Office Room 1371, 475 Riverside Dr. New York, N.Y. 10115. Tel. (212) 870-3260, Fax. (212)870-2528

W.C.C. 미국 사무소는 오랫동안 미국 자유주의 교회들의 연합단체인 미국교회협의회(N.C.C.C. in U.S.A.)의 건물 안에 있었으나 극심한 재정난으로 2009년 12월 말 폐쇄하고, 유엔 연락사무소로 통폐합하였다.

유엔 연락사무소(U.N. Liaison Office): 777 U.N. Plaza, 9D, New York, N.Y. 10017, U.S.A. Tel. (212) 867-5890 Fax. (212) 867-7462. E-Mail unlo@wcc-coe.org 유엔 연락사무소는 뉴욕 U.N. 본부 건물 안에 위치하고 있다.

예루살렘 사무소(W.C,C. Field Office in Jerusalem): Tel. +972 2 628 9402, Fax. +972 2 627 44 99.

보쎄 에큐메니칼 연구소(Bossey Ecumenical Institutes): W.C.C. 에큐메니칼 교육양성기관. Chemin Cheneviere 2, Bogies-Bossey, Switzerland. Tel. +41 22 960-7300 Fax. +41 22 960-7376. E-Mail bossey@wcc-coe.org

보쎄 에큐메니칼 연구소는 제네바 레만 호수(Lake Leman)에서 약 20km 떨어진 조용한 보쎄에 있으며 1946년 개원하였다. 이 연구소는 W.C.C.의 에큐메니스트(Ecumenists) 양성 기관이다.

에큐메니칼 뉴스 인터내셔널(E.N.I.: Ecumenical News International) (세계교회협의회(W.C.C.) 기관지)

2001년부터는 스위스 정부로부터 독립 언론기관으로 인가를 받고, 영어와 불어로 월간으로 간행되고 있으며, 매일 뉴스 서비스도 제공하고 있다.

E.N.I.: Tel. 41(0) 22 791 6515/6088, Fax. 41(0) 22 788 7244

IV. 세계교회협의회(W.C.C.)의 헌법

1. 기본원칙(Basis)

제1조, "W.C.C.는 성경대로 주 예수 그리스도를 하나님과 구주로 고백하는 교회들의 우호(협력)체로서 한 하나님이신 아버지와 아들과 성령의 영광을 위하여 공동적 소명을 함께 성취하기를 추구한다."

(I. BASIS : The World Council of Churches is a fellowship of churches which confess the Lord Jesus Christ as God and Saviour according to the scriptures and therefore seek to fulfil together their common calling to the glory of the one God, Father, Son and Holy Spirit).

비평(A Critique)

① W.C.C.는 "우리 주 예수 그리스도를 하나님과 구주로 고백하는 교회들의 우호(협력)체"라고 선언하였으나 이 고백은 제한적이었다. 그러므로 W.C.C. 제3차 총회(인도 뉴델리, 1961)에서는 "한 하나님이신 아버지와 아들과 성령의 영광을 위하여 공동적 소명을 함께 성취하기를 추구한다"라는 고백을 추가하였다.

② "W.C.C.는 성경대로 주 예수 그리스도를 하나님과 구주로 고백하는 공동체"라고 했으나 주 예수 그리스도가 어떤 하나님과 어떤 구주로 고백해야 한다는 세부적 내용이 명시되어 있지 않다. W.C.C.는 회원 교회들이 기본원칙을 어떻게 해석하는가는 관여하지 않는다. 따라서 기본원칙을 어떻게 해석하는가는 각 회원교회에 달려 있다. 교회들은 W.C.C.의 기본원칙을 해석함에 있어서 해석의 어떠한 규제도 받지 않는다. 그러므로 W.C.C. 회원 교회들 안에는 하나님을 해방자 하나님(고엘의 하나님), 주 예수 그리스도를 정치적 혁명가, 해방자 또는 사회 구원자라고 주장하는 자들도 많다.

이는 남미의 해방신학(Liberation Theology)의 영향을 받은 자들이다.186)

③ "W.C.C.는 … **교회들의 공동체이다**"라고 하면서 W.C.C. 총회와 총회의 결의 및 집행기구인 중앙위원회는 그 회원들에게 W.C.C. 여하한 헌법적, 사법적 권한을 갖지 않는다라고 궤변한다. 그럼에도 불구하고 그들의 결의사항들이나 지시사항들은 매우 중앙집권적 권한을 행사하고 있다.

④ "W.C.C.는 … **공동적 소명을 함께 성취하기를 추구한다**"라고 하였는데 그러면 그들의 공동적 소명이란 무엇인가? 그들의 공동적 소명이란 세계교회의 단일화, 다시 말하면 교회의 연합(일치)을 말한다. 그러나 교회의 연합과 일치의 성경적 원리에 대하여는 명시하지 않았다. 그러므로 W.C.C.에 속한 회원 교회들은 신앙고백이 일치하지 않는 교회들의 기구적 · 조직적 · 유형적 · 비성경적 연합을 추구하게 되었다.

2. 회원(Membership)

"W.C.C.의 기본원칙에 동의를 표명하는 교회들은 W.C.C. 회원이 될 수 있는 자격이 있다 …"

(Those churches shall be eligible for membership in the W.C.C. who express their agreement with the basis …).

비평(A Critique)

"**W.C.C.의 기본원칙에 동의하는 교회들**"은 W.C.C.의 회원이 될 수 있는 자격이 있다고 하였는데 W.C.C.의 기본원칙이란 위에서 지적한 대로 기본원칙에 대한 세부적인 내용이 명시되어 있지 않을 뿐 아니라 그 기본원칙을 해석함에 있어서 여하한 해석원리의 규제도 받지 않으므로 W.C.C.는 가급적 많은 교회들을 회원으로 영입하고 있다. 따라서 W.C.C. 안에는 동에서부터 서에 이르기까지, 자유주의 교회로부터 신오순절 교회에 이르기까지, 오래된 교회로부터 신생아 교회에 이르기까지 온갖 종류의 교회들이 다 들어있다. W.C.C.야말로 신앙적, 교리적 일치란 불가능하다.

---

186) Segundo, *The Liberation of Theology*, Maryknoll, N.Y. Otbis Books, 1973, p. 352.

V. 세계교회협의회(W.C.C.)의 역대 총무들

1. 제1대 총무 : 비서트 후프트(1948-1966)
2. 제2대 총무 : 유진 칼슨 브레이크(1966-1972)
3. 제3대 총무 : 필립 포터(1972-1984)
4. 제4대 총무 : 에밀리오 카스트로(1985-1992)
5. 제5대 총무 : 콘라드 레이저(1993-2002)
6. 제6대 총무 : 사무엘 코비아(2004-2008)
7. 제7대 총무 : 올라브 트비트(2009-)

W.C.C. 총무는 중앙위원회에서 선출하며, 임기는 5년으로 1회 연임이 가능하다. 지금까지 W.C.C. 총무는 유럽, 미국, 남미, 아프리카 출신들이었으며, 아시아와 오세아니아 지역에서는 선출된바 없다.

W.C.C. 총무는 W.C.C.를 이끌어 가는 주역이다. W.C.C.의 역대 총무들의 약력을 간단히 살펴보고자 한다.

1. W.C.C. 제1대 총무:

비서트 후프트(Willem Visser't Hooft, 1900.9.20-1985.7.4, 총무재직 1948-1966)-화란, 화란개혁교회 목사

후프트는 1937년 영국 옥스포드에서 개최되었던 **"생활과 봉사사역"**(Life and Work) 대회라는 범세계적 에큐메니칼 회의에 참석하였으며, 에딘버러에서 개최되었던 **"신앙과 직제대회"**(Faith and Order Conference)에 실행위원으로 참석하였다. "생활과 봉사 운동"과 "신앙과 직제 운동"은 W.C.C.가 창설된 후 W.C.C. 기구의 중요 분과로 계속 활동하게 되었다. 그는 1938년 스위스의 쥬리히(Utrecht)에서 W.C.C.가 조직되었을 때 임시 위원회의 총무가 되었다.

그의 1973년 "회고록"(Memoirs)과 1982년 "세계교회협의회의 기원과 형성"(Genesis and Formation of the W.C.C.)는 에큐메니칼운동의 기원에

관한 가치 있는 자료이다.

2. W.C.C. 제2대 총무:

유진 칼슨 블레이크(Eugene Carson Blake, 1906.11.7-1985.7.13. 총무재직: 1966-1972)-미국, 연합장로교 목사

그는 성공회 신부인 **파이크**(James Pike)와 함께 러시아 **크레믈린의 변호자**였으며, W.C.C. 회원 교단인 러시아 정교(Russian Orthodox Church)와 밀접한 관련하에 일하였다. 그는 W.C.C.의 직원들을 인종 · 피부 · 성 · 교파 · 신앙 · 이념 관계없이 골고루 채용하여 W.C.C. 기구를 한층 더 다원화하였고, 세속적 연합 운동과 **민권 운동**(Civil right movement에 더욱 튼튼한 기틀을 마련하였다. 블레이크는 미국의 흑인 민권 지도자 **마틴 루터 킹**(Martin Luther King)의 워싱턴 군중 데모에 가담하여 1963년 투옥된 일도 있었다. **블레이크는 월남전 당시 미국을 침략자로 정죄하였으며, 닉슨 행정부의 요시찰 인물 중 한 사람이었다.**

3. W.C.C. 제3대 총무:

필립 포터(Philip Potter, 1921.8.19-총무재직: 1972-1984)-도미니카, 감리교 목사

필립 포터는 W.C.C. 총무로 선출된 직후 가진 기자회견에서 자신은 블레이크 박사(전 총무)가 수행해 온 W.C.C.의 인종차별 반대 투쟁을 계속하겠다고 선언하였다. 포터는 **인종차별투쟁사업**(Program to Combat Racism) 운동으로 제3세계와의 유대를 더욱 강화하였다. 해방신학(L.T.)을 교과서로!

그는 또 1982년 1월 예배에 **세례 · 성찬 · 사역**(B.E.M.) 이라는 공동성찬식을 도입하고, 전통적 예배 음악을 현대 교회음악(C.C.M.)으로 전환하는데 크게 기여하였다. **교회의 혼합주의와 예배의 세속화를 가속시킨 사람이다.**

4. W.C.C. 제4대 총무:

에밀리오 카스트로(Emilio Castro, 1927.5.2-총무재직: 1985.1.1.-1992. 12)-우루과이, 감리교 목사

카스트로는 1964년-68년까지는 Christian Peace Conerence 부회장으로 W.C.C.의 세계선교전도부 국장으로 11년 간 봉직하였고, 로잔대학교 (University of Lausanne)에서 1984년 11월 박사 학위를 받았다.

그리고 고향인 라틴 아메리카로 가서 신학교에서 일하려고 준비하던 차 몇 개월을 앞두고 세계교회협의회(W.C.C.) 제4대 총무로 선출되었다. 그는 진보적 인물로 라틴 아메리카의 **해방신학**(Liberation Theology)을 W.C.C. 내에 확산시킨 인물이었다.

5. W.C.C. 제5대 총무:

콘라드 레이저(Konrad Raiser, 1938. 1. 25-총무재직, 1993. 1-1996. 9. 18; 재임명 1996. 9. 18-2002. 12.)-독일, 독일복음주의루터교회 목사

레이저는 1990년에는 서울에서 개최된 **"정의 · 평화 · 창조의 보존"**(JPIC)대회 소집자로, 1991.2.7-20까지 호주의 칸바라(Canvara)에서 개최된 1991년 W.C.C. 제7차 총회 시에는 그가 속한 교단 대표들을 인솔하였다.

레이저는 1992년 W.C.C.의 제5대 총무가 되었고, 1996년 9월 18일 W.C.C. 총무로 재임명되어 2002년 12월말까지 총무로 재직하였다.

그는 1996년에는 제네바대학교(University of Geneva)에서 명예박사학위를 받았다.

6. W.C.C. 제6대 총무:

사무엘 코비아(Samuel Kobia, 1947-총무재직, 2004.1-2008.12)-케냐, 케냐감리교 목사

코비아는 교회연합 일치운동에 앞장설 뿐만 아니라, 다른 종교들과의 대화를 통한 종교다원주의를 주장하였다.

2009년 10월 17일-20일까지 평양 방문-코비아 총무 평양방문 후 허위 선전

코비아는 대표단을 이끌고 2009년 10월 17일-20일까지 **평양을 방문**하고, 조선기독교도연맹 강영섭위원장과 19일에는 김영남위원회의장을 면담한 후 성명서를 발표하였다.

"나는 W.C.C. 회원교단들로 하여금 그들의 정부에 북한에 대한 경제제재를 철회하도록 요청해왔다. 북한과 미국은 휴전협정을 평화협정으로 대치하여야 한다. 휴전협정은 1953년 7월27일 체결되었다. 교회는 교회의 사명을 수행하는 자유를 가지고 있다. 그러나 아직도 다소 제한은 있으나."187)

북한 김정일 독재정권의 허위 기만 전술에 꼭두각시 노릇을 한 것이다.

7. W.C.C. 제7대 총무:

올라브 트비트(Olav Fykse Tveit, 2010.1.)-놀웨이, 루터교 목사

트비트는 2009년 8월 27일 WCC 중앙위원회 제58차 정기총회에서 한국의 박성원 목사(장로교 영남신학교 교수-통합측)와의 경합에서 81대 58(23표 차이)로 WCC 제7대 총무로 당선되었다.

W.C.C.는 4대 총무 에밀리오 카스트로, 5대 총무 콘라드레이저, 특히 6대 총무 사무엘 코비아에 의하여 산더미처럼 누적되어 온 적자를 노르웨이, 독일, 스웨덴, 덴마크, 화란 등 서방 유럽 W.C.C. 회원 교단들로부터 지원을 받아 극심한 재정난을 극복하기를 기대하고 있다.

VI. 세계교회협의회(W.C.C.)의 총회들(Assemblies)

세계교회협의회(W.C.C)는 1948년 8월 화란의 암스텔담(Amsterdam)에서 제1차 총회를 개최한 이래 2006년 2월 브라질의 포르토 알레그레(Porto Aregro, Brazil)에서 제9차까지 총회를 개최하였으며, 앞으로 2013

---

187) *ENI*

년에는 제10차 총회를 대한민국 부산(Pusan, Korea)에서 개최할 예정이다.

1. 세계교회협의회(W.C.C.) 제1차 총회

일시 : 1948. 8. 22-9. 4
장소 : 화란 암스텔담(Amsterdam, the Netherlands)
주제 : 인간의 무질서와 하나님의 계획
참가 회원교단 : 44개 국, 145 회원 교단, 351명 총대
명예 의장 : 죤 알 모트(John R. Mott)
의장 : George Bell
부의장 : Franklin Clark Fry
의장단들 : Marc Boegner, Geoffrey Chakko, T.C. Chao(1951년부터
　　　Sarah Chakko), G. Bromley Oxnam, Germanos, Erling Eiden
총무 : 비서트 후프트(Visser't Hooft)

암스텔담 총회는 세계 제2차 대전이 끝나고 곧 이어서 냉전시대(cold war age)가 시작되면서 소련을 위시한 동구 공산국가들과 미국을 위시한 서방 자유국가들 간의 대립(對立)이 심각하게 일어나기 시작하였다. 이와 같은 현상은 암스텔담 총회에서부터 나타나 한편은 공산주의를, 다른 한편은 자본주의를 변호하고 선전하게 되었다.

W.C.C. 제1차 창립총회는 화란의 **암스텔담**(Amsterdam, Netherlands)에서 1948년 8월 22일 부터 9월 4일까지 44개 국, 147개 회원 교단, 351명의 대표들이 모여서 W.C.C.를 조직하고, **"우리는 다 함께 머물기를 의도한다"**(We intend to stay together)는 모토(motto)와 **"인간의 무질서와 하나님의 계획"**(Man's Disorder and God's Design)이라는 주제(theme) 하에 회의를 진행하였다.

회원교회들 다수는 유럽과 북미의 교회들이었다. 단지 30개 교회들만이 아시아, 아프리카, 라틴 아메리카에서 온 교회들이었다. 이들 지역의 대다수 교회들은 자치적 독립 교회들이 아니라 유럽과 영국과 북미 교회들의 영향권 하에 있었다. 유럽과 영국과 북미 교회들의 선교사들이 복음을 전하여 피선교지의 교회들을 키워 왔기 때문이다.

동방정교, 성공회, 침례교, 회중교, 루터교, 개혁교, 장로교, 감리교, 메노나잇, 퀘이커 교회, 모라비안 교회, 그리스도의 제자 교회, 구카톨릭, 구세군 등의 교회들이 참석하였다. 이 교회들 중 가장 오래된 교회들은 동양정교(Oriental Orthodox)의 4대 총교구 즉 알렉산드리아 교구, 안디옥 교구, 코스탄티노플 교구, 예루살렘 교구와 동방정교(Eastern Orthodox)의 그리스 정교, 소련 정교, 미국 정교 등이며 구세군 같은 신생 교회들도 가담했다. 로마 가톨릭교와 소련 정교를 제외한 대다수의 교회들이 참여한 편이다.

중국에서는 T. C. Chao가 이끄는 중국의 4대 교회 대표들(장로교·감리교·침례교·성공회)이 W.C.C.의 기초위원으로 참석하였다.

주제(Theme) : **"인간의 무질서와 하나님의 계획"**이라는 주제 하에 4개 분과 위원회에서 본질적이고 신학적인 주제들을 토의하고 보고서를 채택하고, 시행토록 권고하였다.

제3분과(Section 3): "교회와 사회의 무질서"

• 제4항, "공산주의와 자본주의"에 의하면, "기독교인들은 왜 … 공산주의가 세계의 많은 지역에서 엄청나게 많은 사람들에게 그토록 강한 매력을 지니는지 그 이유를 물어야 한다."

• "기독교인들은 공산주의에게 많은 힘을 갖다 주는 부정의(不正義; 불의)에 반대하는 군중의 폭동에서 하나님의 손길을 파악해야 한다.… 많은 사람들에게 있어서 특별히 많은 젊은 남녀들에게 있어서 공산주의는 인간의 평등과 보편적 형제애에 대한 비전을 상징하는 것으로 보이고 있다는 사실을 깨달아야 한다.… 또 공산주의는 가난과 불완전으로부터의 구원의 수단이라고 보고 있는 세상임을 직시하도록 해야 한다.… 공산주의의 무신론과 반종교적 가르침은 부분적으로 허위적인 기독교 사회의 얼룩진 기록에 대한 반동이라는 사실을 통회하는 마음으로 깨달아야 한다.… 공산주의는 많은 사람들의 도덕적·심리적 공허감을 채워주었다는 사실을 깨달아야 한다.…"

• "기독교회들은 공산주의와 자본주의 이념을 모두 거절해야 한다. 그리고 사람들을 그 거짓된 추측으로부터 멀리 떠나게 하여야 한다. 공산주의

이데올로기는 경제정의를 강조하며 … 자본주의는 자유를 강조하면서 … 이것 역시 거짓이 드러난 하나의 이데올로기이다"라고[188] 하면서 공산주의의 병폐보다 자본주의의 병폐가 훨씬 더 심하다고 하였다.

비평(A Critique)

공산주의(Communism) 대(對) 자본주의(Capitalism)

공산주의(Communism):

① 공산주의는 자유기업(Free Enterprise)을 허용하지 않는다. 심지어는 고귀한 인간의 생명마저도 국가에 예속시킨다. 고로 사회주의 체제하에서는 인간의 기본 권리인 자유조차 유린당할 수밖에 없다.

② 공산주의는 자본의 개인 소유화(Private Ownership)를 부정한다. 그 결과 생산의 장본인들인 노동자 농민들을 위시한 각계각층의 사람들은 맡은 일에 의욕을 잃게 된다.

③ 공산주의는 노동의 대가를 지불하지 않음으로 생산을 감소시키는 경제 제도이다.

④ 공산주의는 정성이 결여(缺如)된 제품을 생산함으로써 상품의 저질화를 가져온다.

⑤ 공산주의는 물품 가격의 상승화를 가져온다. 일의 근면성, 정성, 정확한 계산을 산출, 가격을 정하는 시장이 없기 때문이다.

⑥ 공산주의는 생산을 수요자의 필요에 맞추지 못한다. 그 이유는 통제 정책을 그 기본으로 하기 때문이다. 자율적 경쟁과 수요자들의 필요에 의하여 수요 공급이 원활하게 이루어져야 하는데 그것이 불가능하기 때문이다.

⑦ 공산주의는 일부 특권 계급층에 의하여 다수 노동자, 농민들을 주축으로 한 무산대중을 인격적, 정치적, 경제적, 그리고 심리적, 종교적 모든 면에서 노예화 한다.

⑧ 공산주의 경제는 시장 조절을 고려하지 않는 경제 제도, 즉 배급 제도를 채택 시행하므로 항상 궁핍을 면할 길이 없다.

---

188) *Man's Disorder and God's Design*, N.Y. Harper and Brothers, 1948, S.Ⅲ., p. 195.

⑨ 공산주의는 경제적 체제를 잘못 선택하였으므로 그들을 돕는 사람들에게 까지도 손해를 끼친다. 실제상 사회주의 속에는 자본주의에 대한 비판 요소들이 더욱 많다. 그들은 경제적인 모순투성이와 손실을 나누는 문제에는 전혀 언급을 회피하면서 자본주의가 바로 잡고자 하는 체제마저도 공격한다.

그들은 인간이 요구하는 2대 요소, 즉 빵과 자유를 인간에게 제공하지 못한다. 인간은 빵도 필요하고 또한 자유도 절대 필요하다. 인간은 인격적 존재 곧 하나님의 형상대로 지음을 받은 존재들이기 때문이다(창 1:26, 5:1, 9:6, 약 3:9).

⑩ 공산주의는 경제적 부를 가져온다고 주장하면서 빈곤을 축출하기는커녕 오히려 빈곤을 끌어들이고 자유를 축출하였다. 고로 공산주의야말로 우리 모두에게 원수이다.

자본주의(Capitalism):

① 자본주의(Capitalism)는 자유기업(Free Enterprise)을 보장 권장한다. 사업가들이 소신껏 투자하여 기업을 운용할 수 있는 자유기업은 사회복지 건설의 기본이 된다.

② 자본주의는 자본의 개인 소유화(Private Ownership)를 보장 및 권장한다. 이로 말미암아 가난한 자들로 하여금 부유한 자들이 되도록 그들의 경제 상황을 변화시킨다. 인간이 재물을 정당하게 소유하기만 한다면 그들의 소유권을 주장할 자격이 있다.

③ 자본주의는 시간, 노동, 기술, 투자 등의 비율에 따라서 이율의 비교적 공정한 분배를 보장한다. 그 결과 기업주와 종업원, 생산업자와 소비자를 총망라한 모든 사람들이 비교적 균등하게 혜택을 부여 받는다.

④ 자본주의는 이윤 추구로 인한 맡은 일에 근면성을 촉진시킨다. 사람이 모든 분야에 있어서 투자한 비율에 따라 이윤을 추구하는 것은 성경적 원리로서 우리가 본받아야 할 진리이다. 성경은 이르기를 "일하기 싫거든 먹지도 말라"(살후 3:10)고 하였으며, 또 이르시기를 "심은 대로 거두리라"(갈 6:7)고 하였다.

⑤ 자본주의는 상품에 있어서 질적으로 고급화를 가져오며 반면에 생산

품의 원가 절감을 가져온다. 그 이유는 생산업자와 종업원들은 자기중심이 아닌 타인위주(他人爲主), 즉 고객을 위주로 유사업체(類似業體)들과 치열한 경쟁 속에서 상품들을 전문적으로 다량 생산하기 때문이다.

⑥ 자본주의는 사회발전의 가장 중요한 요소다. 자본주의야말로 인류사회복지를 위한 경제적인 원동력으로서 사회와 국가에 이바지하기 때문이다.

⑦ 자본주의는 투자가들로 하여금 그들의 이익을 추구하기 위하여 모험을 감행할 특권을 부여한다. 그러므로 자본주의 사회에 있어서 순수한 경쟁은 실패와 손해의 가능성을 내포하고 있는 반면에 이윤추구를 위한 모험도 내포하고 있다.

⑧ 자본주의는 비교적 공정하고 자발적인 교환 수단에 의하여 생산자와 소비자 서로의 욕구를 충족시켜 준다. 자본주의의 기본적 교환 수단은 일반적이고 압력적이 아니라, 자아 의지에 의한 상호협조의 정신 아래 성행하는 자유 교환이기 때문이다.

⑨ 자본주의는 경제적, 정치적 독재를 낳지 않는다. 자유경쟁, 자유무역을 위주로 한 제도로서 통제학적 간섭을 배제하기 때문이다. 실제상 자본주의 경제제도를 채택한 나라들마다 정치적인 민주주의들로 자유를 누리고 있지 않는가?

⑩ 자본주의는 그 제도 자체가 경제성장을 위한 정보수집(情報蒐集)과 전달을 위한 도구로서의 기능을 발휘한다. 양심과 상업 윤리에 기초하여 이루어지는 정보 수집은 기술개발(技術開發) 및 시장판매 동향에 큰 유익을 준다.

⑪ 자본주의는 도덕적인 우월성을 지니고 있다. 사회주의, 공산주의의 경제체제와 제도에 비교하여 볼 때 실제상 그 탁월성을 누가 부인하랴 ! 자본주의야말로 소비자가 요구하는 상품을 정당한 경쟁 속에서 제공하여야 하기 때문에 상기에서 언급한 바와 같이 상품의 고급화, 생산단가의 절감으로 인하여 탐심을 이룰 수 없다.

⑫ 자본주의는 경제적 부유와 정치적 자유를 보장한다. 경제적 부(富) 없이는 정치적 안정과 정신적 자유란 불가능하며, 정치적 자유가 없는 양심적, 신앙적 자유란 존재하지 않는다. 우리 인간은 빵도 필요하며, 인격적 존재이기 때문에 자유도 절대 필요하다. 그런데 경제적 자본주의와 정치적 민

주주의는 불가분리의 관계로서 우리 모두에게 빵과 자유를 동시에 제공한다. 우리는 자본주의의 우월성을 깊이 인식하고, 그 기틀을 튼튼히 하며 그것이 제공하는 혜택들을 값있게 누려야 할 것이다.

2. 세계교회협의회(W.C.C.) 제2차 총회

일시 : 1954. 8. 15-31.
장소 : 미국 일리노이주 에반스톤(Evanston, U.S.A.)
주제 : 예수 그리스도-세상의 희망
참가 회원교단 : 161개 회원 교단, 502명 총대
명예의장: 존 알 모트(John R. Mott, 1955년 사망), 죠지 벨(George Bell)
의장단 : John Baillie, Sante Uberto Barbieri, Otto Dibelius,
Juhanon Mar Thoma, Michael(from 1959 Iakovos), Henry Knox
Sherill.
총무 : 비서트 후프트(Visser't Hooft)

W.C.C. 제2차 총회는 미국 일리노이 주 **에반스톤**(Evanston, ILL.)에서 1954년 8월 15일부터 31일까지 개최되었다. 이 총회에는 **161개 회원 교단, 502명의 총대**들이 참가하였다. W.C.C. 제2차 총회는 원래 1952년에 개최키로 예정되어 있었으나, 미국 정부가 기독교의 탈을 쓴 공산주의자들의 입국을 거부하였기 때문에 2년이 지연되었다. 이는 공산주의 파괴분자들을 미국에 입국할 수 없도록 규정한 법에 따른 것이었다.

한국의 초대 대통령 이승만 박사는 한국기독교교회협의회 대표들의 W.C.C. 총회 참석을 금하였다.[189)]

한국의 장로교 총회는 **명신홍** 박사와 **김현정**을 총회 대표로 참석케 하였다.

세계 제2차 대전이 끝나고 1954년 W.C.C. 에반스톤 총회가 개최되기 이전에 인도, 파키스탄, 미얀마, 세이론, 인도네시아 등이 이미 독립하였고,

---

189) 박상증, 『한국교회와 에큐메니칼 운동』 대한기독교서회, 1992, p. 107.

아프리카에서는 나이제리아, 가나, 시에라 레온, 소말리아 등이 독립을 준비하고 있었다. 이런 때에 W.C.C.는 제3세계의 정치·경제·사회문제들을 논의하고 교회의 사회 참여를 강조하였다.

그들은 정치적 자유 민주주의와 경제적 자본주의를 지향하는 서방국가들을 식민주의 제국주의(Colonialism, Imperialism)라고 공격하면서 공산주의의 팽창에 대해서는 온건한 태도를 보였다. W.C.C. 방향이 전통적 신학에서부터 사회적 행동으로 전환된 것뿐이다.

"우리는 다 함께 성장"(growing together)이라는 모토(motto)와 **"예수 그리스도 – 세상의 희망"**(Jesus Christ – the Hope of the World)이라는 주제(theme) 하에 회의를 진행하였다.

제1차 총회의 모토(motto)는 "다함께 머물기를 원한다"에서 제2차 총회의 모토는 "다함께 성장하기를 원한다"로 진일보하였다.

매 총회의 표어는 W.C.C.의 실행위원회와 중앙위원회(W.C.C. 최고 결의 기구)가 오랜 토의와 연구 끝에 총회가 개최되기 훨씬 전에 이미 결정하고, 그 주제를 각 교단, 기관, 지도자들, 총대들로 하여금 W.C.C.의 지침서에 기준하여 연구토록 한다. 그것은 곧 다가오는 W.C.C. 총회의 정책·방향·노선 등을 사전에 W.C.C. 지도자들이 그들의 생각과 주장대로 결정하고, 그대로 시행한다는 것을 뜻한다. 즉 W.C.C. 지도자들은 그들이 수행하고자 하는 의도를 회의 순서에 반영시킴으로써 W.C.C. 산하 회원들은 그들의 조직적 계획대로 추종하게 마련이다.

25인 위원회

W.C.C. 중앙위원회는 1950년 25명의 신학자들로 하여금 다가오는 W.C.C. 제2차 총회를 준비하기 위하여 주요 신학적 문제들을 연구·토론하고, 그 보고서를 W.C.C. 총회에 제출토록 하였다. 그러나 그 위원들은 의견의 일치를 이룰 수 없었다. 각자 자신들의 신학적 관점에서 의제들을 연구하고 토론하였으니 당연한 귀결이었다. 3차에 걸쳐서 회의가 결렬되었다.

특히 하나님 나라의 도래(임하심)가 이 세상에서 현세에 이루어진다는 미국과 서방 교회들의 낙관론자들과 종말론적 입장을 취하는 유럽 교회의 신학자들 사이에 의견의 일치는 불가능하였다.

그러므로 25인 위원회의 의장이었던 **뉴비긴 레슬리**(Newbigin Lesslie)는, "우리는 여기에서 그리고 지금(이 세상에서 현세에서 -) 그리스도인의 희망과 그리스도인의 궁극적 희망과의 관계에 있어서 합의를 보지 못하였다"(We are not agreed on the relationship between the Christian's hope here and now, and his ultimate hope)고 총회에 보고하였다.

※ **뉴비긴 레슬리**(Newbigin Lesslie)는 영국 뉴캐슬(Newcastle)에서 1909. 12. 8. 출생 - 1998. 1. 30 런던(London)에서 별세.

뉴비긴은 웨스트민스터 대학(Westminster College)에서 공부하고, 1936년 목사 안수 받고, 스코트랜드 교회(교단)에서 선교사로 인도의 마드라스(Madras) 지역으로 파송을 받았다. 후에 1948년 W.C.C. 창립총회 시에는 신학적 통찰력을 가진 교회 일치자로 알려지게 되었다[190]

뉴비긴은 1959년에는 런던에 본부를 둔 국제선교회(I.M.C. = International Missionary Council)의 총무가 되었고, 1961년 인도의 뉴델리(New Delhi)에서 개최된 W.C.C. 제3차 총회 시에는 I.M.C. 대표들을 인솔하였으며, 제3차 총회 시에 뉴비긴은 I.M.C.를 W.C.C.의 세계선교·전도위원회(C.W.M.E. = Commission on World Mission and Evangelism)에 합병하는 일에 주도적 역할을 하였다. 그리고 뉴비긴은 1965년까지 세계선교·전도위원회의 협동 총무로 있었다. 그는 W.C.C. 에큐메니칼 운동의 초기 지도자 중 한 사람이었다.

에반스톤 총회는 암스텔담 총회 때보다 훨씬 더 제3세계의 개발도상국들에 대하여 큰 관심을 가지고 자본주의·식민주의·인종차별 등에 대하여 신랄하게 비판·정죄하기 시작하였다.

W.C.C. 총회는 **"예수 그리스도-세상의 희망"**이라는 주제(theme) 하에 **6개 분과위원회**(Six Sections)에서 다양한 주제들을 토의하고 보고서를 채택하고, 회원교단들로 하여금 시행하도록 권고하였다.

---

190) *W.C.C. Dictionary*, pp. 821-822.

① **제1분과**(Section 1), 신앙과 직제 : 그리스도 안에서 우리의 일치와 교회로서 우리의 불일치(Our Oneness in Christ and our Disunity as Churches)

② **제2분과**(Section 2), 전도 : 교회밖에 있는 생명들에 대한 교회의 사명(The Mission of the Church to those outside her life)

③ **제3분과**(Section 3), 사회문제 : 책임 있는 사회(The Responsible Society)

④ **제4분과**(Section 4), 국제문제 : 세계 공동체를 위한 투쟁하는 기독교인들(Christians in the Struggle for World Community)

⑤ **제5분과**(Section 5), 교회와 사회관계 : 종족들 민족들 분쟁 외중에 있는 교회들(The Churches amid Racial and Ethnic Tensions) 급변하는 사회에 대한 연구는 ① 제3세계의 정치적 독립과 민주주의, ② 공업과 도시 발전, ③ 빈민촌 생활 등에 집중하였다. 그리고 W.C.C.는 아프리카, 아시아, 라틴아메리카 등 지역에서의 급변하는 사회에 관한 연구로 시작하였으나 W.C.C. 제3차 총회 때(1961년)에 이르러는 급변하는 제3세계의 정치적·경제적·사회적 변화에 주요 관심사가 되었다.

⑥ **제6분과**(Section 6), 평신도 : 직분을 맡은 자로서의 그리스도인(The Laity: the Christians in his Vocation) 등 6개 분야로 나누어 토의하였다.

제1분과(Section 1): "그리스도 안에서 우리의 하나 됨과 교회들 간의 분열"에서는 교회의 분열에 대하여 신랄하게 비판하였다.

Ⅲ-15, "오직 그리스도 안에서 교회의 하나 됨이라는 시각에서만 우리는 교회내의 다양성과 분열간의 차이점과 그것들의 죄와의 관계를 이해할 수 있다 …"

비평(A Critique)

다양성이란 동질적 다양성(variety in the same quality)과 이질적 다양성(variety in the different quality)이 있다.

동질의 다양성은 성경적이며 분열이 있을 수 없다. 그러나 이질적 다양성은 성경적이 아니므로 분열이 불가피하다. 그런데 동일한 신앙을 고백하는 교회들의 분열이 큰 문제이다.

W.C.C. 안에는 온갖 "더럽고 가증한 새들이 모이는 곳(계18:2)"이므로 분열은 무조건적으로 죄라고 정죄하는 것은 잘못이다. 우리는 교회 분열의 원인들이 무엇인지 규명하고, 성경적 연합에 주력하여야 할 것이다.

제2분과(Section 2): "교회 밖에 있는 생명들에 대한 교회의 사명"에서는 교회 밖을 향한 평신도의 선교사역(the missionary task of laity)을 강조하였다.

비평(A Critique)

평신도의 선교사역이란 의료·교육·봉사·구제 등등으로 복음전도에 큰 유익을 준다. 우리나라에도 초대 선교사들 중에는 의료선교사들도 있었다. 반면에 준비되지 않은 소위 평신도의 선교사역이란 십중팔구 피 선교지의 새 신자들을 처음부터 잘못된 신앙의 길로 오도하기 일 수이다. 따라서 피선교지에 나가는 선교사들은 바른 인격, 정상적 정통신학교육, 그리고 일정한 기간의 훈련과 연단을 쌓은 후 사명지로 나아가야 할 것이다.

제3분과(Section 3): "… 책임 있는 사회"(The Responsible Society)

제28항, "… 반공주의자들의 히스테리를 따르는 유혹과 서구의 정치체제 및 사회체제에 관련한 자기의 확신에 위험이 있다 …"

제29항, "공산국가이든 비공산국가이든 간에 기독교인들은 모든 장애물을 넘어서 특별한 형제애적 관심과 기도로 서로 하나가 되도록 부름을 받고 있다 …"

제33항, "… 미국의 외교정책이 주로 반공주의라는 기준에 의해 결정될 때 일반적으로 그 정책은 동아세아 지역의 반동적인 정치 집단들을 강화시키고, 또 건전한 사회개혁의 세력들을 약화시키는 경향이 있다. 이러한 노선은 자기 패배적이 될 수밖에 없는데 왜냐하면 결국에는 사회적, 영적인 건강이 공산주의에 대한 가장 좋은 해답이기 때문이다"라고 하였다.

비평(A Critique)

상기와 같이 W.C.C. 제2차 총회는 제1차 총회 때와 같이 공산주의를 높이 찬양하고, 미국을 위시한 서방 자유국가들을 신랄히 비판·정죄하였다. 이에 반대하여 한국에서 W.C.C. 총회에 대표로 참석하였던 존경하는 저의 스승이셨던 고(故) **명신홍** 박사님은 "경험한 바에 의하면 공산주의야말로 모든 종교를 말살하려는 전 세계적인 제국이다." 그러므로 "공존"이라는 말과 "반공주의적 히스테리"라는 말을 삭제할 것을 건의하였다. 냉전(Cold War)의 긴장을 잘 반영하였다.

3. 세계교회협의회(W.C.C.) 제3차 총회

일시 : 1961. 11. 19-12. 5.

장소 : 인도 뉴델리(New Delhi, India)

주제 : 예수 그리스도-세상의 빛

참가 회원 교단 : 197개 회원 교단, 557명 총대

명예 의장 : 죠셉 올드함(Joseph Oldham)

의장단 : A Michael Ramsey, Francis Ibiam, Iakovos, David G. Moses, Martin Niemöler, Charles C. Parlin.

총무 : 유진 칼슨 블레이크(Eugene Carson Blake)

W.C.C. 제3차 총회는 인도의 **뉴델리**(New Delhi, India)에서 예수 그리스도-세상의 빛(Jesus Christ-the Light of the Word)이라는 주제 하에 1961년 11월 19일부터 12월 5일까지 유네스코 빌딩에서 개최되었다. 이 총회에는 세계 각국에서 198개 교단의 577명의 대표들 이외에도 상당수의 조언자들, 청년대표들, 옵저버들, 방문자들이 참석하였다.

국제선교협의회(I.M.C.) → 세계교회협의회(W.C.C.)에 합병

뉴델리 총회에서 **"국제선교협의회"**(I.M.C.: International Missionary Council)는 W.C.C.의 **"세계선교와전도위원회"**(W.C.C. Commission on World Mission and Evangelism)에 합병되었다. 이때까지 이 두(2) 협의회는 서로 긴밀한 관계 속에서 서로 협력하여 왔었다.

"국제선교협의회"를 W.C.C.의 "세계선교와전도위원회"에 합병케 한 주도적 인물은 1959년부터 국제선교협의회의 총무를 지닌 스코틀랜드 교회의 목사 **뉴비긴 레슬리**(Newbigin Lesslie) 이었다. 그는 1965년까지 "W.C.C.의 세계선교와전도위원회"의 협동총무를 지냈다.

상호방문(W.C.C. ↔ R.C.C.)

뉴델리 총회에서 또 하나의 획기적 변화는 로마 천주교 교황청이 방문단 일행을 뉴델리 총회에 파견한 것이다. 총회가 끝난 지 일주일이 되던 때에 **교황 요한 23세**는 1962년에 "제2차 바티칸공의회"를 개최하겠다고 공포하면서 W.C.C.에 대표단을 초청하겠다고 밝혔다. 이에 W.C.C.는 교황청의 초청에 응하겠다고 화답했다.

제네바세계대회에서는 다양한 주제(의제)들이 **"4가지 기본 주제"**(4 principle theme)하에서 논의되었는데, 그 4가지 주제는 다음과 같다.

① 부한 나라들과 가난한 나라들의 격차가 단절되어야 한다.

② 국가는 국가 안에 있는 모든 중심 세력들을 통제하여야 한다.

③ 제3세계에서의 신민족주의(The New Nationalism)는 전쟁으로 이끈 구민족주의(Old Nationalism)와는 다르다.

④ 혁명적 폭력은 억압하는 엘리트들(Oppressive elites)을 전복하는 최후의 수단으로서 허용된다."

제2분과(Section 2):"섬김"(Service)

Ⅳ,"**인종적 평등을 위한 투쟁**" "실천 방법들"제42, 43, 44조에 의하면,

제42항, "교회는 인종적 정의(Justice)를 위해 적극적으로 노력해야 한다. 기독교인들은 어떤 한 가지 행동방법에 얽매어서는 안 되며, 다양한 수단들 예를 들면 조정·소송·법률제정·중재·시위·경제적 제재·비폭력적 행동들, 또한 같은 목적을 위하여 일하는 사회 집단들과의 협력과 같은 수단들을 창조적으로 사용해야 할 것이다."

제43항, "압제·차별·인종분리가 있는 곳에서 교회는 정의를 이루기 위하여 눌림 받는 인종들의 투쟁에 동참해야한다. 기독교인들은 기거이 이 투쟁

을 주도해야 할 것이다 …"

제44항, "현대세계에서 인종차별과 그에 따른 인간의 존엄성에 대한 모욕은 종종 압제받는 사람들로 하여금 그들이 다른 선택의 여지가 없을 때 폭력에 의지하게끔 만든다."

비평(A Critique)

① W.C.C.가 주장하는 **"인종적 평등을 위한 투쟁 – 실천방법들"**이란 제목 자체가 공산주의자들의 전투적 선전구호를 연상케 한다

② **"투쟁에 동참하여야 한다"**? "투쟁에 참여 할 뿐 아니라 투쟁을 주도하여야 한다"?

주님은 말씀하시기를 "칼(검)을 도로 칼집에 꽂으라 칼을 쓰는 자는 칼로 망하느니라"(마 26:52)고 말씀하셨다. 우리의 싸움은 혈과 육이 아니요 통치자들과 권세들과 이 어두운 세상 주관자들과 하늘에 있는 악의 영들과의 싸움이다(엡 6:12).

폭력을 포함한 모든 수단과 방법이 과연 인종적 평등을 위한 정당한 수단과 방법인가?

상기와 같이 제네바 대회의 기본적 주제들은 공산주의(전체주의) 독재정치를 옹호하였으며, 혁명적 폭력을 정당화하였다.

4. 세계교회협의회(W.C.C.) 제4차 총회

일시 : 1968. 7. 4.–19.

장소 : 스웨덴 웁살라(Uppsala, Sweden)

주제 : 보라! 내가 만물을 새롭게 하노라.

참가 회원 교단 : 235개 회원 교단, 704명 대표

중앙위원회 의장 : M. M. Thomas

부의장 : Pauline Webb

명예의장 : 죠셉 올드함(Joseph Oldham), 비서트 후프트(W. A. Visser't Hooft)

의장단 : Patriarch German, Hanns Lilije, Daniel T. Niles,

Kiyoko Takedo Cho, Ernest A. Payne, John Coventry Smith,
  Alphaeus H. Zulu
총무 : 유진 칼슨 블레이크(Eugene Carson Blake)

W.C.C. 제4차 총회는 스웨덴의 **웁살라**(Uppsala, Sweden)에 있는 700년 된 고틱(Gothic) 대성당에서 1968년 7월 4일부터 19일까지 개최되었다. 웁살라는 스톡홀름에서 41마일 북쪽에 위치한 인구 약 9만의 대학 도시이다.

이 총회에는 80개 이상의 나라, 235개 회원교단에서 704명의 대표들이 참가하였다. 이 대회에는 W.C.C. 회원교단 아닌 교회들의 64명의 옵저버들도 참석하였는데 그들 중에는 15명의 캐톨릭 대표단도 들어 있었다.

웁살라 총회 때부터는 동구 공산권과 제3세계의 교회들이 합세하여 W.C.C.의 방향과 정책이 해방신학을 기본으로 하여 과격하고도 급진적인 변화 곧 교회의 사회 참여 → 정치 참여, 투쟁에 돌입하게 되었다.

그것이 곧 소위 인종차별투쟁사업(P.C.R.)이란 명목으로 성도들이 바친 귀한 헌금을 해방운동 단체들(게릴라 단체들)을 위시하여 급진 좌경단체들을 위시하여 지원하기 시작하였다.

한편 대한예수교장로회(통합측)는 1959년 제44차 대전 총회에서 대한예수교장로회(합동측=보수측)으로부터 분열된 이후 재통합을 위한 방안의 하나로 W.C.C.를 탈퇴한지 10년 만인 1969년도에 W.C.C. 재가입을 결정하였다.

제4분과(Section 4):"국제 문제에 있어서의 정의와 평화를 향하여"
제6항, "하나님의 말씀은 그리스도께서 가난한 자들과 압제받는 자들 편에서 계심을 증언하고 있다 … 우리는 가난한 자들과 압제받는 자들이 권리를 옹호하고 국내 및 국가 간에 경제정의가 확립되도록 일해야 한다."
제10항, "정의와 평화를 위한 투쟁에서 교회는 증거해야 한다. … 교회는 그 어느 누구도 감히 말하려고 하지 않는 곳에서, 진리가 존중되지 못하

고 있는 곳에서, 인간적인 삶과 인간의 존엄성이 위협받고 있는 곳에서, 보다 나은 미래를 위한 기회가 무시되는 곳에서 담대히 말해야 할 것이다. 필요하다면 기꺼이 구조와 태도를 변화시킴으로써 교회는 끊임없이 시대의 징조를 분별하는 노력을 기울여야 한다 …"

비평(A Critique)

W.C.C.는 가난한 자들, 억압받는 자들 편에 서서 그들을 도구로 이용하며, 그들을 오도하고 있다. 그들의 주장은 해방신학에 근거하고 있다. 해방신학에서 가난한 자들은 가진자 · 자본가 · 지주(地主) · 기업가 · 권력층에 의하여 착취당한 결과라고 주장한다.

해방신학(Liberation Theology)[191]

① 해방신학은 기독교의 옷을 입은 맑스주의이다(Liberation Theology is Marxism is Christian Dress).

② 해방신학은 하나님과 예수 그리스도를 해방자라고 주장한다.

해방신학은 창조주 하나님과 죄인의 구주 예수 그리스도를 사회적, 정치적 해방자로 왜곡(歪曲)한다. 그들의 성경 해석은 상황(狀況)에 의하여 좌우되는 매우 편협적(偏狹的)이고 단편적(斷片的)이며 맑스주의적인 변질된 복음에 기초하고 있으므로 하나님과 예수 그리스도를 해방자로 제시하였다.

③ 해방신학은 "가난"과 "가난한 자"들을 이용한다.

해방신학은 제3세계의 빈곤(貧困)에 대한 책임을 서구(西歐) 자본주의 사회(資本主義社會)에 돌린다. 그리고 빈부(貧困)의 격차(隔差: Gap)는 자본주의의 폐단(弊端)때문이라고 주장한다. 해방신학은 가난, 억압, 착취, 가난한 자, 억압당하는 자로부터 시작한다. 그리고 가난한 자들은 억압과 착취의 결과라고 한다.

④ 해방신학은 자본주의를 반대하고 사회주의를 찬동한다.

⑤ 해방신학은 폭력을 정당화 한다.

---

191) 조영엽, 『해방신학』 군국정신전력학교, 1988. 10.
　　본 저자는 한국 종교계와 사회가 이념적으로 매우 혼란할 때, 국군정신전력학교에서 전군의 정훈장교, 군목, 대대장, 연대장, 향군지휘관, 정부기관 고위직 등을 중심으로 여러 해 동안 김대중 정권 이전 까지 해방신학, 민중신학으로 사상교육을 하였다.

"자기방어를 위한 반동적 폭력(Counter-Violence)은 기존 폭력을 제거하기 위한 방편으로 정당화 되어야 한다. … 폭력은 새로운 권력을 산출하는데 필요하다. 폭력은 인간의 이성과 의지에 대한 유토피아 개념을 가진 것이다"라고 한다. "이 점에 있어서 폭력은 자체의 목적에서가 아니라, 최후의 수단으로서 필요하다'고 한다. 해방신학은 협동적 폭력을 권장한다. 해방신학은 계속적 협동적 폭력을 권장한다.

⑥ 해방신학에서 구원은 정치적 해방을 뜻한다.

해방신학은 성경의 구원관을 전적으로 묵살하고, 만인 구원설(Universal salvation)을 주장한다. 그들의 구원은 현실적, 보편적, 사회적 구원이다.

그들은 구원과 정치적 해방을 동일시한다. 그리고 그들의 구원은 현세적 사회 구원만을 말한다. 그들은 영혼 구원에는 전연 관심이 없다.

그들은 또 구원과 해방을 동일시하여 주장하기를 "그리스도의 구원은 모든 형태의 비참과 착취와 소외에서 인간을 풀어 주는 철두철미한 해방이다."라고 한다.

미국의 흑인 신학의 대표자로 일컫는 **제임스 콘**(James Cone)은 그의 저서 흑인 신학(Black Theology)에서 "하나님의 해방에 은혜를 보답하는 이 난의 길은 억눌린 형제자매들을 위한 행동이다."라고 주장하였다.

⑦ 해방신학은 거짓 정의(Justice)를 주장 한다.

해방신학은 정의, 평화, 자유, 평등을 내세우나, 그들의 이론에는 자체의 모순을 내포하고 있다. 고로 사람이 해방신학을 추종하는 한 영원히 올바른 정의, 참된 평화와 자유, 만민의 평등은 소유할 수 없다. 그들이 주장하는 정의와 평등은 계급사회를 타파하고 모든 기업체들, 농장들, 공장들, 사업체들을 국영화(國營化)할 때 이루어진다고 한다. 즉 모든 사람들의 재산뿐만 아니라, 몸과 정신까지도 다 국가화 할 때 정의사회가 건설된다고 한다. 이것이 맑스주의 사상이요 우매한 자들을 기만하는 처사이다.

⑧ 해방신학이 내세우는 또 하나의 기만적 술어는 평화이다.

그들이 주장하는 평화(Peace) 역시 현실적이고, 세속적인 면에 국한시켜 해석한다. 그들에 의하면 평화는 해방의 결과로 오는 상태로서 럿셀(Russel)은 이 낱말을 "개인, 가족, 그리고 사회적인 일체감과 안녕과 풍요를 내포하는 광범위한 의미를 가지고 있다"고 한다.

그들이 말하는 평화는 폭력을 포함한 모든 수단 방법을 동원하여 억압하는 자들과 자본주의 사회를 전복함으로서 달성할 수 있다고 한다. 그런 의미에서 "모든 원수들을 물리치고 승리하는 것이 하나님의 축복이다"

"평화는 정의의 실현을 전제로 하는 법이다. … 롯 평화란 약자들의 권리 수호, 억압자들에 대한 징벌, 타인들에게 속박 당하지나 않을까? 하는 공포에서 벗어난 생활, 피억압자들의 해방운동을 전제하고 있다"고 하였다. 해방신학을 추구한다면 참된 평화는 영원히 불가능하다.

⑨ **해방신학은 맑스주의 유토피아를 주장한다.**

해방신학은 맑스 사회주의에 너무나 많은 희망을 걸고 있다. 사회적 정치적 해방을 통하여 인간이 지상천국을 이룩한다고 주장한다. 이것이 바로 거짓된 인본주의의 환상에 근거한 것이다.

해방신학이 주장하는 하나님의 왕국(Kingdom of God)은 이 세상에서 경제적 계급사회를 조성하는 자본주의, 인종적 차별을 주장하는 식민주의 정책 이것들을 뒷받침하는 정치적 폭력 정부들을 과격한 폭력적 혁명으로 전복하고 노동자 농민들을 비롯한 가난한 자들과 억압받는 자들이 중심 세력이 되어 정의 · 평등 · 평화의 지상천국을 건설하여야 한다는 것이다. 그리하여 모든 인류에게 새 사회건설을 주장한다. 해방신학은 "인간역사는 유토피아 세계를 향하여 나아가는 과정이다. 이 과정에서 제일 큰 장애물은 자본주의이다. 자본주의는 악이요 불의이므로 제거하여야 한다"고 역설한다.

5. 세계교회협의회(W.C.C.) 제5차 총회

일시 : 1975. 11. 23. – 12. 10.

장소 : 케냐 나이로비(Kenya, Nairobi)

주제 : 자유하게 하시며 하나 되게 하시는 예수 그리스도

참가 회원 교단 : 285개 회원 교단, 676명 대표.

명예 의장 : 비서트 후프트(Visser't Hooft)

의장단 : Annie R. Jiagge, Jose Miquez Bonino, Nikodim,
         T. B. Simatupang, Olof Sunby, Cynthia Wedel.

총무 : 필립 포터(Philip Potter)

W.C.C. 제5차 총회는 아프리카에서 개최되는 첫 번째 총회이었다. 나이로비 총회 때는 웁살라 총회에서부터 시작한 인종차별추쟁사업(P.C.R.)이 절정에 이르렀다.

W.C.C. 제5차 총회는 케냐의 **나이로비**(Kenya, Nairobi)에서 1975년 11월 23일부터 12월 10일까지 285개 교파의 676명의 대표들이 참가하였다. 지역적으로는 147명의 서유럽 대표들, 137명의 북미 대표들, 107명의 아프리카 대표들, 97명의 동유럽 대표들, 92명의 아시아 대표들, 42명의 호주와 남태평양 대표들, 21명의 남미 대표들, 20명의 중동 대표들, 9명의 카리비안 대표들이었다.

나이로비 총회 때부터는 여성 · 청년 · 평신도들을 일정한 비율로 총회 총대(대표)로 참석케 하기 시작하였다. 따라서 나이로비 총회는 676명의 총대들 중 여성 152명, 30세 미만의 청년 62명, 평신도 287명 등 501명이나 총대가 되었다.

이 총회에서는 웁살라 총회(제4차 총회, 1968)에서 논의하고 W.C.C. 실행위원회(1969)에서 조직화하고 실행해 온 **"인종차별투쟁사업"**(P.C.R.)을 압도적으로 재지지하였으며, 인종차별투쟁 방법도 "1973년도 W.C.C. 성명서"에서 밝힌 폭력과 비폭력을 포함한 모든 방법을 다 권장하였다.

나이로비 총회는 총회로서는 처음으로 불교, 힌두교, 유대교, 이슬람교, 시크교 등 이방종교 지도자들을 옵저버로 초청하였다. 종교적 혼합주의를 연출한 것이다.

북한 찬양 고무

1978년 W.C.C. 공식 간행물인 『**하나의 세계**(One World)』 7-8월호에는 한국에 대한 기사가 실렸는데, 남한에는 종교를 탄압하는 무서운 음모가 있다는 내용이었다. 이에 반해 북한에 대해서는 "북한 기독교인들은 그들의 신앙을 공개적으로 실행할 만큼 자유롭다"라는 거짓말을 하였다. 이외에도 다음과 같은 거짓말도 하였다.

① 자유란 국가 충성에 역행하는 것이어서는 안 된다.

② 북한에서 기독교의 복음화 노력은 한국전쟁에 개입한 미국 때문에 타격 받았다.

③ 북한에는 전통적 교회는 없지만 새로운 세속적 종교를 즐기고 있다.

④ 이 새 국가 종교에서 김일성은 예언자적 제사장적 역할을 하고 있다.

⑤ 북한은 물질적 사회적 발전은 의심할 나위가 없으며, 아시아에서는 그 유래가 없다."라고 찬사를 하였다.

6. 세계교회협의회(W.C.C.) 제6차 총회

일시 : 1983. 7. 24.-8. 10.

장소 : 캐나다 밴쿠버(Vancouver, Canada)

주제 : 예수 그리스도 - 세상의 생명

참가 회원 교단 : 301개 회원 교단, 847명 대표

명예 의장 : 비서트 후프트(Visser't Hooft)

의장단 : Nita Barrow, Marga Bührig, Paulos Mar Gregorios, Johannes W. Hempel, W.P. Khotso Madhulu, Lois M. Wilson

총무 : 필립 포터(Philip Potter)

W.C.C. 제6차 총회는 캐나다의 밴쿠버(Vancouver, Canada)에 있는 **리전트 대학**(Regent College)에서 1983년 7월 24일부터 8월 10일까지 세계 301개 교파에서 847명의 대표들과 천주교 사절들, 이방 종교 대표자들 및 보도진 등 총 3,500명이 참석하였다. 여기에는 러시아 대표 61명을 필두로 한 동구 공산권과 제3세계에서 온 상당수의 대표들도 참가하였다. 847명의 대표들 중에는 여성들 30% 이상, 30세 미만의 청년들 13%, 평신도들 46% 이상이었다.

실로 밴쿠버 총회의 예배의 특징은 언어·문화·신앙고백 등을 초월한 예배, 세례·성찬·사역(B.E.M.)에 의한 예배, 전통적 예배형식과 자유분방한 신오순절 형식의 예배, 찬송과 아프리카식 현대복음송의 혼합이었다.

공동성찬식(B.E.M.: Baptism, Eucharist and Ministry)
밴쿠버총회는 리마문서에 의하여 공동성찬식을 거행하였다.

예배의 절정에는 W.C.C. **신앙·직제위원회**에서 1982년 1월 15일 남미 페루 수도 라마에서 채택한 **"라마 문서"**(Lima Documents)를 토대로 **"공동성찬식"** (B.E.M=Baptism, Eucharist and Ministry; 세례, 성찬, 사역)을 거행하였다.

제1분과(Section 1): "분리된 세계 속에서의 증거"

II-10, "기독교 메시지를 남북미, 아프리카, 아시아, 태평양에 전달한 후기 선교사들은 복음과 문화와의 관계에 대한 이해에 있어서 새로운 문제를 제기하였다. … 바울처럼 유대인들에게는 유대인처럼, 헬라인에게는 헬라인처럼 되는 사람들이 언제나 있어 왔다 …"

"피선교지의 문화"는 피선교지 사람들 다수의 생각·의식구조, 그리고 그곳에 근거하여 나오는 생활양식이다. 그런데 피선교지 사람들 절대다수는 무속신앙과 이방 사신우상을 섬기며, 세상 풍속을 좇아 행하는 삶이다. 따라서 복음과 세상 문화 사이에 마찰과 충돌은 불가피하다."

비평(A Critique)

W.C.C.는 **선교의 상황화**(Contexualization)를 주장한다. "바울처럼 유대인에게는 유대인처럼, 헬라인에게는 헬라인처럼 되는 사람이 언제나 있어 왔다." 그와 같이 선교의 상황화란 피선교지의 사람들을 대상으로 선교하기 위하여 그 피선교지 사람들의 전통·풍속·문화·생활양식들을 그대로 받아 드리면서 그들에게 복음을 전하여야 한다는 선교 방법이다. 그들은 고린도전서 9:19-22과 같은 하나님의 말씀을 아전인수 격으로 오용한다.

우리는 유대인들이나 헬라인들에게서 이어 받을 것이 따로 있고, 이어 받으면 절대로 안 되는 것이 따로 있다. 로마에 가면 로마의 법을 따르라는 말의 단편적 의미를 무조건적으로 선교 방법에 적용시키는 것은 교회를 세속화 타락시키는 결과를 초래할 수밖에 없다.

이 총회 시 제2부 순서에서 유대교 · 불교 · 이슬람교 · 천주교 · 힌두교 · 시크교 · 일본의 신토이즘 등 15명의 타종교인들이 다 같이 모여 십자가를 떼버리고, 십자가 대신 큰 통나무 기둥을 세워놓고 그 앞에서 춤을 추며 혼

합예배를 드렸다. 이는 제5차 나이로비 총회 때보다 3배나 많은 숫자이다.

정의 · 평화 · 창조의 보전(J.P.I.C.=Justice, Peace and The Integrity of Creation)-밴쿠버 총회에서(1983)

정의 · 평화 · 창조의 보전은 W.C.C.가 1980년대 초부터 가장 우선시하는 과제들 중의 하나이다. 원래 정의 · 평화 · 창조의 보전은 1983년 W.C.C. 제 6차 밴쿠버(Vancouver) 총회에서부터 거론되었다. 정의 · 평화 · 창조의 보전은 세계도처에서 발생하는 정치적 탄압, 경제적 착취, 군사적 독재, 인권유린, 인종차별, 성차별, 과학과 기술의 남용, 자연환경의 훼손 등으로부터 야기되는 여러 가지 문제들을 해결하자는 것이다.

다시 말하자면 불의 · 전쟁 · 환경의 파괴 등으로부터 정의가 숨 쉬고, 평화가 깃들고 훼손된 환경이 다시 회복하여야 한다는 주장이다. 이런 문제들에 대하여 교회들이 무관심과 침묵으로부터 전향하여 전적으로 정의 ·평화 창조의 보전에 참여하여야 한다는 것이다.

정의 · 평화 · 창조의 보전-서울 대회 1990. 3.5-12

정의 · 평화 · 창조의 보전 서울 대회가 1990년 서울 잠실체육관 역도경기장에서 개최되었었다. 서울 대회에서는 10가지 성명서(ten affirmations)를 발표하였다.

7. 세계교회협의회(W.C.C.) 제7차 총회

일시 : 1991. 2. 7-20.

장소 : 호주 캔버라(Canverra, Australia)

주제 : 오소서 성령이여-만물을 새롭게 하소서!

참가 회원 교단 : 317 회원 교단, 842명 대표

중앙위원회 의장 : Heinz Joachim Held

중앙위원회 부의장 : Metropolitan Chrysostomos

의장단 : H. E. Dame R, Nita Barrow, Marga Buehrig, Metropolitan
    Paulos Mar Gregorios, Johannes W. Hempel, Ignatios IV, W. P.
    Khotso Machulu, Lois M. Wilson

총무 : 에밀리오 카스트로(Emilio Castro)

캔버라 총회는 독일의 베를린 장벽(Belin wall)이 무너지고 동시에 냉전(Cold war)도 종식되고, 동구라파 여러 나라들이 서유럽 나라들의 경제제도(사장 경제)를 도입한 후 처음으로 열리는 총회이었다.

W.C.C. 제7차 총회는 호주(오스트레일리아)의 수도 **캔버라**(Canberra)에서 1991년 2월 7일부터 21일까지 개최되었다. 이 총회에는 세계 113개국, 316교단에서 7교단이 또 새로이 가입하므로 총 323개 회원 교회 대표들이 참석하였다. 7개 교단은 필리핀성공회, 침례자유오순절교회, 남아공화국화란개혁교회, 볼리비아루터교회, 엘살바도르침례교회, 산살바도르루터교회 등이다. 총대는 947명 중 889명이 참석하였다.

대표들 중에는 여성·청년·평신도들이 절대과반수 이었다. 따라서 여성·청년·평신도들이 움직이는 단체라는 인상을 짓게 한다.

• 로마 가톨릭교회에서는 25명이 옵저버로 참석하였고, 그 이외에도 상당수의 가톨릭 신도들이 방청하였다.

• 이 총회에는 이방종교들에서 10명의 대표자들, 1500명의 방문객들 그리고 비회원교단들로부터 200명의 옵저버들도 참석하였다.

• 이 대회에 이북의 **"북한조선기독교도연맹"** 고기준 목사, 이철민 목사, 엄영섭씨 등 대표 4명이 옵저버 자격으로 참석하였다. 그들은 조선민주주의인민공화국(북한)에는 기독교도연맹 교인수가 1만 명이 넘고, 교회는 둘(2)이 있다고 주장하였다. 물론 그 당시는 평양에 장충교회와 봉수교회만 있었다. 그러나 지금은 평양에만 장충교회, 봉수교회 이외에도 칠곡교회, 반석교회, 장대현교회 등이 있으며 이 교회들은 모두 조선기독교연맹산하 교회들이다. 조선기독교연맹산하 목사와 신자들은 김정일 정권의 꼭두각시들이고, 참 신자들은 지하에서 옛 신앙을 지키기 위하여 핍박 중에도 인내로 믿음을 지키고 있다.

• 이 총회에서도 힌두교, 불교, 이슬람교, 시크교, 유대교, 조르아스터교, 천주교 등 15개 종파들을 초청하여 모든 프로그램에 동참케 하였다. 저들의 궁극적 목적은 기독교 내의 여러 교파·교단들과 가톨릭교는 물론 이방종교들까지도 **포용**하여 종교다원주의를 모색하는 것이다.

정현경 교수의 초혼제

특히 한국에서는 당시 이화여자대학교 기독교학과 정현경 교수(조직 신학)가 제3세계와 여성을 대표하여 **"성령이여 오소서! 온 누리를 새롭게 하소서"**라는 주제를 발표하였다. 그리고 정 교수는 무릎을 꿇고 앉아서 초혼문을 읽으면서 초혼제를 진행하였다.

8. 세계교회협의회(W.C.C.) 제8차 총회

일시 : 1998. 12. 3.-14.

장소 : 짐바웨 하라레(Harare, Zimbawe)

주제 : 하나님께 돌아가라. 희망 중에 기뻐하라.

참가 회원 교단 : 336개 회원 교단, 966 대표

중앙위원회 의장 : Aram I. Cathalicos

중앙위원회 부의장 : Marion S. Best Sophia O. A. Adinyira

의장단 : Agnes Abuom, Kathryn Bannister, Jabez Bryce,
　　　　Chrysostomos of Ephesus, MoonKyu Kang, Federico J. Pagura, Eberhardt Renz, Zakka I Iwas Ignatius

총무: 콘라드 레이지(Konrad Raiser)

W.C.C. 제8차 총회는 1998년 12월 3일부터 14일까지 아프리카 짐바웨(Zimbawe)의 수도 **하라레**(Harare)에 있는 짐바웨 대학교에서 개최되었다. 이번 총회는 W.C.C. 창립 50주년을 맞이하는 **희년 총회**이며, 인종차별 투쟁사업 30주년 **기념 총회**이며, 20세기 W.C.C. 마지막 총회이며, 1975년 케냐 나이로비에서 제5차 W.C.C. 총회에 이어 두 번째로 아프리카 대륙에서 열리는 총회이었다.

966명의 총대들 중에는 남자 599명, 여자 367명, 청년 134명이었다.

넬슨 만델라—W.C.C. 총회에서 연설

총회 기간이 끝날 무렵 1998년 12월 3일(일요일) 남아프리카 대통령 넬슨 만델라(N. Mandela)가 총회를 방문하였다. 그는 W.C.C. 총회에서 연설하기를,

"W.C.C.는 사람의 권리를 위해 눌린자와 착취당하는 자편에 서서 싸운 선구자로 항상 알려져 왔습니다(WCC has always been known as a champion of the oppressed and the exploited). 다른 한편 W.C.C. 이라는 명칭은 우리나라를 지배해온 사람들(백인)의 마음에는 두려움이 됩니다. 우리 사람들 다수는 W.C.C.라는 명칭을 기쁨으로 듣습니다. W.C.C.는 우리에게 큰 용기와 감명을 줍니다 …"라고 치하하면서 앞으로도 W.C.C.가 계속 눌린자와 착취당하는 자들을 위하여 싸울 것을 당부하였다.

만델라는 계속하여 말하기를 "… W.C.C.가 지난 30년 동안 남아프리카 공화국과 남부 아프리카의 여러 해방운동 단체들(공산주의 게릴라 단체들)을 지원해 온 것에 대하여 깊이 감사한다"라고 하였다.

비평(A Critique)

로마 기톨릭과 W.C.C.는 에큐메니칼(일치·연합) 운동의 일환으로 1965년부터는 연합사업그룹(J.W.G.=Joint Working Group)을 신설하고 연합운동을 촉진하고 있다. 물론 로마 가톨릭의 교리와 예배의식(예전)은 개신교회들의 교리와 예배의식과 일치하지 않는 것들이 많이 있다. 물론 개신교회들에는 다양한 교파·다양한 교리, 그리고 예배의식이 있어서 개신교 안에서도 일치란 불가능하다. 저들은 유형적 연합을 주장하나, 무형적 연합에 근거하지 않은 유형적 연합이란 인본주의적·세속적 조직의 연합에 불과하다.

가톨릭 교황 요한 바오로 2세(John Paul Ⅱ)-W.C.C.에 축하 메시지

W.C.C. 창립 50주년(희년)에 즈음하여 교황 **바오로 2세**는 W.C.C. 총무 콘라드 레이저(Konrad Raiser) 앞으로 1998년 11월 24일 축하 메시지를 보냈고, 그 축하 메시지는 12월 4일 마리오 콘티(Mario Conti, 스코틀랜드)가 대독하였다.

"… W.C.C.와 가톨릭과의 관계에 관하여 연합사업그룹(J.W.G.)의 테두리 안에서 미래 연합의 방향으로 나아가는 길이 우리의 희망이다 …"

비평(A Critique)

동방정교 콘스탄티노플 대주교 바돌로메오(Bartholomew)와 동양정교 전

(全) 아르메니아 대주교 카레킨 I 세(Karekin I)도 W.C.C. 창립 50주년(희년) 축하 메시지를 보냈다.

김대중(Kim Daejung) (前)대통령 - W.C.C.에 축하 메시지

"저는 W.C.C. 제8차 총회가 금년 짐바웨의 하라레에서 개최됨을 매우 기쁘게 여기며, 모든 참가자분들에게 나의 마음 중심으로 축하드립니다 … 남아프리카의 넬슨 만델라(Nelson Mandela) 대통령이 W.C.C. 총회를 방문하고 연설한 것은 W.C.C.가 저를 포함하여 고난과 핍박받은 사람들을 위하여 투쟁하여 왔다는 증거입니다 … 저는 이 총회가 넘치는 축복의 축제(festival)가 되기를 진심으로 희망합니다 …"

1998년 12월 2일 김대중.

비평(A Critique)

김대중 씨는 대한민국의 대통령이었다. 그리고 대한민국은 무신론 공산주의를 반대하고 자유민주주의와 시장경제를 주축으로 한 자유 대한민국이다. 그런데 어떻게 자유 대한민국 국민이라는 사람이 처음부터 공산주의를 찬양하고 공산주의 게릴라 단체들에게 오랜 세월 동안 막대한 자금을 제공해온 W.C.C., 막스주의의 탈을 쓴 해방신학을 주장해온 W.C.C., 여성 안수는 물론 호모 섹스자들(동성애자들)에게까지 성직 안수를 장려하는 기독교의 타락된 그 단체를 어떻게 옹호하며 축하 메시지를 보낼 수 있겠는가? 자유 대한민국 국민이라면, 있을 수 없는 일이다.

9. 세계교회협의회(W.C.C.) 제9차 총회

일시 : 2006. 2. 14-23.
장소 : 브라질 포르토 알레그레(Porto Alegre, Brazil)
주제 : 하나님 당신의 은총으로 세상을 변화시키소서!
참가 회원 교단 : 347개 회원 교단, 728명 대표
총무 : 사무엘 코비아(Kobia, Samuel)

W.C.C. 제9차 총회는 브라질의 남부도시 **포르토 알레그레**(Porto Alegre,

Brazil)에 소재하는 **리오 그란데 대학교**(Univ. of Rio Grande)에서 2006년 2월 14일부터 23일까지 개최되었다.

이 총회에는 110개 이상의 나라에서 348개 회원 교단에서 691명의 총 대와 510명의 에큐메니칼 기구 관계자들을 포함한 약 4,000명이 참석하였 다. 회원 교회들은 개신교회들, 성공회, 침례교, 루터교, 감리교, 장로교, 개 혁교, 오순절교 그리고 수많은 독립교회들의 혼합체이었다.

제4분과(Section 4), "우리의 교회를 변화시키소서 !"

"… 변화는 단지 이미 있는 그 무엇에 어떤 것을 더 첨가(add)하는 것 만은 아니다. 변화는 교회와 사회 안에 모든 사람들을 위한 정의. 평화. 평 등을 촉진하기 위하여 기독교 전통의 인식론적 구조. 제도적 구조(조직)등 의 근본적 변화이다.

… 우리 교회를 변화시키기 위하여는 교회들 간의 비판적 다른 점들도 주의를 기울이는 것이 필요하다. 예를 들면 어떤 교회들은 여성안수를 허락 하지 않고 있는 반면에 어떤 교회들은 성적 소수(sexual minority-호모 섹 스자들: 저자 주)에도 성직을 위한 안수를 허락하고 있다. 그러므로 우리의 교회를 변화시켜야 한다는 것은 교회를 전적으로 다른 방향으로 바꾸는 것 이다. 그러기 위하여는 제도적 구조의 변화를 위한 회개가 있어야 한다. 회 개가 없이는 교회의 변화는 불가능하다.

… 변화는 신학적 교육기관들, 에큐메니칼 단체들의 변화가 있어야 한다.

… 개혁(reform)과는 달리 변화(transform)는 바로 밑바닥의 근본적인 변화를 요구한다.

비평(A Critique)

W.C.C.는 "**우리의 교회를 변화시키소서!**"에서 여성들에게와 성적 소수 (sexual minority, 동성애자들)에게 성직을 위한 안수(priestly ordination) 곧 여자목사, 호모섹스(동성애)목사 안수를 허락할 것을 강력히 주장하였다.

"교회는 여자목사 안수 반대, 동성애자 목사 안수 반대에서 방향을 전적 으로 전향하여 여자 목사 안수와 … 동성애자 목사 안수를 허락할 것과 신 학교를 위시한 신학교육 기관들과 에큐메니칼 운동 단체들이 변화되어야 한다"라고 주장하였다.

실제상 W.C.C. 안에는 동방정교 · 동양정교 등을 위시한 소수의 몇몇 교단들 이외에 절대 다수의 교회들은 여성들에게 목사 안수를 주는 것은 물론 상당수의 교회들이 동성애자들에게도 목사 안수를 시행하고 있다.

※ **참조:** 여성 안수와 동성애자 안수가 얼마나 비성경적인가를 깨닫기 위하여는 본서의 특집 여성안수와 동성애자 안수를 참고할 것.

W.C.C. 포괄적 언어(inclusive language) 사용을 권장

"오늘 저는 언어위원회(a language committee)를 W.C.C. 안에 신설할 것을 강력히 제안한다.

언어위원회는

첫째, 모든 문서에 **포괄적 언어**(inclusive language)를 얼마나 사용하는지 조사하는 것과, 계속적으로 포괄적 언어를 신학적 · 역사적 · 사회적 · 심리학적 · 정치적 적용을 이론화하는 것과,

둘째, 사회 저변에 있는 사람들의 권리와 존엄성을 향상하는 언어들이나 용어들을 창출하는 것과,

끝으로, W.C.C. 내에서 공식적 언어들의 표준화를 위하여 지속적으로 결정적 해결책을 모색하는 것이다."

비평(A Critique)

포괄적 언어란 여성해방, 여권운동, 남녀평등의 일환으로 남성들 여성들 그리고 동성애자들이 공히 사용할 수 있는 언어를 말한다.

예를 들면 왕을 지배자(King → Ruler)로, 남자를 사람(Man → Person)으로, 형제를 형제자매(Brethren → Brothers and Sisters)로, 경찰을 경찰관(Policeman → Police Officer), 의장을 의장(Chairman → Chairperson) 등으로 바꾸어 사용하는 것을 말한다.

10. 세계교회협의회(W.C.C.) 제10차 총회 개최지 유치 건에 관하여

한국기독교교회협의회(N.C.C.K.) 대표단 - W.C.C. 본부 방문.

한국의 자유주의 교회들의 연합단체인 한국기독교교회협의회(N.C.C.K.) 회장이며 대한예수교장로회(통합) 총회장인 **김삼환** 목사와 **조성기** 사무총장 일행은 2008년 10월 14일 스위스 제네바에 있는 W.C.C. 본부를 방문하여 **사무엘 코비아**(Samuel Kobia) W.C.C. 총무와 회동하고 그 자리에서 "한국 교회와 정부, 국민들은 W.C.C.와 세계 에큐메니칼 운동에 큰 빚을 졌습니다. 선교 지원을 받기만 했던 한국 교회가 이제는 그 은혜에 보답하려고 합니다. 앞으로는 한국 교회가 W.C.C.의 사역에 적극 협력해서 재정적 인적 지원도 하겠습니다"192)고 약속하였고, 2013년에 개최될 W.C.C. 제10차 총회를 한국에서 개최할 것을 공식 요청하였다.

한국 부산으로 결정 : W.C.C. 제10차 총회 장소는 2009년 8월 31일 오후 7시(현지 시간) 제네바 에큐메니칼 센터에서 제57차 W.C.C. 중앙위원회(150명)에서 장기간 토론 끝에 투표로 들어가 70대 59로 2013년 한국의 부산에서 개최하기로 결정하였다. W.C.C. 제10차 총회를 유치하기 위해 한국을 비롯해 시리아의 다마스커스(Damascus), 에디오피아의 아디스 아바바(Addis Ababa) 등도 신청했었다. 그리스의 로데스는 다마스커스의 유치를 위해 경선을 철회하였고, 최종적으로는 한국과 다마스커스의 접전이었다.

김삼환 목사는, "세계교회협의회 유치는 우리 시대에 다시 잡기 어려운 기회 … W.C.C. 총회 유치는 한국교회의 에큐메니칼 운동을 강화시키기 위하여 하나님이 주시는 선물이다. 올림픽, 월드컵과 같은 국가적인 축제에 온 국민이 참여하듯이 국민과 교회가 이 일에 관심을 가져달라"고 했다.

조용기 목사는, "앞으로 한국에서 개최될 W.C.C. 총회는 한국 교계의 위상을 한 단계 더 높이고… 이를 계기로 서로 나뉘어져 있는 교단과 교파가 하나가 되어 하나님 나라의 확장에 분발하여 나아가야 할 것이다"라고 하였다.

---

192) 크리스천투데이, 2008. 11. 26., 주간 제361호 5면.

비평(A Critique)

상기와 같이, "W.C.C. 는 자유주의를 추구하지 않는다. 좌경화된 사회참여 일변도로 나가지 않는다. 초대형 교회로 만드는 것 아니다. W.C.C.의 신학적 입장은 상당히 보수적이다. 한국 교계가 W.C.C.에 대하여 보다 더 분명히 알게 되었으면 좋겠다"고 허위와 거짓으로 오도하고 있다.

VII. 세계교회협의회의 에큐메니칼 운동
(W.C.C.'s Ecumenical Movement)

세계교회협의회에서 처음부터 추진해온 최우선 순위의 사업은 에큐메니칼 운동(연합 일치운동)이다. W.C.C.의 에큐메니칼 운동이란 곧 교회의 유형적 · 조직적 · 기구적 · 비성경적 연합(일치) 운동을 말한다. 원래 에큐메니칼(ecumenical)이란 단어는 헬라어 "오이쿠메네"(οἰκουμένη; one world; inhabited world; 한 세계; 사람이 사는 세계)에서 인출된 낱말로서 **이 단어의 현대적 의미는 두 교회 또는 두 교파 이상의 연합(일치)을 뜻한다.** 그러나 그들은 "교리와 신조, 신앙고백이 일치하지 않는 교회들이 어떻게 연합 운동에 같이 동참할 수 있겠는가?"라는 큰 원칙적 문제에 봉착하게 되었다.

이때 W.C.C. 자유주의자들은 교리적 차이로 인한 논쟁을 피하고 연합사업을 할 수 있는 묘한 방안을 하나 착안하였다. 그것이 곧 **"교리는 달리 하나 봉사는 같이 한다"**(Doctrine Divides, Service Unites)는 슬로건이다. 이 슬로건은 영적 분별력이 없는 수많은 자유주의 지도자들과 추종자들을 현혹시키는 데 있어서 충족한 마귀의 기만적 술책임을 우리는 분명히 인식해야 한다. 그 이유는 성경이 가르치는 참된 연합은 신령한 신비적 연합으로서 교리와 신조, 신앙고백의 일치가 없이는 불가능하기 때문이다. 사실상 W.C.C. 안에는 너무나 많은 각종 교파들(헬라정교 · 애굽의 콥틱교회 · 구 카톨릭교회 · 가톨릭교회 · 루터교 · 성공회(영국교회) · 회중교회 · 장로교 · 감리교 · 개혁교 · 침례교 · 형제교회 · 메노나잇교회 · 모라비안교회 · 그리스도교·하나님의성회(신 오순절파) 등과 그들의 각종 각양 상이한 신앙 조류가 흐르고 있으므로 신앙고백의 일치란 불가능하다.

연합사업그룹(J.W.G.=Joint Working Group)

1960년 교황 요한 23세(John XX III., 교황 재직 1959. 10. 28-1963. 6. 3)는 개신교의 여러 교파들과의 연합을 위하여 바티칸 교황청 안에 **기독교일치촉진국**(P.C.C.U= Pontifical Council for Promoting Christian Unity)을 신설하였다.

• 1965년에는 "교황청기독교일치촉진국"과 세계교회협의회 중앙위원회가 **"연합사업그룹"**(J.W.G: Joint Working Group)를 신설하고, 공동의 관심사와 협력을 증진하고 연합 운동을 위하여 정기적으로 회합을 갖기 시작하였다. W.C.C.의 **"21세기 에큐메니칼 운동 프로그램"**부서와 가톨릭교의 **"교황청기독교일치촉진국"**(P.C.C.U.)은 연합을 위하여 서로 긴밀히 협동하고 있다. 지금은 **"교황청기독교일치협의회"**(Pontifical Council for Christian Unity)로 명칭이 변경되었다. 그들은 교리적 차이점들, 선교에 관한 문제들, 정의·평화 및 화해에 관한 문제들 등에 관하여 해결책들을 모색하고 있다.

• 로마 가톨릭은 W.C.C.에 정회원은 아니나, W.C.C.의 "신앙·직제위원회"(Commission on Faith and Order)의 정회원으로 적극 활동하고 있다. 한 거름 더 나아가서 "연합사업그룹"(J.W.G.)은 타종교들과의 대화와 협력에도 주력하고 있다.

• 1968년 W.C.C. 제4차 웁살라 총회에서는 9명의 로마 천주교 신학자들이 W.C.C. 신앙·직제위원회의 정회원으로 임명되었다.

• 세계교회협의회는 W.C.C. 제4차 총회 때(1968)부터 가톨릭 대표들을 계속 초청해 왔다.

• 1969년에는 가톨릭교 교황 **바오로 6세**(Pope Paul VI)가 스위스 제네바에 있는 W.C.C. 본부를 방문한 역사적 사건이 있었다. 그 이후 로마 가톨릭교는 개신교들과의 에큐메니칼 운동에 참여하는 일이 빈번하게 되었다.

세례 · 성찬 · 사역(B.E.M.=Baptism, Eucharist and Ministry)

세계교회협의회(W.C.C.)는 **"신앙 · 직제위원회"**(Commission

on Faith and Order)로 하여금 에큐메니칼 운동에 좀 더 주의를 기우릴 것과 1977년 **신앙·직제** 50주년을 기념하면서 예배에서 **세례·성찬·사역** 등에 관하여 신학적 일치를 위하여 연구토록 지시하였다.193) 이에 "신앙·직제위원회"는 1982년 1월 15일 남미 페루의 수도 **리마**(Lima, Peru)에서 개최되었다. 이 위원회에서 채택한 가장 중요한 안건은 **세례·성찬·사역**(B.E.M.)으로, 특히 "성찬"이란 공동성찬을 말한다. 다시 말하면 공동성찬의 목적은 신앙고백·교리·예배 의식 등이 일치하지 않는 다양한 교회 사람들이 같은 장소에서 모두 같이 성찬에 참여하므로 모든 사람들이 하나가 되자는 것이다. 이른바 **초교파적 성찬론**이 형성된 것이다.

신·구교 2009년 그리스도인 일치기도회-서울에서

개신교와 천주교, 성공회 등의 지도자들과 신자들은 한자리에 모여 교회 일치를 위한 기도회를 개최하였다.

2009년 1월 18일 오후 서울 올림픽공원 올림픽홀에서 "2009년 그리스도인 일치 기도회'를 갖고 서로 사랑하며 하나의 공동체를 이루게 하소서"라고 한목소리로 기도했다. 기도회에는 정교회한국대교구, 한국가톨릭교주교회의, 한국기독교교회협의회, 정교회, 루터교 등의 신자 2000여 명이 모였으며, 이들은 '그리스도인 일치 기도주간'(18-25일)을 맞아 함께 기도하는 자리를 마련했다. 올해는 특히 세계교회협의회(W.C.C.)가 정한 '한국 그리스도인 일치 기도의 해'로 이날부터 시작되는 '그리스도인 일치기도 주간'에 한국 교회가 마련한 기도문과 예식자료가 세계 공통으로 사용된다는 점에서 더욱 뜻 깊은 행사가 되었다고 주최측은 자아 자찬하였다.

이날 기도회에는 정진석 추기경(가톨릭교 서울대교구장), 김삼환 N.C.C.K. 회장, 사무엘 코비아 세계교회협의회 총무, 오스발도 파딜라 교황대사, 유인촌 문화체육관광부 장관 등이 참석해 눈길을 끌었다. 기도회에서는 N.C.C.K. 회장 김삼환 목사와 가톨릭교구교회의 교회일치위원장 김희중 주교, 정교회 한국대교구 나창규 대신부, 대한성공회관구장 박경조 주교 등 에큐미네칼 지도자들이 단상에서 두 개로 나뉜 십자가를 하나로 연결하는 '일치 십자가 세우기'를 진행하며 신-구교의 일치를 소망했다.

---

193) Faith and Order Paper No.84.

W.C.C. 제6차 총회 시(1983년 7월 24일-8월 10일, 캐나다의 밴쿠버에서)에도 그들은 가톨릭교·불교·이슬람교·유대교·시크교 대표자들을 초청하여 그들의 연설을 청취하였으며, 그들과 함께 연합 예배를 드렸다.

W.C.C. 밴쿠버 총회는 선언하기를, "우리는 우리가 증거하는 예수의 탄생·생애·죽음·부활의 독특성을 주장하는 한편, 다른 신앙들(종교들)을 가진 사람들 가운데도 종교적 진리의 추구에 하나님의 창조적 사역이 있음을 인정한다 …. 대화로써 우리는 하나님께서 우리의 세상에 어떻게 활동적 이신지를 더 분별하고, 다른 신앙을 가진 사람들이 궁극적 실재(존재)에 대해 가지고 있는 통찰들과 경험들을 그것들 자체 때문에 감사하기를 기대한다"고 하였다.194)

• 1996년 3월에는 기독교와 이슬람교 지도자들, 학자들, 사회 활동가들 약 50명이 필리핀의 마닐라에서 모여 "신앙과 공동체: 변천하는 아시아에서의 이슬람과 기독교의 협동과 이해"라는 주제하에 회의를 개최하였다. 이 회의는 아시아교회협의회, 필리핀교회협의회, 필리핀 대학교 이슬람 연구소가 주최하였다.

• 1996년 4월에도 W.C.C. 총무 **콘라드 레이저**(Konrad Raiser)는 **폴란드 에큐메니칼협의회** 50주년 심포지엄에 참석하였다. 그 심포지엄에는 루터교, 정교, 구교, 개신교 지도자들이 참석하였으며, 로마 가톨릭교 대표들도 참석하였다.195)

• 1966년 6월에는 **중동교회협의회**(Middle East Council of Churches)가 예루살렘에서 개최되었는데 그 회의에는 거의 모든 기독교 지도자들과 아랍 세계의 이슬람교 지도자들이 참석하여 중동의 평화 문제를 논의하고 이스라엘과 미국의 중동 정책을 비난하였다.

• 1966년 11월에는 W.C.C.와 이란 이슬람 단체가 이란의 테헤란에서 공동으로 주최한 이슬람 문화와 교제를 위한 심포지엄이 있었다. 이 심포지엄의 주제는 "변천하는 세계에서의 종교의 역할"이었다. 여기에는 11명의 W.C.C. 대표단과 약 20명의 이란의 이슬람 학자들과 지도자들을 위시하여

---

194) *Gathered for Life,* p. 40.
195) N.C.C.C. U.S.A., *Yearbook,* 1997. pp. 18-9.

약 250명이 참석하였다.

종교 다원주의(Religious Pluralism)의 부당성

1) 종교 다원주의는 진리의 양보(포기)를 가져온다.

종교다원주의는 성경만이 하나님의 유일 무의한 초자연적 계시임을 부인하고, 예수 그리스도만이 죄인의 유일한 구주이심을 부인하고, 만인구원설로 유도하는 결과를 초래한다.

그러나 불신자들과 타 종교들의 구원을 위한 기독교의 교훈은 그들과의 대화나 타협이 아니라, 하나님의 말씀을 권위적으로 선포함이다. 성경은 다음과 같이 선포하고 있다. "나는 길이요 진리요 생명이니 나로 말미암지 않고는 아버지께로 올 자가 없느니라"(요 14:6). "… 누구든지 저(예수 그리스도)를 믿는 자마다 멸망치 않고 영생을 얻으리라"(요 3:16). "다른 이로써는 구원을 얻을 수 없나니 …"(행 4:12). "주 예수를 믿으라 그리하면 너와 네 집이 구원을 얻으리라"(행 16:31).

2) 종교 다원주의는 기독교의 절대성을 부인하는 결과를 초래한다.

W.C.C.의 지도자들 중에는 기독교의 절대성을 명백히 부인하는 자들이 많이 있다. W.C.C.의 "타 종교와 이념과의 대화" 분과장인 **웨슬리 아리아라자**(S. Wesley Ariaraja)가 그 대표적 예이다. 그는 1985년 W.C.C.를 통해 공식적으로 출판한 『**성경과 타 종교인들의 신앙**』(The Bible and People of Other Faiths)이라는 그의 책에서 그는 말하기를, "절대적 의미에서의 진리는 어느 누구도 파악할 수 없고, 우리는 예수에 관한 기독교의 주장들이 성 요한, 성 바울 그리고 성경이 그렇게 주장하기 때문에 절대적이라고 말해서는 안된다"고 하였다.[196] 그가 기독교의 절대성을 부인하는 이유는

① 성경이 명확한 기독론을 가지고 있지 않고, 서로 다르고 모순된 기독론을 가지고 있기 때문이며.[197]

② 성경의 언어는 신앙의 언어이기 때문이라고 한다.[198]

---

196) S. Wesley Ariaraja, *The Bible and People of Other Faiths*, W.C.C., p. 27.
197) Ibid., pp. 21-2, 67.

또한 그는 이교도들도 같은 하나님의 자녀들이며 회개해야 할 자들이 아니라고 주장하였다. "기독교의 신, 힌두교의 신, 무슬림의 신이 따로 있는 것이 아니라, 하나님에 대한 기독교적 이해, 힌두교적 이해, 이슬람교적 이해가 있을 뿐이다 …. 타 종교인도 하나님의 자녀이므로, 우리는 형제자매요, 순례자이지 이방인이 아니다. 우리는 한 창조주 하나님께 속한다 …. 힌두교도는 회개의 대상이 아니다. 그는 동료 순례자이다."199)

심지어 그는 기독교의 절대성을 주장하는 것은 전도에 가장 큰 방해거리라고 말한다. "만일 당신이 나에게 참된 증거의 가장 큰 방해거리였던 한 가지 요인을 골라내라고 요청한다면, 나는 어떤 그리스도인들이 그리스도에 대한 절대적 주장들이 그것이라고 말할 것이다."200)

비평(A Critique)

기독교의 절대성을 부인하는 것은 불신앙이요, 진리를 포기함이요, 반기독교적 이적 행위이다. 기독교의 절대성은 무엇인가? 성경만이 우리가 어떻게 믿고, 어떻게 행할 것을 계시한 유일무이한 그리고 정확무오한 하나님의 말씀이다. 성부·성자·성령·삼위일체 하나님만이 유일하신 하나님, 영원자존자·절대주권자·창조자·섭리자·보존자·심판자이시다. 사람은 범죄하여 전적 타락·전적 부패·전적 영적 무능의 상태에 처하게 되었다. 그러므로 인간의 노력이나 선행으로는 의롭다함을 받을 그리고 구원받을 육체가 없다.

세상 종말은 필히 도래할 것이며 그리스도께서 재림하셔서 선악간에 심판하시고 선한 자(믿는 자)는 천국에서 영생복락을, 악한 자(불신 자)는 지옥에서 영원 형벌을 받을 것이다. 이 말씀들은 기독교의 절대성이므로 대화의 논의대상이나 타협 또는 양보가 있을 수 없다.

3) 종교 다원주의는 기독교와 타 종교를 동등시하는 결과를 초래한다.

종교 다원주의는 기독교의 독특성을 파괴하고, 타 종교들을 격상시켜 기독교와 동등시하는 결과를 가져온다.

---

198) Ibid., pp. 6, 9, 24, 26.
199) Ibid., pp. 9-11, 56.
200) Ibid., p. 53.

종교 다원주의는 초자연적 계시의 기독교와 사신우상(私神偶像)을 섬기는 이방 종교들을 동등시하며, 우리 주 예수 그리스도를 세상의 인조 종교(人造 宗敎) 창시자들과 동등시하는 결과를 초래하게 된다.

"저희 우상은 은과 금이요 사람의 수공물이라 입이 있어도 말하지 못하며 눈이 있어도 보지 못하며 귀가 있어도 듣지 못하며 코가 있어도 맡지 못하며 손이 있어도 만지지 못하며 발이 있어도 걷지 못하며 목구멍으로 소리도 못하느니라"(시 115:4-7).

4) 종교 다원주의는 종교 혼합주의(Syncretism)라는 종착역에 도달케 되었다.

종교 혼합주의는 모든 이방종교들의 소위 좋은 요소들을 연구하고 종합하여(mix) 혼합하는 것을 말한다. 모든 종교를 상대적이고, 포용적이고, 실용적인 면에서 구별 없이 받아드리는 것이다. W.C.C.의 보쎄 에큐메니칼 연구소 초대 소장 크래머(Kramer, Hendrik, 1888. 5. 17-1965. 11. 11)이나 W.C.C. 제7차 총회 때 초혼제를 행한 정현경 교수 같은 사람들은 종교 다원주의 → 종교 혼합주의의 대표적 인물이다.

Ⅷ. 세계교회협의회의 인종차별 투쟁사업
(P.C.R.: Program to Combat Racism)

W.C.C. 공산주의 게릴라 단체들에게 막대한 자금제공

세계교회협의회(W.C.C.)는 1948년 8월 15-31일까지 화란의 암스텔담(Amsterdam)에서 창립총회를 개최하였으나, W.C.C.의 모체들 중 하나인 1925년 스웨덴의 스톡홀름(Stockholm)에서 시작된 **"생활과 봉사운동"**(Life and Work Movement)이래 1968년 스웨덴의 웁살라(Uppsala)에서 W.C.C. 제4차 총회가 개최될 때까지 40년이 넘도록 인종차별문제에 관하여 관심은 있었으나 인종차별 문제를 어떻게 어떤 방법으로 해결할 것인가에 대하여는 구체적인 방안이 없었다.

그러나 미국의 민권 운동가 **마틴 루터 킹**(Martin Luther King)의 암살 사건으로 기폭제가 되어 1968년 W.C.C. **제4차 총회 때부터**는 인종차별을 반대하는 수단과 방법으로 과감한 투쟁 방법을 택하고 인종차별 국가들, 단체들, 교회들, 개인들 등에 반대하여 폭력과 비폭력을 모두 사용하기 시작하였다.

세계교회협의회(W.C.C.)에서 1970년대와 1980년대에 가장 중요한 사업으로 전개한 인종차별 투쟁사업(P.C.R.)이란 공산주의 게릴라 단체들을 두둔하면서 그들에게 막대한 자금을 제공해 왔다.

이 자금은 W.C.C. 산하 교회 신도들이 바친 헌금과 개인이나 단체들의 특별 기금으로 마련되었다. **리더스 다이제스트**(Reader's Digest)201) 에서는 **"당신의 교회 헌금이 어디로 가고 있는지 아는가?"**라는 제목 아래 W.C.C. 산하 교회에 참석하는 신도들이 바치는 헌금이 급진적이며, 혁명적이며, 폭력적인 공산주의 게릴라 단체들을 위시하여 반국가적 단체들에게 제공되고 있다고 폭로한 바 있다. 같은 내용들이 지난 1983년 1월 23일에는 **미국 CBS-TV 60분 프로**에서도 저녁 7시부터 40분간 전국에 방영된 바 있다.

---

201) Reader's Digest, 1983년 1. p. 120)

인종차별투쟁사업(P.C.R.)

WCC가 공산주의 게릴라 단체들을 위시하여 여러나라의 좌경 단체들에게 상당한 기간 동안(적어도 20년) 거액의 자금을 제공해 온 것은 WCC 제2대 총무 **유진 칼슨 블레이크**(Eugene Carson Blake, 총무재직 1966-1972)로부터 시작하여 제3대 총무 **필립포터**(Philip Potter, 총무재직 1972-1984) 시대에 절정에 이르렀고, 제4대 총무 **에밀리오 카스트로**(Emilio Castro, 총무재직 1985-1992)때 막을 내린 것이다. 이들 2대, 3대, 4대 총무들의 프로필을 본서 제7장 WCC의 역대 총무들을 참조할 것이다.

1968년 스웨덴 웁살라(Uppsala, Sweden)에서 개최된 W.C.C. 제4차 총회에서는 정의와 해방(Justice and Liberation)의 이름으로 아프리카 최남단에 위치한 남아프리카공화국과 로데지아 및 기타 나라들이 서방 자본주의 국가들과의 관계를 단절하고 인종차별투쟁사업이라는 것을 전개할 것을 건의하였다.

웁살라 총회의 제의는 W.C.C. 실행위원회(Executive Committee)로 이첩(移牒)되었고, **"실행위원회"**는 1969년 5월 19일-24일까지 영국 런던 서부 지역 **낫팅 힐**(Nothing Hill)에서 당시 미국 상원 위원이었던 민주당 소속 자유주의자, 미국연합감리교 소속 **조지 맥거번**(George McGovern)씨 사회 하에 30개 국 이상에서 자유주의 신학자들과 교회 중진급 인사들이 모여 인종차별의 해결책을 모색하였다. 즉 인종차별 정부들을 반대하여 교육적 노력, 사회적·정치적 활동 및 경제적 봉쇄를 가함으로써 인종차별 문제를 해결할 수 있다고 주장하고, 이것을 W.C.C. 사업으로 추진할 것을 결의하였다. "우리는 교회들이 자선·기부 그리고 전통적 프로그램을 넘어…사회의 급진적 과격한 재건을 위한 기구들(agents)이 되기를 요청한다. 변화가 없으면 정의가 있을 수 없다"고 하였다.

이때부터 W.C.C.의 인종차별투쟁사업은 W.C.C. 회원교단들 안에서 심각한 문제로 대두되기 시작하였다. W.C.C.의 보다 더 급진적이고 과격하며, 세속적이고 물리적 행동으로 방향이 새로 출발하였다.

W.C.C. **실행위원회**는 **낫팅힐건의서**를 W.C.C. 최고 결정 기관인 **중앙위원회**(Central Committee)에 제출하였고, 이 건의서를 접수받은 중앙위원회

는 **영국의 캔터베리**에서 1969년 8월 12일-23일까지 모여 W.C.C. 실행위원회의 결의서를 연구·검토 후 전폭적으로 지지하고, W.C.C. 기구 내에 **인종차별투쟁사업부**(P.C.R.)를 설치하고 인종차별투쟁사업을 전개하기로 한 것이다. 그리하여 W.C.C. 기구 내에 인종차별투쟁사업부를 설치하였다. 인종차별투쟁사업부가 처음 신설되었을 때는 275명의 W.C.C. 본부 사무실 직원들 중에 단 **4명만이** 인종차별투쟁사업부에서 종사하였으며, 인종차별투쟁사업은 5년간으로 정하고 그 후에 연장토록 하였는데, 1974년에는 다시 연장되었다. 그때부터 인종차별투쟁사업은 약 20년 동안 W.C.C.의 가장 중요한 사업이 되어왔다.

　"인종차별투쟁사업부"에서는 **5가지 주요 사항들**을 강조하며 독려하였다.[202]

　① 백인 인종차별(White Racism)

　② 제도적 인종차별(Institutionalized racism): 사회적 · 경제적 · 정치적 세력들

　③ 재분배의 필요성(the need for a re-distribution): 사회적 · 경제적 · 정치적 · 문화적

　④ 인종차별투쟁을 위한 적절한 전략의 부재

　⑤ 인종차별에 대한 분석의 필요성과 교회의 공모에 대한 수정(고침)

　W.C.C.의 인종차별투쟁사업은 주로 남부아프리카의 남아공화국, 나미비아, 짐바웨, 보쯔와나, 앙골라 등에 있는 해방운동단체들(공산주의 게릴라 단체들)에게 집중적으로 자금을 지원하여 왔다.

W.C.C. 인종차별투쟁사업에 관한 성명서들

　1. W.C.C. 실행위원회(Executive Committee)가 채택한 인종차별에 관한 성명서(1969. 5. 19-24)-**영국 낫팅 힐**(Nothing Hill, England)

　이 성명서는 W.C.C. 제4차 웁살라 총회가 "인종차별투쟁사업"을 추진하기로 결의한 후, 실행위원회가 결의·발표한 첫 번째 성명서이다.

---

202) W.C.C., *Dictionary of the Ecumenical Movement*, W.C.C., Geneva, 2002, p.936.

W.C.C. 실행위원회는 W.C.C. 회원들에게:

- 인종차별하는 회사, 교육기관들에게 경제적 봉쇄를 단행하라.
- 경제적 봉쇄를 단행하기 위해 정부들은 모든 수단과 방법을 사용하라.
- 인종차별의 근절을 위하여 사무소를 설치하라.
- 교회 · 국제문제위원회는 남아연방에서 인종차별을 반대하는 투쟁에 협동자로서 봉사하라.
- 교회들은 정치적, 경제적 독재의 제거를 목표로 하는 저항 운동 단체들을 지원하라.
- 정치적 수감자들을 위한 법적 변호자금을 마련하라.
- 아프리카, 베트남, 라틴 아메리카 등지에서 활동하는 해방 운동 단체들을 지원하라.
- WCC는 인종차별을 제거하기 위한 한 분과를 W.C.C. 기구 내에 설치해야 한다.

※ 여기서 말하는 해방운동단체, 저항운동단체들(Liberation Movements, Resistance Movements)이란 공산주의 게릴라 단체들을 말한다.

2. W.C.C. 중앙위원회가 채택한 인종차별투쟁사업(P.C.R.)에 관한 성명서(1969년 8월 2-4일)-영국 캔터베리(Canterbury, England)
- W.C.C.는 회원 교회들에게 인종차별투쟁사업을 위한 행동을 취할 것을 권한다.
- 크리스천들은 어디에서나 가능한 한 이 투쟁에 개입하여야 한다.
- 우리는 교회들의 자선, 기부 그리고 전통적 사업을 넘어서 사회의 과격한(급진적) 재건을 위한 행동자들이 되기를 요구한다.
- 경제적 자원의 이전(부한 자들로부터 가난한 자들에게로)과 권력의 재분배가 되지 않는 한 정의는 있을 수 없다.

3. W.C.C. 실행위원회 특별자금(Special Funds) 지원에 관한 기준 채택(1970년 9월)
- 이 자금들은 복지기관들에 사용되기보다는 오히려 인종차별 투쟁 단체들을 지원하기 위하여 사용될 것이다.

- 이 자금은 그 자금이 사용되는 방법을 통제하지 않는다.
- 남아프리카공화국은 인종차별 투쟁에 최우선 순위로 인식되어야 한다.

4. W.C.C. 중앙위원회 성명서(1971년 1월 22-23일)—에티오피아, 아디스 아바바(Addis Ababa, Ethiopia)

W.C.C. 중앙위원회는 프랑스의 아로날드쉐인(Aronaldshain)에서 모였던 WCC 실행위원회의 결정에 대한 여러 반응들을 조심스레 심사숙고하였다. 그리고 그 결정들은 W.C.C. 중앙위원회가 영국의 캔터베리에서 합의한 인종차별투쟁사업과 일치하였다. 따라서 1971년도 인종차별투쟁사업에 관한 보고서와 1971년도 사업 및 연구 예산에서 지적한 노선들을 따라서 앞으로의 행동을 취하여야 한다고 믿는다.

5. 1972년 W.C.C. 중앙위원회 정책 결정들[203]

① 남부 아프리카 지역 나라들에 투자한 것을 환수하라.
② 남아공화국(S.A.) 정부에 은행융자를 중단하라.
③ 남아공화국 은행들과의 금융 거래를 중단하라.
④ 남부 아프리카 나라들로 떠나는 백인 이민을 막으라.
⑤ 남아공화국 내의 흑인 거주지 제한 정책을 반대하라.
⑥ 남아공화국에 무기 수출과 핵 협약을 중단하라 등 이다.

6. W.C.C. 인종차별투쟁 특별기금에 대한 성명서
(1973년 9월)-태국, 방콕(Bangkok, Thailand)

이 성명서는 1973년 9월 태국의 방콕에서 "오늘날의 구원"(Salvation Today)이라는 주제 하에 개최되었던 W.C.C. 회의에서 채택된 성명서이다. 이 성명서는 1969년 영국 낫팅 힐에서 모였던 W.C.C. 실행위원회(Executive Committee)의 성명서와 동년 영국 캔터베리에서 모였던 W.C.C. 중앙위원회의 성명서에 이어, 1970년 W.C.C. 실행위원회가 인종차별투쟁사업 특별자금 지원에 관한 기준을 채택하고, 1971년에 W.C.C. 중앙위원회의 성명서에서 재확인한 것을 또 반복한 것이다.

---

203) op. cit., p. 936.

"정의와 해방을 위하여 인종적으로 억압받는 자들의 투쟁이 격렬해짐에 따라 그들의 필요도 증가되고 있다. 전 세계 기독신자들은 억압자와 억압받는 자가 갖는 자신들의 관계를 재고하도록 강요당하고 있다. 이 과정은 계속되어야 하며, 또 이 기금은 기독교인들로 하여금 그들이 고백하는 신앙을 더 신중하게 붙잡도록 그리고 사회에서의 그들의 역할이 가지는 의미를 더 명확히 분별하도록 자극함으로써 중요한 역할을 행사하게 될 것이다."

7. W.C.C. 중앙위원회 성명서(1976년)

W.C.C. 제5차 총회 이후 1976년 W.C.C. 중앙위원회는 1969년 P.C.R. 성명서를 약간의 수정을 한 후 재 승인하면서 더욱 강조하였다.

"- 이 기구들의 목적은 W.C.C.와 W.C.C.의 분과위원회의 일반적 목적들과 충돌되어서는 안 된다. 그리고 이 기금은 인도주의적 활동들(사회·보건과 교육적 목적들과 법률적 지원 등)에 주어져야 하고 또 그렇게 사용되어야 한다.

-이 기금은 인종차별투쟁사업에 사용되어야 한다.

-이 기금의 초점은 인종적으로 억압받는 인민들의 인식수준을 높이고 조직적인 능력을 강화하는데 있다.

-이 기금은 이 기금이 사용되는 방식(방법)을 통제하지 않는다."

범 아프리카 교회 대회(All Africa Conference of Churches)의 지도자인 캐논 벌지스 칼(Canon Burgess Carr)은 W.C.C.의 인종차별 투쟁사업이 게릴라 단체들을 지원하는 것에 대해 "이 게릴라 단체들은 교회들이 십자가에 대한 새롭고도 급진적 감사를 재발견하는 것을 도와주었다. 십자가의 폭력을 받아들임으로서 하나님은 폭력을 보다 더 완전한 인간 생활을 가져오도록 하기 위한 구속적 도구로 성화시킨다"고 하였다.

8. W.C.C. 실행위원회 특별자금 지원 기준 채택서

(1979년 9월)-이 기준들은 1971년 9월에 있은 W.C.C. 실행위원회에서 채택한 결의서를 재확인된 것이다.

① 이 기관들의 목적은 W.C.C.와 W.C.C. 분과위원회의 일반적 목적들과

불일치해서는 안 된다. 그리고 이 기금은 인도주의적 활동들(사회적, 보건적, 교육적 목적들과 법률적 지원 등)에 주어져야 하고 또 그렇게 사용되어져야 한다.

② 이 기금의 초점은 복지기관들에 사용되기보다는 오히려 인종차별투쟁을 전개하는 기관들을 지원하기 위해 사용될 것이다. 그 이유는 복지기관들은 일반적으로 W.C.C.의 다른 분과들로부터 지원을 받을 수 있기 때문이다.

③ 이 기금들의 초점은 억압받는 인민들의 인식 수준을 높이고 조직적인 능력을 강화하는 데 있다. 겸하여 인종적 희생자들과 단결하는 동일한 목적들을 추구하는 단체들을 지원할 필요가 있다.

④ 이 기금은 그 기금이 사용되는 방식(방법)을 통제하지 않는다(The grants are made without control over manner in which they are spent).

⑤ 남부아프리카의 상황은 공공연하고 강력한 백인 인종차별의 성격과 또한 해방을 위한 억압당하는 자들의 투쟁의식이 점차로 커지고 있으므로 최우선 순위로 인식되어야 한다.

⑥ 이 기금은 최대의 효과를 가져올 수 있는 곳을 고려해야 한다.

9. W.C.C. 실행위원회 인종차별투쟁 특별자금 기준 · 채택서(1982년)

(W.C.C. 실행 위원회가 1969년 5월 19-24일까지 영국 런던 서부 낫팅힐(Nothing Hill)에서 채택하고, 1969년 8월 12-23일 영국 캔터베리(Canterbury)에서 전폭적으로 지지하고, 1976년 일부 문구를 수정하여 재확인한 인종차별투쟁 특별 자금 기준 채택)

① 이 기구들의 목적은 W.C.C.와 W.C.C.의 분과위원회의 일반적 목적들과 충돌되어서는 안 된다. 그리고 이 기금은 인도주의적 활동들(사회 · 보건과 교육적 목적들, 법률적 지원들 등)에 주어져야 하고 또 그렇게 사용되어야 한다.

② 이 기금은 인종차별투쟁사업 단체들을 지원하는데 사용되어야 한다. 복지 기관들은 일반적으로 W.C.C.의 다른 분과들로부터 지원을 받을 수 있기 때문이다.

③ (a) 이 기금들은 인종적으로 억압받는 인민들의 인식 수준을 높이고,

조직적 기능을 강화하는데 그 초점을 두어야 한다.

(b) 우리는 인종적 불의의 희생자들과 같은 목적을 추구하는 단체들을 지원하는 것이 필요하다는 것을 인정한다.

④ 이 기금은 이 기금을 사용하는 방식을 통제하지 않는다.

⑤ 남부 아프리카의 상황은 공공연하고 강력한 백인 인종 차별의 성격과 또한 해방을 위한 억압받는 자들의 투쟁 의식이 점차로 커지고 있으므로 최우선 순위로 인식되어야 한다.

⑥ 이 기금은 최대의 효과(maximum effect)를 가져올 수 있는 곳을 고려하여야 한다.

비평(A Critique)

세계교회협의회는 지금까지 그들의 실행위원회, 중앙위원회를 위시한 대소 회의를 막론하고 상기와 동일한 내용의 결의문들을 계속 결의, 시행해 왔다.

W.C.C.는 성도들이 교회에 바친 헌금을 복지기관들 곧 양로원·고아원·자선사업·교육기관·전도사업 등에 사용하는 것보다는 오히려 인종차별을 반대한다는 명목으로 공산주의 게릴라 단체들에게 막대한 자금을 지원하여 왔으며, W.C.C.의 자금을 제공받은 단체들이 그 자금을 어떠한 방법이나 목적으로 사용하든지 관계하지 않는다고 하니 이는 얼마나 비양심적이요, 책임을 전가하는 것인가?

남아프리카공화국을 인종차별하는 나라로 규정하고 그 나라를 전복하기 위하여 그 나라에 투자한 모든 외국자본을 철수할 것을 결의·강요하면서 반면에 그 나라를 전복하여 공산주의 국가를 건설하고자 하는 게릴라 단체들에게는 막대한 자금을 계속 제공하여 왔다. 그것이 과연 W.C.C. 옹호자들의 말대로" W.C.C.는 성서의 말씀을 근거로 하는 신앙고백 위에서 조직되고 운영되는 기구 "란 말인가?

W.C.C. 공산주의 게릴라 단체들 지원

W.C.C.의 기관지 EPS(1987년 11월 1일)에 의하면 공산주의 게릴라 단체들인 아프리카 전국의회, 남아프리카 인민기구, 아자니아 범아프리카 의회, 남아프리카 무역노조 등을 위시한 수많은 급진 좌경단체들에게 막대한

자금과 경제적 지원을 계속하였다.

자금출처:
나라들, W.C.C. 회원 교회들, 단체들, 개인들이 후원하였다.

	1975년	1981년
화란	495,987	1,149,520
독일	5,306,563	9,244,992
노르웨이	223,537	312,835
스웨덴	892,536	3,272,196
영국	1,148,687	1,272,570
카나다	758,643	1,243,119
미국	4,785,175	6,829,403
스위스	433,857	964,592
덴마크	148,047	264,614
불란서	39,546	90,814
뉴질랜드	132,429	90,752
핀랜드	73,280	60,886
호주	505,906	344,426
기타 기부금	384,215	634,290
총계	15,328,408	25,775,009

상기 13개 나라 기부금이 W.C.C. 자금 큰 부분 부담.

1. 세계교회협의회(W.C.C.) 월맹에 막대한 자금지원

• W.C.C.의 뉴욕 사무소 발표에 의하면 1965년도에는 W.C.C.가 국제적 십자사를 통하여 $6,000에 해당하는 의약품을 월맹에 지원하였다.

• 1966년에는 폴란드 에큐메니칼 협의회가 $10,000에 해당하는 의약품을 폴란드 적십자사를 통하여 월맹에 지원하였다.

• 사(West)유럽에 있는 W.C.C. 회원 교회들은 $500,000을 월맹에 제공하였다.

• 미국 연합 감리교회(U.M.C.)는 미국교회협의회(N.C.C.C. in U.S.A.)의 구호기관인 "교회세계봉사회"(Church World Service)를 통하여 2년 동안에 $442,000을 팔레스타인 해방기구(P.L.O.), 쿠바, 월맹, 라틴 아메리카의

친공 독재 게릴라 단체들 및 미국의 좌익 단체들에게 제공하였다.

• 월남이 공산화 된 후에 미국교회협의회(N.C.C.C. in U.S.A.) 구호기관인 교회세계봉사회(C.W.S.)는

"오늘날의 월남은 조국에 충성하는 인민들이 열심히 새로운 사회를 건설하고 있다"고 하면서 공산정권을 찬양하였다.

• W.C.C.는 1970년 말에 월맹 공산정권에 구호품을 지원하기 위하여 $210,000 모금 캠페인을 전개하였다.

• W.C.C.는 1970년 9월 3일 19개 단체들에게 $200,000을 제공할 것을 발표했는데 이 중 14개는 게릴라 단체들이며, 이 중에 적어도 3개 단체는 러시아로부터 무기 공급을 받고 있다고 영국 분쟁 연구소는 발표하였다.

1970년 이래 1983년까지 W.C.C.는 미화 $5,264,500을 133개 단체들과 운동단체들에게 지원하였는데 이중 약 절반은 아프리카 남부의 게릴라 단체들에게 지원하였다.

1975년 이래 아프리카 8개국의 16개 단체들, 아시아 5단체들, 호주 15단체들, 유럽 8개국 35단체들, 북미 캐나다 9단체들, 미국 18단체들에게 총 $3,803,143[204]을 제공하였다.

• W.C.C.는 1970년도부터 1988년까지 130여개 각종 단체들에게 P.C.R. 자금 명목만으로도 $8,080,500을 지불하였다. 이것은 연 평균 $425,289에 해당된다. 이 중 절반 이상은 남아프리카공화국을 전복하기 위한 게릴라 단체였던 아프리카 전국회의(A.N.C.)와 나미비아에 있는 남아프리카 인민해방기구(S.W.A.P.O.)와 같은 공산주의 게릴라단체들에게 제공되었다.[205]

2. 남서아프리카인민(해방)단체(S.W.A.P.O.: South West Africa People's Organization)-나미비아

이 공상주의 게릴라 단체는 **삼 누조마**(Sam Nujoma)에 의하여 1958년에 조직되었는데 처음부터 남아프리카공화국으로부터 즉각적인 독립을 주장하며 게릴라 전투에 돌입했다. 이 단체는 남미비아에 근거지를 두고 남미비

---

204) Nairobi To Vancouver W.C.C. Geneva, p. 156.
205) *One World*, Jan. –Feb. 1989. p. 10.

아, 앙골라, 잠비아, 탄자니아, 보스와나 등 남부 아프리카의 여러 나라들을 무력으로 전복하기 위하여 게릴라 활동을 전개해 왔다. 이 단체는 러시아가 무기를 제공하고 쿠바가 훈련을 시켜 무장한 공산주의 게릴라 단체이다.

이 게릴라 단체는 1966년부터 남아프리카 공화국의 인접 국가인 남미비아에 불법적으로 군대를 주둔시키고 있다고 공격하면서 남아프리카 공화국을 전복하기 위하여 여러 해 동안 국내외적으로 대대적인 게릴라 활동을 전개하였다. 한편 U.N.에서 국제 여론을 조성하여 남아프리카 공화국을 불신케 하고, "**남서아프리카인민해방기구**"를 남미비아 인민을 대표하는 해방기구라고 인정하였으며, 이 단체의 대표부가 U.N.에 상주하고 있었다.

한편 **루터교세계연맹**(L.W.F.)도 남아프리카의 독립을 위하여 **남서아프리카인민해방단체**(S.W.A.P.O.)를 적극적 지원하였다.

루터교세계연맹(L.W.F.) 총무 **군날 스탈스트**(Gunnar Stalsett) 일행은 남서아프리카인민해방기구 대표 **삼 누조마**(Sam Nujoma) 일행과 1988년 3월 15일-18일 앙골라의 수도 루완다(Luwanda)에서 만났으며, 그 이전에 S.W.A.P.O. 대표단은 1987년 2월 스위스 제네바에 있는 루터교세계연맹 본부를 방문한 바 있다. 루터교세계연맹은 W.C.C. 본부 안에 있다.

루터교세계연맹 대표단은 **아프리카전국의회**(A.N.C.) 대표들도 만났다.

드디어 1990년 이 단체(S.W.A.P.O.)는 남아프리카 공화국의 통치(지배)로부터 나미비아를 독립시키고 정권을 장악하였다.

세계교회협의회가 1970년부터 1988년까지 이 게릴라 단체(S.W.A.P.O.)에 제공한 자금은 $1,613,500이 넘는다.

1970	$ 5,000	1981	$ 125,000
1971	$ 25,000	1982	$ 100,000
1973	$ 20,000	1983	$ 105,000
1974	$ 30,000	1984	$ 100,000
1975	$ 83,500	1985	$ 110,000
1976	$ 85,000	1986	$ 110,000
1977	$ 125,000	1987	$ 115,000
1978	$ 125,000	1988	$ 150,000
1980	$ 200,000	합 계	$ 1,613,530

3. 아프리카전국의회(A.N.C.: African National Congress) -남아프리카공화국

짐바브웨(Zimbabwe)는 특히 두 공산주의 게릴라들이 서로 암투를 계속하면서도 같은 공산주의 이념과 사상을 가지고 이웃 자본주의 나라와 자본주의 노선을 지향하는 개발도상국들에 게릴라들을 침투시켜 그 나라의 반정부 단체들과 합세하여 내란 음모, 정부 전복 등을 계속 시도하였다. 이 게릴라 단체들의 배후에는 러시아·쿠바·북괴 등이 무기 제공, 군사 고문단 파견(게릴라 훈련 요원들) 등 재정적·정치적 지원을 하였다.

아프리카전국회의(A.N.C.)는 1912년에 조직된 가장 오래된 게릴라 단체로서 초기에는 **"남아프리카민족의회"**(South African Native National Congress)라는 명칭으로 출범하였다. 1923년 지금의 A.N.C.로 명칭을 바꾸었다. 잠비아에 본부를 두고 1929년 이래 **남아프리카 공산당**(South Africa Communist Party), **연합민주전선** U.D.F.(United Democratic Front)와 통합하였으며, 1960년대까지는 비폭력으로 그러나 그 이후부터는 급진적이고도 과격한 폭력단체로서 게릴라 활동을 전개하기 시작하였다. 그 이유는 남아프리카공화국 정부는 A.N.C.를 정부 전복을 위한 게릴라 단체로 불법화하였기 때문이다. 따라서 A.N.C.는 1960년부터 1990년까지는 지하(地下)와 남아프리카공화국 영토 밖에서 과격한 게릴라 활동을 해왔다.

이 공산주의 게릴라 단체의 지도자 **넬슨 만델라**(Nelson Mandela)는 남 아프리카 공화국을 전복시키기 위한 정부 전복죄로 오랫동안 수감되어 있 었으며, **올리버 탐보**(Oliver Tambo)가 이 게릴라 단체를 이끌었다. 탐보는 공산주의자이다.

A.N.C.는 러시아의 비밀경찰(K.G.B.) 대령 **조 슬로브**(Joe Slover)와 결 탁하여 약 3,000명의 게릴라들을 남아프리카(South Africa) 내에서, 약 2,200명의 게릴라들을 타지역들에서 훈련시켰다.

납루라(Naplula)에는 A.N.C.의 주요 군사 캠프가 있었고, 남아프리카의 **레소토**(Lesotho)에는 그들의 이동 기지가 있었다. 그들은 도로 · 교량 · 공공 건물 · 발전소 등을 폭파, 파괴하고 사람들을 살해하는 등 게릴라 활동을 전개 했다. 그들은 폭력으로 남아프리카, 나미비아, 보스와나 등을 전복하려 했다.

1990년대 초 남아공 정부는 A.N.C. 지도자들이 귀국하여 평화적 정치활 동을 하도록 허용하였다. 그 댓가로 A.N.C.도 정부에 대한 게릴라 투쟁을 중단하였다.

넬슨 만델라는 **올리버 탐보**의 뒤를 이어 1991년 A.N.C.의 의장이 되었 다. 1992-1923년 A.N.C.를 이끌며 국민투표(보통 선거)로 권력을 이양하 는 문제를 놓고 정부와 정면 대결 협상을 벌렸고, A.N.C.는 1994년 4월 처 음 실시된 총선에서 신설 국회의석의 60% 이상을 차지하는 압승을 거두었 다. 그리고 1994년 5월 10일 **만델라**는 남아프리카공화국 최초의 흑인 대 통령이 되었고, A.N.C.는 정부를 인수 받고, 다수 정당(여당)이 되었다. 그 후 1999년 6월, 2004년 4월과 최근 2009년 4월 총선에서도 A.N.C.가 압 승하였다.

현재 A.N.C.를 반대하는 정당은 백인 소수 보수당인 민주연맹당(Demo-cratic Alliance)이다.

2004년 4월 총선에서는 **무베키**(Mbeki) 대통령이, 2009년 5월에는 **주마** (Zuma) 대통령이 취임하였고, **넬슨 만델라**는 남아공 흑인 다수 국가들의 영웅이 되었다.

타보 무베키 대통령-발드윈 스졸레마에게 올리버 탐보훈장 수여

남아프리카 공화국에서 **올리버 탐보 훈장**은 외국인들에게 수여하는 최고

의 훈장이다.

올리버 탐보는 1967-1991년까지 A.N.C. 단체를 이끌어 온 공산주의자이며 올리보 탐보 훈장은 2002년부터 해마다 수여하고 있다.

남아프리카 **타보 무베키**(Thabo Mbeki) 대통령은 2004년 6월 16일 프레토리아(Pretoria)에서 W.C.C. 인종차별투쟁사업부 초대 책임자(Director)로 공산주의 게릴라 단체들에게 막대한 자금을 제공해 온 **발드윈 스졸레마**(Baldwin Sjollema)에게 오리버 탐보 훈장(Oliver Tambo Order)을 수여하였다.

발드윈 스졸레마는 화란 사람으로 사회주의자(socialist)·공산주의자(com- munist)이었다. 발드윈 스졸레마는 1927년 노털담(Rotterdam)에서 태어났으며, 쥬리히 대학교에서 사회학을 전공하고, 1957년부터 W.C.C.에서 일해 왔으며, 1982년 은퇴하고 지금은 스위스에서 살고 있다.

현재 남아프리카공화국은 살인·강간·빈곤·강도·납치·외국인 혐오·총기·실업·에이즈 등 많은 문제를 안고 있으면서도 인근 레소토, 나미비아, 모잠비크, 짐바브웨, 앙골라, 보츠와나 등에 비하면 정치적으로나 경제적으로나 비교적 안정된 편이다.

남아프리카 공화국에 있는 성공회 **투투** 감독(Bishop Tutu)과 개혁교 목사인 **알란 보자크**(Allan Boesak)도 A.N.C.를 적극 지원하였다.

W.C.C.는 1970년부터 1988년까지 A.N.C.에 제공한 자금은 $970,000 가까이 된다.

• 연도별 자금 제공 내역은 다음과 같다.

1970	$10,000	1981	$65,000
1971	$5,000	1982	$65,000
1973	$2,500	1983	$70,000
1974	$15,000	1984	$70,000
1975	$45,500	1985	$77,000
1976	$50,000	1986	$80,000
1977	$25,000	1987	$110,000
1978	$25,000	1988	$105,000
1980	$150,000	합 계	$969,500

4. 아자니아 범아프리카 회의
(P.A.C.: Pan Africans Congress of Azania)

이 단체도 A.N.C.처럼 남아연방을 전복하기 위한 게릴라 단체이었다.

W.C.C.는 이 단체에도 난민 봉사와 백인 인종차별 정권을 반대하다가 투옥된 자들을(공산주의자들) 구출하기 위한 변호사비 명목으로 1973년부터 1988년까지 $471,000의 자금을 제공하였다.

• W.C.C.가 이 게릴라 단체(P.A.C.)에게 연도별로 제공한 자금은 다음과 같다.

1973	$2,500	1982	$45,000
1974	$15,000	1983	$50,000
1975	$45,000	1984	$30,000
1976	$50,000	1985	$33,000
1977	$25,000	1986	$26,000
1978	$25,000	1987	$35,000
1981	$45,000	1988	$5,000
		합 계	$471,500

5. 앙골라 인민해방 운동(M.P.L.A: People's Movement for the Liberation of Angola)-앙골라

앙골라인민해방운동(M.P.L.A.) 단체는 1956년 12월에 창설되었다. 이 단체는 앙골라의 문두(Mbundu)족과 앙골라의 수도인 루안다(Luanda)의 혼혈족이 중심이 된 공산주의 게릴라-정치 단체이다.

이 단체는 1961년부터 1975년까지 폴튜갈의 식민지 통치로부터 해방·독립하기 위하여 투쟁해 왔다. 그러나 1975년 11월 11일 독립을 선포하고, **아고스티보 베토**(Agostibo Veto)가 초대 대통령으로 취임하였으며, M.P.L.A.는 1976년 맑스-레닌주의(공산주의 이념)를 정당·정치 이념으로 정하였다.

앙골라는 1975년부터 2002년까지 27년 동안 장기간 내전(civil war)으로 150만 명의 사상자와 400만 명의 난민이 발생하였다.

M.P.L.A.는 폴튜갈로부터의 독립을 위한 전쟁과 독립 후 내전(시민전쟁)

기간 동안 소련·중공·북한·쿠바를 중심으로 동구권의 알바니아·불가리
아·체코슬로바키아·유고슬라비아 그리고 아프리카의 사회주의 공산국가들인
모잠비크·나이제리아·탄자니아·수단 등으로부터 지원 받았다.

내전(civil war)에서는 미국과 남아프리카공화국의 지원을 받은
U.N.I.T.A.와 F.N.L.A. 단체를 격퇴하고, 폴튜갈은 수도를 포기하게 되었고,
M.P.L.A.는 1975년 11월 11일 독립을 선포하였다. 쿠바는 수천 명의 병력
을 이 내전에 파병하였었다.

1980년 11월에는 M.P.L.A.가 U.N.I.T.A.를 섬멸하고 남아공군은 철수하
게 되었다. 정권을 장악한 M.P.L.A.는 2008년 9월 5일 처음으로 전국 국
회의원 선거를 하였다. 이 선거에서 M.P.L.A.는 투표율의 81.64%의 지지
를 받아 220명 국회의원석 중 191석을 얻음으로 앙골라의 여당(다수당)이
되었다.

야당인 앙골라 **독립전국연맹**(N.U.T.T.A.=the National Union for the
Total Independence of Angola)은 10.39%의 지지를 받아 220명 국회의
원석 중 16석을 얻음으로 제1야당이 되었다. W.C.C.는 이 M.P.L.A. 단체
에 1970년부터 1974년까지 미화 $78,000을 제공하였다.

1970	$20,000
1971	$25,000
1973	$10,000
1974	$23,000
합 계	$78,000

6. 모잠비크해방전선(Mozambique Liberation Front Institute of Frelimo)-모잠비크

프레리모는 철저한 공상주의자로서 중국 공산당 정부의 전적 지원을 받
아왔다. **모잠비크 혁명지**(Mozambique Revolution) 1971년 10월-12월초
에 의하면, 프레리모와 그의 일행이 **북경**에서 중국의 주은래와 공산당 지도
자들을 방문하였으며, **월맹**에 가서는 국방방관 Vo Nguyen Giap 일행을,

평양에 가서는 김일성 주석과 일행을 만났다.

이 게릴라 단체의 폭동이 계속 있은 후 수 많은 백인들은 남아프리카 요한네스벅(Johannesburg)로 피난하였다. 그 때 흑인들은 작은 기차역으로 나와서 떠나는 백인들에게 손가락질하며 조소하였다. 그 당시만 해도 남아프리카공화국은 백인 정권이 통치하였기 때문이다. W.C.C.는 이 단체에 1970년부터 1974년까지 미화 $120,000을 제공하였다.

1970	$15,000
1971	$20,000
1973	$25,000
1974	$60,000
합 계	$120,000

7. 짐바브웨 애국전선(Patriotic Front of Zimbabwe)-짐바브웨

W.C.C.는 이 게릴라 단체에 1977년에 미화 $85,000, 1978년에 미화 $85,000, 합계 미화 $170,000을 제공하였다.

이 게릴라 단체는 한 비행기에 탑승한 56명의 승객 중 38명을 살해하고, 생존자 10명을 또 살해하였다. 이 같은 끔찍한 사건이 있은 다음 달 WCC는 이 게릴라 단체에 자금을 지원한 것이다.

W.C.C. 산하 짐바브웨복음주의루터교(E..LC.Z.), 짐바브웨감리교(M.C.Z.), 짐바브웨개혁교(R.C.Z.), 짐바브웨연합그리스도교(U.C.C.Z.) 등은 짐바브웨 독립을 위하여 해방운동단체들을 지원하여 왔다.

8. 아메리칸 인디안 운동(American Indian Movement)

W.C.C.는 이 단체에 1973년부터 자금을 제공하여 왔다. 1976년도 미 상원 안보 소위원회 보고서에 의하면 이 단체는 쿠바·중공·에이레 공화국· 미국 공산당과 관계를 갖고 있었다.

이 단체에도 1973년부터 1976년까지 W.C.C.는 $51,000을 지원하였다.

1973	$6,000
1974	$15,000
1975	$15,000
1976	$15,000
합 계	$51,000

9. 남아프리카 지원계획, 워싱턴(S.A.S.P.: Southern Africa Support Project, Washington)

미국의 수도 워싱턴 D.C.에 근거를 둔 좌익단체인 이 단체는 미국과 남아프리카의 인종차별·경제적 탄압·자본주의 식민주의·독재 군사주의 등을 반대한다는 구실로 워싱턴 지역 주민들에게 그릇된 정보를 제공하며, 반미 사상을 고취하고 있는 반애국적·반국가적·반민주적·반정부 단체들 중의 하나이었다. 그들은 미국의 회사들과 은행들과 정부가 인종차별하는 남아프리카 정부를 계속 지원하고 있다고 맹공격을 가하여 왔다. 그들은 또 남아프리카가 인접국인 남미비아를 강점하고 있다고 맹공격하면서 흑인 교회 계통으로 침투하였다. 그들은 남미비아 주간을 설정하고 남미비아 내의 게릴라들을 적극 지원하였다.

10. 세계흑인변호사협회(The National Conference of Black Lawyers)

W.C.C.는 이 단체도 지원하는데 미국 중앙정보부에 의하면 이 단체는 아프리카 게릴라 단체들을 지원하는 국제적 러시아 선전기구이었다.

11. 국가안보연구센타(Center for National Security Studies)

W.C.C.는 이 단체도 지원하였는데, 이 단체는 주로 미국중앙정보부

(C.I.A.)와 연방수사국(F.B.I.)의 활동을 뒤쫓으며 미국의 정보활동을 방해하는 좌익 단체이었다.

12. 아프리카 워싱턴 사무소(W.O.A: Washington Office on Africa)

이 단체는 미국의 수도 워싱턴 D.C.에 있었으며 미국 자동차 노조, 미국 자유주의 교회들의 9개 개신교 단체들 및 아프리카 미국 위원회의 지원을 받았다. 그들의 주요 업무도 남아프리카에 대한 미국의 외교정책을 반대하여 다수 흑인들에게 정권을 이양하도록 압력을 가하였다. WCC는 이 단체에도 자금을 지원하여 왔었다.

13. 남아연방해방 토론토위원회(T.C.L.S.A: Toronto Committee for the Liberation of South Africa)

북미 캐나다 토론토에 있는 이 단체는 1972년 이래 남아프리카 게릴라 단체들에 대한 지원을 계속했다. 그들의 주요 임무는 캐나다 사람들에게 아프리카 대륙 남단에 위치한 몇몇 나라들이 인종차별과 자본주의적 경제체제를 유지하므로 사회의 불평등을 자아내고 있다는 비난과 악선전 및 남아프리카를 공산주의화하기 위해 정부 전복을 꾀하는 공산주의 게릴라단체들의 폭동을 지원하는 데 있었다. 그들은 특히 A.N.C. 게릴라단체와 S.W.A.P.O. 게릴라 단체를 지원하였다. W.C.C.는 이 단체에도 자금을 지원하였다.

동구 공산권 국가들의 붕괴와, W.C.C.의 자금 사정 악화, W.C.C.의 P.C.R. 정책에 대한 교회와 사회의 계속적인 질타, 게릴라 단체들의 해방운동 성공 등으로 W.C.C.의 구조 개편과 더불어 P.C.R. 운동은 사라졌다.

IX. 세계교회협의회의 호모섹스 교회들
(Homo Sex, 동성혼음)

W.C.C.는 동성애자들(homosexuals)에 대한 여하한 공적인 정책은 없다. 따라서 W.C.C. 내의 회원 교단들 중에는 호모섹스 목사, 호모섹스 신자들이 많이 있으나 어떠한 과학적 통계는 없다

동성애자들이란 동성(same sex) 곧 남자 남자끼리(gays), 여자 여자끼리(lesbians)의 음란행위를 하는 자들을 말한다.

• W.C.C. 제3차 총회가 1961년 인도의 뉴델리에서 개최되었을 때, 일부 회원 교단들의 요청에 의하여 W.C.C.는 인간 성(human sexuality)에 대하여 거론하기 시작하게 되었다.

• 1960년대부터 서방나라들은 반대하는 것은 동성애자들에 대한 차별이라고 주장하면서 동성애자들을 위한 법들을 제정하기 시작하였다.

• 1968년 W.C.C. 제4차 총회가 스웨덴의 웁살라에서 개최되었을 때, 총회 대표들은 일부다처, 결혼, 독신, 피임, 이혼, 낙태 그리고 또한 동성애 등의 문제점들에 대한 진지한 연구를 하여, 교회들이 책임 있는 행동지침을 할 수 있도록 하였다.

• 1975년 W.C.C. 제5차 총회가 아프리카 케냐의 나이로비에서 개최되었을 때에는 "성에 대한 신학적 연구(a Theological study of sexuality)"를 요구하게 되었다. 그리고 교회들로 하여금 각 개인들의 각기 다른 생활 선택을 지지하도록 결의하였다.

• 1983년 W.C.C. 제6차 총회가 카나다의 밴쿠버(Vancouver)에서와 1991년 W.C.C. 제7차 총회가 오스트레일리아의 캔버라(Canberra)에서 개최되었을 때 나이로비 총회에서 결의한 내용과 유사한 지침을 권고하였다.

• 1989년 W.C.C. 중앙위원회가 모스코바(Moscow)에서 개최되었을 때 "성과 인간관계(Sexuality and Human Relations)" 에 대하여 2차로 연구하고, 그 결과 1990년에는 그 연구한 "성과 인간관계에 대한 연구지침서"(A Guide to the Study of Sexuality and Human Relations)이란 제목으로 출판하여 각 지역에서 참조하도록 하였다.

• 1990년대에 이르러 W.C.C.의 여러 교단(교회)들은 동성애자들의 결혼을 허용하였을 뿐 아니라 성직자들이 결혼 주례까지도 하게 되었다.

• 1991년 캔버라 총회 기간에는 캔버라에서 남자 동성애자들(gays) 여성동성애자들(lesbians)이 따로 모여 W.C.C. 중앙위원회에 요청하는 결의문을 작성하여 보냈는데 그 결과문이란 성 선택(sexual orientation)이었다. 성 선택이란 성전환을 말한다.

그로 인하여 W.C.C. 총회를 개최한 짐바웨에서는 동성애를 찬동하는 소수의 무리들과 반대하는 다수의 사람들 사이에 강한 충돌들이 있었다.

• 하라레 총회이후 W.C.C.는 회원교회들이나 또는 회중들이 서로 상반된 견해를 대화로 해결하도록 하였으며, W.C.C. 회원 교회들은 점점 더 호모섹스 교회들이 늘어가고 있다.206)

정말 타락된 단체이다. 말세지말이로다 !

세계교회협의회 회원 교회들 가운데는 호모섹스(동성혼음) 교회들이 많이 있다. 지면상 이들 중 몇 교회들만을 실례로 제시하고자 한다.

1. 미국장로교(P.C.U.S.A.: Presbyterian Church in the United States of America)-W.C.C. 정회원

주소: 100 Witherspoon St. Louisville, KY. 40202, USA. TEL. (888) 728-7228, FAX. (502) 569-5018. 2005년도 교회수 10,960, 신도수 2,313,662명, 교역자수 8,752명.

동성애자들(Homosexuals)에게 안수

• 성전환자(Transsexual)도 계속 목회할 것을 결의.

미국장로교 죠지아주 노회는 1996년 10월 22일 남자 목사가 성전환 이후에도 계속 목회하도록 186:161 표로 가결하였다. 화제의 장본인은 에릭 스웨손(Eric Swenson)이라는 목사로 그는 두 큰 딸을 둔 49세의 아버지로 여자로 성전환을 하고 이름을 에릭(Eric)에서 에린(Erin)으로 개명하였다.

• 1999년, 미합중국장로교회(P.C.U.S.A.)는 동성애 전도자 제인 스파(Jane Spahr)를 그 해의 '신앙의 여성' 수상자로 지명했다. 두 명의 자녀를

---

206) *A History of the Ecumenical Movement*, 1968-2000, WCC Publication, 2004. pp. 267-271

둔 이 이혼모는 그 교단을 섬기는 첫 번째 공공연한 동성애자였다.207)

• 아틀란타노회 정의와 여성위원회 위원장 애니 세이레(Anne Sayre)는 성전환은 신학적·도덕적으로도 책망할 근거가 없다고 결정하였다.208)

• 미국장로교(P.C.U.S.A.)는 제213차 정기총회에서 2001년 6월 15일 켄터키주 루이빌의 켄터키 인터내셔널 컨벤션 센타(Kentucky International Convention Center)에서 찬성 317표, 반대 207표로 동성애자들에게 목사 안수 주기로 결의 하였다.209)

• 2009년 11월 10일 밤 샌프란시스코 노회는 리사 라지(Lisa Larges) 동성애자를 목사 안수 허가하기로 156표대 138표로 가결하였다.

미국장로교는 한국 대한예수교장로회(통합측)와 대한기독교장로회(기장측)와 더불어 세계교회협의회(W.C.C.)의 정회원들로서 오래 전부터 신앙적 신학적 여러 면에 밀접한 관계를 맺고 있음으로 이들 한국의 자유주의 장로교회들은 미국장로교의 영향을 받지 않을 수 없다. 그러므로 이 교회들은 날이 갈수록 점점 더 자유주의화·세속화되어가고 있다.

2. 미국연합감리교(U.M.C.: United Methodist Church) -W.C.C. 정회원

동성애자들(Homosexuals)에게 안수

• "미국연합감리교" 본부 3개 부처(제자도, 교회와 사회, 고등교육과 사역)는 1988년 4월 총회에 기독교에 맞지 않는 호모 섹스 같은 용어들을 제하여 버리고, 동성애자들에게 금하는 목사 안수를 허락하고, 자신은 동성애자라고 스스로 밝히는 자에게 목회사역을 계속하도록 건의하였다.

• 1997년 9월 미국 네브라스카주 오마하의 제일연합감리교회(U.M.C.)의 지미 크리치(Jimmy Creech) 목사는 그의 교인들 중 두 명의 여자 동성애자들을 위해 결혼식을 거행하였다.210)

• 1998년 1월, 연합감리교회 소속 목회자들 일부가 동성애를 옹호하는

---

207) 김효성, 『현대교회문제』 (서울: 옛신앙, 2007), p.132.
208) *ENI.* 1996. 11. 6.
209) *EPS.* 1987. 12. 10.
210) Ibid., p. 149.

성명을 발표하였다.[211]

• 1999년 1월 16일, 한 여성 동성애 부부가 미국 캘리포니아주 새크라멘토(Sacramento)에서 1,500명의 사람들 앞에서 95명의 연합감리교회 목사들에 의해서 '축복'을 받았다. 그들은 그 의식을 동성애자의 권리를 옹호하고, 동성애자들의 결합에 대한 그들 교단의 금지 조치에 항의하기 위해 사용하였다.[212]

• 미국연합감리교(UMC)는 2000년 5월 5일부터 12일까지 개최되었던 총회에서 705대(對) 210으로 동성애(Homo Sex)를 찬동하였다. 다시 말하면 교회에 부임하는 목사들이 "나는 동성애가 모든 사람을 위한 하나님의 완전한 뜻이라고 믿지 않는다. 나는 동성애를 행하지 않을 것이다. 나는 내 관할 아래서 동성애가 행하지 않도록 부추기지 않을 것이다"라는 선언문에 서명하도록 교회법에 명문화하자는 안건을 놓고 투표한 결과 705대 210으로 부결시켰다.[213]

3. 미국성공회(Episcopal Church)-W.C.C. 정회원

주소 : 815 Second Ave. New York, N.Y. 10017, USA.

TEL. (212)716-6240, FAX. (212)867-0395

E-mail: cepting@episcopalchurch.org

2004년도 통계: 교회수 7,200, 신도수 2,247,819, 교역자수 5,719.[214]

동성애자들(Homosexuals)에게 안수

미국성공회 안에는 호모섹스 신부들로 구성된 단체가 있는데 이 단체를 **"본래의 모습회"**(Integrity Inc.)라고 한다. 이 단체는 그리스월드 3세가 대표 감독으로 선출된 것을 환영하였다. 그 이유는 에드몬드 브라우닝 전 감독이나 그리스월드 3세 감독은 교회 생활에서 동성애자들의 완전 참여를 지지하는 자들이기 때문이다.[215]

---

211) *크리스챤 신문*, 1998. 1. 26, 2쪽.
212) *Christianity Today*, 1999. 3. 1.
213) *기독교신문*, 2000년 5월 21일, 제1563호, p.2.
214) *YearBook of NCCC*, 2007. p.375, W.C.C.(1948).
215) *ENI*, 1997. 8. 6. 97-0337.

2003년 뉴 햄프셔(New Hampshire)에서 공적으로 동성애자 **제니 로빈슨**(Gene Robinson)을 뉴 햄프셔 교구 감독으로 세운 이래 10여개 교회들, 4개 지역(노회) 다수가 동성애 목사 허용 문제로 분열되었다. 그럼에도 불구하고 메릴랜드 성공회 감독 유진 씻톤(Eugene Sutton)은 말하기를 "그럼에도 불구하고(분열에도 불구하고) 우리는 그리스도 안에서 한 몸에 머물러 있는 것이 우리의 피차 기쁨이다"라고 하였다.[216]

뉴 햄프셔 교구 감독 동성애(gay) **제니 로빈슨**(Gene Robinson)은 뉴욕시에서 정기적으로 벌리는 동성애자들 축제 (gay festival) 기간 중 6월 28일 뉴욕제일장로교회에서 설교하면서 "여성에게 목사 안수 허락지 않는 교회 또는 동성애자들에게 목사안수 허락지 않는 교회는 미래가 없다"(A Church that does not ordain women or openly gay people-I don't see a future)라고 하였다. 기독교의 윤리와 성직자들의 타락! 이 세상 믿지 않는 사람들에게 무엇이라고 변명할고!

4. 미국연합그리스도교회(United Church of Christ) -W.C.C. 정회원

주소: 700 Prospect Ave. Cleveland, Oh. 44115 USA
TEL. (216)736-2100, FAX. (216)736-2103
2005년 교세: 신도수 1,224,297명, 교회수 5,567, 교역자수 4,293명.

회중 교회는 영국과 뉴잉글랜드(미국 동북부)의 청교도들이 17세기에 세운 교회로서 칼빈주의 신앙노선이었다.

개혁 교회는 19세기 초 독일에서 미국 동부 펜실베이니아 주로 이민 와서 세운 교회들로서 루터, 칼빈, 쯔빙글리의 신앙노선에 선 선교회였다. 그러므로 이 교회들도 초창기에는 역사적 기독교 신앙(옛 신앙)을 지켰으나, 세월이 흐름에 따라 타락되었다. 그 결과 1961년에는 세계교회협의회(W.C.C.)에 가입하고 지금은 동성애 목사들까지도 있게 되었다.

---

216) *ENI*, No.10, 2009. 10. 26. p. 12.

동성애자들(Homosexuals)에게 안수

• 1972년, 미국연합그리스도의교회(U.C.C.)는 윌리암 존슨(William Johnson)의 안수를 허락하였다. 그는 대 교단에서 안수 받은 첫 번째의 공공연한 동성애자이었다.217)

• 1980년, U.C.C.는 현행적 남녀 동성애자들을 목사로 봉직하도록 공식적으로 허용한 최초의, 유일한 대 교단이 되었다.218)

• 1985년, 2년마다 모이는 U.C.C. 총회는 동성애자들을 목사로 허락하는 것을 압도적 표수로 결정하였다.219)

5. 미국침례교(American Baptist Church in the U.S.A.) -W.C.C. 정회원

주소: P.O. BOX 851, First Avenue, Vally Forge, Pa. 19482, USA. TEL. (610)768-2000, FAX. (610)768-2320.

1995년도 교세: 신도수 1,396,700명, 교회수 5,740, 교역자 4,267명(총 교역자 수 7,524명).220)

교단 역사

"미국침례교회"는 시민전쟁(Civil War)으로 인하여 1845년 남북 침례교(Southern and Northern Baptist Church)로 분열될 때까지는 각 지역 협의체들로서 존재하여 왔다. 북침례교는 1950년 명칭을 "미국침례교"로 개칭하였다. 이 교단은 미국의 자유주의 교회들의 연합체인 미국교회협의회(N.C.C.C. in U.S.A.)와 전 세계 자유주의 교회들의 연합체인 세계교회협의회(W.C.C.)의 정회원으로서 특히 전국 침례교, 7일 침례교, 그리스도의 제자교회, 형제 교회, 자유 침례교 등과 밀접한 교류를 하고 있다.

이 교단도 여성 안수는 물론 동성애 목사들을 수용하고 있다.

---

217) *Christian News,* 1997. 10. 27. p. 5.
218) *Christian News,* 1992. 4. 13.
219) *Christian News,* 1985. 4. 29. p. 3.
220) op. cit., p. 371.

6. 캐나다연합교회(U.C.C.: United Church of Canada)
-W.C.C. 정회원

주소: 3250 Bloor St. W., Suite 300 Etobicoke, Toronto,
Ont. M4Y 3G2, Canada. TEL. (416)924-9192, FAX. (416)968-7983
교세: 신도수 593,600명, 교회수 3,527, 교역자수 1,902명(2004년 교단 통계),
   W.C.C.에 가입(1948).

동성애자들(Homosexuals)에게 안수

카나다연합교회는 캐나다에서는 처음으로 동성애자들에게 목사 안수를 주기로 1988년 합법화한 최초의 교단이 되었다.[221] 이 교단 산하 밴쿠버 (Vancouver)에 있는 2교회(Trinity and First)는 남자와 여자 동성애자들을 교회의 모든 분야에 받아들였다. 이 교회는 Province of British Columbia 주(州)에서는 동성애자들을 받아들이는 첫 번째 경우가 되었다.

트리니티연합교회 린다 얼빈(Linda Ervin) 여자 동성애 목사는 밴쿠버 선(Bancouver Sun) 신문에 "많은 남자 동성애자들과 여자 동성애자들이 교회를 반대하는 이유는 교회가 그들을 정죄하고 불친절하기 때문이다. 교회는 동성애자들을 위한 결혼, 특별 장례, 교회의 직원, 비서, 찬양 사역자 등으로 환영하며 채용하여야 한다"고 역설 하였다.[222]

토론토(Toronto)에 있는 4교회와 윈니펙(Winnipeg)에 있는 2교회도 동성애자들을 받아들였다.

7. 캐나다성공회(The Anglican Church of Canada)
-W.C.C. 정회원

주소: 80 Hayden St. Toronto, Ont. M4Y 3G2, Canada
TEL. (416)924-9192, FAX. (416)968-7983
교세: 신도수 641,845명, 교회수 2,884, 신부수 1,930명,
   W.C.C.(1948)(2001년 통계).

동성애자들(Homosexuals)에게 안수

---

221) *Christian News*, 1997. 10. 27. p. 5.
222) *ENI*, Bulletin-97-0201.

여론 조사에 의하면 19명의 감독은 동성애자들을 적대시한 죄를 그들에게 사과해야 한다고 하였다.223)

8. 영국교회(성공회: Church of England, Anglican Church) -W.C.C. 정회원

주소: General Synod, Church House, Great Smith ST.
　　　GB-London SWIP 3NZ, UK. TEL. 44-171-222-9011,
　　　FAX. 44-171-233- 2660
교세: 신도수 27,200,000명, 교회수 17,460, 교구수 44, 신부수 18,376명(5,197
　　　명 은퇴), W.C.C. 가입(1948).224)

"영국교회"는 1534년 헨리 8세가 영국 교회의 수장령(Supreme Head of the English Church)을 공포하고 로마 가톨릭교로부터 독립하여 탄생한 교회이다. 그러나 지금은 로마 가톨릭교와 다시 연합을 모색하고 있다.

성공회 감독들은 1991년 성명서를 발표하기를 "평신도들은 동성애를 받아들일 수 있으나 성직자들은 동성애를 받아들일 수 없다"고 하였다. 그러나 1997년 7월 14일 밤에는 평신도, 성직자 구별 없이 모두 동성애자들을 받아들이기로 결정하였다. 회의 기간 중 동성애자들은 회의장 밖에서 "우리는 포괄적·포용적 교회를 위하여 기도한다"(We are praying for an inclusive church)고 외쳤고, 이 결정을 전적으로 환영, 지지하였다.

이보다 바로 일주일 전 영국연합개혁교회는 동성애자들을 목사로 받아들일 것을 결의하였다. 물론 이 교회들 안에는 이런 결의가 있기 오래 전부터 동성애 목사들이 있어 왔다.225)

전(全) 글라스고(Glasgow)와 갤로웨이(Galloway)의 감독 디렉 라오클리프(Derek Rawcliffe)의 성공회 감독은 영국 BBC TV 방송 프로그램에 나와서 자신은 동성애자(gay)라고 말하고 교회로 하여금 동성애자들을 축복해 줄 것을 계속 요청해 왔다고 하였다. 그는 1981년부터 1991년까지 10년 동안 감독으로 있었다. 영국 성공회에서 높은 자리에 있는 감독이 동성

---

223) Ibid.
224) *W.C.C. HandBook*, 1985, pp. 185.
225) *ENI*, 1997. 7. 23. 97-0312.

애자이다.226)

9. 영국연합개혁교회(U.R.C.: United Reformed Church in the U.K.)-W.C.C. 정회원

주소: 86 Tavistock Place, GB-London WCIH 9RT, UK.
TEL. 44-171-916-2020, FAX. 44-171-916- 2021
교세: 신도수 190,941명, 교회수 1,898, 교역자수 1,080명(574명 은퇴), W.C.C. 가입(1948)227)

동성애자들(Homosexuals)에게 안수

이 교단은 1997년 7월 8일 지교회가 동성애자를 담임목사로 청빙하기를 원한다면 허락하기로 19인이 발의하고, 324:189로 결의하였다. 대 교단이 이와 같은 결정을 한 것은 영국에서는 처음이다.

영국연합개혁교에서 39년 동안 목회한 자넷 웨버(Janet Webber) 여자 목사는 20년 동안 동성애 생활한 호모섹스 여자(Lesbian) 목사이다. 그는 총회 석상에서 "우리는 그들을 말하는 것이 아니라 우리를 말하는 것이다. 얼마나 많은 목회자들, 장로들 그리고 교인들이 동성애자들인지 아무도 모른다. 왜냐하면 사회와 교회들이 숨기도록 강요하기 때문이다"라고 하였다.

10. 영국감리교(Mathodist Church-U.K.) -W.C.C. 정회원
쫀 길레스피(John Gillespi) 목사 파면 당함.

길레스피 목사는 미국에서 영국으로 건너가서 루에스감리교(Looes Methodist Church)를 7년 동안 시무하였다. 그는 영국감리교회가 동성애자들(남자들: gays, 여자들: lesbians)에게 안수하여 목사로 사역하도록 결의한 것에 대하여 반대하였다. 그러므로 길레스피 목사는 영국감리교로부터 파면 당하였다. 그는 50여명의 성도들과 함께 독립 개척하였다.228)

---

226) *ENI,* 1995. 3. 14. 0071.
227) op. cit., pp. 191-2.
228) *EPS.* 94.07.58.

11. 화란개혁교회(Netherlands Reformed Church)
-W.C.C. 정회원

주소: Postbus 405, Overgoo 11 NL-2260 AK Leidschendam,
　　　Netherlands TEL. 31-70-431-3131, FAX. 31-70-43-1202
교세: 신도 2,700,000명, 교회 1,800, 교역자 1,775명, W.C.C. 가입(1948).[229]

"화란개혁교회"는 16세기 유럽의 종교개혁이 일어났을 때 정치적으로는 스페인으로부터, 종교적으로는 로마 천주교로부터 독립한 나라이며, 교회이다. 개혁 교회는 존 칼빈, 존 낙스, 쯔빙글리 계통이다. 그러나 지금은 타락되어 동성애 목사들을 지지하는 교회가 되었다.

12. 화란개혁교회(Reformed Church in the Netherlands)
-W.C.C. 정회원

주소: Postbus 202 NL-3830 AE Leusden, Netherlands
　　　TEL. 31-33-496-0360, FAX. 31-33-496-8707
교세: 신도수 844,427명, 교회수 823, 교역자수 1,168명, W.C.C. 가입
　　　(1971)(1985년도 통계)

이 교단도 세월이 흐름에 따라 신앙적으로, 도덕적으로 점점 변질 타락되어 지금은 동성애 목사들까지도 수용하게 되었다. 그리고 과거에 분리되었던 화란 개혁교(N.R.C.)와 다시 통합을 시도하고 있다.

13. 스웨덴 교회(Church of Sweden, 루터교)-W.C.C. 정회원

동성애 여자 감독으로 선출

스웨덴 루터교 스톡홀롬(Stockholm) 교구에서는 2009. 5월 브르니(Brunne) 동성애 여자(a lesbian)가 한스 얼프베브란트(Hans Ulfvebrand)를 413대 365로 누르고 감독으로 당선되었다.

브르니는 자칭 세계에서 처음으로 나는 동성애 여자라고 공개적으로 밝

---

229) Ibid., p. 162.

히는 첫 번째 감독이라고 자처한다. 그 여자 감독은 감독으로 당선된 후 5월 26일(2009) "나는 힘없는 사람들 편에 서겠다. 다행이도 나는 힘이 있는데 이 힘을 힘없는 사람들을 위하여 사용할 것이다."라고 하였다.

스웨덴 교회는 2006년 10월 27일 교회에서 동성애자들의 결혼을 할 수 있도록 결정

14. 덴마크복음주의루터교회(Evangelical Lutheran Church of Denmark)-W.C.C. 정회원

주소 : Vestergade 8, I. DK-1456 Copenhagen K. Denmark
　　　 TEL. 45-3311-4488, FAX. 45-3311-9588
교세: 신도수 4,684,060명, 교회수 2,101, 교역자수 2,029명(1985년 통계)
　 W.C.C.에 가입(1948).

덴마크에는 A.D. 825년경 불란서 선교사를 통하여 기독교가 전래되었다. 그리고 1520년경에는 루터의 종교개혁이 덴마크에서도 일어났다. 그러나 이 대 교단도 타락하여 동성애 목사들이 있다. 포크 루터 교회(Lutheran Folk Church)의 신부는 "자신은 동성애자"라고 공언하였다.[230] 덴마크 정부는 동성애자들도 부부(남편과 아내)로 법적으로 인정한다.

15. 독일복음교회(E.C.G.: Evangelical Church in Germany) -W.C.C. 정회원

독일복음교회(E.C.G.) 산하 북엘리반복음루터교(North Eliban Evangelical Church) 대회에서는 동성애자들 결혼을 축하하는 결의를 77대 7(11명 결)로 가결하였다.[231]

16. 오스트레일리아연합교회(Uniting Church in Australia) -W.C.C. 정회원

주소: P.O. BOX A 2266. 222 Pitt st. Sydney South, NSW 2135,

---

230) *EPS*, 89. 10. 5.
231) *ENI*, 97-0090.

Australia, TEL. 61-2-92-87-0900, FAX. 61-2-92-87- 0999,
교세: 신도수 1,850,000명, 교회수 3,200, 대회수 7, 교역자수 2,200명.[232]

동성애자들(Homosexuals)에게 안수

이 교단은 1977년 7월 5일-12일까지 오스트레일리아 서부 펄트(Perth)에서 총회가 개최되었는데 이 총회에서 교회가 성 개방(open to sexuality)을 해야 한다고 주장하고 동성애자들을 성직에 임명하는 것을 지지하였다. 그들은 "동성애자들도 동성애 아닌 자들보다 목회사역에 덜 적합하다고 믿을 이유가 없다", "동성애 아닌 사람들은 새로운 성 윤리(a new sexual ethic)를 발전시키도록 교회에 요청한다"고 하였다.[233] 이와 같은 발언은 동성애자들(gays and lesbians: 남자 동성애자들과 여자 동성애자들)도 동성애 아닌 자들보다 목회사역에 손해를 입지 않아야 한다는 말이다.

17. 브라질성공회(Episcopal Church of Brazil)-W.C.C. 정회원

주소: C. P. 11510 90 870-000 Porto Alegre, RS. Brazil
TEL. 55-51-336-0651, FAX. 55-51-336-5087

교세: 신도수 45,000명, 교회수 63, 감독수 8명, 신부수 110명, W.C.C.에 가입
(1966).[234]

"**브라질성공회**"는 지금으로부터 약 104년 전 1893년경 설립되었다. 최근 7명의 감독들은 종족, 문화, 사회계급, 성 등을 사랑으로 받아들여야 한다고 하였다.[235] 성(性; sex)도 사랑으로 받아들여야 한다는 말이 무슨 뜻인가? 동성애자들도 사랑으로 받아들여야 한다는 뜻이다. 이 교단에도 동성애자들이 있다.

18. 남아프리카 교구교회(성공회)-동성애자들에게 공개사과
(Church of the Province of Southern Africa-Anglican)
-W.C.C. 정회원

---

232) op. cit., p. 240., W.C.C. 가입(1948)
233) *ENI* 1997. 5. 14. 97-0202.
234) op. cit., p. 260.
235) *ENI* 1997. 5. 14. 97-0201.

W.C.C. 회원교회들 중 하나인 남아프리카 교구교회(성공회)의 신부들(감독들)은 남아프리카 공화국 케이프 타운(Cape Town)에서 개최된 대회(Synod)에서 "교회내에서 남자동성애들(gays)과 여자동성애자들(lesbians)을 반대하여 용납할 수없는 편견으로 상처를 주어온 동성애자들에게 공적으로 사과드립니다. 우리는 교회가 세기가 넘도록 많은 사람들이 그들의 성선택(Sexual Orientation) 때문에 상처를 입어온데 대하여 책임을 통감합니다. 우리 교회 내에서 동성애자들을 적대시하는 것은 모든 사람을 사랑하는 우리 주님의 사랑과도 일치하지 않습니다. 우리는 지금까지 상처를 받아온 많은 동성애자들에게 회개하며 용서를 구합니다.

신부들(감독들)은 성경 원어인 헬라어와 히브리어 본문에 기록된 동성애에 관하여 교회가 더 연구하기를 요청한다, 우리는 어떤 특정한 본문을 단순한 해석에 기초하여 동성애자들을 공격하는 경향에 불쾌한다."236)

이외에도 세계교회협의회(W.C.C.) 안에는 동성애(Homo Sex: 동성애) 교회들과 동성애를 찬동하는 교회들이 많이 있다. 극도로 타락된 말세 교회들이다.

동성애(Homosex)에 대한 성경적 교훈

동성애(Homosex)는 동성((Homo)간의 성(sex)행위를 말한다.

① 동성애는 창조의 원리에 역행한다. 하나님은 태초에 남자와 여자를 창조하시고, 둘이 한 몸이 되어 한 가정을 이루고 행복하게 살도록 축복하셨다(창 1:27-28, 2:18-24, 롬 1:26).

② 동성애는 생육하고 번성하라는 축복의 말씀에 정면 위배된다.(창 1:22) 동성애는 자녀를 낳지 못한다.

③ 동성애 성행위는 가증하고 추잡한 죄이다(레 18:22, 신 23:17)

④ 구약시대 동성애자들에 대한 처벌을 최고형이고 사형이었다(레 2:13).

⑤ 동성애는 천벌인 AIDS병을 가져온다.

⑥ 소돔과 고모라를 위시한 여러 나라들의 멸망 중 하나는 동성애를 위시한 음행죄로 말미암음이었다(창 19:).

---

236) *ENI*, Bulletin-97-0123, East London, South Africa, 12 March.

제16장

현대방언, 성경적인가?
(Modern Speaking in Tongues, Biblical?)

방언이란 외국어(foreign language) 또는 외국어를 말할 수 있는 능력 (ability)을 가리킨다. 방언은 방언 하는 사람이 과거에 배우지 못하고 알지 못하는 외국어를 말하게 하시는 하나님의 직접적 그리고 초자연적 역사 (God's direct and supernatural act)이다.

현대방언은 과연 성경적인가? 다수의 개혁주의 계통의 보수주의자들은 현대방언을 하지 않으면서도 방언에 대한 분명한 태도를 취하지 않고 있다. 저들의 현실적 상황은 방언을 묵인하며, 일부에서는 찬동하고 있는 실정이 다. 저들은 사도행전 5:38-39의 말씀을 인용하여 자신들의 입장을 변명하 고 있다. 즉 "이제 내가 너희에게 말하노니 이 사람들을 상관 말고 버려두 라. 이 사상과 이 소행이 사람에게서 났으면 무너질 것이요, 만일 하나님께 로서 났으면 너희가 저희를 무너뜨릴 수 없겠고, 도리어 하나님을 대적하는 자가 될까 하노라"라는 말씀을 아전인수격으로 오용한다.

신복음주의(Neo Evangelicalism) 신앙노선을 걷고 있는 다수의 목회자 들은 현대방언을 찬동도 반대도 하지 않는 애매모호한 입장을 취하고 있다. 우리는 현대방언이 성경적이면 가르치며 방언을 하도록 권면해야 하며, 반 면에 현대방언이 성경적이 아니라면 성경적이 아니라고 가르치며 현대방언 을 하지 말도록 권면해야 할 것이다.

어떤 진리 문제에 관하여 애매모호한 입장을 취한다든지, 속으로는 찬성 또는 반대하면서 겉으로는 그렇지 않은 것같이 행동한다든지, 또는 찬성과 반대를 다 수용한다면 그것은 모순이요, 이율배반이요, 일치의 원리에 어긋난다. 우리는 성도들의 올바른 신앙적 지식의 유익을 위하여 아니면 "아니요"(no), 예면 "예"(yes)라고 분명히 밝혀야 한다.

마태복음 5:37, "오직 너희 말은 옳다 옳다 아니라 아니라 하라 이에서 지나는 것은 악으로부터 나느니라."

1. 어원적 고찰(Etymology)

방언(Speaking in Tongues)이란 헬라어로 "글로사"(γλῶσσα)로서 이 단어는 몇 가지 의미로 사용되었다.

(1) 글로사는 우리 몸의 지체 중 하나인 **"혀, 언어의 기관"**(tongue, an organ of speech)를 가리키며(막 7:33, 35; 눅 1:64; 행 2:26; 롬 3:13; 14:11; 고전 14:9; 빌 2:11; 약 1:26; 3:5, 6, 8; 벧전 3:10; 계 16:10), 16회 사용되었다.

(2) 글로사는 민족 또는 부족의 **"말 또는 언어"**(word or language)를 가리키며(행 2:11; 계 5:9; 7:9; 10:11; 11:9; 13:7; 14:6; 17:15) 7회 사용되었다. 언어와 방언은 동일한 의미로 상호 교대적으로 사용되었다.

(3) 글로사는 지방에서 사용하는 **"사투리"**(dialect)를 가리킨다. 이 단어는 디아렉토스(διαλεκτος)에서 인출되었으며(행 1:19; 2:6, 8; 21:40; 22:2; 26:14), 6회 사용되었다.

(4) 글로사는 **"외국어"**(foreign language)를 가리킨다. 방언은 빈번히 방언들(글로사이, γλῶσσαι)이라는 복수형으로도 사용되었다. 그것은 방언이 여러 개의 언어들임을 나타낸다. 방언의 실제적 현상이 25번 기록되어 있다(막 16:17; 행 2:4, 6, 8, 11; 10:46; 19:6; 고전 12:10, 28, 30; 13:1, 8; 14:2, 4, 5, 6, 13, 14, 18, 19, 22, 23, 26, 27, 29).[237]

---

237) Vine's *Expository Dictionary of Biblical Words*, Thomas Nelson Pub. Nashville,

이상과 같이 글로시는 몇 가지 의미로 사용되었으나 모두 언어의 기본적 요소들과 관계되어 있다. 반스, 헨리, 아이론사이드, 랑게, 렌스키, 라이스 (Barnes, Henry, Ironside, Lange, Lenski, Rice) 등은 성경에서 교훈 하는 방언은 외국어를 말한다고 하였다.

① 오순절 날 예루살렘에서 있었던 사도들의 방언은 알지 못하는 또는 알 수 없는 언어들이 아니라, 다른 나라 언어들(외국어)이었다(행 2:1-11). 그러므로 인근 여러 나라들에서 예루살렘으로 온 많은 외국인들(방문객들)이 방언을 자기 나라 말들로 듣고 잘 이해하였다. 사도행전 2:11, "우리가 다 우리의 각 방언으로 하나님의 큰일을 말함을 듣는도다." 사도행전에 나타난 방언은 외국어였으므로 통역이 필요 없었다. 로마 군대 백부장 고넬료의 집에서 이방인 새 신자들이 한 방언도, 에베소에서 세례 요한의 12제자들이 한 방언도 모두 듣는 자들이 이해한 외국어였다(행 10:46; 19:6).

② 사도적 교회(Apostolic Church)에는 일시적이나마 분명히 방언의 은사가 있었다. 그 방언은 사람들이 아는 언어들(known languages) 곧 외국어들(foreign languages)을 가리킨다. 사도행전 2장에 기록된 방언은 외국어였다(2:4, 6, 8). 그러므로 이 방언에 관하여는 여하한 규정, 규제가 주어지지 않았다. 그러나 고린도 교회에서 일어난 방언은 외국어가 아니었으므로 규정과 규제가 주어졌다.

③ 사도 바울은 고린도전서 14:10, 11에서도 방언은 외국어라고 재차 강조하였다. "세상에 소리(음성; voice)의 종류가 많되 뜻 없는 소리는 없나니, 그러므로 내가 그 소리의 뜻을 알지 못하면 내가 말하는 자에게 야만인이 되고, 말하는 자도 내게 야만인이 되리라."

"소리"(voice)는 헬라어로 "포네"(φωνή)로서 언어(language)를 의미한다. 따라서 세상의 모든 언어들은 다 언어의 뜻이 있다. 뜻(의미) 없는 언어는 존재하지 않는다. 이 세상에 소리의 종류가 수없이 많아도 뜻 없는 소리는 없다. 뜻이 있는 외국어도 내가 알지 못하면 나는 야만인 취급을 받게 되거든 하물며 뜻이 전연 없는 저질적인 잡다한 소리를 말하는 것이야 두

U. S. A. 1985. p. 636; Abbott-smitt, *Manual Greek-Lexicon of the N. T.* T&T Clark LTD, Edinburgh, 1994, p. 93.

말할 것 있으랴?

④ 사도행전에서나 고린도전서에 기록된 방언은 외국어가 아니라 사람들이 알지 못하는 이상한 언어라는 새로운 재정의(redefinition)가 성경 아무 곳에도 없다. 그런데 무슨 이유로 방언파에서는 사람들이 이해하지 못하는 괴상한 소리를 방언이라고 하는가? 성경이 가르치는 방언은 사람들이 이해할 수 없는 소위 현대방언이 결코 아니다.

(5) 글로사는 "알지 못하는(이해할 수 없는)말"(unknown and not understandable language)을 가리킨다. 고린도전서에 기록된 방언은 사도행전에 기록된 방언과 동일한 단어($\gamma\lambda\tilde{\omega}\sigma\sigma\alpha$)이지만 이 방언은 사람들이 알지 못하는 그리고 이해할 수 없는 언어이었다(고전 14:2, 13, 14, 19).

방언이라는 단어가 고린도 교회의 방언 문제 및 현대 방언 문제와 관련하여 사용될 때에는 무아지경의 황홀하고도 모호한(ecstatic), 영문모를, 계속적이고도 반복적인, 이상야릇한, 정신 나간 사람의 헛소리 같은, 횡설수설의 중언부언의 알아들을 수 없는, 뜻이 없는 소리들(고전 14:2, 9, 11, 15, 16)을 말한다. 이러한 말들은 이성과 양심의 지배를 받지 않는 말, 일방적 감정에 치우친 말, 내용이 없는 말, 말과 말 사이의 연결이 없는 말, 전연 의사를 전달할 수 없는 말, 엉망진창의 말을 말한다.

도날드 벌딕(Donald W. Burdick)은 오늘날의 방언의 특징들을 다음과 같이 열거하였다.

① 반복이 매우 심하다.
② 방언과 방언하는 사람의 언어적 배경이 비슷하다.
③ 한 두 개의 모음을 지나치게 많이 사용한다.
④ 언어적 구조가 부족하다.
⑤ 방언에 비해 통역이 두드러지게 너무 길다.
⑥ 동일한 구절의 통역이 일치하지 않는다.
⑦ 영어 통역시 주로 17세기 초의 흠정역(KJV) 문체가 사용된다.[238]

사람들이 알지 못하는 그리고 이해할 수 없는 말을 일명 **천국 말**(heavenly language)이라고도 부른다. 그 이유는 천국에서는 일반 사람들이 알

---

238) Donald W. Burdick, *Tongues: To Speak or Not to Speak*, p. 65.

지 못하는 그리고 이해할 수 없는 이상한 말을 사용한다는 뜻이 아니라 빗대고 하는 말이다. 소위 천국 말이란 **"이상한 말"**(헤테로글로소스, ἐτερόγλωσσος; strange language)을 가리킨다. 이상한(헤테로, ἐτερο; different kind)은 성질상 다른 종류를 가리킨다. 이상한 말은 사람들이 흔히 사용하는 정상적인 말(언어)이 아니라 알아듣지 못하는 말, 뜻이 없는 말, 정신 나간 사람의 헛소리 같은 말, 중언부언하는 말, 저질적인 말이다. 고린도 교회에서 문제가 발생한 방언이란 바로 이 방언을 가리킨다. 그리고 오늘날 현대방언도 바로 이 방언을 가리킨다. 반면에 성경이 교훈하는 방언은 사람들이 알아들을 수 있는 말, 의사가 전달되는 말, 외국어를 가리킨다.

2. 사도행전에 기록된 방언들 (행 2장; 10장; 19장)

사도행전에는 방언이 3곳(2:1-13; 10:44-48; 19:1-7)에 기록되어 있다. 그러면 그 방언들은 어디에서 일어났는가? 누가 방언하였는가? 그들이 방언할 때 영적 상태는 어떠하였는가? 방언의 목적은 무엇이었는가?

(1) 예루살렘에서의 방언(Tongues at Jerusalem〈행 2:1-13〉)

① 언제(When) 방언이 있었는가?
오순절 날 방언의 역사가 일어났다(2:1). 오순절은 교회 역사상 가장 뜻 깊은 날들 중의 한 날이다.
• 오순절은 유월절, 장막절과 더불어 유대인의 대 명절들 중 하나이다. 오순절은 유월절이 지난 후 첫날(주일=일요일)부터 50일째 되는 날이다(레 23:15-17; 신 16:9, 10). 그러므로 오순절을 "펜테코스토스"(πεντηκοστός; fiftieth; 50)라고 부른다(행 2:1; 20:16; 고전 16:8).
• 오순절은 유월절 지난 후 첫날부터 7주가 지난날이라 하여 칠칠절이라고도 하며(출 34:22; 신 16:10).
• 이 날은 추수한 첫 곡식단(first harvested sheaf)을 하나님께 드리는 날이므로 첫 열매의 날 곧 맥추절이라고도 한다(출 23:16; 민 28:26).

• 이 날은 우리 주님 예수 그리스도께서 부활하신 지 50일째 되는 날, 승천하신 지 10일째 되는 날이기도 하다.

• 오순절 날에 성령님께서 강림하셨으므로 이 날을 성령강림절이라고도 한다. 그러므로 오순절은 구약시대는 물론 신약시대에도 매우 중요한 날이다.

② 어디에서(Where) 방언이 일어났는가?

오순절 명절을 기념하기 위하여 예수님의 12사도들이 예루살렘 성 어느 한 곳에 모였다. 그러면 사도들이 모였던 곳은 마가의 다락방이었을까? 어떤 개인의 집이었을까? 성전 뜰이었을까? 넓은 장소였을까? 성전 뜰이나 넓은 장소였을 것이라고 주장하는 사람들은 그때에 3,000명 이상이 복음을 받은 것으로 보아 예루살렘의 어느 한 넓은 곳이었을 것이라고 생각한다. 그 이유는 명절을 축하하기 위하여 원근각처에서 수많은 유대인 순례자들이 예루살렘으로 모여들었고 또 원근각처의 여러 나라 사람들도 예루살렘에 왔을 때에 그 현장에서 방언의 역사가 일어났기 때문이라고 한다. 만일 방언이 마가의 다락방이나 또는 어느 개인의 집에서 일어났다면 본문(행 2:8-11)에 맞지 않는다.

③ 누가(Who) 방언을 하였는가?

일부사도들? 120성도들? 모든 신자들? 누가는 방언하는 사람들을 "그들"이라고만 하였다(행 2:1-4). 그러면 그들은 누구인가? 알포드는 말하기를 그들(they)은 사도들만도 아니고, 120성도들만도 아니라 예루살렘에 유월절 때 모인 "그리스도 안에 있는 모든 신자들"이라고 주장하였다.[239]

어떤 주석가들은 12사도들과 120성도들이라고 한다.[240]

그러나 사도들이 방언을 하였다는 것이 가장 유력한 주장이다. 그 이유는

• 2:1에 "그들(they)"은 사도들을 가리킨다(1:26).

• "각각 자기 방언으로 제자들의 말하는 것을 듣고"(행 2:6-8)라고 하였

---

239) Henry Alford, *The Greek Testament,* London: Logmans, Green and Co, 1894. II. 13.
240) Ibid.

는데 본 절에서 "제자들"은 12제자를 가리킨다. 본문에서 제자들은 120성도나 그리스도 안에 있는 모든 성도들을 가리키는 것이 아니다.

• 저희가 다 성령의 충만함을 받아 성령이 말하게 하심을 따라 다른 방언(foreign language) 으로 말하였다(행 2:4).

• 그 현상(방언)을 목격한 자들은 서로 말하기를 "보라 이들이 다 갈릴리 사람이 아니었는가?"(행 2:7)라고 하였다. 천사들도 사도들을 갈릴리 사람들이라고 불렀다(행 1:11). 120성도나 모든 성도들을 다 갈릴리 사람들이었다고 증명할 수는 없다.

• 사도행전 2장에 120성도는 언급되어 있지 않고, 사도들만 언급되어 있다(행 2:14, 37).

그러므로 오순절 날 방언은 사도들만이 하였다고 생각된다. 사도들은 성령 충만하여 성령께서 그들에게 말하게 하심을 따라 다른 나라 언어들(방언)로 말하기를 시작하였다(행 2:2, 4, 6) 성령충만(The Filling of the Holy Spirit)이란 성령 하나님의 감화·인도·통치를 충만히 받음을 뜻한다. 수천 명의 사람들이 흥미·관심·매력을 가지고 모여서 사도들로부터 일어난 일들을 듣고자 하였으나 큰 언어의 장벽이 가로막혀 있었다. 사도들은 다른 나라 언어들을 알지 못하였으나, 이때에 방언의 역사가 일어났다.

④ 사도 베드로의 방언은 외국어였는가? 아니면 소위 현대방언과 같은 것이었는가?

"…다른 방언으로 말하기를 시작하니라."(행 2:4).

"다른"(헤테로스, ἕτερος; another of a different kind)은 다른 종류를, 따라서 다른 방언이란 종류가 상이한 외국어를 가리킨다. 헤테로스와 유사한 단어 "알로스"(ἄλος; another of the same or similar kind)는 같은 또는 유사한 종류의 다른 것을 가리킨다. 본문에 다른 방언이란 전자를 가리킨다. 헤테로스(ἕτερος)의 가장 대표적인 경우는 갈라디아서 1:6-7 말씀에서 찾아볼 수 있다. 여기서 바울은 갈라디아 교인들이 참된 복음에서 그렇게 속히 떠나 "다른"(헤테로스, ἕτερος; different) 복음 좇는 것에 대하여 깜짝 놀랐다. 그들이 좇는 다른 복음은 동질의 복음이 아니다. 또 다른 한 경우는 예수님께서 성령을 보내기로 약속하셨을 때 예수님은 성령을 다른 보혜사라고 하셨는데(요 14:16), 여기서 **다른(알로스, ἄλος; another of the same nature)**이란 단어는 "같은 성질의 다른"이라는 뜻이요, 다른 종류가 아니다.

사도들이 전하는 말씀을 청취한 사람들은 다 자기들이 사용하는 언어(방언)들(글로싸이, γλῶσσαι; languages; 언어들)로 하나님의 말씀을 들었다. 이것은 여러개의 방언이 외국어들임을 분명히 증거한다. 또한 마가복음 16:17에 "그들이 새 방언을 말하며"라고 하였는데, 여기서 새 방언이란 새로운 언어들(new languages)을 가리킨다. 새로운 언어들은 자기들의 언어가 아닌, 과거에 배운 바 없는, 전혀 생소한 다른 나라 사람들의 언어들(외국어)을 가리킨다(행 2:4, 6, 8, 10; 4:12; 고전 14:21).

사도행전 2:8-11에는 바대인, 메대인, 엘람인, 메소포타미아, 유대, 갑바도기아, 본도, 아시아, 부르기아, 밤빌리아, 애굽, 리비아, 로마, 그레데인, 아라비아인들을 위시한 14개 이상의 부족, 민족의 사람들이 그 각기 자기 방언들로 들었다고 하였다. 물론 이 나라들은 모두 그 당시에 존재하였던 실제적인 나라들이었으며, 언어들도 그들이 사용하는 실제적인 언어들(외국어들)이었다.

오순절 날 사도들에게 있었던 방언들은 성령의 이적적 역사였다. 외국어를 전혀 배우지 않은 사도가 외국어로 설교하고, 듣는 사람들은 14개 이상의 각기 자기 방언들로 동시에 들었으니, 그것이 다 하나님의 놀라운 이적의 역사가 아닌가?

오순절 날 사도 베드로는 방언(외국어)으로 설교하였는가? 이 문제도 의견이 각기 상이하다.

㉮ 한 견해는 베드로는 자기나라 말(히브리어)로 설교하였으며 듣는 사람들은 각기 자기나라 말들로 듣도록 성령님께서 역사하셨다는 주장.

이 견해를 뒷받침하는 근거로는 사도행전 2:8-11에 의하면 14개 이상의 부족 또는 나라 사람들이 다 각기 자기나라 말들로 들었기 때문이다. 그렇다면 베드로 한 사람이 어떻게 한 입으로 14개 이상의 말들을 동시에 할 수 있는가? 그것은 불가능하다. 그렇다면 엄격히 들음의 이적(a miracle of hearing)이 일어났다고 보아야 할 것이다.

㉯ 또 다른 한 견해는 오순절 날 예루살렘에 모여든 사람들은 원근각처에 흩어진 유대인들이었다는 주장.

유대인들이 오순절 절기를 지키기 위하여 예루살렘에 군집하였고 베드로는 그들에게 모국어(native tongue)인 히브리어로 설교하였다고 한다. 그러나 이 견해는 본문의 사실 내용(2:8-11)과 배치될 뿐만 아니라 방언의 의미와도 맞지 않는다. 그 이유는 본문의 사실 내용은 여러 나라 사람들이 각기 자기나라 말로 들었으며, 방언은 외국어를 가리키기 때문이다. 오순절 날 있었던 방언이 자국어였는가, 아니면 외국어였는가를 막론하고 듣는 사람들은 각기 자기 나라 말들로 들은 것이 사실이다. 자기 나라 말들이란 방언인 외국어였다.

⑤ 사도 베드로의 중심 메시지는 무엇인가?

사도 베드로는 예수 그리스도의 영광스러운 복음을 전파하였다. 예수 그리스도의 이적적 처녀 탄생, 독특한 생애, 특이한 말씀들, 행하신 이적들 그리고 십자가상에서의 대리적 속죄의 죽으심과, 죽은 자 가운데서 3일 만에 다시 육체로 부활하신 사실들을 전파하였다(2:21-24, 31-36). 그리고 허다한 무리들이 베드로의 설교를 듣고 믿고 회개하였다.

오순절 날 베드로의 설교는 기독교 역사상 첫 번째로 일어난 대부흥 사건이었다. 사도 베드로는 그 수많은 사람들에게 그의 위대한 오순절 설교를 능력 있게 전파하였다. 베드로의 설교에 3,000명 이상이 세례를 받고 예루살렘에서 각기 자기 곳으로 돌아가서 자신들이 체험하고 경험한 하나님의 놀라운 일들과 받은바 구원의 복음을 널리 전하였다.

(2) 가이사랴에서의 방언(Tongues at Caesarea〈행 10:1-48〉)

가이사랴 고넬료의 집에서 이방인들(Gentiles)이 방언하였다. 이방인들이란 유대인 이외의 모든 다른 모든 민족들을 가리킨다. 오순절 날 방언의 역사가 있은 후 많은 사람들의 회심(conversion)의 역사가 일어났다(행 2:47; 4:4; 5:14; 8:5-8). 그리고 오랜 세월 후에 고넬료와 그의 일가친척 친구들에게 방언의 역사가 다시 일어났다(행 10:46). 이들 이방인들에게 방언의 역사가 일어나기 전 예루살렘교회에는 약 10년 동안 유대인들뿐이었다.

고넬료는 베드로에게서 구원의 복음을 듣게 되리라는 계시를 천사로부터 받았으므로(11:14) 그의 일가들(kinsmen)과 가까운 친구들을 모아 놓고 베드로를 기다렸다. 베드로는 고넬료의 종들과 함께 욥바에서 떠나 가이사랴의 고넬료의 집에 도착하여 고넬료의 뜨거운 영접을 받았다.

가이사랴(Caesarea)는 지중해 연안 항구도시로 욥바 북쪽 48km, 예루살렘에서 북서쪽 105km 지점에 위치해 있다.

베드로는 그들에게 놀랍고도 새로운 진리를 전했다(10:34-35). 베드로의 메시지는 복음의 핵심 곧 그리스도의 생애(10:38), 죽음(10:39), 부활(10:40), 믿음으로 구원받음(10:43) 등이었다.

베드로가 말씀을 증거하는 동안 구원의 역사가 고넬료와 그의 일가와 가까운 친구들의 마음속에 임하여 그리스도를 구주로 영접할 뿐만 아니라, 성령님의 임재와 능력이 그들 속에서 또한 나타났다(10:44-45). 그리고 그들은 다른 나라 방언(언어)으로 말했으며 하나님을 높이었다(10:46). 사도행전 2장에서는 유대인 사도들이 히브리어가 아닌 이방 외국어들로 방언한 반면에, 고넬료의 집에서 방언한 사람들은 새로운 이방 신자들이었다. 그리고 베드로와 그의 동료들인 유대인들은 듣는 자들이었다. 고넬료의 집에 모였던 새로운 신자들의 방언은 유대인 청중들이 듣고 알았으니 히브리어였을 것이다. 방언의 내용은 무엇인지 잘 알 수 없다. 다만 "방언을 말하며 하나님을 높임을 들음이러라"고 하였다. 사도행전 10장의 방언의 목적과 주요 교훈은 이방인들도 유대인들과 같이 구원을 받고 그리스도의 몸에 동참하는 것이다.

(3) 에베소에서의 방언(Tongues at Ephesus<행 19:1-7>)

에베소에서 세례 요한의 제자들이 그리스도의 복음을 듣고 받아들였을 때에 그들은 성령의 은사를 받아 방언도 하고 예언도 하였다.

에베소는 소아시아 서해안에 위치한 소아시아의 최대 무역항이었으며(실제는 해안에서 3마일 내륙에 위치), 아시아 주의 수도였고, 소아시아 전체의 중심지였으며, 로마에서 동방과 남쪽 애굽으로 가는 교통의 중심지였다. 이

도시는 문화의 도시, 예술의 도시였으며, 에베소 극장과 아테미(Artemis)라는 이방 여신을 섬기는 큰 세계적 사원(temple)이 있었다(행 19:27). 사도 바울은 제3차전도 여행 시에 에베소에서 2년 3개월 동안 체류하면서 복음을 전하였다.

하나님께서는 세례 요한을 최후 능력의 선지자로 들어 쓰셨다. 수천 사람들이 세례 요한의 설교를 청종하였으며(막 1:1-8), 말씀에 확신을 갖고 자신들의 죄를 회개하고 오실 메시야(coming Messiah)를 대망하였다. 세리들과 군인들을 포함한 각계각층의 많은 사람들이 약대 털옷을 입은 광야의 선지자 세례 요한의 능력 있는 설교 말씀에 의하여 많은 영향을 받았으며, 그로 인하여 그 땅에 큰 부흥이 일어났다. 그리고 많은 사람들이 세례 요한의 제자들이 되었다(요 3:23-26).

따라서 에베소에도 세례 요한의 제자들이 있었다. 그들은 신약시대에 살았던 최후의 구약 성도들로서 세례 요한이 로마의 헤롯왕에 의하여 순교 당한 후(마 14:1-12) 오실 메시야를 기다렸으며, 사도 바울이 예수 그리스도를 증거 했을 때 예수 그리스도를 구주로 믿고 신약시대의 신자들이 되었다. 사도 바울은 요한의 제자들에게 주 예수의 이름으로 기독교 세례를 베풀었다. 그때에 그들에게 성령이 임하여 방언도 하고 예언도 하였다(행 19:4-7). 그들은 과거에 배우지 않은 방언들(외국어들)을 말하였으니 오순절의 방언의 역사가 다시 일어난 것이다.

가이사랴의 고넬료의 집에서 있었던 방언의 내용이 무엇인지 알 수 없는 것과 같이 세례 요한의 12제자들의 방언의 내용도 무엇이었는지 기록된 바가 없으므로 알 수 없다.

고넬료의 집에서 사도 베드로가 방언하지 않고 이방인 그리스도인들이 방언한 것과 같이 본문에서도 사도 바울이 방언하지 않고 세례 요한의 제자들이 방언하였다. 그들의 방언도 사람들이 듣고 이해하는 외국어(foreign language)였다. 그러므로 방언 통역자도 없었고 외부에서 미쳤다고 생각하는 자들도 없었다. 사도행전에서 방언은 고린도전서에서 문제가 된 알아 들을 수 없는 방언이 아니었다.

결론적으로 사도행전의 방언은 예루살렘에서 사도들이(행 2장), 가이사랴에서 고넬료의 집 이방 사람들이(10장), 에베소에서 세례 요한의 제자들이

(19장) 한 외국어였다.

3. 고린도전서의 방언

(Tongues at Corinth<고전 12장; 14장>)

(1) 사도 바울과 고린도 교회

사도 바울 당시에 **고린도 시**(市)는 약 70만 명의 인구가 살고 있는 대 상업도시였다. 그중에 약 25만 명은 자유인들이었고, 약 40만 명(2/3)은 노예들이었다. 고린도 시는 상업의 중심지였으며, 아덴과 같은 대학촌은 아니었으나 헬라문화의 영향을 많이 받았다. 그리고 그들의 헬라 철학 사상은 복음을 영접함에 있어서 오히려 장애물이 되었다. 고린도에는 아프로디테(Aphrodite)라고 불리는 신전(temple)이 해발 약 470km에 있었으며, 그 신전에는 소위 사랑의 여신이라는 1,000명 이상의 창녀들이 종교의 이름으로 매음 행위를 하였다. 그리하여 향락, 비행 등이 난무하고 성적(性的) 도덕 윤리가 극히 문란하고 타락하였다.

사도 바울은 이러한 도시에 제2차전도 여행 시 교회를 개척하였다(고전 3:6, 10; 4:15; 행 18:1-17). 그리고 그곳에서 주후 51년-52년까지 약 1년 반 동안 복음을 증거 했다. 그는 복음을 전하는 동안 유대인들, 이방인들 그리고 세상 연락을 즐기는 사람들로부터 하나님의 말씀과 예수 그리스도의 증거로 인하여 많은 반대와 박해를 받았다. 그럼에도 불구하고 복음이 전파, 확산되어 이방인들의 많은 수가 예수님을 구주로 영접하게 되었다. 바울이 고린도를 떠난 후에는 아볼로(Apollos)가 에베소로부터 와서 고린도 교회를 맡아 시무하게 되었다(행 18:24-28).

사도 바울이 고린도를 떠난 후에 고린도 교회 내에 많은 도덕적, 영적 문제들이 발생하였다는 소식을 글로데의 집 사람으로부터 보고받아 알게 되었다. 즉 고린도 교회에 분열(1:11), 육욕(3:3), 복음 사역에 대한 잘못된 생각(3:5-4:21), 간음과 음란(5:1), 그리스도인들 사이의 문제를 세상 법정에 고소(6:1), 성도덕 타락과 문란(6:15, 7:1-2), 자유의 남용과 위반(8:1), 여성의 위치(11:3), 주의 성찬의 오용(11:20-22), 영적 은사들에 대한 무지와 혼란(12:1), 잘못된 방언(14장), 그리스도인들의 육체적 부활 부인

(15:12) 등 도덕적, 윤리적, 교리적 문제들이 많이 발생하였다. 그러므로 사도 바울은 제3차 전도여행 시 그와 같은 잘못을 바로잡고 훈계하기 위하여 에베소에서 고린도서를 기록하여 고린도 교회에 보냈다.

사도행전의 방언(2장; 10장; 19장)과 고린도전서의 방언(고전 12장; 14장)은 동일한가, 상이한가?

사도행전의 방언은 외국어였으며, 고린도전서에서 교훈 하는 방언도 외국어이다. 그러나 고린도 교회 일부 신자들의 방언이란 사람들이 알지 못하는(unknown), 횡설수설하는 무아지경의 말(gibberish ecstatic tongues)이었다. 이것은 성경이 교훈하는 방언이 아니라 잘못된 방언이다. 그러므로 사도 바울은 고린도 교회 신도들에게 방언, 방언의 규정, 경고, 금지 등에 관한 원리 문제들을 교훈하였다.

고린도 교회 신도들은 이방인들로서 기독교에 개종하기 전에는 사신 우상들을 섬기는 자들이었다. 그들은 기독교로 개종한 후에도 세상 연락을 즐겼을 뿐만 아니라, 자기들이 섬기던 사신 우상 개념과 관습을 그대로 교회 안으로 들여왔다. 그리하여 그들은 황홀한 무아지경에서의, 횡설수설하는, 중언부언하는, 이해할 수 없는 헛된 말을 계속 반복함으로써 자기들이 섬기는 신들과 접신하여 친밀한 관계를 맺으며, 따라서 어떤 계시를 받는 것으로 생각하였다. 고린도 교회에는 그와 같은 생각을 가진 사람들의 소위 방언으로 말미암아 무질서와 큰 혼란에 빠지게 되었다. 그와 같은 방언은 울리는 꽹가리와 허공에 말하는 것이 되었으며, 교회에 덕이 되지 않으며, 자신은 야만인이 되고 미쳤다는 말을 듣게 되었다.

그러므로 사도 바울은 "너희가 알지 못하기를 원치 아니하노니 너희가 알거니와 너희가 이방인으로 있을 때에 말 못하는 우상(벙어리 우상들; dumb idols)에게로 끄는 그대로 끌려갔느니라"(고전 12:2)고 고린도 교회 신도들을 깨우쳐 주었다.

이방인들은 무의미한 말들을 계속 중언부언 반복하여야 자기들의 기도가 신(gods)에게 상달되는 것으로 생각하였다. 그러므로 예수님은 이방인들과 같이 중언부언하지 말라고 말씀하셨다. 무의미한 말을 계속 반복하는 중언부언의 형식적이고도 외식적인 기도는 하나님께서 받으실 리 만무하다. 그러기에 예수님께서 기도에 대하여 가르치시기를 "기도할 때에 이방인들과 같이 중언부언하지 말라. 저희는 말을 많이 하여야 들으실 줄 생각하느니라"(마 6:7)고 말씀하셨다.

고린도전서에서 언급된 방언은 은사를 가장 중요시하거나 사용하기 위한 권장이 아니라, 방언에 대한 잘못된 개념을 규정하고, 오용과 남용으로 인한 무질서와 혼돈을 금지하고 바로잡기 위함이었다.

(2) 방언 통역(The Interpretation of Tongues)

방언 통역은 일반이 알지 못하는 외국어를 자국어로 옮기는 은사이다. 방언 통역은 고린도전서 12:8-9에 나열된 아홉가지 영적 은사들 중 가장 마지막 은사이다. 방언과 방언 통역은 각기 상이한 은사들이면서도 서로 분리할 수 없는 상호 의존적인 연합체이다. 따라서 방언과 통역은 각기 독립적으로 또는 독자적으로는 작용할 수 없다.

방언 통역은 의사전달의 한 방편이다. 그러므로 통역 없는 방언은 천사의 방언이라도 울리는 꽹과리와 같다. 그 이유는 통역 없는 방언은 이해할 수 없기 때문이다. 따라서 통역 없는 방언은 어떠한 모임에서도 하지 못하도록 금지되어 있다. 고린도전서 14:28에서는 "만일 통역하는 자가 없으면 교회에서 잠잠하라"고 금지령을 내렸다.

"교회에서 잠잠하라"는 말씀은 "씨가토 엔 에클레시아"(σιγάτο ἐν ἐκ κλησία; let him be silent in church; 교회에서 잠잠하라, 조용하라)이다. 그런데 헬라어 문법상 에클레시아 앞에 관사가 없으므로 에클레시아는 어느 특정 교회만을 의미하는 것이 아니고, 신자들의 어떠한 모임(any gathering of believers)에도 다 언급한다. 관사가 없으면 어느 특정 교회를 가리키는 것이 아니라 일반적으로 교회를 가리키기 때문이다. 따라서 부흥회, 기도원 집회 등 신자들이 모이는 어떠한 집회에서도(in any assembly) 방언함을 금하신 것이다. 방언(외국어)을 모르는 사람들에게 통역 없는 방언이란 이해할 수 없다. 사람이 이해하지 못하는 천만 마디의 말이 무슨 소용이 있겠는가? 통역 없는 방언은 엄격히 금지되었음에도 불구하고 현대방언파 사람들은 이 규례를 완전히 무시하고 있다.

방언파에서는 방언 통역자가 있을 경우에는 통역자가 마음대로 통역할 수 있도록 상당한 해석을 부여하고 또 그렇게 함으로써 통역으로 인한 어떠한 공격에도 피할 수 있는 돌파구를 열어 놓았다. 그들은 말하기를 "통역이란 넓은 의미를 가지고 있으므로 단어 하나하나를 번역한다는 생각에 집착하지 않아야 한다. 통역의 넓은 의미는 설명한다, 해석한다(explain or expound)는 뜻이다. 그러므로 방언 통역이란 정확한 번역이 아니라 의미의 해석(설명)과 적용이다. 통역자는 방언의 내용을 이해하지 못하나 성령께서는 통역자로 하여금 순간적으로 즉시 통역하도록 하신다. … 통역은 방언보다 다소 길어지거나 짧아진다 …"고 하였다.241)

방언하는 사람은 통역이 없으면 스스로 통역하기를 위하여 기도하라고 하였다(고전 14:13). 방언의 은사를 받은 사람이 동시에 통역의 은사를 받은 경우도 다소 있다. 그러나 이 경우에는 방언하는 사람 자신이 방언(외국어)에 상당한 실력이 있어서 신자들로부터 충분한 실력을 인정받아야 한다. 그런데 방언하는 자와 통역하는 자는 대부분 동일인이 아니고 구별지어져 있는 것이 통상례이다.

소위 현대 방언과 방언 통역과는 아무런 관계가 없다는 것이 과학적 분석이다. 서너 마디의 반복되는 무의미한 말들을 많은 내용으로 통역한다든지, 또는 동일한 방언을 녹음하여 다른 통역자에게 통역케 한다면 통역의 내용이 전연 상이하다. 또 한 통역자가 같은 소리의 방언이라도 다른 장소, 다른 상황 하에서는 달리 해석한다. 실례로 달라스 신학교의 한 젊은 신학도가 시편 23편을 히브리어로 암송하였더니 통역하는 사람은 시편과는 전혀 관계도 없는 허무맹랑한 말을 통역이라고 하였다고 한다.242)

(3) 방언 통역자의 수와 질서(Number and Order)

"만일 누가 방언으로 말하거든 두 사람이나 많으면 세 사람이 차서를 따라 하고 한 사람이 통역할 것이요"(고전 14:27).

하나님은 어지러운 혼돈의 하나님이 아니시요, 질서의 하나님이시다. 하나님은 모든 것을 질서대로 하라고 명하셨다(고전 14:33, 40). 예배에 있어

---

241) French L. Arrington, *Christian Doctrine* Ⅲ, Pathway, Cleveland, TEN. U. S. A. 1988, p. 157.
242) Charles R. Smith, *Tongues in Biblical Perspective,* BMH Books, Winona Lake, In. U. S. A. 1976, p. 99.

서 모든 순서는 질서적으로 진행하여야 한다. 성령의 열매들 중 하나는 절제이다(갈 5:22; 행 24:25; 벧후 1:6). 하나님은 신자들의 생활 속에서도 동일한 절제와 질서의 열매를 산출하기를 원하신다.

① 방언자의 수와 질서에 관한 교훈

• 방언(외국어)에는 통역이 있어야 한다. 통역 없는 방언은 이해할 수 없는 꽹과리 소리이므로 금지되었다.

• 한 사람이 방언하면, 한 사람이 통역해야 한다. 통역자나 듣는 사람들이 이해할 수 있도록 적당한 길이의 문장을 방언하고 통역해야 한다. 여러 사람이 동시에 방언을 하거나 여러 사람이 동시에 통역한다는 것은 방언의 수와 질서의 원리에 위배된다. 절서도 없고 통역도 없이 모든 사람이 한꺼번에 알 수 없는 괴상한 방언을 한다는 것은 비성경적이다.

• **차서를 따라 방언해야 한다.** 한 사람이 방언하고 난 후에 다음 사람이 방언하고, 다음 사람이 방언하고 난 후에 또 다른 사람이 방언하여야 한다. 한 집회(예배)시에 방언하는 사람은 두 사람, 많아도 세 사람이 넘지 않아야 하며, 방언의 뜻을 분명히 이해하기 위해서는 한 사람이 방언하고 다른 한 사람이 통역하도록 하였다. 방언으로 기도하든지, 노래하든지, 말하든지, 어떠한 형태의 방언이든지간에 질서가 있어야 한다고 성경은 교훈하였다. 어지러운 분위기 속에서 많은 사람들의 무문별하고 무질서한 방언은 성경의 교훈과 규례에 위배된다. 참된 방언은 방언의 규례에 준하여야 한다. 성경은 조직적이고 질서적이고 규정에 의한 방언을 허락하였다. 예의와 질서는 예배의 본질적 교훈에 대한 외형적 표시이다. 현대 방언과 방언의 표시 그리고 방언의 수와 질서 등을 성경의 교훈에 비추어 볼 때 소위 현대 방언은 방언의 규정과 규칙에도 맞지 않는다.

② 방언으로 기도하는 것은 성경적인가?(Prayer in tongues: Biblical?)

현대 방언파에서는 주장하기를 방언은 대신방언(tongues to God)과 대인방언(tongues to man)이 있다고 한다. 그들은 하나님께 방언으로 기도하는 것을 대신방언이라 하고, 사람들에게 방언하는 것을 대인방언이라고 한다. 대다수 신도들은 기도라는 명목으로 대신방언을 하고, 일부 교역자들과 일부 신도들은 대인방언 또는 대인방언 통역을 한다.

먼저 그들은 방언은 하나님께 하는 것이라고 하면서 고린도전서 14:2의 "방언을 말하는 자는 사람에게 하지 아니하고 하나님께 하나니 이는 알아듣는 자가 없고, 그 영으로 비밀을 말함이니라"와 고린도전서 14:28의 "… 자기와 및 하나님께 말할 것이요"라는 말씀을 아전인수격으로 인용한다.

"방언을 말하는 자는 하나님께 하나니." 여기에 방언은 당시 고린도교회 신자들 가운데 성행하는 알지 못하는 방언(unknown tongue)을 가리킨다. 그러므로 원문에는 "알지 못하는"이라는 단어가 없으나 영어성경 흠정역 (KJV)에는 본문의 이해를 돕기 위하여 "알지 못하는"(unknown)이라는 단어를 이탤릭체로 삽입시켰다. 그렇다면 사람들이 이해하지 못하는 방언을 말하는 자는 하나님께 말하는 것같이 보여진다는 뜻이다. 그 이유는 하나님은 전지하셔서 방언하는 사람의 속 중심을 다 아시기 때문이다. 그러나 실상은 방언을 말하는 자는 하나님께 하는 것이 아니라는 뜻이다. 이 말씀 ("방언을 말하는 자는 하나님께 하나니")은 14절 말씀에 비추어 해석해야 한다.

"알아듣는 자가 없고 …" 왜냐하면 그와 같은 방언은 아무도 알아듣는 자가 없기 때문이다. 알아들을 수 없는 이해할 수 없는 말을 하니 알아듣는 자가 없는 것은 당연하다.

"비밀을 말함이니라." 알아듣지 못하는 자들에게는 그 방언이 비밀이 된다는 뜻이다. 본 절에서 비밀이란 복음의 비밀, 경건의 비밀(마 13:11; 고전 4:1; 엡 3:9; 6:19)이 아니라, 단순히 이해할 수 없는 말, 이해가 안되는 말, 설명할 수 없는 말을 가리킨다. 청중들이 이해할 수 없는 애매모호한 비밀(not secret, but mystery)이다. 그러나 방언파에서는 이해할 수 없는 비밀을 복음의 비밀로 생각한다. 오순절파에서는 "비밀을 말한다"(고전 14:2)는 말씀에서 "비밀은 감추어진 진리요, 감추어진 진리는 복음에 계시되지 않았음으로 방언으로 나타난다"고 주장한다. **후렌취 알링톤**(French L. Arrington)은 "방언을 말하는 자는 비밀을 말한다(고전 14:2). 감추어진 비밀은 인간 정신으로는 획득할 수 없고 오로지 성령으로만 드러난다. 그러한 감추어진 진리들은 복음에 계시되지 않았다. 방언으로 말하는 감추어진 진리는 하나님의 구속계획과 축복과 관계된다. 방언을 말하는 자는 성령의 역사를 따라 이 비밀들을 말한다…"라고 한다.243) 방언파의 그와 같은 주장은 계시의 완전성. 최종성을 부인하는 큰 오류를 범하는 결과를 초래한다.

"내가 만일 방언으로 기도하면 영으로 기도하거니와 나의 마음은 열매를 맺지 못하니라"(고전 14:14). "내가 만일 방언으로 기도하면"이란 말씀 중에 **"만일"**이라는 단어는 헬라어로 이안(Εάν; if; 만일)이며 가정(假定)을 나타내는 접속사이다. 가정은 사실이 아니거나 또는 사실과 반대된다. 그러므로 "내가 만일 방언으로 기도하면"이란 말씀은 곧 방언으로 기도하지 않았다는 뜻이다. 소위 고린도 교회의 방언으로는 물론 외국어로도 기도하지 않았다는 것이다. "열매를 맺지 못하니라"는 말씀은 다른 사람들에게는 물론 나 자신에게도 아무 유익도 주지 못한다는 뜻이다. 왜냐하면 말하는 이의 열매는 듣는 자의 유익에서 맺어지기 때문이다. 외국어인 방언으로 기도해도 열매를 맺지 못하거든 하물며 괴상한 말로 기도한다면 무슨 열매를 맺겠는가?

방언은 하나님께서 사도시대 극소수의 사람들에게 일시적 은사로 주셨다. 은사들을 주신 목적은 받은바 은사들을 발견하고 개발하고 사용함으로써 하나님께 영광이 돌아가고, 교회에 유익이 되며, 자신을 세워 나가게 하기 위함이다. 방언을 주신 목적은 그 방언으로 기도하라고 주신 것이 아니다. 그러므로 방언으로 하나님께 기도한다는 자체가 잘못된 것이다. 방언의 은사를 받기 위하여 기도하라고 가르치는 것은 비성경적이다.

그러면 사도 바울은 어떻게 기도하였는가?

고린도전서 14:15, "내가 영으로 기도하고 내가 또한 마음으로 기도하리라."

㉮ 사도 바울은 **영으로**(토 푸뉴마티, τῷ πνεύματι; with the spirit) 기도하였다. 하나님은 영(Spirit)이시기 때문에 중생한 영이 깨어서 분명한 의식과 경건한 자세로 기도해야 한다.

㉯ 사도 바울은 **마음으로**(토 노이, τῷ νοί; with the mind) 기도하였다. 우리말 성경의 마음으로 기도하리라는 말씀에 "마음"이란 누스(νοῦς;

---

243) French L. Arrington, op. cit., p. 159.

mind; 정신)로서 정신을 가리킨다. 정신은 이해의 좌소(the seat of under-standing)이다. 하나님은 사람을 지적인 피조물로 만드셨다. 그리고 정신을 사용하기를 원하신다. 정신은 이해를 수용하기 때문이다. "마음으로" 기도한다는 말은 정신을 차려서 분명한 기도를 드렸다는 뜻이다. 사도 바울은 결단코 무의식적으로 정신이 오락가락하는 중에 영문 모를 말로 횡설수설 중언부언하는 기도를 하지 않았다.

㉯ 사도 바울은 **신령한 기도**(spiritual prayer)를 드렸다. "영"이란 단어는 푸뉴마티(πνεύματι)로서 신령한(spiritual)이란 뜻이 포함되어 있다. 하나님은 영이시요, 영은 신령하시기 때문에 예배드리는 자가 신령과 진정으로 예배드려야 한다(요 4:24).

㉰ 사도 바울은 **진정한 마음으로** 기도하였다. 마음은 카르디아(καρδία)로서 지·정·의를 포함한 전영혼의 중심 좌소를 가리킨다. 그러므로 마음으로 기도한다는 말은 형식적이고 외식적인 기도가 아니라, 속 중심으로부터 나오는 진정한 기도를 의미한다.

㉱ 사도 바울은 **자기 말**(His own language)로 기도하였다. 바울은 고린도 교회 방언이나 소위 현대방언과 같은 이해할 수 없는 말로 기도한 것이 아니라, 자신과 듣는 사람들이 분명히 이해하는 모두가 사용하는 언어로 기도하였다. 주님께서 제자들에게 "너희는 이렇게 기도하라"(마 6:9)고 가르치실 때, 주님은 사람이 알지 못하는 이상한 방언으로 기도하라고는 결코 가르치신 일이 없으시다. 하나님께서 받으실 만한 기도는 자기 말로 하는 기도이다. **칼빈**(Calvin)은 방언은 외국어로 정의하고 외국어로 기도하는 것은 옳지 않다고 하였다.

"그러므로 지금까지 관습이 되어 온 것처럼 로마 사람이 헬라어로 공중기도를 한다든지, 프랑스나 영국 사람이 라틴어로 공중기도를 해서는 안된다는 사실이 분명히 드러난다. 공중기도는 전체회중이 모두 이해할 수 있는 그 민족의 언어로 해야만 한다. 공중기도는 회중 전체의 교화를 위하여 하는 것인데 알아듣지도 못하는 소리로서는 전혀 은혜를 받을 수 없다…"244)

③ **그리스도인은 자신의 유익을 위하는 것이 중요한가, 교회의 유익을**

---

244) Calvin, *Institutes,* III. 20:33.

위하는 것이 더 중요한가?(A christians priority: church or self?)

고린도전서 4:4, "방언을 말하는 자는 자기의 덕을 세우고, 예언을 하는 자는 교회의 덕을 세우나니."

방언은 "자기의 덕을 세운다"는 말씀은 헬라어로 "헤아우톤 오이코도메이"(ἑαυτὸν οἰκοδομεῖ)로서 자신을 개발하다 또는 세우다는 뜻이다. 오이코도메오(οἰκοδομέω)는 오이코스(οἶκος; a house; 집)와 도메오(δόμεω; to build; 세우다)로 구성된 합성어이다. 이 단어는 건축용어이다. 방언을 말하는 자가 "자기 덕을 세운다"는 말씀은 자신을 개발한다, 세운다, 발전시킨다는 뜻이다. 방언의 은사를 받은 사람이 통역 없이 말한다면 자신은 세워 나가지만 다른 사람들에게는 유익을 주지 못한다. 방언은 자신을 개발하고 발전시킨다. 예를 들면 한국 사람으로서 영어를 잘 안다면 그 영어를 통하여 많은 지식을 획득하게 되며 따라서 자신을 개발하고 세우게 된다. 이 경우 영어는 하나의 방언(외국어)으로서 자신을 세워주는 큰 방편과 도구 그리고 유익이 된다. 그러나 사람이 방언으로 말하면 교회에 무슨 덕과 유익이 되겠는가? 따라서 그리스도인들은 교회를 세우는 예언을 더욱 사모하여야 한다. 그리스도인들은 몸의 지체들이니 만큼 몸이 잘 세워져 가면 지체들은 당연히 잘 세워져 나가게 마련이다. 고린도전서 14:4은 개인의 덕을 세우는 주요목적이 절대로 아니다.

사도 바울은 고린도 교인들이 받은 은사들을 몸된 교회를 세우기 위하여 사용하지 않고, 자기 자신들만의 유익을 위하여 남용하므로 이기적(selfish)이라고 책망하였다(고전 12:7). 사람이 받은 은사를 몸된 교회를 위하여 사용하지 않고 자신의 유익만을 위하여 사용한다면 그것은 이기적이요 은사를 주신 목적에 위배된다.

반면에 **예언은 교회를 세운다.** 교회는 그리스도의 몸이요, 그리스도의 몸은 지체들인 그리스도인들의 총체이다. 예언은 사람을 상대하여 가르치므로 그들의 덕을 세우고 권면하고 위로한다. 예언은 교회 성도들 전체에게 덕과 유익을 준다.

④ 그리스도인은 자신들이 원하는(요구하는) 대로 영적 은사들을 받을 수 있는가?(Spiritual gifts: your choice or God's?)

고린도전서 12:11, "이 모든 일은 같은 한 성령이 행하사 그 뜻대로 각 사람에게 나눠 주시느니라."

영적 은사들은 하나님 자신이 원하시는 뜻대로 그의 자녀들에게 나눠 주신다. 모든 사람이 모든 은사를 다 받는 것이 아니다. 한 사람은 이 은사, 다른 한 사람은 저 은사를 성령께서 결정하시고 분배하신다. 내가 원하는 것만을 성령님께 요구한다든지 하는 것은 죄이다. 이것이 바로 고린도전서 12:15에서 교훈한 말씀이다. 고린도전서 12:17, 30절에서는 모든 사람이 다 동일한 은사를 받는 것을 반대하였다. 은사들은 성령께서 결정하시는 대로 분배하는 대로 받는다. 하나님은 자신의 자아 의지에 의하여 자신의 선하시고 기뻐하시는 뜻대로 그의 자녀들에게 은사들을 나누어 주신다.

하나님은 자신이 결정하신 대로, 목적하신 대로, 뜻대로 영적 은사들을 각 사람에게 나누어 주신다는 말씀은 은사를 나누어 주심에 대한 하나님의 절대적 주권을 나타내며, 그리스도인들은 받은 바 은사들에 대하여 조금도 자랑하거나 교만할 수 없음을 교훈한다. 우리가 은사를 받고 못 받는 것은 온전히 하나님의 손에 달려 있다. 그러므로 그리스도인들은 자신의 생각으로 자신들이 원하는 은사만을 취사선택하여 받을 수는 없다. 인간이 아무리 욕심으로 구할지라도 하나님의 뜻이 아니면 받을 수 없다. 만일 사람이 자신이 원하는 은사만을 소유하기를 원한다면 그것은 탐심이요, 탐심은 죄이다. 사도 바울은 고린도전서 12:17에서 "만일 온 몸이 눈이면 듣는 곳은 어디며 온 몸이 듣는 곳이면 냄새 맡는 곳은 어디뇨?"라고 질문하여 잘못된 생각을 지적하여 주었다. 방언하는 사람들은 모두가 방언의 은사를 받아야 한다고 주장하지만 모든 사람들이 모두 동일한 은사를 소유한다는 것은 하나님의 뜻도 역사도 아니다. 하나님은 자신의 뜻대로 그의 자녀들에게 영적 은사들을 나누어 주신다.

⑤ 영적 은사들은 어느 특정인들만 받을 수 있는가, 그리스도인이면 누구나 다 받을 수 있는가?(Spiritual gifts: who's qualified?)

영적 은사들은 어느 특정인들만 받는 것이 아니라, 하나님의 자녀들이면 한 사람도 빠짐없이 누구나 다 받는다. 영적 은사는 어떤 특정인의 독점물이 아니다. 그리스도의 몸된 교회의 지체들인 그리스도인 한 사람 한 사람은 하나님의 영적 은사들을 특별한 선물들로 받는다.

고린도전서 12:11의 "각 사람에게 나누어 주시느니라"라는 말씀 중에 "각 사람"(헤카스토, ἕκαστω; each, every)은 개별적인 한 사람, 한 사람 (every one)을 가리킨다.

베드로전서 4:10에서도 "각각 은사를 받은 대로…"라고 말씀하였는데 본 절에서 "각각"이란 단어도 각 사람(헤카스토스, ἕκάστος; every one)을 가리킨다. 따라서 모든 신자들은 적어도 한 가지 이상의 은사들은 다 받는 다. 영적 은사를 한 가지라도 받지 않은 신자는 없다. 하나님은 영적 은사 들을 각 사람에게 그의 선하신 뜻을 따라서 나누어 주신다.

고린도전서 12:8-10에서 "어떤 이에게는 성령으로 말미암아 지혜의 말 씀을, 어떤 이에게는 같은 성령을 따라 지식의 말씀을, 다른 이에게는 같은 성령으로 믿음을, 어떤 이에게는 한 성령으로 병 고치는 은사를, 어떤 이에 게는 능력 행함을, 어떤 이에게는 예언함을, 어떤 이에게는 영을 분별함을, 다른 이에게는 각종 방언함을, 어떤 이에게는 방언 통역함을 주신다"고 하 였다.

상기 말씀이 교훈하는 바는 누구나 모든 은사들을 다 소유하는 것은 아 니라는 사실이다. 어떤 사람이 한 은사를 받았으면 다른 사람은 다른 은사 를 받는다. 사도 바울은 이 진리를 증거하기 위하여 역설적으로 변증하기를 "다 사도겠느냐 다 선지자겠느냐 다 교사겠느냐 다 능력을 행하는 자겠느 냐 다 병 고치는 은사를 가진 자겠느냐 다 방언을 말하는 자겠느냐 다 통 역하는 자겠느냐"(고전 12:29, 30)고 반문하였다.

하나님은 그리스도의 몸된 교회에 필요한 것이 무엇인지 잘 아시고 그것 을 충족시키기 위하여 각 신자들에게 필요 적절한 은사들(특별 선물)을 나 누어 주신다. 하나님은 한 사람이 모든 은사를 다 갖거나 또는 모든 사람이 같은 은사만을 갖는 것을 원치 않는다.

그러므로 모두가 방언의 은사를 받아야 한다고 주장하는 것은 잘못되었 다.

4. 방언은 언제 그쳤는가?

(When did tongue-speaking cease from the church?)

사도시대에 있었던 방언이 지금도 존재하는가, 아니면 그쳤는가 하는 문제는 신오순절 계통의 방언파와 보수주의자들과의 사이를 구별하는 분기점도 된다. 만일 방언이 끝났다면 방언파의 주장이 잘못된 것이요, 그와 반대로 만일 방언이 지금도 계속된다면 방언에 대한 우리의 신앙관이 잘못된 것이다. 그러면 방언이 그쳤는가, 계속되는가를 어떻게 결정할 것인가?

방언파 사람들은 주장하기를, 하나님은 예나 오늘이나 앞으로도 영원토록 불변하시므로 오늘날에도 방언을 은사로 주신다고 한다. 방언의 은사가 사도시대에 그쳤다는 주장은 오늘날도 역사하시는 하나님의 주권적 의지와 능력에 반대되는 것이라 한다.

그러나 사도시대의 방언은 그 시대에 끝났으므로 더 이상 존재하지 않는다고 믿는 우리들은 하나님의 불변성이나 능력을 부인하는 것이 절대 아니다. 하나님은 그의 속성에 있어서 영원토록 불변하시며 능력이 무한하시다. 그러므로 문제는 하나님의 불변성이나 능력의 문제가 아니라 하나님께서 방언의 은사를 오늘날도 허락하시는가의 여부이다. 다만 하나님께서 초대교회에서 행하신 특이한 일들을 지금은 행치 않으신다는 뜻이다. 하나님은 불변하시고 능력이 무한하시나 인류에 대한 하나님의 역사에 있어서는 부동적이 아니라, 시대를 따라 달리하신다는 것이 성경적 원리이다.

고린도전서 13:8, "예언도 폐하고 방언도 그치고 지식도 폐하리라."

예언(prophecy)은 구두로 전하는 하나님의 말씀을 가리키며, 방언(tongues)은 외국어의 은사를 가리키며, 지식(knowledge)은 하나님의 말씀(초자연 계시)의 완성을 위하여 필요한 계시적 지식을 가리킨다.

방언과 관련하여 **"그친다"**는 동사는 헬라어로 **"파우오"**(παύω)라는 중간태로서 그친다(cease), 정지된다(stop), 사라진다(disappear), 소멸된다(consume), 죽어 없어진다(die out)는 뜻이 있다.

J. W. 던지(Dungey)는 "그친다"는 단어 파우오(παύω)는 방언 자체의 성질과 역할을 보아서 자원적, 자발적 그리고 자연적 정지(voluntary and natural cessation)를 가리킨다고 하였다.245)

리드델(Liddell)과 스카트(Scott)도 말하기를 파우오(παύω)는 중간태 (middle voice)로서 자원적, 자연적 중지를 지적한다고 하였다. 중간태는 주어의 역할을 강조하므로 방언 자체가 자발적, 자원적 그리고 자연적으로 그친다(Tongues…shall cease)고 했다. 그러므로 방언 자체가 주어가 되어 인격자처럼 방언들이 그친다(파우손타이, παύσονται; They will cease)는 뜻이다. 즉 방언은 외부의 강요에 의하여 존재가 없어지는 것이 아니라, 온전한 것이 오면 자연적으로 자발적으로 중지(끝)되는 것을 의미한다. 방언은 사도시대에 온전한 것 곧 성경이 완성됨으로써 자연적으로, 자발적으로 끝났다.246)

고린도전서 13:8-11에는 **"폐한다"**는 단어가 4번 나온다. 폐한다는 단어는 헬라어로 "카탈게오"(καταργέω)로서 이 단어는 세 낱말(κατα; down; 아래, 밑, α; negative; 부정, ἔργον; work; 일)로 구성된 합성어이다. 카탈게오는 모습(자취)을 감추다, 사라지다, 작동하지 않는다(vanish away, put out of action)라는 뜻이다. 따라서 이 단어의 근본적 개념은 작동하지 않게 한다(to make inoperative), 사용하지 않는다(to put out of use), 제쳐놓는다(to lay aside)라는 것이다. 고린도전서에 기록된(13:8, 8, 10, 11) 이 단어들(카탈게데손타이, καταργηθήσονται; they will be abolished와 카탈게데세타이, καταργηθήσεται; it will be abolished)은 모두 미래 수동태로서 철폐(폐지)될 것이다(will be abolished), 채용되지 않을 것이다 (will be unemployed), 사용되지 않을 것이다(will be unused), 활동하지 않게 될 것이다(will be inactive), 작동하지 않게 될 것이다(will not be operated), 파멸될 것이다(will be destroyed), 활동의 영역에서 제거될 것이다(will be removed from the sphere of activity)등으로 해석된다.247)

---

245) J. W. Dungey, *The Relationship of Paul in 1 Corinthians 13:8 to the Modern Tongues Movement*, Th. M. Thesis, Dallas Theological Seminary, 1967. p. 21.

246) Liddell, Henry George, and Scott, Robert, 9th ed. Revised by Henry Stuart Jones, *A Greek-English Lexicon*, Oxford University Press, 1953. p. 1350

247) Kittel, *Theological Dictionary of the N. T.* vol. Ⅰ, pp. 452-4; Vines, op. cit., pp. 3-4

영어 흠정역 성경(KJV)에서는 고린도전서 13:8-11에 4번 기록된 "폐한다"는 단어를

① 실패할 것이다, 없어질 것이다, 작용하지 않을 것이다(shall fail)

② 사라질 것이다, 자취를 감출 것이다(shall vanish away)

③ 폐지(제거)될 것이다(shall be done away)

④ 치우다, 처치하다, 버리다(put away) 등으로 각기 달리 번역하였다.

그러므로 계시가 기록으로 완성된 이후부터는 방언이 폐지(철폐)된다, 채용되지 않는다, 사용되지 않는다, 활동하지 않게 된다, 작용하지 않게 된다, 제쳐 놓는다는 뜻이다. 예언과 방언과 지식은 온전한 것이 왔기 때문에 더 이상 주어지지 않고 폐지(중단)되었다.

사도 바울은 주후 55년에 "방언도 그칠 것이다", "온전한 것이 올 때에는 부분적으로 하던 것이 폐하리라"(고전 13:8, 10)고 예고하였다. "온전한 것이 올 때에는 방언이 그칠 것이다"라고 말씀한 것은 곧 온전한 것이 올 때까지는 방언이 계속된다는 뜻이다.

바울이 언급한 **"온전한 것"**(토 텔레이온, τὸ τέλειον; the perfect thing)이 무엇인지에 관해서는 현대방언을 주장하는 사람들과 반대하는 사람들 사이에 상당한 논쟁의 초점이 되어 왔다. "온전한 것"은 **"예수 그리스도의 재림"**이라고 주장하는 사람들은 소위 현대방언은 물론 다른 모든 은사들도 그리스도의 재림시까지 계속되리라고 주장하며, "온전한 것"은 **"신구약 성경의 완성"**이라고 주장하는 사람들은 성경적 방언은 성경이 문서로 기록 완성됨으로써 자연적으로 그리고 자발적으로 끝났으며 소위 현대방언은 비성경적이라고 단정한다.

그러면 **온전한 것(that which is perfect)**은 무엇인가? 온전한 것은 예수 그리스도이신가? 예수 그리스도의 재림인가? 신약 성경의 완성인가? 방언이 언제 그쳤는가? 아니면 그칠 것인가?

(1) "온전한 것"은 예수그리스도의 재림(the Second Coming)이라는 해석

현대방언파 사람들은 "온전한 것"은 "예수 그리스도의 재림"을 가리킨다

고 해석한다. 따라서 온전한 것이 올 때까지, 즉 예수 그리스도의 재림시까지 방언은 교회시대 전반에 걸쳐서 존재한다고 주장한다. 또한 방언을 주장하는 어떤 사람들은 그리스도께서 재림하심으로써 이루어질 천년왕국시대까지도 방언이 계속될 것이라고도 한다.248)

그러나 이와 같은 주장은 성경적이 아니다. 그 이유는 그리스도의 재림에 관하여 사용한 단어들, 곧 계시(아포카룹시스, αποκάλυψις; revelation), 오심(파루시아, παρουσία; coming), 나타나심(에피파네이아, επιφά νεια; appearing) 등은 모두 여성명사들(feminine)이기 때문이다. 온전한 것은 중성인데 재림에 관하여 사용된 모든 단어들은 여성이니 문법적으로도 맞지 않는다. 물론 방언파 사람들의 주장처럼 온전한 것을 예수 그리스도의 재림으로 해석한다면 방언이나 다른 일시적 은사들도 예수 그리스도의 재림 시까지 계속된다고 주장해야 할 것이다.

(2) "온전한 것"은 신약성경의 완성(Completion of the New Testament Canon)이라는 해석

온전한 것은 신약성경이요, 신약이 완성되었을 때에 방언의 은사는 더 이상 필요치 않게 되었으므로 중단, 폐지되었다. 이 해석은 성경적이므로 우리가 취할 입장이다.

방언이 언제 끝났는가? 왜 끝났는가? 신약성경은 사도 요한이 주후 96년에 마지막 서신인 요한계시록을 완필함으로써 완성되었다. 따라서 예언이 완전히 그쳤으므로 예언 전달의 방편인 방언도 자동적으로 끝난 것이다. 만일 방언이 신약성경의 완성으로 끝나지 않았다면 어찌하여 수많은 선교사들이 이 은사를 받지 않았을까? **아보트와 스미스**(Abbott-Smith)는 완전하다는 단어 텔로스(Τέλος)를 끝났다(finished), 성숙하다(mature), 완성되다(complete), 완전 성장되다(full grown)로 해석하였다.249)

---

248) Harold Horton, *What is the Good of Speaking with Tongues?*, London: Assemblies of God Publishing House, 1960. p. 30
249) Abbott-Smith, *A Manual Greek Lexicon of the N. T.*, 1954, p. 442

방언은 오순절 이전에는 존재하지 않았으며, 초대 교회 시대 이후에도 존재하지 않았다. 방언의 목적이 달성된 이후에는(히 1:1-3) 방언의 필요성이 없으므로 방언은 더 이상 말씀 전달의 방편으로 사용되지 않고 자동적으로 그친 것이다. 방언의 목적은 하나님의 특별 계시의 전달과 확증이었다. 이 목적은 사도시대에 성경의 완성으로 성취되었다. 따라서 특별계시 전달의 수단이요 방편이었던 방언은 그쳤다. 실제상 주후 65년 이후에 기록된 신약성경들에는 어느 곳에서나 방언을 찾아 볼 수 없다. 방언은 주후 70년 이전에 중지되었음을 알 수 있다. 방언은 결코 모든 시대, 모든 사람들에게 주시는 보편적 은사가 아니라 일시적 은사이었다. 예언이 문서로 완성되었으므로 자연히 방언은 기록된 예언으로 대치되고 폐지되었다.

방언은 영적 은사들 중 가장 작은 은사이었을 뿐만 아니라, 사도직, 예언의 은사, 이적의 은사, 신유의 은사 등과 더불어 초대교회시대 기간 동안에만 있었던 일시적 은사이었다. 따라서 일시적 은사들은 이 은사들의 목적들(사도직의 확증, 전도의 효과)이 성취됨으로 말미암아 자동적으로 철폐되었다. 방언이 하나님의 말씀 전달의 한 도구였으므로 하나님의 말씀이 완전히 계시되자 방언의 역할은 다하게 된 것이며, 따라서 방언은 자연히 그치게 되었다. 그리하여 일시적 방언은 완전한 것, 곧 하나님의 말씀으로 대치되었다. 만일에 현대방언이 성경적이라면 성경의 충족성과 완전성 그리고 종결성(최종성)에 위배된다.

• **크리소스톰**(John Chrysostom, A. D. 350-407: 콘스탄티노풀의 대주교)은 고린도전서에서의 방언은 이미 끝났고 더 이상 일어나지 않는다고 말했다.[250]

• **칼빈**(John Calvin)은 그의 사도행전 10:44절 주석에서 "방언의 은사와 및 그 밖에 그와 같은 것들은 교회에서 오래전에 이미 중지되었다"고 말했다.

• **월필드**(B. B. Warfield)는 "종교개혁" 이후의 신학자들은 은사들이 사도시대와 함께 중지되었음을 매우 밝히 가르쳤다… 성령의 초자연적 은사들은 사도시대 교회의 특징이었고, 오직 사도시대에만 속했다.[251]

---

250) David O Beale, *lectures on the History of Doctrines*, Bob Jones Univ

그러나 장로회신학대학교 조직신학 교수 **김명용**은 "우리는 여기서 방언의 은사가 사라졌다는 주장은 잘못된 신학적인 견해로 판단하는 것이 옳다고 생각된다. 왜냐하면 오늘날에도 많은 교회와 그리스도인들의 집회 속에서 많은 사람들이 방언을 체험하고 있기 때문이다. 그리고 고린도전서 14:39에서 사도 바울은 '방언 말하기를 금하지 말라'고 언급하고 있다. 우리는 방언이 사도시대를 끝으로 사라져야 할 아무런 성서적, 신학적 근거도 갖지 못하고 있다."라고 하였다.252) 김 교수는 방언이란 무엇인지, 초대 교회의 방언과 현대 방언이 동일한 것인지, 그리고 성경적 방언이 어떻게 지금도 존재하고 있는지에 대한 신학적 근거를 제시해야 할 것이다.

5. 여자들의 방언 금함
(Women are Prohibited from Speaking in Tongues)

고린도전서 14:34-35, "모든 성도의 교회에서 함과 같이 여자는 교회에서 잠잠하라. 저희의 말하는 것을 허락함이 없나니, 율법에 이른 것 같이 오직 복종할 것이요, 만일 배우려거든 집에서 자기 남편에게 물을지니, 여자가 교회에서 말하는 것은 부끄러운 것임이라."

이 말씀은 교회에서 여성의 일반적 위치 곧 복종적 위치를 가리키며, 특히 본문 말씀은 방언 문제와 관련된 기사이니 만큼 여자에게 방언을 금하신 일반적 규칙이 된다. 이 규례 자체만 보아도 여자의 방언은 성경적이 아님을 알 수 있다.

(1) 여자의 방언을 금함

방언 은사와 관련된 금지 사항들 중의 하나는 성(sex)과 관계된다. 즉 방언의 은사는 여자들에게는 허용하지 않고 남자들에게만 주어졌다. 구약시대 종교제도에 있어서 제사장들과 성막이나 성전에서 봉사하는 사람들은 모두 남자들이었다. 그것은 어떠한 성차별(sexism)이 아니라, 하나님께서 제정하신 종교적 제도와 규례였다. 여자들은 여하한 공적인 지위를 가지고

---

251) B. B. Warfield, *Counterfeit Miracles.* pp. 6-10
252) 김명용, 『열신신학교회론』, p. 252

있지 않았다. 하나님께서는 이 원리를 교회의 질서에도 적용시키셨다. 여자들이 교회에서 공적으로 말하는 것을 금지한 이유는 하나님께서 남자를 여자의 머리 위치에 두셨기 때문이다(고전 11:3). 오순절 날 예루살렘에서, 그리고 그 후 가이사랴와 에베소에서(물론 고린도교회의 방언과는 같지 아니하나) 방언한 사람들은 모두 남자들이었다. 이 진리를 반대하는 자들에게 사도 바울은 자기의 교훈은 하나님께로부터 받은 것(고전 14:36-37)이라고 하였다. 그러므로 아무도 이 규례를 경시하거나 피할 수 없다.

그러나 방언을 주장하는 상당수의 오순절 계통의 교회들은 여자 목사 제도와 여자의 방언을 허용하고 있다. 그러므로 여자는 교회에서 잠잠하라는 말씀과 복종하라는 말씀을 다 범하고 있다. 여자들이 목청을 돋구어 아무도 알아들을 수 없는 허무맹랑한 소리로 고함치는 것은 절대로 성경적이 아니다. 여자의 방언이란 성경 어느 곳에서도 찾아볼 수 없다. 사도 바울은 여하한 예외도 허용치 않았다. 그런데 어떻게 현대 수많은 교회들은 여신자들에게 방언을 허용할 뿐만 아니라 적극적으로 권장하는가? 그것은 하나님의 명령을 불순종하는 죄를 범하는 것이다.

(2) 여자가 남자 주관하는 것을 금함

"율법에 이른 것같이 오직 복종할 것이요"라는 말씀은 디모데전서 2:12의 "여자의 가르치는 것과 남자를 주관하는 것을 허락지 아니하노니 오직 종용할지니라"는 말씀과 맥락을 같이한다.

"율법에 이른 것과 같이"라는 말씀은 "너는 남편을 사모하고, 남편은 너를 다스릴 것이니라"고 하신 창세기 3:16을 가리킨다. 여기서 율법이란 구약성경 전체에 대한 유대인들의 관용적인 표현이다. 여자는 교회에서는 교역자의 권위 하에 있으며, 가정에서는 남편의 권위하에 있다(엡 5:22-3).

① **존재론적 입장에서:** 하나님께서 남자를 먼저 창조하시고 여자를 나중에 창조하셨다(창 2:21-25). 그러므로 남자가 여자에게서 낳은 것이 아니요 여자가 남자에게서 났다(고전 11:8)고 하였다.

② **창조의 원리적 입장에서:** 하나님은 여자를 남편을 돕는 배필(helper)로서 지으셨다. "남자가 여자를 위하여 지음을 받은 것이 아니요, 여자가 남자를 위하여 지음을 받았느니라"(고전 11:9). 곁에서 돕는 자는 순종적,

복종적 종속적 위치에 있음이 분명하다.

③ **신적(神的) 권위의 입장에서:** 하나님께서는 남자로 하여금 여자를 주관하라고 명령하셨다.

여자는 교회에서 잠잠하라는 이 명령은 인류가 타락되기 전이나 타락한 후에도 변함이 없으며(창 1:26; 3:16), 시대 변천에도 변함이 있을 수 없다. 여자는 남자 아래 있음을 교훈하시기 위하여 남자는 그리스도 아래 있음을 또한 가르치셨다(엡 5:23). 남자가 그리스도께 복종하는 것과 같이 여자는 남자에게 순종, 복종해야 한다.

6. 너희는 더 큰 은사를 사모하라
(Seek a Greater Gift)

고린도전서 12:31, "너희는 더 큰 은사를 사모하라"는 하나님의 말씀에 순종해야 할 것이다. 우리의 할 일은 더 큰 은사를 사모하는 일이다. 고린도 교회는 방언으로 인하여 많은 문제가 야기되었다. 따라서 사도 바울은 고린도 교회 신자들에게 방언보다 더 큰 은사들을 사모하라고 권면하였다. 방언은 가장 작은 은사 그리고 일시적 은사이므로 더 큰 은사를 사모하라고 하였다.

"더 큰 은사"는 헬라어로 "타 카리스마타 타 메이조나"($τὰ$ $χαρίσματα$ $τὰ$ $μείζονα$; the greater gifts)로서 "더 큰 은사들", "더 위대한 은사들", "더 큰 선물들"을 가리킨다.

"사모하라"는 헬라어로 "쩨루테"($ζηλοῦτε$; eagerly desire)로서 열심히 사모하라, 욕망하라, 갈망하라(covet)는 명령형이다. 쩨루($ζηλόω$; to have a zeal for, to be jealous toward, desire to have)는 무엇을 갖기를, 또는 무엇이 되기를 바라는 열망 또는 욕망이다. 이것은 불타는 심정을 가리킨다. 신령한 은사, 더 큰 은사를 사모하기에 마음이 불타고, 갖기를 간절히 소원하여 진력을 다하는 것을 뜻한다. 그러나 여기서 우리가 조심할 것은 은사의 폐단을 경계하다가 은사 자체를 경시하거나 반대하지 않도록 주의해야 한다. 바울이 더 큰 은사들을 사모하라고 하는 것은 방언의 은사를 경시하거나 반대하고자 하는 의도가 절대 아니다. 그러기에 "나는 또 너희가 다 방언하기를 원하나…"(14:5)라고 하지 않았는가?

더 큰 은사들, 더 위대한 은사들, 더 큰 선물들은 무엇인가?

사도 바울은 고린도전서 12:28에서 의도적으로 은사들의 중요성을 순서대로 기록하였다. 바울은 여러 은사들을 나열하면서 첫째는 사도요, 둘째는 선지자요, 셋째는 교사요, 그 다음은 능력이요, 그 다음은 병 고치는 은사요, 그 다음은 봉사요, 그 다음은 다스리는 것이요, 그 다음은 각종 방언하는 것이라고 하였다. 방언과 방언 해석은 모든 은사들 중 가장 나중에 배열하였다. 상기 말씀들은 분명히 직분과 은사에 차등이 있음을 나타낸다. 따라서 어떤 은사들은 상대적으로 더 큰 은사들임을 가리킨다. 그리고 더 좋은 은사는 예언이라고 제시하였다. 그리고 예언을 사모하라고 명령하였다. 은사는 하나님의 온전한 선물이나 인간 편에서는 그것을 사모해야 한다. "너희는 더 큰 은사를 사모하라"(고전 12:31). "신령한 것을 사모하되 특별히 예언을 하려고 하라!"(고전 14:1). **"내 형제들아! 예언하기를 사모하라!"** (고전 14:39).

예언을 사모하라는 말씀은 예언받기를 사모하라는 말씀이 아니다. 예언은 선지자들과 사도들이 이미 하나님께로부터 받아 문서에 기록, 완성하였다. 그러므로 예언 받는 것은 끝났다. 지금 우리는 우리에게 허락하여 주신 기록된 예언의 말씀을 사모해야 한다. 예언이야말로 하나님의 자녀들이 간절히 갈망하고 사모하고 간구해야 할 은사이다. 사슴이 시냇물을 사모하듯이 하나님의 자녀들에게 있어서 순종은 생명이며, 특권이며, 축복받는 비결이다. 사람들이 더 큰 은사들을 무시하고 불순종하는 이유는 무슨 까닭인가?

7. 신약성경에서의 방언의 위치
(The Priority of Speaking in Tongues in the N. T.)

(1) 그리스도께서는 단 한 번도 방언을 하신 일이 없으시다. 그리스도는 우리들의 본보기(example)이시다. 그리스도께서는 우리들로 하여금 자신의 발자취를 따라 오도록 우리들에게 본을 보여 주셨다(벧전 2:21). 만일 방언

이 그처럼 가치 있는 것이라면 왜 그리스도께서는 한 번도 방언을 말씀하지 않으셨는가?

(2) 그리스도께서는 제자들이나 수많은 무리들에게 방언을 가르치신 일도, 권장하신 일도 전연 없으시다.

(3) 베드로, 요한, 야고보는 8권의 신약전서(벧전, 벧후, 요, 요일, 요이, 요삼, 계, 약)를 기록하였는데 이 8권의 신약전서에 방언에 대하여 한마디도 언급한 일이 없다.

(4) 사도 바울은 젊은 두 교역자에게 목회서신들(딤전, 딤후, 딛)을 보냈는데 이 목회서신들에 방언에 대하여 한마디도 언급한 일이 없다.

(5) 사도 바울은 7개(롬, 갈, 엡, 빌, 골, 살전, 살후)의 서신들을 보냈는데, 그 서신들 안에 방언이란 한마디도 언급한 일이 없다. 고린도 교회에는 방언에 관한 규정을 교훈한 것뿐이다.

(6) 신·구약성경 어느 곳에도 여자가 방언하였다는 기록은 찾아볼 수 없다. 사실상 여자의 방언은 애당초 금지되었다(고전 14:34).

(7) 사도 바울은 고린도 교회에 보내는 권면(고전 12-14장)에서 ① 그들의 육체적 교만을 정죄하였으며, ② 은사 남용을 책망하였고 ③ 방언은 가장 나중의 은사, 가장 작은 은사이며, ④ 방언은 믿지 않는 불신자들을 위한 것이라고 하였다.

(8) 방언은 일시적 은사로 사도시대에만 당분간 허락하였으며, 기독교 역사상 2,000년 동안 소위 현대방언이란 존재하지 않았다.

8. 성경적 방언의 목적(The Purpose of Biblical Tongues)

하나님께서 초대교회 사도들에게, 이방인 고넬료의 집 사람들에게, 세례 요한의 제자들에게 일시적으로 방언을 주신 목적이 무엇인가? 성령 하나님께서 사도시대에 일시적으로 방언을 주신 목적에 대한 일반적인 학설(이론)들을 소개하고, 그중에 가장 성경적인 학설을 최종적으로 제시하고자 한다.[253)

---

253) Charles R. Smith, op. cit., pp. 41-58

(1) 첫째 학설: 방언은 교화, 선도(personal Edification)를 위함이라는 주장

이 학설에 의하면 방언을 주신 목적은 신자들을 교화, 선도, 양육시키기 위함이라고 한다. 그렇지만 고린도전서 14:1-19은 방언이 교회를 선도하고 양육시키기 위해서는 전적으로 무가치하다는 것을 강조하고 있다. 실제로 방언은 방언하는 사람 이외에는 그 누구도 교화, 선도, 양육시키지 못했다 (14:4). 그러나 방언이 통역될 때 통역은 사람들을 선도할 수 있을 것이다.

사도 바울은 고린도전서 14:6에서 "그런즉 형제들아 내가 너희에게 나아가서 방언을 말하고 계시나 지식이나 예언이나 가르치는 것이나 말하지 아니하면 너희에게 무엇이 유익하리요"라고 하였다. 이 말씀은 무슨 뜻인가? 방언은 다른 사람들에게 유익을 주지 못하고 계시, 지식, 예언, 교훈은 다른 사람들에게 유익을 준다는 말씀이 아닌가? 만일 방언을 주신 목적이 신자들을 교화, 선도, 양육하기 위한 것이라면 어찌하여 일만 마디 방언보다 알아들을 수 있는 분명한 다섯 마디 예언이 비교할 수 없이 더 나으리라고 하였는가?(고전 14:19) 방언은 신자들을 교화, 선도, 양육시키기 위한 목적으로 주셨다는 학설은 정당하게 받아들일 수 없다. 방언은 신자들을 선도, 양육, 교훈시키기 위하여 주신 것이 아니다.

(2) 둘째 학설: 방언은 신자들이 하나님께 헌신(Devotion)하게 하기 위함이라는 주장

이 학설에 의하면 방언을 주신 목적은 신자들이 하나님께 헌신하게 하기 위함이라고 본다. 일부 사람들은 생각하기를 방언이 비록 많은 사람들이 모인 집회에서 교화, 선도, 양육을 위하여 주신 것은 아니었지만, 개인들의 헌신적 생활(devotional life)을 위하여 주셨다고 한다.254)

그러나 초대교회 시대의 사도들, 고넬료의 집 식구들, 세례 요한의 제자들 등 극소수의 무리들에게 일시적으로 방언들을 주신 것은 기독 신자들의 헌신적 생활을 위하여 주신 것이 아니다. 만일 방언이 신자들의 헌신적 생활을 위한 것이라면 방언을 왜 폐지하시고 지금까지 이 오랜 세월 동안 허

---

254) Ibid., p. 55

락하지 않으시는가? 천상에서 성도들은 하나님께 찬송과 존귀와 영광과 능력을 세세토록 돌릴 것이지만 방언으로는 아니할 것이다(고전 13:8).

사도 바울은 말씀하시기를 영으로 기도하고 또 마음으로 기도하며 영으로 찬미하고 또 마음으로 찬미하리라고 하였다(고전 14:15). 방언으로 기도하라는 말씀은 신·구약성경 어느 한 구절에서도 찾아볼 수 없다. 하나님이 받으시기에 합당한 예배는 신령과 진정으로, 영으로, 속 중심으로 기도하고 찬미하는 것이다. 성도들은 하나님께 영원토록 헌신하는 특권을 소유하고 있다(계 5:13). 방언은 성질상 신자들이 하나님께 헌신하게 하기 위하여 주신 것은 아니다.

(3) 셋째 학설: 방언은 이스라엘에 대한 한 징표(A Sign to Israel)라는 주장

이 학설에 의하면 방언은 이스라엘을 위한 한 특별한 목적이 있었다고 본다. 이 주장은 전적으로 고린도전서 14:21-22에 의거하여 방언은 믿지 않는 유대인들만을 위한 것이었다고 한다.[255]

그러나 본문에는 믿지 않는 자들을 위함이라고만 언급하였고, 믿지 않는 유대인들만을 위한 것이었다는 말은 전연 없다. 믿지 않는 자들은 유대인들뿐만 아니라 이방인들도 다 포함된다. 고린도전서 14:24-25의 믿지 않는 자들은 연약한 믿음을 소유한 자들을 의미하지 않는다. 본 절에 믿지 않는 자들은 구원으로 인도함을 받을 불신자들을 가리킨다.

고린도 교회 신자들은 대부분 이방인들이었다. 사도 바울은 "너희가 알거니와 너희는 이방인들이었다"(12:2)고 말하면서 고린도 교회의 방언에 대하여 논의하기 시작하였다. 따라서 방언은 유대인들만을 위한 징표라는 것은 비성경적이다. 사도 바울의 결론은 방언은 유대인을 위한 징표가 아니라 믿지 않는 자들을 위한 징표라는 것이다.

(4) 넷째 학설: 방언은 불신자들의 불신앙을 정죄(Condemnation)하기 위함이라는 주장

---

255) Ibid., p. 46

소수의 학자들은 주장하기를 방언은 불신자들의 불신앙 때문에 그들을 심판 또는 정죄하기 위한 표적으로서 주어졌다고 한다(Ibid., p.46). 그러나 그와 같은 견해는 고린도전서 14:21, 22의 말씀을 잘못 해석한 데 기인한다. 방언을 주신 목적은 불신자들을 정죄하기 위한 것이 아니다. 예루살렘 어느 한 다락방에서나, 고넬료의 집에서나 또는 에베소에서 불신자들을 방언으로 정죄한 일이 없으며 또한 불신자들은 그때에 있지도 않았다.

(5) 다섯째 학설: 방언은 전도(Evangelization)를 위함이라는 주장

이 학설에 의하면 방언은 불신자들을 구원받게 하기 위하여 하나님의 능력을 나타내는 한 징표로서 주어졌다고 본다. 이 학설은 복음주의자들 가운데 방언을 주신 목적에 대한 가장 보편적이고도 공통적인 견해이다. 방언은 외국인 불신자들에게 자기들의 언어로 복음을 증거함으로써 구원을 받도록 하기 위한 복음 전파의 매개체로서 주어졌다고 한다. 사도 바울은 고린도전서 14:22에서 "방언은 믿는 자들을 위함이 아니고 믿지 아니하는 자들을 위한 표적이다 …"고 하였다. 방언은 결코 믿는 자들을 위함이 아니라, 믿지 않는 자들을 위함이요, 특별히 외적인 표적을 좋아하는 유대인 불신자들(고전 1:22; 마 12:38)에게 방언은 하나님의 능력의 표적이 되었다. 방언이 초대 교회에 처음으로 나타난 것은(행 2:1-13) 바로 이 결론을 지지한다고 한다.

그러나 이방인 불신자들이거나 또는 유대인 불신자들이거나를 막론하고 불신자들을 위하여 방언을 주셨다는 주장은 증거가 매우 빈약하다. 성경은 그 같은 주장을 뒷받침할 만한 근거를 제시하지 않는다. 즉 방언은 불신자들(유대인이든지 이방인이든지를 막론하고)을 전도하기 위한 복음전달의 한 도구로 사용되었다는 여하한 증거도 제시하지 않는다.

예루살렘에서 오순절 날 3천명 이상의 많은 사람들이 회심한 것은 사도들의 방언 때문이 아니라, 베드로 사도의 생명력 있는 설교의 말씀을 받고 예수 그리스도를 개인의 구주로 믿었기 때문이었다. 뿐만 아니라 방언은 많은 무리들이 모이기 전부터 시작되었다.

가이사랴에서 고넬료 집안에 있었던 고넬료의 가족들(이방인들)의 방언도 전도를 위한 것이 아니었다. 그 이유는 방언을 말한 사람들은 이방인 새

신자들이었으며, 구원받아야 할 불신자들은 그곳에 없었기 때문이다(행 10:44).

에베소에서 세례 요한의 12제자들의 방언도 구원받지 않은 불신자들을 위함이 아니었다(행 19:1-7). 고린도 교회에서 문제가 되었던 방언도 물론 불신자들을 전도하기 위한 것이 아니었다. 알아들을 수 없는 방언을 함으로써 복음에 대한 매력을 갖는 것보다는 오히려 불신자들에게 전도의 문을 막는 것이 되기 때문이다. 사도 바울은 지적하기를 "그러므로 온 교회가 함께 모여 다 방언으로 말하면 무식한 자들이나 믿지 아니하는 자들이 들어와서 너희를 미쳤다 하지 아니하겠느냐"(고전 14:23)라고 반문하였다.

만일 방언이 불신자들을 구원하기 위한 전도의 목적으로 주어졌다면 왜 오늘날은 전 세계 만방에 복음을 전하기 위하여 수고하는 그 많은 선교사들에게 이 은사를 주지 않으실까?

(6) 여섯째 학설: 방언은 사도들의 권위를 입증(Apostolic Authentication)하는 징표라는 주장

방언을 주신 목적은 사도들이 예수 그리스도를 위한 대변자들(spokesmen)이며 신적 진리의 계시자들(revealers)임을 사람들에게 확신시키기 위함이라는 주장이다. 고린도후서 12:12은 한 중요한 실마리를 제공한다.

"사도의 표"(징표; sign) 된 것은 내가 너희 가운데서 모든 참음과 표적과 기사와 능력을 행한 것이다"라고 하였다. "만일 마귀를 내쫓으며, 병을 고치며, 죽은 자를 일으키며, 뱀을 집으며, 방언을 말하는 것이 사도직에 대한 징표들이 아니라면 무엇이겠는가"라고 변증한다. 월필드(Warfield)는 말하기를 "성령의 초자연적 은사들은 특별히 사도들의 증명서였다. 그것들은 교회들을 설립하는 하나님의 권위적 도구들로서 사도들의 신임장의 일부분이었다"라고 하였다.256)

그러나 만일 사도들의 권위를 입증하기 위한 한 징표로서 방언을 주셨다면 사도행전 10장의 이방인 고넬료의 가족들, 사도행전 19장의 세례 요한의 12제자들, 고린도전서 14장의 고린도 교회 신자들은 모두 사도들이 아니었다. 뿐만 아니라 사도직을 입증하기 위한 증거가 방언하는 것이었다면

---

256) B. B. Warfield, *Counterfeit Miracles*, p. 6.

어찌하여 사도들의 전 생애에 방언을 허용하지 않았는가?

결론적으로 방언을 주신 목적은 그 당시 불신자들을 구원하시기 위한 일시적, 구전적(oral) 방편이 아니면, 사도직을 입증하기 위한 징표였다는 주장들을 비교적 수용적 입장에서 고려할 것이나 이 학설들도 방언을 주신 목적에 대하여 분명하고도 만족할 만한 답변을 제공하지 못한다.

9. 방언과 성령세례(Speaking in Tongues and Spiritual Baptism)

방언파 사람들은 성령세례 받은 사람들은 방언을 한다고 주장한다. 즉 성령세례 받은 증거는 방언이라고 한다. 반대로 말하면 방언의 은사를 받지 않은 사람은 성령세례를 받지 못한 증거라 한다. 프렌취 알링톤(French L. Arrington)은 진술하기를, "성령세례 받은 최초의 증거는 성령이 임하셨을 때 신자들이 방언을 하였다는 것이다. 오순절 날 성령이 임하시므로 제자들의 첫 번째 반응은 그들이 방언을 한 것이었다.(행 2:4), 사도행전에 언급된 바와 같이 성령세례는 시종일관하게 방언이 동반되었다."라고 한다.257)

그런데 그들이 주장하고 행하는 방언은 외국어가 아니라 사람들이 전혀 이해할 수 없는 소위 현대방언을 말한다.

방언이 성령세례의 증거인가?(Is tongue-speaking an evidence of spirit baptism?)

신오순절파에서는 성령세례는 회심의 경험을 말한다. 그리하여 "한 성령으로 세례를 받는다"(baptised by the one Spirit)는 말씀은 성령의 능력을 반복적으로 받는 것을 언급한다고 주장한다. 그리고 성령세례 받은 증거는 현대 방언이라고 주장한다.

그러나 고린도전서 12:13에 "다 한 성령으로 세례를 받아 한 몸이 되었고"라는 말씀 중에 우리가 "다 한 성령으로 세례를 받았고"(에밥티스테멘, ἐβαπτισθημεν; were baptized; 세례를 받았다)는 밥티조(βαπτιζω; to

---

257) French L. Arrington, op. cit., p. 63-64.

baptize; 세례를 주다)의 부정과거(aorist)시상으로 과거에 있었던 한 단일 사건으로 결코 반복성을 뜻하는 것이 아니다. 따라서 성령세례는 성령의 능력을 반복적으로 받는다는 신오순절파의 주장은 성경적이 아니다.

성령 세례는 물세례의 영적실재(靈的實在)이므로 죄 씻음과 죄 사함이다.258)

성령세례는 그리스도와의 연합, 그리스도인들과의 연합이다(롬 6:3-5, 고전 12:13, 갈 3:27-28)

성령세례는 보편적이며, 비 경험적이며, 단 일회적이므로 경험적·반복적이 아니다. 성령세례와 성령충만은 상이하다.

10. 현대방언의 출처, 역사와 평가
(Source, History and valuations)

(1) 현대방언의 출처

현대방언은 어디에 근거하고 있는가? 현대방언의 출처(근원: source)는 무엇인가? 현대방언이 하나님께로부터 나온 은사가 아니라면 어디에서 나온 것일까?

예수님께서는 대제사장들과 서기관들에게 "요한의 세례가 하늘로서냐 사람에게로서냐"(눅 20:4)라고 질문하셨다. 대제사장들과 서기관들은 예수님의 질문에 대답을 못하였다. 그러나 우리는 현대방언이 하늘로부터냐, 사람에게서냐, 성경적인가, 비성경적인가라는 질문에 대하여 분명하고도 확실한 대답을 제시해야 한다. 소위 현대방언의 출처는 이하 몇 가지 항목들 중에 하나가 될 것이다.

① 현대방언은 인위적(artificial) 조작이다.

현대방언의 한 현상(a phenomenon)은 방언하는 사람 자신이 인위적으로, 의도적으로 지어내어 한다는 것이다. 현대방언을 사모하는 사람들은 다른 사람들이 하는 방언을 모방하여 흉내를 내거나 다른 사람들이 시키는 대로 이상한 소리들(strange sounds)을 자아낸다. 그들은 그런 경험을 욕

---

258) Calvin's Institutes, IV. 14.1.

망하기 때문에 그리고 그것을 방언이라고 믿기 때문에, 무릎을 꿇거나, 손을 들거나, 손뼉을 치면서 그러한 이상한 소리를 계속 반복하는 것이다. 예를 들면 1987년 7월 22-25일 미국 루이지아나 주 뉴올리온스(New Orleans, Louisiana) 에서 모인 '성령과 세계전도에 관한 북미 대회'에 관한 한 보도에 의하면, 한 저녁 집회 후 성령세례 받을 자들을 위한 집회에서 인도자는 자기의 '기도 방언'을 따라하게 함으로써 참석자들로 하여금 방언을 체험케 했고 그들에게 그것이 성령세례요, 하나님이 주신 방언임을 믿도록 강조했다.259)

이상야릇한 소리, 혀 꾸부러진 소리, 반복적인 소리, 무의미한 소리가 현대방언의 형태인 이상 영적으로 어리고, 분별력이 없고, 초보적 신앙 양상을 추구하는 신도들에게 있어서는 현대방언이 매력적이므로 인위적으로 답습하기가 너무나 용이하다. 그 결과 자신은 영적 소기의 목적을 달성한 것으로 생각하며, 다른 사람들로부터 부러움과 칭송을 받으며, 무지한 사람들은 그것이 정말 방언이라고 잘못 생각하게 되고, 반면에 불신자들은 현대방언하는 사람들을 미친 사람들이요, 그들의 방언을 난장판이라고 할 것이다.

② 현대방언은 심리적 현상(psychological)이다.

현대방언의 또 다른 하나의 국면은 심리적 작용에서 나타나는 한 현상이라는 것이다. 현대방언하는 사람들은 이성과 양심의 지배를 받지 않고 감정에만 몰두하여 거칠고도 연결성이 없는 이해할 수 없는 이상한 소리를 계속 되풀이하면서 그것을 방언이라고 한다.

③ 현대방언은 정신질환(mental illness)에 의한 현상이다.

방언은 가끔 정신질환에 의한 현상으로도 나타난다. 정신과 의사들에 의하면 심한 정신적 상처(psychic damage)의 결과로 정신쇠약과 정신분열증(schizophrenia)이 발생되며, 그와 같은 증세들은 병적 흥분 곧 광란(hysteria)의 방언으로도 나타난다고 한다.

---

259) Dennis W. Costella, *Deceiving and Being Deceived*, Foundation, July-Sept., 1987, p. 9

④ 현대방언은 성적 음란 행위중의 현상이다.

현대방언을 하는 사람들 중의 극소수는(옛날 고린도 교회에서 있었던 방언의 경우와 같이) 음행과 관련된 경우도 있다. 이들은 결혼과 성에 대한 성경적 교훈을 왜곡·악용·남용하여 소위 영이 통하는 사람들끼리 사랑을 표시하는 영적 결혼(spiritual marriages)이라는 이단 교리를 앞에 내세우고 성적 음란 행위를 하면서 알아들을 수 없는 음담패설의 허튼 소리를 지껄이며 그것을 방언이라고 한다. 그런 사람들은 방언을 빙자하여 성도덕 윤리를 파괴하며, 육신의 정욕의 쾌락만을 추구할 뿐만 아니라, 자기들의 더럽고 추한 행위를 스스로 정당화하려 한다. 고린도 교회에서 있었던 방언과 소위 현대방언은 하나님께서 영적 은사로 주신 방언이 아니며, 따라서 초대교회 사도들에게 주셨던 성경적 방언과 동등시할 수 없다.

⑤ 현대방언은 사탄적(Satanic)이다.

만일 방언이 하나님의 초자연적, 직접적 역사에 의한 것이라면 그것은 반드시 성령에 의한 신적(神的) 역사임이 틀림없다. 반면에 방언이 성령의 은사가 아니라면 그것은 사단에 의한 역사일 경우도 있다. 귀신(잡신)들린 자들 중에는 강신술에 의한 방언을 하는 자들도 있다. 사단과 강신술에 관하여 깊이 연구해 보면 현대 방언들 중 일부는 마귀에 의한 방언이라는 사실을 잘 이해하게 될 것이다.

스티걸(Stegall)은 믿기를 방언자들과 강신술 사이에는 명확한 연관이 있다고 주장하였다. 그리하여 사단에 사로잡힌 자들 중에는 사단의 지배에 의한 가견적, 육체적 현상이 방언으로도 나타난다고 하였다. 그러므로 현대방언의 진상은 강신술(Spiritism)에 의해서도 잘 설명된다.[260]

강신술에 의하여 나타나는 정신적·심리적 현상은 광신적 환상, 영혼의 유랑, 꿈속에서 말하는 것 그리고 방언 같은 것들이다. 이 모든 현상들 배후에는 악령이 조종하고 있다. 그러므로 강신술을 체험하는 자들은 귀신이 그의 몸을 지배하므로 실제상 귀신의 종이 된다. 한 크리스천 정신과 의사는 말하기를 정신과 병원에 입원한 환자 중 약 60%는 정신병을 앓고 있다기보다는 오히려 신비에 몰두하거나 귀신에 들려서 병을 앓고 있다고 발표

---

260) Stegall, Carroll, Jr. *The Modern Tongues and Healing Movement* 참조

하였다.261)

악한 영들은 신자들의 감정적, 정서적인 면에도 막대한 영향을 행사하고 있기 때문에 성령의 주권을 무시하고 방언이나 신유의 은사 같은 일부 특정 은사만을 갈망하고 고집하는 사람들 중에는 사단에 의한 방언이 있을 수 있다. 이 경우 방언이란 사단에 의한 위조물이다.

루블(Ruble)은 소위 현대방언의 결과로 말미암아 사단이 얻는 몇 가지 이익들을 다음과 같이 지적하였다. "사단적인 것을 하나님의 뜻으로 착각하며, 세속적인 것을 신령한 것으로 착각하며, 비성경적인 것을 성경적인 것으로 착각하며, 교만을 겸손으로 착각하며, 감정주의를 능력으로 착각하며, 오류를 진리로 착각한다. 확실히 사단은 그와 같은 착각들을 즐거워한다"고 하였다.262)

애굽의 마술사들은 사단의 영향 하에 모세가 행한 신적 이적들(divine miracles)을 그대로 흉내 낼 수 있었다(출 7:10-8:7). 예수님도 경고, 예언하시기를 많은 사람들이 내 이름으로 와서 이적들을 행하게 될 것이라고 하였다(마 7:21-23). 말세에 적그리스도는 사단의 능력을 힘입어 예수 그리스도의 이적들을 흉내 낼 것이다. 심지어는 모든 능력과 표적과 기적과 불의의 속임으로 임하는 것이라 고 하였다(살후 2:9). 성경은 강신술을 정죄하였다(왕하 21:6; 23:24; 대하 33:6; 사 8:19).

하나님의 말씀을 최고의 권위로 인정하는 그리스도인들은 현대방언을 성령의 역사로 착각하지 말아야 한다. 성령께서는 방언을 사도시대에 국한시키셨으므로 성경적 방언은 더 이상 존재하지 않는다. 그러나 거짓의 아비(요 8:44)는 지금도 계속 영 분별력이 약한 수많은 하나님의 자녀들을 미혹하고 있다.

(2) 현대 방언의 역사

(A History of the Modern Speaking of Tongues)

신약에는 방언이 몇 군데에 언급되어 있다(막 16:17; 행 2:1-13; 8:14

---

261) Koch, *Occult Bondage and Deliverance*, p. 19
262) Ruble, Richard Lee. *A Scriptural Evaluation of Tongues in Contemporary Theology*, Th. D. Dissertation, Dallas Theological Seminary, 1964. p. 195

-17; 10:44-48; 11:15-17; 19:1-7; 고전 12-14장). 방언은 예루살렘에서, 에베소에서 그리고 고린도에서 있었던 것 외에는 언급이 없다. 방언은 영적 은사들 중 하나였으므로 자신이 과거에 배우지 않은, 알지 못하는 외국어를 말하게 하시는 성령 하나님의 역사이다. 성경적 방언은 사람들이 알아들을 수 있는 외국어였다. 그러나 사도시대에 일시적으로 주셨던 방언의 은사는 기독교 역사상 더 이상 존재하지 않으며, 최근 19세기 이후로 일어나는 소위 현대방언은 성경적이 아니다.

① **세비놀 선지자들**(Cevenol Prophets): 17세기 후반과 18세기 초반에 프랑스 동남부의 휴그노파(Huguenots)에 큰 핍박이 닥쳐왔다. 이러한 환란 중에 그 사람들 중의 어떤 사람들은 1685년에 예언과 무아지경의 방언 현상이 일어났다고 한다. 심지어는 지방 사투리만을 알고 있는 어린아이들도 프랑스어를 했다고 한다.

② **잔센파**(Jansenists): 잔센파는 17세기 코넬리우스 잔센(Cornelius Jansen)에 의하여 시작된 천주교 내의 개혁주의자들이었다. 잔센파 사람들은 1731년 그들의 과거 지도자의 무덤에서 밤 집회를 가졌는데 그곳에서 방언 현상이 일어났다고 한다. 천주교 내의 이 무리들은 현대 오순절적 행동을 전시한 최초의 단체였다고 한다.[263]

③ **퀘이커파**(Quakers): 퀘이커파는 17세기에 영국에서 죠지 폭스(George Fox, 1624-1691)에 의하여 시작되었다. 그의 목적은 초기 원시 기독교의 회복을 촉진하는 것이었다. 그는 각 사람 안에 내적인 빛(Inner Light)이 있어서 그 내적인 빛이 사람을 지배한다고 하였다. 그런데 퀘이커 교도들 중에 방언이 일어났다고 한다.[264]

④ **쉐이커파**(Shakers): 쉐이커파는 1747년 퀘이커파의 부흥기간에 일어났다. 그들은 독신주의적이고 공산주의적인 이단 집단이었다. 그들의 지도자는 "어머니 안 리"(Mother Ann Lee, 1736-1784)였다. 그녀는 자신을

---

263) Kendrich, Klaude, *The Promise Fulfilled*, 1960. p. 20
264) Gromachi, Robert G. *The Modern Tongues Movement*, p. 21

여성 정(精; female principle)이라 하고 예수는 남성 정(精; male principle)이라 하였다. 그녀는 1776년에 뉴욕 주 트로이(Troy) 근처에서 쉐이커 공동체를 만들었다. 그녀의 이단설들은 다음과 같다. 즉 그리스도의 재림은 자신(여인) 안에서 이루어졌다. 하나님, 천사들, 영물들은 각기 양성(남성과 여성)을 가지고 있었다. 예수 그리스도는 도성인신하신 신인(God-Man)이 아니었다. 지상에서의 그리스도의 왕국은 쉐이커 교회와 함께 시작되었다고 하였다. 그 여자는 가르치기를 사람들이 방언할 동안에는 남녀가 다 벌거벗고 춤을 추라고 하였다. 그리하여 그들은 나체로 춤을 추며 소위 방언을 하였다.[265] 그는 감리 감독교회(Methodist Episcopal Church)에서 그의 목회사역을 시작하였으나 독립적으로 사역하기 위하여 1895년 이후 그 교단을 떠났다.

⑤ **어빙파**(Irvingites): 에드워드 어빙(Edward Irving, 1792-1834)은 스코틀랜드의 장로교 목사로서 종말론에 큰 관심을 가지고 있었다. 그와 그의 추종자들은 황홀하고 알 수 없는 방언을 처음에는 가정에서, 후에는 교회에서 시작하였다. 어빙파는 후에 카톨릭 사도교회(Catholic Apostolic Church)가 되었다. 그들은 화체설, 종부성사, 촛대들, 향, 성수(holy water)와 같은 의식들을 포용하면서 왜곡된 카톨릭주의로 변질되었다. 그들 사이에는 부도덕한 일들이 일어났다.

⑥ **몰몬교**(Mormons): 죠셉 스미스(Joseph Smith, 1805-1844)로부터 시작된 몰몬교는 방언을 현대를 위한 하나의 가치 있는 은사로 받아들였다. 미국 유타 주 쏠트 레이크 시(Salt Lake City)에서 있은 그들의 사원 헌당식 때에는 수백 명의 장로들이 방언을 하였다.[266] 몰몬교는 의신득구, 삼위일체, 성경의 절대적 권위, 지옥의 실재성 등을 부인한다. 그러면서도 방언을 은사로 믿는다.

---

265) Charles R. Smith, op. cit., pp. 17-18
266) Ibid., pp. 19-29.

(3) 현대방언 운동(Modern Tongues Movement)

현대방언 운동은 신오순절파의 태동, 성장 그리고 확산을 가져왔다.

① **성결 운동**(The Holiness Movement): 1886년 침례교 목사 두 분 스**펄링과 스펄링 2세**(R. G. Spurling and R. G. Spurling, JR.)의 지도하에 성결부흥(holiness revival)이 테네시 주 동부와 놀스 캐롤라이나 주 서부에서 일어났다. 후에 1896년 스펄링은 놀스 캐롤라이나(N. C.) 주 체로키 카운티(Cherokee County)에서 있은 부흥집회 시 방언이 크게 일어났다. 그의 설교와 부흥회 등은 톰리슨 가족(Tomlison family)이 이끄는 하나님의 교회(Church of God) 설립에 크게 이바지하게 되었다. 그들의 초창기에 방언현상은 보통이었다.

② **벧엘 성서대학**(Bethel Bible College): **찰스 팔함**(C. F. Parham, 1873-1929)은 현대 오순절 운동의 아버지라고 불리운다. 그는 아이오와주 머스타틴(Mustatine)에서 태어났으며 어렸을 때부터 병으로 고생하였다. 그는 사우스웨스트 칸사스 대학에서 공부할 때(1890-1893) 신유의 은사를 믿게 되었다. 그는 1890년에 칸사스 주 토피카 시(Topeka, Kansas)에 벧엘 신유의 집(Bethel Healing Home)을 설립하고, 1900년에는 토피카 근처에 40명의 학생으로 벧엘 성서대학(Bethel Bible College)을 설립하였다. 그는 12월에 타지역에 설교하기 위하여 떠나기 전 약 40명의 학생들에게 "성령세례의 성경적 증거가 무엇인가?"라는 문제를 숙제로 주었다. 학생들은 만장일치로 방언이 성령세례 받은 증거라고 하였다. 그때부터 그 학생들과 팔함 자신은 방언이 성령세례 받은 증거라고 하면서 방언을 하기 시작하였다. 1901년 1월 1일 학생들 중에 애그니스 오즈만(Agnes Ozman)이 방언으로 기도하였다. 오즈만은 현대방언을 처음 한 사람은 아니었으나 그의 경험은 현대 오순절 운동의 시작이라고 불려지고 있다.

③ **아주사 스트리트**(Azusa Street): 팔함은 1905년에 텍사스 주 휴스톤에 휴스톤 성경학교(Houston Bible School)를 설립하였다. 이 학교는 그 지역의 방언운동의 중심이 되었다. 그 다음해 팔함의 흑인 학생들 중의 하나인 세이머(W. J. Seymour)는 로스엔젤레스에 있는 한 작은 나사렛 교회

에 설교 초청을 받았다. 그는 극단적인 성결의 설교 때문에 이 나사렛 교회에서 쫓겨났다. 그러나 그는 놀스 보니 브래어 214번지(214 North Bonnie Brae Street)의 한 집에서 가정집회를 열었다. 1906년 4월 9일 일곱 사람이 성령세례를 받고 방언을 하였다고 한다. 그 후 많은 사람들은 그 건물에서 나오는 찬양의 환호성을 듣고 그 집회에 마음이 끌리기 시작하였다. 이 흑인 단체가 급속도로 증가되고 백인들까지 합세하기 시작하여 큰 건물이 필요하므로 그 집회는 로스앤젤레스(L. A.)다운타운(Down Town) 아주사 스트리트 312번지(312 Azusa St.)로 옮겨갔다. 그것은 후에 아주사 스트리트 선교회(Azusa Street Mission)가 되었고 이 선교회는 오순절파의 시작이 되었고, 성지(Mecca)가 되었다. 그러나 오래전에 이 선교회는 동남부 지방으로 옮겨 갔고 그 선교회 자리는 재개발되었다. 1970년에 팔함은 이 성문제로 지도력을 상실하게 되었으나 계속해서 오순절 계통에서는 비교적 지도자적인 위치에 있었다.

④ **데이빗 듀 플레시스**(David Du Plessis, 1905-1987): 듀 플레시스는 현대 오순절 운동의 지도자로서 영어로는 "Mr. Pentecost"로 알려졌다. 남아프리카 태생인 그는 남아프리카 사도적 신앙 선교 교회(Apostolic Faith Mission Church)의 목사이며 그 교단의 총무였고 1947년도에 개최되었던 세계오순절대회(World Pentecostal Conference)의 준비위원장이었다.

1949년 미국에 와서는 하나님의 성회(Amembly of God)에 가입하였다. 그는 열성파 연합운동자였다. 그는 1954년 세계교회협의회(WCC) 제2차 총회 때부터 세상을 떠날 때까지 WCC대회를 계속 참석하였다.

듀 플레시스는 1964년 제2 바티칸 회의 제3회기에 초청받은 유일한 오순절파 사람이었다. 그는 1977-82년까지 "국제 로마 천주교와 오순절 교회와의 대화" 위원회 공동회장이었으며, 1987년 오순절파와 WCC의 신앙질서위원회와의 첫 번째 공식회의 후원자였다. 그러므로 많은 동료들이 그의 지나치게 넓은 활동을 비판하였다. 그는 1960-70년대에 수많은 은사집회를 인도하였다. 1974년 여론조사에 의하면 세계교회에 영향을 많이 끼친 11명 중의 한 사람이 듀 플레시스라고 하였다. 1983년 교황 요한 바오로 2세는 그에게 훈장 "Good Merit"을 수여하였다.

현대방언 운동은 1960년대까지는 비교적 오순절 계통 안에서만 확산되었다. 그러나 1960년 4월 3일에 이르러서는 캘리포니아 주 반나이스에 있는 한 큰 성공회의 신부 데니스 베넷(Dennis Bennett)이 그의 교인들에게 자기는 방언을 했다고 공언함으로써 그때부터 전국교회로 방언이 확산되기 시작했다. 이것이 방언파 은사운동의 부흥의 시작이라고 일컬어진다. 그 이후로 침례교, 성공회, 루터교, 장로교 같은 주요 교파들 가운데서도 교역자들과 평신도들 중에 현대방언하는 사람들이 급속도로 확산되기 시작하였다. 그날 이후로 비오순절 계통의 사람들이 현대방언 운동에 참여하기 시작했으며, 특히 교회들 안에서도 방언 운동이 확산되었다. 이 방언 운동은 영국, 독일, 스웨덴, 노르웨이, 브라질, 이탈리아, 아르헨티나, 볼리비아, 페루, 파나마, 포르투갈, 우루과이, 한국 등 전세계로 확산되었다. 결론적으로 소위 현대방언은 성경적이 아니며 따라서 성령의 역사가 아니다.

현대 방언을 주장하는 사람들은
① 초대교회의 사도들에게 주셨던 이적의 은사, 병 고침의 은사, 예언의 은사, 방언의 은사 방언 통역의 은사 등이 예수그리스도 재림때까지 계속된다고 주장한다. 그들은 "온전한 것이 올 때"(e[lh tevleion; the perfect comes, 고전 13:10)를 예수 그리스도의 재림이라고 해석한다. 그러므로 그들은 요엘서 2:23절 하반절 말씀 "이른 비와 늦은 비"를 인용 운운한다. 팔레스타인 지방에서 이른 비는 3~4월에, 늦은 비는 10~11월에 내린다. 그런데 방언파 사람들은 이른 비를 초대교회 오순절날 성령의 역사로, 늦은 비를 이 시대의 성령의 역사라고 주장한다. 그리하여 초대교회 오순절날 방언의 역사가 있었던 것 같이, 이 시대에도 방언의 역사가 있다고 한다.

② 그들은 성령세례 받은 증거는 현대 방언이라고 주장한다. 그들에게 있어서 성령세례(Baptism of the Holy Spirit) 란 은사 충만과 체험 등으로 나타난다고 하면서 현대 방언, 병고침, 이적, 그리고 비정상적 이상한 말들과 행동들을 하며 영적 교만에 빠져든다.
③ 그들은 하나님의 말씀에 근거한 경건된 생활보다는 성령의 체험과 체험의존적인 생활을 중요시 한다. 그러나 성경은 소위 은사들의 체험이나 경

험 그리고 무질서한 생활이 아닌 하나님의 말씀에 대한 올바른 지식 그리고 성도의 바른 인격과 삶을 더욱 중요시하고 강조한다.

신명기 13:1-5, "너희 중에 선지자나 꿈꾸는 자가 일어나서 이적과 기사를 네게 보이고 네게 말하기를 네가 본래 알지 못하던 다른 신들을 우리가 좇아 섬기자 하며 이적과 기사가 그 말대로 이룰지라도 너는 그 선지자나 꿈꾸는 자의 말을 청종하지 말라 이는 너희 하나님 여호와께서 너희가 마음을 다하고 성품을 다하여 너희 하나님 여호와를 사랑하는 여부를 알려 하사 너희를 시험하심이니라."

이사야서 8:20, "마땅히 율법과 증거의 말씀을 좇을지니 그들의 말하는 바가 이 말씀에 맞지 아니하면 그들이 정녕히 아침 빛을 보지 못하고"

누가복음 16:31, "가로되 모세와 선지자들에게 듣지 아니하면 비록 죽은 자 가운데서 살아나는 자가 있을지라도 권함을 받지 아니하리라 하였다 하시니라."

④ 그들은 **비 성경적 연합운동**(unbiblical ecumenical movement)을 조성·촉진한다.

비 성경적 연합운동이란 신앙고백이 일치하지 않는 교파, 교단, 교회, 신자들의 비성경적 연합운동을 말한다.

소위 은사집회를 인도하는 부흥사들이나 목사들은 은사 집회(병 고침·현대방언·입신·직통계시 등)와 축복 성회 등을 통하여 보고, 듣고, 느끼고, 즐기기를 좋아하는 소위 영적 분별력이 없는 목회자들과 평신도들을 그들의 집회들을 통하여 하나 되게 한다.

지금은 말세라 교파와 교단은 수없이 많으나 신앙적·교리적 정체성이 없어졌다. 그리하여 역사적 기독교 신앙을 지켜온 전통적 교회들은 점점 쇠약해지는 반면, 100년 밖에 안되는 역사도 매우 짧은 현대 방언과 은사주의를 지향하는 신오순절주의 교회들은 천주교와 이단들과 더불어 급속도로 급성장하고 있다.

현대 방언은 방언의 역사에서 지적했듯이 약 100년 전부터 미국에서 일어나기 시작했다. 그렇게 짧은 역사 속에서 급성장하여 지금은 천주교와 개신교에 이어 기독교의 제3의 세력이 되었다.

현재 미국에서 신오순절파 교회들 중에는

- 하나님의 성회(Church of God in Christ)는 신도수가 약 5,499,875(약550万),
- 세계오순절성회 (Pentecostal Assemblies of the World)는 약 1,500,000(약 150万),
- 하나님의 성회(Assemblies of God)는 약 2,779,095(약280万),
- 하나님의 교회(Church of God, Cleveland, Tenn.)는 약989,965(약100万),
- 훠스퀘어 교회(International Church of the Foursquare Godspel)는 약 251,614(약 26万),
- 국제오순절성결교(International Pentecostal Holiness Church)는 약 234,997 (약 24万)이며,[267]

그 이하 25개 이상의 군소 오순절 교회들이 난무한다. 이 오순절파 교회들이 북미 캐나다·남미 · 아프리카 · 아시아 · 동남아 등 전 세계만방에 퍼지면서 지금까지의 전통적 기성교회들의 교세(敎勢)를 앞지르고 있다.

한국에는 신오순절파 교회들이 1960년대 조용기 목사를 중심으로 기독교대한하나님의성회(기하성)가 시작하여 지금은 그 교세가 대단하며, 은사운동은 자유주의 교회들, 복음주의 교회들, 보수주의 교회들 속으로 깊숙이 침투되어 장로교 · 감리교· 성결교 등의 정체성이 사라지고 혼합주의로 변모되고 있다. 그러므로 우리는 비 성경적 연합운동과 신오순절주의 교회들의 소위 은사운동(현대방언, 신유, 기복신앙·직통계시 등)을 반대하고 옛 신앙으로 돌아서야 한다.

---

267) Yearbook, 2006, N. C. C. C. in U. S. A. PP. 374-382

제 17장

신복음주의
(New Evangelicalism)

"**신복음주의**"(New Evangelicalism)는 19세기 말과 20세기 초에 자유주의 신신학의 바람이 세차게 불어닥칠 때 근본주의(보수주의)와 자유주의와의 사이에서 발생한 하나의 새로운 신중립주의(new neutralism), 타협주의, 포용주의, 반성별주의이다. **박형룡** 박사는 신복음주의를 "**신자유주의**"라고 하였다.

신복음주의는 근본주의자들과 자유주의자들 사이에 신앙적·교리적·행위적 문제들로 충돌이 심할 때 근본주의자들 가운데는 자유주의에 대하여 성별과 전투적 입장을 취하는 사람들과 또 한편으로는 자유주의에 대하여 관용하며 성별 대신 협동과 연합을 주장하는 사람들이 나타나게 되었다. 이 후자는 근본주의 노선과 운동에 불만을 품고 근본주의자들과 구별되기를 원하였고 드디어 근본주의에서 이탈하여 관용과 타협의 중립노선으로 나아가게 되었다. 그리고 자신들을 단순히 복음주의자들(Evangelicals)이라고 불렀다.268)

초창기 신복음주의자들 다수는 근본주의에서 나왔으므로 교리적으로나 신앙적으로나 보수적이었으며, 근본주의의 기본적 신앙을 소유하고 있었다. 그러므로 그들은 종교개혁자들과 옛 복음주의자들과 성질상 동일성을 가지고

---

268) G. M. Marsden, *Fundamentalism, New Dictionary of Theology*, p. 268

있다고 궤변한다. 그리고 자신들은 복음주의 보수운동의 참된 계승자들이라고 생각하였다. 그러나 그들은 배교와 불신앙에 대하여 성별과 전투적 입장을 취하지 않음으로 세월이 흐름에 따라 많은 변화와 변질을 가져오게 되었다. 그 결과 지금 신복음주의 안에는 다양한 교회들의 혼합된 신학적 산물들로 가득차게 되었다. 이와 같은 사실들은 신복음주의 교회들의 연합체인 미국복음주의협회(NAE) 산하 교회들을 살펴보면 이해가 잘 될 것이다.

신복음주의라는 용어를 바로 이해하기 위하여는 복음주의, 근본주의라는 용어를 먼저 바로 이해하는 것이 중요하다.

"복음주의"(Evangelism): 복음주의는 성경의 계시 · 영감 · 무오 · 권위 · 표준 · 최종성 · 하나님의 삼위일체 · 예수 그리스도의 1위 2성(신성과 인성) · 처녀탄생 · 대리적 속죄의 죽음 · 육체적 부활 · 승천 · 재림 · 최후심판 · 이신득구 · 이신칭의 · 내세의 영생 등을 믿고 전한다는 의미에서 복음주의 또는 복음주의자들 이라고 한다. 역사적으로는 복음주의자들이라 함은 로마천주교의 교황주의와 성례주의에 대항하여 기독교의 근본 교리들을 믿고 전하는 자들을 가리켰다. 그러나 오늘날에는 불행하게도 복음주의라는 용어가 신복음주의자들의 전용물로 되었음으로 그들과 구별하기 위하여 보수주의(근본주의)에서는 복음주의라는 용어를 잘 사용하지 않는다.

"근본주의"(Fundamentalism): 근본주의는 20세기 초 신학적 자유주의가 교파를 막론하고 미국 전역에 걸쳐 활개치며 침투할 때 성경의 무오와 권위, 하나님의 삼위일체, 예수 그리스도의 양성(신성과 인성), 그리스도의 처녀 탄생, 대리적 속죄의 죽음, 육체적 부활, 승천, 재림, 이신득구, 이신칭의, 최후심판, 내세의 영생과 형벌 등 기독교의 근본 교리들(fundamental doctrines)을 보수하기 위하여 자유주의를 대항하여 일어난 교회 내에서의 보수 신앙 운동이다. 그러므로 근본주의는 성별적, 전투적 반(反)자유주의(fundamentalism is separated militant anti-liberalism)이다. 다른 말로 표현하면 근본주의는 참 보수주의(true conservativism)이다.

"신복음주의"(New Evangelicalism): "신복음주의"라는 용어는 **오켄가** 박사(Dr. Harold John Ockenga)가 1948년 훌러 신학교에서 연설도중 처

음으로 사용한 용어이다. 그리하여 새로운(new; 新)이라는 이 용어는 복음주의(근본주의)에서 이탈하는 청신호가 되었다. 신복음주의란 복음주의로부터 발전된 그 어떤 새로운 형태의 복음주의가 아니다. 신복음주의에서 **신**(네오스, $\nu\acute{\varepsilon}o\varsigma$; new; 새로운)이란 단어는 시간적 개념이나 또는 발전된 그 무엇을 의미하는 것이 아니라, 질적으로 상이한 그 무엇(diffe- rent kind of quality)을 가리킨다. 다시 말하면 여기서 신(new)이란 큰 위험성을 안고 있는 새로운 것을 말한다. 사실 어떤 것이 전혀 새로운 것으로 변하고도 여전히 진리일 수는 없다. 따라서 신복음주의란 복음주의와는 어원적 개념상으로도 동일하지 않음을 알아야 한다. 복음주의와 신복음주의는 서로 넘나들 수 없는 큰 간격(gap)이 있다. 그러나 신복음주의자들은 대부분 자신들을 자칭 복음주의자들이라고 생각하며, 신복음주의라는 명칭을(자신들에게) 사용하지 않음으로 영 분별력이 없는 사람들에게는 혼돈을 일으키게 되며 또한 그들의 영향에 감염되고 있다.

이런 맥락에서 신플라톤주의(Neo Platonism; 주후 1세기), 신고전주의(Neo Classism, 르네상스 12-14세기) 그리고 기독교내에서는 신정통주의(Neo Orthodox), 신복음주의(New Evangelicalism), 신오순절주의(Neo Pentecostalism), 신도덕주의(Neo Moralism) 등이다.

"새로운"이라는 단어는 네오스($\nu\acute{\varepsilon}o\varsigma$; new) 이외에 **카이노스**($\kappa\alpha\iota\nu\acute{o}\varsigma$; new)라는 단어가 또 있다. 그런데 카이노스는 이전 원리나 체계가 지닌 본래의, 전통적인 원리나 체계의 정의를 보전하면서 옛것과 새것의 최상의 것을 취하는 것을 뜻한다. 따라서 신복음주의라는 용어에서 신($\nu\varepsilon o$)은 카이노스가 아니라 네오스이다.

I. 신복음주의의 대부(大父)들

1. 해롤드 존 오켄가(Harold J. Ockenga, 1905-1985. 2. 8)

오켄가는 장로교 목사 · 신학자 · 신복음주의 대부(代父)이다. 오켄가는 테일러대학교를 졸업하고 프린스톤신학교(Princeton Theological Seminary)

에 입학하여 공부하였다. 프린스톤 신학교는 1812년 뉴저지 주 프린스톤 시에 설립된 당시 미국 북장로교 산하의 신학교로서 학문의 전당이었으며, 개혁주의 신학의 보루이었다. 그러나 찰스 하지(Charles Hodge), 그의 아들 하지(A. A. Hodge) 그리고 워필드(B. B. Warfield) 같은 개혁주의 신학의 거두들은 세상을 떠나고 자유주의자들이 그 교단과 신학교를 장악할 때 더 이상 그곳에 머물러 있을 수가 없게 되자 메이첸(J. Gresham Machen) 박사를 중심으로 나와서 필라델피아에 1929년 웨스트민스터 신학교(Westminster Theo. Sem.)를 세웠다. 당시 오켄가는 학생으로 후일 근본주의의 세계적 지도자가 된 칼 맥킨타이어(Carl McIntire)와 같이 근본주의 교수들을 따라 웨스트민스터 신학교로 옮겨 1930년 신학교를 졸업하였다. 1939년에는 피츠버그 대학(Univ. of Pittsburg)에서 철학 박사(Ph. D.)학위를 받았다.

오켄가는 1931년 목사 안수를 받고 피츠버그의 브리즈 포인트 교회(Breeze Point Church)에서 시무하였고(1931-1936), 그 후 33년 간 보스톤의 파크 스트릿 교회(Park Street Church)에서 시무하였다(1936-1969).

1940년대 초기에는 스미스(J. Harold Smith), 밥 존스(Bob Jones Sr.), 아이어(W. W. Ayer), 브라운(John E. Brown), 엡(Theodore Epp), 풀러(Charles E. Fuller), 리스(Paul Rees) 등과 더불어 복음주의 지도자들 중의 한 사람이었다. 오켄가는 1942년 4월 7-9일까지 150명의 신복음주의 지도자들이 미조리 주 세인트 루이스(St. Louis, Mo.)에서 교회 연합을 위하여 미국복음주의협회(NAE: National Association of Evangelicals)가 조직될 때 초대 회장이 되었고, 1947년에는 캘리포니아 주 파사디나 시에 설립한 풀러 신학교(Fuller Theo. Sem.)의 설립자 중의 한 사람으로 초대 교장이 되었다. 또한 오켄가는 신복음주의의 대변지인 크리스차니티 투데이(Christianity Today)의 편집인으로 25년 간 있었다. 오켄가는 1969년부터 1976년까지 메사추세츠 주 웬함(Wenham)에 있는 골든 대학(Gordon College)의 학장으로 근무하였고, 인근의 골든 콘웰(Gordon-Conwell) 신학교의 교장직도 겸하였었다. 오켄가는 그의 사회적 관심, 신학적 개혁, 자유주의와의 타협 등으로 1985년 2월 8일 79세에 암으로 사망할 때까지 신복음주의의 신학적 대변자로 빌리 그래함의 조언자이었다.

2. 칼 헨리

(Carl F. H. Henry, 1913-)

칼 헨리는 독일에서 미국으로 이민 온 사람의 아들로 뉴욕에서 태어났다. 그는 1933년 회심후 윗튼대학(Wheaton College)을 졸업하고(M. A.) 북 침례교신학교(Northern Baptist Theo. Sem.)에서 신학 박사 학위(Th. D., 1942)를 받았다. 그리고 동 신학교에서 1940-1947년까지 신학을 교수하였다. 1949년에는 보스톤 대학교에서 철학 박사(Ph. D.)학위를 받았다. 그 어간에 그는 몇 동지들과 함께 훌러신학교(Fuller Theo. Sem.)를 설립하는 일에 동참하였으며 그때로부터 9년 동안(1947-56) 교수하였다. 그는 1956년 미국 동부로 돌아가 신복음주의의 대변지인 크리스채너티 투데이(Christianity Today)지의 초대 편집인으로 1956년부터 1968년까지 있었으며 그 이후에 1974년까지 계속 편집인으로 수고하였다. 그는 1966년 빌리 그래함의 베를린 세계전도 대회(World Congress on Evangelism)의 대회장으로도 활약하였다. 그는 많은 논문들과 저서를 저술하고 또 여러 집회의 특강들을 많이 인도한 신복음주의의 신학적 대변자이다.

그의 저서들 중에는 "현대근본주의의 불편한 양심"(The Uneasy Conscience of Modern Fundamentalism), 기독교윤리(Christian Personal Ethics), 계시와 권위(Revelation and Autharity)등이 있다.

3. 에드워드 존 카넬(Edward John Carnell, 1919-1967)

카넬은 미국 위스콘 주 안티고(Antigo)에서 태어났으며, 윗튼대학과 웨스트민스터신학교를 졸업하고, 하바드대학과 보스톤대학에서 박사 과정을 이수하였다. 그는 처음에는 골든대학과 신학교에서 강의하였으며(1945-1948) 그 후 훌러신학교로 옮겼다. 훌러신학교에서는 종교철학과 윤리학을 가르치면서 명성이 높았으며, 1954년부터 1959년까지는 훌러신학교 교장으로 있었다. 그러나 정치적 압력과 건강으로 인하여 사임을 강요당하였다.

카넬은 신복음주의적 변증가로서 20세기 중엽에 신복음주의 발전에 크게 공헌하였다.

그는 많은 저서들도 저술했다. 『기독교 변증학 개론』(*The Introduction to Christian Apologetics*<1948>), 라인홀드 니버의 『신정통에 대한 비평적 연구』(1951), 『기독교 철학』(1952), 『그리스도인의 헌신』(1957), 『사랑의 왕국과 생명의 존엄』(1960), 『킬케가드의 짐』(1965) 특히 『정통신학을 위한 자신의 입장』(1959)에서 근본주의를 비판하였다. 카넬은 오켄가와 칼 헨리와 더불어 신복음주의 운동에 지대한 공헌을 한 신복음주의를 대변하는 신학자이었다.

4. 신복음주의의 선전자: 빌리 그래함
(Billy Graham: A Promoter of New Evangelicalism)

빌리 그래함은 1918년 11월 7일 노스캐롤라이나 주 샬롯(Charlotte)에서 윌리암 그래함의 첫째 아들로 태어났다. 빌리 그래함은 1934년 그의 나이 16세 때 몰디카이 함(Mordecai Ham) 부흥사의 천막 부흥 집회시 그리스도인이 되었다. 빌리 그래함 부흥사는 그 당시 열렬한 근본주의 부흥사이었다.

· 빌리 그래함 부흥사는 1950년 스위스 제네바에서 열렸던 국제기독교연합회(ICCC) 제2차 세계 대회에 참석했다. 국제기독교연합회는 세계교회협의회(WCC)의 배교와 불신앙을 반대하는 근본주의자들로 구성된 세계적 기독교 협의체로서 칼 맥킨타이어 박사(Dr. Carl McIntire)를 중심으로 WCC가 조직되기 1개월 전 1948년 7월 화란의 암스테르담에서 조직되었다.

· 빌리 그래함의 부모는 노스캐롤라이나 주 샬롯(Charlotte) 시의 성경장로교(Bible Presbyterian Church) 교인으로 그의 아버지는 그 교회의 장로이었다. 당시 샬롯 성경장로교 알처 딜라드(Archer Dillard) 목사는 미국 남장로교(SPC)가 자유주의로 나감에 따라 1939년 4월 16일 그 교단을 탈퇴하고 300명의 성도들과 함께 성경장로교(BPC)로 옮긴 보수 근본주의 목사이다. 그 교회에서 성경장로교 제4차 대회(총회)가 1939년 개최되었다.

· 1930년대 빌리 그래함은 밥 존스 대학(Bob Jones Univ.)에 잠시 다녔고 그 다음에 윗튼 대학(Wheaton College)을 졸업하였다. 학창 시절 롯 맥

큐벨(Ruth Mc Cue Bell)을 만나 1943년 8월 13일 결혼하여 5자녀를 두었다. 밥 존스 대학은 침례교 부흥사 밥 존스(Bob Jone, SR) 박사에 의하여 설립되었고, 윗튼 대학은 성경장로교 지도자요 저명한 조직신학 교수였던 버즈웰(J. Oliver Buswell) 박사에 의하여 설립되었다. 윗튼 대학은 미국에서도 학적으로 가장 권위 있는 근본주의 학문의 전당이었으나 세월이 흐름에 따라 신앙적으로는 점점 신복음주의로 흘러 후에는 그 학교 내에 빌리 그래함 센터(Billy Graham Center)가 건립되었다.

• 빌리 그래함은 윗튼 대학을 졸업한 후 일리노이 주 웨스턴 스프링에 있는 자그마한 침례교회의 목사로 2년 간 시무하고 그 후 목회와 청년 신앙 운동을 위한 청소년 복음전도회(Youth for Christ) 전임 전도자로 일하였다. 그는 1940년 남침례교에서 목사 안수를 받고 1940년대 후반기부터는 미국과 영국에서 자신의 대 전도집회들을 갖기 시작하였다. 그는 1950년 빌리 그래함 전도 협회를 창설하였다. 그때만 해도 그는 근본주의자로 알려져 많은 근본주의자들로부터 열렬한 지원을 받았었다. 그리하여 그는 자신이 처음 다닌 밥 존스 대학으로부터 명예박사 학위도 받았었다.

• 빌리 그래함이 미네소타 주 미네아폴리스 소재 노스웨스턴대학의 학장으로 재직하는 동안(1947-1951) 그 학교 기관지인 "더 파일롯(The Pilot)의 편집인이었으며, 또한 근본주의자들의 주간지 "주님의 검"(Sword of the Lord)의 후원이사였다. 그는 "주님의 검" 편집인 라이스(John R. Rice)박사에게 보낸 편지에서 "우리는 결코 우리 실행이사회에 현대 자유주의자가 없으며, 어느 도시에서도 교회협의회의 지원은 받아 오지 않았다"고 하였으며, 1952년 6월 3일 밥 존스 박사에게 보낸 편지에도 "나의 모든 욕망은 하나님의 뜻에 머물러 있는 것이며 하루하루를 하나님이 인도하시는 대로 가는 것이다. 자유주의자들은 어디에서도 우리를 지원하지 않는다"라고 하였다.

그러나 그는 1950년대 중엽부터 배교적 지도자들과 자리를 같이 하기 시작하였다. 그때부터 그는 신복음주의 노선을 걷게 되었다. 신복음주의 노선이란 신중립주의 타협주의를 말한다.

• 1954년 뉴욕 전도 집회 실행위원회에는 20명의 보수주의자들과 120명

의 자유주의자들이 들어 있었다. 그러므로 탁월한 뉴욕의 변호사이요 성경교사인 베넷 박사(James E. Bennet)는 그 위원회에서 탈퇴하였다.

· 자유주의 기관지 "크리스천 센추리"(Christian Century)의 편집인이요 자유주의 학교인 시카고 대학교 신과 대학 교수인 말티(Martin Marty)는 말하기를 "빌리 그래함의 전도, 에큐메니칼 협동정신이 그를 중립주의자로 만들었다"라고 하였다. 빌리 그래함 자신도 1989년 1월 19일 "샤롯 옵저버"(Charlotte Observer)지와의 인터뷰에서 "나는 내가 성장하면서 많이 변하였다. …나는 하나님께서 나의 인간론 공부와 여행을 통하여 다른 종교들에 대한 관용을 갖게 되었다고 생각한다"라고 토로하였다.

· 빌리 그래함은 1957년 미국복음주의협회(NAE) 회의에서 말하기를 "나는 내 자신을 분명히 하고자 한다. 나는 어느 곳이라도 가고자 하며, 어떤 단체의 지원도 받으며, 나의 메시지에 반대하지 않는 한 그리스도의 복음을 전하겠다"라고 하였다.269) 그는 자기를 반대하지 않는 자와는 누구와도 같이 일한다는 것이다. 그의 언행은 1950년대 초에 밝힌 자신의 신앙적 입장과는 얼마나 거리가 먼가를 알 수 있다.

1957년 빌리 그래함의 뉴욕 전도집회 실행위원회에는 뉴욕 시에 있는 유니온 신학교 교장 반 두센(Henry Pitney Van Dusen)도 들어 있었는데 그는 그리스도의 처녀탄생도 부인하는 자유주의자이므로 그 장로교단에서 반대가 컸으나 뉴욕노회에서 안수를 주었다. 유니온 신학교는 최초부터 자유주의로 출발한 학교이다. 뉴욕 집회 후 빌리 그래함은 뉴욕 지역 교회협의회(NCCC와 관계된)에 67,618달러를 지원하였다.

· 1957년 9월 21일자 "샌프란시스코 신문"은 빌리 그래함과의 인터뷰에서 그래함 목사는 "우리의 집회에서 결신하는 그 누구든지 나중에 밝힐 것이며 개신교나 천주교나 유대교의 지역 성직자들에게 보내질 것이다"라고 하였다.

· 1960년 빌리 그래함의 데트로이트(Detroit) 전도 집회 시 성공회 파이크 감독(Bishop James A. Pike)이 기도하였는데 그는 사도신경의 교리들

---

269) *Christianity Today*, Nov. 13, 1995.

을 부인하고 그리스도의 처녀탄생은 하나의 신화라고 주장한 자유주의자이
다.270) 그는 1913년 오클라호마 시에서 태어나 남가주대학교(USC, 1936),
예일 법대(1938)를 졸업하고, 1946년에는 미국 성공회 사제가 되었고,
1958년에는 캘리포니아 주 감독으로 임명되었다. 그러나 1969년 9월 이스
라엘이 점령한 욜단 지역 유대 광야에서 세상을 떠날 때까지 그는 한번도
치리를 받은 일이 없었다. 같은 달에 그는 미국 자유주의 교회들의 연합단
체인 미국교회협의회(NCCC)가 후원하는 기독교 남전도회 총회(Christian
Men's Assembly)에서 설교하고 NCCC의 성공을 위하여 기도하였다.

• 말씀의 검 편집인인 라이스 박사(Dr. John R. Rice)는 1958년 6월 20
일자 그의 주간지에서 "나는 그래함 박사와 자유주의자들과 멍에를 같이
메는 것의 위험성에 대하여 되풀이하여 이야기했다. 그는 몇 번이고 나에게
말하기를 하나님께 맹세하노니 기독교의 근본 교리들에 올바른 사람들이
아니고는 결코 자신의 전도협회의 위원이 되지 못한다. 빌리 그래함이 노스
캐롤라이나의 몬트리트(Montreat)에 있는 자신의 집에 나를 초대하였을 때
우리들은 진지하게 그런 문제들에 대하여 또 논의하였다 … 그러나 후에
나는 그리스도께 진실되기 위하여 그의 타협을 공개적으로 반대하기 시작
했다"라고 하였다.

• 1963년 빌리 그래함의 로스엔젤레스 전도 집회 시 위원장은 감리교의
케네디 감독(Bishop Gerald Kennedy)이었다. 그는 그리스도에 대하여 의
문이 너무나 많음으로 그리스도가 누구인지 정확히 말할 수 없으며, 그리스
도의 신성도 각자의 해석에 달려있다고 말한 사람이다(God's Good News,
p. 125). 그는 지옥도 부인하였다. 집회가 끝난 후 빌리 그래함은 그에게
전보로 "우리는 이들(케네디 감독과 음악 지휘자 빌 맨)을 알며 매우 존경
한다"고 하였다.

• 빌리 그래함의 전도 집회의 지원자 중 또 한 사람은 스탠리 존스(E.
Stanley Jones)로서 그는 남침례교 소속 애틀랜타 제일 침례교회의 목사로
서 그리스도의 처녀 탄생, 성경의 축자영감, 삼위일체, 교리 등을 믿고 설교

---

270) *Christian Century*, 1960. 12. 21.

를 잘하는 그러나 신복음주의자이다. 빌리 그래함은 그의 집회에서 "지금 나는 나의 좋은 친구요, 신실한 조언자를 소개합니다"라고 하면서 존스를 소개했다. 빌리 그래함이나 스탠리 존스는 다 신복음주의자들이기 때문이다.

· 1966년 베를린에서 있은 세계전도집회에서 빌리 그래함은 말하기를 "베를린 집회는 제2 바티칸 회의와 WCC와 더불어 에큐메니칼 세력을 창출하는데 도움이 되는 사건으로 증명되었다"라고 하였다. 이 대회에서는 에디오피아 콥틱 정교의 머리인 에디오피아 황제 셀라씨(Haile Selassie)가 연설하였다. 콥틱교는 천주교나 유대교보다도 더 기독교·유대교·이방종교의 혼합체이다. 그러므로 정규 침례교(GARBC) 지도자인 켓참(Robert Ketcham) 목사는 1971년 5월 29-30일 시카고 트리분지와의 인터뷰에서 "우리는 빌리 그래함이 자신의 주변의 자유주의 설교자들을 정리할 때까지는 그와 협력할 수 없다"고 하였다.

· 빌리 그래함은 성경의 무오성에 의심을 갖고 있는 사람이다. 그는 1986년 한 기자에게 말하기를 나는 개인적으로 "무오성이라는 단어를 사용하지 않는다. 나는 그 단어가 결코 사용되지 않았더라면 얼마나 좋았을까 생각할 정도이다. 나는 그것을 필요한 단어라고 생각하지 않는다"라고 하였다.271)

(1) 빌리 그래함은 그의 전도 집회 위원회에 천주교와 유대교도들도 포함시킨다.

· 예수 그리스도를 믿음으로만 구원받는다는 진리를 부인하는 천주교인, 예수 그리스도의 구속사역으로 인한 구원을 거부하는 유대교도들도 개신교 전도 대회 위원회의 일원이 되어 같이 일한다? 이해하기 어려운 일이다.

그렇지만 1963년 11월 9일 뉴욕 타임지는 보도하기를 "최근 브라질 상파울로에서 있었던 빌리 그래함의 전도 집회에서 천주교 주교가 빌리 그래함 옆에 서서 믿기로 작정하고 강단 앞으로 나오는 회심자들에게 축복했다."

· 1967년 11월 21일 빌리 그래함은 노스 캐롤라이나 주 벨몬트에 있는 천주교 대학에서 명예박사 학위를 받았다. 학위 받은 후 행한 연설에서 "이

---

271) David O. Beale, *In Pursuit of Purity*, 김효성 역 p. 290.

학교에서 세운 복음, 오늘밤에 나를 이곳으로 인도한 복음은 아직도 구원의 길이다. …우리는 그리스도의 형제들로서 서로 대화를 나눌 수 있다"라고 하였다.272)

• 빌리 그래함은 교황 요한 바울 2세에게 "교량 역할자"라고 말하고 "요한 바울 2세가 교황이 된 이래 그는 이 시대에 가장 위대한 종교 지도자이며, 이 세기의 가장 위대한 도덕적 영적 지도자들 중의 한 사람이다"라고 찬사를 아끼지 않았다.273)

• 1981년 빌리 그래함은 교황 요한 바울 2세를 처음 방문하였다. 그리고 말하기를 "나는 교황과 매우 사적이며 친밀한 대화를 하며 30분을 보냈다 …"라고 하였다.

• 1989년 6월 13일 "89년 선교 대회"(Mission '89 Crusade)가 영국 런던 얼스 콧(Earls Court)에서 있었다. 빌리 그래함은 선교 대회 전날 추기경 바실 흄(Cardinal Basil Hume)을 방문하였다. 그리고 흄 추기경은 빌리 그래함의 선교 대회에 참석하였다. 그 후 추기경의 보좌관 마이클 씨드(Michell Seed)는 말하기를 "… 약 2,100명 정도의 카톨릭교도들이 런던에서 열린 대단히 훌륭했던 선교 대회의 저녁 집회 시간에 상담을 받으러 강단 앞으로 나갔다 … 빌리 그래함은 우리 교회를 놀랍게 도와주었으며 많은 사람들이 그의 위대한 사역의 결과 그들의 신앙을 새롭게 하였다"라고 하였다.

• 1990년 1월 10-13일까지 빌리 그래함은 로마 교황청을 두번째 방문하여 교황과 동유럽 문제, 천주교와 개신교와의 관계 등을 다루는 일련의 토의를 위하여 회동하였다.

• 1990년 4월 22-29일까지 뉴욕 주 알바니(Albany)의 니커보버 경기장(Knickerbocker Arena)에서 전도 대회를 개최하였다. 이 집회는 하바드 주교와 기타 다른 종교 지도자들의 요청에 응하여 이루어진 것이다. 그 지

---

272) Gastonia Gazette, Nov. 22, 1967.
273) *The Saturday Evening Post,* Jan. Feb. 1980.

역의 교회협의회 회장이며, 빌리 그래함 전도 집회 실행위원회 위원인 제임스 케인(James Kane) 신부는 말하기를 "이 집회를 이끌기 위하여 조직된 긴급 실행위원회에 9명의 카톨릭 교도가 있었다 …교구 관계들은 그래함 전도 집회를 복음화의 도구로 생각한다"라고 하였다.

• 빌리 그래함은 1983년 7월 24일-8월 10일까지 캐나다의 밴쿠버 시에 있는 브리티쉬 콜롬비아 대학교(Univ. of British Columbia)에서 개최되었던 WCC 제6차 총회에서 설교하여 달라는 초청을 당시 WCC 총무 필립 포터(Philip Potter)로부터 받고 참석할 수 없음으로 그에게 보낸 전보에서 "밴쿠버 대회는 하나님의 왕국의 확장을 가져오는 오순절 축복을 경험하기를 기도합니다. 하나님께서 6차 총회를 인도하는 귀하에게 지혜를 주시기를 바랍니다"라고 하였다. 그런데 바로 이 6차 총회에서는 불교·유교·마호멧교·유대교·천주교 등의 지도자들을 초청하여 같이 바알 제단을 쌓았다. WCC의 "다른 산 신앙과의 대화"(Dialogue with Other Living Faith) 위원장 멀더(Dick Mulder)는 비기독교인들은 구원이 상실된다는 것을 믿지 않는 사람이다. 그런 사람은 사도행전 4:12; 요한복음 14:6 등을 믿지 않는 자이다.

• 빌리 그래함은 미국의 자유주의 교회들의 연합단체인 뉴욕의 미국교회협의회(NCCC)를 방문하여 총무 캠벨(Campbell) 목사를 만나서 말하기를 "예수 그리스도를 주(主)로 부르는 그 누구와도 교제하는데 아무런 문제가 없다"고 말하였다.274)

• 1996년 3월 1일 샤롯 옵저버지(Charlotte Observer)에 의하면 캐롤라이나 주 빌리 그래함 전도 위원회 회장 카이트(Graeme Keith)는 말하기를 "우리는 유대교·천주교·개신교 그리고 기타 교단들의 위원회를 대표한다 … 우리의 목적은 빌리 그래함 박사가 행한 집회 중에 가장 멋있는 전도집회를 만드는 것이다"라고 하였다.

• 빌리 그래함은 1993년 3월에 로마 교황청을 3번째로 방문하여 5일 동안 교황을 알현한 후에 예정된 유럽 집회를 가졌다. 빌리 그래함은 소위 종교계의 노벨상이라 불리우는 템플톤상(Templeton)을 받았다. 그런데 이 템플톤상의 수상자를 결정하는 위원회는 천주교·유대교·이슬람교·힌두

<hr>

274) *Christian News*, 9/9 '91.

교·불교 등의 종교 지도자들로서 구성되어 있다.

• 로마 천주교는 성경 이외에 외경과 전통을 첨가하며, 교황의 권위를 성경과 동등시하며, 그리스도를 믿음으로 구원받는다고 하면서도 성례와 선행이 필요하다고 한다.275) 천주교 찬송 뒷면 "처녀 마리아에게 기도"(Prayer to the Virgin Mary) "어머니! 나의 죄를 용서하여 주시도록 하나님께 간구하여 주소서"(Mother, ask God to forgive my sins)라고 마리아에게 기도한다. 천주교야말로 미신적이고 이방 종교적인 요소들이 많이 있다. 로마 천주교는 구약의 의식들·이방종교·헬라철학·기독교를 혼합한 종교이다. 우리는 다른 교단들의 참 성도들을 증오하거나 비판하지 않고 그 교단들의 잘못된 교리들과 불신앙적 지도자들을 반대한다. 우리는 사도 바울이 로마서 10:1, "형제들아 내 마음에 원하는 바와 하나님께 구하는 바는 이스라엘을 위함이니 곧 저희로 구원을 얻게 함이라." 유대인들도 예수 그리스도를 구주로 영접하지 않으면 기독교의 일원이 될 수 없다.

(2) 빌리 그래함과 공산주의(Billy Graham and Communism)

제2차 세계대전 종식 이래 러시아과 동구 공산권들 그리고 중공과 북한 공산집단 등은 얼마나 많은 기독교도들을 핍박하여 왔는가? 공산주의 정권은 무신론 독재정권이므로 공산주의 치하에서의 신앙의 자유란 상상도 할 수 없다. 러시아의 수많은 참된 기독신자들은 시베리아 감옥으로 끌려가 갖은 핍박과 고문을 받고 순교를 당하였고, 중공의 모택동 공산정권은 600만 이상의 그리스도인들을 학살하였고, 이북의 김일성 공산정권은 얼마나 많은 기독신자들을 처형 또는 강제노동수용소로 보내고 교회들을 다 파괴하지 않았는가? 그러한 공산 독재 정권들 하에서 활개 치는 종교인들은 모두 그들의 꼭두각시들뿐이었다. 러시아 침례교, 러시아 정교, 중국의 삼자 교회, 이북의 조선 기독교도 연맹 등이 다 그러하다. 빌리 그래함은 1957년 러시아 공산당 혁명 40주기야말로 현대 역사에 가장 위대한 날이라고 찬사를 한 모스크바의 침례교 목사 치드코브(Zhidkov)에게와 그 교회에 찬사를 보냈다.276)

---

275) *Catechism* p. 321, 324.
276) *New York Times,* 6/15/1959.

- 1966년 베를린에서 개최되었던 빌리 그래함 세계전도대회는 공산권 나라들의 목사들도 공적 대표들로 초청하였었다. 그러나 루마니아에서 공산주의자들에 의하여 무서운 고문을 받아온 리차드 엄브랜드(Richard Wurmbrand) 목사가 빌리 그래함에게 공산주의 꼭두각시들을 초청하는 것을 반대하는 편지를 보냈다. 그리하여 그들은 참석치 못했다.277)

- 1981년 11월 치드코프의 아들이요 모스크바 침례교회의 목사인 미가엘이 미국을 방문하였다. 미가엘은 발티모의 대학침례교회(University Baptist Church)에서 예배시에 미국을 노골적으로 공격하고 러시아에는 신앙의 자유가 있다고 허위 선전하였다. 보리스 니코딤(Nikodim), 조셉 흐라마드카(Hramdka), 알렉시스 비취코프(Bychkov), 그 외에도 많은 꼭두각시 목사들이 러시아비밀경찰(KGB)의 하수인들이었다.

- 1982년 빌리 그래함이 러시아을 방문하여 모스크바 평화회의(Moscow Peace Conference)에서 연설하였다. 그리고 러시아에는 종교적 핍박이 없다고 하였다. 이 같은 행위는 그리스도를 위하여 능욕을 받은 수많은 러시아의 기독신자들을 배신한 행위이다.

- 1980년대 빌리 그래함은 공산권 여러 나라들을 여행하였다. 그러면서 그 나라들의 꼭두각시 어용 목사들과 어울렸다. 1989년 1월 19일 샤롯 옵저버(Charlotte Observer)지는 "이번 7월에 있을 빌리 그래함의 부다페스트 방문은 헝가리 정부와 로마 천주교가 공동으로 초청하여 이루어졌다"고 보도하였다.

(3) 빌리 그래함과 김일성(Billy Graham and Kim Il Sung)

빌리 그래함 목사는 북한의 반세기 공산주의 독재자 김일성의 죽음을 애도하면서 말하기를 김일성은 "강력하고도 카리스마적인 지도자이었다. 나는 그가 왜 그의 인민들로부터 높은 존경을 받아 왔는지 이해할 수 있다"라고 했다. 빌리 그래함과 그의 아들 네드(Ned)는 1992년에 북한을 방문하였고, 1994년 1월에 재차 북한을 방문하였었다. 빌리 그래함의 아내 룻(Ruth)은 장로교 선교사의 딸로서 일제시대 평양에서 고등학교를 다녔었다.278)

---

277) Carl Mcintire, *Outside the Gate*, 1967, pp. 145-9.
278) *Ecumenical Press Service*, 94. 7. 62.

5. 신복음주의자들

빌리 그래함 이외에도 신복음주의의 선전가들 중에는

존 맥아더 목사(John MacArthur, 캘리포니아 파노라마 시의 그레이스 콤뮤니티교회, Grace Community Church),

루이스 팔라우 목사(Louis Palau), 남아메리카의 빌리 그래함이라 불리우는 부흥사

힐 박사(E. V. Hill, 로스앤젤레스의 시온 산 선교침례교회; Mt. Zion Missionary Baptist Church),

찰스 콜슨 목사(Charles Colson, 교도소선교회: Prison Fellowship Ministries),

찰스 스탠리 박사(Charles F. Stanley, 아틀란타 제일침례교회 목사),

찰스 스윈돌 박사(Charles Swindoll, 캘리포니아 주 풀러톤에 있는 제일 복음주의 자유교회 목사),

피터 와그너(Peter Wager, 훌러신학교교회 성장학 교수),

팻 로버트슨(Pat Robertson, 700클럽 회장),

마크 놀(Mark Nall, 윗튼대학 교수) 등등이다.279) 사실상 신복음주의는 자유주의와 은사주의를 모두 포용하므로 신복음주의의 선전가들은 한두 명이 아니다.

Ⅱ. 신복음주의 전도 방법론(Methodology)

신복음주의의 전도 방법은 다음 4가지로 요약할 수 있다.

(1) **침투**(Infiltration, 침투, 침입): 신복음주의 전도 방법은 성별보다는 침투를 통한 협동을 주장한다. 오켄가는 1957년 12월 8일 한 뉴스 팜플렛에서 "신복음주의는 그 전략을 분리에서 침투로(from separation to

---

279) Ashbrook, op. cit., ch. IX

infiltration) 바꾸었다”고 하였다.280) 그는 후에 “신복음주의는 분리를 거절함에 근본주의와 다르다”라고 하였다. 신복음주의자들은 기독교 내의 자유주의와 신오순절주의 그리고 신앙고백이 일치하지 않는 교회들과의 관계에서 성별(분리)의 원리를 택하지 않고 협동과 연합을 택한다. 따라서 누구든지 보수주의자라고 자칭하면서 신앙고백이나 신앙노선이 일치하지 않는 교회나 단체나 사람들과의 관계에서 성별의 원리를 택하지 않고 협동과 연합의 정신을 갖거나 그 길을 택하는 자는 자신은 어떻게 생각하든지간에 그는 신복음주의자이다.

(2) 대화(Dialogue) : 신복음주의자들은 타교회들과의 대화를 강조한다. 그들은 주장하기를 대화와 타협이 없이는 다른 사람들에게 접근할 수도, 전도할 수도, 바른 길로 선도할 수도 없다고 주장하면서 대화를 강조한다. 그들의 주장은 세계교회협의회(WCC) 자유주의자들이 다른 종교들과의 대화를 통한 연합을 강조하는 것과 사고방식에 있어서 맥락을 같이한다.

(3) 연합(Ecumenism) : 신복음주의자들은 자유주의·신비주의·신정통주의 등에 대하여 문호를 개방하고 연합을 강조한다. 그들이야말로 포용주의(Inclusivism)를 연합의 원리로 삼는다. 포용주의란 모든 것을 포함함을 뜻한다. 포용주의적 연합은 타교단들의 신앙노선·상이한 교리들·신앙고백 등의 상이점들에 관계없이 연합함이다. 이런 면에서 신복음주의자들의 연합 운동이나 자유주의자들의 연합 운동(Ecumenical Movement)은 다를 바 없다.

(4) 참여(Involvement) : 신복음주의자들은 사회적·정치적·문화적·교육적 모든 면에서의 참여를 강조한다. 그들은 영혼구원과 사회참여의 구별을 두지 않는다. 그러므로 신복음주의는 길이 넓고 친구들이 많다. 물론 우리는 백성으서 그리스도인으로서 우리가 살고 있는 사회에 참여하여 빛과 소금의 사명을 감당하여야 한다. 그러나 그리스도인들에게 있어서 우선순위는 어디까지나 영혼구원이다.

---

280) William Ashbrook, *Evangelicalism: The Neutralism*, p. 4

III. 신복음주의의 일반적 특징들
(General Characteristics)

신복음주의자들의 일반적 특징들을 다음과 같이 열거한다. 물론 이하의 항목들이 신복음주의자들에게 모두 적용되는 것은 아니다.

1. 신복음주의자들은 지적 교만을 가지고 있다.

그들은 자칭 지식인들이라 생각하면서 자신들의 지식을 과대평가하고 있다. 그들은 인준·인정(accreditation)을 강조하며 세상에서 인정을 받으려 한다. 그리고 근본주의자들은 무식하다고 멸시한다. 지적교만(intellectual pride)의 올무에 자신이 걸려든 셈이다. 그들은 세상의 학문·학설들·이론들·주의들을 더 중요시하는 경향이 있으니 그들은 세상에서 인정받을지는 모르나 세상에 빠져 들어간다는 사실을 알아야 한다.

이 세상에 "지혜 있는 자가 어디 있느뇨 선비가 어디 있느뇨 이 세대의 변사가 어디 있느뇨 하나님께서 이 세상의 지혜를 미련케 하신 것이 아니뇨 … 하나님께서 전도의 미련한 것으로 믿는 자들을 구원하시기를 기뻐하셨도다"(고전 1:20-21). 기독교 진리가 세상 지식으로 변호될 수 있다고 생각하는가? 지적 교만이 자신들을 오히려 어리석은 자로 만든다. 실제상 지적 교만을 가진 상당수의 신복음주의자들은 영적 지식에 있어서 매우 무식하거나 또는 잘못된 인식을 갖고 있다.

2. 신복음주의자들은 교리의 수정과 관대함을 포용한다.

그들은 성별의 원리를 포기하고 포용주의를 택하였기 때문에 자유주의, 신오순절주의, 신정통주의를 다 포용한다. 신복음주의는 신정통주의와 타협하는 경향이 있다. 신복음주의 신학자 에릭슨(Millard J. Erickson)은 "신복음주의는 신정통주의의 일방적 방향으로 움직여 왔다"고 고백하였다. 그러면 신정통주의(Neo-Orthodoxy)란 무엇인가? 신정통주의를 일명 바르트주의(Barthianism)이라고도 한다. 그 이유는 신정통주의는 바르트와 그의 추종자들이 주장하는 것이기 때문이다. 스위스의 신학자 **바르트**(Karl Barth, 1886. 5. 10-1968. 2. 10)는 신정통 또는 위기신학(Crisis Theology)의 창시자이다. 그리고 **브루너**(Emil Brunner)와 **니버**(Reinhold Niebuhr)는 신정통주의의 대표적 인물들이다.

신정통(Neo-Orthodoxy)**이란 무엇인가?** 신정통은 개혁주의 교리들을 새로운 의미로 재해석한다.

① **성경의 축자영감을 부인한다.** "축자영감이란 성경 말씀이 일점일획까지도 성령의 지도로 기록되었으므로 무오하다는 진리이다. 그러나 신정통은 성경에는 오류들이 있다. 하나님의 말씀이 포함되어 있다. 성경은 신적 계시에 대한 인간의 경험에 대한 증거이다"라고 주장하면서 하나님의 말씀의 완전성을 부인한다.[281] 성경의 기원에 대하여 비평적 입장을 취한다. 따라서 성경에 교리적 오류들이 많이 있다. 축자영감에 대한 정통교리는 드디어 파괴되었다(p. 105).

② **계시는 이성에 지지를 받지 못할 뿐만 아니라 이성에 반대된다고 한다.** 신앙은 이성과 관계가 없다. 계시는 역사 위에 존재하므로 계시가 역사의 세계에 들어올 때에는 보이지 않는 역사적 연구로 남게 된다고 한다. 계시는 경험적이며 동시에 개념적(experimental and conceptual)이라고 한다. 그들은 기록된 하나님의 말씀과 하나님의 인격적 말씀(personal word of God)을 구별하고 후자를 우선순위로 중요시한다. 그리하여 하나님의 말씀이 나에게 깨달아질 때 비로소 그 말씀이 나에게는 하나님의 말씀이라는 것이다.

③ **하나님은 본질적으로는 알 수 없는 분**(unknown person)**이라 한다.** 그들은 주장하기를 하나님은 본질적 의미에서 절대적이며 전적으로 초자연적이어서 하나님을 알기 위한 인간의 여하한 이성적·논리적·경험적·역사적 증명의 가치들을 다 부인한다. 그들은 또한 하나님은 항상 주체요, 자아 계시의 인격이요, 결코 연구의 대상이 아니라 한다.

---

281) Karl Barth, *Kirchliche Dogmatik,* VOL, I. ch. II. p. 565.

④ **자연계시(natural reveration)를 부인한다.** 계시는 자연·인간·역사·성경에서 발견되는 것이 아니라, 예수 그리스도 안에서만 발견된다고 주장하면서 자연계시를 부인한다.

⑤ **아담의 원죄를 부인한다.** 아담에 의하여 죄가 세상에 들어 왔다는 것은 어떠한 의미에서도 역사적 실제적 사건이 아니다.[282) 인간의 타락과 같은 것은 하나의 상징적 사건이다. 그러므로 악이 역사에 시작하는 특별한 사건으로 간주하지 않아야 한다고 한다.[283)

⑥ **구원관에 있어서 애매한 태도를 취한다.** 바르트는 보편 구원설을 긍정하지도 부정하지도 않았지만 보편구원설을 인정하도록 유도하였다. 모든 사람이 택함을 받았다고 하면서 개인의 선택개념을 부인한다.

⑦ **천당과 지옥의 실재성을 부인한다.** 삼층천의 천국이란 원시 기독교를 위한 천국개념이었다. 교회는 더 이상 부활한 주의 현현을 기대하지 않는다고 한다.[284)

3. 신복음주의자들은 유신진화론을 주장한다.

신복음주의자들 중에는 유신진화론(a theistic evolution)을 지지하는 자들도 있다. **유신진화론**이란 창조론과 진화론을 혼합한 것으로 점진적 창조(a progressive creationism)를 말한다. 그들은 진화론적 개념을 받아들여 장기간에 걸쳐서 창조되었다고 하면서 지질학적 연대를 수납한다. 창세기 1장의 창조의 6일을 문자적으로 받아들이지 않고 막연한 하나의 장기간으로 해석한다. 따라서 사람들을 점진적 진화론으로 몰고 간다. 1991년 바이올라 대학(Biola Univ.)의 부학장/교무처장 로버트 피셔 박사(Dr, Robert Fischer)의 저서 『하나님의 창조, 그러나 어떻게?』 *(God did it, but how?)* p. 113에서 과정에 의한 기원을 부인하는 것은 하나님을 부당하게

---

282) Karl Barth, 2nd. p. 149.
283) R. Niebuhr, *Faith and History*, p. 33.
284) Emil Brunner, *The Mediator*, p. 585.

제한하는 것이다"라고 하였다. 과정에 의한 기원이란 창조의 장기간을 가리
키는 유신진화론이다.

4. 신복음주의자들은 은사운동을 허용한다.

신복음주의자들 중에는 성령의 사역에 대하여 재검토하면서 옛날 사도들
에게 허락하셨던 예언·방언·신유 등의 은사들이 이 시대에도 특정인들을
통하여 나타난다고 한다. 이와 같은 주장은 바로 신오순절 계통의 교회들이
주장하는 것들이다. 실제상 신복음주의 교회들의 연합단체인 미국복음주의
협회(NAE)의 45개 교단들 중에는 예언·방언·신유의 은사가 이 시대에도
특정인들을 통하여 나타난다고 주장하는 신오순절 계통의 교회들이 많이
들어있다. 예를 들면 "하나님의 성회, 하나님의 교회(Cleveland, Tenn.), 하
나님의 교회(Mountain Assembly), 나사렛 교회, 순복음 오순절 교회, 훼스
퀘어 가스펠 교회(Foursquare Gospel), 국제 오순절 교회, 국제 오순절 성
결교회, 하나님의 오순절 교회" 등이다.285) 신복음주의 교회들의 세계적
연합단체인 세계복음주의협회(WEF: World Evangelical Fellowship) 회원
교단들 중에도 은사 운동(Charismatic Movement)을 주장하는 신오순절 교
회들이 많이 있다(Ibid.).

5. 신복음주의자들은 말세론의 중요성을 경시하는 풍조가 있다

신복음주의자들 중에는 현세적 왕국을 강조하므로 복음을 통한 사회참여
를 강조한다. 그들은 말세론의 중요성(the important of Eschatology)을 극
소화(축소)시킨다. 그 이유는 신복음주의자들의 다수는 무천년설을 주장하
거나 또는 복음을 통한 사회참여로 말세론의 무관심에서 비롯된 것이기 때
문이다. 현세 물질문명에 취한 사람들, 주 예수 그리스도의 재림과 내세의
소망을 뜨겁게 사모하지 않는 사람들은 말세의 환난·그리스도의 재림·백보

---

285) *Year Book of America*, NCCC, p. 22, 1997.

좌 심판 등에 관한 관심이 없다. 웨스트민스터 신학교는 조직신학에서 말세론이란 과목 자체가 없고 말세론에 관한 내용 일부를 성령론에 부가시켜 가르친다.

6. 신복음주의자들은 사랑과 화평을 강조한다.

성별 · 경건 · 성화를 강조하기보다는 사랑 · 은혜 · 화평(Love and Grace and Peace)을 강조한다. 그 결과 세속화되기 시작한다. 그들은 춤 · 주초 · 영화 등을 반대하는 것은 율법주의(legalism)이라고 정죄하면서 주초 문제 같은 것은 구원과 관계가 없으니 각자 양심에 맡길 것이다 라고 하면서 양심자유론을 주장한다. 그들은 세속적인 것들을 변호하는 일상적 신복음주의 철학을 따르고 있다. 그들은 하나님과 세상을 동시에 다 섬기고자 한다. 그러나 성경은 세상과 벗되고자 하는 자는 하나님과 원수가 된다고 하였다(약 4:4). 양심자유론은 비성경적이다. 기독교 도덕률은 사람들의 화인 맞고 무딘 양심에 좌우될 것이 아니라, 영구불변한 법칙이다. 관용이란 올바른 상황 하에서는 좋은 단어이나 그렇지 않을 경우에는 사단의 역사를 받아들이는 관문이다.

7. 신복음주의자들은 WCC의 사회복음 운동을 따라간다.

오켄가(Hirold J. Ockenga)는 말하기를 "신복음주의는 근본주의가 회피한 사회적 난제들을 취급하기를 시도함에서 근본주의와 구별된다.… 참된 기독교 신앙은 구원의 개인적 초자연적 경험과 사회철학이다"라고 하였다. 그러므로 신복음주의자들은 사회참여에 적극적이며 인기가 있다. 그리하여 개인의 영혼구원과 사회복음(Social Gospel) 사이에 구별을 두지 않는다. 세계교회협의회(WCC)의 사회참여는 보다 더 세속적·정치적 그리고 행동적인 면에 비하여 신복음주의의 사회참여는 사회에서 그리스도인으로서 각기 맡은 직무에 충성하므로 사회에 적극 참여함에 가깝다. 그리스도인들은 이 사회에서 각자가 맡은 직무에 충실하여야 한다. 빛과 소금의 사명을 다하여야 한다. 그러나 그리스도인들에게 있어서 사회참여가 그의 나라와 그의 의를 구하는 것보다 더 중요시하거나 우선 순위가 되어서는 안된다.

8. 신복음주의자들은 근본주의(보수주의)를 비판한다.

그들은 배교와 불신앙으로 타락한 자유주의 교회들이나 경험적 은사 위주의 신비주의 교회들에 관하여는 그렇게도 너그럽고 협력하는 반면에 기독교의 근본교리들을 믿고, 배교와 불신앙에 대하여 전투적 입장을 취하는 근본주의(Fundamentalism)에 대하여는 비판적이며 부정적 입장을 취하니 이해가 가지 않는다.

① **분리주의라고 비판한다.** 그들은 근본주의의 성별 운동을 부정적 측면에서 비판한다. 그 이유는 근본주의는 신복음주의가 주장하는 침투·대화·연합·참여를 통한 초교파주의 연합 운동을 반대하기 때문이다. 근본주의는 배교와 불신앙에 대하여 전투적 입장을 취한다. 근본주의는 분리주의가 아니라, 성별주의이다. 분리함과 당짓는 일은 이단들이나 변질된 교회들이 하는 일이다.

② **세대주의, 알미니안주의도 들어 있다고 비판한다.** 물론 근본주의 안에는 개혁주의(칼빈주의)는 물론 세대주의와 알미니안주의도 들어 있다. 물론 세대주의의 지나친 문자적 해석이나 알미니안주의의 구원관(인간의 노력을 강조) 등이 개혁주의와 일치하지 않는 것은 사실이다. 그러나 근본주의 안에 들어있는 세대주의자들이나 알미니안주의자들은 성경의 무오성을 믿고, 기독교의 근본교리들을 수납하며, 성별된 생활을 추구하며, 배교와 불신앙에 대하여 전투적 입장을 취하고 있다.

③ **무식하다고 경시한다.** 이것은 일부 신복음주의자들의 철어린 망상이요, 지적 교만이다. 물론 신복음주의자들이 모두 한결같이 모든 분야에 깊은 그리고 정립된 지식을 소유하고 있지 못함과 같이 근본주의자들 중에도 지적으로 부족한 사람들이 많이 있다. 그러나 그들의 이론은 모순이요, 역설이다. 하지(Hodge), 워필드(Warfield), 머레이(Murray), 반 틸(Van Til), 메이첸(Machen), 우드브리지(Woodbridge), 맥킨타이어(McIntire), 라이스

(Rice), 버즈웰(Buswell), 쉐이퍼(Shaeffer), 해리스(Harris), 맥레이
(McRae), 박형룡 박사 등은 모두가 근본주의 학자들로서 세계가 인정하며
맥킨타이어 박사 같은 이는 근본주의의 세계적 지도자였다. 이들이 과연 무
식한 사람들인가? 그들이 무엇을 근거로 그런 무책임한 말을 하는지 영문
을 모르겠다. 자유주의자들이 근본주의자들을 가리켜 무식하다고 공격한 데
편승하여 쌍두마차를 탄 것이다.

④ **율법주의자들이라고 비난한다.** 신복음주의자들은 근본주의자들이 금
주·흡연·춤·세속적 노래·세속적 영화 등을 금하는 것은 율법주의 정신(spirit
of legalism)에서 나온 것이라고 하면서 근본주의자들을 비난한다. 그리고
그와 같은 것들은 구원에 관계된 문제가 아니요, 생활 문화와 양식의 문제
이니 각자 양심에 맡길 것이라고 하면서 소위 양심자유론을 주장한다. 물론
그와 같은 것들은 구원 문제와 관계없다. 그와 같은 문제들은 도덕적 생활
규범에 속하는 문제들이다. 그리스도인들의 도덕적 생활 규범은 하나님의
말씀이다. 죄로 인하여 화인 맞은 사람의 양심은 사람의 도덕적 생활의 표
준이 될 수 없다. 그러므로 우리는 소위 양심자유론을 반대한다. 근본주의
자들은 율법주의자들이 아니라 경건주의자들이다.

9. 신복음주의자들은 배교와 불신앙에 대하여 전투적 입장을 취하지 않는다.

신복음주의자들은 신앙고백이 일치하지 않는 교회들(자유주의 교회들, 신
비주의 교회들)과의 관계에서 성경적 성별의 원리를 취하지 않고 오히려 그
들과 타협하며 비성경적 연합 운동을 하기 때문에, 교리의 수정과 관용 때
문에, 사랑과 화평을 거룩과 공의보다 더 강조하기 때문에 배교와 불신앙에
대하여 전투적 입장을 취하지 않는다. 오히려 배교와 불신앙에 대하여 전투
적 입장(Militant Position)을 취하는 보수주의자들(근본주의자들, 성별주의
자들)을 반대·비난·공격한다. 혹시 독자들 중에도 신복음주의의 일반적 특징
들과 성향을 가지고 있지는 않는가 자신들을 점검할 필요가 있다.

Ⅳ. 신복음주의의 협동전도

(A Cooperative Evangelism)

신복음주의자들은 협동전도 즉 초교파 연합집회 또는 초교파 부흥집회를 찬동한다. 그들은 심지어는 십자가의 원수들과도 타협한다. 빌리 그래함의 초교파 연합집회를 학문적으로 뒷받침하는 **로버트 휨**(Robert O. Ferm) 박사는 『협동전도; 빌리 그래함 옳은가, 잘못인가?』 라는 그의 저서에서 협동전도, 초교파 · 연합집회의 정당성을 변호했다.286) 이 책은 초교파 연합전도집회를 찬동하는 자유주의자들과 신복음주의자들의 무기(병기)가 되어 왔다.

코헨(Gary G. Cohen) 박사는 그의 저서 **『성경적 성별 변호』**에서 초교파 협동전도는 비성경적임을 분명하게 반박했다.287) 먼저는 휨 박사의 초교파 연합전도의 정당성들을 소개하고 그 다음에는 초교파 연합전도집회가 왜 비성경적인가를 반박하는 코헨 박사의 성경적 반증을 소개하고자 한다.

(1) 휨(Ferm) 박사는 마태복음 10:1-42; 누가복음 9:1-6에 근거하여 주장하기를 예수께서 12제자들과 70문도(성도)들을 내보내실 때 하신 말씀 "어느 집에 들어가든지 거기에 머물라 너희를 적극적으로 거절하면 그곳을 떠나라"라고 하였으니 너희를 반대하지 않는 자들과는 협력하는 것이 좋다고 하면서 초교파 연합집회를 옹호하였다.

성경적 반증(反證): 마태복음 10:11에서 예수님은 말씀하시기를 "합당한 자가 누구인지 찾아내어 너희가 떠날 때까지 거기에 머물라"고 하셨다. 본 절에 **"합당한"**(아키오스, ἄξιος; worthy, fit; 가치 있는, 적합한) 자에는 자동적으로 그리스도께서 경고한 거짓 선지자들, 우상숭배자들, 술수 등은 제외된다. 합당한 자, 적합한 자는 참된 그리스도인들이다(계 3:4).

"찾아내라"(에제타사테, ἐζετάσατε)는 단어는 자세히 조사하라(scrutinze), 시험(조회)하라(examine), 조심히 살피라(inquire), 샅샅이 밝히라(search out)라는 명령형이다. 따라서 "합당한 자를 찾아내어"라는 말씀은

---

286) Robert O. Ferm, *Cooperative Evangelism; is Billy Graham Right or Wrong?*, 1958.

287) Gary G. Cohen, *Biblical Seperation Defended*, 1975.

합당한 자를 찾아내기 위하여 자세히 조사하고, 시험하고, 살피고, 밝혀야 한다는 뜻이다.

신복음주의자들이 반대하지 않는 사람들이면 누구나 같이 협동전도(초교파 연합 운동)을 해도 좋다는 주장은 비성경적이다. 배교와 불신앙에 대하여는 오히려 책망하여야 한다.

(2) 누가복음 9:49-50, "너희를 반대하지 않는 자는 너희를 위하는 자니라"에 근거하여 휨(Ferm) 박사는 주장하기를 "만일 예수가 자기를 반대하지 않는 자는 누구와도 협동하였다면 비록 그 전도 방법이 예수의 전도 방식과 정확하게는 맞지 않는다 할지라도 같이 전도할 수 있다"고 궤변하였다.[288]

성경적 반증(反證): 휨 박사는 누가복음 9:49, 50에 근거하여 자유주의자들은 주 예수 그리스도를 반대하지 않는다(Ibid. pp. 22, 38). 한 걸음 더 나아가서 "기독교 신앙에 대한 성경관을 알지 못한다"(p. 21)고 한다. 물론 그들은 성경을 잘 모른다. 그러나 정신적으로나 학적으로는 그렇지 않다. 그들은 성경의 그리스도를 부인하거나 또는 반대한다.

누가복음 11:23에 "누구든지 그리스도와 함께 하지 않는 자는 그리스도를 반대하는 자이다"라고 하였다. 자유주의 신 신학자들은 기독교의 근본 교리들을 부인하는 자들이므로 신학적 이단들이며, 십자가의 원수들이다. 그러므로 그들과의 협동전도, 연합 운동은 연합의 원리에 위배된다. 오히려 우리는 그들을 책망하므로 나머지 사람들로 하여금 영분별을 가지고 잘못된 이설에 넘어가지 않도록 지도하여야 한다.

(3) 예수께서 성전에 들어간 것을 근거로 휨(Ferm) 박사는 주장하기를 당시 성전에는 위선자들, 교리적으로도 잘못된 자들(사두개인들)을 위시하여 여러 형태의 사람들이 있었다. 그와 같이 전도자는 오류와 잘못이 있는 사람들이나 단체들과도 협동할 수 있다고 궤변한다.[289]

성경적 반증(反證): 예수님은 유년 시절 특히 12세 때에 예루살렘 성전

---

288) Ferm, Ibid. p. 38
289) Ibid., pp. 36-8

을 방문하였다(눅 2:41-50). 소년 예수님은 선생들(랍비들) 중에 앉아서 저희에게 듣기도 하고, 묻기도 하였는데 듣는 자가 다 그 지혜와 대답을 기이히 여겼다(눅 2:47). 그러나 휨 박사가 말하는 것은 예수님이 소년 시절에 성전에 들어간 것과는 상이하다.

마태복음 21:12-14; 마가복음 11:15-19; 누가복음 19:45-48에 의하면 예수님은 그의 공생애 초기에 예루살렘 성전(성전 뜰)에 들어가 돈 바꾸는 자들의 상들을 뒤집어 엎고 성전을 깨끗이 하였다.

로버트슨(A. T. Robertson)에 의하면 예수님은 성전에 6번 들어갔다고 한다. 예수님은 성전에 들어갈 때마다 잘못된 지도자들과 협동하지 않고 오히려 그들을 위선자들, 어리석은 자들, 소경들, 회칠한 무덤들, 독사의 자식들…이라고 엄히 책망하였다(마 23:13-26). 예수님은 사두개인들에게 "너희는 성경도 하나님의 능력도 알지 못하는도다"라고 책망하셨다(마 22:19). 예수님은 교리적으로 불건전하고 신앙적으로 타락한 자들과는 협력하지 않고 오히려 책망하였다.

(4) 누가복음 15:1, 2; 마태복음 9:12을 근거로 휨(Ferm) 박사는 주장하기를 예수님은 세리들과 죄인들의 친구라고 하면서 종교적 반대자들과 연락하고 대화하였다. 그와 같이 현대 전도자들(부흥사들)도 신앙적으로 맞지 않는 자들과도 협동전도를 할 수 있다고 궤변한다.

성경적 반증(反證): 예수님은 종교적 반대자들과 사귀거나 교제하거나 하나님의 일을 같이 한 일이 없다. 오히려 종교적 반대자들(바리새인들, 서기관들, 사두개인들, 백성의 장로들)을 책망하였다(막 12:14; 23:15; 21:31).

세리들, 창기들, 죄인들은 종교계의 지도자들이 아니다. 예수님은 죄인들을 불쌍히 여겼으나 그들의 죄를 묵인하지는 않았다. 예수님은 죄를 회개하지 않은 상태에 있는 죄인들과는 교제하지 않았다. 회개하지 않은 죄인들과 사귀고 그들의 친구가 된다면 그것은 곧 죄를 용납하고 그들의 죄된 생활에 동참하는 것이 아닌가?

(5) 휨(Ferm) 박사는 "대도시 집회의 경우 어떤 교회들은 합당하여 지역전도 위원회에, 어떤 교회들은 합당치 못하여 지역전도위원회에서 배제하기

란 불가능하게 보인다"라고 하면서 초교파 전도집회를 정당화한다.290)

성경적 반증(反證): 그들은 "비판을 받지 아니하려거든 비판하지 말라"(마 7:1)는 말씀을 오용한다. "비판하지 말라"는 주님의 명령은 잔인한 마음으로 어떤 사람의 인격이나 사건을 경솔하고 성급하게 분별없이 비판적인 불공정한 판단을 하지 말라는 말씀이다. 이런 의미에서 로마서 2:1, "남을 판단하는 사람아! 무론 누구든지 네가 핑계치 못할 것은 남을 판단하는 것으로 네가 너를 정죄함이니 판단하는 네가 같은 일을 행함이니라"라고 하였다(눅 6:37; 요 7:24 참조).

주님께서 "비판하지 말라"(메 크리네테, μὴ κρίνετε; judge not; 판단하지 말라)는 말씀은 옳고 그릇됨을, 진리와 비진리를, 빛과 어두움을, 그리스도와 벨리알을 분리하지 말라는 뜻이 아니다. 주님은 "거짓 선지자들을 주의하라"고 경고하셨으며(마 7:15), 사도 바울은 디도에게 "이단에 속한 사람은 한두 번 권면한 후에 멀리하라"(딛 3:10)고 하셨으며, 고린도 교회 성도들에게 "외인들을 판단하는 데 내게 무슨 상관이 있으리오만은 너희 가운데 있는 사람들은 너희가 판단하지 아니하겠는가"(고전 5:12)라고 명령도 하고 반문도 하였다. 이 같은 일들은 기독신자들의 고귀한 일이 아닌가? 그러나 신복음주의자들과 자유주의자들은 비판하지 말라는 하나님의 말씀을 완전히 왜곡하여 자신들의 비성경적 협동전도를 미화시켜 합리화한다.

(6) 휨(Ferm) 박사는 "성경은 단순한 부정적인 분리(separation)보다는 친교(fellowship)를 더 강조하였다. 협동의 문이 봉쇄되지 않는 한 협동을 모색하는 것이 낫다. 그러므로 선교사나 전도자는 협동정책을 시행하는 것이 위험성이 없다"고 하였다.291)

성경적 반증(反證): 성도의 교제는 매우 중요하며, 나도 분리보다는 연합을 더욱 소원한다. 그렇지만 신앙적 교제는 하나님의 말씀의 빛 가운데서 이루어져야 한다(시 119:105; 요일 1:7). 그런데 어떻게 신복음주의자들은 빛 가운데로 행치 않고 어두움 가운데 행하는 자유주의자들, 세속적 연합운동자들, 신오순절자들과 분리하지 않고 오히려 우호관계를 맺으며 그들과

---

290) Ibid., p. 19
291) Ibid., p. 35

같이 연합사업을 할 수 있단 말인가? 신복음주의자들은 타협의 자세를 버리고 성별하여야 하며 단번에 주신 믿음의 도리를 위하여 힘써 싸워야 한다(유 3절). 성경은 우리에게 분쟁을 일삼는 자들을 표시하고 그들과는 상관하지 말라(롬 16:17), 다른 교훈(이단)을 가지고 나아오는 자는 그 누구도 받아들이지 말라(요이 10, 11). 다른 복음을 전하는 자는 저주를 받을지어다(갈 1:8, 9). 그런 자들과는 멍에를 같이 매지 말고 성별하라(고후 6:14-7:1).

(7) 전도자의 사명은 복음을 전파하는 것이요, 오류를 취급하는 방법은 거의 무시된다고 하면서 전도의 방법은 중요시하지 않는다.[292]

성경적 반증(反證): 목적이 선하면 방법도 선하여야 한다. 주님은 오류들을 무관심하거나 소홀히 하지 않으셨다. 주님은 베드로를 책망하셨고(요 13:38), "너희는 들었으나 나는 너희에게 이르노니"(Ye have heard but I say unto you)라고 하시면서 잘못된 개념들을 바로 잡아주셨다(마 5:22, 27-28, 31-32, 33-34, 38-39, 43-44). 마태복음 23장에서는 바리새인들과 사두개인들의 잘못들을 얼마나 심하게 책망하셨는가? 주님은 또 돈 바꾸는 자들의 잘못을 보시고 두 번이나 성전을 깨끗이 하였다(요 2:13-17; 마 21:12-13).

(8) **"후원"**(sponsorship)은 예수님과 사도들에게는 관심이 적거나 또는 무관심하였다. 그러므로 전도자들은 복음을 전하는 본질적 사명으로부터 주님도 무관심하였던 후원의 관심을 가짐으로써 다른 곳으로 돌리지 말아야 한다"고 하였다.[293]

성경적 반증(反證): 주님과 사도들은 후원자들이나 그들의 후원금도 매우 큰 관심을 일으켰다. 만일 그렇지 않으면 주님과 그의 제자들은 아마도 산헤드린 공의회의 지원도 받았을 것이다. 하나님의 일에 사용되는 후원금은 누구에게 받아도 상관이 없다는 사고 방식은 잘못되었다. 악하게 번 돈을 하나님의 선한 일에 사용하는 것이 정당한가?

---

292) Ibid., p. 39-40
293) Ibid., p. 31

찰스 우드부리지(Charles Woodbridge)는 목사 · 교회 역사가 그리고 풀러 신학교의 초기 교수이었다. 사실상 오켄가가 신복음주의에 대하여 정의를 내리고, 카넬(E. J. Carnell)이 새로운 신복음주의 방향으로의 전환을 보이면서 교장으로 취임하였을 때 우드부리지 박사는 신복음주의 노선에 항의하여 교수직을 사퇴하였으며 그 이후로 그는 계속 신복음주의의 신학적 입장을 반대하는 선한 싸움을 싸워왔다.

그는 신복음주의를 "신학적 그리고 도덕적 타협"(theological and moral compromise)이라고 불렀다. 그는 또한 "신복음주의는 오류의 관용을 옹호하며, 오류에 편의를 제공하며, 오류와 협동하며, 오류로 말미암아 오염되며, 오류에 완전 항복으로의 내려가는 길을 따른다"라고 하였다.294)

박형룡 박사님은 신복음주의자들은 잘못 아는 형제들이거나 열렬하지 않은 이단들일 것이라고 언급한 후에, 다음과 같이 결론을 맺는다. 금일에 "신복음주의란 것은 그 신학의 창시자 오켄가와 신봉자들의 자칭하는 허울 좋은 이름이지만 실로는 '신자유주의' 내지 '신이단' 운동이다…. 개혁주의 정통신앙을 지키기에 천신만고를 무릅쓴 대한예수교장로회는 결코 이 '신자유주의' 내지 '신이단'에게 자리를 내어줄 수 없다. 우리 교회의 모든 지도자들과 신도들은 우리의 신앙의 조상들이 눈물과 피로 지키고 전하여 준 바른 신앙의 노선을 버리고 이 새로이 일어난 '신이단'의 노선에 한 걸음이라도 따라서는 안된다".295)

V. 신복음주의의 대표적 단체들

(Repersentative Groups of Neo-Evangelicalism)

1. 미국복음주의협회

(NAE: National Association of Evangelicals)

복음주의협회는 1942년 4월 7-9일 미조리 주 세인트 루이스(St. Louis)

---

294) Charles J. Woodbridge, *The New Evangelicalism*, p. 15.
295) 박형룡, 『*신복음주의 비평*』, 보수신학서적간행, 1971, p. 47.

에 있는 코로나도 호텔에서 147명의 복음주의 지도자들이 모여 결성한 단체이다. 그 다음 해에는 50개 교단 1000명 이상의 대표들이 시카고에서 모였다. 복음주의협회는 20세기 자유주의 교회들의 연합체인 연방교회협의회(FCC: Federal Council of Churches; 미국교회협의회<NCCC>의 전신)를 반대하며 동시에 근본주의자들의 노선과 운동에 반대하는 사람들이 근본주의에서 이탈하여 중립노선을 취하여 조직한 단체이다.

복음주의협회가 조직되기 전 미국기독교교회협의회(ACCC: American Council of Christian Churches)가 칼 맥킨타이어 박사(Dr. Carl McIntire)를 중심으로 1941년 조직되었다. 이 단체에는 성경 장로교, 복음주의 감리교, 근본주의 성경 교회, 근본주의 감리교, 정규 침례교 그리고 수많은 독립 교회들이 가입되어 있다. 이 단체의 회원은 약 200만 정도이다. 이 단체는 기독교의 근본교리들을 그대로 믿으며 교리와 생활에서 교회의 순수성을 강조하며 미국교회협의회, 세계교회협의회, 미국복음주의협회(NCCC, WCC, NAE) 등을 반대하여 전투적 입장을 취한다. 이런 단체가 조직되었음에도 불구하고 복음주의자들이라고 자칭하는 사람들이 ACCC에 가입하지 않고 따로 NAE라는 단체를 조직한 것은 NCCC나 WCC에 대하여 전투적 입장을 취하기를 거부하였기 때문이다. NAE의 출현은 근본주의로부터의 변질과 이탈을 가져온 청신호이었다. NAE의 초대 회장은 해롤드 오켄가(Harold J. Okenga)이며 현재 44개 교단 50,000교회 약 500만 신도가 있다.

주소: NAE-Washington, 701 G. St. SW. Washington D. C. 20024
TEL.(202)789-1011, FAX(202) 842-0392
기관지: United Evangelical Action. P.O. BOX. 28. Wheaton, Il. 60189. TEL. (312)665-0500

배교와 불신앙에 대하여 전투적 입장을 취하지 않는 온건파 보수주의자들의 "새로운 포용적 정책은 올바른 성경대학 운동·사경회 운동·기독방송 그리고 선교 운동을 잠식해 버렸으며, 전국의 모든 유력한 성경적 협동 전도와 참된 부흥의 노력을 말살하고 신앙적 고백이 일치하지 않는 교회들과의 비성경적 연합 운동으로 대치하였다.

(1) **미국복음주의협회(NAE)는 이중회원권을 허용한다.** NAE는 초창기부터 연방교회협의회(FCC: Federal Council of Churches, 현재 미국교회협의회 NCCC의 전신)의 회원으로 머물러 있으면서 동시에 NAE에 가입하는 것을 허용하였다. 미국 개혁교회(R. C. A)는 NAE의 회원이며, 동시에 세계교회협의회(WCC)의 회원이다. 따라서 그 교회들은 배교와 불신앙에 전투적 입장을 취하지 아니하고 오히려 그들과 타협하게 되며 그들의 불신앙에 점점 감염되어 갔다.

(2) **미국복음주의협회(NAE) 안에는 신오순절 교회들도 상당수가 들어 있다.** 신오순절 교회들은 자칭 옛날 초대교회들에서 일어났던 성령의 역사가 이 시대 자신들의 교회들 안에서도 다시 일어난다고 주장하면서 자신들을 오순절 교회라고 자칭한다. 그들은 현대 방언, 신유 그리고 계시의 계속성들을 주장한다. 현대 방언이란 다른 사람들이 전혀 이해할 수 없는 두서너 마디의 무의미한 단어들을 계속 반복하는 언어 아닌 언어이며, 신유란 사도들이 병 고치는 은사를 받아 불치의 병도 고친 것처럼 지금도 신유의 은사를 받아 병을 고친다는 것이며, 계시의 계속성이란 신구약 성경의 완전성과 최종성을 부인 또는 약화시키며 꿈·환상·음성 등을 통하여 하나님의 계시가 계속 임한다는 주장이다.

(3) **미국복음주의협회(NAE)는 중립주의를 선택한다.** NAE 안에는 자유주의 교단들의 불신앙에 대하여도, 신오순절 교회들의 은사 운동에 대하여도 찬동이나 반대의 분명한 태도를 취하지 않고 양편을 다 허용하므로 중립주의 입장을 취한다. 그러나 분명히 인식할 것은 진리와 비진리, 빛과 어두움, 그리스도와 적그리스도 사이에는 중립이란 있을 수 없다는 사실이다. 우리 주님은 예면 "예" 아니면 "아니요"라고 분명한 태도를 취할 것을 촉구하셨다. 기독교인들에게 있어서 중립이란 있을 수 없다. 그러나 불행하게도 오늘날에는 중립주의·타협주의가 기세를 떨친다.

2. 미국복음주의협회(NAE) 회원 교단들(Member Churches)

(2007년 현재)

(1) 강림기독교회(Advent Christian Church)

(2) 하나님의성회(Assemblies of God)

(3) 포도원교회(Association of vineyard Churches)

(4) 침례교(Baptist General Conference)

(5) 형제교회(오하이오 주 애쉴랜드)(Brethren Church, Ashland, Ohio)

(6) 그리스도형제교회(Brethren in Christ Church)

(7) 그리스도공동체교회(Christ Community Church)

(8) 북미기독교회(Christian Church of North America)

(9) 기독교선교연맹(Christian and Missionary Alliance)

(10) 북미기독교개혁교회(Christian Reformed Church of North America)

(11) 크리스천연맹(Christian Union)

(12) 하나님의교회(Church of God, Cleveland, Tenn.)

(13) 하나님의성회(Church of God, Mountain Assembly)

(14) 나사렛교회(Church of the Nazarene)

(15) 그리스도연합형제교회(United Brethren in Christ Church)

(16) 회중성결교(Congregational Holiness Church)

(17) 크리스천연합기독교(Churches of Christ in Christian Union)

(18) 미국보수침례교(Conservative Baptist Association of America)

(19) 보수회중기독협의회(Conservative Congregational Christian Conference)

(20) 보수루터교협회(Conservative Lutheran Association)

(21) 엘림우호(Elim Fellowship)

(22) 북미복음주의교회(Evangelical Church of North America)

(23) 복음주의회중교회(Evangelical Congregational Church)

(24) 미국복음주의자유교회(Evangelical Free Church of America)

(25) 복음주의형제연맹(Evangelical Friends IntL-North America)

(26) 복음주의감리교(Evangelical Methodist Church)

(27) 복음주의장로교(Evangelical Presbyterian Church)

(28) 복음주의선교우호(Evangelical Missionary Fellowship)

(29) 복음주의성경교회의우호(Fellowship of Evangelical Bible Churches)

(30) 미국하나님의불세례성결교(Fire-Baptized Holiness Church of God of the
   Americas)

(31) 북미자유감리교(Free Methodist Church of North America)

(32) 침례교협회(General Association of General Baptists)

(33) 순복음오순절협회(Full Gospel Pentecostal Assn.)

(34) 훠스퀘어복음국제교회(International Church of the Foursquare Gospel)

(35) 기독교국제오순절교회(International Pentecostal Church of Christ)

(36) 국제오순절성결교회(International Pentecostal Holiness Church)

(37) 메노나잇형제교회(미국)(Mennonite Brethren Churches, USA)

(38) 선교교회(Missionary Church, Inc.)

(39) 열린성경표준교회(Open Bible Standard Churches)

(40) 하나님의오순절교회(Pentecostal Church of God)

(41) 오순절자유침례교(Pentecostal Free Will Baptist Church)

(42) 미국장로교(PCA)(Presbyterian Church in America)

(43) 원시감리교(USA)(Primitive Methodist Church, USA)

(44) 개혁성공회(Reformed Episcopal Church)

(45) 북미개혁장로교(Reformed Presbyterian Church of North America)

(46) 미국개혁교(Reformed Church in America)

(47) 구세군(Salvation Army)

(48) 전세계하나님의교회(Worldwide Church of God)

(49) 웨슬레안교회(Wesleyan Church)

3. 세계복음주의협회(World Evangelical Fellowship)

세계복음주의협회는 1951년 화란에서 전세계 신복음주의자들에 의하여
조직되었다. 이 단체에는 50개국 이상의 신복음주의 교회협의회가 가입되
어 있다.

국제 본부: 1 Sophia Rd. 07-09 Peace Center, Singapole, 0922.

유럽 사무소: Dreve de Nivelles, 53, B-1150 Bruxelles, Belgium, TEL. 2-771-14-37.

북미 사무소: P.O. BOX. WEF. Wheaton, Il. 60189 USA. TEL.(312) 668-0440

세계복음주의협회는 여러 나라의 회원 교단들의 지도자들로서 이사회가
구성되었다.

각국의 복음주의협회들:

(1) 앙골라복음주의협회(Association of Evangelicals of Angola)

(2) 알젠틴기독교연맹(Argentine Alliance of Christian Churches)

(3) 오스트레일리아복음주의연맹(Australian Evangelical Alliance)

(4) 방글라데시전국기독교협회(National Christian Fellowship of Bangladesh)

(5) 보즈와나복음주의협회(Evangelical Fellowship of Botswana)

(6) 벌키나화소복음주의교회선교연맹(Federation of Evangelical Churches and Missions in Burkina Faso)

(7) 버마복음주의협회(Burma Evangelical Christian Fellowship)

(8) 캐나다복음주의협회(Evangelical Fellowship of Canada)

(9) 중앙아프리카복음주의교회협회(Association of Central African Evangelical Churches)

(10) 중국복음주의협회(대만)(China Evangelical Fellowship <Taiwan>)

(11) 덴마크복음주의연맹(Evangelical Alliance of Denmark)

(12) 화란복음주의연맹(Dutch Evangelical Alliance)

(13) 이집트복음주의연맹(Fellowship of Evangelicals in Egypt)

(14) 불란서복음주의연맹(French Evangelical Alliance)

(15) 독일복음주의연맹(German Evangelical Alliance)

(16) 독일민주공화국복음주의연맹(Evangelical Alliance in the German Democratic Republic)

(17) 가나복음주의협회(National Association of Evangelicals of Ghana)

(18) 영국복음주의연맹(Evangelical Alliance of Great Britain)

(19) 과테말라복음주의연맹(Evangelical Alliance of Guatemala)

(20) 기니아복음주의개신교(Evangelical Protestant Church of Guinea)

(21) 구야나복음주의협회(Guyana Evangelical Fellowship)

(22) 하이티복음주의교회협회(Council of Evangelical Churches of Haiti)

(23) 팬헬레닉복음주의연맹(Pan-Hellenic Evangelical Alliance)

(24) 인도복음주의협회(Evangelical Fellowship of India)

(25) 인도네시아복음주의협회(Indonesia Evangelical Fellowship)

(26) 아이보리코스트복음주의연맹(Evangelical Federation of the Ivory Coast)

(27) 자메이카복음주의협회(Jamaica Association of Evangelicals)

(28) 일본복음주의협회(Japan Evangelical Association)

(29) 케냐복음주의협회(Evangelical Fellowship of Kenya)

(30) 리베리아복음주의협회(Liberia Evangelical Fellowship)

(31) 마라위복음주의협회(Evangelical Fellowship of Malawi)

(32) 말레시아복음주의기독교협회(National Evangelical ChristianFellowship,

Malaysia)

(33) 말리복음주의개신교협회(Association of Evangelical Protestants of Mali)

(34) 네팔크리스천협회(Nepal Christian Fellowship)

(35) 뉴질랜드복음주의협회(Evangelical Fellowship of New Zealand)

(36) 나이제리아복음주의협회(Nigeria Evangelical Fellowship)

(37) 파키스탄복음주의협회(Evangelical Fellowship of Pakistan)

(38) 필리핀복음주의교회협회(Philippine Council of Evangelical Churches)

(39) 포르투칼복음주의연맹(Portugese Evangelical Alliance)

(40) 세네갈복음주의협회(Evangelical Fraternity of Senegal)

(41) 싱가폴복음주의협회(Evangelical Fellowship of Singapore)

(42) 시에라레온복음주의협회(Evangelical Fellowship, Sierra Leone)

(43) 남아프리카복음주의협회(Evangelical Fellowship of South Africa)

(44) 남태평양복음주의협회(Evangelical Alliance of the South Pacific Islands)

(45) 스페인복음주의연맹(Spanish Evangelical Alliance)

(46) 스리랑카복음주의연맹(Evangelical Alliance of Sri Lanka)

(47) 스와질랜드교회협회(Swaziland Conference of Churches)

(48) 스위스복음주의연맹(Swiss Evangelical Alliance)

(49) 태국복음주의협회(Evangelical Fellowship of Thailand)

(50) 토마고복음주의교회협회(Trinidad and Tobago Council of Evangelical Churches)

(51) 미국복음주의교회협회(NAE)(National Association of Evangelicals, USA)

(52) 월남복음주의협회(Evangelical Fellowship of Vietnam)

(53) 잠비아복음주의협회(Evangelical Fellowship of Zambia)

(54) 짐바웨복음주의협회(Evangelical Fellowship of Zimbabwe)

기관지 "세계가정보고"(World Family Report), 한 달에 2번 P.O. BOX. WEF. wheaton, Ill. 60189.

복음주의 신학 리뷰(Evangelical Review of Theology), 3개월에 한 번 P.O. BOX. 1943, Birmingham, Al. 35201.

4. 대학생 선교회

(CCC: Campus Crusade for Christ Inter-national)

창설자 및 총재: 윌리암 **브라잇**(Bright, William R. 1921-2000)

2001년 여름부터는 스테반 더글러스(Stephen Douuglas)가 총재직을 계승했다.

빌 브라잇은 미국 오클라호마 주의 카웨타(Coweta)라는 한 작은 마을에서 출생하였다. 오클라호마 노스이스턴 주립 대학(Northeastern State Univ. OK.<B. A. 1943>)을 졸업하고, 그는 사업 성공을 위하여 로스엔젤레스로 이사하여 브라잇 캘리포니아 제과 회사(Bright's California Confections)를 설립하고 물품을 백화점과 연쇄점들에 판매하였다. 로스엔젤레스에서는 할리우드 제일 장로교회(Holywood First Presby. Ch.)에 출석하였으며 그 교회 교육부장 헨레타 미어스(Henretta Mears)의 영향을 크게 받았다. 그는 1945년 예수 그리스도께 자신을 헌신하기로 작정하고 동부 뉴저지 주 프린스톤 시에 있는 프린스톤신학교(Princeton Theo. Sem.)에 입학하여 신학을 공부하다가 사업 때문에 로스엔젤레스로 다시 돌아갔다. 1947년 캘리포니아 주 파사디나에서 조지 풀러와 오켄가가 중심이 되어 시작한 풀러 신학교(Fuller Theo. Sem.)에 첫 학급생으로 입학하였으나 졸업하지 못하고 1951년 신학교를 또 떠났다.

그 후 몇 개월 후에 브라잇 씨는 학생들을 그리스도께로 인도하고자 하는 소명이 있어서 제과회사를 팔고 로스엔젤레스에 있는 캘리포니아 주립 대학(UCLA) 캠퍼스에서 1951년 대학생 선교회를 조직하였다. 몇 개월 이내에 250명의 대학생들이 그리스도께 헌신하는 역사가 일어났고 곧이어 서부 지역 대학생들에게 확산되기 시작하였다. 지금은 약 190나라에 대학생 선교회가 조직되었고 약 27.000명의 간사(staff)와 약 226,000명 이상의 자원봉사자들이 활동을 하고 있다.[296]

대학생선교회 본부: Campus Crusade for Christ International, 100 Lake Hant Dr., Orlando, FL. 32832 TEL.(407)826-2000 FAX(407)826-2120

기관지: Worldwide Challenge 격주 발행

5. 한국대학생선교회

(Korea Campus Crusade for Christ)

---

296) *N. C. C. in U. S. A., YearBook* 2007, p. 26

우리나라에는 김준곤 박사가 1958년 한국대학생선교회를 조직하고 지금은 박성민 목사가 한국 CCC 대표로 있다.

주소: 한국대학생선교회 서울시 종로구 부암동 36-1. ph. 395-0631

(1) 직제 및 활동

① **전임 간사:** 각 대학교, 직장, 단체 등에서 일반 교회같이 사역하며 약 500여명의 전임 강사가 있다. 사례금을 받지 않고 자신이 모금하여 사용한다.

② **협동 간사:** 자기 직업을 가지고 있으면서 사역하는 간사로서 약 100명의 협동 간사가 있다.

③ **사무 간사:** 본부 사무실에서 사무직에 근무하는 약 25명의 사무 간사가 있다. 간사가 되려면 종로구 부암동에 있는 새생활 훈련 센터(MLTC: New Life Training Center)에서 6개월 코스 훈련을 받아야 한다. 서울의 모든 대학 및 지방 36개 대학에 전임 간사가 파송되어 CCC 활동을 하고 있다.

(2) 전도 책자

① **4영리**(四靈理)에 대하여 들어보셨습니까?(Have you heard of the Four Spiritual Laws?)

제1원리: 하나님은 당신을 사랑하시며 당신을 위한 놀라운 계획을 가지고 계십니다(요 3:16; 10:10).

제2원리: 사람은 죄에 빠져 하나님을 떠났음(롬 3:23; 6:23).

제3원리: 예수 그리스도만이 사람의 죄를 해결할 수 있는 유일한 길이다(요 14:6; 롬 5:8; 고전 15:3-6).

제4원리: 예수 그리스도를 영접하라(요 1:12; 엡 2:8, 9).

하나님의 말씀을 전하는 가까운 교회로 출석하라.

② **나는 발견하였다.** 빌 브라잇과 대학생 선교회의 이야기(I found it! The story of Bill Bright and Campus Crusade)

(3) **교재들:** ① 비디오(Video TV) 누가복음에 기록된 예수의 일대기

② 10단계 성경교재

③ 제자화 시리즈 1, 2, 3, 4권

(4) 제자화 훈련: 순 모임 체제로 이루어진다. 순 모임이란 소그룹을 가리킨다. 그리고 순 모임마다 순장이 있다. 순 모임에는 기초 순 모임, 제자화 순 모임, 지도자 순 모임, 승법 순 모임이 있다.

대학생 선교회는 중요한 문제들을 안고 있다.

① "대학생 선교회"라는 명칭으로 대학·직장·단체 등에서 일반 교회와 같은 사역을 한다. 오히려 교회라는 간판을 내걸고 목회하는 것이 바람직하다. 교회란 그리스도의 이름으로 모여 하나님께 예배드리는 기독 신자들의 모임이기 때문이다.

② 대학생 선교회는 교리적 신앙적 분명한 입장을 취하지 않는다. 그들이 사용하는 교재들은 전도와 초보신자들을 위한 기초적 내용들뿐이므로 성도들의 균형 있는 신앙적 성장을 위하여는 충분하지 못하다.

③ 새신자들에게 "하나님의 말씀을 전하는 가까운 교회로 출석하라"고 권면한다. 그와 같은 발언은 하나님의 어린 자녀들에 대한 무책임한 말이다. 하나님의 말씀을 전하지 않는 교회들도 있는가? 기독교내의 자유주의자들도, 신오순절주의자들도, 신복음주의자들도, 심지어는 이단들도 모두 하나님의 말씀을 전한다. 그러나 문제는 하나님의 말씀을 어떻게 믿고, 해석하고, 전하는가가 매우 중요하다. 그 이유는 하나님의 말씀을 어떻게 전하는가에 따라서 말씀을 받는 신자들의 신앙상태가 달라지기 때문이다.

VI. 신복음주의의 대표적 신학교들
(Theological Schools of Neo-Evangelicalism)

1. 훌러신학교(Fuller Theological Seminary)

주소: 135 N. Oakland Ave. Pasadena, Ca. 91182. TEL. (626) 584-5200, FAX. (626) 795-8767, Web site : www.fuller.edu)

창설자: **찰스 훌러**(Charles E. Fuller, 1887-1968) 라디오 방송 설교자, 훌러 신학교 설립자.

훌러는 1910년 포모나 대학(Pomona College)을 졸업한 후 회심시까지 남가주의 오렌지 농장에서 일하였다. 회심 후에 3년 동안 로스앤젤레스 성경학원(Bible Institute of Los Angeles)에서 공부하였는데 그곳에서 부흥사 토레이(R. A. Torrey)의 영향을 많이 받았다. 훌러 목사는 1925-1932년까지 캘리포니아 주 풀러센티아(Plecentia)에 있는 갈보리 교회 목사로 시무하였다. 그는 또한 "순례자의 시간"(The Pilgrim Hour)과 "마음과 마음의 대화"(Heart to Heart Talks)라는 두 라디오 프로그램을 진행하였으며 그 후 "옛 부흥 시간"(Old Fashioned Revival Hour)이라는 방송 설교를 30년 이상 방송하였다. "옛 부흥 시간" 방송은 남 캘리포니아 롱 비취(Long Beach, CA.)에 있는 대강당(Municipal Auditorium)에서 시작하였는데 매주 수천 명의 여행자들이 그가 인도하는 예배에 참석하였으며, 특히 롱 비취 해군기지에 주둔하고 있는 해군 병사들이 많이 회심하였다.

훌러 신학교는 신복음주의 신학교이므로 신오순절주의의 현대 방언이나 은사 운동, 자유주의자들의 세속적 연합 운동 등을 받아들인다. 1986년 훌러 신학교 교정에는 200만 불이 소요된 **"데이빗 듀 플레시스 기독교 영성 센터"**(The David du Plessis Center for Christian Spirituality)를 세웠다. 이는 마치 윗튼 대학 교정 내에 빌리 그래함 센터(Billy Graham Center)를 세운 것과 같다. 플레시스는 하나님의 성회(순복음 하나님의 성회)의 시조이요, 현대 방언과 신유의 은사 운동의 지도자이다. 그는 로마 천주교와도 자유주의 연합체인 세계교회협의회와도 경계선 없이 교류한다. 1982년 훌러 신학교에는 "표적들, 기사들 그리고 교회 성장"(Signs, Wonders and Church Growth) 과목이 추가되고 **피터 와그너**(Wagner)와 은사주의 목사 **존 윔버**(Wimber)가 가르쳤다. 윔버는 현대 방언과 신유의 은사를 통하여 교회성장을 가져온다고 가르치며 이 특별과목에는 가장 많은 학생들이 수강을 신청한다.297)

훌러 신학교는 훌러 목사의 이름을 따서 훌러 신학교라 명칭하였다. 초

---

297) Foundation, vol. IV. 3, 1983

대교장에 해롤드 오켄가, 2대 교장에 에드워드 카넬(1954-1959), 3대 교장에 데이비드 허바드 그리고 1993년 11월 8일 리차드 마우(Richard J. Mouw) 박사가 취임하였다. 현재 훌러 신학교는 신학대학원, 심리학대학원, 선교대학원 등이 있으며 석사학위(M. A.)부터 박사학위(Ph. D.)까지 있다. 훌러신학교는 서울의 아세아연합신학원과 자매결연을 맺고 있으며, 한국에서도 보수 자유 양 진영을 포함하여 상당수의 사람들이 아세아 연합신학을 거쳐 훌러신학교를 나오고 있다. 따라서 한국의 아세아 신학원이나 미국의 훌러 신학교는 다 신복음주의 신학교들로서 신복음주의자들을 배출하고 있다.

2. 신복음주의 신학교들

조지 달라(George W. Dollar) 박사의 저서 『미국 근본주의 역사』(*A History of Fundamentalism in America*, pp. 284-5)와 존 애쉬브룩(John E. Ashbrook) 박사의 저서 『신중립주의』(*New Neutralism*, ch. XII) 그리고 저자가 직접 조사한 바에 의하면 훌러 신학교 이외에도 신복음주의의 대표적 신학교들은 다음과 같다.

(1) 애스베리신학교(Asbury Theo. Sem.) 204 N. Wilmore, Ky. 40390 -1199. TEL. (859)858-3581. web site : www.asbury seminary. edu

(2) 칼빈신학교(Calvin Theo. Sem.) 3233 Burton St. SE, Grand Rapid, M1. 49546. TEL. (616)957-6036 FAX(616)957-8621. web site: www.calvin seminary.edu

(3) 보수침례신학교(Conservative Baptist Seminary) Denver, Co. 80210. TEL. (303)761-2482

(4) 동부메노나잇대학(Eastern Mennonite College) Harrisonburg, Va. 22801. TEL. (703)433-2771

(5) 골든-콘웰신학교(Gordon-Conwell Theo. Sem.) 130 Essex st., South Hamilton, Ma. 01982. TEL. (978)468-7111 FAX(978)468-6691 web site : www.gordonconwell. edu

(6) 킹스대학(King's College) Wilkes-Barre, Pa. 18711. TEL. (717)826-5900

(7) 나약대학(Nyack College) Nyack, N. Y. 10960. Ph. (914)358-1710

(8) 오랄로버트대학교(Oral Roberts Univ.) 7777 South Lewis Ave., Tulsa, OK. 74171. TEL. (918)495-7016 FAX(918)495-6259. web site:www.oru.edu

(9) 시애틀패시픽대학(Seattle Pacific Univ.) Seattle, Wa. 98119. TEL. (206) 281-2000 free methodist group

(10) 사우스웨스턴침례교신학교(Southwestern Baptist Seminary) P. O. BOX. 22000, Forth Worth, TX. 76122. TEL. (817)923-1921 FAX(817)923-0610. web site: www.swbts.edu

(11) 트리니티복음주의신학교(Trinity Evangelical Seminary) 2065 Half Day Rd., Deerfield, Il. 60015. ph.(847)945-8800, FAX. (847) 317-8141. web site: www.tiu.edu

3. 배교와 불신앙에 대하여 전투적 입장을 취하지 않는 대표적 신학교들

(1) 달라스신학교(Dallas Theo. Sem.) 3909 Swiss Ave., Dallas, TX. 75204 . TEL. (214)824-3094 FAX(214)841-3625 web site: www.dts.edu

(2) 무디성경학교(Moody Bible Institutes) 820 N. La Salle Dr., Chicago, Ill. 60610. TEL. (312)329-4000 FAX(312)329-4109 web site: www.moody.edu

(3) 바이올라대학(Bible College, 13800 Biola Ave. La Miranda, Ca. 90639. TEL.(562)903-4816. FAX.(562)903-4759. web site: www.talbot.edu

(4) 갈보리성경대학(Calvary Bible College) 15800 Calvary Rd. Kansas City, Mo. 64147. TEL.(816)326-3960 FAX(816)331-4474

(5) 그레이스신학교(Grace Theo. Sem.) 200 Seminary Dr. Winona Lake, IN. 46590. TEL.(574)372-5100 FAX.(574)372-5265 web site: www.grace.edu

(6) 그랜드래피드침례교신학교(Grand Rapid Theological Seminary). Grand Rapids, M1. 49525. TEL.(616)222-1422 FAX.(616)222-1502 web site: www.grtcornerstone. edu

(7) 필라델피아성경대학교(Philadelphia Biblical University). 200 Manor Ave., Langhorne, Pa. 19047. TEL.(215)752-5800 FAX.(215)702-4341 web site: www.pbu.edu

(8) 탈봇신학교(Talbot Seminary). 13800 Bible Ave., La Miranda, Ca. 90639. TEL.(502)903-4816. FAX.(562)903-4759 web site: www.talbot.edu

(9) 워싱톤성경대학(Washington Bible College). 6511 Princess Garden Pkwy., Lanham, MD. 20706. TEL. (301)552-1400

(10) 웨스턴보수침례신학교(Western Theological Seminary). 5511 S. E. Howhorne Blvd. Portland, OR. 97215. TEL. (503)517-1800 FAX.(503) 517-1801 web site: www.westernseminary.edu

(11) 웨스트민스터신학교(Westminster Theo. Sem.). Chestnut Hill, Philadel- phia, Pa. 19118. TEL (215)887-5511 FAX(215)887-5404

등등이다.

이외에도 복음주의 신학교들이라고 자처하는 신학교들 다루는 신복음주의 신학교들이다.

제 18 장

여성 안수, 성경적인가?
(Women's Ordination, Biblical?)

여성 안수 문제는 여성 해방, 여권 운동이 강하게 기독교회들 안으로 들어오면서부터 교회 내에서 일어나는 큰 문제들 중 하나이다. 여성 안수(여자 목사, 여자 장로) 제도는 성경적인가 아닌가 하는 문제는 과거 약 40-50년 간 많은 교회들이 계속적으로 논쟁을 벌이고 있는 큰 쟁점들 중에 하나이다.

그러므로 여자 목사 제도가 성경적인가 아닌가 하는 문제는 새로운 질문이 아니다. 기독교 내의 자유주의 교회들과 일부 신오순절주의(신비주의) 교회들은 여성들에게 목사 및 장로 안수를 권장, 시행하여 오고 있다. 반면에 역사적 기독교 신앙을 수호하는 보수 근본주의 교회들과 잡다한 군소교단들은 교파를 막론하고 여성 안수를 반대하는 입장을 고수하여 오고 있다. 기독교 역사상 교회들은 과거에 직면한 일이 없었던, 그리고 상상도 할 수 없었던 문제들에 직면하여 일부 교회들은 그 문제들을 해결하기 위한 새로운 방안들을 모색하고 있으며, 다수의 교회들은 이 엄청난 도전에 우왕좌왕하고 있으면서도 점차적으로 여성안수를 허용하는 실정이다.

여성 안수가 성경적이면 가르치고 권면하고 시행토록 하여야 하며 반면에 여성 안수가 성경적이 아니라면 성경적이 아니라고 가르치고 권면하고 여성 안수를 용납하지 않아야 한다. 우리 주 예수 그리스도께서 피흘려 사신 교회들(행20:28)을 목양하는 영적 지도자로서의 목사와 장로는 여하한 신앙 문제, 교리 문제, 윤리 도덕 문제, 진리 문제, 사상 이념 문제 등에 직면할 때마다 하나님과 그의 의를 위하여 그리고 그의 나라를 위하여 예면 예 아니면 아니요(yes or no)라고 분명한 입장을 취하여야 한다. 그리고 분명한 나팔을 불어야 한다. 고린도전서 14:8, "나팔이 분명한 소리를 내지 못하면 누가 전쟁을 준비하리요?"

I. 어원적 고찰 및 신·구약에서의 용례
(Etymology and Examples from O.T. and N. T.)

"안수하다"(카디스테미, καθίστημι; to ordain, appoint; 임명하다, 세우다)라는 단어는 사람을 성직자로 임명할 때 사용된 단어이다(딛 1:5; 히 5:1; 7:28; 8:3). 그러므로 웨스트코트(Westcott)은 말하기를 "이 단어는 한 직분의 권위적 임명을 위한 통상 단어이다"라고 하였다.298) 영어성경흠정역(KJV)에는 ordain(안수하여 세우다)으로 신국제역, 신미국표준성경, 개정표준역(NIV, NASB, RSV)에는 appoint(세우다, 임명하다)로 번역되었다. 안수하여 세우다(Ordain)가 더 바른 번역이다.

안수: 안수는 안수하는 사람들이 안수 받는 사람의 머리 위에 손을 얹음으로(안수함으로) 어떤 한 직분(an office)에 임명하는 엄숙한 의식(예식; ceremony)이다. 따라서 안수 받은 사람은 어떤 한 직분에 임명되었음을 가리킨다. 안수는 특수한 사역을 특정인에게 위임하는 예식이다. 따라서 안수 받은 자만이 그 직분을 담당할 수 있다.

구약시대에는 제사장들·선지자들·왕들을 세울 때에 안수하여 세웠다(출 29:29; 민 8:10; 삼상 10:1; 15:1). 모세는 여호수아를 안수하여 이스라엘의 지도자로 세웠다. 이와 같이 안수는 사람들에게 공식적으로 직분을 부여하는 의식이다(신 34:9; 민 27:18, 23 등).

---

298) Westcott, *the ordinary word for authoritative appointment to an office*, p. 118

신약시대 바울과 바나바가 각성에 장로들 세울 때에 머리 위에 안수함으로 장로직에 임명하였고(딛 1:5; 행 14:23), 장로회(노회)는 디모데에게 안수하여 주의 사역자로 삼았다(딤전 4:14). 성경의 교훈과 교회의 역사(전통)는 남자들을 감독(목사)·장로·집사로 임직할 때에 안수하였다.

여성 안수: 여성의 머리 위에 손을 얹음으로(안수함으로) 어떤 한 직분에 임명하는 종교의식이다. 그러므로 여성 안수란 여성에게 안수하여 목사 또는 장로로 세우는 것을 말한다. 일반적으로 여성 안수는 자유주의 교회들과 신오순절주의(신비주의) 교회들, 그리고 독립 군소교단들이 여성을 목사 또는 장로로 임명할 때 거행한다.

II. 여성 안수(여자 목사, 여자 장로)를 금하는 성경적 교훈
(Biblical Teaching against Women's Ordination)

디모데전서 2:11-12, 3:2, 고린도전서 14:34-35; 등은 여성 안수를 금하는 가장 핵심 되는 성구들이다. 그만큼 여성 안수 찬동자들은 이 말씀들을 아전인수격으로 달리 해석한다.

1. 디모데전서 2:11-12 주해

디모데전서 2:11-12, "여자는 일절 순종함으로 조용히 배우라 여자의 가르치는 것과 남자를 주관하는 것을 허락지 아니하노니 오직 조용할지니라."

이 말씀은 여자는 ① 전적으로 순종하라 ② 조용히 하라 ③ 배우라 ④ 가르치는 것을 허락하지 않는다 ⑤ 남자 주관하는 것을 허락하지 않는다는 말씀으로 요약된다.

(1) 전적으로 순종하라.

"일절 순종함으로"(엔 파세 휘포타게, ἐν πάση ὑποταγῆ; in all subjection; 모든 복종으로, 전적 복종으로)는 전적 완전 복종(full submission)을 가리킨다. 이 단어(복종)는 신약에 4회 나타난다(고후 9:13; 갈 2:5; 딤전 2:11; 3:4). "복종"(휘포타게, ὑποταγῆ; subjection; 복종)은 영어성경 KJV에는 복종(subjection)으로 바로 번역되었다. "휘포타게"는 군사적 용어로서 이는 하급자가 상관에게 절대 복종하는 것을 뜻한다. 휘포타게의 동사 휘포타소(ὑποτάσσω)는 후포(ὑπο; under; 밑에)와 타소(τάσσω; to arrange; 정열하다, 배치하다)로 구성된 합성어이다. 파세(πάση; all, 모든)는 복종을 강조하는 형용사이다. 따라서 병사가 상관에게 절대 복종하듯이 여자가 권위에 전적으로 복종하라는 말씀이다. 여성도는 교회에서는 감독자(목사와 장로)에게 복종하여야 하며, 가정에서는 남편에게 복종하여야 한다(딛 2:5; 딤전 2:11). 그러나 한국어로는 순복으로 번역하는 것이 더 좋을 것 같다. 순복은 부드러워 귀에 거슬리지 않는 반면 의미는 그대로 살아 있으니 여자에게는 순복이 더 적절하다고 생각한다. 여자가 권위에 전적으로 순복하는 것은 여자가 취할 적절한 자세이다. 물론 하나님의 말씀에 일치되는 것만 순복하는 것은 불문가지이다.

(2) 조용히 하라.

"조용히"(엔 헤쉬키아, ἐν ἡσυχία; in silence; 조용히)는 침묵을 뜻한다. '헤쉬키아'가 KJV, RSV에는 silence(침묵, 조용함)로, NASB, NIV에는 quietness(고요함)로 번역하였다. 헤쉬키아는 방해받지 않는 조용과 고요의 상태를 의미하거나, 아무것도 말하지 않고 조용하게 있는 태도로서의 침묵을 의미한다. 본문에서 헤쉬키아는 종교집회에서 마음을 가다듬고 정신을 차려서 조용하게 배우는 자의 자세를 가리킨다. 여자가 공예배시에 말을 하여 예배를 방해하거나 또는 질문하는 것을 허용치 않는다. 이 단어는 완전한 침묵 또는 함구무언(complete silence or no talking)을 의미하는 것은 아니다(행 22:2; 살후 3:12; 딤전 2:11; 벧전 3:4). 전혀 아무말도 하지 않는다 또는 침묵한다는 단어는 씨가오(σιγαω; to be silent; 조용히 하다,

침묵하다)이다(눅 9:36; 18:39; 고전 14:34).

(3) 배우라.

"배우라"(만다네토, μανθανέτω; let learn; 배우라)는 단어는 3인칭·단수·현재·명령형으로 사람이 행하여 오는 전례·관습·규례 등을 주시하여 관찰하므로 배우고 지식을 증가시키라는 말씀이다. 이 단어는 단순히 강의를 통하여 지식적으로만 배우는 것을 의미하지 않는다. 이는 마치 학생들이 실습을 통하여 지식을 획득 증가시키는 것과 같다.

본문에 누구에게 배울 것인가에 대하여는 명시되어 있지 않다. 그러나 본문의 문맥과 성경원리에 입각하여 고찰할 때 의심 없이 교회의 지도자로부터 배우라는 말씀으로 이해되어야 한다. 이런 의미에서 여자는 교회에서나 어떤 종교적 모임에서도 조용히 배울 것을 가르친다.

(4) 여자의 가르치는 것(강도권)을 허락하지 않는다.

여자의 가르치는 것을 허락하지 않는다는 말씀은 여자가 남자 어른들을 포함한 전체 회중 앞에서 가르치는 것과 설교하는 것을 허락하지 않는다는 말씀이다.

"가르치다"(디다스코, διδάσκω; to teach or instruct; 가르치다, 교육하다)라는 단어는 가정에서 아버지가 자녀들을, 남편이 아내를, 학교에서 선생님이 학생들을, 교회에서 교역자들이 평신도들을 교훈할 때 주로 사용되는 단어이다. "가르친다"는 이 단어는 주로 사복음서에 기록되어 있는데 사복음서에는 예수님께서 회당들·성전·마을·들판·해변가 등에서 제자들과 수많은 무리들에게 천국복음을 전파하실 때 사용하였다(마 5:2, 19; 7:29; 9:35; 11:1; 13:54; 21:23; 26:55; 28:20; 막 4:1; 6:6…). 그리고 사도들과 가르침의 은사를 받은 사람들도 하나님의 말씀을 권위 있게 선포할 때 이 단어를 사용하였다(행 4:2; 5:21, 25, 42; 11:26; 15:35; 18:11, 25; 20:20; 21:21, 28; 28:31; 엡 4:11; 딤전 4:11; 6:2; 딤후 2:2). 그러므로 본문에서 가르침은 하나님의 사람들이 하나님의 말씀을 권위 있게 선포함이며, 이것은 설교를 포함한다. 이 직분은 족장들이, 제사장들이, 랍비들이, 감독들이, 목사들(엡 4:11)이 감당하여 왔다.

"허락하지 않는다"는 말씀은 원문에는 "나는 허락하지 않는다"(우크 에피트레포, οὐκ ἐπιτρέπω; I do not permit)라고 되어 있다. 이 말씀은 부정을 나타내는 매우 강한 표현이다. "허락하지 않는다"는 이 단어는 충고나 권면을 가리키는 것이 아니라 명령을 암시한다. 따라서 "여자의 가르치는 것을 허락하지 않는다"는 말씀은 공예배시 여자가 남자 어른들을 포함한 전체 회중에서 교역자(감독=장로=목사)로서 설교하는 것을 허락하지 않는다는 말씀이다. 이것은 강도권을 말한다.

칼빈(John Calvin)은 고린도전서 14:34 주석에서 "교회에서 가장 최고의 위치를 점령하는 가르침과 설교를 위한 책임은 … 여성이 교회 전체에서 권위를 가짐은 얼마나 부당한가? 가르침의 직분은 교회에서 최고의 직분이요, 결과적으로 복종하는 것과는 일치하지 않는다"라고 하였다.[299]

그러면 **여자가 가르치는 것을 허락하지 않는다는 말씀은 여자의 가르침 자체를 부인하는 말씀인가?** 사도 바울이 본문에서 교훈하는 의도는 무엇을 말하는가? 여자의 가르치는 것을 허락하지 않는다는 말씀은 여자가 가르치는 것 자체를 금하신 것이 아니다. 교회에서 여자가 남자의 권위와 지도 하에서 가르치는 것은 귀한 일이다. 사도 바울은 늙은 여자들로 하여금 젊은 여자들을 가르치라고 권면하였고(딛 2:3-4), 디모데의 외조모 로이스와 어머니 유니게는 사내 아이인 디모데를 가르쳤다(딤후 1:3-5). 이와 같이 교회에서 여성도들이 주일학교 반사·성가대·구역장·전도회·기타 여러 면에서 가르치는 일·전도·상담·봉사·구제 등은 매우 중요하므로 강조되어야 한다.

(5) 남자 주관하는 것(치리권)을 허락하지 않는다.

"여자의 남자 주관하는 것을 허락하지 않는다"는 말씀은 가정에서 아내가 남편을, 교회에서 여자가 남자를 주관하는 것을 허락하지 않는다는 말씀이다.

"남자"(아넬, ἀνήρ; an adult male, husband)는 남자 어른 또는 남편을 뜻한다.

---

299) *Calvin's Commentaries*, XX, p. 468

"**주관하는 것**"(아우덴테인, αὐθεντεῖν; to exercise authority; 권위를 행사하다) 이 단어는 권위를 행사하다(아우덴테오, αὐθεντεω; to exercise authority or to domineer over, 위에 권위를 가지다 또는 지배하다)의 현재·부정·능동이다. 현재 부정사는 동사에서 나온 명사로서 행동의 계속이나 반복개념이 있다.

"**허락지 않는다**"(우크 에피트레포, οὐκ ἐπιτρέπω; do not permit; 허락하지 않는다)는 말씀은 가르치는 것과 연결되어 여자가 남자를 주관하는 일, 남자 위에서 권위를 행하는 일을 계속 허락하지 않는다는 말씀이다. 여자가 남자를 주관하는 것은 성경이 허락하지 않는다.

성경은 여자의 머리는 남자라고 선언하였다(고전 11:3; 엡 5:23). 성경은 남자와 여자와의 관계를 사람의 머리와 몸으로 비유하였고, 그리스도와 교회와의 관계도 사람의 머리와 몸으로 비유하였다(엡 1:22, 23; 4:15; 5:23; 골 1:18). 머리는 온 몸과 지체들을 주관하고 다스리듯이, 그리스도께서 교회를 주관하고 다스리듯이, 남자는 여자를 주관하고 다스리는 것이 성경의 원리이다. 여자가 남자 어른들이나 남편을 주관하는 것을 허락하지 않는 이유는 여자는 순종적·복종적·종속적 위치에 있기 때문이다. 남자를 여자의 머리로, 여자를 남자의 몸으로 삼으신 제도와 위계질서는 창조주 하나님께서 인류의 시조 아담과 하와를 창조하신 때로부터 하나님의 자유의지에 의하여 설정하신 원리요 제도이다. 주관하는 일(치리권)은 교회에서는 감독(장로)의 임무이다. "너희를 인도하는 자들에게 순종하고 복종하라…"(히 13:17)고 하였다. 여기서 다스리며 권면하는 자들과 인도하는 자들은 동일한 직분을 맡은 하나님의 사역자들 곧 장로들을 가리킨다(딤전 3:5; 5:17). 그러므로 사도 바울이 여자가 남자 주관하는 것을 허락하지 아니한다는 말씀은 여자의 목사 또는 장로 되는 것을 금지한 것이다. 목사와 장로는 남자 어른들을 포함한 전체 회중을 가르치는 직분과 다스리는 직분이다. 이 직분들은 남자들에게만 주어졌으므로 여자들에게는 해당이 되지 않는다.

2. 고린도전서 14:34-35 주해

고린도전서 14:34-35, "모든 성도의 교회에서 함과 같이 여자는 교회에서 잠잠하라. 저희의 말하는 것을 허락함이 없나니 율법에 이른 것 같이 오직 복종할 것이요, 만일 무엇을 배우려거든 집에서 자기 남편에게 물을지니 여자가 교회에서 말하는 것은 부끄러운 것임이라."

사도 바울이 고린도교회 신도들을 향하여 "여자는 교회에서 잠잠하라"고 권면하였을 때 고린도교회 신자들의 귀에는 그 말씀이 하등의 이상한 말씀으로 들리지 않았다. 그 이유는 고린도교회가 당면한 문제들이 무엇인지 자신들은 잘 알고 있었기 때문이다. "여자는 교회에서 잠잠하라." "여자"는 일반적으로 여자들(구나이케스, γυναῖκες; women; 여자들)로서 결혼하지 않은 여자들과 결혼한 여자들 전체를 가리킨다.

(1) **"여자는 교회에서 잠잠하라"는 말씀은 공예배(Public Worship)와 관계된 교훈의 말씀이다.** 사도 바울은 본문에서 배우지 못하고 교양이 없는 일부 여신도들이 예배시간에 무질서하게 질문 아닌 질문들을 하거나 또는 말을 하므로 예배를 방해하지 않도록 교훈하였다. 즉 그런 질문들을 즉시 중단할 것과 장기적으로는 그들을 교육함으로 문제를 해결하도록 교훈했다.

"여자는 교회에서 잠잠하라"는 말씀은 예배 도중에 자기 남편에게 질문하는 것까지도 규제하였다. 교회에서 무엇을 배웠어도 잘 알지 못하면 집에 가서 남편에게 배우라고 하였다(14:35).

"교회에서"(엔 타이스 에크레시아이스, ἐν ταῖς ἐκκλησίαις; in the churches; 교회들에서)는 교회에서 뿐만 아니라 성도들이 모이는 어떠한 집회에서도(in any assemblies) 잠잠하라는 말씀이다(Calvin, Bengel, Meyer, Ellicott).

"잠잠하라"(씨가토산, σιγάτωσαν; let be silent; 조용히 하라, 잠잠하라, 침묵하라). 이 단어는 디모데전서 2:11에 "조용하라"(헤쉬키아, ἡσυχία)는 말씀보다 강한 표현이다. 이 단어의 시상은 3인칭·복수·현재· 명령이다. 그러므로 이 말씀은 무조건 순종을 요구한다. 그리고 원문에는 여자가 잠잠하여야 할 이유를 "왜냐하면"(가르, γὰρ; for, because; 왜냐하면, …때문에) 이라는 접속사가 밝히고 있다. 즉 여자가 잠잠하여야 할 이유는 여자에게 말하는 것을 허락하지 않았기 때문이다.

(2) **"여자는 교회에서 잠잠하라"는 말씀은 영적 은사들(Spiritual gifts)과도 관계된 말씀이다.** 다시 말하면 이 말씀에는 방언과 예언도 포함된다. 사도 바울은 본 장(고전 14장)에서 방언에 대한 잘못된 생각을 바로 잡고, 오용과 남용으로 인한 무질서와 혼돈을 방지하기 위하여 방언에 대한 규례를 상세하게 교훈하면서 "여자는 교회에서 잠잠하라"고 하였다. 따라서 영적 은사로서의 방언이 존재하던 사도시대에도 방언이 여자들에게는 허용되지 않았음을 알 수 있다. 하물며 영적은사로서의 방언이 아닌 계속적이고도 반복적인, 뜻이 없는, 정신나간 사람의 헛소리 같은, 중언부언하는, 이해가 되지 않는 소위 현대 방언이란 말할 나위도 없다. 성경적 방언은 외국어였으며, 계시의 완성(기록)과 더불어 자연히 끝났으므로 더 이상 존재하지 않는다.

(3) **"여자는 교회에서 잠잠하라"는 말씀은 여자의 강도권과도 관계되는 교훈의 말씀이다.** 이 말씀은 디모데전서 2:12, "여자의 가르침을 허락함이 없나니"라는 말씀과 맥락을 같이한다. 즉 남자 어른들을 포함한 전체 회중 앞에서 가르치는 것(강도, 설교)과 전체 회중을 다스리는 것(치리)을 여자에게 허락함이 없다.

(4) **"여자는 교회에서 잠잠하라"는 말씀은 여자의 치리권과도 관계된 교훈의 말씀이다.** 사도 바울은 이 모든 말씀의 근본적 권위는 율법 곧 하나님의 말씀임을 상기시키면서 여하한 의문이나 반대를 용납하지 않는다. 그러므로 "율법에 이른 것같이 오직 복종할 것이요"라고 말씀하였다. 이 말씀은 여자가 가정에서는 남편에게, 교회에서는 가르치는 자와 다스리는 자에게 순종 하에 있음(to be under obedience)을 가리킨다.

그런데 사도 바울이 본절에서 **"율법에 이른 바와 같이"**라는 말씀은 "오직 복종할 것이요"라는 말씀과 연결되었다. 그리고 여자의 복종은 창조의 질서와 타락의 결과 즉 "…너는 남편을 사모하고 남편은 너를 다스릴 것이니라"(창 3:16)는 말씀과 연결하여 해석하여야 정당하므로 본절에서의 율법은 모세오경을 가리킨다고 해석하여야 마땅하다.

"오직 복종할 것이요."(휘포타세스도산, ὑποτασσέσθωσαν; let them be subject; 그들로 하여금 복종케 하라)는 휘포다소(ὑποτάσσω)의 3인칭·

복수 · 현재 · 명령 · 중간태이다. 중간태(middle voice)는 주어가 어떤 면에서 그 주어 자체에 관계되거나 또는 주어 자체가 직접 행동(동작)에 관계하는 것을 나타낸다.300) 그러므로 "복종할 것이요"라는 말씀은 여자들 자신들이 주체가 되어 자원하여 직접 복종할 것을 가리킨다. 여자가 가정에서는 남편에게 그리고 교회에서는 목회자에게 복종하는 것은 하나님의 법이요, 명령이요, 여자의 미덕이다.

사람의 머리는 온 몸을 주관하고 다스리며 온 몸은 머리의 명령에 복종하듯이, 여자는 가정에서는 남편에게(엡 5:22) 그리고 교회에서는 영적 지도자에게(고전 14:34; 딤전 2:11-12) 복종하여야 한다. 이것은 질서의 개념이요, 불평등의 개념이 아니다. 물론 성경은 하나님의 뜻에 부합되는 것만 복종을 요한다.

3. 디모데전서 3:2; 디도서 1:6 주해

"감독은 한 아내의 남편이 되며"(딤전 3:2) "감독은 한 아내의 남편이며"(딛 1:6). 여성 안수 찬동자들은 디모데전서 3:2과 디도서 1:6 말씀은 남녀의 성별을 강조한 것이 아니라, 중혼자가 아니어야 한다는 데 그 진의가 있다고 주장하면서 목사는 한 남편의 아내도, 독신녀도 무방하다고 한다. "감독은 한 아내의 남편이 되며"라는 "말 때문에 여자는 그 직분에서 배제되어야 한다는 논리는 지나치게 일방적인 것이라 보아야 한다"(『교역과 여성 안수』, pp. 103-104) 라고 한다.

반증(反證) :

(1) 본 절은 교역자의 자격에 대하여 말씀하였다. 감독은 윤리적으로 도덕적으로도 무흠하고 고상한 인격자이어야 한다. 교역자는 결혼관에 있어서도 성경적이어야 한다. 교역자는 이성적으로도 깨끗함을 요구한다. 성경적 이성관 결혼관은 일부일처(one man-husband and one woman-wife)이다. 결혼은 성적 순결성(sexual purity)을 강조한다. 사람이 결혼하였을 경우

---

300) James A. Brooks, *Syntax of N. T. Greek,* University Press of America, 1983, p. 11

한 아내만을 소유한 자(only one wife at a time)만이 교역자의 자격이 있다.

"감독은 한 아내의 남편이며"라는 말씀은 결혼하지 않은 미혼 독신(single)이나 또는 결혼은 하였으나 아내가 사망한 연고로 홀아비가 된 독신은 성직자가 될 수 없다는 말씀은 아니다. 이 말씀은 교역자가 결혼하였을 경우 한 아내만을 소유하여야 한다는 진리이다. 목회자의 자격에 기혼과 미혼의 구별은 존재하지 않는다. 여성 안수 찬동자들은 하나님의 말씀을 왜곡하여 목사는 한 남편의 아내도 독신녀도 무방하다는 주장은 논리적 비약으로 성경교훈에 위배된다.

(2) 감독은 남자이어야 한다. 성직자의 자격에 기혼이냐 미혼이냐의 구별은 없다. 그러나 남녀의 성 구별은 분명히 있다. 감독은 남자이어야 한다. 바꾸어 말하면 감독직을 여자에게는 허락하지 아니한다는 말씀이다. 감독은 한 아내의 남편이라는 말씀의 논법을 빌어 감독은 한 남편의 아내이어야 한다고 주장할 수 있는가? 성경해석은 성경의 원리에 근거하여야 한다. 구약시대 제사장들이나 신약시대의 사도들 그리고 그 이후 이 제사장 직분(예배를 주관하는 직분)은 남자에 의하여 남자만이 수행하여 온 직분이다. 성직에는 인간의 자유선택이 존재하지 않는다.

4. 여성 안수를 금하는 이유들(Reasons Why Against)

사도 바울은 하나님의 인간 창조와 인간의 타락 사건에 근거하여 여자가 가르치는 것과 다스리는 것을 허락하지 않는다고 이유(가르, γὰρ; for, because; 왜냐하면)를 밝혔다. 이 두 가지 이유가 우리에게 공평한가 또는 합리적인가는 큰 문제가 아니다. 이 이유들은 하나님의 이유들(God's reasons)이기 때문이다.

(1) 창조의 원리와 질서에 있어서－여자는 남자를 돕는 배필(helper)

여자의 가르치는 것과 남자를 주관하는 것을 허락하지 아니하는 하나의 이유는 여자는 남자를 돕는 배필로 지음을 받았기 때문이다.

아담은 하나님의 형상대로 지음을 받은 도덕적·인격적·영적 실유(實有)

임으로 금수(禽獸)와는 만족할 만한 인격적·유기적 관계를 맺기 불가능하였다. 사람이 홀로 지낸다는 것은 곧 고독과 공허감을 면할 수 없다. 아담은 독처하였기 때문에 외로웠으며, 그러기에 옆에서 돕는 배필이 필요하였으며, 하나님은 하와(여자)를 남편을 돕는 배필(helper)로서 지으셨다(창 2:18). 이런 의미에서 "남자가 여자를 위하여 지음을 받은 것이 아니요, 여자가 남자를 위하여 지음을 받았다"(고전 11:9)라고 하였다. 아무리 생각해도 곁에서 돕는 자는 순종적·복종적·종속적 위치에 있음이 분명하지 않는가! 순종적·복종적·종속적 위치에 있는 여자가 남자 어른을 포함한 전체 회중에게 설교하거나 그들을 다스리는 것은 창조의 원리, 성경의 교훈에 위배된다.

그러나 여성 안수 찬동자들은 "돕는 배필"(helper)은 종속적 의미를 뜻하는 것이 아니다. 열등성도 우월성도 의미하지 않는 상응성을 의미한다. 그러므로 돕는 이란 "아담을 위하여가 아니라, 아담에게 어울리는, 아담에게 상응하는 것으로 번역하여야 한다. 에제르는 단순히 일을 돕거나 자식을 낳아주고 살림을 살아주는 정도의 의미가 아니라, 넓은 의미에서 후원을 뜻하며 협력(partnership)을 의미하는 말이다."301) "… 여기서 강조는 남자와 여자의 종속성에 대한 문제가 아니라 양자의 동반자로서의 결속과 책임성에 대한 당위적 표현으로 보아야 한다.302) 이 단어 자체는 높거나 낮은 등급이나 계급을 언급하지 않는다"라고 주장하면서 "돕는 배필"의 참된 의미를 변절시켰다.303) 그와 같은 아전인수격의 해석은 본문의 내용과 성경해석의 원리(문자적·문법적·역사적·교리적 해석)에 위배되므로 고려할 가치도 없다.

(2) 창조의 순위에 있어서 – 여자는 나중

여자의 가르치는 것과 남자 주관하는 것을 허락하지 아니하는 또 하나의 이유는 여자는 나중에 지음을 받았기 때문이다.

"이는 아담이 먼저 지음을 받고 하와가 그 후며"(딤전 2:13). 여자가 남자를 주장할 수 없는 또 다른 하나의 이유는 여자는 나중에 지음을 받았기 때문이다. 아담은 만물의 영장으로 먼저 지음을 받았고 하와는 아담을 돕는

---

301) 『교역과 여성 안수』, p. 56
302) Ibid., p. 86
303) Russel Prohl, op. cit., p. 37

배필로 나중에 지음을 받았다(창 2:21-23). 아담이 먼저 지음을 받았으니 원리상 먼저 태어난 것과 같다. 먼저 태어난 자(장자, first born)는 아버지의 차석에 있는 자요, 아버지 사후에는 가정을 다스릴 책임이 있다(창 27:19; 49:3; 왕하 2:9; 눅 15:11-32). 그런데 나중에 지음을 받은 자가 먼저 지음을 받은 자를 주관한다는 것은 몸이 머리를 주관한다는 것과 같은 말이니 이는 성경의 원리와 이치에 맞지 않는다. 사도 바울은 여자는 남자보다 나중에 지음을 받았다는 이 사실을 근거로 여자가 남자를 가르치거나 주관하는 것을 허락하지 않았다. 창조의 원리와 순위에 있어서도 여자는 남자 위에서 남자를 가르치거나 주관하도록 의도된 바가 없다.

(3) 범죄의 순위에 있어서 — 여자가 먼저

"아담이 꾀임을 보지 아니하고 여자가 꾀임을 보아 죄에 빠졌음이니라"(딤전 2:14).

사도 바울은 여자의 가르치는 것과 남자를 주관하는 것을 허락지 아니하는 또 다른 하나의 이유는 여자가 먼저 사단의 꾀임을 받아 하나님 앞에 범죄하였다는 사실을 근거로 삼았다. 이 말씀은 아담은 범죄하지 않았다는 뜻이 아니라, 하와가 속임과 꼬임을 받아 범죄하였다는 사실을 강조하였음을 보여준다. **"속이다"**라는 단어가 아담의 경우에는 **"아파타오"**($\dot{\alpha}\pi\alpha\tau\dot{\alpha}\omega$; to mislead, deceive, beguile; 잘못 인도하다·속이다·기만하다·미혹하다)로 사용되었고, 하와의 경우는 **"엑사파타오"**($\dot{\epsilon}\xi\alpha\pi\alpha\tau\dot{\alpha}\omega$; to deceive wholly, beguile throughly; 완전히 속이다·철저히 기만<미혹>하다)라는 강조형이 사용되었다.304) 그러므로 아담과 하와가 다 사단의 속임을 당하였으나 하와의 경우는 사단으로부터 완전히 철저히 꾀임을 받았다는 사실을 지적한다.

창세기 3:6은 아담과 하와가 각기 범죄한 사실을 상세하게 보도하였다. 하와는 뱀(사단의 화신)의 꾀임을 받아 선악과를 따 먹음으로 범죄하였고, 아담은 하나님께로부터 "선악을 알게 하는 나무의 실과는 먹지 말라"(창 2:17)는 금령을 직접 받았음에도 불구하고 하와의 꾀임으로 하와로부터 금과를 받아먹음으로 범죄 하였다.

---

304) Vine's op. cit., p. 151

이상과 같이 창세기 3:6은 아담과 하와의 범죄 사실을 상세히 보도하였고, **로마서 5:12-21**은 아담이 하나님과의 행위언약(a Covenant of Works)의 당사자로서 인류의 대표로 범죄한 사실을 지적하였고, 디모데전서 2:14은 하와가 범죄한 사실을 지적하였다. 하와는 아담처럼 비록 하나님과의 언약의 직접적 당사자는 아닐지라도 언약에 관계된 자로서 범죄한 것은 사실이다.

로마서 5:12-21, **"한 사람"**(one man)이라고 5번 기록되었는데(롬 5:12, 15, 16, 18, 19), 여기서 한 사람이란 분명히 "아담 한 사람"을 가리킨다. 그리고 이 한 사람 아담은 모든 인류의 대표자임을 또한 가리킨다. 따라서 아담 한 사람의 범죄의 결과는 아담 자신에게는 물론 아담의 후손 전(全)인류에 똑같이 그 영향이 미친다는 사실을 밝히 보여준다.

그러면 아담 한 사람의 범죄는 자신과 전 인류에게 어떤 영향을 미치는가? 아담 한 사람의 범죄로 인하여 많은 사람이 정죄와 사망에 이르게 되었다. 많은(many) 사람은 모든(all) 사람을 가리킨다.

아담은 전 인류의 대표자로서 그의 범죄와 그 결과는 온 인류 위에 미치는 것과 같이, 하와는 행위언약에 관계된 자로서 그녀의 범죄와 그 결과는 모든 여자들 위에 미친다는 사실을 성경은 또한 밝히 가르치고 있다. 그 한 예는 여자의 해산의 고통과 남편의 다스림을 받는 것이다(창 3:16). 해산의 고통은 잉태하는 모든 여자들 위에 임하며, 여자가 남자에게 다스림을 받는 것은 창조의 원리와 타락의 결과에 의한 것이다. 하와는 모든 여자들의 대표라는 **"대표성의 원리"**(A principle of representative)에 의하여 여자의 가르침과 다스림(설교하는 목사와 다스리는 장로)을 성경은 금하였다.

(4) 신적(神的) 권위에 있어서—여자가 남자 주관함을 허락하지 않음
여자가 남자를 주관하는 것을 허락하지 않는 또 다른 하나의 이유는 하와의 범죄로 인한 결과이다.

"…남편은 너를 다스릴 것이니라"(창 3:16). 하나님은 태초에 사람을 남녀로 창조하시고 남자를 머리로, 여자를 몸으로 말씀하셨다. 그리고 남편은 아내를 다스릴 것이니라고 말씀하셨다. 이 말씀은 가정·교회에서의 남녀의 직분에 관한 매우 중요한 원리이다. 성경은 여자는 남자 아래 있다는 진리

를 깨닫게 하기 위하여 남자는 그리스도 아래 있음을 또한 말씀하셨다(엡 4:15; 5:23). 따라서 남자가 그리스도께 복종하듯 여자는 남자에게 복종하여야 한다. 다스림을 받을 자가 다스리고, 가르침을 받을 자가 가르친다면 그것은 신적(神的) 권위에 정면 도전하는 것이요, 하나님께서 제정하신 가정과 교회의 위계질서를 전복(뒤집어 엎음)하는 일이다. 경건한 여성도들은 아내와 어머니로서의 자신들의 높은 신분을 깨달아 여성 안수를 반대한다.

(5) 신체적 · 정신적 · 심리적 측면에서―여자는 연약한 그릇

여자가 남자를 주관하는 것이 합당하지 않는 또 다른 하나의 이유는 여자들의 신체적·정신적·심리적 면에서이다.

신체적인 면에서 여자는 더 연약한 그릇이라고 하였다. "…저는 더 연약한 그릇이요, 또 생명의 은혜를 유업으로 함께 받을 자로 알아 귀히 여기라…"(벧전 3:7). "그릇"(스케우스, σκεῦυς; vessel; 그릇)은 문자적으로는 컵이나 쟁반 같은 그릇을 가리키며(막 11:16; 눅 8:16; 요 19:29; 행 10:11, 16; 롬 9:21; 딤후 2:20; 히 9:21; 계 2:27; 18:12), 상징적으로는 사람의 육체를 가리킨다. 즉 사람의 육체를 질그릇으로 비유하였다. 본래 사람의 육체는 흙으로 만든 질그릇과 같다(창 2:7). 질그릇은 깨지기 쉬운 연약한 그릇이다. 이와 같이 사람의 육체도 깨지기 쉬운 질그릇처럼 매우 연약하다. 남자의 신체도 연약하지만 여자의 신체는 더욱 연약하다.

"더 연약한"(아스데네스테로, ἀσθενεστέρω; weaker; 더 연약한·더 힘 없는·더 무기력한)은 아스데네스(ἀσθενης)의 비교급이다. 일반적으로 여자는 남자보다 신체적인 면, 정신적인 면, 심리적인 면 등 여러 면에서 더 연약하므로 남자의 보호와 지도를 받아야 할 위치에 놓여있다.

남자와 여자는 신체적·정신적·심리적 차이가 있으며 그로 인하여 비롯되는 "남성과 여성의 삶에 있어서의 역할과 위치의 불가교체성(the inexchangibility of roles and places in life between man and woman)을 믿기 때문에 여성이 교회에서의 남자 어른들을 포함한 전체 회중에 가르치는 것과 다스리는 것(강도와 치리)을 반대하는 것이다.

이상과 같이 여자는 신체적 · 정신적 · 심리적 측면에서 남자보다 더 제한

성을 지니고 있다. 여자는 독립적이 아니라 의존적이며, 다스리는 위치에 있지 아니하고 다스림을 받는 위치에 놓여있다. 이러한 신분과 위치에 있는 여자가 남자를 주관한다면 그것은 하나님의 창조의 원리에 위배된다. 남자는 남자의 위치를 지키며 남자의 역할을 잘 감당할 때 하나님께 영광이 돌아가고 자신과 가정과 교회와 사회에 유익이 되는 것처럼, 여자는 여자의 위치를 지키며 여자의 역할을 잘 감당할 때 하나님께 영광이 돌아가고 자신과 가정과 교회와 사회에 유익이 될 것이다.

(6) 여자의 생리적 현상

여자가 가르치는 것과 다스리는 것이 적합하지 않는 또 하나의 이유는 여성의 생리적 현상(멘스, menstration)이다. 성경은 여자의 월경 기간이나 해산 후에는 부정하다고 하였다(레 12:2, 5; 15:25-26). 이것은 현대 의학상으로나 위생상으로도 부인할 수 없다. 그러므로 월경 기간이나 해산 전후 상당한 기간에는 부부가 서로 가까이 하지 않도록 명령되었다(겔 18:6; 22:10).

월경기간에는 생리적 변화가 많이 일어난다. 구토 · 변비 · 속쓰림 · 가스 형성 · 두통 · 현기 · 요통 · 질 분비물 · 피곤 · 치질 · 살 부음 ….

월경기간에는 정신적 심리적 변화도 많이 일어난다. 짜증 · 신경질 · 히스테리 등 심경에 큰 변화가 일어난다.

이상과 같이 생리적 · 정신적 · 심리적 변화가 1개월에 한 번씩 주기적으로 계속되는 상황 하에서 어떻게 올바른 목회를 할 수 있겠는가? 더욱이 남편을 내조하고, 자녀를 양육하며, 집안일을 돌보는 이 중요한 일들을 제쳐놓고 어떻게 성직(聖職)을 잘 감당할 수 있겠는가? 사실상 여자 목사 제도를 찬동하는 사람들은 그리스도 안에서 연약한 자매들을 욕되게 하는 것이요, 감당할 수 없는 무거운 짐을 지도록 강요하는 것이요, 신앙을 약화시키는 결과를 초래케 한다.

(7) 여자의 음성(목소리)

여자의 가르치는 것과 남자 주관하는 것을 허락하지 않는 또 하나의 증거는 여자의 목소리(Voice)이다. 창조주 하나님은 여자의 음성을 아름답게 그리고 고음(high volume)을 내어 앨토(Alto)나 소프라노(Soprano)를 맡게 하셨다. 반면에 남자의 음성은 굵게 그리고 저음을 내어 테너(Tenor)나 베이스(Base)를 맡게 하셨다. 또한 여자의 음성은 여자의 신분에 맡도록 남편을 돕는 배필로서 남편을 기쁘게 하는 꾀꼬리 소리 같은 음성을 내게 하시며, 남자의 음성은 남자의 신분에 맞도록 아내를 다스리는 머리로서 권위적 저음을 내게 하신다. 그렇게 하므로서 남자의 음성과 여자의 음성의 조화와 미를 산출케 하신다. 여자의 음성 자체가 여자의 강도권과 치리권을 거부한다.

(8) 여성 안수를 찬동하여 시행하는 교단들도 실제상은 여성 안수에 대하여 거부반응을 취하고 있다.

여성 안수를 시행하는 교단들의 교회들 다수는 여성 안수에 대하여 그리고 안수 받은 여자 목사(신부)를 교역자로 모시는 데 대하여 거부반응을 취하고 있다. 그 이유는 사람들의 본성(human nature)도 거부반응을 일으키기 때문이다. 여성 안수를 허용하는 교단들의 성직자 통계들이 이것을 증명한다.

5. 여성 안수 찬동자들의 궤변들
(Arguments for Women's Ordination)

(1) 여성 안수 반대는 성 차별(Sexism)이라는 궤변

여성 안수 찬동자들은 로마서 10:12; 고린도전서 12:13; 갈라디아서 3:26-28; 골로새서 3:11 등의 구절들을 오용하여 여성 안수 반대는 성 차별(Sexism)이라고 주장한다. 그들은 주장하기를 "성직에 남녀가 무슨 상관이 있는가? 성직에는 남녀의 구별이 없다. 여성 안수를 금하는 것은 성경적 신학적 근거가 없다. 남자니까 성직을 맡을 수 있고 여자니까 성직 안수가 불가하다는 주장은 성경적으로나 신학적으로나 분명히 잘못된 것으로 여겨진다. 성직 안수 문제에 있어서 남녀차별의 잘못은 구약의 관점에서 성서 신학적으로 갈라디아서 3:28에 이르러 시정될 수 있고 긍정적인 해답을 얻을 수 있다고 믿어진다."305) "남자와 여자의 교회직제의 구별이란 더 이상 성서적이라고 일방적으로 주장할 수는 없다는 점이다"라고 주장한다.306) 아이디(Ide)는 "여성 성직의 권리와 책임을 제거하는 것은 오로지 성차별 때문에 나왔다"라고 주장하였다.307)

반증(反證) :

성(性) 구별과 성 차별은 전연 별개의 문제이다. 성 구별은 남성·여성을 구분하는 것이요, 성 차별은 어느 한 성(남성 또는 여성)을 다른 한 성(性)보다 대우를 달리하는 것이다. 성경은 자초지종 성 구별이요 성 차별이 아니다. 하나님은 태초부터 성(sex)을 구별하시고 하나님의 선하시고 기뻐하시는 뜻을 따라 그리고 우리를 위하여 직분을 달리 맡기셨다.

하나님은 태초부터 분리의 역사(work of separation)를 하신다. 하나님은 빛과 어두움을 나누시고(창 1:4), 하늘 위의 물(구름)과 궁창 아래 물로 나누시고(창 1:7), 육지와 바다를 나누시고(1:10), 주야를 나누시고(1:14), 해와 달과 별을 창조하시되 그 영광을 달리하시고 (1:16), 모든 생물들을 암수로, 사람을 남녀로 나누어 구별하셨다(2:18).

물론 남자와 여자 모두 하나님의 형상대로 지음을 받은 인격적 존재들이다(창 1:27). 그리고 남녀 모두 구속함을 받아 천국 유업도 같이 누릴 형제자매들이다. 그러나 가정·교회에서의 직분과 기능은 상이하다. 이것은 남녀의 차별에 의한 것이 아니라 구별에 의한 것이다. 그런 의미에서 남자와 여자는 동등하며 동시에 상이하다(equal but different).

여성 안수 찬동자들이 오용하는 성구들은 과연 여성 안수와 관련된 여성 안수를 지지하는 말씀들인가?

로마서 10:12, "유대인이나 헬라인이나 차별이 없음이라 한 주께서 모든 사람의 주가 되사 저를 부르는 모든 사람에게 부요하시도다."

① **"유대인이나 헬라인이나"는 민족적 구별**이다. 율법아래서 유대인은 선민(택한 백성)이요, 헬라인은 이방인이다. 유대인과 이방인은 여러 면에서 큰 차이·차별이 있었다. 유대인들은 자신들이 이방인들보다 우월한 것으로

---

305) 『교역자 여성 안수』, pp. 56-7
306) Ibid., p. 89
307) A. F. Ide, *Woman as Priest, Bishop and Laity*, Ide House, U. S. A. 1984, p. 48

생각하고 이방인들과의 거리를 멀리하였다. 유대인들은 이방인들을 자신들과 동등한 위치에서 대하기를 원치 아니하였다.

그러나 그리스도는 자기를 부르는 모든 사람들에게 같은 주(Lord)가 되신다. 여기서 "부른다(에피칼레오; $\dot{\epsilon}\pi\iota\kappa\alpha\lambda\epsilon\omega$ call upon)는 말씀은 간구하다 · 예배드리다라는 뜻으로 구약의 표현이다"(창 4:26; 12:8; 13:4; 21:33; 26:25; 왕상 18:24; 왕하 5:11; 시 79:6; 사 64:7; 욜 2:32).[308] 그리스도 께서는 저를 부르는 사람들에게는 다시 말하면 저를 믿고 저에게 예배드리는 사람들에게는 유대인이나 이방인이나 구별 없이 모두에게 같은 주님이 되신다(행 9:14, 21; 22:16; 롬 10:12, 고전 1:2; 딤후 2:22). 그리스도 안에서는 민족적 구별, 인종적 차별이 존재하지 않기 때문이다. 이 구절은 여성 안수와는 전연 상관이 없다.

고린도전서 12:13, "우리가 유대인이나 헬라인이나 종이나 자유자나 다 한 성령으로 세례를 받아 한 몸이 되었고 또 다 한 성령을 마시게 하셨느니라."

② **"종이나 자유자나 …"는 사회의 신분적 구별**이다. 일반적으로 과거에는 종은 가난한 자요, 자유자는 부자이었다. 실제상 그 당시 고린도 지방에는 종(노예)이 약 40만 명이요, 자유인이 약 25만 명이었다고 한다.[309]

그러나 그리스도 안에서는 사회 신분적 구별이 존재하지 않는다. 그 이유는 유대인이나 이방인이나, 종이나 자유자나 다 한 성령으로 세례를 받아, 한 몸이 되었고, 또 다 한 성령을 마시게 하셨기 때문이다. "다 한 성령으로 세례를 받아"라는 말씀은 성령세례를, 성령세례는 성령의 역사로 일어나는 "중생"을(요 3:3, 5), "한 몸이 되었고"라는 말씀은 그리스도와 연합하여 그의 몸의 지체가 되었음을, "한 성령을 마시게 하셨느니라"는 말씀은 상징적 표현으로서 성령을 받음을 가리킨다.

갈라디아서 3:26-28, "너희가 다 믿음으로 말미암아 그리스도 예수 안에서 하나님의 아들이 되었으니 누구든지 그리스도와 합하여 세례를 받은 자는 그리스도로 옷 입었느니라 너희는 유대인이나 헬라인이나 종이나 자

---

308) John Murray, *The Epistle to the Romans*, 10:12
309) *NIV Study Bible*, Zonderran, 1985, p. 1732

주자나 남자나 여자 없이 다 그리스도 예수 안에서 하나이니라.”

③ “… **남자나 여자**”는 **성적 구별**이다. 그리스도 안에는 성 구별은 있어도 성 차별은 없다. 여성 안수 문제는 성 차별의 문제가 아니라, 성 구별의 문제이다. 이 세상에는 민족적 차별·인종적 차별·사회적 신분의 차별·성 차별 등이 있어 왔다. 유대인들은 이방인들보다, 자유자는 종보다, 남자는 여자보다 우위에 있어 왔다. 그러나 그리스도 안에서는 남자나 여자나 다 하나이다. 그리스도 안에서는 성 차별(sexism)이 존재하지 않는다. 그리스도와 연합한 자는 윤리적 사회적 성적 구별을 초월한다. 그 이유는 그리스도 안에는 그와 같은 차별들이 다 철폐되었기 때문이다. 따라서 그리스도 안에서 참된 남녀 관계는 성 차별이 아니라 성 구별이다. 이 말씀도 여성 안수와는 전연 상관이 없는 말씀이다.

골로새서 3:11, “거기는 헬라인과 유대인이나, 할례당과 무할례당이나, 야인이나 스구디아인이나, 종이나 자유인이 분별이 있을 수 없나니 오직 그리스도는 만유시요 만유 안에 계시니라.”

④ **할례당과 무할례당: 종교적 구별**이다. 그리스도 예수 밖에 있을 때에는 이방인도, 무할례자도, 약속의 언약들에는 외인이요, 세상에서 소망이 없는 자요, 하나님도 없는 자들이었다. 그러나 그리스도 예수 안에서는 종교적 구별이 없다(엡 2:11-16). 모두가 새로 지음을 받은 존재들이기 때문이다(갈 6:15). 거기에는(축복받은 자리에는) 할례 받았으면 들어가고 할례 받지 못하였으면 제외되는 곳이 아니다.

⑤ **야만인이나 구스디아인: 문화적 구별**이다. 그리스도 안에는 문화적 구별이 없다. 당시 야만인은 헬라 언어와 문명에 무식한 자들, 문명에 혜택을 받지 못하고 사는 사람들을 가리킨다. 구스디아는 발칸 반도 북쪽 남러시아 지방에서 온 사람들을 가리키는데 그곳 사람들은 짐승들보다 조금 나은 야만인들 중의 야만인이었다고 한다.

상기 구절들은 모두가 예수 그리스도를 구주로 영접하기 전에는 민족적 인종적 차별·사회의 신분적 차별·성 차별·문화적 차별 등이 있었으나 그리스도 안에서는 모두가 죄 사함과 구원을 받음에 여하한 차별이 없이 동등하다는 말씀이다.

위에서 고찰한 바와 같이 여성 안수 찬동자들이 오용하는 성경구절들은 여성 안수와는 전연 상관이 없는 말씀들이다.

(2) 여성 안수를 금하는 성구들은 그 당시 특정한 상황 배경 위에서 해석해야 한다는 궤변

여성 안수 찬동자들은 주장하기를 고린도전서 14:34-35이나 디모데전서 2:11-12 말씀들은 그 당시 공동체의 특정한 상황 배경 위에서 이해하고 해석하여야 한다. 다시 말하면 그 편지들이 쓰이고 보내어진 배경들을 성경 해석학적으로 이해되어야 한다고 주장한다.[310]

그들은 자신들의 주장을 뒷받침하기 위하여 "무릇 여자로서 머리에 쓴 것을 벗고 기도나 예언을 하는 자는 그 머리를 욕되게 하는 것이니 이는 머리 민 것과 다름이 없음이니라 만일 여자가 머리에 쓰지 않거든 깎을 것이요 만일 깎거나 미는 것이 여자에게 부끄러움이 되거든 쓸지니라"(고전 11:5-6) 등을 실례로 든다. 그들은 말하기를 여자들로 하여금 머리에 수건을 쓰도록 권면한 것은 창녀들과의 혼돈을 피하기 위함이었다. 당시 창녀들은 남자들에게 매력을 얻기 위하여 머리에 수건을 쓰지 않고 얼굴을 노출시켜 남자들을 유혹하였다고 한다. 그러므로 바울은 여자들이 머리에 수건을 쓸 것을 말하였다. "만일 자기 아내가 밖에서 머리에 수건을 쓰지 않고 다니는 것을 남편이 발견하면 이혼의 근거가 되었다."[311]

그렇다면 오늘날에도 여성들이 창기들과의 혼돈을 피하기 위하여 그리고 권위에 복종하는 표시로 머리에 꼭 수건을 쓰고 다녀야 할 것인가라고 반문하면서 그와 같이 "여자는 일절 순종하므로 종용히 배우라 여자의 가르치는 것과 남자를 주관하는 것을 허락지 아니하노니 오직 조용할지니라"(딤전 2:11-12)는 말씀도 그 당시 상황에서 주어진 말씀이니 지금 이 시대에는 해당이 안 된다고 한다.

반증(反證):

여성 안수 찬동자들은 시대에 따라 변천하는 생활양식과 영구불변한 보편적(우주적)·신앙적·도덕적 진리를 구별하지 못하고 있다. 특별한 상황

---

310) Ibid., p. 102
311) *The Origin and History of Hebrew Law*, p. 232, Chicago, 1961

(specific situation)은 시대의 변천에 따라 변하므로 그 당시 특정한 상황 배경 위에서 이해하고 해석하여야 한다. 그러나 보편적(우주적) 일반적 규칙들(universal, general rules)은 시대 변천 상황 배경 위에서 이해하고 해석할 수 없다. 그 이유는 일반적 규칙들은 시대 변천이나 문화적 배경에 관계없이 어느 시대 어떠한 상황 하에서도 적용되는 영구불변한 진리이기 때문이다. 그런데 고린도전서 14:34-35; 디모데전서 2:11, 12 등은 영구불변한 보편적 진리이다.

물론 그 당시 여자들이 머리에 수건을 쓰고 다닌 것은 당시 상황 배경 위에서 이해되어야 한다. 여자가 머리에 수건을 쓴 것은 남편에 대한 순복과 존경의 표시로서 남편에게 순복하고 남편을 욕되지 않게 하기 위하여 그리고 자신은 창기로 오해를 받지 않게 하기 위하여 수건을 썼다. 그리고 공중 앞에서는 잠잠하였고 집 밖에서는 수건을 쓰지 않고는 다니지 아니하였다.312) 여자가 머리에 수건을 쓰지 않고 예배드리는 것은 자신을 욕되게 할 뿐만 아니라 자신의 남편을 욕되게 하는 일이었다.

1세기에 유대인들은 물론 로마와 헬라인들도 여자들은 머리에 수건을 쓰고 다녔다. 여자들이 머리에 수건을 쓴 것은 권위(남편)에 대한 복종의 상징이었다. 여자에게는 남자라는 보이는 머리(visible head)가 있음으로 그에 대한 복종의 표시로 머리에 수건을 썼다(고전 11:10). 그러나 여자들이 머리에 수건을 쓰고 다닌 것이 오늘날에는 제재를 받지 않는 것처럼 여자의 가르치는 것과 남자 주관하는 것을 금한 것도 이 시대에는 제재를 받지 않아야 한다는 주장은 성경의 원리를 바로 알지 못하는 무지(無知)에서 나온 말이다.

여자가 머리에 수건을 쓰고 다니는 것 여부는 당시 공동체의 특정한 상황배경에 의한 것이요, 따라서 시대의 흐름에 따라 변할 수 있다. 그것은 그 시대 그 지방의 생활양식이었다. 그러나 남자 어른들을 포함한 전체 회중 앞에서 여자의 가르치는 것과 남자 주관하는 것을 금하신 말씀들은 상황 배경 위에서 이해될 내용들이 아니다. 성경에는 세월이 흐름에 따라 변

---

312) Russell Prohl, *Woman in the Church*, pp. 51-4; Andre Dumas, *Biblical Anthropology and the Participation of Women in the Ministry of the Church*, pp. 28-30

천하는 문화적 배경들이 따로 있으며, 세월이 변하고 또 변해도 변치 않는 변할 수 없는 영구불변한 진리가 따로 있다. 전자는 문화적 생활양식이요, 후자는 영구불변한 보편적 진리이다. 그런데 여성 안수를 금하는 말씀들은 시대적 배경에 의한 문화적 생활양식이 아니라 영구불변한 진리이다.

예를 들면 구약시대 입을 것과 입지 않을 것, 먹을 것과 먹지 않을 것 등등 생활양식에 관한 규례들이나 생활양식들은 세월이 흐름에 따라 많이 변화되었다. 그 변화들이 성경의 교훈에 역행하거나 충돌되지 않는 한 받아들일 수 있다. 그러나 10계명을 위시한 신앙적·도덕적 규범들은 시대 변천에 관계없이 변할 수 없는 영구불변한 보편적 진리이다. 여성 안수 찬동자들은 이 진리를 바로 깨닫지도 구별하지도 못하므로 창조의 원리와 질서를 파괴하고 있다.

(3) 구약시대에 여선지자들이 있었음과 같이 신약시대에도 여자 목사가 있어야 한다는 궤변

여성 안수 찬동자들은 구약시대에 여선지자들이 있었고 신약시대(초대교회시대)에도 여선지자들이 있었음과 같이 이 시대에도 여자 목사가 있어야 한다고 주장한다.[313]

구약시대에 여선지자들이 있었다. 출애굽시대, 사사시대, 열왕기시대, 그리고 구약 말기에 미리암·드보라·훌다·노아댜·안나 등 여선지자들이 있었다. **미리암**(Miriam)은 모세와 아론의 누이로서 여선지자(prophetess)였다 (출 15:20-21). 그리고 미리암이 여선지자로서 무엇을 전하였는지, 사역 기간이 얼마이었는지 전혀 나타나지 않는다.

드보라(Deborah)는 사사시대에 이스라엘을 통치한 여선지자이었으며, 동시에 여자로서는 유일한 사사였다. 고로 사람들은 드보라에게 나아와 재판을 받았다. 그녀는 바락으로 하여금 가나안의 왕 야빈의 군대장관 시스라 군대를 멸하도록 명령하였다(삿 4:4-24). 야빈은 이스라엘을 20년 동안 심히 학대한 고로 이스라엘 자손들이 하나님께 부르짖었다.

훌다(Huldah)는 유다 왕 요시아시대에 살룸의 아내 여선지자이었다. 훌다는 이스라엘 백성이 하나님을 떠나 다른 신들(gods)에게 분향하며 죄를

---

313) Paul K. Jewett, *The Ordination of Woman*, pp. 62-5

범하였음으로 회개를 촉구하였다(왕하 22:8, 14-20; 대하 34:22-28).

노아댜(Noadiah)는 거짓 여선지자로서 도비야와 산발랏과 합세하여 느헤미야와 느헤미야가 기도한 자들을 반대하였다(느 6:14).

안나(Anna)는 여선지자로서 결혼하여 7년 간 남편과 같이 살았고 84세가 되도록 과부로 지냈다. 안나는 성전을 떠나지 않고 주야로 금식 기도하며 하나님을 예배하였다. 안나는 예루살렘의 구속을 바라는 모든 사람들에게 아기 예수 그리스도의 탄생에 대하여 말씀하였다(눅 2:36-38).

탈무드(Talmud)에 의하면 이 여선지자들 이외에도 사라, 한나, 아비가엘, 에스더 등도 여선지자라고 불렀다. 초대교회에도 예언하는 여자들이 있었다(고전 11:5). 빌립의 결혼하지 아니한 네 딸들도 여선지자들이었다(행 21:9). 따라서 신약시대에도 여자 목사가 있어야 한다고 주장한다.

반증(反證):

상기와 같이 우리는 구약시대에 소수의 일시적 여선지자들이 있었음을 부인하지 않는다. 그러나 구약시대의 여선지자들은 구약시대 전반에 걸쳐서 있었던 것도 아니고, 그들의 사역도 매우 미흡하였다. 그들은 제사장적 직분, 왕적 직분 즉 제사 드리는 일과 다스리는 일은 하지 않았다. 이 경우 하나님은 그의 백성들을 위한 일시적 역사인 것이다. 하나님의 일시적 역사는 하나님의 일반적 역사에 위배되거나 모순 되지 않는다.

(4) 사도행전 21:9, "그에게 딸 넷이 있으니 처녀로 예언하는 자라" 는 말씀을 근거로 빌립의 네 딸들도 여선지자들이었다는 궤변

반증(反證):

일반적으로 예언은 앞으로 일어날 일들을 미리 말하는 것(마 15:7; 요 11:51; 벧전 1:10; 유 14절)과 하나님의 말씀을 전하는 것을 말한다(고전 11:5; 14:1-5).

그런데 빌립의 딸들이 예언하였다는 말씀은 고린도전서 11:5; 14:1, 3-5, 24, 31, 39의 말씀들과 같은 맥락에서 고찰해야 한다. 고린도전서에서 우리에게 교훈하는 예언은 기록된 예언의 말씀을 나가서 전하는 것으로

서, 예언은 사람들에게 덕을 세우며 안위를 주며, 믿지 않는 자들을 그리스도께로 인도하므로 그 예언을 사모하라고 하였다.

복음을 나가서 전하는 것은 선지자나 성직자만의 일이 아니다. 그것은 그리스도인 모두가 할 일이다. 빌립의 네 딸들은 선지자가 아니었다.

존 칼빈(Calvin)은 빌립의 네 처녀 딸들의 예언에 대하여 논평하기를 "이 처녀들이 예언의 직분을 어떻게 실행하였는지는 불확실하다. 하나님의 영이 그들을 인도하고 다스리심으로… 그들이 일반 회중 집회 아닌 가정에서 또는 어떤 개인 장소에서 예언하였다고 생각이 든다"라고 하였다.314)

초대교회에서 여자들이 예언하였다는 말씀은 가정에서나 또는 어떤 개인 장소에서 복음을 잘 전하였다는 뜻으로 이해하여야 하며, 여자의 강도권과 치리권을 금한 고린도전서 14:34, 35; 디모데전서 2:11-14의 말씀과 충돌되지 않는다. 우리도 이와 같은 의미에서 빌립의 네 딸들처럼 기록된 말씀을 나가서 사람들에게 전하기를 힘써야 할 것이다(고전 14:1).

(5) 구약시대 남자 제사장직은 그 당시 이방종교들의 여제사장에 대한 반작용이었다는 궤변

여성 안수 찬동자들은 주장하기를 중동의 고대 이방종교들은 여신들에 대한 숭배는 물론이고 신전(temple)에서의 여제사장들은 풍요를 기원하는 하나의 종교의식으로서 매춘행위를 하였다.315) 이러한 배경에서 이스라엘의 제사장직은 여성을 제외할 수밖에 없었기 때문에 남자 제사장직만이 존재하여 왔다.316) 구약 율법에서 여성이 제사장 자격에서 제외되었기 때문에 오늘날도 여성 안수가 불가하다고 주장할 수 없다.317) 오늘날은 여성들에게도 교육과 훈련을 시켜 안수를 줄 수 있다고 궤변을 토한다.

반증(反證):

물론 구약시대 이스라엘의 신앙은 그와 같은 혼음종교와의 구별은 언제나 분명히 하였다(레 18:3; 렘 3:1-2; 겔 16:16, 23). 그러나 구약시대 제

---

314) Calvin, *Commetary on Acts*, vol. 19, p. 271
315) Mary Hayter, *The New Eve in Christ*, Eerdmans, 1987, pp. 70 이하
316) Canon R. W. Howard, *Should Woman be Priests?*, Oxford, 1949. pp. 22-5
317) 『교역과 여성 안수』, op. cit., pp. 54-5

사장직은 그 당시 이방종교들의 여제사장들에 대한 반작용이 아니다. 구약시대 제사장직은 모세시대부터 제도화되었으나 실상은 인류의 초창기 아벨 때부터이다(창 4:1-5; 히 11:4). 아담의 10대 손 노아는 족장으로서 온 가족을 위한 제사장으로서 하나님께 번제를 드렸다(창 8:20-21). 욥도 자녀들의 수대로 매일 아침 일찍 하나님께 번제를 드리곤 하였다(욥 1:5). 아브라함도(창 12:7-8), 이삭도(창 26:25), 야곱도(창 35장; 36장) 그 이후 아론의 자손들을 통한 제사를 드렸다(레 10:1-2). 구약시대 공적인 제사는 예수님께서 십자가상에서 운명하시면서 "다 이루었다"라고 말씀하실 때까지 계속되었다. 구약시대 남자 제사장직은 이방종교들의 여제사장에 대한 반작용으로 인하여 태동된 것이 결코 아니며, 하나님의 자아의지에 의하여 결정된 성직(聖職)이다. 그리고 구약시대 제사장 직분은 신약시대에 장로와 감독(목사와 감독)에게도 이어지고 있다. 저들은 구약시대 남자 제사장직은 그 당시 이방종교들의 여제사장들에 대한 반작용이었음으로 여제사장은 제외되었다고 주장하니 성경도 신구약 교회 역사도 바로 이해하지 못하고 있음을 스스로 나타낸다.

(6) 신약시대에도 여성 동역자들이 있었다는 궤변

"여성도 동반자(partner)로서 남성과 동등한 위치에서 성직에 봉사함으로 이 시대의 사명을 다해 보자는 것이다".318) 그리고 "로마서 16:1, 3, 7, 12; 빌립보서 4:2-3 등에서는 뵈뵈·브리스길라·안드로니고·유니아·순두게·유오디아 같은 여인들을 동역자라 칭하고 복음을 위하여 주안에서 바울과 함께 힘쓰며 수고하였다" 특히 겐그리아 교회 일꾼 뵈뵈는 집사가 아니라 복음사역을 맡은 사역자라고 주장하면서 여자 목사 제도를 주장한다. 여성 안수 찬동자들은 "동역자"를 성직자(목사 또는 신부)로, 일반적으로 여자 교역자를 디아코노스(διακονος)라고 불렀다고 하면서 뵈뵈는 겐그리아 교회의 교역자라고 주장한다.319)

---

318) Ibid., p. 18
319) Ibid., pp. 71-2, 182. Arthur Frederick Ide, *Woman as Priest, Bishop and Laity*, pp. 41, 42, 44, C. K. Barrett, *A Commentary on the Epistle to the Romans*, p. 282

반증(反證) :

사도 바울은 디모데서에서 교회 내에서의 여성들을 환영하고 그들의 직분을 귀하게 여겼다. 그는 빌립보 교회의 유오디아와 순두게에 관하여 "복음에 나와 함께 힘쓰던 저 부녀들"(빌 4:3)이라고 칭찬하였다. 그는 또 로마에 있는 브리스길라와 아굴라를 "그리스도 예수 안에서 나의 동역자들이라"(롬 16:3)고 언급하고 문안을 부탁하였다. 그는 또 겐그레아 교회의 자매 뵈뵈를 교회의 일꾼으로 많은 사람들을 돕는 자로 천거하였다(롬 16:1).

그러나 위의 여러 부녀자들은 각기 속한 교회에서 각기 맡은 직분(봉사직)에 충성하므로 사도 바울을 조력한 자들이었다. 그런 의미에서 위의 여러 부녀자들은 교회의 일꾼들이요, 광의적 의미에서 사도 바울의 동역자들이라고 칭하였다. 그 부녀자들은 기름부음 받은 종으로서의 사도 바울의 동역자들은 결코 아니었다.

(7) 신약시대는 남녀 모두 제사장이므로 여자도 제사장 직분을 맡아야 한다는 궤변

여성 안수 찬동자들은 신약시대 제사장 직분은 남녀 모두에게 주어진 특권이므로 그리스도의 몸 된 교회를 섬기는 직분으로서의 성직 안수는 남녀 모두에게 주신 하나님의 은사이다(Ibid., p. 57)라고 주장한다.

반증(反證) :

물론 구약시대 제사장 직분은 신약시대에는 예수 그리스도를 구주로 믿는 모든 참 신자들에게로 이전되었다. 민족적 이스라엘로부터 영적 이스라엘로 이전되었다. 그러므로 성도마다 왕같은 대제사장(every believer-High Priest)이 되어(벧전 2:9) 하나님께 직접 나아가 하나님께 직접 예배드리는 특권이 부여되었다(히 4:16).

그러나 여성 안수 찬동자들은 예배 인도자와 예배드리는 자를 구별하지 못하고 동일시하는 데 문제가 있다. 물론 예배 인도자도 예배드리는 자들 중의 한 사람임에는 틀림없다. 예배 인도자는 예배의 요소들대로 하나님의 말씀을 전체 회중 앞에서 설교(강도), 성례(세례·성찬) 거행, 다스리는 일(치리), 삼위일체 하나님의 이름으로 기원하는 축도 등을 포함한 예배 순서 일체를 인도하는 기름부음 받은 하나님의 사역자이다. 반면에 예배드리는 자들은 일반 회중들이다. 구약시대 제사는 기름부음 받은 제사장이 드렸고 신약시대 예배는 기름부음 받은 목사가 인도한다. 따라서 성직 안수는 남녀 모두에게 주신 하나님의 선물이란 남녀의 구별에 의하여 제정하신 하나님의 성직 제도를 전면 부인하고 도전하는 행위이다.

(8) 여자도 남자와 동일한 은사를 받았으므로 성직자가 되어야 한다는 궤변

여성 안수 찬동자들은 동일한 은사를 받은 사람은 남녀 차별 없이 다 성직자가 되어야 한다고 주장한다.

반증(反證) :

우리는 여자들의 받은 은사의 다양성과 탁월한 지식 · 재능 · 능력 그리고 신앙적 열심 등을 결단코 과소평가하지 않는다. 여자가 남자보다 열등하다는 여하한 이론적 뒷받침이나 근거가 없다. 여자들도 여러 분야에서 탁월한 재능과 기능을 발휘한다. 특히 여 성도들의 신앙적 열심과 헌신적 봉사는 참으로 남 성도들의 귀감이 된다. 그것은 구약시대에도, 신약시대 초기에도, 지금도 변함없는 사실이다.

우리는 많은 여 성도들이 어떤 은사들은 남자와 동일한 은사를, 또는 남자보다 더 많은 은사를 받았으므로 각기 전문분야에서 높은 직위에 앉아 활동하고 있음을 인정한다. 그러나 하나님의 집인 교회에서 동일한 직분을 받은 것은 아니다. 다시 말하면 동일한 은사를 받았을지라도 동일한 직분을 받은 것은 아니다. 하나님은 어떤 직분들은 남자들에게만, 어떤 직분들은 여자들에게만 그리고 어떤 직분들은 남녀 모두에게 맡기셨다.

제사장직은 이 세상의 다른 전문직들과는 분명히 상이하다. 제사장 직분은 하나님께서 제정하신 천직(天職)이다. 여성 안수를 반대하는 사람들 중에는 전문직에 종사하는 여성들도 많이 있다. 성직은 천직이요, 천직은 하나님께서 제정, 선택하시기 때문이다. 여성 안수 찬동자들은 이 중요한 원리를 바로 깨닫지 못하고 있다. 여성 안수 반대는 여성은 열등하고 남성은 월등하다는 뜻이 결코 아니다. 따라서 각기 받은 은사를 하나님의 선하시고

기뻐하시는 뜻에 따라서 잘 개발하여 사용하여야 한다. "은사는 여러 가지나 성령은 같고, 직임은 여러 가지나 주는 같으며, 또 역사는 여러 가지나 모든 것을 모든 사람 가운데서 역사하시는 하나님은 같으니"(고전 12:4-6).

(9) 여성 안수 반대는 형평의 원리에 어긋난다는 궤변(여신도들의 수〈數〉, 봉사에 비추어)

여성 안수 찬동자들은 주장하기를 교회에는 여 성도들이 다수이며 교회의 봉사도 여 성도들이 더 적극적이니 형평의 원리에 맞도록 여성 안수를 허락하여야 한다는 주장이다.

반증(反證):

물론 하나님의 집인 교회에는 여 성도들이 다수이며, 여 성도들의 헌신적 교회 봉사는 뭇 남 성도들의 귀감이 된다. 그러나 성직은 남성과 여성의 수의 비례에 의하여 결정하는 것이 아니다. 성직은 소위 형평의 원리에 맞도록 여성 안수를 허락하는 것이 아니라 하나님께서 제정하신 성직의 원리에 따라서 안수를 허락한다. 하나님께서 제정하신 성직의 원리란 성직은 남자에 의해서만 수행된다는 사실이다. 성직을 남녀 평신도의 수에 비례하여 분배하는 것이 결코 아니다.

(10) 여성 안수 반대는 비민주적이라는 궤변(최고 의결기구에서 제외되므로)

여성 안수 찬동자들은 주장하기를 교회의 최고 결정기구는 당회인데, 당회는 소수 남자 목사와 남자 장로들로 구성되어 있으니 전체 의사가 반영되지 않는 비민주적 결의기관이다. 소수 남성이 다수 여성을 지배하는 것은 여권 침해라고 한다. 다수의 여성들이 결의 기구에 참여치 못하니 교회 운영이 잘못된다고 한다.

반증(反證):

물론 당회는 남자 목사, 남자 장로로 구성된 교회의 최고 결의기구이다. 그러나 개신교 다수는 회중이 공동의회를 열어 장로들을 선택하고 노회가 안수하여 장립한 후 장로들로 하여금 성도들을 대표하여 일을 처리하는 의회 민주주의이다. 그러므로 당회는 교회 전체의 의사를 반영한다. 뿐만 아니라 지금까지 남자 장로들로 하여금 교회를 다스려 왔으니 과거 2,000년 동안 교회의 행정은 비민주적이고 독재였단 말인가? 교회 역사에 그 많은 훌륭한 하나님의 종들은 어찌하여 여성 안수를 허락하지 않았는가? 경건한 여 성도들은 어찌하여 여성 안수를 반대하는가? 그들은 성령의 뜻을 거슬려왔다고 말할 수 있는가?

(11) 하나님의 여성상(Female image of God)

여성 안수 찬동자들은 말하기를 지금까지는 하나님의 남성상(male image of God)만을 전통적으로 생각하여 왔다. 과거의 유대교 전통이나 기독교 전통은 하나님을 남성으로 비유하는 데만 치중하여 하나님을 "남성신"으로 착각해 온 경향이 있다. 남성신은 남자와 연결되어 남성 제사장에까지 이르게 되었다. 그 결과 여성이 성직에서 배제되었다. 그러나 지금부터는 하나님의 여성상(female image of God)을 발굴하여 여권(woman's right)을 다시 찾고, 여성들에게 안수를 허락하여야 한다고 주장한다. 그들은 하나님의 여성상을 엘 샤다이에서 발견한다고 궤변한다. 하나님의 명칭들 중 "엘 샤다이"(אֵל שַׁדַּי)는 주석적으로 볼 때 양육하는 어머니의 "젖가슴"을 가진 하나님으로 이해되며, 젖먹이는 가슴(젖가슴)을 가진 하나님으로 해석되는 엘 샤다이의 모성적 이미지는 구약의 하나님 이해로서 무리 없이 수용될 수 있지 않을까 여겨진다"고 하였다.[320]

반증(反證):

구약에 계시된 하나님의 명칭들 중 엘 샤다이(אֵל שַׁדַּי; God Almighty)는 전능하신 하나님이란 뜻이다(창 17:1; 28:3; 35:11; 48:3; 49:2; 출 6:3 등). 70인역에는 엘 샤다이를 판토크라톨(παντοκράτωρ; Almighty; 전능자)로 번역되었다. 신약에도 하나님은 "전능하신 주 하나님"(κύριος ὁ θεὸς ὁ παντοκράτωρ; Lord God the Almighty)으로 되어 있다(계 4:8).

---

320) Ibid., pp. 49–51

"엘 샤다이"를 양육하는 "어머니의 젖가슴"으로, 하나님의 양육하심과 돌보심을 나타내는 모성적 이미지로 이해해도 무리 없이 이해될 수 있다는 말은 억지 주장이다. 물론 전능하신 하나님은 믿는 자들의 아버지로서 역할을 하시며 해산의 수고와 양육하심과 돌보심을 나타내는 은유적 모성적인 역할도 하신다(사 49:15). 그렇다고 하나님의 명칭을 임의로 "하나님 아버지와 어머니"로 개칭할 수 있는가?

(12) 포괄적 언어의 성구집(An Inclusive Language Lectionary)

미국의 자유주의 교회들의 연합단체인 미국교회협의회(NCCC in USA) 교육목회분과위원회는 여성 해방, 여권 운동, 남녀평등 운동의 일환으로 남성 명칭들을 남녀를 함께 지칭할 수 있는 포괄적 용어들로 대치하였다. 남녀 11명이 위원이 되어 1980년부터 3년 동안 『포괄적 언어의 성구집』이란 책들을 출간하였다. 포괄적 언어의 성구집은 3권으로 되어 있는데 첫 권(Cycle A)은 1983년부터, 둘째 권(Cycle B)은 1984년부터 그리고 셋째 권(Cycle C)은 1985년부터 예배 시 교독문으로 사용하도록 한 것이다.[321]

뿐만 아니라 자유주의자들은 포괄적 용어로 『신약과 시편』(An Inclusive Version)을 5년 편집 끝에 출간하였다.[322]

미국교회협의회가 남성 명사들을 남녀가 공히 사용할 수 있는 포괄적 용어들로 대치시킨 명칭들은 다음과 같다.

① "하나님 아버지"를 "하나님 아버지와 어머니"로(God the Father→ God the Father and Mother)

신구약 성경은 모두 하나님을 아버지로 호칭하였다. 하나님을 아버지로 호칭한 것은 하나님께서 자신을 우리에게 계시하신 것이다. 우리 주님도 우리를 위한 그의 주기도문에서 "하늘에 계신 우리 아버지"라고 불렀고(마 6:9), 빈번히 "아버지" 또는 "나의 아버지"(Father or my Father)라고 불렀다(막 14:36; 마 11:27; 23:9).

하나님의 말씀과 성령의 역사로 중생함을 받아 하나님의 자녀(양자)가

---

321) *An Inrlusive Language Lectionary*, John knox Press, 1985
322) One World, p. 2. 1995. 11

된 그리스도인들도 하나님을 아바(Abba) 아버지라고 부른다.

그러나 자유주의자들이 남녀평등을 운운하면서 하나님의 명칭까지도 임의로 변경한 것은 불신앙적 배교의 행위이다. 하나님은 신(神)이시다. 그러므로 하나님은 성(sex)이 없으시다. 하나님은 남자도 여자도 아니시다. 그러나 하나님께서 자신을 아버지라고 계시하신 것은 하나님과 그리스도와의 관계, 그리고 그리스도인들과 하나님과의 관계가 어떠한가를 가장 잘 묘사한다.

② **"하나님의 아들"**을 **"하나님의 아이"**로(the Son of God→Child of God)

자유주의자들은 예수 그리스도의 영원한 자격(sonship)으로서의 아들이라는 특수명칭을 아들과 딸 모두에게 사용할 수 있는 포괄적 용어인 아이(child)로 대치하였다. 그렇다면 예수님을 여자아이로 성을 바꾸거나 또는 여자아이로 부를 수 있다는 말이 아닌가?

예수 그리스도께서 도성인신 하시기 전에는 성자 하나님(God the Son)으로 그에게는 신성(deity)만 있었다. 그러나 도성인신 하심으로 그의 신성에 인성(humanity)을 취하사 신인(God-Man)이 되셨다. 그러므로 예수 그리스도께서 육체를 취하시고 이 세상에 계시는 동안만은 완전한 신(神)이신 동시에 또한 완전한 사람이었다. 그런데 인성(人性)으로서의 예수님은 남자(male)이었다(마 3:17; 막 1:11; 마 4:1-3; 11:27; 15:39; 27:40; 막 13:32).

③ **"왕"**을 **"지배자"**로(King→Ruler)

왕이란 명칭은 위엄과 권위 그리고 통치권을 나타내는 남성 명사이다. 그러나 자유주의자들은 세상에는 여왕(queen)들도 있다고 하면서 왕이라는 명칭 대신 지배자란 명칭으로 대치하였다.

④ **"남자"**를 **"사람"**으로(Man→Person)

자유주의자들은 남자를 가리키는 단어 안트로포스(ἄνθροπς)는 남자와 여자를 다 가리키는 명칭이므로 남녀를 모두 나타내는 단어인 사람(person)으로 대치하였다고 궤변 한다.

물론 남자를 가리키는 단어 안트로포스는 일반적으로 남자와 여자를 다 가리키는 "사람"이라는 명칭으로도 사용되었다(마 4:4; 12:35; 요 2:25).

그러나 남자와 여자를 구별하는 의미에서 "남자"까지도 남자와 여자를 다 포함하는 사람(person)으로 대치한 것은 성 구별까지도 철폐하는 망동(妄動)이다. 그러기에 저들은 호모섹스까지도 허용하지 않는가?

⑤ **"형제들"**을 **"형제자매들"**로(Brethern→Brothers and Sisters)

자유주의자들은 주장하기를 성경에 형제들이란 형제자매들을 가리킨다고 하면서 형제들을 형제자매들이라는 명칭으로 바꾸었다.

물론 형제들이란 단어 아델포스(ἀδελφος)는 여러 가지 의미로 사용되었다. 친구들을 가리키기도 하며(요 20:17), 형제들을 가리키기도 하며(마 1:2; 14:3), 이웃을 가리키기도 하며(마 5:22, 23, 24; 18:15, 21), 같은 민족을 가리키기도 하며(행 3:17; 롬 9:3), 예수님을 따르는 무리들을 가리키기도 한다(마 28:10). 그러나 같은 부모 밑에서 태어난 남자 형제들(brothers)만을 가리킬 때도(행 7:23, 26; 히 7:5) 자매들(sisters)이란 말로 대치할 수 있는가? 이는 어불성설이다.

⑥ **"아브라함"**을 **"아브라함과 사라와 하갈"**로(Abraham→Abraham and Sarah and Hagar)

여권운동자들은 주장하기를 아브라함이라는 이름에 사라와 하갈의 이름을 더 추가함으로 아브라함의 자녀들이 사라의 계통인가? 하갈의 계통인가? 를 알 수 있다고 궤변한다. 그리고는 마태복음 3:9 "속으로 아브라함이 우리 조상이라고 생각하지 말라"는 말씀을 "아브라함을 우리의 아버지로 사라와 하갈을 우리의 어머니라고 생각하지 말라"고 임의로 추가하였다. 저들은 하나님의 말씀은 일점일획이라도 가감할 수 없다는 무서운 계명(계 22:18, 19)도 아랑곳없다.

⑦ **"경찰"**을 **"경찰관"**으로(Policeman→Police officer)

폴리스(police) 다음에 접미어로 맨(man; 남자)이 붙었으니 맨(남자) 대신에 어휘서(officer; 관)를 붙이므로 남녀경찰관 모두에게 사용할 수 있다고 한다.

⑧ **"의장"**(Chairman)을 **"의장"**(Chairperson)으로

의장(chairman)은 체어(chair) 다음에 접미어로 맨(man; 남자)이 붙었으니 맨(남자) 대신에 펄슨(person; 사람)으로 고쳤다.

(13) 외국의 전통적 교회들은 모두 여성 안수를 시행한다는 궤변

여성 안수 찬동자들은 주장하기를 "우리와 신앙 교류를 같이하는 다른 나라들의 전통적 교회들은 다 여성 안수를 허락한다. 국제 교류적 측면에서도 여성 안수를 허락하여야 한다"고 주장한다.

반증(反證):

먼저 여성 안수를 실시하는 다른 나라들의 소위 전통적 교회들이란 어떤 교회들인가를 바로 알아야 한다. 우리 나라의 교회들과 교류하는 다른 나라들의 교회들도 자유주의 교회들 아니면 신비주의 교회들이다. 실례로 우리 나라의 통합측 장로교와 기장측 장로교가 교류하는 미합중국장로교(PCUSA), 기독교감리회와 교류하는 미국연합감리교(UMC) 등은 극도로 타락한 자유주의 교회들이며, 우리나라의 순복음하나님의성회(기하성)와 오순절 성결교회와 교류하는 미국의 하나님의 성회는 현대 방언과 신유의 은사를 강조하는 신비주의 교회들이며, 구세군은 오래 전부터, 영국 성공회는 1974년부터 여성 안수를 실시하고 있다. 이들 교회들은 여자 목사, 히피 목사는 물론 호모섹스 목사들도 있다. 이 교회들은 오래 전부터 신앙고백이 일치하지 않는 교회들과 비성경적 연합 운동(Ecumenical Movement)도 하고 있다. 그래도 이들 교회들이 전통적 교회들이라고 말할 수 있는가?

(14) 여성안수 반대는 생명경시라는 주장

여성안수 찬동자들, 여권운동자들은 여성안수 반대를 생명경시와 동일시하여 여성안수 반대는 생명을 경시하는 것이라고 주장한다(예장 합동 총회장 여성비하? 생명경시 발언 대책위원회).

반증(反證):

여성안수 반대와 생명경시는 전연 무관한 일이다. 그러므로 여성안수 반대와 생명경시를 동일선상에서 왈가왈부하는 것 자체가 납득이 안 되는 논리적 모순이다.

생명은 생명체를 존재케 하는 원동력이다. 원동력이란 생명체를 활동시키는 힘이다. 영존하시는 하나님은 모든 피조물들의 생명의 근원이시다. 그러므로 생명은 하나님께 속한 것이요 우리의 것이 아니다.

사람의 생명은 천하보다 귀하다. 예수님은 말씀하시기를, "만일 사람이 온 천하를 얻고도 제 목숨을 잃으면 무엇이 유익하리요, 사람이 무엇을 주고 제 목숨을 마꾸겠느뇨?"(마 16:26)

그런데 아이러니칼한 것은 소위 생명을 중시한다는 여권운동자들과 여성 안수 찬동자들과 자유주의자들은 오히려 산아제한(Abortion)을 찬동한다. 산아제한은 무제한 어린 생명을 죽이는 살인죄이다. 생명의 근원이시오 부여자이신 하나님은 살인하지 말라(출 20:13; 창 9:5-7; 제 6계명)고 명령하셨다.

(15) 여성안수 반대하는 자들은 철저히 회개하고, 여성안수 반대제도를 철폐하라는 궤변

최근 "예장합동 총회장 여성비하 생명경시 발언 대책위원회"에서 있은 윤철호 교수의 특강의 마지막 발언들 중의 하나.

반증(反證):

모든 사람은 양심의 자유, 신앙의 자유가 있다. 이는 언론의 자유, 결사의 자유와 더불어 인간의 기본권이다. 그러므로 사람은 누구든지 양심의 자유, 신앙의 자유의 원리에 입각하여 어떤 종파, 어떤 교단의 신앙노선, 교리적 입장, 예배의 형태 등등을 선택하느냐의 문제는 전적으로 각 개인에게 달려 있다.

그러므로 자신의 신앙관은 자신에게 있어서는 생명과 같다. 반대로 다른 사람에게 있어서는 다른 사람들도 그들의 양심의 자유, 신앙의 자유의 원리에 입각하여 어떤 종파, 어떤 교단, 어떤 신앙노선을 선택하는 여부는 전적으로 자기 자신에게 달려 있다.

따라서 나의 신앙관과 다른 사람의 신앙관은 전적으로 반대될 수 있다. 그 때에 나는 다른 종파, 다른 신앙에 관하여 나의 신앙의 세계에서 잘못된 신앙, 잘못된 교리 등에 관하여 가르쳐야 하며, 단번에 주신 믿음의 도리를 위하여 힘써 싸워야 한다(유 3). 그러나 자기의 신앙관과 배치된다 하여 그 세계 사람들에게 "회개하라, … 철폐하라"고 주장하는 것은 월권이요, 양심의 자유와 신앙의 자유의 원리에 위배된다.

6. 여성 안수 제도의 진전 과정
(Developments in Womens Ordination throughout Church History)

(1) 1927년 배교와 불신앙으로 타락된 자유주의 교회들의 연합단체인 세계교회협의회(WCC)의 모체(母體) 중 하나였던 신앙과 직제위원회 Commission on Faith and Order)가 1927년 스위스의 로잔(Lausanne)에서 처음 모였을 때 400명의 대표들 중 7명이 여성들이었다. 여성 대표들은 교회 내에서의 여성의 사역과 직분에 관하여 진술하기를 "교회 내에서의 여성의 올바른 위치는 모든 사람들의 정신과 마음에 새겨져야 한다"고 하였다.323)

(2) 1948년 8월 22일부터 9월 4일까지 화란의 암스테르담(Amsterdam)에서 147개 교단 352명의 대표들이 모여서 세계교회협의회(WCC)를 조직한 그때도 "여성의 완전 목회사역에 합의하지 못하였다"고 함으로 일부 자유주의교회들이 여자 목사 제도를 채용하고 있으면서도 여자 목사 제도의 찬반의 합의점을 찾지 못하였음을 보여준다.324)

(3) 1961년도 11월 18일부터 12월 6일까지 인도의 뉴델리(New Deli)에서 모였던 WCC 제3차 총회 시에 WCC의 신앙과 직제 위원회는 가정, 교회, 사회, 남녀 협력 분과 위원회와 협력하여 여자 목사 제도를 연구하도록 요청받았다.

(4) 이에 호응하여 불란서 파리(Paris)에서 모였던 신앙과 직제 위원회는 1963년도 7월 12-26일까지 캐나다 몬트리얼에서 모였던 제4차 신앙과 직제 위원회에 "여자 목사 안수에 관한 연구 보고서"가 나왔다. 이 연구보고서는 여자 목사 문제에 대하여 적극 찬동하였다. 그리고 "목회사역에 있어

---

323) *Faith and Order, Proceedings of the World Conference, Lausanne*, 3-21 Aug. 1927, H. N. Bate, N. Y. 1927, pp. 372-3
324) *The First Assembly of the WCC*, Amsterdam, 22 Aug. to 4 Sept, 1948. W. A. Vissert's Hooft, N. Y. 1949, p. 147

서의 여성"이라는 주제하에 연구를 계속할 것을 추천하였다.[325]

(5) 1967년 영국의 브리스톨(Bristol)에서 모였던 신앙과 직제 위원회는 "현재 교회 연합 협상에서 제기되는 문제들 특히 여자 목사 문제에 관하여 연구하도록" 결의하였다.[326]

(6) 1968년 7월 4일부터 20일까지 스웨덴 읍살라(Uppsala)에서 모였던 WCC 제4차 총회에서는 여자 목사 문제에 관하여 더욱 적극적으로 호응하고 찬동하는 피치를 들었다. "현재 여자 목사 제도가 점차 증가한 것과 이 경험에 비추어 신학적인 반영이 더 있어야 한다"고 하였다.[327]

(7) 1970년도에 "앞으로 다가 올 안수 문제는 무엇인가?"라는 WCC 조사에 의하면 당시 215개 WCC 회원 교단들 중 "72개 교단들이 여자 목사 제도를 허락하고 있다"고 하였다.[328]

(8) 1971년 WCC의 신앙과 직제 위원회가 루베인(Louvain)에서 모였을 때 여자 목사 문제에 관하여 토론에 더욱 집중하였다. "19세기 동안의 여자 목사 제도 반대세력을 무시할 수 없다. 그러나 전통은 교회에서 변하고 있다. 여자 목사 문제는 취급하여야 하며 그때는 바로 지금이다"라고 성명을 발표하였다. 남녀의 동등한 공동참여 문제에 관하여 활발히 토의하면서 남녀의 공동 참여야말로 참된 공동사회의 지표가 된다고 주장하였다. 목회 사역에 남녀 상호 인정을 강조하고 이것이 복음에 대한 반응의 한 형태라고 하였다. 여자 목사 제도는 교회정치와 헌법에 관련된 것이요, 교리 문제가 아니라고 주장하였다.[329]

---

325) *Concerning the Ordination of Women, Depts on Faith and Order and Cooperation of Men and Women in Church, Family and Society,* WCC: Geneva, 1964, p. 5
326) *Faith and Order Paper* No. 9. 1968, p. 148
327) *Official Report of the Fourth Assembly of the WCC, Uppsala,* 4-20 July 1968, WCC: Geneva, p. 250
328) C. F. Parvey, *Ordination of Women in Ecumenical Perspective,* WCC, Geneva, 1980, p. 9
329) *The Ordained Ministry in Ecumenical Perspective Study Encounter,* vol. 8. NO.

(9) 1975년도 11월 23일부터 12월 10일까지 아프리카 케냐의 수도 나이로비(Nairobi)에서 개최되었던 WCC 제5차 총회에서도 여자 목사 제도를 제2분과와 제5분과에서 취급하였다. 제2분과에서는 "연합은 완전한 이해를 요구한다"라는 제목 하에, 제5분과에서는 "교회와 사회에 있어서의 여성; Women in Church and Society"이라는 제목 하에 여자 목사 제도를 토의 및 결의하고, 이 안건에 대한 특별 건의서를 WCC 총회에 건의하였으며, WCC 총회에서는 그 건의서를 채택한 후 WCC 산하 회원 교단들에게 여자 목사 제도에 관한 결의문을 추천 및 권장하였다.

WCC 제 5차 총회의 결의 채택 사항들

여자 목사 제도에 관하여 결의 채택한 사항들은 다음과 같다.

① 세계교회협의회(WCC) 산하 회원 교단들은 여성들의 신학적 교육을 위한 자금을 마련할 것.

② 회원 교단들은 모든 결의기관들 안에 적극적인 여성 참여를 보장할 것.

③ 여자들에게 목사 안수를 허락하는 교회들은 남자들과 동일한 기회를 제공하고, 동일한 급료를 지급할 것.

④ 여자 목사 제도에 신학적 반대 입장을 취하지 않는 회원 교회들은 모든 안수직 목회사역에 여자들이 참여하도록 행동을 취할 것.

⑤ 여자들에게 목사 안수를 허락하는 회원 교회들, 다른 교파들과 대화를 나누지 않는 교회들, WCC에 가입하지 않은 비회원 교회들 모든 교회들에게 여자들이 받은 은사의 척도에 따라서 안수직 목회사역에 전적인 여성 참여를 권장한다"고 하였다.[330]

실제상 WCC는 나이로비 총회에 참가하는 대표들 중 상당수의 여성들이 포함되어야 한다고 회원 교단들에게 강조하였으며, 그 결과 그 총회의 "총대 20%는 여성들이었다."[331]

---

4. 1972, p. 12

330) *A Report on Sexism from the Nairobi Assembly of the WCC* in 1975

331) Alan A. Brash, The WCC, Geneva, WCC, 1981, p. 21

(10) 1975년 **헬렌 스파울딩**(Helen Spaulding)이 마련하고 WCC의 교회와 사회분과 위원회에서 주최한 "여자 목사 안수에 관한 보고서"에 의하면 "당시 295개 회원 교회들 중에 104개 교회(교파)들이 여자 목사 제도를 허락하고 있으며, 기타 교회들은 보고하지 않았다"고 하였다(Ibid.). 그러나 동년(1975년) WCC의 자체조사에 의하면 WCC 회원교단들 중 ⅔이상이 여자 목사 안수를 허락한다고 보고하였다.

(11) 1978년도 8월 15일부터 30일까지 인도의 방갈로(Bangalo)에 있는 기독교 에큐메니칼 센터에서 모였던 WCC의 신앙과 직제 위원회에서는 WCC에 13개 추천사항들을 건의하였는데 그 중에 제9항의 내용에 의하면, "여러 교회 단체들에게 여자 목사 안수를 권장한다"고 하였다.332)

세계교회협의회(WCC)의 "교육 목적 중 하나는 교회와 사회에 여성 참여를 증가하기 위함이다"고 하였다.333)

여자 목사 제도는 자유주의 신신학 노선을 걷고 있는 교회들, 신오순절주의(신비파) 교회들, 군소 독립교단들, 그리고 지금은 소위 복음주의 노선을 걷는다고하는 신복음주의 교회들 대다수가 채택하고 있다. 한국에 교회들 다수는 앞을 다투어 여성도들에게 목사 안수를 줌으로 여자 목사 홍수 시대가 이미 도래 되었다. 더욱이 급진적 자유주의 노선을 걷고 있는 일부 교회들(예를 들면 미국장로교나 미국연합감리교 같은 교파들)은 여자 목사는 물론 히피 목사, 호모섹스 목사까지도 허용하고 있다. 분명히 앞으로는 더 많은 여성들이 목사 안수를 받고 교회의 강단을 점령하게 될 것이다. 그 증거로는 여자 목사 제도를 채택하고 시행하는 "교파 신학교들의 학생수의 30-40%가 여학생들"이라는 사실에서도 입증할 수 있기 때문이다.334)

---

332) *Sharing in One Hope, Commission on Faith and Order*, Bangalore, India, 1978, WCC, Geneva, pp. 269-70
333) Ans J. Van Des Bent, *What in the World is the WCC?*, p. 40
334) Parvery, op. cit. p. 13

III. 여성 안수를 시행하는 한국의 교회들
(Korean Churches Which Ordain Women)

현재 우리나라에서 여성 안수를 실시하고 있는 교단들은 대한예수교장로회(통합), 한국기독교장로회(기장), 기독교대한감리회(기감), 순복음하나님의 성회(기하성), 구세군대한본영, 대한성공회, 기독교대한 복음교회, 오순절성결교회, 기독교대한성결교회(기성)와 예수교대한성결교회(예성), 독립교단(김상복·박조준 목사 계통) 그리고 여러 군소 독립교회들에서도 여성 안수를 주기 시작하였으며, 대한예수교장로회(합동정통), 대한예수교장로회(합신측), 심지어는 보수장자 교단이라고 자처하는 대한예수교장로회(합동측) 일부에서와 고신측 일부에서도 공공연히 공개적으로 여성 안수를 주장하고 있는 실정이다. 지금은 말세라 여자 목사 홍수시대가 되었도다!

1. 대한예수교장로회(통합측)
(The Presbyterian Church of Korea)

이 교단은 자유주의 교회들의 연합단체인 한국기독교교회협의회(NCC)와 세계교회협의회(WCC)의 정회원이다.

주소: 서울시 종로구 연지동 135 한국 교회 100주년 기념관 303호. (전화) 741-4350-3, 교육국 708-3226, FAX. 745-5416

2008년도 현재
(1) 교단 역사

1884년 F9월 22일 미국 북장로교 알렌 선교사(Horace N. Allen) 내한하여 의료선교 시작.

1885년 4월 5일 주일 미국 북장로교 언더우드(Horace D. Underwood) 선교사가 도착.

1901년 평양신학교(현 총신대학교 전신) 개교.

1907년 9월 17일 조선 예수교 장로회 독노회 창립(평양 장대현 교회에서).

1912년 9월 제1회 예수교 장로회 총회 창립(7노회 목사 96, 장로 121) 중국 산동성으로 3명의 선교사 파송.

1938년 제27차 총회시 신사참배 결의.

1943년 4월 조선 예수교 장로회 총회 해체되고 일본 기독교 조선 장로 교단으로 흡수 통합.

1946년 해방 후 남한에서 남부총회로 재건.

1949년 조선 예수교 장로회에서 대한 예수교 장로회로 명칭 변경.

1959년 9월 24일 제44회 총회(대전 중앙 교회에서) 개회 벽두에 총대 148명은 대전 미락식당에서 회의하고 그날 밤 상경하여 연동교회에서 그리고 새문안 교회에서 연속 회동하고 보수측(합동측)으로부터 분립하였다. 이 교단을 통합측이라 부른다.

(2) 여성 안수

대한 예수교 장로회는 1907년 선교사 33명과 한국인 장로 36명이 모여 첫 독노회가 창설되던 때부터 목사와 장로의 자격을 "목사와 장로는 세례 받은 남자이어야 한다"고 규정하였다. 헌법 제5항 23조 5항 "목사의 자격을 27세 이상된 남자"로 규정하고 있다.

1930년 미국연합장로교회(UPC: United Presbyterian Church)가 여성에게 시무장로를 허락한다는 결의를 하게 되자, 1932년 경안노회가 이 문제에 대하여 총회에 "어느 성서에 근거하여 이런 결정을 했으며, 동일한 신조를 갖고 있는 우리 교회는 왜 저들과 다르게 해석하느냐"는 질의를 하였다. 이에 대해 총회는 답하기를 "우리와 상관할 것이 없고, 우리 조선장로교는 본 정치에 의하여" 여자 장로를 세울 수 없다고 답했다.

그러나 이 문제는 1933년 함남 여전도회가 본격적으로 여장로 제도를 실현해야 한다고 강조하면서 청원 운동에 나서, 제22차 총회에 헌의할 것을 목표로 서명운동을 벌려 회장 최영혜 이하 회원 103명의 연서로 함남노회에 제출하였다. 노회는 이들의 청원을 인정하여 정식으로 총회의 헌의안으로 제출케 되어 최초로 여성 안수 문제가 총회의 의제로 상정되었다. 총회는 이 안건을 토의하였으나, "정치 제5장 3조를 개정할 필요가 없음으로 허락할 수 없사오며…"라는 이유로 기각하고 말았다. 1934년에도 동일 안건을 제출하였으나 총회는 강력히 반대하였다. 그러나 자유주의자들은 1970년대 이후부터는 거의 해마다 여성 안수 청원건을 총회에 상정하였고 드디어 1994년 총회에서는 여성 안수 청원건이 통과되었다.

1994년 9월 12일 김기수 총회장이 사회한 제79회 총회에서 여전도회지도위원회와 24개 노회가 청원한 여성 안수가 찬반 토론 없이 투표에 부쳐졌으며 총대 1,822명 중 총투표수 1,321표 중에서 가(可)701표, 부(否)612표, 기권 8표로 겨우 통과시켰다.[335]

1995년 3월 7일부터 5월 11일까지 실시한 51 봄노회에서 여성 안수 수의 결과 총집계 72.84%로 헌의 역사 62년 만에 여성 성직의 법제화가 이루어졌다.

1995년 5월 27일 교단 총회에서 여성 안수 헌법 개정을 공고함.

1996년 9월 제81회 교단 총회 목사고시 합격자 중 여성 77명이 합격되었음을 보고하다.

1996년 가을노회에서 19명의 여자 목사가 안수 받다. 가을 노회 고시를 통해 여장로 고시 합격자 13명이 장로 임직되다.

1997년 4월 현재 여자 장로 피택자 10명, 여자 목사 안수 대기자 58명.

1997년 5월 14일 목사 고시 일에 여성 응시자 163명.

2008년 문화체육부 통계에 의하면 교단의 교역자 수가 19,337명으로 나타났으며 그 중에 상당한 수가 여교역자 · 여자 목사들이다.

2. 한국기독교장로회(기장측)
(The Presbyterian Church in the Republic of Korea)

이 교단도 자유주의 교회들의 연합단체인 한국기독교교회협의회(NCC)와 세계교회협의회(WCC)의 정회원이다.

주소: 서울시 종로구 연지동 136-46 한국기독교회관 1501호 (전화) 02) 708-4201-6, 392-3549, Fax. 02) 708-4027, 여목 02) 708-4033.

2008년도 현재: 교회수 1,261개, 교역자수 1,955명, 교인수 310,195명

---

335) 기득공보 1994. 9. 17, 1#

(1) 교단 역사

1952년 대한 예수교 장로회 제37차 총회시 김재준 목사 제명.

1953년 6월 10일 제38회 총회에서 분립한 김재준 목사 일파가 한국신학대학에서 따로 회집하고 교회분열을 가져왔다.

1954년 6월 제39회 총회에서 총회 명칭을 "대한 기독교 장로회"로 개칭.

1961년 5월 제46회 총회에서 총회 명칭을 "한국 기독교 장로회"로 개칭.

(2) 여성 안수

1955년 5월 제41회 총회에서 "여자 장로 제도 채택".

1974년 9월 제59회 총회에서 "여자 목사 제도 채택".

1977년 11월 경기노회에서 양정신 씨를 안수하여 첫 여자 목사가 탄생되었다.

2003년 90여 명의 여자 목사들이 있다. 지금은 상당수의 여자 목사들이 있다.

3. 기독교대한감리회(Korea Methodist Church)

이 교단도 자유주의 교회들의 연합단체인 한국기독교교회협의회(NCCC)와 세계교회협의회(WCC)의 정회원이다.

주소: 서울시 중구 태평로 1가 64-8, 감리회관 20층. (전화) 399-4300-2, 여목 02) 792-9629

1994년도 교회수 4,361개, 교역자수 5,607명, 신도수 1,275,948명

2003년도 교회수 5,386개, 교역자수 7,810명(여목 307명), 신도수 1,417,213명

(1) 교단 역사

1885년 4월 5일 최초의 감리교 선교사 아펜셀라 부부 입국.

1887년 정동제일교회 설립.

1895년 미국 남감리회 리드 선교사 내한 선교 시작.

1904년 5월 김창식, 김기범 최초로 개신교 목사가 되다.

1905년 협성신학교(감신대 전신) 개교.

1918년 남감리회 한국 연회 조직.

1930년 남·북감리회 합동→기독교 조선 감리회 창설.

1931년 제1회 연합연회와 만주 선교연회가 조직.

1949년 4월 20일 재건파와 복구파가 합동하여 대한 기독교 감리회로 발족.

(2) 여성 안수

1931년 미국연합감리교 소속으로 한국에서 사역하고 있던 미국인 여선교사 14명에게 목사 안수를 주었다. 미국 여자 선교사들의 목사 안수는 한국교회에 큰 영향을 주었다. 그러기에 감리교에서는 같은 해에 여자 목사, 여자 장로 제도를 채택하고 같은 해 6월에 연합감리교 여선교사들이 양주삼 총리사에게 안수하여 한국 최초로 여자 목사가 탄생되었다. 지금은 여자목사들이 많이 있다.

4. 하나님의성회(The Assemblies of God)

하나님의 성회를 한국에서는 "순복음교회"라고 부른다. 하나님의 성회를 영어로는 일명 Pentecostal Church(오순절 교회)라고 부른다. 그들의 이론과 주장에 의하면 "오순절 교회란 오순절날 초대교회에 성령이 임하여 성령세례를 받은 사도들의 신앙을 따르는 교회라는 뜻이다"라고 한다(이영훈, 『순복음교회의 신앙과 신학』, p. 312). 오순절 계통의 교회들은 "성령세례"를 강조한다. 그들은 주장하기를 성령세례를 받으면 사도시대처럼 방언을 말하며 병 고치는 역사가 일어난다고 한다. 그러므로 오순절 계통의 교회들은 자신들의 교회들을 자칭 사도적 신앙 운동(Apostolic Faith Movement), 방언 운동(Tongues Movement), 늦은비 운동(Latter Rain Movement) 또는 순복음(Full Gospel, 충만한 복음)이라고도 부른다. 그러나 그들의 "오순절주의" 또는 "오순절파"라는 명칭은 신오순절주의 또는 신오순절파교회들(N대 Pentecostal Churches)라고 정의하여야 옳다. 그 이유는 오늘날의 오순절파는 초대교회에 있었던 오순절 성령의 역사와는 본질상,

성질상 판이하기 때문이다.

5. 기독교대한하나님의성회
(The Korea Assemblies of God)

주소: 서울시 종로구 평동 222번지 총회회관 301호. (전화) 02)720-6832, 737-4071, Fax. 737-4396.

역사: 1996년 5월 그 교단 통계 발표에 의하면 40년 역사에 120만 신도, 1,300 교회, 3,000명의 교역자(목사 1,200명, 남녀 전도사 1,900명), 평신도수 130만 명.

2003년 말 통계에 의하면 신도수 1,242,009명, 교회수 1,870, 목사 2,061명(여목 140명 포함)이다. 지금은 여자 목사들이 많이 있다.

1996년 6월 NCC에 가입. 여성 안수는 교단 처음부터 있었으며 현재 20 여 명의 여목사가 있다. 기독교 대한 하나님의 성회는 신오순절파 교회로서 신비파이다. 신비파 교회가 자유주의 연합단체인 NCC에 가입한 것은 도저히 이해할 수 없다.

조용기 목사는, "일단 여자들이 목회로 부름을 받으면 그들은 더 이상 여자의 범주에 속하지 않는다. 그들은 주의 사자들이다"라고 말했다.[336]

6. 구세군대한본영
(Salvation Army Territorial H. Q. for Korea)

한국의 구세군 대한 본영은 한국의 자유주의 교회들의 연합단체인 한국 기독교교회협의회(KNCC)의 정회원이다. 구세군 본부는 오래 전에 NCC의 상부인 세계교회협의회(WCC)가 인종차별투쟁사업(PCR)이란 명목으로 공산 주의 게릴라 단체들에게 막대한 자금을 계속 지원하여 온 사실과 자유주의 의 첨단을 걷고 있음으로 탈퇴하였지만, 구세군 대한 본영은 KNCC에 계속 남아 있다.

주소: 서울시 종로구 신문로 1가 58-1. (전화) 732-1402-6

---

336) 조용기, Christian News, 1998. 1. 15

(1) 교단 역사

구세군의 창설자: **윌리암 부트**(William Booth, 1829-1912)는 영국 낫팅햄(Nottingham)에서 태어나 1844년에 회심하였다. 후에 그는 감리교회의 목사가 되었으나 1861년 목사직을 사임하였다. 그는 1865년 7월 2일 "기독교 선교회"라는 이름으로 런던의 가난한 사람들에 대한 불쌍한 마음을 가지고 교회 운동을 펼치게 되었고 그것이 구세군의 효시가 되었다. 당시 영국의 사회현실은 산업혁명 후기 증상으로 많은 실업자와 빈민들이 생겨나게 되었고 정신적 타락과 알콜 중독, 윤락행위 등 제반 사회 문제가 심각하게 대두되었었다. 이때에 윌리암 붓트는 노천 광장, 극장, 공장 기타 여러 곳에서 음악을 동반한 전도와 빈민구호활동을 하게 되었다. 1878년에는 기독교 선교회를 구세군(Salvation Army)이라 개칭하고 윌리암 붓트는 구세군을 대표하는 초대 "대장"이 되었다. 현재 구세군은 러시아과 동구권을 포함한 104개 국에서 복음전도사업을 통한 영혼구원과 사회사업을 통한 이웃사랑을 전개해 나가고 있다. 그들의 현대적 표어는 "마음은 하나님께, 손길은 이웃에게"(Heart to God, Hand to Man)이다.

구세군의 특징: 군대식 조직, 복장과 계급, 용어 등이다. 목회자는 '사관'이라 하며 사관은 구세군 사관학교를 졸업한 후 사관으로 임관될 때 계급은 '부위', 5년이 지나면 '정위', 정위로부터 15년이 지나면 '참령', 참령 이후부터는 특별한 직책이 주어졌을 때 '부정령', '정령', '부장', '대장'의 계급으로 진급하게 된다. 한 나라의 구세군 대표자는 사령관, 전세계 구세군 대표자는 대장이라고 한다.

(2) 한국 구세군의 역사

구세군의 해외선교는 1880년부터 시작되어 유럽 여러 나라와 캐나다, 미국 등에 전파되었고, 동양에서는 1895년 처음으로 일본에 전파되었다.

한국에 구세군이 전파된 것은 1907년 구세군 창립자인 윌리암 붓드 대장의 일본 순회집회 때 참석했던 조선 유학생의 요청에 따라 1908년 10월 2일에 정령 허가두 사관(Colonel Hoggard 영국인)에 의해 한국선교가 이루어지게 되었다. 1908년 11월 22일에 한국 구세군의 첫번째 영문(교회)인 서울제일영문이 개영하게 되었다. 그 후 비약적인 발전을 거듭하여 초대 한국 사령관인 허가두 정령의 8년 간 재임기간 동안 사관 87명, 교인 2,753명, 영문 78개소를 개척하는 놀라운 모습을 보여주었다.

사회사업은 1918년 한 독지가의 기부금으로 서대문구 충정로에 아동구제시설인 혜천원을 설립한 것을 시작으로 1926년에는 윤락여성을 위한 여자관과 교육사업인 학교를 설립하였다, 그리고 1924년부터는 천재지변에 구호를 실시하는 긴급구호를 시작하는 등 사회사업에 활발한 활동을 펴서 구세군에 대한 관심을 갖게 하였다. 일제하에서의 선교는 일본의 2차 세계대전 참전으로 탄압이 시작되었고 1940년에는 세계적 조직인 구세군이 스파이 행위로 의심받아 오던 중 1941년 일본 구세군에 의해 구세단으로 명칭이 변경되고 해외 사관들은 모두 귀국 조치시키는 등 일본 구세군에 의해 운영되다가 1943년 전쟁에 협조하지 않는다 하여 강제 폐쇄 조치되어 지하교회로 그 명맥을 이어오던 중 1947년 새로운 사령관의 부임과 더불어 사업이 재개되었다. 이때 시작한 의료사업(영동구세병원)은 미국인 리차드 박사의 적극적인 참여로 사회사업에 새로운 장을 여는 듯 했으나 1950년 발발한 한국전쟁으로 당시 구세군 사령관이던 로오드 부장은 피납 되었고, 진주 영문 담임사관이던 노영수 참령은 순교 당하는 등 많은 피해를 당하는 수난이 계속되었다.

1909년 이래 구세군은 그 동안 20명의 사령관이 바뀌어 오는 동안 현재에는 180여 개의 영문(교회)과 110,000여 명의 교인, 496명(독신 34명 나머지는 동부인)의 사관 그리고 67여 개의 사회사업시설을 운영하는 등 선교와 사회사업에 활동을 보이고 있다. 구세군 사관(목사)은 부부가 같이 하므로 여자 사관은 약 260명이 넘는다.

IV. 미국 자유주의 교회들의 여성 안수
(American Churches Which Ordain Women)

1. 미국장로교(Presbyterian Church in USA)

이 교단은 미국의 자유주의 교회들의 연합단체인 미국교회협의회(NCCC

in USA)와 전 세계 자유주의 교회들의 연합체인 세계교회협의회(WCC)의 정회원이다.

주소: 100 Witherspoon St. Louisville, KY. 40202

TEL.(888)728-7228 FAX.(502)569-5018

2004년도 통계 : 신도수 2,362,136, 교회수 11,019, 교역자 수 8,856

2005년도 현재 : 신도수 2,313,662, 교회수 10,960, 교역자 수 8,752

(1) 교단 역사

미국 장로교의 시작은 **존 낙스**(John Knox)가 스위스의 제네바에서 존 칼빈(John Calvin)으로부터 배우고 1559년 영국 스코틀랜드로 돌아와 스코틀랜드에서 장로교를 세움으로부터 시작되었다. 그러나 스코틀랜드와 아일랜드의 장로교도들의 상당수는 영국국교와 로마 천주교의 핍박으로 인하여 1620년대에 신앙의 자유를 찾아 대서양을 건너 미대륙 동북부로 이민 정착하게 되었다. 이들을 청교도들이라고 한다. 이들은 1611년에 버지니아 주에, 1630년에는 메사추세츠 주와 콘넥티컷 주에, 1640-43년에는 롱 아일랜드와 뉴욕 주에 장로교회들을 세우게 되었다.

1680년에는 메릴랜드 주에 정착한 청교도들이 본국 스코트랜드와 아일랜드 장로교에 교역자들을 파송하여 줄 것을 요청하였다. 이 요청에 응하여 아일랜드 장로교는 **매키니**(Makenie, 1658-1708) 목사를 1683년 북미 선교사로 파송하였다.

1706년에는 매키미 목사를 중심으로 6명의 교역자들이 필라델비아에서 장로교 첫 노회(Presbytery)를 조직하였다. 1716년에는 노회를 대회(Synod)로 승격시키고, 1717년에는 첫 대회를 개최하게 되었고, 1789년에는 총회(General Assembly)로 승격되었다.

초대 총회장에는 "미국독립선언문"에 목사로서는 유일하게 서명한 **존 위터스푼**(John Witherspoon)이 당선되었다. 미국 장로교는 1729년에는 웨스트민스터 신앙고백서를 신앙고백서로 채택하였다. 1861년 미국 시민전쟁(남북전쟁 1861-1865)으로 인하여 교회들이 남북으로 갈라져 북부에는 북장로교, 남부에는 남장로교가 되었다. 미국 북장로교는 1858년에 조직 된 연합장로교와 1958년 펜실베니아 주 피츠버그(Pitsburg, Pa.)에서 연합하여 연합장로교(UPC)라 개칭하고, 이 교회들은 오랜 세월 후에 1983년 6월 10일 조지아 주 아틀란타 시(Atlanta, Ga.)에서 에큐메니칼 운동의 일환으로 123년 만에 다시 합하여 교단 명칭을 미국 장로교(PCUSA)라고 다시 개칭하였다. 현재 교세는 대략 375만 정도이다.

(2) 여성 안수

미국연합장로교(UPC)에서는 1922년에 여자 집사 제도를, 1930년에는 여자 장로 제도를, 1955년에는 여자 목사 제도를 가결하였다. 그리하여 1956년 마가렛 타우너(Margaret E. Towner)가 최초로 미국 장로교 여자 목사가 되었다. 1971년에는 스테어(Lois H. Stair) 씨가 여성으로 총회장이 되었다.

미국 북장로교(NPC)에서는 1964년 여자 목사 제도를 채택하고 1965년 레이첼 헨더라잇(Rachel Henderlite)이 첫 여자 목사가 되었다. 1986년 NCCC의 통계에 의하면 이 교단의 여자 목사 수는 1,519명으로 나타났다.

미국 장로교는 한국의 대한예수교장로회(통합측: 장신대 계통)와 대한기독교장로회(기장측: 한신대 계통)와 더불어 세계교회협의회(WCC)의 정회원들로서 오래 전부터 신앙적 신학적 여러 면에 밀접한 관계를 맺고 있음으로 이들 한국의 자유주의 장로교회들은 미국 장로교의 영향을 받지 않을 수 없다. 그러므로 이 교회들은 날이 갈수록 점점 더 자유주의화 되어가고 있다.

2. 미국연합감리교(The United Methodist Church)

이 교단도 미국의 자유주의 교회들의 연합단체인 미국교회협의회(NCCC)와 전 세계 자유주의 교회들의 연합단체인 세계교회협의회(WCC)의 정회원이다.

TEL.(615)742-5406, FAX.(615)742-5423 Website: www.umc.ong

(1) 교단 역사

원래 감리교 운동은 영국의 부흥사 존 웨슬리(John Wesley)의 사역으로 영국에서 시작되었다. 그러나 미국 감리교의 발단은 1784년 발티모(Baltimore)에서 있었던 크리스마스 회의(Christmass Conference)가 조직적 교회의 시작으로 간주된다. 그리고 초대 감독에는 후랜시스 아즈베리(Francis Asbury)가 피선되었다. 미국감리교는 1930년 남북감리교회가 연합하여 연합감리교가 되었으며, 1939년에는 감리감독교(남부측), 감리 프로테스탄트 교회, 감리감독교가 연합감리교 안으로 흡수되었다. 1946년에는 그리스도연합형제교와 복음교회가 합하여 "복음연합형제교회"가 되었다. 1968년 4월 28일 달라스에서 복음주의연합형제교회와 연합감리교가 또 합하여 연합감리교가 되었다. 2003년도 신도수 8,186,254, 교회수 34,892, 교역자 수 45,176, 2004년도 현재 신도수 8,075,010, 교회수 346,660, 교역자 수 45,149. 현재 교세는 미국에서 세번째로 큰 교단이다.

(2) 여성 안수

미국연합감리교는 1956년 "여성의 완전한 성직 권리"(full clergy rights for women)를 인정하고, 1976년 총회에서는 여자 목사 제도를 법으로 제정하였다. 그리고 1980년 7월 17일 메조리 스웬크 매튜스(Majorie Swank Mattews)가 최초의 여감독(bishop)이 되었다. 1986년 NCC의 통계에 의하면 이 교단의 여자 목사수는 1,891명으로 나타났다. 미국연합감리교는 대한기독교감리회(기감측: 감신대 계통)와 더불어 세계교회협의회(WCC)의 정회원들로서 오래 전부터 신앙적 신학적 분야를 위시하여 여러 면에 밀접한 관계를 맺고 있음으로 한국의 기독교 감리회는 미국연합감리교의 영향을 받지 않을 수 없다. 그러므로 날이 갈수록 점점 더 자유주의화 되어 가고 있다.

3. 미국기독교개혁교회(Christian Reformed Church)

주소: 2850 Kalamazoo Ave., S.E. Grand Rapids, M1. 49560.
TEL.(616)224-0744 FAX.(616)224-5895 Website: crcha. org

(1) 교단 역사

미국의 "기독교개혁교회"(CRC)는 1600년대 이래 화란에서 미국으로 이민 온 화란인들로 구성된 교회이다. 기독교개혁교회는 장로교와 마찬가지로 칼빈주의 신앙과 장로교 정치를 택하고 있다. 그들은 벨직 신앙고백서(1561), 하이델베르그 요리문답(1563), 돌트 정경(1618-19), 웨스트민스터 신앙고백서(1648) 등을 신앙고백서로 채택하고, 성경의 영감과 무오를 믿어왔다.

이 교단은 1847년 미국 미시간 주에서 창립총회를 열고 화란의 개혁교로부터 독립하였다. 이 교단은 미시간 주 그랜드 래피드(Grand Rapids, Mi.)에 칼빈대학과 칼빈신학교(1876)를 중심으로 2008년도 통계에 의하면 미국 전역에 776교회, 187,060만 성도, 1,340명의 교역자를 가지고 있다.

(2) 여성 안수

기독교개혁교회는 1995년 대회(Synod)에서 여성 안수를 결의하였다. 이 단체는 신오순절주의, 호모섹스 등의 문제를 안고 있다. 주초 문제는 옛날부터 개방하고 있다.

1996년 6월 11-19일까지 미시간 주 그랜드 래피드 시에서 열렸던 총회에서도 1995년 여성 안수 결의에 대한 총회 결의의 개정을 동의하지 않기로 122:54로 부결시켰다. 그리고 3명의 여자 목사 안수를 허락하였다.

4. 영국교회(성공회; Anglican Church)

이 교회도 전 세계 자유주의 교회들의 연합단체인 세계교회협의회(WCC)의 정회원이다.

주소: Church House, Great Smith st. London, SWIP 3NZ,
TEL. 01-222-9011. FAX. 01-233-2660

(1) 교단 역사

기독교가 영국에도 일찍이 3세기경에 들어갔다. 6세기경에는 영국에 침입한 앵글로와 색슨족(Angles and Saxons)이 영국 교회를 진멸하였으나 생존 신자들이 로마교회와 함께 야만인들을 점차 개화시켰다.

콘스탄티노플을 중심으로 한 동방 교회들이 로마 교회를 반대하여 왔다. 드디어 로마 천주교와 동방 교회(Greek Orthodox Church)는 1054월 7월 16일 분열되었다.

한편 영국에서는 1534년 **헨리 8세**가 로마 천주교를 반대하여 **수장령**(supreme head)을 발표하고, 영국 교회를 로마 천주교로부터 독립시켰다. 헨리 8세의 누이 메리 여왕 때 영국 교회는 일시적으로 로마 천주교로 환원하였었으나 **엘리자벳 1세** 여왕은 영국 교회를 로마 천주교로부터 완전히 독립시켰다. 그 이후로 영국 교회는 계속 독립적으로 나아오고 있다.

영국 교회는 1662년 모든 기독교인들을 영국 교회로 단일화하려고 시도하였으나(2,000명 이상의 사제들이 떠나게 되었고) 실패하여 지금도 영국에는 영국 교회, 천주교, 개신교 등으로 나뉘어져 있다.

영국 교회는 감독(Bishop), 사제(Priest), 부제(Deacon)의 3품 성직이 있으며, 니케아 신조, 39개 신조, 공동기도문(Book of Common Prayer, 1549/1662) 등을 교리로 신봉한다.

성 어거스틴은 597년 첫 번째 캔터베리의 대주교가 되었다. 캔터베리 대주교는 영국 교회의 영적 지도자이다. 1980년 현재 지금의 대주교는 102번째 대주교이다. 캔터베리 대주교는 1867년 전세계의 주교들을 초청하여 람베트에서 주교회의를 개최하였다. 이것이 시발점이 되어 영국 교회에서는 10년에 한 번씩 전 세계의 주교들이 모이는 람베트 회의(Lambeth Conference)가 개최된다.

지금 세계 성공회 공동체(Anglican Communion)는 209개 나라에 28개 성공회 교단들 약 육백 팔십만 명이나 된다.

(2) 여성 안수

· 1988년 7월 20일-8월 5일까지 **람베트 회의**가 영국 캔터베리에 있는 캔트 대학에서 개최되었다. 이 대회에는 세계 각국에서 약 500여 명의 주교들이 참석하였다. 여기서 여성 사제직을 423:28의 압도적 차이로 가결하였다.

· 1994년 3월 12일에는 브리스톨의 감독 **배리 로저슨**(Barry Rogerson)에 의하여 브리스톨 성당에서 처음으로 32명의 여자들이 안수를 받아 사제가 되었다. 안수식 설교에서 로저슨 감독(WCC 중앙위원)은 "우리가 하나님의 은사를 받은 여성들을 하나님의 교회에서 목사로 안수할 수 있게 되어 기쁘다", "이날은 슬픈 날로 생각하는 이들(여성 안수 반대자들—역자주)을

위하여 그리고 우리들을 하나님께서 다 연합시켜 주시기를 위하여 기도를 요청한다"라고 하였다.

· 캔터베리 대주교 **조지 캐리**(Jorege Cary)와 요크 대주교 **존 합굿**(John Habgood)은 브리스톨 성당에서 있었던 여성 안수는 "영국 교회의 긴 역사에서 의미있는 이정표이다", "우리 교회 내의 다수는 여성 안수는 하나님의 뜻이라고 믿는다"라고 하였다. 그 교단의 여성 안수를 위한 운동을 벌이고 있는 **크리스티나 리즈**(Christina Rees)도 "오늘은 위대한 날이다"라고 하였다. 이로서 영국 교회는 나머지 43개 교구에서도 여성 안수가 실시될 것이다. 그들의 보고에 의하면 약 1,200명의 여자들이 사제로 안수를 받을 것이라 한다.337)

· 성공회 로마 교구에서는 1996년 11월 3일 43세의 룻 세시리아 몬제 테란 데 에라조(Ruth Cecillia Monge Teran de Erazo) 여인은 로마에서 가장 큰 성 바울 성공회당에서 여성 안수를 받고 11월 10일에는 처음으로 성찬식을 집례하였다. 이에 로마 교황청 리노 휘시켈라(Rino Fiscchella) 신부는 11월 16일 아베니레(Avvenire) 일간지에서 "최근 로마에서 성공회 신부로 안수받은 여자 신부는 "배교"(apostate) 신부가 아니라"고 선언하였다.338)

영국 교회 내의 "여성 안수를 위한 운동"(MOW: The Movement for the Ordination of Women)은 1996년 11월 9일 100명의 지지자들이 모였는데 크리스티나 리즈(Christina Rees)회장은 말하기를 "지금 여성들이 신부들이 될 수 있으니 우리는 여성들이 자연적으로 감독들도 될 것을 희망한다"고 하였다.

이 단체는 호모섹스 신부도 받아들일 것을 주장하며 "호모섹스 기독 운동(LGCM: the Lesbian and Gay Christian Movement)을 공적으로 지지한다.

미국의 성공회 감독 에드몬드 브로윙(Edmond Browing)은 말하기를 "여성 안수 반대는 하나님의 계속적 영감과 계시에 대한 불순종이며, 우리를 진리에서 진리에로 인도하는 성령을 거역하는 죄이다"라고 하면서 여성 안

---

337) *EPS* 1994. 3. 18
338) *ENI* 96. 12. 4-0667

수를 전적으로 지지하였다.

· 미국 성공회 안에는 이미 1,000명 이상의 여사제들이 있다. 그러나 영국 성공회 안에 상당수의 신부들과 다수의 평신도들은 여성 안수를 반대하고 있다. 그들은 여성 안수를 반대하는 **"신앙의 수호자들"**(the Defenders of the Faith)이라는 단체를 결성하고 여성 안수 반대를 위한 운동을 힘차게 벌리고 있다. 이 단체의 회장이며 신부인 **후랜시스 본**(Francis Bown)은 "영국 교회의 여성 안수를 통하여 영국 교회의 죽음을 보았다"라고 하였다. 여성 안수 반대자들은 죽기까지 반대하겠다고 결심하였다.339) 그러나 영국 교회도 세월이 흐름에 따라 대세는 여성 안수 쪽으로 더욱 기울어지고 있다. 한편 여성 안수에 반대하는 신부들 중에는 교단을 떠나는 신부들도 많고, 로마 천주교에 가입하는 신부들도 적지 않게 늘어나고 있다.

5. 현재 미국에서 여성 안수를 시행하고 있는 교회들

이 교회들은 자유주의 교회들 아니면 신오순절 계통의 교회들(신비파)이다. 그 교회들의 명단들과 여자 목사 수는 다음과 같다.

(1) 미국침례교(American Baptist Churches)

(2) 미국루터교(American Lutheran Church)

(3) 하나님의성회(Assemblies of God)

(4) 기독교(그리스도의 제자)(Christian Church＜Disciples of Christ＞)

(5) 기독교회중교회(Christian Congregation)

(6) 하나님의성회(인디아나 주 앤덜슨 파)(Church of God; Anderson, Ind.)

(7) 형제교회(Church of the Brethren)

(8) 나사렛교회(Church of the Nazarene)

(9) 성공회(Episcopal Church)

(10) 자유감리교(Free Methodist Church)

(11) 포스퀘어복음국제교회(International Church of the Foursquare Gospel)

(12) 미국루터교(Lutheran Church in America)

(13) 메노나잇교회(Mennonite Church)

(14) 메노나잇교회(총회)(Mennonite Church, General Conference)

---

339) *ENI* 96-0363

(15) 모라비안교회(Moravian Church<Unitas Fratrum>)
(16) 미국장로교(Presbyterian Church in USA)
(17) 미국개혁교(Reformed Church in America)
(18) 구세군(Salvation Army)
(19) 그리스도연합교회(United Church of Christ)
(20) 연합감리교(United Methodist Church)
(21) 웨슬레안교회(Wesleyan Church)
(22) 유대교(개혁파, Reform Judaism) 1972년부터

여성 안수는 날이 갈수록 증가되고 있으며 미국교회협의회(NCCC in USA, 미국 자유주의교회들의 연합체) 1989년도 통계에 의하면 미국에는 여자 목사가 20,730명이 넘는다고 하였다.

6. 현재 캐나다에서 여성 안수를 시행하고 있는 교회들

이 교회들도 미국이나 다른 나라 교회들과 마찬가지로 자유주의 교회들 아니면 신오순절파(신비파)교회들이다. 1989년도 캐나다교회협의회(NCC)의 통계에 의하면 여자 목사들이 있는 교회명단을 다음과 같이 발표하였다. 그리고 이 교단들의 여자 목사는 약 17,954명이나 된다.
(1) 캐나다성공회(Anglican Church of Canada)
(2) 온타리오퀘벡침례교(Baptist Convention of Ontario and Quebec)
(3) 서부캐나다침례교연맹(Baptist Union of Western Canada)
(4) 아메리카침례교(American Baptist Churches)
(5) 아메리카루터교(American Lutheran Church)
(6) 하나님의성회(Assemblies of God)
(7) 성서성결운동(Bible Holiness Movement)
(8) 캐나다침례교연맹(Canadian Baptist Federation)
(9) 연합침례교(United Baptist Convention of the Atlantic Provinces)
(10) 기독교(그리스도의 제자)(Christian Church; Disciples of Christ)
(11) 기독교회중교회(Christian Congregation)
(12) 온타리오회중기독교회(Congregational Christian Church in Ontario)
(13) 하나님의성회(인디아나 주 앤덜슨 파)(Church of God; Anderson, Ind.)

(14) 형제교회(Church of the Brethren)

(15) 나사렛교회(Church of the Nazarene)

(16) 성공회(Episcopal Church)

(17) 캐나다훠스퀘어복음교회(Foursquare Gospel Church of Canada)

(18) 에스토니아복음루터교회(Estonian Evangelical Lutheran Church)

(19) 캐나다복음루터교회(Evangelical Lutheran Church in Canada)

(20) 자유감리교(Free Methodist Church)

(21) 라트비안복음루터교(Latvian Evangelical Lutheran Church in America)

(22) 아메리카루터교(Lutheran Church in America)

(23) 메노나잇교회(Mennonite Church<Canada>)

(24) 캐나다메노나잇협의회(Conference of Mennonite in Canada)

(25) 모라비안교회(Moravian Church in America, 캐나다 교구)

(26) 예수그리스도말일성도교회(Church of Jesus Christ Latter Day Saints)

(27) 미국장로교(Presbyterian Church<USA>)

(28) 몰몬교(Reorganized Church of Jesus Christ of Latter Day Saints)

(29) 구세군(Salvation Army)

(30) 그리스도연합교회(United Church of Christ)

(31) 미국감리교(United Mcthodist Church)

(32) 웨슬레안교회(Wesleyan Church)

한국, 미국, 카나다의 교회들은 물론 전 세계의 자유주의 교회들, 신복음주의 교회들, 신오순절주의 교회들, 독립교단 교회들 그리고 자칭 다수의 보수주의 교회들 마저도 여자 목사 안수를 시행하고 있다. 전 세계가 여자 목사 천국이 되었다.

제 19장

음악 목사, 성경적인가?
(Church Musician's Ordination, Biblical?)

음악 목사는 비 성경적(unbiblical)이다. 교회에서 찬송(음악) 사역은 매우 중요하다. 그러나 음악 목사는 성경적이 아니다. 목사는 하나님의 말씀을 선포하며 가르치며, 성례(세례와 성찬)를 거행하며, 축도하며, 교회를 다스리는(치리하는) 직분을 맡은 하나님의 종이요, 찬송 지도자는 예배의 요소들 중 하나인 찬송 인도를 맡은 자이다. 따라서 목사와 찬송 인도자는 명칭·직분·사명 등에 있어서 분명히 상이하다.

1. 목사의 자격들(Qualifications)

디모데전서 3:1-7절의 말씀에 근거하여 도덕적 인격적 자격을 구비하고 일정한 소정의 신학을 이수한 자로 한국의 기성 교단들 다수는 만 27세 이상의 남자로 소명을 받은 자가 안수 받아 목사가 된다. 일정한 소정의 신학이란, 조직신학, 기독교 변증학, 구약신학, 신약신학, 히브리어, 헬라어, 교회사, 목회학, 설교학, 전도학, 교회음악, 상담학 등을 말한다.

종교 개혁자 **마틴 루터**(Martin Luther)는 요구하기를 사람이 목사로 안수 받기 전에 음악을 공부하고 음악을 이해하여야 한다고 하였다.340) 목사

---

340) H. T. Spence, *Confronting Contemporary Cristian Music,* Foundations, Dunn, N. C. 1997. p. 104

는 교회 음악에 대하여 지대한 관심을 가지고 성가대 지휘자를 감독 하여
야 한다.

2. 목사의 직무들(Duties)

① 목사는 하나님의 말씀(God's Words)을 전파하며 교훈한다.

목사의 가장 중요한 임무들 중 하나는 하나님의 말씀을 전하며 가르치는
일이다. 하나님의 말씀을 바로 전하고 바로 가르치기 위하여는 하나님의 말
씀에 대한 올바른 지식과 효과적으로 전달할 수 있는 재능과 기술이 있어
야 한다. 목사는 하나님의 말씀을 전파·증거·변호·수호하는 사명이 있다
(딤전 3:15).

② 목사는 성례(Sacraments)를 거행한다.

성례는 기독교에 있어서 가장 중요한 의식인 세례와 성찬이다.

세례(Baptism)는 목사가 정한 물로 성부와 성자와 성령의 이름으로 수세
자 머리 위에 적신다. 정한 물은 죄를 씻기 위한 도덕적 정화의 자연적 상
징(the natural symbol of moral purification)이다(민 8:7; 19:19; 히
9:10). 세례의 의도는 우리가 그리스도의 사람이 되기를 서약함과 그리스도
께 접합됨과 은혜 언약의 모든 혜택들에 참여함의 외적 표(sign)이며 믿음
으로 수납하는 인(seal)이다.(대요리문답 165문, 소요리문답 94문).

성찬(Lord's Supper)은 예수 그리스도의 대리적 속죄의 죽으심을 기념하
며, 그리스도와의 교제, 신자들 상호간의 교제, 그리고 그리스도의 재림을
대망하는 것이다. 고린도전서 11: 24, 26, "축사하시고 떼어 가라사대 이것
은 너희를 위하는 내 몸이니 이것을 행하여 나를 기념하라 하시고 … 너
희가 이 떡을 먹으며 이 잔을 마실 때마다 주의 죽으심을 오실 때까지 전
하는 것이니라" 성찬에서 떡과 포도즙은 예수 그리스도의 살과 피를 상징
하는 외적 표(sign)이며 믿음으로 수납하는 인(seal)이다.

③ 목사는 축도(Benediction) 한다.

고린도후서 13: 13, "주 예수 그리스도의 은혜와 하나님의 사랑과 성령

의 교통하심이 너희 무리와 함께 있을지어다" 축도는 목사가 하나님의 자녀들 머리 머리 위에 하나님의 축복이 임하기를 삼위 일체 하나님의 이름으로 권위있게 간구하는 축복기도이다.

④ 목사는 교회를 치리(Discipline) 한다.

여기서 교회(Ekklhsia; church)는 지교회의 회원들을 말한다. 권징은 목사가 범죄한 형제를 바로 잡기 위하여, 온 덩어리에 퍼지는 누룩을 제거하기 위하여, 그리고 교회의 생명인 거룩성과 순수성을 보전하기 위하여 성경이 명하는 권징의 절차를 따라 시행한다(마 18:15-17; 고전 5:13; 갈 6:1; 살전 5: 14; 딤전 5:20).

3. 교회 음악인이 목사가 될 수 없는 이유들
(Reasons not having a Music Minister)

교회 음악인(지휘자 또는 솔리스트)은 명칭 · 직분 · 임무 그리고 사역의 분야가 목사의 그것들과는 전연 상이하다. 목사의 직분과 사명이 따로 있고, 찬송 인도자의 직분과 사명이 따로 있다.

① 교회 음악인(찬송과 성곡)은 하나님의 자녀들에게 하나님의 말씀을 전파하거나 교훈, 권면, 책망을 하지 못한다.

② 교회 음악인은 주님의 양떼들에게 생명의 꼴을 먹이거나, 인도하거나, 보호하거나 다스리지 못한다.

③ 교회 음악인은 예수 그리스도의 이름으로 세례를 베풀거나 성례를 거행하지 못한다.

④ 교회 음악인은 "예수 그리스도의 은혜와 하나님의 사랑과 성령의 교통하심이 너희 무리와 함께 있을지어다"라고 축복 기도를 하지 못한다.

⑤ 교회 음악인은 남자 어른들을 포함한 전체 회중들을 치리하지 못한다.

⑥ 구약 시대 성전 예배(제사)를 주관하는 제사장들과 대제사장들의 임무(제사 드리는 일)가 따로 있었고, 성전 찬양대를 지휘하는 성악과 기악을 전공한 레위인 전문 음악인들이 따로 있었다(대상 23:5; 25:6-7; 대하

5:12-13; 29:26; 34:12)

⑦ 중세 시대에도 교회 음악을 지휘하는 전문 음악인이 따로 있었다 중세 교회의 대표적 음악은 그레고리안 챤트(Gregorian Chant)로서 단순 송가였다.

⑧ 종교 개혁 시대 이후로 개신교들은 **칼빈**의 시편가, **루터**의 합창, **찰스 웨슬레**의 회중 찬송 등을 위시하여 교회 음악이 크게 발전되어 왔다. 물론 교회 음악 지휘자들이 따로 있었다.

⑨ 19세기 이후로는 찬송의 형태가 경배찬송, 시편송, 교리찬송, 복음찬송, 송영찬송 등으로서 소위 복음송으로 크게 바뀌어 왔다. 물론 교회 음악인들이 따로 있었다. 목사가 교회 음악에 상당한 지식과 관심을 가지고 목회하는 것은 마땅하나 교회 음악인이 목사가 되는 것은 성경원리에 맞지 않는다.

목사가 목사의 직무를 떠나 전문 분야가 아닌 찬송 인도를 하지 않음과 같이, 교회 음악인이 목사의 직무를 감당할 수 없다. 목사의 직분이 따로 있고, 교회 음악인의 직분이 따로 있다. 직분상 명칭은 그 직분이 무엇임을 가리킨다. 음악 목사라는 명칭은 음악이라는 단어와 목사라는 단어가 합하여 음악 목사라고 하는데 음악 목사란 그 명칭 자체가 원리상 모순된 명칭이다. 음악 목사는 비성경적이다.

제 20장

우상과 우상의 제물

(Idolatry and Idol Sacrifice)

Ⅰ. 우상에 관하여(About Idols)

1. 우상이란 무엇인가?

우상은 헬라어로 에이도론($\varepsilon\iota\delta\omega\rho o\nu$, idol, phantom, likeness, image)으로 우상·영상·형상·모양이다. 우상은 거짓 신들(false gods)을 나타내는 하나의 형상 또는 모양이다. 그것이 천계의 해·달·별이든 소·고양이·뱀 같은 동물이든, 사람이 만든 수공물이든 무엇이든지 간에 그것을 신으로 숭배하면, 그것을 신(god)으로 숭배하는 그 사람에게는 그것이 신(神)이 되는 것이다. 성경은 사람이 하나님보다 더 사랑하는 것은 무엇이든지 그것이 우상이라고 하였다.

2. 많은 우상들 - 많은 거짓 신들

고린도전서 8:5, "하늘에나 땅에나 신(god)이라 칭하는 자가 있어 많은 신(神)과 많은 주(主)가 있으나"

① 하늘에도 우상들이 많이 있다. 그런데 본 절에서 하늘(우라노스, $o\dot{v}\rho$

αος)이란 외기권(outer space), 태양계(stellar), 은하수(galaxy) 세계를 말한다. 외기권을 태양계라고 하는 이유는 외기권에는 해·달·그리고 무수한 별들이 있는 세계이기 때문이다. 은하수는 태양계에 대한 시적 표현이다. 옛날이나 지금이나 우상을 섬기는 사람들은 해·달·별들을 신들(gods)로 섬겨왔다. 우상을 섬기는 사람들은 다신론자들이다.

본 절에서 '하늘'이란 천국을 가리키지는 않는다. 비록 천국(하늘나라)이라는 동일한 단어를 사용하였지만 천국은 아니다. 왜냐하면 천국에는 영원 자존자이시요 창조자이시요 절대 주권자이신 하나님, 하나님께 수종드는 천군천사들과 앞서간 성도들의 영혼들이 부활의 몸을 기다리며 안식하는 곳이기 때문이다. 천국에는 우상이 있을 수 없다.

② **땅에도 우상들이 많이 있다.** 땅(게스, γῆς; earth; 지구, 땅)은 육지와 바다를 포함한 지구 곧 우리가 살고 있는 이 세계를 말한다. 옛날이나 지금이나 사신우상을 섬기는 사람들은 자기들이 믿는 신(神)들이 하늘이나 땅이나 그 아래에 사는 것으로 믿었다. 그리고 그 신들을 믿고 섬기고 그것들이 복(福)을 줄 줄로 믿고 그것들에게 복을 기원한다.

남미(南美)의 원주민들은 태양을, 바벨론에서는 별들을, 애굽에서는 소·고양이·매·악어등을, 메소포타미아의 셈족은 산·나무·돌·샘등을, 가나안 족은 뱀을, 고린도에서는 아프로디테(Aphrodite) 여신(女神)을, 그리스도에서는 신들(gods)이 너무나 많아 심지어는 "알지 못하는 신"(unknown gods)들을 섬겼다(행 17:16).

③ **우상은 아무것도 아니다.** 고린도전서 8:4, "우상은 아무것도 아니며…" 우리말 성경에 "우상은 아무것도 아니며"는 "우상은 없다(우덴 에이도론 엔 코스모, οὐδὲν εἴδωλον ἐν κόσμῳ; no idol in the world; 세상에 우상이 없다)는 말씀의 이역이다. **유일하고 참되신 창조주 하나님과 예수 그리스도를 구주로 믿는 그리스도인들에게는 우상은 아무것도 아니라는 말씀이다.** 이사야 44:18-19에서는 우상 섬기는 자가 우상에게 아무리 소원을 아뢰어도 그 우상들은 우상을 섬기는 사람들의 소원을 알지도 못하고, 보지도 못하고, 깨닫지도 못한다. 우상은 생각도 없고 총명도 없다고 하

였다. 시편 115:4-7; 135:15-17, "열방의 우상은 은금이요 사람의 수공물이라 입이 있어도 말하지 못하며 눈이 있어도 보지 못하며 귀가 있어도 듣지 못하며 그 입에는 아무 기식(氣息)도 없나니"

그러므로 그리스도인들에게는 그 어떠한 우상도 아무것도 아니다. 히브리어 구약 원문에도 우상은 아무것도 아니라는 뜻이다. 에릴(אֱלִיל; lyllia idol, gods, naught, vanity; 우상, 신들, 아무것도 아님, 허무)의 복수는 엘리림(אֱלִילִים mylyliae)이다. 길루림(גִּלּוּלִים; helpless logs; 무능한 기둥들)은 통나무 기둥같은 큰 우상들을 말하며 그 우상들은 약하고 힘이 없어서 우상 섬기는 사람들의 여하한 소원도 들어줄 수가 없다.

④ 우상은 신(神, god)이다. 창조주 하나님과 예수 그리스도를 믿는 그리스도인들에게는 우상은 아무것도 아니다. 그러나 우상 숭배자들에게 우상은 신이다. 우상 숭배자들은 우상을 신으로 믿고 섬기며 복을 기원한다. 우상은 "아무것도 아니다"는 말씀은 우상이 존재하지 않는다든지 우상 섬기는 자들에게 우상이 아무 영향도 주지 못한다는 뜻은 결코 아니다.

3. 그러면 사람이 어떻게 우상을 숭배할 수 있을까?

① 본래 사람은 "하나님의 형상대로"(in the image of God) 지음을 받은 존재였다. 하나님의 형상이란 의·진리·거룩을 포함하는 하나님의 도덕적 속성들과 영적인면 그리고 지능적인 면에서의 하나님의 형상대로 지음을 받았다. 그러므로 사람이 범죄 타락하기 전에는 의롭고 진실되고 거룩하게 살았으며, 하나님과 교제하였으며, 하나님의 모든 법도를 바로 알고 시행하였다.

② 본래 사람은 "만물의 영장으로"(as a crown of creature) 지음을 받은 존재였다. 그러므로 하늘과 땅과 그 가운데 있는 모든 것들과 땅 아래에 있는 모든 것들을 주관하고 다스리고 소유하고 살도록 독특한 존재로 지음을 받았다. 그러한 사람이 어떻게 하나님이 우리를 위하여 지으신 세계의 해·달·별들·소·뱀·악어·학·물고기 같은 것들을 신들(gods)로 숭배하며 그것들에게 복을 기원할 수 있는가? 어떻게 사람이 만든 수공물들이 복을

줄 것으로 믿고 그것들에게 복을 기원할 수 있을까?

그 이유는 사람이 범죄 타락하여 그들의 영적·도덕적·지능적 하나님의 형상들이 상실 또는 파괴되었기 때문이다. 다시 말하면 사람의 마음의 생각과 도덕적 성향들과 영적 상태가 철저하게 병들고, 불구가 되고, 비틀어지고, 뒤틀리고, 비정상적이고, 악해졌기 때문이다. 이것은 신학적으로는 정신의 전적 부패, 마음의 전적 부패, 의지의 전적 부패라고 말한다.

에베소서 4:18, "저희 총명이 어두워지고 저희 가운데 있는 무지(無知)함과 저희 마음이 굳어짐으로 말미암아 하나님의 생명에서 떠나 있도다."

로마서 1:12-25, "… 오히려 그 생각이 허망하여지며 미련한 마음이 어두워졌나니 … 썩어지지 아니하는 하나님의 영광을 썩어질 사람과 금수와 버러지 형상의 우상으로 바꾸었느니라 … 이는 저희가 하나님의 진리를 거짓 것으로 바꾸어 피조물을 조물주 보다 더 경배하고 섬김이라."

4. 우상 숭배는 귀신을 섬기며 귀신과 교제하는 것이다.

사도 바울은 "대저 우상은 무엇이며, 우상의 제물은 무엇인가?"(고전 10:19)라고 질문한 후에 대답하기를 "대저 이방인의 제사하는 것은 귀신에게 하는 것이요 하나님께 제사하는 것이 아니니 나는 너희가 귀신과 교제하는 자 되기를 원치 아니하노라"고 요리문답식으로 해답을 주었다.

① **우상 숭배는 귀신을 섬기는 것이다.** 우상은 거짓 신(false god)을 나타내는 외형적 모양·형상이므로 우상의 배후에는 우상의 실체인 귀신(Demon)이 있다. 그러므로 '이방인의 제사는 귀신에게 하는 것이요'라고 했다.

② **우상 숭배는 귀신과 교제하는 것이다.** 그리스도인들이 성찬식에서 떡을 떼며 포도즙을 마시는 것은 주님의 살을 먹고 피를 마시는 것을 상징하는 영적인 교제를 가리키는 것과 같이(고전 10:16, "우리가 축복하는 바 축복의 잔은 그리스도의 피에 참예함이 아니며 우리가 떼는 떡은 그리스도의 몸에 참예함이 아니냐"), 그 반대적 의미에서 우상 숭배는 귀신과 교제하는 것이다. 우상 숭배는 대수롭게 생각하지 않았는데 이제 하나님의 말씀을 깨닫고 보니 우상 숭배야말로 보통 큰 죄가 아니다. 십계명 중 제 일계명을

범하는 큰 죄이다. 따라서 바울은 "나는 너희가 귀신과 교제하는 자 되기를 원치 아니하노라"고 하였다.

명령: 고린도전서 10:7, "너희는 우상 숭배하는 자가 되지 말라". '말라'(메데, μηθε; neither)는 말씀은 우리가 세상을 떠나 주님 앞에 설 때가지 계속해서 우상 숭배자가 되지 말라, 우상 숭배의 죄를 범치 말라는 뜻이다.

고린도전서 10:14, "그러므로 내 사랑하는 자들아 우상 숭배하는 일을 피하라". '피하라'(퓨게테, φευγετε)는 말씀은 계속 도망치라는 뜻이다.

요한일서 5:21, "자녀들아 너희 자신을 지켜 우상에서 멀리 하라"

데살로니가전서 1:9, "우상을 버리고 하나님께로 돌아와서 사시고 참되신 하나님을 섬기며"

요시아(Josiah) 왕(유대의 16대왕, 31년간 통치, B. C. 640-609)은 즉위 12년째 되던 해(그의 나이 20세 때)에 그의 조부(므낫세)와 그의 부친(아몬) 시대에 그 땅에 들여온 모든 우상들을 제거하기 시작하였다. 역대하 34:3-7, "…예루살렘과 유다의 산당들과 아세라 목상들과 아로새긴 우상들과 부어만든 우상들을 제하여 버리고 바알의 단들을 훼파 하였으며 태양상들을 찍고 아세라 목상들과 아로색인 우상들을 빻아 가루로 만들어 제사하는 자들의 무덤에 뿌리고" 바알신·아세라신, 그리고 해·달·별(일월성)신들은 당시 이방인들의 3위1체 신들이었다.

우상을 버리고 하나님께로 돌아와서 살아 계시고 참되신 하나님만 바로 믿고 의지하고 영광을 돌려야 할 것이다. 모세시대 하나님은 바알신 섬기는 자들 24,000명을 멸하셨다(민 25:9).

II. 우상의 제물에 관하여(About Idol Sacrifice)

우상의 제물이란 무엇인가? 우상에게 바치는 제물은 우상의 제물이다. 우상에게 바치는 제물은 제사상에 차려 놓은 제사 음식으로서 이는 우상 배후에 있는 귀신을 기쁘게 하기 위하여 귀신을 잘 대접하는 것이다. 이와 같이 조상에게 제사하는 것은 조상을 기쁘시게 해드리기 위하여 조상에게 잘 대접하는 것이다.

(1) 우상의 제물을 알고도 먹으면? 양심이 약해지고 더러워진다.

고린도전서 8:7, "… 어떤이들은 지금까지 우상에 대한 습관이 있어 우상의 제물로 알고 먹는고로 그들의 양심이 약하여지고 더러워지느니라"

고린도 교회 신자들 중 이방인 기독교인들은 회심하기 전 오랜 세월동안 우상을 섬기던 습관이 있어서 회심한 후에도 우상의 제물을 먹는 자들이 있었다.

그 결과: 그들의 양심이 약해지고 더러워진다. 약해진 양심은 우상의 제물을 먹는 것이 참으로 죄인지 아닌지 분명히 구별하지 못한다. 뿐만 아니라 그들의 양심이 더러워진다.

(2) 시장에서 파는 음식을 사먹는 경우? 묻지 말고 먹으라.

고린도전서 10:25, "무릇 시장에서 파는 것은 양심을 위하여 묻지 말고 먹으라" 당시 고린도에는 우상의 전당들이 있었고 우상 섬기는 사람들은 우상에게 제물을 바친 후(제사한 후) 장터에 내다 파는 경우가 있었다. 그럼에도 불구하고 시장에서 파는 음식이 우상에게 제사하였던 제물인가 아닌가 묻지 말고 사먹으라.

로마서 14:23, "… 의심하고 먹는 자는 정죄되었나니 이는 믿음으로 쫓아 하지 아니하는 연고라 … 믿음으로 쫓아 하지 아니하는 모든 것이 죄니라" 본 절에 시장(market)이란 마켈론(μάκελλον; a meat market, butcher-shops)으로 고기 파는 곳, 정육점을 말한다. 우상 섬기는 자들은 제물의 얼마는 우상에게 제사 드리고, 나머지는 제사장에게 또는 가난한 사람들에게 또는 자신들이 먹거나 또는 시장에 내다 파는 일이 있었다. 무릇 시장에서 파는 것은 사람 자신의 '양심을 위하여' 묻지 말고 먹으라.

(3) 불신자의 집에 초대 받아 식사하는 경우? 묻지 말고 먹으라.

고린도전서 10:27, "불신자중 누가 너희를 청하매 너희가 가고자 하거든 너희 앞에 무엇이든지 차려 놓은 것은 양심을 위하여 묻지 말고 먹으라."

당시 고린도 지방에는 불신자, 우상 숭배자들이 많이 있었다. 사도 바울은 그리스도인들이 믿지 않는 자들과 교제 나누는 것을 죄라고 금하지 않았다. 오히려 불신자들과 교제하므로 그들에게 복음을 전할 수 있고 그리스도 앞에 인도할 수 있기 때문이다. 믿지 않는 이웃이 식사를 초대하면 우상의 제물인가 아닌가 묻지 말고 먹으라.

시장에서 파는 음식은 양심을 위하여 묻지 않고 먹는 것처럼, 믿지 않는 이웃들이 식사 초대할 경우 우상의 제물인가 묻지 말고 먹을 것이다.

(4) 반면에 우상의 제물이라 말하거든? 먹지 말라.

고린도전서 10:28, "그러나 누가 너희에게 이것이 우상의 제물이라 말하거든 알게한 자와 및 양심을 위하여 먹지 말라" 식사 초대한 주인이나 손님이나 누구든지 그리고 어떠한 이유나 어떠한 경우에도 이 음식은 제사지낸 음식이라고 말하면 먹지 말아야 한다. 제사상 위에 올려 놓았던 우상의 제물(idol meat)이든지 아니면 제사상 위에 올려 놓지 않은 음식이든지 제사를 위하여 만든 음식(sacrifice meat)은 다 제사음식이다.

고린도전서 8:10, "지식 있는 네가 우상의 집에 앉아 먹는 것을 보면 그 약한 자들의 양심이 담력을 얻어 어찌 우상의 제물을 먹지 아니하겠느뇨?"

고린도전서 8:11, "그러면 네 지식으로 그 약한 자가 멸망하나니 그는 그리스도께서 위하여 죽으신 형제라"

로마서 14:15, "그리스도께서 대신하여 죽으신 형제를 네가 식물로 망하게 하지 말라"

(5) 조상(Ancestor)에게 제사한 음식은? 먹지 말라

조상에게 제사 드리는 것은 죽은 사람(dead person)에게 제사 드리는 것이다. 조상 숭배는 세상 떠난 조상에게 제사상을 차려 놓고 제사 드리는 행위를 가리킨다. 성경은 죽은 자에게 제사하는 것을 죄라고 엄히 금하시고 죽은자를 기념하지 말라고 명령하셨다(시 31:2)

시편 106:28-29, "…죽은 자에게 제사한 음식을 먹어서 그 행위로 하나님을 격노케 함을 인하여 재앙이 그 중에 유행하였도다"

우상의 제물을 먹어도 괜찮다는 궤변들

우상의 제물을 먹어도 괜찮다고 주장하는 자들은 아래와 같은 하나님의 말씀들을 오용한다.

디모데전서 4:4-5, "하나님이 지으신 모든것이 선하매 감사함으로 받으면 버릴것이 없나니 하나님의 말씀과 기도로 거룩하여 짐이니라". 이 말씀은 거짓 스승들이 에배소 교회 신자들에게 물질은 악하다고 하면서 금욕주의를 주장하면서 먹지도 말고 결혼도 하지 말라고 미혹하는데 대한 바른 교훈이요 우상의 제물과는 전연 상관이 없다. 물론 인간이 범죄 타락이전에는 하나님이 지으신 모든 것이 선하였다(창 1:31). 이 말씀은 우상의 제물과는 전연 상관이 없다.

마태복음 15:11, "입에 들어가는 것이 사람을 더럽게 하는 것이 아니라 입에서 나오는 그것이 사람을 더럽게 하느니라" 이 말씀은 예수님께서 바리새인들을 책망하시면서 하신 말씀이다. 바리새인들은 손을 씻지 않고 음식을 먹으면 그 음식이 사람을 더럽게 하는 것으로 생각하였다. 그러므로 예수님은 말씀하시기를 음식이 사람을 더럽게 하는 것이 아니라 진리를 거부하고 악행하는 자들의 거짓된 교훈이 사람을 더럽게 한다고 하셨다. 이 말씀도 우상의 제물과는 전연 상관이 없다.

명령: 우상의 제물을 먹지 말라

사도행전 15:29, "다만 우상의 제물과 피와 목매어 죽인 것과 음행을 멀리하라"(15:20)

우상의 제물은 우상에게 바쳐진 음식(food sacrificed to idols)이며, 우상에게 바쳐진 음식은 우상들로 말미암아 더러워진 음식(food polluted by idols)을 가리킨다. 우상의 제물은 먹지 말라고 한 말씀은 예루살렘 공회 전체의 결의로(행 15:22) 고린도 교회의 회심한 이방인 그리스도인들에게 전적 순종을 요구하는 하나님의 말씀이다.

'멀리하라'(엘로스데, εππωσθε; good bye, farewell; 작별, 이별)는 말씀은 명령으로 순종적 행동을 요구한다. 그러므로 자신의 의지를 사용하여 앞으로는 우상의 제물을 계속 먹지 말라는 금계의 말씀이다.

고린도전서 10:21, "너희가 주의 잔과 귀신의 잔을 겸하여 마시지 못하고 주의 상과 귀신의 상을 겸하여 참예치 못하리라"

고린도전서 10:31, "그런즉 너희가 먹든지 마시든지 무엇을 하든지 다 하나님의 영광을 위하여 하라"

제 21 장

성경적 성별의 원리
(The Biblical Principle of Separation)

1. 성별의 근거(Basis)

우리는 진리 비 진리, 신자 불신자, 신앙 불신앙에 관심을 가져야 한다.

하나님의 은혜로 다수의 보수 근본주의(Fundamentalism) 성도들은 무사히 배교적 교회들의 영문 밖(outside the gate)에 있으나, 불행하게도 배교와 불신앙으로 극도로 타락한 전 세계 자유주의 교회들의 연합단체인 세계교회협의회(World Council of Churches)와 아시아 지역 자유주의 교회들의 연합단체인 아시아기독교교회협의회(Christian Conference of Asia), 그리고 우리나라의 자유주의 교회들의 연합단체인 한국기독교교회협의회(National Council of Churhes in Korea) 등의 **에큐메니칼 운동**(Ecumenical Movement)이 무엇인지 올바로 이해하지 못하는 수많은 하나님의 자녀들은 아직도 그 영문 안에 머물러 있으며, **에큐메니즘**(Ecumenism)에 대한 자유주의의 왜곡된 선전으로 계속 악영향을 받고 있다. 더욱이 수많은 교회 지도자들과 목회자들은 신앙의 영적투쟁에 직접 참여하기를 원치 않으며, 그들의 신도들을 소요케 할지도 모를 여하한 선한 영적(靈的)싸움으로부터도 가급적 멀리 떨어져 있기를 원하고 있다. 그렇지만 우리들은 그리스도 안에 있는 이 연약한 믿음의 형제자매들에게 그들의 잘못된 신앙 노선과 방향을 지적해 줄 책임과 특권을 지니고 있음을 명심해야 한다. 그 이유는 우리에게는 어느 범위까지 그리스도의 보혈로 구속함을 받은 믿음의 형제자매들을 보살펴야 할 신앙적 책임이 따르기 때문이다. 그럼에도 불구하고 싸워야 할 이 신앙의 영적 전투에서 빌라도와 같이 자기들의 손을 씻고, 책임을 면하려 하는 무관심한 목회자들이 많이 있다는 사실은 매우 가슴 아픈 일이다.

주님은 벙어리 개들을 책망하셨는데 그 이유는 그들이 짖을 수도 없고 짖지도 않기 때문이다. 이사야 선지자는 "그들은 다 벙어리 개라 능히 짖지 못하며"(사 56:10)라고 하였다. 우리는 우리가 경고해야 하고, 짖어야 할 때 오히려 잠잠하고 우리의 입을 봉한다면 이사야 선지자를 통하여 경고하신 그 동일한 하나님께서 우리를 엄히 경고, 책망하신다는 것을 기억해야 한다. 만일 우리가 이웃집에 도둑이 비밀리에 침입하여 도둑질하고 생명을 위협하고 있음을 안다면 이웃에게 경고해 주는 것이 우리의 당연한 할 일이 아니겠는가? 이웃집에 불이 났다면 급히 알려 줘야 하지 않겠는가? 실로 그렇다. 하나님께서 그의 파수꾼에게 무엇을 명하셨는지 주의해야 할 필요가 있다. 하나님은 "크게 외치라 아끼지 말라 네 목소리를 나팔같이 날려 내 백성에게 그 허물(죄)을 고하라"(사 58:1)고 명하시지 않았는가?

우리는 순종하는 것이 희생제물보다 더 낫고, 청종하는 것이 수양의 기름(고기)보다 더 낫다는 하나님의 말씀(미 6:7)을 명심해야 한다. 순종은 하나님의 자녀들에게 매우 중요하다. 그 이유는 순종은 제자(discipleship)로서 합당한가에 대한 시험(test)이기 때문이다.

(1) 우리는 배교와 불신앙으로 타락한 목회자들, 교회들, 단체들을 식별(recognize), 표시(mark)해야 한다(요일 4:1, 계 2:2).

우리는 그들이 어떠한 자들인지 바로 인식해야 한다. 그 다음에 우리는 성령의 인도하심을 따라서 성경 말씀과 전통적 신조들과 우리의 신앙고백서들(the Words of God, our Traditional Creeds and Confessions of Faith)로써 그들의 거짓 교훈들을 시험하고 무엇이 잘못되었는지를 찾아내야 한다. 그 다음 우리는 그들을 배교들로 표시해야 한다.

사도 요한은 "사랑하는 자들아 영을 다 믿지 말고 오직 영들이 하나님께 속하였나 시험하라 많은 거짓 선지자가 세상에 나왔음이니라"(요일 4:1)고

하였다. '시험하라'는 말씀은 '도키마제테(δοκιμάζετε)' 즉 증명하라(prove)는 뜻이다.

사도 바울은 "형제들아 내가 너희를 권하노니 너희 교훈(doctrine)을 거스려 분쟁을 일으키고 거치게 하는 자들을 살피고(표시하고) 저희에게서 떠나라(피하라)"(롬 16:17)고 하였다. '표시한다'(σκοπεῖν: to look at, watch, contemplate, keep eye on)는 단어는 계속 주의 깊게 주시하여 보다라는 뜻이다. '표시한다'는 말은 곧 오늘날 참된 신자들이 속임을 당하지 않도록 눈을 크게 뜨고, 속이는 자들을 면밀히 조사하고, 그들이 어떤 사람들인지 그리고 그들이 무엇을 말하는지를 똑바로 알고 폭로하고 책망하는 것이다.

사도 바울이 "거짓 선지자들을 주의하라"고 말했을 때 그는 그들 거짓 선지자들의 이름들을 명시(明示)하는 것도 주저하지 않았다. 즉 "그중에 후메네오와 빌레도가 있느니라"(딤후 2:17)고 하였다. 이들 두 사람은 신앙에서 떠나서 "부활은 벌써 지나갔다"고 말함으로 부활을 부인하는 그 당시 불신앙의 자유주의자들이었다. 그들은 에베소 지역에서 있었던 이단의 스승들이었다. 후메네오와 빌레도는 그리스도 안에서의 참된 구원의 교리에서 이탈하여 신앙적으로 방황한 사람들이었다.

(2) **우리는 배교의 무리들을 책망하고 폭로(Rebuke and Expose)해야한다**(엡 5:11).

거짓 선지자들은 교회 역사에 항상 존재하였다. 구약시대에도 거짓 선지자들이 있었고(사 56:10-12), 예수님 당시에도 있었으며(마 24:5), 말세에는 더욱 그러하다(벧후 2:1; 요일 4:1).

"책망하다"는 단어는 **"엘렝코"**(ἐλεγχω)인데, 이 말은 꾸짖다, 폭로하다, 시험하다, 조사하다, 논박하다(to rebuke, expose, examine, investigate, refute)라는 뜻이다(마 18:15; 엡 5:11, 13; 딤전 5:20; 딤후 4:2; 고전 13:24).

우리는 배교와 불신앙의 무리들, 교회들, 단체들을 조사하고, 그들의 정체와 활동들을 폭로하고, 그들의 죄를 책망해야 한다. 악에 대한 침묵은 하나님 앞에서 죄이다. 하나님은 벙어리 개를 가장 싫어하신다. 하나님의 말씀은 우리의 임무가 배교의 무리와 우호관계를 단절하고 책망하는 것이라고 가르친다. "너희는 열매 없는 어두움의 일에 참예하지 말고 도리어 책망하라"(엡 5:11).

주님은 바리새인들과 서기관들을 "위선자들, 어리석은 자들, 소경들, 회칠한 무덤 같은 자들, 독사들, 지옥의 자식들"이라고 책망하셨다(마 23:13-26). 더욱이 돈 바꾸는 자들을 성전에서 몰아내고, 돈 바꾸는 자들의 돈을 쏟고, 상(테이블)을 두 번이나 뒤집어엎으셨다(요 21:12-13; 막 11:15-18; 눅 19:45). 주님은 말씀하시기를 "기록된바 내 집은 기도하는 집이라 일컬음을 받으리라 하였거늘 너희는 강도의 굴혈(窟穴)로 만드는도다"(마 21:13)라고 하셨다.

주님은 배교와 불신앙을 결코 용납하거나 승인하지 않으셨으며, 결코 그들과 타협하거나 협동하지 않으셨다. 그리하여 모든 사람들은 주님과 그들 간에는 구별(차이)이 크게 있음을 알게 되었다.

사도 바울은 거짓 스승들에 대하여 "거짓 사도들, 속이는 행악자들"(고후 11:13-15)이라고 불렀다. 그리고 "우리나 혹 하늘로부터 온 천사라도 우리가 너희에게 전한 복음 이외에 다른 복음을 전하면 저주를 받을지어다"(갈 1:8)고 하였다.

사도 베드로는 경고하기를 "민간에 또한 거짓 선지자들이 일어났었나니 이와 같이 너희 중에 거짓 선생들이 있으리라"(벧후 2:1)고 하였다. 유다서 전(全)장은 표시·경고·책망·폭로하는 강한 표현들을 사용하였다. 에베소 교회는 악한 자들을 용납지 않았으므로 칭찬을 받았다(계 2:2). 그러나 반면에 버가모 교회와 두아디라 교회는 이단의 교훈에 가담하였기 때문에 책망을 받았다(계 2:14, 24).

우리는 사도 바울이 젊은 교역자 디모데에게 "이것들을 명하고 가르치라"(딤전 4:11)고 한 것처럼 하나님의 백성들을 바르게 교훈해야 한다. 우리는 영적 분별력이 없는 교역자들, 진리에 무관심한 교역자들에게 이 진리를 가르쳐야 한다. 또한 철없는 양떼들에게 그들이 어느 교회(교단), 어느 단체, 어떠한 신앙적 노선으로 줄달음치고 있는지도 알려주어야 한다.

(3) 우리는 배교와 불신앙의 목회자도 결코 용납(not allowed)하지 않아야 한다(요이 10, 11).

우리는 불신앙의 무리들이 하나님의 집인 교회에 들어오지 못하도록 해야 한다. 세계교회협의회(WCC)와 한국기독교교회협의회(KNCC)의 지도층 자유주의자들과 그들의 이교훈(이단사상들)에 대하여 우리가 취하여야 할 태도는 곧 그들과의 신앙적 교류를 단절하는 것이다. 그들이 우리 교회에서 예수 그리스도의 양떼들에게 연설·설교·강의를 못하게 해야 한다. 우리는 우리의 귀한 신앙을 파괴하는 무리들에게 우리의 교회들이 분별력 없이 무방비 상태로 개방되도록 내버려두지 않아야 한다.

우리는 사랑의 사도인 요한이 그의 서신에서 이단에 관하여 어떻게 강하게 말하였는지를 명심하자! "누구든지 이 교훈을 가지지 않고 너희에게 나아가거든 그를 집에 들이지도 말고 인사도 말라, 그에게 인사하는 자는 그 악한 일에 참예하는 자임이니라"(요이 10, 11).

(4) 우리는 불신앙의 무리들이 교회에 침투하면 엄히 훈계해야 한다(딛 3:10).

훈계는 행위나 또는 그 교리의 잘못을 저질렀을 때 권고하는 것이다. 사도 바울은 "이단에 속한 사람은 한두 번 훈계한 후에 멀리하라"(딛 3:10)고 하였다. 만일 한 번의 권고가 효과가 없으면 두 번 권고해야 한다. 만일 두 번째의 경고도 무시되면 우리가 할 수 있는 최종적 결정은 그들을 거절하는 것이다. 잘못을 포용하는 자들을 진리로 돌이킬 수 없다면 거절해야 한다. 물론 한두 번의 훈계란 진실과 성실이 담긴 간곡한 훈계를 말한다. 사도 바울은 거짓 교훈이 우리의 신앙을 파괴하는 빠르고 강한 전염성을 지적하기 위하여 의학적인 용어인 갱그린(gangrene)이라는 단어를 사용하였다.

갱그린은 박테리아(bacteria)가 부상당한 곳이나 상처가 난 곳으로 들어가 살(肉)을 파괴하는 질병이라고 한다. 이와 같이 만일 우리가 거짓 스승들이 들어오는 것을 허용한다면 그들의 부패된 교리가 그 시초부터 퍼져서 회중 안에, 교회 안에, 교단 안에, 신학교 안에서 인본주의와 불신앙으로 나가는 사람들을 먼저 부패시킨다. 그리고 그들은 적은 누룩이 되어 온 회중,

온 교회, 교단과 신학교 전체를 부패시킨다.

(5) **우리는 불신앙과 배교의 무리를 권징치리**(勸徵治理, Discipline, Expel)**해야 한다.**

권징이 바로 지속될 수 있고 그리스도의 복음만이 제시되는 참된 교회들을 지키는 것은 하나님의 백성들의 특권이요 임무이다. 권징은 복음의 순수성과 교회의 순수성을 보전하기 위하여 바로 시행되어야 한다. 하나님의 집에서 불신앙과 배교를 제거하지 않으면 그것이 온 교회에 번질 것이 아닌가? "적은 누룩이 온 덩이를 삼키듯…."

2. 성별의 이유들(The Reasons of Separation)

고린도후서 6:14, "너희는 믿지 않는 자와 멍에를 같이하지 말라"(Do not be unegually yoked together with unbelievers).

본문의 "믿지 않는 자들"(unbelievers)은 일반적 불신자들이 아니라, 종교적·신앙적·불신앙의 무리들 곧 배교와 불신앙으로 타락한 거짓 무리들을 가리킨다.

"멍에를 같이 하지 말라"(메 헤테로주군테스, μή ἑτερο ζυγουντες; Do not be yokeol together(with))는 한 단어로서 문자적으로는 동등하지 않는 또는 본질상 상이한 다른 멍에를 말한다. 따라서 불신앙의 무리들과 멍에를 같이 메려고 노력(try)하지 말라, 멍에를 같이 메기 위하여 한편으로 기울어지지(incline) 말라는 뜻이다. 이 동사는 본 절에서만 발견되며, 형용사로서는 70인역 레위기 19:19에 나타난다.

신명기 22:10, "너는 소와 나귀(an ox and an ass)를 겨리하여 밭을 갈지 말라."

레위기 19:19, "네 육축을 다른 종류와 교합(交合: breed)시키지 말며 네 밭에 두 종자(種子: seed)를 섞어 뿌리지 말며 두 재료로 직조(織造)한 옷을 입지 말지며."

여기서 배울 수 있는 영적 교훈은 곧 종류(種類)와 본질(本質)이 같지 않은, 신앙고백의 일치가 없는 사람들과는 하나님의 일을 같이 할 수 없다는 진리이다. 깨끗한 짐승과 더러운 짐승은 같이 일할 수 없다는 영적 교훈이다.

성별의 이유들

(1) 의(Righteousness)와 불의(Unrighteousness)는 같이할 수 없기 때문이다(고후 6:14).

"같이한다"(메토케, μετοχή; thare; 함께하다)는 말은 같이 교제(fellow-ship)한다는 뜻이다. 교제한다는 것은 연관(聯關)을 맺는 것을 의미한다. 즉 동참자, 파트너(partner)의 의미를 갖는다.

의·빛·그리스도·신자·하나님의 성전 등은 불의·어두움·벨리알(사탄)·불신자·우상숭배와는 정반대(opposition)이다. 정반대되는 둘의 이질적 요소들이 서로 합친다는 것은 논리적 모순일 뿐 아니라, 원리에 위배되며, 실제로 불가능하다(요 3:19-20). 의(義)와 불의(不義)는 같이할 수 없다.

(2) 빛(Light)과 어두움(Darkness)은 사귈 수 없기 때문이다(고후 6:14).

빛(φωτί)과 어두움(σκότος)은 서로 사귈 수 없다. 그 이유는 빛과 어두움은 본질상 그리고 실제로 정반대가 되기 때문이다. 하나님은 첫째날 빛을 창조하시고 빛과 어두움을 처음부터 분리하셨다(창 1:4). 빛은 능력을 가지고 있다. 그러므로 빛이 들어가는 곳마다 어두움이 쫓겨난다. 빛이 있는 한 어두움은 존재할 수 없다. 반면에 빛이 물러가면 어두움이 즉시 들어온다.

빛은 무엇인가? '빛'은 영적으로 예수 그리스도를 가리키며(요 1:4, 5,9; 3:19; 8:12; 9:5; 12:35, 36, 46; 행 13:47), 이차적으로는 그리스도인들을 가리킨다(마 5:14, 16; 엡 5:8; 빌 2:15).

반면에 '어두움'은 영적으로는 악의 세력을 가리키며(눅 22:53), 영적, 도덕적 어두움을 가리킨다(마 6:23; 눅 1:79; 11:35; 요 3:19; 행 26:18; 고후 6:14; 엡 5:8; 6:12; 골 1:13; 살전 5:4-5; 벧전 2:9; 요일 1:6).

'사귐'(코이노니아, κοινωνία, fellowship)은 교제·친교를 말한다. 따라서 빛과 어두움은 서로 맞지 않으므로 친교·교제를 나눌 수 없다. 그런데 사람들은 그의 행위가 악하므로 빛보다 어두움을 더 사랑한다(요 3:19). 우리는 전에 어두움 속에 있었다(엡 5:8). 그러나 그리스도께서 어두움에서 그의 기이한 빛에 들어가도록 우리를 불러내시고(벧전 2:9), 빛의 자녀로 삼으셨다(요 12:36). 그리고 "너희는 세상의 빛이라 산 위의 동네가 숨기우지 못하리라"(마 5:14)고 하셨다. 빛은 하나님의 것이요, 어두움은 사탄의 것이다. 때문에 빛과 어두움은 사귈 수 없다.

(3) 그리스도와 벨리알(Beliar)은 일치할 수 없기 때문이다(고후 6:15).

그리스도는 성자 하나님이시요, 참 신자들의 구주·주인·참 빛(Saviour, Lord, Light)이시다. 반면에 벨리알은 무법자·적그리스도·사탄(a lawless person, Antichrist, Satan)이다.

'일치한다'(concord)는 말은 헬라어 '숨포네시스'($\sigma\upsilon\mu\varphi\acute{\omega}\nu\eta\sigma\iota\varsigma$)로서 숨포네시스는 순($\sigma\upsilon\nu$; with; ~와 함께, 같이)과 포네($\varphi\acute{\omega}\nu\eta$; a sound; 소리, 음)로 구성된 합성어다. 영어로는 심포니 오케스트라(symphony-orchestra: 관현악단)를 의미한다. 누가복음 15:25에는 이 단어가 음악(music)으로 번역되었다. 그러면 그리스도와 벨리알이 어떻게 한 무대 위에서 같이 장단을 맞추며 심포니 오케스트라를 연주할 수 있는가? 그리스도와 벨리알은 결코 일치할 수 없다.

(4) 믿는 자와 믿지 않는 자는 상관할 수 없기 때문이다(고후 6:15).

"상관하며"(메리스, $\mu\varepsilon\rho\iota\varsigma$; a part, share; 동참하다, 함께하다)는 믿는 자와 믿지 않는 자(불신앙자)와 신앙문제 진리문제 등에 관하여 어떻게 함께 할 수 있는가? 그것은 절대로 함께 할 수 없다는 뜻이다.

신자들은 천국기업(企業)을 이어받을 자들, 자유함을 얻은 자들, 하나님의 자녀들, 그리스도에 속한 자들, 빛의 자녀들, 그리스도와 동사동생(同死同生)하는 자들, 세상을 못 박은 자들, 새로운 피조물들, 이브라함과 더불어 복 받을 자들로 묘사되었다.

불신자들은 영혼이 죽은 자, 죄와 사망의 노예, 그리스도 밖에 있는 자, 흑암에 속한 자, 육체를 추구하는 자, 빛을 증오하는 자로서 언약에 있어서 외인으로 묘사되었다.

그런데 어떻게 신자들이 불신앙의 무리들과 동일한 회의석상(table)에 둘

러앉아서 하나님의 일을 의논할 수 있는가? 한편이 주장하는 것을 다른 편이 무시하고 부정한다. 한편은 생명처럼 귀중(貴中)하게 여기는 것을 다른 한편은 경(輕)히 여긴다. 그러므로 신자들이 불신앙의 무리들과 하나님의 일을 같이 한다는 것은 불가능하다. 믿는자와 믿지 않는 사람들 사이에는 연합의 기초가 절대로 있을 수 없다.

신자들은 불신세계와의 교제에 있어서 2가지 원리를 염두에 두어야 한다. 하나는 신앙적 교제(信仰的交際)요, 다른 하나는 개인적(個人的)·인격적 교제(人格的交際)이다. 개인적·인격적 교제에 있어서 신자들은 얼마든지 빛과 소금의 직분을 잘 감당하면서 불신자들과 교제할 수 있다. 그러나 신자들의 신앙적 교제는 동일한 신앙을 고백하지 않는 불신앙의 사람들과는 같이 할 수 없다. 이것은 교회의 생명과 순수성과 관계되는 중요한 성별의 원리이기 때문이다.

(5) **하나님의 성전과 우상은 일치할 수 없기 때문이다**(고후 6:16).

성령 하나님은 초자연적 능력의 역사로 허물과 죄로 죽었던 우리의 영을 중생시키시고, 중생한 자들의 영혼 좌소(座所)에 내주(indwelling)하신다. 그러므로 신자들은 성령 하나님의 성전(ναός; temple of God)(고전 3:16, 17; 6:9)이다. 반면에 우상들(idols)은 거짓된 신들(false gods)이다. 고대의 우상 숭배자들은 우상을 숭배하기 위하여 모일 때 의식적 행사로서 자신들의 몸을 더럽혔다. 옛날 아덴(athens)에는 헤아릴 수 없이 많은 우상(idols)들로 가득하였다.

'일치'(συνφώνησις; agreement, to make one mind)는 합의되고 연합된 상태, 곧 한 마음으로 만드는 것을 뜻한다. 그러면 하나님의 성전과 우상이 어떻게 일치, 연합할 수 있는가? 하나님의 성전과 우상은 일치할 수 없다. 성경적 연합은 성별에 근거한다. 하나님의 일은 하나님의 뜻을 따라 하나님의 방법대로 수행하여야 할 것이다.

3. 성별(聖別)하여라!(Be ye separate)

'**성별**'(seperation)은 성경 전체에 흐르는 하나님의 명령이다. 성별은 하나님의 명령에 대한 단순한 순종이다. 하나님의 명령은 불가항력적이며 비타협적이므로 절대 순종을 요한다. 성별은 또한 그리스도를 위하여 담대함을 보여주는(나타내는), 하나님의 은혜를 증거하는 외적 행위(外的行爲)의 열매이다. 성별 없이는 결코 신약교회가 존재할 수 없었을 것이며, 성별 없이는 결코 참된 교제와 연합이 있을 수 없었을 것이다.

1세기에 성별을 고수한 자들은 "사랑하는 자들아"라고 불리움을 받았는데, 이 말세에 주님의 도(道)를 위하여 힘써 싸우는 자들을 묘사함에 있어서 세 번씩이나 "사랑하는 자들아"라고 언급한 것을 발견하는 것은 매우 흥미있는 일이다(유 3, 17, 20). 성별은 새로운 것이나 항상 강조되어 온 진리여서 하나님의 자녀에게는 이상하지 않다. 거룩하신 하나님은 우리를 불러내어 성별시키셨다. 고로 우리는 연합주의자들이 아니고 성별주의자(聖別主義者)들이다. 우리는 성별주의자들이 된 것을 자랑스럽게 여긴다. 또한 우리는 성경적 성별을 우리의 교회에서, 노회에서, 총회에서, 가정과 학교에서 하나님의 사람들에게 가르쳐야 한다.

성별과 배교는 같이 병행할 수 없다. 이 문제를 놓고 왈가왈부 논쟁할 필요가 없다. 타락된 교회들로부터의 성별은 곧 성도들에게 단번에 주신 믿음을 보전하고 강화하는 일이다.

(1) 어디에서부터 성별되어야 하는가?

① 우리는 세속(世俗)으로부터 성별되어야 한다(행 2:40).

고린도전서 6:9-10, "불의한 자가 하나님의 나라를 유업으로 받지 못할 줄을 알지 못하느냐? 미혹을 받지 말라! 음란하는 자나, 우상숭배하는 자나, 간음하는 자나, 탐색하는 자나, 남색하는 자나, 도적이나, 탐람하는 자나, 술취하는 자나, 후욕하는 자나, 토색하는 자들은 하나님의 나라를 유업으로 받을 수 없느니라". 믿는 신자들은 이 세상의 썩을 풍속, 습관, 죄의 생활로부터 성별되어야 한다. 예수 그리스도께서는 이 악한 세상에서 우리를 건지시려고 우리 죄를 위하여 자기 몸을 드리셨다(갈 1:4).

② 우리는 육신의 것들(부패성)로부터 성별해야 한다.

육신(육체)의 것들이란 육신의 부패성들로부터 나오는 온갖 죄악된 행위들이다. 육에 속한 자는 하나님을 기쁘시게 할 수 없다(롬 8:7-8). 어찌 그런 혼합물에 하나님의 축복이 임하리라고 기대하겠는가?

③ 우리는 이단들과 사신우상(邪神偶像)들에서 성별해야 한다.

베드로전서 2:9, "너희를 어두운 데서 불러내어 그의 기이한(奇異: 놀라운) 빛에 들어가게 함이라."

사도행전 26:18, "어두움에서 빛으로, 사탄의 권세에서 하나님께로 돌아가게 하고." 예수님을 구주로 믿는다고 하면서 아직도 점성술, 무당, 점치는 일, 운수 보는 것, 사주팔자, 정감록, 미신 등을 섬기지는 않는가? 여호와의 증인, 안식교, 몰몬교, 통일교, 새일교단, 구원파, 신천지 등등 모든 이단들로부터 성별되어야 한다.

④ 우리는 신복음주의(新福音主義)에서 성별해야 한다.

양쪽으로부터 다 유익을 추구하는 기회주의자들, 중립노선을 걷는 자들을 우리는 신복음주의(Neo-Evangelicalism)자들이라고 부른다. 만일 누구든지 신앙고백이 일치하지 않는 불신앙의 자유주의자들과 신앙적 교제를 갖기 원한다면 그는 신복음주의 곧 타협의 사람이다. 신복음주의자들은 복음 전도의 모든 특권과 기회를 가질 수 있다고 말한다.

⑤ 우리는 자유주의 불신앙(自由主義不信仰)에서 성별해야 한다.

세계 교회 협의회, 아시아 교회 협의회, 한국 기독교교회협의회의 거짓 교훈에서 성별해야 한다.

세계교회협의회(WCC :World Council of Churches)는 1948. 8. 22일부터 9월 4일까지 화란의 암스텔담에서 조직된 전 세계자유주의교회들의 연합단체이며, 지금은 110개 이상의 나라에서 349개 교단들이 WCC 회원들로 가입되어 있다. WCC는 배교와 불신앙으로 타락한 교회들의 연합단체이다.

아시아기독교연합회(CCA; The Christian Conference of Asia)는 1959

년 말레이지아의 쿠아라 럼프에서 아시아 지역 자유주의 교단들이 모여 조직한 아시아 지역 자유주의 교회들의 연합 단체이다. 이 단체에는 17개국의 15개 협의회와 95개 교단들로 구성되어 있다. 우리나라에는 WCC의 정회원들인 대한예수교장로회(통합측), 대한기독교감리회, 대한기독교장로회가 정회원으로 가입되어 있다.

한국기독교교회협의회(NCCK; Nationnal Council of Churches of Korea)는 한국의 8개 자유주의 교회들의 연합 단체이다. 이 단체에는 대한예수교장로회(통합측), 대한기독교감리회(기감측), 대한기독교장로회(기장측), 기독교대한하나님의성회(기하성), 대한복음교회, 성공회, 구세군대한본영, 정교회한국대교구 등이 가입되어 있다. 그런데 아시아교회협의회나 한국기독교교회협의회는 세계교회협의회(WCC)의 산하 기관들이다.

만일 우리가 불신앙의 무리들과 같이 행동하고 일한다면 그것은 곧 우리가

- 그들을 인정하고 승인하는 것이 아닌가?
- 그들을 정당화하는 것이 아닌가?
- 그들의 악한 일을 돕는 것이 아닌가?
- 영적 분별력을 충분히 가지고 있지 못한 새 신자들에게 혼동을 주는 것이 아닌가?
- 선과 악을 동시에 생산하게 되는 것이 아닌가?
- 하나님의 명령을 위반하는 것이 아닌가?

우리는 신앙에 견고(堅固)히 서야 한다. 우리는 강한(strong), 성경을 믿는(Bible-believing), 성별된(separated), 전투적(militant), 순종하는(obedient) 교회들을 세워야 한다. 만일 우리가 하나님의 방법으로 일한다면 우리는 하나님으로부터 큰 보상(補償: great reward)을 받을 것이다.

제 22장

성경적 연합의 원리
(The Biblical Principle of Unity)

1. 성경적 연합은 먼저 삼위일체 하나님의 본체와
속성(성품)에 기초한 연합이어야 한다

요한복음 17:11, "…거룩하신 아버지여 내게 주신 아버지의 이름으로 그들을 보존하사 우리와 같이 그들도 하나가 되게 하옵소서"

웨스트민스터 소요리문답 6문, "하나님은 한 분으로 삼위가 계신데, 성부와 성자와 성령이시다. 본체는 하나요, 권능과 영광은 동등하다."

삼위일체 하나님은 권능과 영광에 있어서 동등하나, 직분과 기능에 있어서는 각각 상이하다. 그러나 성부 하나님은 결코 성자 하나님과 성령 하나님으로부터 독립적으로 일을 하시지 아니하시며, 성자 하나님도 결코 성부 하나님과 성령 하나님으로부터 독립적으로 일을 하시지 아니하신다.

성부·성자·성령 삼위일체의 하나님은 자신들의 생각·도모·작정 그리고 창조·보존·섭리·역사 등 모든 사역(works)에 있어서 완전히 상호 일치하신다. 그런고로 예수 그리스도께서 선언하시기를 "나와 내 아버지는 하나이니라"(요 10:30)고 하셨다. 이 말씀은 본체와 속성(성질), 의지에 있어서 하나이시다(빌 2:6; 골 2:9)라는 뜻이요, 위(person)에 있어서 하나라는 뜻이 아니다. 성부 하나님은 3위1체의 제1위(first person)이시요, 성자 하나님은 제2위(second person)이시요, 성령 하나님은 제3위(third person)이시다.

2. 성경적 연합은 삼위일체 하나님의 사역에 기초한 연합이어야 한다

하나님의 창조, 보존, 섭리 그리고 피택된 죄인 구속 등등은 삼위일체 하나님의 사역들이다.

창조에 있어서 하나님은 창세기 1:26에서 '우리'(we)라는 복수 인칭 대명사를 사용하심으로, 삼위의 일체이심을 계시하셨을 뿐만 아니라, 그의 사역에 있어서(요 5:17), 그의 능력에 있어서(요 5:21), 생명에 있어서(요 5:26), 의지에 있어서(요 5:30), 목적에 있어서(요 5:36), 기타 모든 사역에 있어서 성부 하나님과 성자 하나님은 위(位)에 있어서 구별되나, 모든 사역에 있어서 통일성을 가지신다.

3. 성경적 연합은 그리스도의 구속 사역에 근거한 연합이어야 한다

이 연합은 하나님과 죄인인 사람들과의 신령한 신비적 연합으로서 중보자 되시는 예수 그리스도께서 그의 보혈로 우리를 죄에서 속량하심으로 성취하신 연합이다(롬 5:6, 8, 10). 이와 같이 그리스도께서 성취하신 객관적 구속의 사역을, 성령 하나님께서 피택된 죄인 한사람 한사람에게 적용시키셔서 우리가 하나님과 화목케 되었다(고후 5:18).

오직 예수 그리스도만이 하나님 아버지께로 갈 수 있는 유일한 길이며(요 14:6), 산 속의 백합화이시며, 새벽의 계명성이시요, 죄 없으신 하나님의 독생자이시요, 우리의 구주이시다. 우리의 연합은 먼저 그리스도의 구속 사역에 근거한 연합이어야 한다.

4. 성경적 연합은 그리스도와 참 그리스도인들과의 연합에 근거한 연합이어야 한다

성경은 예수 그리스도와 그리스도인들과의 연합을 머리와 몸(고전 12: 27; 엡 1:23; 골 1:18), 포도나무와 가지(요 15:1-5), 신랑과 신부(엡 5: 25-27), 목자와 양(요 10:14-17) 등으로 묘사하였다. 이 연합은 그리스도와 구속함을 받은 성도들과의 수직적 연합(vertical unity)이다. 따라서 그리스도와의 수직적 연합이 없는 어떠한 수평적 연합도 성경적이 아니다.

5. 성경적 연합은 그리스도의 보혈로 구속함을 받은 그리스도인들 사이의 연합에 근거한 연합이어야 한다

요한복음 17:21, "아버지께서 내 안에, 내가 아버지 안에 있는 것같이, 저희도 다 하나가 되게 하소서."

성경적 연합은 신앙적, 신령한, 영적 연합으로 그리스도와의 연합이 선행하며, 그 기초 위에 그리스도인들 사이의 연합이다.

사도신경에는 "성도가 서로 교통하는 것과"라고 고백한다. 이것은 성도의 교제를 의미한다. 죄에서 구속함을 받은 성도들은 그리스도 예수 안에서 믿음의 형제, 자매들이다. 교통(코이노니아, κοινωνια; fellowship, communion; 교제·교통)은 구속함을 받은 신자들 사이의 연합은 수평적 연합(horizontal unity)이다. 이 연합은 신령하고 신비적이며 우주적이다. 이 연합은 유형적으로 나타나야 한다.

우리는 하나가 되게 하는 일을 할 수 없다. 다만 하나가 되게 하신 것을 힘써 지킬 사명이 있다. "평안의 매는 줄로 성령의 하나 되게 하신 것을 힘써 지키라"(엡 4:3). 이것은 매우 중요한 교회 사명들 중의 하나이다.

6. 성경적 연합은 하나님의 말씀 위에 근거한 연합이어야 한다

요한복음 17:17, "그들을 진리로 거룩하게 하옵소서 아버지의 말씀은 진리니이다"

하나님의 말씀 곧 성경은 성령의 영감으로 기록된 정확 무오한 우리의 신앙과 행위의 표준이 되는 하나님의 말씀이다. 우리의 연합은 바로 이 하나님의 말씀 위에 근거한 연합이어야 한다.

7. 성경적 연합은 동일한 신앙고백 위에 기초한 연합이어야 한다

우리의 연합은 성경의 영감과 무오, 권위, 표준, 최종성, 예수 그리스도의 동정녀 탄생, 대리적 속죄의 죽음, 육체적 부활, 승천, 재림, 천당과 지옥, 내세의 영생과 영벌, 이신득구, 이신득의 등등 기독교의 근본적 교리들을 믿음으로 수락하고 동의하는 동일한 신앙고백 위에서의 연합이어야 한다.

사도 바울은 우리가 다 한 영(one spirit)과 한 마음(one mind)을 가졌다고 말하였다. 여기에 신앙적 혼합주의란 존재할 수 없다. 동일한 신앙 고백 위에 우리들은 다 함께 연합해야 한다.

8. 성경적 연합은 성경적 성별에 기초한 연합이어야 한다

배교와 불신앙으로 타락된 교회들로부터의 성별은 성도들에게 단번에 주신 믿음의 도리를 굳게 지키는 일이다(유 1:3; 엡 5:11; 계 18:4). 만일 누구든지 어떠한 명목으로나 현대 자유주의자들, 신비주의자들, 신복음주의자들, 그리고 각종 이단들과 하나님의 일을 나란히 혼합적으로 한다면 그것은 하나님을 욕되게 하는 것이며, 하나님의 자녀들에게 혼돈을 초래하는 것이며, 오히려 하나님의 일을 파괴하는 것이다. 성경은 분명히 교훈하기를 하나님의 일은 하나님의 방법으로만 수행해야 한다고 하였다. 두 사람이 합의치 못하고 어찌 같이 일할 수 있겠는가?(암 3:3).

9. 타교단들과의 관계에 관하여

타교단들과의 신앙적 교류에 관한 원리는 상기 성경적 성별과 연합의 원리에 기초해야 한다. 우리는 신앙의 정도, 지식의 정도에 따라서 국부적인 면에는 다소 견해를 달리할 수 있으나, 역사적 기독교의 근본적 교리들에 관하여는 동일한 신앙고백의 일치가 있어야 한다.

우리는 진리 안에서 하나 되게 하신 하나님의 역사와 사랑에 감사하며, 참된 성경적 연합운동에 더욱 박차를 가해야 할 것이다. 성경적 연합은 복음의 순수성과 교회의 순수성을 전파하고 실천하는 것을 전제 조건으로 요구하기 때문에 하나님의 말씀의 제재를 받아야 한다.

우리는 신앙적 안목(眼目)을 넓히고 성경적 연합의 원리를 기초로 하여 우리와 신앙을 같이하는 한국과 전세계에 편만해 있는 신앙의 동지들, 교단들, 단체들과 보다 더 적극적이고도 과감한 신앙의 교류를 이루어야 할 것이다.

• 우리는 하나님의 말씀과 예수 그리스도의 증거를 위하여 연합하여야 한다.

• 우리는 우리 주 예수 그리스도를 위하여 연합하여야 한다.

• 우리는 역사적 기독교 정통 복음 진리를 수호하기 위하여 연합하여야 한다.

• 우리는 교회의 순수성을 보전하기 위하여 연합하여야 한다.

• 우리는 그리스도의 몸된 교회를 지속시키기 위하여 연합하여야 한다.

• 우리는 배교와 불신앙으로 타락한 자유주의 교회들의 연합단체인 세계교회 협의회(WCC)를 대항하기 위하여 연합하여야 한다.

• 우리는 적그리스도의 세력들에 대항하기 위하여 연합하여야 한다.

• 우리는 믿음의 승리를 확신한다. 우리의 무기는 성령의 검 곧 하나님의 말씀이요, 우리의 소망은 우리 주 예수 안에 있다. "우리 주 예수 그리스도로 말미암아 늘 이김을 주시는 하나님께 감사하노라."

제 23 장

주님의 지상(至上)명령
(The Great Commission of the Lord)

마태복음 28:18-20, "예수께서 나아와 일러 가라사대 하늘과 땅의 모든 권세를 내게 주셨으니 그러므로 너희는 가서, 모든 족속으로 제자를 삼아, 아버지와 아들과 성령의 이름으로 세례를 주고, 내가 너희에게 분부한 모든 것을 가르쳐 지키게 하라"

이 말씀은 복음서의 총 결론이며, 사도행전의 주제이다.

본문은 우리 주님께서 우리를 죄에서 구속하시기 위하여 이 세상에 오셔서, 많은 고난을 받으시고, 십자가상에서 참혹히 죽으시고, 장사한 지 3일 안에 주님 자신의 신적 초자연적 능력의 역사로 사망과 음부의 권세를 깨치시고 부활하신 후, 갈릴리의 어느 한 산에 나타나셔서 사랑하는 11제자들과 많은 무리들에게 분부하신 말씀이다. 그리고 오늘 이 시간 우리들에게는 기록된 말씀으로 말씀하신다.

본문은 우리 주님께서 승천하시기 직전 최후의 유언(last words)의 말씀, 명령의 말씀(the last commandment)이다. 유언은 사람이 세상을 떠나기 전에 자기 생애에 마지막으로 가장 중요한 부탁을 하는 것이다. 그러므로 유언을 받은 사람은 그 유언을 지켜야 할 중요한 책임이 있다.

1. 지상명령을 주신 주님은 어떠한 분인가?

"하늘과 땅의 모든 권세"를 소유하신 분이시다. 이 권세는 성부 하나님께서 성자 예수 그리스도께 주신 권세이다. 마태복음 11:27에 "내 아버지께서 내게 모든 것을 주셨다"라고 말씀하셨다. 주님은 하늘과 땅과 그 가운데 있는 모든 것을 창조하시고 주관하시는 절대 주권자이시다(요 1:3; 골 1:16, 17; 히 1:8).

"모든 권세"(파사 엑수시아, $\pi\hat{\alpha}\sigma\alpha\ \dot{\epsilon}\zeta o \upsilon \sigma \iota \alpha$; right to act, freedom of action; 행할 권리, 행동의 자유)는 절대적인 권세, 누구에게나 그 무엇에도 어떠한 제한이나 규제를 받지 않는 권세, 행동의 자유를 가지는 권세를 가리킨다. 이 권세는 원하시는 그 무엇도 다 할 수 있는 권세이다.

2. 지상명령은 누구에게 주셨는가?

본문에 **"너희"**는 가룟 유다를 제외한 11제자들만을 가리키는 것이 아니라, 예수 그리스도를 구주와 주님으로 영접한 모든 성도들을 가리킨다. 전도는 교역자들만의 사명은 결코 아니다. 전도는 그리스도인 전체의 사명이다. 그리스도인들은 예외 없이 복음에 빚진 자들이기 때문이다. 복음의 빚을 갚는 길은 전도이다.

(1) **세례 요한은 천국 복음을 전파하였다.** 그는 메시아의 오심을 예비하고 선포한 좋은 소식의 전달자이었다. 좋은 소식들 중에는 "내 뒤에 오시는 이는 나보다 능력이 많으시니 나는 그의 신을 들기도 감당치 못하겠노라 그는 성령과 불로 너희에게 세례를 주실 것이요 손에 키를 들고 자기의 타작마당을 정하게 하사 알곡은 모아 곡간에 들이고 쭉정이는 꺼지지 않는 불에 태우시리라"(마 3:11, 12)는 말씀도 들어있다. 세례 요한은 주후 29년경에 사역을 시작하였고, 그 다음 해에 투옥되었고, AD 32년 이전에 참수(목 베임)의 순교를 당하였다. 그러니 그의 전체 사역은 3년을 넘지 못하였다. 약 1년은 감옥 밖에서 약 2년은 감옥에서 보내고 순교하였다(마 14:1-12; 막 6:14-29; 눅 9:7-9).

(2) **예수님은 하나님의 복음을 전파하셨다.** "요한이 잡힌 후 예수께서 갈릴리에 오셔서 하나님의 복음을 전파하여 가라사대…"(막 1:14). "이후에 예수께서 각 도시와 마을에 두루 다니시며 하나님의 나라를 반포하시며 그 복음을 전하실새"(눅 8:1). 예수님의 전 생애는 복음을 전하는 일이었다. 예수님은 하나님의 복음을 전파하는 자(Messenger)이시며 동시에 복음의 내용 그 자체이다. 복음의 내용 그 자체란 그리스도의 도성인신·고난·죽으심 그리고 부활을 포함한다.

"가난한 자에게 복음이 전파된다 하라"(마 11:5). 이 말씀은 세례 요한이 감옥에서 자기 제자들을 예수께 보내어 묻기를 "오실 이가 당신입니까? 아니면 다른 이를 기다리오리이까?"라고 질문하였다. "오실 이"(the one who was to come)는 메시야적 명칭이다. 이 말씀은 시편 118:26에 근거하였다. 세례 요한은 자신이 메시야의 길을 예비하는 자이니 예수님은 메시야이시라고 생각하였다. 요한은 메시야를 대망하였고 예수님이 메시야인가를 재확인하고자 제자들을 예수께 보내어 질문한 것이다. 예수님은 세례 요한의 제자들의 질문에 직설적으로 yes 또는 no로 대답하지 아니하고 듣고 본 것을 요한에게 가서 보고하라고 하였다. 듣고 본 것이 무엇인가? 소경이 보며, 앉은뱅이가 걸으며, 귀머거리가 들으며, 죽은 자가 살아나며, 가난한 자에게 복음이 전파되는 것이다. 예수님은 자신의 신적(神的) 초자연적 능력으로 자신의 이름으로 이런 이적을 행하셨다. 예수님은 이사야 61:1의 말씀을 자신에게 적용하였다(눅 4:18). 그리고 바리새인들이나 세상 철인들이 거들떠보지도 않은 가난한 자들에게 복음을 전하였다. 이와 같은 역사는 예수님은 참으로 메시아이심을 증거한다.

(3) **사도들은 하나님의 나라를 전파하였다.** "예수께서 열두 제자를 불러 모으사 모든 귀신을 제어하며 병을 고치는 능력과 권세를 주시고 하나님의 나라를 전파하며 앓는 자를 고치게 하려고 내어 보내시며"(눅 9:1-2). 사도들은 자신들의 사명을 감당할 수 있었다. 왜냐하면 하나님께서 그들에게 "능력과 권세"를 주셨기 때문이다. 능력은 주님의 영적 능력이요(눅 4:14, 35; 5:17; 6:19; 8:46), 권세는 능력을 행할 권능이다. "저희가 날마다 성전에 있든지 집에 있든지 예수는 그리스도라 가르치기와 전도하기를 쉬지

아니하니라"(행 5:42). 가르치는 것(teaching)은 교육이요, 전도는 설교 (preaching)이다.

(4) **사도 바울은 이방인들에게 복음을 전파하였다.** "그 아들을 이방에 전하기 위하여 그를 내 속에 나타내시기를 기뻐하실 때에 내가 곧 혈육과 의논하지 아니하고"(갈 1:16). "…이는 바울이 예수와 또 몸의 부활 전함을 인함이리라"(행 17:18). "그리스도께서 나를 보내심은…오직 복음을 전케 하려 하심이니…"(고전 1:17). 사도 바울의 주된 사명은 이방인들에게 복음을 전파하는 것이었다. 사도행전은 사도 바울이 그의 전도 여행에서 이방 세계에 복음을 전한 기사들로 가득 차 있다. 그러므로 사도 바울은 이방인들을 위한 사도로 알려져 있다(행 9:15; 13:46, 47; 26:20; 롬 11:13; 15:16; 엡 3:8; 딤전 2:7).

3. 전도의 구역은 어디인가?

사도행전 1:8에는 **"온 예루살렘과 유대와 사마리아와 땅 끝까지"**라고 하였다. 예루살렘과 유대는 국내 전도 지역이요, 사마리아와 땅 끝까지는 국외 전도 곧 선교 지역을 가리킨다.

누가복음 14:21에는 **"시내의 거리와 골목으로"**(street and lanes) 가라고 하였다. **마태복음 22:9**에는 **"사거리"**(highway)로 가라고 하셨다. 영생의 복음을 가지고 내 집안의 가족들에게로 가라. 믿다가 낙심한 자에게로 가라. 사마리아 수가 성 우물가에도, 마태가 앉아 있던 세관으로도, 38년 된 병자가 누워 있는 벳세다 못가로도, 저 북방 얼음산과 또 대양 산호섬으로도, 저 남방 모든 나라 뭇 백성들이 사는 곳으로도 가라는 말씀이다. 복음은 모든 사람들에게 다 필요로 한다. 전도의 구역은 나의 집, 나의 이웃으로부터 온 세상 만방에 이르기까지를 다 포함한다.

4. 누구에게 전도할 것인가?

"모든 족속에게"라고 하였다. "모든 족속"(판타 타 에드네, $\pi\alpha\nu\tau\alpha$ $\tau\grave{\alpha}$

ἔθνη; all nations, multitude, people)은 모든 나라들·많은 무리들·온 백성들을 가리킨다. 온 족속은 이스라엘 백성들에게만 아니라, 사마리아인들과 이방인들 전체를 가리킨다. 복음에는 국경선이 없다. 당시 이방인들을 천대하고 멸시하기를 개처럼 하던 유대인 그리스도인들에게 너희는 모든 족속에게로 가라는 말씀을 받았을 때에 어떤 이들은 이해하지 못하였을 것이요, 어떤 이들은 마음에 부담을 느꼈을 것이다.

그러나 우리 주님은 사람들 사이에 가로막혔던 담을 허물었다. 그러므로 성도들에게는 원수·장벽·거치는 돌이 있을 수 없다. 그러므로 모든 족속으로 전도의 대상을 삼아야 한다. 그러나 온 세상 만민이 다 예수님을 구주로 영접하고 구원받는 것은 아니다. 그 이유는 하나님 편에서는 만세 전에 예수 그리스도 안에서 예정한 사람들만을 구원하시기 때문이며(엡 1:4), 인간편에서는 예수 그리스도를 개인의 구주로 영접하는 사람들만이 구원을 받기 때문이다. 그런데 하나님의 예정과 인간의 자유의지는 서로 모순·충돌되지 않는다는 사실이다.

전도자는 하나님의 예정을 따라 전도하는 것이 아니라, 하나님의 선하시고 기뻐하시는 뜻을 따라 전도한다. 하나님의 선하시고 기뻐하시는 뜻은 곧 때를 얻든지 못 얻든지 복음을 전파하라는 것이다. 예정은 하나님의 주권적 작정이요, 우리의 소관이 아니다.

5. 언제 전도할 것인가?

"너는 말씀을 전파(선포)하라 때를 얻든지 못 얻든지 항상 힘쓰라 …"(딤후 4:2). "때를 얻든지 못 얻든지." 형편이 좋을 때나 나쁠 때나, 듣는 사람이 말씀을 잘 받을 때나 거부할 때나, 기회가 좋을 때나 좋지 못할 때를 가리지 말고 말씀을 전파하라는 절대적인 말씀이다. "말씀"은 성령의 영감으로 기록된 정확무오한 66권 하나님의 말씀을 가리킨다(딤후 3:14-17). "전파하라"는 말씀은 크게 외치며 널리 선포하는 데 있다. 선포자는 말씀을 마음대로 변경해서도 안되며, 자신의 견해나 주장을 첨가해서도 안된다. 사람들이 듣든지 듣지 않든지 전파하라. 이는 주님의 지상명령이다.

6. 무엇을 전할 것인가?

복음을 전할 것이다. 복음은 신구약 성경 66권 하나님의 말씀이다.

"복음"(유앙겔리온, εὐαγγέλιον; good news, gospel; 좋은 소식, 복음)은 복음서에 4번, 사도행전에 2번, 바울 서신에 60번, 베드로전서에 1번, 계시록에 1번 나타난다. 신약에서 유앙겔리온은 그리스도와 그의 말씀과 관계된다. 신약에서 유앙겔리온은 구약에서 유래된 것이 아니다.

신약에서 유앙겔리온(좋은 소식, 기쁜 소식)은 **구원의 복음(Gospel)**이다. 범죄하고 타락하여 영과 육이 지옥 가서 영원 형벌을 받아 마땅할 죄인들에게 좋은 소식·기쁜 소식이 무엇인가? 죄인들에게 있어서 참으로 좋은 소식·기쁜 소식은 구원의 복음이다. 그 이유는 복음은 죄인들을 구원(salvation)으로 인도하기 때문이다. 지옥 형벌을 받아 마땅할 죄인들에게 있어서 구원 이상 더 기쁜 소식이 어디 있겠는가?

7. 복음의 핵심이 무엇인가?

예수 그리스도의 대리적 속죄의 죽음과 육체적 부활, 그리고 하나님의 나라이다.

로마서 1:3-4, "이 아들로 말하면 육신으로는 다윗의 혈통에서 나셨고 성결의 영으로는 죽은 가운데서 부활하여 능력으로 하나님의 아들로 인정되셨으니 곧 우리 주 예수 그리스도시니라".

이 말씀은 선재의 그리스도께서 처녀 탄생으로 말미암은 성육신(Incarnation;하나님이 하나님의 사람; 'God-Man'이 되심), 죽은 가운데서 부활하심으로 하나님의 아들로 인정받고 주님(Lord)으로 존귀케 되었음을 계시한다.

고린도전서 15:3-4, "내가 받은 것을 먼저 너희에게 전하였노니 이는 성경대로 그리스도께서 우리 죄를 위하여 죽으시고 장사 지낸 바 되었다가 성경대로 사흘 만에 다시 살아나사"

이 하나님의 말씀들은 복음의 핵심이요, 초기 그리스도인들이 신앙으로

고백하였다. 참으로 그리스도께서는 우리의 죄를 위하여 대신 죽으시고, 다시 부활하심으로 부활의 첫 열매가 되었다. "장사 지낸 바 된 것"은 예수 그리스도의 죽으심을, "다시 살아나사"는 예수 그리스도의 부활을, "다른 사람들에게 나타나신 것"은 예수 그리스도의 부활을 실증한다. 전도는 이 구원의 복음을 전 세계 만 백성에게 전하고 선포하고 강권하는 것(to tell, announce, and compell)이다.

8. 전도의 구비 조건들

(1) **능력**(Power): 뭇 족속들로 예수님의 제자를 삼기 위하여는 우리 자신이 먼저 능력을 받아야 한다. 우리는 피전도자를 결심케 하는 능력이 필요하다. 사도행전 1:8, "오직 성령이 너희에게 임하시면 너희가 권능을 받고 온 예루살렘과 온 유대와 사마리아와 땅끝까지 이르러 내 증인이 되리라"고 하였다. 전도자는 성령의 능력을 받지 않고서는 이 중대한 전도의 사명을 감당할 수 없다. 여기서 언급하는 능력(듀나미스, δυναμις; power)은 자연적 힘을 말하는 것이 아니라, 하나님께서 주시는 하나님의 능력을 가리킨다(마 26:64; 막 14:62).

(2) **비전**(Vision): 전도에 있어서 두 번째 요소는 비전이다. 비전(vision)이란 앞을 내다보는 시력(sight), 능력(power), 앞을 밝히 내다보는 식견을 말한다. 만일 우리가 우리의 임무(task)를 바로 수행하려면 우리의 임무가 무엇인지를, 우리가 무슨 일을 하여야 할 것인가를 바로 알아야 한다.

고린도전서 9:10, "밭가는 자는 소망을 가지고 갈며, 곡식 떠는 자는 소망을 가지고 떠는 것이니라"라고 하였다. 교역자는 앞을 내다보는 거시안적 비전이 있어야 한다. 성도들도 교역자의 비전을 바로 인식하고 동참해야 한다.

하나님의 사람에 대한 구약의 명칭들 중의 하나는 "선견자"(Seer)이다(삼상 9:9). 선견자는 가장 먼저 앞을 내다보는 사람, 가장 멀리 내다보는 사람, 식견이 있는 사람을 가리킨다. 교회의 지도자, 교회를 목양하는 하나님의 사람은 어떤 이상한 정신적 발상이 아닌 올바른 거시안적 식견이 있어야 한다. 교회는 분명한 목적의식을 가지고 성도들을 예수 그리스도 앞으로 인도하고, 하나님의 말씀을 가르치고, 세례를 베풀어야 한다. 주님은 이 세상에서 사역하실 때 헤아릴 수 없이 많은 영이 굶주린 무리들(multitudes)을 보았다(마 9:35, 36). 주님은 영이 굶주린 헤아릴 수 없이 많은 무리들을 직시(直視)하셨으므로 그들을 구원하고자 하는 깊은 관심을 가지신 것이다. 하나님의 사람은 하나님께서 자신을 통하여 무엇을 행하실 것이라는 분명한 신념과 확신이 있고, 일을 수행할 능력이 있어야 한다. 하나님은 그런 사람들을 들어서 크게 역사하여 오셨다.

(3) **불쌍히 여김**(Compassion): 전도에 있어서 세 번째 요소는 불쌍히 여기는 마음이다. 불쌍히 여기심이란 라틴어로 "같이 고난을 받는다"(to suffer with)라는 뜻이다. 그러므로 불쌍히 여기심은 다른 사람들의 고난을 같이 나누는 깊은 동정이다. 주님은 많은 무리들을 보실 때 그들을 불쌍히 여기시는 마음이 대단하였다(마 9:36; 14:14; 15:32; 20:34; 막 1:41; 6:34; 8:2; 9:22). 성경은 우리에게 우는 자들과 같이 울라고 말씀하셨다(롬 12:15).

무디(Dwight L. Moody) 선생이 미국 시카고에서 주일학교 교사로 아이들을 가르칠 때 한 어린 소년이 멀리서 그 교회를 출석하였다. 어떤 사람이 그 어린 소년에게 가까운 이웃 교회를 두고 무슨 이유로 거리가 먼 교회를 다니느냐라고 물었다. 그 소년은 대답하기를 "그 교회 사람들은 사람들을 사랑하기 때문입니다"라고 하였다. 교역자와 성도들이 그리스도의 뜨거운 사랑과 불쌍히 여기는 마음(동정심)을 가질 때 사람들은 그 교회로 모이게 된다. 유다서 1:22-23, "어떤 의심하는 자들을 긍휼히 여기라 … 또 어떤 자를 그 육체로 더럽힌 옷까지도 미워하되 두려움으로 긍휼이 여기라" 전도자는 영적으로 가난하고·병들고·고통당하는 자들을 불쌍히 여기는 마음(깊은 동정)이 있어야 한다.

(4) **내뻗침**(Reaching): 전도의 네 번째 요소는 뻗침이다. 뻗친다(ὀρέγω; to reach or stretch out)는 단어는 사람이 팔을 쭉 펴 어떤 물체에 닿음을 말한다. 즉 전도자의 팔이 쭉 펴서 지옥가는 영혼들에게 닿아야 한다는 뜻

이다. 뻗침이란 가능한 한 모든 성경적 수단과 방법들을 총동원하여 사람들을 연락(contact)하고, 그들로 하여금 복음을 영접하도록 하게 하는 일이다. 불신자들을 방문하고 전도지 한 장 배부하는 것으로 전도의 사명을 다 감당하였다고는 볼 수 없다. 우리는 전도를 받은 사람으로부터 호의적 반응이 있을 때까지 계속 관심을 쏟아야 한다. 사도 바울은 고린도전서 9:22-23, "약한 자들에게는 내가 약한 자와 같이 된 것은 약한 자들을 얻고자 함이요 여러 사람에게 내가 여러 모양이 된 것은 아무쪼록 몇몇 사람을 구원코자 함이니 내가 복음을 위하여 모든 것을 행함은 복음에 참예하고자 함이라"고 하였다.

(5) **증거**(Testimoney): 전도의 다섯 번째 요소는 증거 또는 증인이다. 모든 그리스도인들은 그리스도와 그의 복음을 증거하는 증인(a witness)들이다(행 1:8). 법정에서의 증인은 자기 자신이 직접 목격하고 경험한 것을 증언한다. 이와 같이 그리스도인들은 그리스도에 대하여 자신들이 신앙적으로 보고·듣고·체험한 사실들을 증거하는 것이다. 따라서 전도자들은 하나님께로부터 받은 증거가 많아야 한다. 받은 증거 없이 배운 것을 지식적으로만 전달한다면 효과가 없다.

증거는 우리의 입으로 거룩한 행실로 증거하여야 한다. 한 절름발이가 성전 밖에서 베드로와 요한에 의하여 고치심을 받았을 때 하나님께서 그 불구자에게 베풀어주신 이적이 무엇인지를 사람들이 실제로 보았다(행 4:14). 그것은 실제적 행위로 보여준 사실이다. 베드로와 요한은 "우리는 우리가 지금까지 보아왔고, 들어온 바를 전할 수밖에 없노라"(행 4:20)라고 간증하였다. 실제적 사건들을 증거하는 일은 전도에 매우 효과적이다.

(6) **설교**(Preaching): 전도의 여섯 번째 중요한 요소는 설교이다. 설교는 하나님의 말씀을 선포(proclamation)하는 일이다. 마가는 마가복음 16:15에서 "너희는 온 천하에 다니며 만민에게 복음을 전파하라"는 주님의 명령을 기록하였다. 이 말씀은 또한 주님의 최후 명령(마 28:16-20)이기도 하다. 주님의 최후 지상명령이야말로 첫째로 행할 가장 중요한 과업이다. 이 말씀에 순종하여 흩어진 그리스도인들은 환난 핍박 중에서도 온 천하에 두

루 다니며 복음을 전하였다(행 8:4). 설교는 강단에서 목사만이 외치는 것이 아니다.

(7) **설복**(Persuasion): 설복은 전도의 마지막 요소이다. 설복은 사람이 주님을 구주로 영접하도록 생각과 행동에 영향을 주는 힘이요, 기술(skill)이다. 전도자가 아무리 좋은 내용의 메시지를 선포할지라도 그 메시지가 마음 중심에 와 닿게 하기 위하여는 성령님의 감화와 전도자의 신앙·사상·인격·사명에 기초한 감화력 있는 설복력이 필요하다. 감화력 있는 설복이야말로 사람의 생각이나 행동의 변화를 가져오기 때문이다.

우리는 진리에 대한 절대적인 확신이 필요하다.

9. 어떻게 제자를 삼을 것인가?

(1) **"나가서"** 주님의 제자를 삼으라: "가서"(포류덴테스, πορευθέντες; going; 가라)는 포류오마이(πορεύομαι; to go; 가다)의 분사형(participle)이다. 분사는 주동사를 수식하는·보조하는·형용사 역할을 한다. 그러므로 **"가서"**는 **"제자를 삼으라"**는 주동사의 보조 역할을 한다. 본문에 주동사가 명령형이니 분사도 명령형으로 해석하는 것이 타당하다. 따라서 주님의 제자를 삼기 위하여는 "가라"는 명령이다. 또한 분사형은 계속성을 포함하므로 가야 할 코스를 계속 가라는 말씀이다.

(2) **"세례를 줌으로"**(밥티존테스, βαπτίζοντες; baptiging; 세례를 줌으로) 주님의 제자를 삼으라: 이 단어도 **"제자를 삼으라"**는 주동사의 보조 역할을 한다. 그러므로 세례를 줌으로 제자를 삼으라는 말씀이다. 세례는 성찬과 더불어 기독교에 있어서 가장 중요한 성례이다. 세례는 예수 그리스도를 자신의 구주로 고백하는 자의 머리 위에 죄씻음 받은 표로서 안수자가 성부·성자·성령의 이름으로 물을 뿌리거나 붓는 의식이다.

(3) **"가르침으로"** 주님의 제자를 삼으라: "가르침으로(디다스콘테스, διδά

σκοντες; teaching; 가르침으로). 이 단어는 (디다스코, διδασκω) 분사형이다. 이 단어도 **"제자를 삼으라"**는 주동사의 보조 역할을 한다. 그러므로 가르침으로 제자를 삼으라는 말씀이다. 또한 믿고 세례를 받은 사람들을 계속 가르치라는 말씀이다.

"가르치다"(διδάσκω; teach, instruct, discipline; 가르치다, 교훈하다, 훈계하다, 가르친다)는 말씀은 선생과 학생과의 관계를 가리킨다. 가르친다는 말씀은 무엇인가 받기 위하여 손을 반복적으로 계속 내미는 행위를 가리킨다. 손을 내미는 자들에게 요구하는 것, 필요한 것을 주는 것이다. 우리는 예수님에 관한 진리·구원·영생의 도리를 가르친다. 나는 죄인이다. 죄 값은 사망이다. 그러나 누구든지 예수 그리스도를 믿으면 죄 사함 받고 구원 영생 받는다고!

"제자를 삼으라"(마데튜사테, μαθητεύσατε)는 말씀은 가르치고 훈련시켜(teaching and training) 배우는 생도가 되게 하라는 명령형이다. 우리는 하나님의 말씀을 가르치고 훈련시켜 예수님의 제자들을 삼아야 한다. 제자(마데테스, μαθητής; disciple, pupil, a learner, 제자·생도·배우는 자)는 주님의 교훈을 따르는 자(one who follows one's teaching)를 가리킨다. 교역자들이 자기 자신이 영광을 받고, 자기 자신의 제자를 삼는 것은 죄이다. 가르침을 받은 자들, 예수님을 주님으로 영접한 자들이 하나님의 계명을 지키게 하라는 말씀이다. 그 계명 중에 하나는 새 신자들도 나가서 그리스도의 증인이 되라는 말씀이다.

마태복음 28:19-20 말씀은 그리스도인들에게 분부하신 주님의 지상명령이시다. 이 말씀은 하늘과 땅의 모든 권세를 가지신 주님의 명령이시다. 이 명령은 강제적인, 피할 수 없는, 절박한 명령(imperative order)이다. 주님의 지상명령은 영혼 구원 사역(soul winning ministry)이다.

결론

"내가 세상 끝날까지 너희와 항상 함께 있으리라."
하늘과 땅의 모든 권세를 가지신 주님이 성도들에게 약속하신 말씀이다.

우리 주님은 우리와 항상 함께 하신다. 건강할 때나 연약할 때나, 부할 때나 가난할 때나, 평안할 때나 환난 시험받을 때나, 젊을 때나 늙을 때나, 여름이나 겨울이나, 좋은 날이나 궂은 날이나 관계없이 어디서나 항상 같이 하신다. 그리하여 우리의 연약함을 강건케 하시며, 도우시며, 지도하시며, 보호하시며, 사랑하신다.

"항상"(always) 같이 하신다."항상(파사스 타스 헤메라스, πάσας τὰς ἡμέρας; all the days; 하루 종일)은 예수 그리스도의 계속적 임재(continual presence)를 가리킨다(Bengel). 우리 주님은 세상 끝 날까지(end of the age) 같이 하신다. 개인적으로는 이 세상사는 날 동안, 일반적으로는 주님께서 재림하시는 날까지 영원토록 같이 하신다. 우리는 이 약속을 굳게 믿고 우리 주님의 지상명령인 전도의 사명을 다 하여야 한다. 주님께서 시몬 베드로에게 이제부터는 사람을 낚는 어부가 되게 하리라(눅 5:10)고 말씀하셨다. 우리들도 이 시간부터 사람을 낚는 어부가 되자! 이것이 주님의 지상명령을 지키는 일이다.

고린도전서 15:58, "그러므로 내 사랑하는 형제들아 견고하며, 흔들리지 말며, 항상 주의 일에 더욱 힘쓰는 자들이 되라 이는 너희 수고가 주 안에서 결코 헛되지 않은 줄을 앎이니라."

부록

세계교회협의회 회원교단들
(WCC Member Churches)

세계교회협의회는 **6대주, 7개 지역**(아프리카, 아시아, 라틴 아메리카 및 카리브, 유럽, 중동, 북미, 오세아니아), 110개 이상의 나라, **349개 교단**이 가입되어 있다. 저들의 주장에 의하면 세계교회협의회(W.C.C.)에는 **5억 5천만(550,000,000)** 명의 신도를 가지고 있다고 주장한다.

349개 교단을 지역별로 분석한다면 아프리카 27%, 유럽 23%, 아시아 21%이며, 28%는 개혁주의 전통계통, 16%는 루터파, 11%는 감리교이다.

북미 31개 교단, 7200만(72,000,000), 아시아 75개 교단, 6260만(62,000,000), 유럽 81개 교단 2억 8700만(287,000,000), 아프리카 92개 교단, 1억 3193만 5천(131,935,000), 중동 12개 교단, 970만(9,700,000), 라틴아메리카 28개 교단 450만(4,500,000), 카리비안 13개 교단 260만(2,600,000)이다[341]

한국에서는 **대한예수교장로회(통합측), 대한기독교감리회(기감측), 대한기독교장로회(기장측)** 및 **정교회한국대교구** 등 4개 교단이 W.C.C.의 정회원으로 가입되어 있다.

---

341) *An Introduction to the W.C.C.*

아프리카(Africa)

알제리아(Algeria):

알제리아프로테스탄트(개신)교회(Protestant Church of Algeria)-W.C.C., 1974년

앙골라(Angola):

앙골라복음침례교회(Evangelical Baptist Church in Angola)-W.C.C., 2005년
앙골라복음회중교회(Evangelical Congregational Church in Angola)-W.C.C., 1985년
앙골라복음오순절선교회(Evangelical Pentecostal Mission of Angola)-W.C.C., 1985년
앙골라복음개혁교회(Evangelical Reformed Church of Angola)-W.C.C., 1995년

베닌(Benin):

베닌-토고프로테스탄트감리교회(Protestant Methodist Church in Benin and Togo)
-W.C.C., 1972년

벌키나 화소(Burkina Faso):

벌키나화소복음개혁교협회(Association of Evangelical Reformed Churches of Burkina
Faso)-W.C.C., 2005년

부룬디-르완다-자이레교구교회(Burundi, Rwanda and Zaire)

부룬디성공회(Episcopal Church of Burundi)-W.C.C., 1961년

카메룬(Cameroon):

아프리카프로테스탄트교회(African Protestant Church), 개혁교-W.C.C., 1968년
카메룬복음교회(Evangelical Church of Cameroon), 개혁교-W.C.C., 1958년
카메룬원주민침례교회(Native Baptist Church of Cameroon)-W.C.C., 1995년
카메룬장로교회(Presbyterian Church in Cameroon)-W.C.C., 1961년
카메룬장로교회(Presbyterian Church of Cameroon)-W.C.C., 1963년
카메룬침례교연맹(Union of Baptist Churches in Cameroon)

중앙아프리카(Central Africa)

콩고(Congo〈People's Republic〉):

콩고그리스도교회(침례교, Church of Christ in Congo - Baptist)-W.C.C., 1985년
콩고그리스도교회(제자교회, Church of Christ in Congo-Disciples)-W.C.C., 1965년
콩고그리스도교회(Church of Christ in Congo-Reformed)-W.C.C., 1961년
콩고그리스도교회(Church of Christ in Congo-Mennonite)-W.C.C., 1973년
콩고그리스도교회(Church of Christ in Congo-Reformed)-W.C.C., 1972년

콩고그리스도교회(Church of Christ in Congo-Reformed)-W.C.C., 1996년
콩고그리스도교회(Church of Christ in Congo-Baptist)-W.C.C., 1973년
콩고그리스도교회(Church of Christ in Congo-Anglican)-W.C.C., 1961년
지상예수그리스도교회(Church of Christ on Earth)-W.C.C., 1969년
성령의빛그리스도교회(Church of Christ Light of the Holy Spirit), African Instituted
    -W.C.C., 1973년
콩고복음교회(Evangelical Church of Congo), Reformed-W.C.C., 1963년
콩고복음루터교회(Evangelical Lutheran Church in Congo)-W.C.C., 1978년

동아프리카(East Africa)

에리트리아(Eritria):

에리트리안정교회(동양정교, Eritrian Orthodox Tewahedo Church)-W.C.C., 2003년

이집트(Egypt):

이집트복음장로교회(나일대회)(Evangelical Presbyterian Church of Egypt)
콥틱정교회(Coptic Orthodox Church), 동양정교-W.C.C., 1948년
알렉산드리아 및 전아프리카헬라정교회(Greek Orthodox Patriarchate of Alexandria
    and All Africa)

에디오피아(Ethiopia):

메카니예수에디오피아복음교회(Ethiopian Evangelical Church Mekane Yesus), 루터교
    -W.C.C., 1979년
에디오피아정교회(Ethiopian Orthodox Church), (Oriental)-W.C.C., 1948년

가봉(Gabonese Republic):

가봉복음교회(Evangelical Church of Gabon), 개혁교-W.C.C., 1961년

가나(Ghana):

서아프리카교회(Church of the Providence of West Africa), 성공회-W.C.C., 1953년
가나복음주의 루터교회(Evangelical Lutheran Church of Ghana)-W.C.C., 2001년
복음장로교회(Evangelical Presbyterian Church, Ghana)-W.C.C., 1963년
가나감리교회(Methodist Church, Ghana)-W.C.C., 1960년
가나장로교회(Presbyterian Church of Ghana)-W.C.C., 1952년

기니아(Guinea):

기니아프로테스탄트복음교회(Protestant Evangelical Church of Guinea), Free Church
    -W.C.C., 2005년

인도양(Indian Ocean)

아이보리 코스트(Ivory Coast):
그리스도교회(Church of Christ)-W.C.C., 1998년
아이보리코스트연합감리교회(United Methodist Church of Ivory Coast)-W.C.C.,
1987년

케냐(Kenya):
아프리카기독교회(African Christian Church and Schools), African Instituted-W.C.C.,
1975년
케냐성공회(Anglican Church of Kenya)-W.C.C., 1948년
아프리카성령교회(African Church of the Holy Spirit)-African Instituted-W.C.C.,
1975년
케냐감리교회(Methodist Church in Kenya)-W.C.C., 1968년
케냐복음루터교회(Kenya Evangelical Lutheran Church)-W.C.C., 1995년
동아프리카장로교회(Presbyterian Church of East Africa)-W.C.C., 1967년

레소토(Lesotho):
레소토복음교회(Lesotho Evangelical Church), 개혁교-W.C.C., 1965년

리베리아(Liberia):
리베리아루터교회(Lutheran Church in Liberia)-W.C.C., 1968년
리베리아장로교회(Presbyterian Church of Liberia)-W.C.C., 1969년

마다가스칼(Madagascar):
마다가스칼예수그리스도교회(Church of Jesus Christ in Madagascar), United-W.C.C.,
1969년
인도양지역교회(Church of the Providence of the Indian Ocean), 성공회-W.C.C.,
1975년
말라가시루터교회(Malagasy Lutheran Church)-W.C.C., 1966년

말라위(Malawi):
중앙아프카지역교회(Church of the Providence of the Central Africa), 성공회-W.C.C.,
1956년

모잠비크(Mozambique):
모잠비크장로교회(Presbyterian Church of Mozambique)-W.C.C., 1981년

나이제리아(Nigeria):

나이제리아형제교회(Church of the Brethren in Nigeria), Free Church-W.C.C.,
1985년

나이제리아교회(Church of Nigeria), 감리교-W.C.C., 1980년

주님의교회(Church of the Lord), African Instituted-W.C.C., 1975년

나이제리아감리교회(Methodist Church, Nigeria)-W.C.C., 1963년

나이제리아침례교회(Nigerian Baptist Convention)-W.C.C., 1971년

나이제리아장로교회(Presbyterian Church of Nigeria)-W.C.C., 1961년

나이제리아그리스도개혁교회(Reformed Church of Christ in Nigeria)-W.C.C., 1998년

아프리카교회(The African Church), African Instituted-W.C.C., 2005년

르완다(Rwanda):

르완다침례교협회(Association of Baptist Churches in Rwanda)-W.C.C., 2001년

르완다장로교회(Presbyterian Church of Rwanda)-W.C.C., 1981년

르완다성공회(Province of the Episcopal Church in Rwanda)-W.C.C., 1961년

시에라 레온(Sierra Leone):

시에라레온감리교회(Methodist Church Sierra Leone)-W.C.C., 1967년

남아프리카 공화국(South Africa):

남아프리카교구교회(Church of the Province of Southern Africa), Anglican-W.C.C.,
1948년

아프리카교회협의회(Council of African Instituted churches)-W.C.C., 1998년

남부아프리카복음루터교회(Evangelical Lutheran Church in Southern Africa)-W.C.C.,
1976년

남아프리카복음장로교회(Evangelical Presbyterian Church in South Africa)-W.C.C.,
1983년

남부아프리카감리교회(Methodist Church of Southern Africa)-W.C.C., 1948

남아프리카모라비안교회(Moravian Church in1983 South Africa), Free
Church-W.C.C., 1961년

아프리카장로교회(Presbyterian Church of Africa) - W.C.C., 1981년

남부아프리카연합장로교회(Uniting Presbyterian Church of Southern Africa)-W.C.C.,
1948년

남부아프리카연합개혁장로교회(Uniting Reformed Presbyterian Church of Southern
Africa)-W.C.C.,1991년

남부아프리카연합회중교회(United Congregational Church of Southern Africa),

United-W.C.C., 1968년

수단(Sudan):

수단아프리카내지교회(Africa Inland Church Sudan), Free Church-W.C.C., 2001년

수단장로교회(Presbyterian Church of the Sudan)-W.C.C., 1965년

수단성공회교구(Province of the Episcopal Church of the Sudan)-W.C.C., 1977년

탄자니아(Tanzania):

탄자니아성공회(Anglican Church of Tanzania)-W.C.C., 1948년

탄자니아복음루터교회(Evangelical Lutheran Church in Tanzania)-W.C.C., 1967년

탄자니아모라비안교회(Moravian Church in Tanzania)-W.C.C., 1982년

토고(Togo):

토고복음장로교회(Evangelical Presbyterian Church of Togo)-W.C.C., 1960년

토고감리교회(Methodist Church of Togo)-W.C.C., 1996년

우간다(Uganda):

우간다교회(Church of Uganda, 성공회)-W.C.C., 1961년

서아프리카(West Africa)

나미비아(Namibia):

나미비아복음루터교회(Evangelical Lutheran Church in Namibia)-W.C.C., 2001년

나미비아공화국복음루터교회(Evangelical Lutheran Church in the Republic of
Namibia)-W.C.C., 1992년

잠비아(Zambia):

잠비아개혁교회(Reformed Church in Zambia)-W.C.C., 1991년

잠비아연합교회(United Church of Zambia) United-W.C.C., 1966년

짐바브웨(Zimbabwe):

지바브웨복음주의 루터교회(Evangelical Lutheran Church in Zimbabwe-W.C.C.,
1990년

짐바브웨감리교회(Methodist Church in Zimbabwe)-W.C.C., 1985년

짐바브웨개혁교회(Reformed Church in Zimbabwe)-W.C.C., 1990년

짐바브웨연합그리스도교회(United Church of Christ in Zimbabwe), 개혁교-W.C.C.,
1998년

아시아(ASIA)

방글라데시(Bangladesh):

방글라데시침례교회(Bangladesh Baptist Church Sangha)-W.C.C., 1976년

방글라데시교회(Church of Bangladesh), United-W.C.C., 1975년

홍콩(Hong Kong):

중국그리스도교회홍콩협의회(Church of Christ in China, The Hong Kong Council), United-W.C.C., 1967년

인도(India):

벵갈-오리싸침례교회(Bengal-Orissa-Baptist Convention)-W.C.C., 1965년

북인도교회(Church of North India), United-W.C.C., 1948년

남인도교회(Church of South India), United-W.C.C., 1948년

마란카라정통시리아교회(Malankara Syrian Orthodox Church), 동양정교-W.C.C., 1948년

말라바말토마시리아교회(Mar Thoma Syrian Church of Malabar), Mar Thoma-W.C.C., 1948년

인도감리교회(Methodist Church in India)-W.C.C., 1982년

텔루구침례교회(Samavesam of Telugu Baptist Churches)-W.C.C., 1965년

인도연합복음루터교회(United Evangelical Lutheran Church in India)-W.C.C., 1948년

인도네시아(Indonesia):

바탁기독교공동체교회(Batak Christian Community Church), 루터교-W.C.C., 1975년

중앙수라웨시기독교회(Church of Central Sulawesi, reformed)-W.C.C. 1974년

기독교복음교회(Christian Evangelical Chutch of Sangihe Taland), 개혁교-W.C.C. 1974년

기독교개신교앙카라 교회(Christian Protestant Angkala Church), 루터파-W.C.C., 1990년

인도네시아감리교회(Methodist Church in Indonesia)-W.C.C., 2005년

숨바기독교회(Christian Church of Sumba), 개혁교-W.C.C., 1998년

발리프로테스탄트기독교회(Protestant Christian Church in Bali), 개혁교-W.C.C., 1976년

카로바탁프로테스탄트교회(Karo Batak Protestant Church), 개혁교-W.C.C., 1969년

바탁프로테스탄트기독교회(Batak Protestant Christian Church), 루터교-W.C.C., 1948년

인도네시아기독교프로테스탄트교회(Christian Protestant Church in Indonesia), 루터교

-W.C.C., 1997년

할마헤라복음기독교회(Evangelical Christian Church in Halmahera), 개혁교-W.C.C.,
1979년

타나파푸아복음교회(Evangelical Christian Church in Tanah Papua), 개혁교-W.C.C.,
1961년

인도네시아기독교회(The Indonesian Christian Church Gereja), 개혁교-W.C.C.,
1965년

인도네시아기독교(Indonesian Christian Church Huria), 루터교-W.C.C., 1974년

인도네시아프로테스탄트 교회(Protestant Church in Indonesia), 개혁교-W.C.C.,
1948년

동자바기독교회(East Java Christian Church), 개혁교-W.C.C., 1948년

자바기독교회(Javanese Christian Churches), 개혁교-W.C.C., 1950년

칼리만탄복음교회(Kalimantan Evangelical Church), 개혁교-W.C.C., 1948년

몰루카스프로테스탄트교회(Protestant Church in the Moluccas), 개혁교-W.C.C.,
1948년

미나하사기독복음교회(Christian Evangelical Church in Minahasa), 개혁교-W.C.C.,
1948년

니아스프로테스탄트기독교회(Nias Protestant Christian Church), 루터교-W.C.C.,
1972년

파순단기독교회(Pasundan Christian Church), 개혁교-W.C.C., 1960년

시말룬군프로테스탄트기독교회(Simalungun Protestant Christian Church),
루터교-W.C.C., 1973년

중앙술라웨시기독교회(Christian Church of Central Sulawesi), 개혁교-W.C.C., 1948년

티몰프로테스탄트복음교회(Protestant Evangelical Church in Timor), 개혁교-W.C.C.,
1948년

일본(Japan):

일본성공회(Anglican Church in Japan)-W.C.C., 1948년

일본한인기독교회(Korean Christian Church in Japan), United-W.C.C., 1963년

일본정교(Orthodox Church in Japan)-W.C.C., 1973년

일본연합그리스도교회(United Church of Christ in Japan)-W.C.C., 1948년

대한민국(Korea):

한국성공회(Anglican Church of Korea)-W.C.C., 1999년

대한기독교감리회(Korean Methodist Church)-W.C.C., 1948년

대한기독교장로회(기장)(Presbyterian Church in the Republic of Korea)-W.C.C.,

1960년
대한예수교장로회(통합)(Presbyterian Church of Korea)-W.C.C., 1948년

말레지아(Malaysia):

말레지아감리교회(Methodist Church in Malaysia)-W.C.C., 1977년
사바프로테스탄트교회(Protestant Chruch in Sabah), 루터교-W.C.C., 1975년

파키스탄(Pakistan):

파키스탄교회(Church of Pakistan), United-W.C.C., 1971년
파키스탄연합장로교회(United Presbyterian Church of Pakistan)-W.C.C., 1961년

필리핀(Philippines):

필리핀침례교회(Convention of Philippine Baptist Church)-W.C.C., 2001년
필리핀성공회(Episcopal Church in the Philippines)-W.C.C., 1991년
필리핀독립교회(Philippine Independent Church), 독립-W.C.C., 1958년
필리핀연합그리스도교회(United Church of Christ in the Philippines), United-W.C.C.,
    1948년
필리핀복음감리교회(Evangelical Methodist Church in the Philippines)-W.C.C.,
    1972년

싱가포르(Singapore):

싱가포르감리교회(Methodist Church in Singapore)-W.C.C., 1977년

스리랑카(Sri Lanka):

세이론교회(Church of Ceylon), 성공회-W.C.C., 1948년
스리랑카감리교회(Methodist Church of Sri Lanka)-W.C.C., 1950년

대만(Taiwan):

대만장로교회(Presbyterian Church in Taiwan)-W.C.C., 1951년

태국(Thailand):

태국그리스도교회(Church of Christ in Thailand), United-W.C.C.,
1948년

티모르 로로사에(Timor Lorosa'e):

티모르 로로사에 프로테스탄트교회(Protestant Church in Timor Lorosa'e),
    개혁교-W.C.C., 1991년

라틴아메리카 및 카리브 연안(LATIN AMERICA and the CARIBBEAN)

아르헨티나(Argentina):

남부성공회(Anglican Church of the Southern Cone of America)-W.C.C., 1995년

하나님의교회(Association The Church of God), 오순절파-W.C.C., 1980년

기독교성서교회(Christian Biblical Church), 오순절파-W.C.C., 1997년

리버플레이트 복음교회(Evangelical Church of the River Plate), 루터교-W.C.C., 1956년

아르헨티나복음감리교회(Evangelical Methodist Church of Argentina)-W.C.C., 1971년

연합복음루터교회(United Evangelical Lutheran Church)-W.C.C., 1960년

볼리비아(Bolivia):

볼리비아복음주의루터교회(Bolivian Evangelical Lutheran Church)-W.C.C., 1991년

볼리비아복음감리교회(Evangelical Methodist Church in Bolivia)-W.C.C., 1971년

엘살바도르(El Salvador):

엘살바도르루터교회(Salvadoran Lutheran Synod)

브라질(Brazil):

브라질기독개혁교회(Christian Reformed Church of Brazil)-W.C.C., 1972년

브라질성공회(Episcopal Church of Brazil)-W.C.C., 1966년

브라질루터신앙고백복음교회(Evangelical Church of Lutheran Confession in Brazil)-W.C.C., 1950년

브라질감리교회(Methodist Church in Brazil)-W.C.C., 1948년

브라질연합장로교회(United Presbyterian Church of Brazil)-W.C.C., 1984년

칠레(Chile):

칠레복음루터교회(Evangelical-Lutheran Church in Chile)-W.C.C., 1963년

칠레감리교회(Methodist Church of Chile)-W.C.C., 1971년

칠레자유오순절선교교회(Free Pentecostal Missions Church of Chile)-W.C.C., 1991년

칠레오순절교회(Pentecostal Church of Chile)-W.C.C., 1961년

오순절선교교회(Pentecostal Mission Church)-W.C.C., 1961년

콜럼비아(Colombia):

콜럼비아장로교회(Presbyterian Church of Colombia)-W.C.C., 2005년

엘살바돌(EL Salrador):

　엘살바돌침례교회(Baptist Association of EL Salvador)-W.C.C., 1991년

　살바돌루터교대회(Salvadorian Lutheran Synod)-W.C.C., 1991년

멕시코(Mexico):

　멕시코감리교회(Methodist Church of Mexico)-W.C.C., 1948년

니카라과(Nicaragua):

　니카라과침례교회(Baptist Convention of Nicaragua)-W.C.C., 1983년

　니카라과모라비안교회(Moravian Church in Nicaragua)-W.C.C., 1984년

페루(Peru):

　페루감리교회(Methodist Church of Peru)-W.C.C., 1972년

우루과이(Uruguay):

　우루과이감리교회(Methodist Church in Uruguay)-W.C.C., 1971년

카리비안 회원 교단들(CARIBBEAN MEMBER CHURCHES)

쿠바(Cuba):

　쿠바감리교회(Methodist Church in Cuba)-W.C.C., 1968년

　쿠바장로개혁교회(Presbyterian Reformed Church in Cuba)-W.C.C., 1967년

프에르토리코(Puerto Rico):

　프에르토리카감리교회(Methodist Church of Puerto Rica)-W.C.C., 2005년

자메이카(Jamaica):

　자메이카침례교연맹(Jamaica Baptist Union)-W.C.C., 1995년

　자메이카모라비안교회(Moravian Church in Jamaica)-W.C.C., 1969년

　자메이카연합교회(United Church of Jamaica and Grand Cayman), United-W.C.C., 1967년

화란 열도(Netherlands Antilles):

　연합프로테스탄트교회(United Protestant Church), United-W.C.C., 1962년

서리나미(Suriname):

　서리나미모란비안교회(Moravian Church in Suriname)-W.C.C., 1975년

트리니다드-토바고(Trinidad & Tobago):

트리니다드장로교회(Presbyterian Church in Trinidad & Tobago)-W.C.C., 1961년

서인도(West Indies):

바하마(Bahamas)

서인도교구교회(Church of the Province of the West Indies), 성공회-W.C.C., 1948년
카리비안-아메리카감리교회(Methodist Church in the Caribbean & Americas)-W.C.C.,
1967년
동서인도교구모라비안교회(Moravian Church, Eastern West Indies Province)-W.C.C.,
1971년

아이티(Haiti):

아이티칠례교회(Baptist Convention of Haiti)-W.C.C., 2005년

유럽(EUROPE)

오스트리아(Austria):

오스트리아구카톨릭교회(Old Catholic Church of Austria)-W.C.C., 1967년
아우구스벌그-헬베틱신앙고백복음교회(Evangelical Church of the Augsburg and
Helvetic Confessions in Austria Lutheran)-W.C.C., 1948년
헬베틱고백서복음교회(Evangelical Church of Helvetic Confessions),
Reformed-W.C.C., 1948년

벨기에(Belgium):

벨기에연합프로테스탄트교회(United Protestant Church of Belgium), United-W.C.C.,
1948년

세르비아(Serbia):

세르비아개혁기독교회(Reformed Christian Church in Serbia)-W.C.C., 1948년
세르비아 정교(Serbian Orthodox Church), 동방정교-W.C.C., 1965년
세르비아아아우구스신앙고백슬로박복음교회(Slovak Evangelical Church of the Augsburg
Confession in Serbia), 루터교-W.C.C., 1963년

에스토니아(Estonia):

에스토니아복음루터교(Estonia Evangelical Lutheran Church)-W.C.C., 1948년

체코슬로바키아(Czechoslovakia):

체코형제복음교회(Evangelical Church of Czech Brethren)-W.C.C., 1948년

체코후스교회(Czechoslovak Hussite Church), Hussite-W.C.C., 1963년

체코슬로바키아정교(Orthodox Church of Czechoslovakia)-W.C.C., 1955년

슬로바키아개혁교회(Reformd Church in Slovakia)-W.C.C., 1948년

아우구스버그신앙고백실레시안복음교회(Silesian Evangelical Church of the Augsburg Confession), 루터교-W.C.C., 1955년

아우구스버그신앙고백슬로박복음교회(Slovak Evangelical Church of the Augsburg Confession in Slovakia), 루터교-W.C.C., 1948년

덴마크(Denmark):

덴마크침례교연맹(Baptist Union of Denmark)-W.C.C., 1949년

덴마크복음루터교회(Evangelical Lutheran Church of Denmark)-W.C.C., 1948년

핀란드(Finland):

핀란드복음루터교회(Evangelical-Lutheran Church of Finland)-W.C.C., 1948년

핀란드정교(Orthodox Church of Finland)-W.C.C., 1982년

불란서(France):

아우구스버그신앙고백교회(Church of the Augsburg Confession of Alsace and Lorraine), 루터교-W.C.C., 1948년

불란서복음루터교회(Evangelical Lutheran Church of France)-W.C.C., 1948년

알사스-로레인개혁교회(Reformed Church of Alsace and Lorraine)-W.C.C., 1948년

불란서개혁교회(Reformed Church of France)-W.C.C., 1948년

독일(Germany):

독일구교회(Catholic Diocese of the Old Catholics in Germany)-W.C.C., 1948년

독일복음교회(Evangelical Church in Germany), United-W.C.C., 1948년

바바리아복음루터교회(Evangelical Lutheran Church in Bavaria)-W.C.C., 1950년

브룬스윅복음루터교회(Evangelical Lutheran Church in Brunswick) -W.C.C., 1950년

하노버복음루터교회(Evangelical Lutheran Church of Hanover)-W.C.C., 1950년

미크렌버그복음루터교회(Evangelical Lutheran Church of Meeklenburg)-W.C.C., 1950년

색소니복음루터교회(Evangelical Lutheran Church of Saxony)-W.C.C., 1950년

스카움버그-리피복음루터교회(Evangelical Lutheran Church of chaumburg-Lippe)-W.C.C., 1950년

북엘비안복음루터교회(North Elbian Evangelical Lutheran Church)-W.C.C., 1950년

메노나이트교회(Mennonite Church)-W.C.C., 1948년

투린기아복음루터교회(Evangelical Lutheran Church in Thuringia)-W.C.C., 1950년

모라비안교회(Moravian Church)-W.C.C., 1948년

그리스(Greece):

그리스교회(Church of Greece), 동방정교-W.C.C., 1948년

그리스복음교회(Greek Evangelical Church), 개혁교-W.C.C., 1948년

헝가리(Hungary):

헝가리침례교연맹(Baptist Union of Hungary)-W.C.C., 1956년

헝가리루터교회(Lutheran Church in Hungary)-W.C.C., 1948년

헝가리개혁교회(Reformed Church in Hungary)-W.C.C., 1948년

아르메니아(Armenia):

아르메니아사도교회(Armenia Apostolic Church), 동양정교-W.C.C., 1962년

아이슬랜드(Iceland):

아이슬랜드복음루터교회(Evangelical Lutheran Church of Iceland)-W.C.C., 1948년

아일랜드(Ireland):

아일랜드교회(성공회, Church of Ireland)-W.C.C., 1948년

아일랜드감리교회(Methodist Church in Ireland)-W.C.C., 1948년

라트비아(Latvia):

라트비아복음루터교회(Evangelical Lutheran Church of Latvia)-W.C.C., 1962년

이탈리아(Italy):

이탈리아복음침례교연맹(Evangelical Baptist Union of Italy)-W.C.C., 1997년

이탈리아복음감리교회(Evangelical Methodist Church of Italy)-W.C.C., 1954년

왈덴시안교회(Waldensian Church)-W.C.C., 1948년

네덜란드(Netherlands):

화란메노나잇교회(Menonaite Church in the Netherlands)-W.C.C., 1948년

복음루터교회(Evangelical Lutheran Church)

화란개신교회(Protestant Church in the Netherlands), united-W.C.C., 1948년

화란구카톨릭교회(Old Catholic Church of the Netherlands)-W.C.C., 1948년

항론파형제교단(Remonstrant Brotherhood), 개혁교-W.C.C., 1948년

노르웨이(Norway):

노르웨이교회(Church of Norway), 루터교-W.C.C., 1948년

폴란드(Poland):

   폴란드정교회(Polish Autocephalic Orthodox Church in Poland)-W.C.C., 1961년

   폴란드아우구스버그신앙고백복음교회(Evangelical Church of the Augsburg Confession in Poland), 루터교-W.C.C., 1948년

   폴란드폴리쉬카톨릭교회(Polish Catholic Church in Poland), (Old Catholic)-W.C.C., 1948년

   구카톨릭마리아비트교회(Old Catholic Mariavite Church in Poland), 독립-W.C.C., 1969년

포르투갈(Portugal):

   포르투갈복음장로교회(Evangelical Presbyterian Church of Portugal)-W.C.C., 1965년

   루시타니안카톨릭-사도복음교회(Lusitanian Church of Portugal), 성공회-W.C.C., 1962년

루마니아(Romania):

   루마니아복음주의루터교회(Evangelical Lutheran Church in Romania)-W.C.C., 1948년

   루마니아정교(Romanian Orthodox Church)-W.C.C., 1961년

   루마니아개혁교회(Reformed Church of Romania)-W.C.C., 1948년

   루마니아아아우구스버그신앙고백복음장로교회(Evangelical Lutheran Church of the Augsburg Confession in Romania), 루터교-W.C.C., 1948년

스페인(Spain):

   스페인복음교회(Spanish Evangelical Church), 개혁교-W.C.C., 1948년

   스페인개혁성공회(Spanish Reformed Episcopal Church)-W.C.C., 1962년

스웨덴(Sweden):

   스웨덴교회(Church of Sweden), 루터교-W.C.C., 1948년

   스웨덴선교언약교회(Mission Covenant Church of Sweden), 개혁교-W.C.C., 1948년

알바니아(Albania):

   알바니아정교회(자치)(Orthodox Autocepalous Church of Albania)-W.C.C., 1994년

스위스(Switzerland):

   스위스구카톨릭교회(Old Catholic Church of Switzerland)-W.C.C., 1948년

   스위스프로테스탄트교회연맹(Federation of Swiss Protestant Church), 개혁교-W.C.C., 1948년

터키(Turkey):

콘스탄티노플에큐메니칼교구(Ecumenical Patriarchate of
Constantinople), 동방정교-W.C.C., 1948년

러시아(USSR):

세르비아-몬테니그로개혁기독교회(Reformed Christian Church in Serbia-Montenegro),
개혁교-W.C.C., 1948년
러시아정교회(Russian Orthodox Church -W.C.C., 1961년
에스토니안복음루터교회(Estonian Evangelical Lutheran Church Estonian
SSR)-W.C.C., 1948년
라트비아복음루터교회(Evangelical Lutheran Church of Latvia Latvian SSR)-W.C.C.,
1962년
세르비안정교회(Serbian Orthodox Church)-W.C.C., 1965년
슬로박복음교회(세르비아-몬테니그로 아우구스버그 신앙고백)(Slovak Evangelical
Church), 루터교-W.C.C., 1963년

영국과 아일랜드공화국(United Kingdom and Republic of Ireland):

- headquartered in England:
영국침례교연맹(Baptist Union of Great Britain)-W.C.C., 1948년
영국모라비안교회(British Province of Moravian Church), Free Church-W.C.C.,
1949년
영국교회(Church of England), Anglican(성공회)-W.C.C., 1948년
감리교회(Methodist Church)-W.C.C., 1948년
- headquartered in Ireland:
아일랜드교회(Church of Ireland), 성공회-W.C.C., 1948년
아일랜드감리교회(Methodist Church in Ireland)
- headquartered in Scotland:
스코틀랜드교회(Church of Scotland), 개혁교-W.C.C., 1948년
스코틀랜드회중교회(Scottish Congregational Church)
스코티시성공회(Scottish Episcopal Church)
- headquartered in Wales-W.C.C., 1948년
웨일스교회(Church in Wales), 성공회-W.C.C., 1948년
웨일스장로교회(Presbyterian Church of Wales)-W.C.C., 1948년
연합개혁교회(Unitid Reformed Church)-W.C.C., 1948년
웰치독립연맹(Union of Welsh Independents), Reformed(개혁교)-W.C.C., 1967년
스코트랜드연합자유교회(United Free Church of Scotland)-W.C.C., 1948년

중동(MIDDLE EAST)

사이프러스(Cyprus):

사이프러스교회(Church of Cyprus), 동방정교-W.C.C., 1948년

이란(Iran):

이란복음장로교회(Evangelical Presbyterian Church of Iran)-W.C.C., 1950년

예루살렘(Jerusalem):

예루살렘-중동성공회(Episcopal Church in Jerusalem and the Middle East)-W.C.C., 1976년

예루살렘그리스정교회(Greek Orthodox Patriarchate of Jerusalem)-W.C.C., 1948년

레바논(Lebanon):

시리아레바논전국복음대회(National Evangelical Synod of Syria and Lebanon), 개혁교-W.C.C., 1948년

아르메니안사도교회(Armenian Apostolic Church-Cilicia), 동양정교-W.C.C., 1962년

근동알미니안복음교회연맹(Union of the Armenian Evangelical Church in the Near East), 개혁교-W.C.C., 1948년

시리아(Syria):

안디옥및전동부시리안정교회(Greek Orthodox Patriarchate of Antioch and All the East Syrian)-W.C.C., 1948년

안디옥시리안정교회(Syrian Orthodox Patriarchate of Antioch), 동양정교-W.C.C., 1960년

이집트(Egypt):

콥틱정교회(Coptic Orthodox Church), 동양정교-W.C.C., 1948년

이집트장로교회(Evangelical Presbyterian Church of Egypt), 개혁교-W.C.C., 1948년

알렉산드리아헬라정교회(Greek Orthodox Patriarchate of Alexandria), 동방정교-W.C.C., 1948년

북아메리카(NORTH AMERICA)

캐나다(Canada):

캐나다성공회(Anglican Church of Canada)-W.C.C., 1948년

캐나다친우종교사회연회(Canadian Yearly Meeting of the Religious Society of Friends), Quakers-W.C.C., 1948년

기독교회(그리스도의 제자)(Christian Church<Disciples of Christ>)-W.C.C., 1948년
에스토니안복음루터교회(Estonian Evangelical Lutheran Church Abroad)-W.C.C.,
　　1962년
캐나다복음루터교회(Evangelical Lutheran Church in Canada)-W.C.C., 1985년
캐나다장로교회(Presbyterian Church in Canada)-W.C.C., 1948년
캐나다연합교회(United Church of Canada), United-W.C.C., 1948년

미국(United States of America):

아프리카감리감독교회(African Methodist Episcopal Church)-W.C.C., 1948년
아프리카감리감독시온교회(African Methodist Episcopal Zion Church)-W.C.C.,
　　1948년
미국아메리칸침례교회(American Baptist Churches in the USA)-W.C.C., 1948년
기독교회(그리스도의제자)(Christian Church<Disciples of Christ> in the Unitid States)
　　-W.C.C., 1948년
기독감리감독교회(Christian Methodist Episcopal Church)-W.C.C., 1948년
형제교회(Church of the Brethren)-W.C.C., 1948년
미국성공회(Episcopal Church in the U.S.A)-W.C.C., 1948년
미주복음루터교회(Evangelical Lutheran Church in America)-W.C.C., 1948년
성사도아시리안교회(Holy Apostolic Catholic Assyrian Church of the East),
　　시리아정교 -W.C.C., 1948년
미주헝가리개혁교회(Hungarian Reformed Church in America)-W.C.C., 1958년
국제공동체교회연합회(International Council of Community Churches),
　　초교파-W.C.C., 1974년
국제복음교회(International Evangelical Church), 오순절파-W.C.C., 1972년
미국모라비안교회(북부)(Moravian Church in America <Northern Province>)-W.C.C.,
　　1948년
미국모라비안교회(남부)(Moravian Church in America <Southern Province>)-W.C.C.,
　　1948년
아메리카전국침례교회(National Baptist Convention of America)-W.C.C., 1955년
미국전국침례교회(National Baptist Convention, USA, Inc.)-W.C.C., 1948년
아메리카동방정교(Orthodox Church in America Eastern)-W.C.C., 1953년
폴란드카톨릭교회(Polish National Catholic Church)-W.C.C., 1948년
미국장로교회(Presbyterian Church<USA>)-W.C.C., 1948년
진보전국침례교회(Progressive National Baptist Convention, Inc.)-W.C.C., 1975년
미국개혁교회(Reformed Church in America)-W.C.C., 1948년
종우회(Religious Society of Friends), Free Church-W.C.C., 1948년

그리스도연합교회(United Church of Christ), United-W.C.C., 1948년
연합감리교회(United Methodist Church)-W.C.C., 1948년

오세아니아(OCEANIA)

오스트레일리아(Australia):

오스트레일리아성공회(Anglican Church of Australia)-W.C.C., 1948년
오스트레일리아그리스도교회(Churches of Christ in Australia), Disciples-W.C.C.,
　1948년
오스트레일리아연합교회(Uniting Church in Australia), United-W.C.C., 1948년

쿡 아일랜드(Cook Islands):

쿡아일랜드기독교회(Cook Islands Christian Church), 개혁교-W.C.C., 1975년

피지(Fiji):

피지감리교회(Methodist Church in Fiji)-W.C.C., 1976년

뉴질랜드(New Zealand):

뉴질랜드성공회(Anglican Church in Aotearoa, New Zealand)-W.C.C., 1948년
뉴질랜드그리스도협동교회(Associated Churches of Christ in New Zealand), Disciple
　-W.C.C., 1948년
뉴질랜드침례교연맹(Baptist Union of New Zealand)-W.C.C., 1948년
니느웨회중기독교회(Congregational Christian Church of Niue)-W.C.C., 2001년
뉴질랜드감리교회(Methodist Church of New Zealand)-W.C.C., 1948년
뉴질랜드장로교회(Presbyterian Church of New Zealand)-W.C.C., 1948년

파푸아 뉴기니(Papua New Guinea):

파푸아뉴기니복음주의루터교회(Evangelical Lutheran Church of Papua New Guinea)
　-W.C.C., 1990년
파푸아뉴기니-솔로몬 아일랜드연합교회(United Church in Papua New Guinea and the
　Solomon Islands)-W.C.C., 1971년

사모아(Samoa):

아메리칸사모아회중기독교회(Congregational Christian Church of American Samoa)
　-W.C.C., 1985년
사모아회중기독교회(Congregational Christian Church in Samoa), Reformed-W.C.C.,
　1961년

사모아감리교회(Methodist Church in Samoa)-W.C.C., 1975년

솔로몬 아일랜드(Solomon Islands):

멜라네시아교회(Church of Melamesia), 성공회-W.C.C., 1977년

솔로몬아일랜드연합교회(United Church in the Solomon Islands)-W.C.C., 1971년

통가(Tonga):

통가감리교회(통가자유웨슬레안교회)(Methodist Church in Tonga<Free Wesleyan
Church of Tonga>)-W.C.C., 1975년

투발루(Tuvalu):

투발루회중기독교회(Congregational Christian Church of Tuvalu), Reformed-W.C.C.,
1980년

바누아투(Vanuatu):

바누아투장로교회(Presbyterian Church of Vanuatu)-W.C.C., 1961년

참고문헌
(Bibliography)

성경(Bible)

성경전서(개역 한글판)

Kehlenberger, John R. Interlinear O. T.

Brenton, S. L. The Septuagint: Greek and English.

Spiros Zodhiates. Hebrew-Greek Study Bible.

Alford, Henry. The Greek Testament. 4 vols.

Marshall, Alfred. Greek New Testament.

Nestle-Aland. Greek-English New Testament.

Nicoll, W. Robertson, The Expositor's Greek Testament. 5 vol. Eerdmans. 1990.

New King James Version.

New American Standard Bible.

New International Version.

New Revised Standard Version(미국 자유주의 교회들의 연합단체인 미국교회협의회<NCCC>의 판권소유)

히브리어 · 헬라어 사전(Hebrew-Greek Lexicons)

Abbott-Smith. A Manual Greek Lexicon of the N. T.

Amstrong. Reader's Hebrew-English Lexicons of the Old Testament. 4 vols.

Brooks, James A. Syntax of New Testament Greek. University Press. 1979.

Brown-Driver-Briggs. Hebrew-English Lexicon of the Old Testament.

Bauer-Arndt-Gingrich. Greek-English Lexicon.

Liddell & Scott. A Greek-English Lexicon. 9th ed.

Moulton. Analytical Greek Lexicon Revised.

Thayer. New Thayer's Greek Lexicon.

Thayer, J. H. Greek-English Lexicon of the N. T.

Tregles, S. P. Gesenius Hebrew and Chaldee Lexicon.

성경 색인(Bible Concordance)

Edwin Hatch and Herry A. Redpath. A Concordance to the Septuagint and the Other Greek Versions of the Old Testament.

Moulton & Geden. A Concordance to the Greek N. T. 5th edit.

Smith's J. B. Greek-English Concordance to the N.T.

Strong, James. The New Strong's Exhaustive Concordance. Nelson. 1990.

Young, Robert. Young's Analytical Concordance(revised). Nelson. 1982.

성경 사전(Bible Dictionaries)

Harrison, E. F. (ed.). Baker's Dictionary of Theology. Grand Rapids: Baker. 1960.

Brown Colin (ed.). New International Dictionary of New Testament Theology. 4 volumes. Zondervan. 1986.

Cross F. L. and Livingston, E. A. Oxford Dictionary of the Christian Church. 2nd Edition.

Freedman. David Noel (ed.). Anchor Bible Dictionary. 6 vol.

Douglas, J. D.(ed.). New Bible Dictionary. Tyndale. 1984.

Ferguson, Sinclair B. David Wright and Packer, J. I. New Dictionary of Theology. Inter Varsity. 1988.

Elwell, Walter(ed.). Evangelical Dictionary of Theology. Baker. 1984.

Gehman, Henry. The New Westminster Dictionary of the Bible. Westminster. 1970.

Gentz, William H.(ed.). The Dictionary of Bible and Religion. Abingdon. 1986.

Kittel, Gerhard(edited by G. W. Bromiley) Theological Dictionary of the New Testament. 6 vol.

Hastings, James. Hastings Dictionary of the Bible. 5 volumes. Hendrickson. 1898.

Harrison, R. K. editor, New Unger's Bible Dictionary.

Hendricken, Wm. 1 & 2 Timothy & Titus.

Huey, F. B. JR. and Corley, Bruce. A Student's Dictionary for Biblical

Studies. Zondervan Publishing House. 1983.

Kelly, J.N.D. The Oxford Dictionary of Popes.

Lockyer, Hebert(ed.). Nelson's Illustrated Bible Dictionary. Nelson. 1986.

Reid, Daniel G. Dictionary of Christianity in America.

Richardson, Alan. Westminster Dictionary of Christian Theology. Westminster. 1983.

Vine, W. E. An Expository Dictionary of the Old and New Testament Words.

Webster's New World Dictionary.

Zodhiates, Spiros. The Complete Word Study Dictionary New Testament.

성경 어휘 연구(Biblical Word Studies)

Harris, R. Laird. Theological Wordbook of the O. T. vol. 2. Moody Press. 1988.

Earle, Ralph. Word Meanings in the N. T.

Richardson, Alan. A Theological Wordbook of the Bible. Macmillan. 1950.

Robertson, A. T. A New Short Grammar of the Greek Testament.

______. A Grammar of the Greek N. T. in the Light of Historical Research.

Trench, R. C. Synonyms of the New Testament.

Vincent, Martin R. Word Studies in the N. T.

Vine's Expository Dictionary of the Biblical Words.

Wuest's Word Studies in the Greek New Testament, 3 volumes.

Zodhiates, Spiros. Complete Word Study New Testament with Parallel Greek Text.

성경 백과 사전(Bible Encyclopedia)

Watter A. Elwell, The Baker Encyclopedia of the Bible.

Warfield,. Benjamin B. International Standard Bible Encyclopedia.

Bromiley, Geoffirey W.(ed.). The International Standard Bible Encyclopedia. Eerdmans. 1988.

Douglas, J. D. Encyclopedia of Religious Knowledge.

Orr, James. The International Standard Bible Encyclopedia. 4 volumes. Eerdmans. 1943.

Tenncy, Merrill(ed.). Zondervan Pictorial Bible Encyclopedia. 5 volumes.

Zondervan. 1976.

신학 서적(Theological Books)

고(故) 박형룡 박사님의 『교의신학 전집』. 한국기독교교육연구원. 1978.

Allen, Ronald. Worship.

Allen Tom, Rock'n Roll, the Biele and the Mind.

An Inclusive Language. NCCC in USA 1983. 84. 85.

Archer, Gleason L. Encyclopedia of Bible Difficulties. Zondervan. 1982.

______. The Epistle to the Hebrews.

Arrington, French L. Christian Doctrine III.

Ashbrook, John E. New Neutralism.

Bancroft, Emery H. Christian Theology. Zondervan. 1949.

Bannerman, D. Douglas. The Scripture Doctrine of the Church.

Bannerman, William. The Church of Christ.

Barclay, William. New Testament Wordbook.

Barne's Notes on the New Testament.

Berkhof, Louis. Systematic Theology. Eerdmans. 1939.

______. History of Christian Doctrine. Baker. 1937.

Berkouwer, Gerrit Cornelis. Studies in Dogmatics. Eerdmans. 1952-76. 14 vols.

______. The Conflict with Rome.

Biblical Principles, Plymonth Rock Foundation. 1984.

Boettner, Loraine. Studies in Theology, Presbyterian & Reformed. 1947.

Brown, Charles T. The Art of Rock and Roll.

Brown. William Adams. Christian Theology in Outline. New York: Charles Scribner's Sons. 1907.

Burdick, Donald W. Tongues: To Speak or Not to Speak.

John Wesley's Theology: A Collection from His Works. Abingdon, 1954.

Buswell. James Oliver. A Systematic Theology of the Christian Religion. Zondervan. 1978.

Calvin, John. Institutes of the Christian Religion. 2 volumes edited by John T. Mcneill. Westminster. 1960.

Calvin's Commentaries.

Campbell, J. Y. The New Testament Studies.

________. The Origin and Meaning of the Christian Use of the Word Ekklesia.

Carrol, B. H. Ecclesia-The Church.

Chafer, Lewis Sperry. Systematic Theology. 8 vols. Dallas: Dallas Seminary Press. 1948.

________. Major Bible Themes, Zondevan. 1974.

Cohen, Gary G. Biblical Seperation Defended.

Coleman. Ancient Christianity Exemplified.

Christy, W. A. A Modern Shibboleth.

Costella, Dennis W. "Deceiving and Being Deceived." Foundation. July-Sept. 1987.

Dabney, Charles. Lectures in Systematic Theology. Zondervan. 1972.

Dabney, Robert Lewis. Systematic Theology. Banner of Truth. 1878.

Dobson, Ed. Seeker Sensive Service

Dollar, George W. A History of Fundamentalism in America.

Douglas, J. D. Who's Who in Christian History.

Dowley, Tim. The History of Christianity.

Dungey, J. W. The Relationship of Paul in 1 Cor. 13:8 to the Modern Tongues Movement.

Erickson, Millard J. Christian Theology. Baker. 1985.

Ferm, O. Robert, Cooperative Evangelism: Is Billy Graham right or wrong?

Finney, Charles. Finney's Systematic Theology. Bethany. 1976.

Gangel, Kenneth. Leadership for Church Education.

Garlock, Frank & Woetzel, Kurt. Music in the Balance.

George, Carl F. The Coming Church Revolution

________. Prepare Your Church for the Future

________. How to Break Growth Barriers with Warren

George, Timothy. Theology of the Reformers. Broadman. 1988.

Gower, Ralph. The New Manners and Customers of Bible Times. Moody Press. 1993.

Gromachi, Robert G. The Modern Tongues Movement.

Gsell, Brad K. The Legacy of Billy Graham.

Hagee, John. Biblical Positions on Political Jesus.

Henry, Carl F. H. ed. Basic Christian Doctrines. Baker. 1979.

Hodge, Archibald Alexander. Outlines of Theology. Eerdmans. 1957.

Hodge, Charles. Systematic Theology. 3 volumes. Eerdmans. 1872.

______. Commentary on First Corinthians.

Hodge, J. A. What is Presbyterian Law?

Hodges, William. Baptism tested by Scripture and History.

Hoeksema. Reformed Dogmatics. Reformed Free Publishing Association. 1966.

Horton, Harold. What is the Good of Speaking with Tongues?

Howard, Canon. Should Woman be Priests? Oxford. 1949.

Ide, Arthur Frederich. Woman as Priest, Bishop and Laity. Ide House. Inc. 1980.

Jewett, Paul K. The Ordination of Women. Eerdmans. 1980.

Johansson, Calvin M. Discipling Music Ministry

Johnston, George. The Doctrine of the Church in the N.T.

Julian, John. Dictionary of Hymnology. 1892.

Kelly, J. N. D. The Oxford Dictionary of Popes.

Kent. Homer A. The Pastoral Epistles.

Kuyper, R. B. The Glorious Body of Christ.

Johnston, George. The Doctrine of the Church in the New Testament.

Ladd, George. A Theology of the New Testament. Eerdmans. 1974.

Larson, Bob. Rock and Roll The Devil's Diversion.

______. The Day Music Died.

Lenski, R. C. H. New Testament Commentaries. 12 vol. Augsburg. 1961.

MacArthur, John. The Charismatics.

______. God's Priority for the Church

McClain, J. A. The Church.

McKim, Donald(ed.). Major Themes in the Reformed Tradition. Eerdmans. 1992.

Metzger, B. M. The New Testament View of the Church.

Miller, D. A. Biblical Christian Water Baptism.

Murray, John. Collected Writings of John Murray. vol. 2. Edinburgh: Theology. Abingdon. 1992.

________. The Epistle to the Romans.

Nelson, J. Robert. The Realm of Redemption.

Obanneson, Joan. Woman: Survivor in the Church, Winston Press. 1980.

Pannenberg, Wolfhart. Systematic Theology. Volume 1. Eerdmans. 1991.

Parvey, C. F. Ordination of Women in the Ecumenical Perspective. WCC. Geneva. 1980.

Biblical Principles, Plymouth Rock Foundation.

PCUSA. The Church and Homosexuality. 1978.

Prohl, Russell. Woman in the Church.

Radmacher's The Nature of the Church.

Rayburn, R. G. O. Come, Let us Worship.

Ridderbos, Herman. Paul An Outline of His Theology. Trans. John R. De Witt. Eerdmans. 1975(orig. pub. 1966).

Robinson, William. The Biblical Doctrine of the Church.

Ryrie, Charles Caldwell. Biblical Theology of the New Testament. Moody Press, 1959.

________. Survey of Bible Doctrine. Moody. 1972.

________. Basic Theology.

________. The Role of Women in the Church. Moody Press. 1988.

Ruble, Richard Lee. A Scriptural Evaluation of Tongues in Contemporary Theology.

Schwab, Richard C. Schwab, Let the Bible Speak About Tongues.

Segler, Franklin M. A Theology of Chruch and Ministry.

Segundo, The Liberation of Theology.

Smith, Charles. Tongues in Biblical Perspective.

Spence O. Tallmage, The Quest for Christian Purity.

________. Satan: Sanctuary or System.

________. Pentecostalism: Purity or Peril?

Shedd, William. Dogmatic Theology. 3 vols. 1888-94. Zondervan.

Steele, David H. Five Points of Calvinism. Presbyterian & Reformed. 1963.

Stegall, Carroll. The Modern Tongues and Healing Movement.

Storkey, Elaine. What's Right with Feminism. Eerdmans. 1985.

Strong, Augustus Hopkins. Systematic Theology. Old Tappan, Thiessen,

Henry. Lectures in Systematic Theology. Eerdmans. 1989.

Thomas, Griffith. Ministerial Life and Work.

Torrance, T. F. The Israel of God.

Van Til, Cornelius. Christianity and Barthianism. Presbyterian & Reformed. 1962.

________. Defense of the Faith. Presbyterian & Reformed, 1967.

Wagner, Peter. Leading your Church to Growth.

Warfield, Benjamin. Biblical & Theological Studies. Presbyterian & Reformed. 1968.

________. Counterfeit Miracles.

WCC Publications: 세계교회협의회의 기관지들

________. One World-10 times a year

________. The Ecumenical Review-Quarterly

________. Ecumenical News International-every two weeks

________. Risk Book Series-4times a year

Westminster Confession of Faith.

Williamson, G. L. Westminster Confession of Faith: A Study Guide. Presbyterian & Reformed. 1964.

Williamson, G. L. Shorter Catechism: A Study Manual 2 vols. Presbyterian & Reformed. 1970.

Yearbook of WCC, 1997. WCC. Geneva.

Yearbook of NCCC in USA. 2007. Abingdon Press.

찾아보기(Index)

교 회 론

The Doctrine of Church

2010년 6월 20일 4판 발행

지은이 조 영 엽 박사

펴낸곳 언약출판사
주 소 서울특별시 구로구 새내서 2길 119-1
전 화 02) 2684-6082
팩 스 02) 2614-6082

등 록 제25100-2010-000030호
책 값 25,000원

1SBN 978-89-964425-1-6(03230)